# 世界历史五千年

符文榿 主编

下册

中国书籍出版社
China Book Press

图书在版编目（CIP）数据

世界历史五千年 / 符文棍主编. —北京：中国书籍出版社，2015.3
ISBN 978-7-5068-4615-8

Ⅰ. ①世… Ⅱ. ①符… Ⅲ. ①世界史—青少年读物 Ⅳ. ①K109

中国版本图书馆 CIP 数据核字（2014）第 299373 号

## 世界历史五千年（下册）

符文棍　主编

| 策划编辑 | 罗显华 |
|---|---|
| 责任编辑 | 罗显华 |
| 责任印制 | 孙马飞　马芝 |
| 封面设计 | 彩奇风书籍设计 |
| 出版发行 | 中国书籍出版社 |
| 地　　址 | 北京市丰台区三路居路 97 号（邮编：100073） |
| 电　　话 | （010）52257143（总编室）　　（010）52257153（发行部） |
| 电子邮箱 | chinabp@vip.sina.com |
| 经　　销 | 全国新华书店 |
| 印　　刷 | 北京高岭印刷有限公司 |
| 开　　本 | 710 毫米 × 1000 毫米　1/16 |
| 字　　数 | 738 千字 |
| 印　　张 | 32 |
| 版　　次 | 2015 年 3 月第 1 版　2015 年 3 月第 1 次印刷 |
| 书　　号 | ISBN 978-7-5068-4615-8 |
| 定　　价 | 89.00 元（上、下册） |

版权所有　翻印必究

# 前　言

"让世界了解中国,让中国走向世界!"这是我国改革开放的重要目标之一。那么,如何才能让世界了解中国,如何才能让中国走向世界呢?我们认为就是要了解世界的历史!因为,只有了解了世界的历史,才能更好地学习和借鉴世界各国的长处,才能扩大与国际社会的交往。当然这也是我们编写这部《世界历史五千年》的宗旨。

斗转星移,几千年来,人类历史经历了从原始社会、奴隶社会、封建社会、资本主义社会到社会主义社会这样一个漫长而又曲折的发展过程。

原始社会没有剥削、没有压迫,为人类创造了最初的文明。奴隶社会为人类历史揭开了新的一页,同时也给后人留下了许多血淋淋的、恐怖的场面。从原始社会到奴隶社会是历史的进步,它为古代文化的繁荣创造了条件。

公元476年,西罗马帝国灭亡,标志着奴隶制崩溃,封建制产生,欧洲进入了"黑暗"的中世纪。中世纪的历史是封建社会从产生、确立、发展到灭亡的历史。1640年英国爆发的资产阶级革命具有世界历史意义,它对世界历史的进程产生了重大影响。20世纪初,也就是第一次世界大战末爆发的俄国十月革命,建立了世界上第一个社会主义国家。社会主义国家的出现是世界现代史上重要的篇章。

人类经过第一次世界大战和第二次世界大战的血与火的洗礼,世界上每一个国家都在寻求和平与发展,都在用合作与对话的方式与别国交往。因此,当今世界将会发展成为一个相互关系的整体,任何一个国家和地区都不可能离开其他国家和地区而求得孤立的发展。

人类发展的道路虽然漫长、曲折、艰难,每一个阶段都是那么的耐人寻味,但改变不了向前发展的总趋势。历史发展到21世纪的今天,人类社会虽然出现了遨游太空、电子信息、生物克隆、基因工程,但仍然面临着人口膨胀、资源短缺、战争、自然灾害、环境污染等许多令人担忧的问题,这些正在日益威胁着人类的生存。在浩瀚的历史长河中,因为涌现出了许许多多惊天动地、可歌可泣的人和事,才铸成了人类社会灿烂的现代文明。我们学习世界的历史,了解人类的昨天,是为了把握今天,创造明天。当然更是为了让中国走向世界,让中国了解世界。

在本书中,作者用通俗易懂的语言,以故事的形式,跨越时空,浓缩了世界上下五千年的沧海桑田,同时也向青少年读者展示了从古至今人类文明的辉煌。该书是一部生动翔实的历史画卷,是新世纪青少年必读的历史教科书。

该书由于纵贯了世界上下五千年的历史,涉及的史实较多,我们在编写过程中参考了大量的资料,在此,对研究历史、编写历史的有关专家和学者表示衷心的感谢!同时,也对为编写本书付出艰辛的教育、出版部门的朋友致以诚挚的谢意!

该书由于编者水平等多方面的原因,难免有错误和令人遗憾的地方,在此,希望读者和有关专家不吝赐教。

编　者

# 目录

## 近代欧洲科技文化撷英

到底是谁发现了氧气 ………………………………………… 2
燃素说的束缚 ……………………………………………… 3
摩擦电的研究 ……………………………………………… 4
用自己的名字命名小草 …………………………………… 5
电气时代的来临 …………………………………………… 8
数学家族伯努利 …………………………………………… 10
欧拉时代 …………………………………………………… 11
光的本质之争 ……………………………………………… 16
泰晤士河上的彩虹 ………………………………………… 18
"贩卖死亡"的人——诺贝尔 …………………………… 19
诺贝尔物理学奖第一人——伦琴 ………………………… 20
科学研究需要勇气 ………………………………………… 22
光的颜色研究 ……………………………………………… 23
两位挚友开辟了有机化学 ………………………………… 26
最先发现奇妙电磁的人——奥斯特 ……………………… 28
数学史上伤逝的流星 ……………………………………… 29
周游世界问题 ……………………………………………… 33
数学准确预言了它的存在 ………………………………… 34
多人发现同一重大原理 …………………………………… 37
细菌传染原理之前 ………………………………………… 41
"损己利人"又一人 ……………………………………… 42
苯环的由来 ………………………………………………… 43
人类思维发展的里程碑 …………………………………… 45
大陆漂移学说 ……………………………………………… 47
迷人的"第五公设" ……………………………………… 50
《夜巡》是福还是祸 ……………………………………… 53
狂妄自负的"舞蹈上帝" ………………………………… 55

| | |
|---|---|
| 维也纳古典乐派的奠基人——海顿 | 57 |
| 音乐史上的奇才——莫扎特 | 59 |
| "西班牙第一画家"——戈雅 | 61 |
| 艺术歌曲之王——舒伯特 | 63 |
| 帕格尼尼的手指 | 65 |
| 第一位赢得世界声誉的北欧作家——安徒生 | 67 |
| 钢琴诗人——肖邦 | 69 |
| 德艺双馨——李斯特 | 72 |
| 挪威戏剧大师——易卜生 | 74 |
| 诺贝尔文学奖第一人——苏利 | 77 |
| 圆舞曲之王——施特劳斯 | 79 |
| 追逐阳光与生命的人——凡高 | 81 |
| 在哲学和宗教上舞蹈——马勒 | 83 |

# 20世纪上半叶的现代文化

| | |
|---|---|
| 表现主义的音乐开创者——勋伯格 | 88 |
| 打开20世纪音乐大门的人——德彪西 | 91 |
| 现代奥林匹克之父——顾拜旦 | 93 |
| 美国无产阶级文学之父——杰克·伦敦 | 94 |
| 自由、音乐——托斯卡尼尼 | 97 |
| 让音乐在小说中流淌——罗曼·罗兰 | 100 |
| "现代舞之母"——邓肯 | 102 |
| 20世纪的白天鹅——巴甫洛娃 | 104 |
| 毕加索与《格尔尼卡》 | 106 |
| 原始主义·新古典主义——斯特拉文斯基 | 108 |
| 20世纪现代主义第一人——卡夫卡 | 110 |
| 萧伯纳是怎样变谦虚的 | 113 |
| 严肃的喜剧大师卓别林 | 115 |
| 桃李满天下的格莱姆 | 120 |
| 迷惘的硬汉——海明威 | 124 |
| 与"天鹅"同在的芭蕾巨星——尼金斯基 | 125 |
| 美国芭蕾之父——巴兰钦 | 127 |
| 忠魂虽逝有遗篇——小林多喜二 | 130 |

# 美国的发展

| | |
|---|---|
| 独立宣言 | 134 |

萨拉托加大捷 ………………………………………… 135
谢同起义 …………………………………………… 136
一个奴隶的暴力现身说法 …………………………… 137
由小律师到总统——林肯 …………………………… 140
爱迪生眼中的科学与金钱 …………………………… 143
贝尔发明电话 ……………………………………… 146
进化论的种种说法 …………………………………… 147
资本主义的固疾——经济危机 ……………………… 150
美国最优秀的作家——马克·吐温 …………………… 153
中美关系的开端——华工上海 ……………………… 156
"让草叶放声歌唱"——惠特曼 ……………………… 158
"发动南北战争的妇人"——斯陀夫人 ……………… 161
捕捉雷电的人——富兰克林 ………………………… 162
火车之父——史蒂芬 ………………………………… 164
航运史上的新时代 …………………………………… 166
画家的物理发明 ……………………………………… 168

# 俄国故事

彼得大帝的海上强国梦 ……………………………… 172
"贵族的女皇"——叶卡杰琳娜二世 ………………… 174
普加乔夫起义 ………………………………………… 176
"周期王国"的建立者——门捷列夫 ………………… 178
俄罗斯科学之父——罗蒙诺索夫 …………………… 181
俄国天文学的奠基人——斯特鲁维 ………………… 182
俄国最伟大的诗人 …………………………………… 183
果戈理与贩卖死人灵魂的人 ………………………… 185
俄国革命时期最伟大的思想家——赫尔岑 ………… 188
贵族作家——屠格涅夫 ……………………………… 191
古典芭蕾之父——彼季帕 …………………………… 194
现代主义作家的鼻祖——陀思妥耶夫斯基 ………… 195
世上最美的坟墓——托尔斯泰墓 …………………… 198
死亡·焦虑·惶惑——柴柯夫斯基 …………………… 200
俄国的女帕斯卡——柯瓦列芙斯卡娅 ……………… 204
"从病房洞透人世"——契诃夫 ……………………… 206
现代芭蕾之父——福金 ……………………………… 208
革命预言家和宣传者——高尔基 …………………… 211
十月革命的"总演习" ………………………………… 212

"学院暴动"与列宾 ... 215

# 亚非拉星火

古代美洲印第安人的灿烂文明 ... 220
复活节岛上的巨人石像 ... 222
海地黑人独立 ... 224
爪哇蒂博尼哥罗起义 ... 225
传奇人物玻利瓦尔和圣马丁 ... 227
巴布教徒起义 ... 229
非洲人民的反帝运动 ... 230
马赫迪大起义 ... 231
埃塞俄比亚争取独立的斗争 ... 232
帝国的生命线——苏伊士运河 ... 233
埃及的阿拉比起义 ... 235
印度百年屈辱史 ... 236
东方"诗哲"——泰戈尔 ... 240
明治维新 ... 242
日本近代文学的开山鼻祖"该死" ... 244
一个伟大的人——纪伯伦 ... 249

# 壮丽的事业

社会主义从空想开始：三位先驱者 ... 254
里昂工人运动 ... 257
宪章运动与德国工潮 ... 259
伟大导师马克思的青年时代 ... 262
文明世界的导师恩格斯的故事 ... 266
并肩战斗 ... 268
《共产党宣言》和《资本论》 ... 270
六月起义 ... 272
第一国际——史话 ... 273
永垂史册的"五月流血周" ... 275
列宁与他的绿色办公室 ... 277

# 残酷的战争

一战中两大战争集团 ... 282

萨拉热窝的枪声 ······ 285
德军入侵比利时 ······ 286
空中雏鹰——飞机 ······ 287
"一战"中的水下战船——潜艇 ······ 288
"使法国把血流尽"之地——凡尔登 ······ 289
日德兰大海战 ······ 291
第一次世界大战的影响 ······ 296
二战史话——敦刻尔克的奇迹 ······ 297
二战史话——莫斯科大会战 ······ 298
二战史话——偷袭珍珠港 ······ 302
二战史话——中途岛战役 ······ 304
二战史话——重水之战 ······ 308
二战史话——诺曼底登陆 ······ 312
战争狂魔——希特勒的覆灭 ······ 315
三国轴心的形成及其灭亡 ······ 318
南斯拉夫的战魂——铁托 ······ 320
青霉素的发明与应用 ······ 322
科学与战争 ······ 325
战争与和平 ······ 326
战争中的科学家 ······ 329

# 苏维埃风云

1917年的俄国革命 ······ 334
血染的顿河 ······ 336
新经济政策 ······ 338
为共产主义敲响战鼓的年轻人——马雅可夫斯基 ······ 340

# 自由万岁

朝鲜三·一人民起义 ······ 346
化玉帛为干戈——印巴分治 ······ 348
印度"圣雄"——甘地 ······ 350
土耳其国父——凯末尔 ······ 354

# 科学前沿

被埋没了35年的遗传学家 ······ 360

|  |  |
|---|---|
| 紫外线灾难 | 362 |
| 放射性的发现 | 364 |
| 光电效应 | 367 |
| 时空与质能 | 369 |
| 波动力学 | 373 |
| 粒子与波的统一 | 374 |
| 世界海上无线电服务日 | 376 |
| 射电天文学四大发现 | 377 |
| 宇宙诞生的第一秒钟 | 380 |
| 上帝掷骰子 | 386 |
| 20世纪又一位导师——玻尔 | 388 |
| 电影的诞生 | 391 |
| 飞行的梦想 | 394 |
| 火箭的诞生 | 396 |
| 20世纪的智者——罗素 | 399 |
| 电子计算机之父——诺伊曼 | 401 |
| 宇宙中有多少个电子 | 403 |
| 数学危机 | 405 |
| 人脑的延伸 | 407 |
| 航天时代 | 411 |
| "我们在月球上散步了！" | 413 |
| 基本粒子"不基本" | 416 |
| 夸克预言 | 418 |
| 爱因斯坦之后的开创者——霍金 | 420 |
| 遗传密码 | 422 |
| 仍在进展的克隆技术 | 425 |

# 当代社会

|  |  |
|---|---|
| 联合国的诞生 | 428 |
| "格局取决我们"——杜鲁门主义和马歇尔计划 | 431 |
| 白色恐怖的化身——麦卡锡主义 | 433 |
| 犹太复国——千年等一回 | 435 |
| 越南独立战争 | 438 |
| 谁令战后德国起死回生 | 440 |
| 经济发展的奇迹——战后日本 | 443 |
| 古巴导弹危机 | 445 |
| 六·一八英雄——戴高乐将军 | 446 |

美国黑人不了的梦想 ……………………………………………………… 449
一个传奇式的非洲巨人——卢蒙巴 …………………………………… 452
巴拿马运河史话 …………………………………………………………… 454
地下世界大战——恐怖主义活动 ……………………………………… 456
"星球大战"终成游戏 …………………………………………………… 459
力胜须眉的铁娘子——撒切尔夫人 …………………………………… 462
马岛之战 …………………………………………………………………… 463
东欧剧变之一——波兰 …………………………………………………… 465
东欧剧变之二——捷克斯洛伐克 ……………………………………… 468
东欧剧变之三——民主德国 …………………………………………… 469
东欧剧变之四——南斯拉夫 …………………………………………… 470
东欧剧变之五——罗马尼亚 …………………………………………… 472
苏联解体 …………………………………………………………………… 474
南非革命 …………………………………………………………………… 477
足球——世界第一运动 ………………………………………………… 480
《罗马假日》与赫本的演艺生涯 ……………………………………… 483
悉尼歌剧院 ………………………………………………………………… 485
孤独的川端康成 …………………………………………………………… 487
存在主义的萨特 …………………………………………………………… 488
东西方文化融汇的舞蹈之花 ……………………………………………… 491
影坛伉俪 …………………………………………………………………… 493
魔幻现实主义的扛鼎者——马尔克斯 ………………………………… 495
可以脚踏南北半球的地方——厄瓜多尔 ……………………………… 499

世界历史五千年

# 近代欧洲科技文化撷英

## 到底是谁发现了氧气

18世纪的最伟大化学家是拉瓦锡。其实在这一名称后面,还有一个令人遗憾的故事。舍勒是一名卓越的药剂师,他一生秉持"研究化学,造福人类"的信条,做出了许多贡献。但是由于他发表的时间晚于别人,许多工作被同时代的人在他后面做出而先于他发表,因此丧失了优先权。

不过,现在的人们认识到了他的巨大贡献,人们在化学史的发展中也牢记了他的名字。

从古代起,人们就认为空气是一种气体,"气体"一词是赫尔蒙特发明的,因为从他开始,发现自然界中的气体是多种多样的。

1772年,普利斯特列发表了论文"对各种空气的观察",记载了很多气体。

1774年,普利斯特列发现,空气里加热水银可以得到一种物质,其实就是我们现在所称的"氧化汞"。当时普利斯特列称之为矿灰。

普利斯特列把矿灰放在集气装置中加热,想看看有没有气体生成,结果真收集到了一种新的气体,这种气体不溶于水,但是可以助燃。后来他偶然吸入这种空气,感到十分舒服。当时,普利斯特列曾经开玩笑地说:"这种气体会不会成为消费品而被人抢购呢?至今为止,这种能使精神振作、疲劳缓解的气体只有老鼠和我本人吸过。"

普利斯特列发现的就是氧气,不过他仍然信奉燃素说,所以他把这种气体命名为"脱燃素空气"。普利斯特列到死,都不相信拉瓦锡的氧化理论。

舍勒于1742年生于瑞典的波美拉尼亚,现今德国的一部分。

他14岁起,便做了学徒,所幸的是,他是在药房里工作,因此成为了一名药剂师。借这个工作的便利,舍勒一生发现了许多化学物质。

在实验中,舍勒发现空气不是一种气体。他认识到了两种成份,其中的一种不助燃,他称为不吸引燃素。另外一种助燃,他称这种助燃的空气为火空气。

舍勒也是燃素说的忠实信徒。他发现的"火空气"就是氧气。

但他的有关著作在1775年送出印刷时,出版商没有及时付印,结果晚了两年。而这时大家都知道普利斯特列发现了"脱燃素空气"。

舍勒只活了44岁。他研究化学,首先是从兴趣出发,为人类的发展做贡献,造福世界。

在32岁时,他被瑞典皇家科学院招聘为院士。很多科研机构、大学都请他去教学或做顾问,许以高薪和令人羡慕的职位,但是舍勒都婉言谢绝了。

他只愿意继续研究,在平凡的小镇上做一名平凡的药剂师。在药剂试制的过程中,他发现了多种酸。

1782年,他制得了游离状态的氢氰酸,后来又发现了磷酸、钼酸、砷酸、五倍子酸、乳酸、重石酸等等,此外还有大量的脂类品种发现,如醋酸酯、盐酸酯、硝酸酯、苯甲酸酯。

1768年,舍勒发现了对现代人类的生活有很大影响的氯化银的分解。他把硝酸银与盐酸混合,生成白色沉淀氯化银。当氯化银在阳光下的时候,变成黑色。

这一原理就是广泛的摄影所采用的化学方法,可以冲像洗像。

1774年,舍勒发现二氧化锰与盐酸可以反应,结果两者相遇冒出了气味难闻的黄绿色气体,刺激性极其强烈。舍勒发现了这种气体的性质:有漂白作用和腐蚀金属的作用,并微溶于水,而且毒性很大。

这正是一种新元素。可惜舍勒没能正确地揭示出来这一现象,因为他相信燃素说,结果失了发现新元素的机会。

舍勒做出过许多发现,但是由于他的认识有失误,对许多新事物视而不见,结果失去众多的机会。例如氧气,他虽然发现了,也没能够准确解释出其本质,错误的旧有观念束缚了他的研究,这在科学史上给我们留下了许多警示。

舍勒是为化学事业献身的,他研制出新的药品,总要尝一尝。长期以来,他便慢性中毒而过早去世了。

他依然是人们所尊敬的探寻者。

## 燃素说的束缚

整个18世纪,在理论方面的突破首先表现在化学上。化学革命的完成和燃素说有关,最终到拉瓦锡止。

燃烧是很古老的现象,人们在原始社会就会利用天然火,后来学会人工取火。火这种燃烧现象使人类由愚昧走向文明。

火和燃烧现象最受化学家关注,因为许多化学过程中均有燃烧现象。人们冶炼金属,需要燃烧;人们做熟食物,也需要燃烧。在18世纪以前,人们崇拜火,认为火是圣物。

17世纪,化学家们大都发现了空气对燃烧的必要性。在这以前,很多人都注意到木柴烧成灰后重量比原来减轻了,由此人们推测燃烧时有某种东西不在了,逃离了。而人们又看到烧后的灰烬不易燃烧,于是很容易认为逃离的东西就是易燃的东西。

当时人们有一种解释惯例,对物质的重量、磁性、光度、热量、弹性等等用某种性质的素解释,由于有了这些素而有了这些性质。比如说重量是重素起作用,磁性是磁素的作用,弹性是弹素作用,热性是热素起作用,等等。

但谁也没见过这些素,于是人们认为这些素是看不见摸不着、穿透力极其强的东西。这种解释是由于人们的思想单纯造成的。波义尔受这种思想影响,提出"火素"说,他认为火是一种实实在在的东西,是由具有重量的"火微粒"构成。

燃素说最早可以追溯到波义尔的同时代人德国化学家贝歇尔。

贝歇尔于1635年出生,1669年他发表了《地下物理学》一书,提出了三种土元素:玻璃状土、油状土、充质土。一切能燃烧的物体里都有油状土。贝歇尔的三种划分恰好对应古希腊的三元素说,并没有多少独创性。但他提出了油状土逸出的观点,认为燃烧使得油状土逃离,只有玻璃状土留下来。

这个说法在贝歇尔的学生那里系统发展,提出了燃素说。他就是斯塔尔。

斯塔尔1660年出生,是普鲁士国王的御医。他认为燃素到处都有,如果在大自然界,便引发雷鸣电闪;如果存在于活的生命体之中,就构成生物的活力因素。受万物有灵的影响,斯塔尔认为,燃素存在于矿物之中,使矿物燃烧,而且使矿物具有成为它自身的性质,有了燃素,每种东西才是自己;失去了燃素,就是灰烬,灰烬是死的。如果灰烬得到燃素,就可以再成为矿物。

"燃素"一词,来自希腊文,意思是"从火开始"。这个词早就出现了,在斯塔尔那里成为术语流传开来。

燃素说之所以影响很大,主要是因为当时人们的大多数化学反应都可以用它来解释。比如斯塔尔认为,化学变化就是物体释放与吸收燃素的过程。凡是氧化过程,斯塔尔均认为是燃素逃离的过程。斯塔尔还认为,金属生锈与木材燃烧是同一类化学过程,都是失去燃素的过程。

硫磺的燃烧也是释放燃素的过程,之后硫磺变成了硫酸,而硫酸放入松节油加热的过程就是重新获得燃素的过程,硫酸还原成硫磺。

燃素说基本没有科学价值。但是直到18世纪末拉瓦锡发现了氧气之后,燃素说才被推翻。这种错误的观点竟然能流传百年,表明在科学发展的历程中,化学发展的缓慢和不易。而燃素说中所表现出来的人们在习惯思维限制下做出的种种错上加错的行为,为世人警醒。

## 摩擦电的研究

电是人类改变自己文明进程的一项大发明。很多科学家为了研究自然真理,为了造福全人类,牺牲自己而在所不惜。这是一种崇高忘我的探寻精神。

18世纪上半叶,关于雷电的研究是个空白,其实对于一般的电现象也是没有多大研究。英国的吉尔伯特做了电学研究的开创性工作,但之后的电学处于盲目状态。

1729年,54岁的格雷偶然发现,当玻璃管经摩擦带电时,塞住玻璃管两端的软木塞也带电。进一步,他有意识地用一根木杆的一端插进软木塞,而另一端插进一个象牙球,结果发现,玻璃管带电时,连象牙球都可以吸引羽毛。于是,又经过一系列的实验,格雷得出结论:有些物质可以传电,有些物体不能传电,可以用来保存电荷。按照格雷的说法,软木只能导电,不能带电。1733年,皇家花园的管家、法国物理学家迪费做了实验,用带电玻璃棒去接触悬在空中的软木,结果和格雷说的不同。

1734年,迪费发现了两种不同的电荷。他说:"机遇又赐予我一条原理,它更为普遍,也更为精彩,它给电学以新的启示。这条原理就是有两种不同的电:一种我命名为玻璃电,一种我命名为树脂电。"

这其实就是正电荷与负电荷。

莱顿瓶的出现为研究电的进展做出了推动。1745年,荷兰莱顿大学的物理教授在一次实验中偶然发现,玻璃瓶可以贮电。当时他的助手被贮电的玻璃瓶电了一下,他便和助手交换位置,结果他自己也被电了。于是,人们认识到干燥的玻璃瓶可以贮电。由于莱顿大学使这项发现传开,所以人们称为"莱顿"瓶。

有了莱顿瓶,人们纷纷表演电的威力。法国物理学家诺莱特曾经召集上百名修士,让他们手拉手排成一排,观众们都来看热闹,就连法国国王路易十五也来了。结果莱顿瓶一放电,上百名修士全都被电得大跳大叫。人们由此认识到了电的速度和电的威力。

为了研究雷电,很多科学家设置了引电装置,"费城实验"中,富兰克林发现被装在莱顿瓶中的天电功能与地电没有什么区别。许多科学家为了研究天电都被电击中过,而俄国科学家利赫曼因此献出生命。

在俄国著名科学家罗蒙诺索夫的回忆中说道:"我虽幸免于死亡,但我的密友的惨白的尸体以及他的妻子儿女全家老幼的哭声,使我感到那么难受。我对聚集在那儿的许多人说不出一句话来,也作不出一句回答,只望着这个一小时前曾和我一起开会、一起讨论我们未来的公开演讲会的人的面孔。从吊起来的铁丝发出的第一次打击击中了他的头部,在他的额上留下了一个红色的、樱桃似的斑点,而雷电力则经过他的脚部,通过地板而远逸。"

俄国物理学家利赫曼(1753年去世)和他的学生兼朋友、俄国伟大的科学家罗蒙诺索夫一起,不怕牺牲,在自己家的屋顶上架设了一种"引雷器",结果利赫曼身亡。以上是罗蒙诺索夫的回忆,真实反映了科学家的不怕牺牲的精神。

## 用自己的名字命名小草

有一位大科学家,他将一棵高度仅10厘米的常青草命名为"林奈草",把自己比作一株平凡普通的小草,异常谦虚。他获得了瑞典国王授予的"北极星爵士"头衔之后特意做的这件事,以鞭策自己做一个平凡普通的探索者,不骄不躁。

他就是"现代生物分类学之父"——卡尔·林奈。

在17世纪,生物界渐渐地有两套方法进行分类,形成明确的习惯。第一种是人为分类法,代表是意大利生物学家马尔比基。第二种是自然分类法,代表是英国生物学家雷伊。

马尔比基的方法根据生物的器官形态,但只需一种或少数几种器官。雷伊的方法则需要依据生物的多数或全部器官。这样,前者较简单明了但太粗糙,后者繁琐又不太实用。

到了18世纪,博物学的资料越来越多,积累越来越丰富,生物分类以及进化论的萌芽均开始有所发展。

早在希腊时期的柏拉图和亚里士多德就提出来了分类法。柏拉图提出以形态为准的两分法,亚里士多德提出"属"与"种"的概念,成为生物分类的伟大先驱者。

亚里士多德本人曾描述过500种动物。到17世纪初,人们已经知道大约六千多种植物。18世纪,人们的认识又翻了三番,总共知道约18000种新植物。动物学面临的种类也越来越多。生物分类成为一项紧迫的科学任务摆在人们面前。

林奈于1705年5月23日出生于瑞典南方的司马兰德省拉舒尔特村,那是一个漂亮优美的村庄。他的父亲本来是农民,后来做了牧师,也许对土地有着不舍的眷恋,他十分热爱大自然。

他们家门口有一株十分古老的高大的菩提树,根据"菩提树"的发音,他们一家便姓林奈。

老林奈十分热爱花草树木,在家门口种植了一座小花园。他家房前屋后都是各种奇花异草和枝叶茂盛的树木。小林奈从小生活在美丽的植物园中,这对他以后走向博物学者之路影响很大。在博物方面,老林奈有着丰富的知识,他成为小林奈的第一任教师。

林奈的中学老师罗斯曼对林奈帮助很大。林奈学业并不突出,只是对树木花草有异乎寻常的爱好。他出色的植物学知识引起了罗斯曼的关注。林奈中学毕业,迫于生计,只好在一家鞋铺里当学徒。这时,罗斯曼将林奈接到自己家中,并提供给林奈大量书籍。

罗斯曼还传授林奈生理学和植物学知识以及研究方法。林奈第一次在罗斯曼家看到法国植物学家杜纳福的《植物学大纲》。这本著作深深地打动了林奈,使他下决心研究生物分类学。

罗斯曼以他的慧眼发现了林奈这匹千里马,没有让他埋没在店铺里。在他的帮助和鼓励下,林奈考上了大学。1727年,林奈进入瑞典的龙德大学,在这所学校,林奈学习了一年左右遇上了第二位对他很有帮助的老师,著名的博物学家、医生司徒比。司徒比无私地对待林奈,传授给他采集标本和制作标本的方法,并且把自己珍藏的全部标本提供给林奈做研究。这为林奈奠定了学术基础和经验。

1728年,林奈转学到更好的学校,即瑞典著名的乌帕萨拉大学。在这里,他系统地学习了博物学以及标本制作,成为小有名气的博物学家,崭露头角。

这次他认识了著名的植物学和医学专家、教授摄尔恩。这位善于培养人才的学者发现林奈在植物分类学上的造诣很高,让他当上了大学助教,还让他独自讲授植物学课,使林奈的才华得到充分施展。

1732年,瑞典科学院资助考察队。林奈和一个探险队来到瑞典北部拉普兰地区进行野外考察,历经艰难,采集了大量植物标本,在方圆约4600英里的荒凉地区发现了100多种新植物。此次考察的成果是《拉伯兰植物志》。

年方25岁的林奈受到瑞典科学院的嘉奖,并且以他的名字命名了一个属为"林奈大属"。尽管他很杰出,但由于他提前毕业没有学位,乌帕萨拉大学不能留他任教了。

林奈很不高兴,闷闷不乐,郁郁寡欢。一天,他的邻居莫勒来家做客,看到林奈,觉得他才华出众,很欣赏他。老人提出把女儿许配给林奈,不过希望林奈能取得学位。1735年,林奈周游各国,在荷兰取得了医学博士学位,完成了自己的心愿,也完成了老人的嘱托。同年,林奈出版了《自然系统》的第一版。

《自然系统》中,林奈首先提出了以植物的性器官为准则进行分类的标准。书的第一版只有薄薄的12页,但很快就产生了影响。"知识的第一步,就是要了解事物本身。这意味着对客观事物要具有确切的理解;通过有条理的分类和精确的命名,我们可以区分并认识客观物体;……分类和命名是科学的基础。"在此,林奈提出了分类的意义。

植物的有系统的双命名制是博欣与土尔恩福尔首先创立的,林奈更把它加以发展。他在拉普兰为了采集北极植物,在拉普兰人中间游历,看到人种显著的差别。在他的《自然系统》中,他把人与猿猴、狐猴、蝙蝠同放在"灵长目"中,又按照皮肤的颜色与其他特点,把人分为四类。

林奈在生物学中最主要工作是建立了人为分类体系和双名制命名法。林奈把自然界分为三界:即动物界、植物界和矿物界。对于植物界,林奈依据雄蕊和雌蕊的类型、数量及大小等特征,还有蕊的排列顺序等种种条件,把植物分为24纲、116目、1000多个属和100000多个种。林奈首创了纲、目、属、种的概念。

林奈把人为分类法运用到动物界。1746年他出版《瑞典动物志》。在此书中,林奈将动物分为6大纲:鸟纲、两栖纲、哺乳纲、鱼纲、昆虫纲、蠕虫纲。他发现,人与类人猿在身体构造上具有相似性,所以把人与猿归入同一个属中。

林奈成为生物学发展的里程碑,并成为近代以来首先确定人类在动物界的第一人。

1745年,林奈发表了《欧兰及高特兰旅行记》。林奈提出了双名制命名法,并在1753年的《植物种志》中全面推广使用了这种方法。双名制就是所有的物种均用两个拉丁字去命名,属名在前,种名在后,学名由属名和种名组成。这种命名方式结束了以前的混乱命名现象。林奈认为,属名好比整个家族的姓氏,而种名就是每个家庭成员的名字。林奈的双名制命名法于1867年被国际植物学会确认,成为全世界统一的命名方法。

《自然系统》一书在林奈生前一直增订修改。1768年,这本书出了第十二版,比第一版的12页多出1000多页,共有1327页了。

林奈认为,"人为体系只有在自然体系尚未发现以前才用得着,人为体系只告诉我们辨识植物,自然体系却能把植物的本性告诉我们。"他同时认识到,真正的自然体系是复杂的而且随意性很强,所以很难建立。这是在进化论出现以后的事情了。

林奈的地位很高,学生们到处探险采集标本而不让他冒险。这样,有的青年丧生了,林奈十分悲伤。

1761年,国王册封林奈为贵族,称他为"卡尔·冯·林奈"。1778年林奈去世,葬礼很隆重。

林奈去世以后,英国的博物学家史密斯来到瑞典林奈的家中,请求购买林奈的书籍和收藏的标本,家人同意了,瑞典政府也未意识到什么。等到装载林奈遗物的英国船开动,瑞典人才意识到失去了珍宝。

据说,瑞典海军曾出动军舰去追赶,但是英国船跑得非常快,最终没有赶上。瑞典政府痛失了珍贵的科学遗产。

## 电气时代的来临

从吉尔伯特以来,人们基本研究的是静电。富兰克林等人研究的也属于瞬间释放的电,而不是持续的电流。人们不知怎样发电。

伏打电堆是电池的原型,它的出现改变了静电研究的状态,使人们对电流能够有深入地认识。这不仅仅表现在动电学研究上,更重要的是,由此开启了人类的电气时代。

电流是怎样发现的呢?这里面有很多偶然。

1780年9月的一天,意大利波洛尼亚大学的医学和解剖学教授伽伐尼和他的两个助手做实验。

他们做的是解剖青蛙的实验,要将青蛙做成切片。青蛙被解剖完了,青蛙下肢的神经完全暴露出来。一名助手顺手把解剖刀放在了一只蛙腿的神经上,突然间,已经死了的青蛙竟然动了!四只蛙腿抽搐颤动。

伽伐尼没有放过这个异常现象。他于是立即重复做这个动作,结果发现蛙腿一接触到金属解剖刀,便开始抽动。伽伐尼心想,这是电现象,也许是由于自然界中的电而产生的。

在大雷雨天,伽伐尼将青蛙用铜丝挂起来,吊在铁格子上,闪电交加时,他看到青蛙腿在抽动。为了进一步证明他的想法,他在万里无云的大晴天做这个实验,结果青蛙依然抽动。本来想证明自己的观点,却被实验推翻了。因为晴天时,基本上收集不到大气电荷。

后来,伽伐尼在封闭的屋子里继续实验,发现使用相同的金属联结起来,分触蛙神经,蛙腿不能抽动,而使用不同的金属触及蛙神经并且相联结,则可以发生抽动现象,但不同的金属引起的抽动程度不一样,有的剧烈有的缓慢。

之所以一开始发现蛙腿抽动,原因就在于解剖刀是金属,而蛙放在金属的解剖桌上,助手顺手把解剖刀一放,刀与桌相连,又触及蛙腿,引起了抽动。但是为什么抽动,伽伐尼没有想明白。

他认为,金属相连接构成回路,所以导电。这一点他认识得十分正确。然而他是一名生物电研究者,他忽略了不同金属才能引起蛙腿抽动的事实,却把蛙作为原因。

伽伐尼认为,电来自有机体内部。动物神经相当于一个莱顿瓶,金属构成回路,由此导电。他还认为,这种电必须由不同的金属才能激发出来。伽伐尼认为这是"动物电"。

1791年,伽伐尼发表了论文《论肌肉运动中的电力》。这一发现轰动一时,人们联想到海里的鳗鱼之类带电的动物,也没有表示什么怀疑。

然而有一个人对伽伐尼深表怀疑,他就是意大利物理学家伏打。伏打于1745年出生,是一位青年科学家。他在意大利帕维亚大学教授自然哲学。1791年,伏打获得皇家学会的科普利奖,并当选为皇家学会会员。

伏打重新做实验,根据相同的金属不能产生电流这个现象,他将注意力转移到了金属本身。

1792年,伏打指出,伽伐尼所言的动物电是不存在的。伽伐尼恰恰弄反了,不是金属无用,恰恰是两种不同金属产生的电流,蛙腿则起了一个检验电荷是否存在的作用。

1794年,伏打不断地做了无蛙腿参与的实验,他用不同的金属相触,检测了电流的发生。

其实,早在1752年,有一位意大利学者就有过伏打类似的经历。这位学者名叫祖尔策。他有一次,很偶然地将铅片与银片含在嘴里,放在舌尖上。结果舌尖有一种特殊的味道,其实这不是什么味道,而是两种不同金属与湿润的舌尖形成通路,有电流经过的麻酥酥的感觉。

但是祖尔策没有找到原因,也没有再把这件事放在心上。就这样白白地浪费了发现电流的大好时机。

伏打和伽伐尼二人观点不同,开始争论。在论争中,伏打做了一系列的实验,结果证明他的观点更接近正确的实验现象。

伏打得到一个金属序列:锌、锡、铅、铜、银、金……这就是著名的物理上的伏打序列。在这个序列中,任意两种金属相接触就可产生电流,距离越远的两种金属相连接,产生的电流越强。伏打还发现,接触后,排在前面的金属带正电、排在后面的金属带负电。

1799—1800年,伏打发明了发生装置——伏打电堆,它能够产生持续的直流电。

伏打具体地叙述如下:

"取上30块、40块、50块,当然60块更好,这样较多的铜片,如果是银片,则会更好。将它们每一块都与另外一种金属片相接触,这另外一种金属片选用锡片或锌片,后者则更好。

"用同样数目的水层,或者同样数目的用液体浸泡过的卡纸或皮革等均可,我发现水并不理想,如果用盐水或碱液是最好不过。

"一切准备就绪,把那些卡纸或皮革夹在每对或每个组合所包含的两种不同的金属之间。这样间隔而成,按照顺序循环排列,这就做好了一个发电体。"

这种装置,如果叠得越多,电流就越强。

1800年,伏打致信英国皇家学会主席布克司,布克司将信发表在皇家学会的公报上,一举惊人。

1802年,美国与俄国的物理学家在伏打发明的基础上,分别做成了两个大电堆,发电产生的热把金属都熔化了,可见电堆之巨大。

伏打后来又继续改进,制出了更加易用的电堆。

稳定直流电流的出现宣告了人类的电气时代的到来。

## 数学家族伯努利

世界著名的大数学家欧拉与伯努利家族关系很好。伯努利家族在世界家族史上创了一项纪录:数学世家。

在数学与物理数学领域中,伯努利随处可见,比如说伯努利数列、伯努利—莱布尼茨诡论、伯努利方程。

数学史上,有一个历经2000多年才被解决的难题,此题形式简单:求自然数1,2,3,一直到几的任意次方(自然数次方)之和。写成公式就是求 $S_k = 1^K + 2^K + 3^K + \cdots\cdots + n^K$, K为自然数。

当K=1时,公元前6世纪的毕达哥拉斯学派求出了答案,即 $S_1 = 1 + 2 + 3 + \cdots\cdots + n$,可得 $S_1 = 1/2(n+1)$。后来,公元前200多年的阿基米德求出 $S_2 = 1/6(n+1)(2n+1)$。公元1世纪的尼扣马克求出了 $S_3$,但 $S_4$ 直到1000年后才由公元11世纪时的阿拉伯数学家解出。

对于任意自然数K,彻底解决了这个问题的是17世纪的雅各·伯努利。

雅各·伯努利1655年出生,是伯努利家族的后裔。这个家族近一半人天资聪明,他们几乎都是杰出的学者、教授、政治家和艺术家等等。这个家族在发展微积分理论上,起着突出的作用。他们为近代数学的发展做出了家族贡献。

伯努利家族祖居荷兰,他们信奉新教。因此受到天主教会的迫害。1583年,为了逃避天主教徒的大屠杀和残酷迫害,伯努利家族迁居到瑞士,在著名的巴塞尔城住下来。刚搬到巴塞尔,便与当地一位富商联上姻亲,始祖尼古拉·伯努利与富商的女儿结了婚,后来便成了统治整个巴塞尔城商人贵族集团的重要成员之一。

雅各·伯努利是迁至巴塞尔的家族第二代人。他的两个弟弟是尼古拉第一和约翰第一。他们三人在微积分上贡献非凡,享有盛誉。17世纪末,雅各·伯努利发展了莱布尼茨的微积分学,创立了变分法,提出并解决了部分等周问题和切线问题。

据不完全统计,伯努利家族祖孙四、五代12人中,至少有10名数学家。

雅各·伯努利还提出中等数学中有名的题目,若一个等差数列前两项为正且互不相同,而这两项与一个等比数列的前两项相同,则这个等差数列所有以后各项都小于相应的等比数列的各项。

雅各·伯努利又叫雅各第一。他自幼聪明勤奋,自学了笛卡尔的著作,后来结识了莱布尼茨、惠更斯等著名数学家。

伯努利家族的数学家从雅各开始,大都担任巴塞尔大学的数学教授。1686年,雅各成为伯努利家族第一位巴塞尔大学教授。他详细彻底地研究了悬链线问题。雅各·伯努利证明,给定长度的绳子,如果两头悬挂它,悬链线的重心最低。现在的悬桥和高压输电线应用原理由此而来。

雅各第一的墓志铭上镌刻着一反一正两条对数螺线,这是他晚年的发现。对数螺线无论是放大还是缩小,只要它的位置有所改变,其形状不会改变。所以碑文上被刻上了"尽管改变,我仍将要实现"的字样。

雅各·伯努利的弟弟尼古拉和约翰都是数学家。尼古拉后来在圣彼得堡从事数学研究。他去世时,叶卡杰琳娜女皇为他举行了国葬。约翰于1705年接任兄长的巴塞尔大学数学教授的职务。欧拉就是受约翰的指导和教育而成长起来的。

约翰是微积分学上有着重要地位的数学家。牛顿晚年解答的那道著名的题就出自约翰之手。有关"最速降线"的解答,约翰、雅各、莱布尼茨、洛比塔、牛顿等人做出了努力,成为早期变分学的研究者。

伯努利家族的几位数学家均是先开始学习医学或法学、哲学,都取得最高的学位,而后转向自己兴趣爱好之所在数学,他们家族是一个典型的自然科学学者型家族。

约翰的儿子是丹尼尔,他出生在荷兰的格罗宁根。

1695年,莱布尼茨指出,力要区分"死力"和"活力","死力"是指静力学的力,"活力"是指动力学的力。莱布尼茨的观点有很大影响,丹尼尔·伯努利于1738年出版了《流体动力学》。书中将微积分的方法运用于流传动力学和气体动力学的研究之中,建立了一个理论性的体系,就是伯努利方程,也称伯努利原理。

丹尼尔是数学物理方法的开拓者和奠基人。

丹尼尔的弟弟约翰第二及几位堂兄弟,也是数学家。

伯努利家族是瑞典乃至欧洲的一个著名望族。后来,他们在彼得堡科学院工作过,也推荐了欧拉。

虚功原理就是约翰第二与丹尼尔讨论中提出的,记载于父子俩的信件中。

## 欧拉时代

人类历史上,数学有三大著名人物,号称"历史上三大数学家"。

他们都可以用伟大来称呼。一是阿基米德,二是牛顿,第三位是高斯。

有人问,第四名是谁呢?他就是大数学家欧拉。

历史上有很多学者,比如说亚里士多德,我们称他是百科全书式的学者。比如说俄国的罗蒙诺索夫,我们也称他是百科全书式的学者。至于近代英国的罗素,更被人称为"大百科全书式的智者"。

欧拉不是大百科全书式的学者,但他拥有一个辉煌的名字,显示了他的专长是天才的和伟大的。

欧拉被称为"百科全书般的数学家"。

欧拉开创了数学史上的欧拉时代。他在当时所拥有的三、四十门数学分支里都有成果,而且都是里程碑式的突破和奠基。

欧拉是神童。如果世界上没有天才的话,最后一个被推翻的"天才"只能是他。也就是说,你必须承认他是,即使你不承认别人。

数学家们评价欧拉:"欧拉计算毫不费力,就像呼吸、吃饭、睡觉那样自然,对于他来说,数学计算就像鹰在风中保持平衡一样么出于本能。"

数学是欧拉的本能。

他有一次只在家里人两次喊他吃饭的时间里就写出了一篇数学论文,就如同三国演义里的关羽"温酒斩华雄"一样,真是令人感到惊讶,同时被他的神奇所折服。

他常常在和孩子们的游戏中,在和人的闲谈中完成高深的数学论文。

他双目失明以后,整个世界所有角落的数学公式全都在他的脑子里,他的头脑比别人的笔和计算工具都要准确和快捷许多倍。

他那时年事已高,但能脱口而出自然数前100个质数的6次方是多少。他的心算也是神奇的,不仅仅是加减乘除,还有平方开方,一直到对数三角函数,就连高等数学中的微积分和收敛级数等等,无所不能。

有一次,欧拉的两名学生计算复杂的收敛级数,他们把前17项求和。结果两人算到第50位数字时相差一位,于是请教欧拉。双目失明的欧拉为了确定结果,用心算计算了整个过程,结果把错误找出来了。

欧拉是1707年4月15日出生的。他的出生地就是伯努利家族所在地,瑞士的第二大城市巴塞尔。

欧拉的父亲保罗·欧拉是一位基督教的教长,精通数学。他本来希望欧拉能够接任他的职位,学习神学,也做一名牧师。后来发现聪明的欧拉对数学十分感兴趣,而且具有数学天赋,于是便传授欧拉数学知识。

这样,父亲成为欧拉的第一位教师。欧拉进入数学启蒙的殿堂。

有一个故事至今还在流传。小时候,欧拉刚七岁那年,父亲让欧拉学习神学,进了巴塞尔的神学学校。一天,老师讲到:"天上的星星是上帝亲手一颗一颗地安上去的。"欧拉问老师:"天上这么多星星,到底有多少颗呢?"老师回答说不知道。欧拉问:"既然是上帝造的,上帝为什么也不知道星星的数目呢?"

从此,欧拉把注意力转向自然科学与数学。

1719年,父亲为了试探一下孩子究竟有多大的数学才能,给他出了一道题。当时,家里要重新修砌羊圈。老欧拉说:"孩子,家里用的修砌羊圈材料总共只有一定的长度,要用这些材料修成一个占地面积最大的羊圈,而且修成方形的,应该怎么办呢?"

欧拉当时年仅12岁,很快告诉父亲答案,是正方形羊圈面积最大。的确,在长度一定并且必须是方形的情况下,正方形的面积最大。

巴塞尔大学的一位数学教授得知了这个消息。这位教授就是赫赫有名的伯努利家族成员,第二代数学家约翰·伯努利。他是提出物理学上著名的伯努利方程的丹尼尔·伯努利之父。

约翰来到欧拉家里,双方互相介绍认识之后,约翰讲明来意,巴塞尔大学要破格招收欧拉。欧拉的父亲很是犹豫,他对约翰说:"尊敬的教授,感谢您的好意,可是我希望儿子成为一名神学家。"约翰说:"尊敬的教长,您的选择应该慎重,要考虑孩子的天赋和才华,您知道,这是很惊人的。"

终于,老欧拉同意儿子修习数学了。1720年,刚13岁的欧拉通过考试和测验,进入了著名的高等学府——巴塞尔大学。

欧拉年龄很小,但是在学校里的成绩突飞猛进,名列前茅。他博闻强记,思维能力极强。

约翰·伯努利教授拿出单独的时间来教他数学。欧拉结识了尼古拉·伯努利和丹尼尔·伯努利,他们成为很好的朋友,也正是在良师益友的影响下,欧拉顺利地从事着数学工作。

大学毕业,欧拉取得了硕士学位,成为巴塞尔大学最著名的硕士,因为他是有史以来取得硕士学位最年轻的人。

1726年,欧拉发表关于船桅的最佳位置的论文,荣获巴黎科学院的奖金。

伯努利家族后来去了俄国彼得堡科学院工作,欧拉也被邀请。欧拉在俄国成家立业。

1735年,28岁的欧拉由于勤奋工作,长期伏案,结果右眼失明了。因为他长期看书并观测太阳,导致视力极度退化。

1733—1741年,欧拉在彼得堡生活,他有很多事情要做。他担任了彼得堡科学院的数学领导人,要承担运河改造的方案,还要审核很多设计,还要制定度量标准,以及为气象观测、建筑部门做技术指导和测试。

就这样,在各种琐事中完成了一部又一部伟大的著作。欧拉是一位创作多产的数学家,他的很多研究成果至今人们还没有完全利用,大多具有很高的科学价值。他的著作堆在屋子里,几乎成了书山、纸山。

著名的"七桥问题",凝聚着欧拉的研究心血。

哥尼斯堡,位于现在的加里宁格勒。在哥尼斯堡,有一条河名叫勒格尔河。

勒格尔河上修有七座桥,并且有两条支流,一为新河,一为旧河。三河在城中心汇合,在合流处是哥尼斯堡的商业中心哥尼斯岛。

问题是:一个人能否一次走遍所有的七座桥,每座桥只准通过一次,无论来回,最后仍然回到出发点呢?

欧拉把所有可能的走法全都列举出来,他先计算了一下,发现共有5040种走法。那么要是全都画出来,看一看有没有可能满足以上问题,太笨了。而且数目更多的河与桥怎么办?

显然,一一去数,不是办法。

于是欧拉把地图抽象为几何问题,他想到把岛和陆地看成四个点,把桥看成七条线。点与线的关系成为研究的焦点。

其实,画成什么样都行,不管是直线还是曲线,只要连接关系不变就可以。第二个图就是著名的"欧拉金蝉"。它像不像抽象了的带翼的蝉?

如此一来,问题就改变成:以上图形能不能从 A、B、C、D 四点中任意一点出发,绕过所有的线路,不重复,而最终回到这一点?

1736 年,欧拉研究了这个问题后写出来他的成果:"几何学中,除了早在古代就已经仔细研究过一种几何,就是不关心量和量的测量,而关心的是位置。我们应该考虑一下仅仅研究各个部分相互位置的规则,不研究尺寸大小。这可以称为位量几何学。"

欧拉指出,如果从一点出发,引出来的线是奇数条,就称这个点叫奇点。比如图中的 A 点就是奇点。其实,上图 A、B、C、D 四点都是奇点。

如果从一点出发,引出来的线条是偶数条,我们就把这个点叫做偶点。如三角形的三个顶点,正方形的顶点。当然,如果把正方形的两条对角线也画出,就是奇点了。

点和线不管长度和形状,相连而成网络。

问题又可以进一步变成:网络怎样才能一笔画出。

欧拉通过研究,得出来结论:

若能一笔画出一个网络,必须察看网络中奇点偶点的个数。如果网络奇点的个数是 2 或者是 0,那么就可以,如果是其他情况,那么都画不出来。

考察一下七桥网络,它的四个点全是奇点,也就是说,网格中的奇点个数是 4,所以要想满足七桥问题,是没有这样的路线存在的。

欧拉的研究超出了传统欧氏几何的范围,奠定了"网络论"几何的基础,开辟了"拓扑学"之先河。

在欧拉的著作中,不同的数学领域都有他的定理,尤其是数学分析。人们惊讶地称他为"数学分析的化身"。

在复变函数中有欧拉函数;

在数论中有欧拉定理;

在变分名题中有欧拉方程;

在刚体力学中有欧拉角;

在拓扑学中有欧拉数;

在初等几何中有欧拉线;

在归纳法中有欧拉提出的 $2n$ 表示的名题……

欧拉不愧是数学的丰碑。

他一生勤奋,又有天才的能力,所以取得最辉煌的成就。如果一个人是天才,但不做出努力，最终如"伤仲永"；如果一个人勤奋，那就依才能而定。只有勤奋加天才，才能成为丰碑式的顶点人物。

欧拉主要在俄国、瑞士、德国之间奔走。他28岁右眼失明，1727—1741年在俄国担任学术领导人，但是俄国政府十分腐败，更不重视各种基础研究。于是1741年，欧拉接受了德国普鲁士国王腓特烈大帝的邀请，来到柏林科学院。

在柏林，他担任科学院物理数学研究所的所长，还为皇宫子弟讲课。

在俄国，他曾经运算过彗星轨道，只用了三天他就完成了一般数学家三个月的计算量。

在德国工作时，欧拉提出了"三十六名军官问题"。

传说是这样的：

腓特烈要求，从每支部队中选派出6个不同级别的军官各一名，共36名。这6个不同级别是：上校、中校、少校、上尉、中尉、少尉。

他要求这36名军官排成六行六列的方阵，使每一行每一列都要有各部队、各级别的代表。军官们没有完成任务，没能设计出这样的方案。

欧拉花费数年时间研究这个问题，得出结论，这是排不出来的，他还进一步研究了一般性的情况，并提出一个猜想，认为22阶、10阶等形如$4m+2$阶数的方阵是不存在的。

后来，几位数学家推翻了这个猜想。但是人们命名为"欧拉方阵"的方阵研究，对数理统计起了重大作用。

欧拉与普鲁士国王腓特烈的相处不好。正在这时，俄皇叶卡杰琳娜二世盛情邀请。

1762年，欧拉返回彼得堡。在他59岁时，他的双眼全部失明了。这对一般人来说打击是沉重的。然而欧拉在黑暗中整整17年依然工作和研究。

他性格乐观，开朗热情。他一生发表的成熟著作有860多篇论文，其中400多篇是双目失明后研究得出的。

然而不幸接连而至，64岁的欧拉遇上了大火灾。住宅着了火，他差点葬身火海之中。仆人把他救出来，然而异常不幸的是：他的著作几乎丧失殆尽！

我们所有的读者看到这里心都会一沉，因为欧拉的成果和藏书是他一生的心血，不仅仅是他个人的生命凝聚，而且如果这些著作丧失，将会有多少伟大的发明和发现不知要经过几百年要由几百个人才能重新做出来！

然而，天才在这时充分展示出来：

坚强的欧拉毫不灰心，这位年近古稀的老人开始口述，由他的大儿子A·欧拉记录，把自己损失的著作一卷一卷地口述出来，他的脑子宛然一部百科全书！他不仅将自己失去的著作全回忆出来，而且借回忆口述的机会全都订正心算加以完善，更加完美！

欧拉与拉格朗日，都被称为是当时伟大的数学家。欧拉的品质和业绩真正令人感动和无限钦佩。

1783年9月18日，法国的蒙特哥尔要举行第二次乘坐汽球升空试验。欧拉的计算汽球上升定律成功了，为了庆祝，他请朋友们到家中聚餐。

饭后,欧拉计算刚发现的天王星的轨道公式,与大家谈笑,还给孙女讲故事,这时他的烟斗掉在了地上,老人安详地永远熟睡了。

1707—1783年,欧拉时代。

让我们记住他多舛命运中的顽强意志吧,他是一个战胜了命运的人:"如果命运是块顽石,我就化作大铁锤,将它砸得粉碎!"

## 光的本质之争

光本质的争论由来已久。

在17世纪已出现了关于光是一种"作用"还是一种"实体"的争论。后来逐渐发展成为两种学说,一种是以牛顿为代表的微粒说,简而言之即认为光是从光源发出的物质微粒流,在均匀的媒质中以一定的速度传播;另一种是以惠更斯提出的波动说为代表,认为光是一种振动形式,以波的形式向周围传播。

笛卡尔可以看成是波动说的第一人。但是他在谈到视觉效应时,把光比作脉冲波动,否认是一种微粒,而在解释光的折射和反射时又运用物体的碰撞运动来比喻,所以他在光本质的看法上是模糊的。

17世纪的伽森狄(1592—1645)主张的是"微粒说"。1638年,他进一步研究了古代原子论思想,并认为:物质本身是一种坚硬粒子组成的,这些粒子在各个方向上运动,数量极多。

原子论是当时人们认识物质结构的基础,而且几何光学在当时已相当成熟,所以人们很自然地把光看成是粒子流,这样就宣告了光的直线传播和反射定律,而且也可以与折射定律不发生矛盾。这种学说支持率很高。

17世纪末,惠更斯提出光的波动说。在发表的《论光》专著中,惠更斯认为光的运动不是物质微粒而是媒质的运动,即波动。

惠更斯指出:"假如注意到光线向各个方向以极高的速度传播,以及光线从不同的地点甚至完全相反的地方发出时,光射线在传播中一条光线穿过另一条光线而相互毫不影响,就会完全明白这一点:当我们看到发光的物体时,绝不可能是由于从它所发出的物质,像穿过空气的子弹和箭一样,通过物质迁移所引起的。"

与声波、水波类比,惠更斯从光速有限性论证了光是球面波。

惠更斯原理是:在波的传播过程中,波阵面上的每一点都是新的水波的中心,这些子波的包络就给出了波阵面的新位置。

此学说很好地解释了光的反射与折射现象,以及方解石的双折射现象。后来,这被丹麦科学家巴尔多林在1669年证实。

但是惠更斯认为光是纵波,这样他无法解释光的干涉、衍射和偏振。并且,惠更斯否认光波具有周期性。

1665年，胡克在《显微术》一书中主张"光是一种振动"。他认为光是在稀薄的媒质中传播，是一种横向振动。

牛顿认为波动说的缺陷在于：

其一，光如果是波动，应该有绕射现象，但是没有观察到这种绕射；

其二，方解石双折射现象的解释并不完备确凿。

其三，波动说所依赖的介质很值得怀疑，至今不能证明。

牛顿其实不是完全排斥光的波动说。他认为当光投射到一个物体上时，可以激起物体中粒子的振动。牛顿还提出了光的周期性。

这两个学说有一个理论推导而互相矛盾：微粒说认为，光在折射时，密媒质中的光速大于疏媒质中的光速，波动说认为恰恰相反。因为实验条件无法满足，所以均不能证实。两种学说一直在争论。

在18世纪，可能由于牛顿的崇高地位，人们普遍认可微粒说。

然而在19世纪，托马斯·扬和菲涅耳使波动说复兴。

托马斯·扬是医学博士，兼通哲学、数学、考古、音乐以及绘画。

1800年，扬发表了《关于光和声的实验》论文。他提出否定微粒说，理由是：

第一，强光和弱光的速度是相同的，微粒说不能很好地解释这个现象；

第二，光线从一种介质进入其他介质时，部分发生反射，部分发生折射，微粒说十分牵强。

托马斯·扬在实验的基础上推导出了干涉原理，这就是波动光学的基本原理。干涉现象是波的共同特征。光的干涉即同一光源的同一部分上发出的两列光，在交迭的空间某些地方出现亮度与颜色的变化。

在1807年《自然哲学讲义》中，扬描述了双缝干涉的实验。

由于学界气氛的落后与守旧，扬的重大发现没有引起重视，直到菲涅耳的波动说确立。

菲涅尔是法国物理学家，由于反对拿破仑，曾经入狱。1819年，他与阿拉哥一起证实了光是一种横波。有意思的是，权威院士泊松认为，如果光是波的话，把小圆盘放在光束中，则在小圆盘后面一定距离处的屏幕上盘影的中心点出现亮斑。

泊松认为出现亮斑是很荒谬的事情。然而这恰恰成为菲涅耳理论正确性的证明。

菲涅尔与托马斯·扬交流经验，互相促进，打破了统治已久的微粒说。

此外，1669年和1808年，丹麦巴塞林纳斯和法国马吕斯引进了"光轴"与"光的偏振"，偏振表明光是横波。

波动说提出的新问题是光的媒介。人们一般认为光的媒介看不见摸不着，称之为以太。物理学家基于光是机械波的认识，不断修正和补充以太模型，但始终不理想。

麦克斯韦建立了统一的光学与电磁学理论，光被看作是电磁波，机械以太被电磁以太所替代。

以太问题始终是经典物理的一大隐患。

光的本质之争并没有澄清,一直到爱因斯坦。

## 泰晤士河上的彩虹

碧波荡漾的泰晤士河,日夜奔流在古老的英吉利土地上。它那永久的却又是新鲜活泼的波浪给伦敦这座颇具历史感的世界名城增添了无限生机。泰晤士河是伦敦城活的灵魂。正如英国人自己所说:"没有泰晤士河,也就没有伦敦,没有英国。"泰晤士河是英国的母亲。她那滔滔不息、甘露一般的水流无私地滋润了英国的土地,滋养了英国的人民,是她的生机和活力给伦敦带来了令全世界瞩目的繁荣景象。

作为回报,英国人民用自己的智慧、超群的双手打扮起了泰晤士河。1894年,一座雄伟壮观的塔桥建设竣工,它飞扬在泰晤士河的波涛之上,脚踏着两岸的土地,像一道绚丽的彩虹,给原本就美丽无比的河流增添了更多情趣。从早到晚,这里人来人往,车水马龙,川流不息;站在桥上,盛景无限,千帆竞渡,百舸争流,极目远望,万象争辉,不知迷醉了多少留连忘返的游人。这里,早已成为伦敦古城颇富吸引力的一大景观。

百年来,这座塔桥仿佛一位历史的见证者,亲眼目睹了伦敦这片土地上的风云际会,升沉荣辱。百余年来,经历了多少次的花开花落,云卷云舒,这座塔桥已是饱经沧桑,却依然坚实地挺立着。这要从塔桥高超的建筑艺术上说起。

从外观上看,塔桥的两端是维多利亚时代的砖石建筑,但仔细从塔内观察,就会发现,塔身还是以钢铁结构为主。有这样钢铁做成的腰身,当然会在百年之后依然健壮如故了。另外,塔桥的长寿也得益于它那绝妙的设计,在不同风格中又十分合理,它是世界桥梁建筑史上的一个奇迹。

之所以称为塔桥,是因为桥身由四座塔形建筑连接起来构成的。河中间的两座桥基高均为7.6米,桥基上又建有两座花岗岩和钢铁结构的方形高塔,分为五层。方塔之上,还建有白色的大理石屋顶和五座小尖塔,远远望去,仿佛两顶耀眼的皇冠。这两座塔分上下两层,总高度约为60米。

塔基和两岸用钢缆吊桥相连,上面一层起支撑双塔的作用,下面一层可以让行人通过,也可供车辆穿行,是一条过河的交通要道。桥内的设施很丰富,设有商店、酒吧之类的小商业区,以方便这里游玩的人们能得到急需之物或是休闲、小憩。行人也能在桥内购物、聊天,暂做停留,或凭栏眺望泰晤士河沿岸的秀丽风光,在这里可以提供给人们极为宽广的视野。

令人惊叹不已的是,这座桥还身负着世上少有的一项绝技:每当有大型海轮鸣笛经过时,塔桥的下层中间桥面便会一分为二,在1分钟时间之内向上折起,巨型海轮稍待片刻之后,就可以安然地通过了。然后,那折起的桥面就会慢慢放下,一切恢复如常。在这个过程之中,行人们可以改道从上层桥面通过。这两块活动的桥面,各重100吨。

泰晤士河的运输业非常发达,因此塔桥的这种绝技必须经常展示。据说,在塔桥建成之初,桥面每天折起多达 50 多次。开合桥面的水力机械藏在塔内,从 1976 年开始,桥面起吊采用了现代化的自动控制装置。然而此时,塔桥的绝技却难得一见了。因为多数大海轮到达伦敦时,都停泊在伦敦港,很少有再经过这里的了。

时至今日,伦敦塔桥依然雄伟,巍峨壮观,它严守着伦敦的门户,以卫士的姿态傲然矗立着。

## "贩卖死亡"的人——诺贝尔

炸药大王的奖金闻名世界。

炸药大王的奖金不是为了征战。

更不是像炸药那样为了破坏。

他是为了什么呢?

让我们来看——诺贝尔奖。

按照诺贝尔的遗嘱,文学奖和物理学奖、化学奖、生理学奖及和平奖并列,颁奖活动也在一起召开。

爱因斯坦说过:"但愿那种促使阿尔费雷德·诺贝尔设置巨额奖金的精神,在那些决定我们命运的人的心里会占优势。要不然,人类文明将在劫难逃。"

诺贝尔奖是世界众多奖项的巅峰。

诺贝尔本人留给我们更多的思索。

在人类文明的发展史上,有一个奇怪的现象,很多技术会被用来救人,造福人类,也可被用来杀人。而往往是先杀人,后救人。

火药是中国的四大发明之一,13 世纪时,由印度传到阿拉伯。作为人类文化使者的阿拉伯商人,把武器和原料带到了欧洲。19 世纪,蒸汽机等技术引发人们对自然的利用,然而也是一种破坏。而黑色火药满足不了飞速发展的欧洲社会,开山采煤,炸岭铺桥等等,都迫切需要威力极大的炸药。

1837 年,法国科学家贝罗慈得到硝化棉。他用浓硝酸浸泡棉花等纤维物,处理后可成为爆炸物。

1847 年,意大利化学家苏伯诺制得硝化甘油。这种黄色的油状液体是烈性不稳定的物质。一不小心就会爆炸,不能受热,不能碰撞。

1860 年,27 岁的诺贝尔在硝化甘油的基础上开始实验,他要制造出能安全地人工引爆的炸药。

诺贝尔付出的代价是惨重的,他几度死里逃生,耳朵也受到异常严重的损害。1864 年的惨幕使人们耳不忍闻,目不忍视:在实验中发生了极为猛烈的硝化甘油大爆炸,整个房屋棚壁等等坍塌,一声巨响的爆炸使实验助理五人全部死亡,诺贝尔 21 岁的弟弟不幸身亡。诺贝尔的哥哥和父亲受伤致残。这是人类历史上相比于战争来说似乎是很微小的

"海伦堡事件"。但它的意义却可与任何一件历史事件比肩,人们崇敬诺贝尔,他不是自私自利的个人主义者,他是一个投身于技术造福全人类的人。

1865年,雷管在诺贝尔手中诞生了。这个结果取得了重大突破。

1866年8月,德国汉堡的诺贝尔实验室又突然爆炸。诺贝尔在"海伦堡事件"时不在现场,侥幸躲过一难,而这次他正身处其中。人们赶紧抢救,只见一个全身是血、伴着浓烟、满脸乌黑的人从废墟中冲了出来。诺贝尔又捡了一条命回来。

因为这种危险的实验,有些政府不同意研究。但诺贝尔认识到此举之伟大意义,仍然在未下禁令的地方或较为偏僻不易有人的地方继续实验。

1875年,历经数百次试验,胶质炸药诞生。

1879—1887年,无烟炸药诞生。

诺贝尔在这些炸药发明之前最先研制的是黄色炸药。从雷管之后,诺贝尔建立了世界上第一个硝化甘油公司。但是硝化甘油极其不稳定,在运送、存储的过程中,常常车毁人亡。人们禁止生产这种物品,而诺贝尔成为"贩卖死亡的商人"。

正是这样,诺贝尔继续研制,先后诞生了稳定的炸药。

现在,诺贝尔的名字恐怕是世界上最响亮的名字之一,他拥有炸药专利及其他发明权共355项。在他有生之年,他成为富可敌国的财商。

他到底是什么样的人呢?

他是一个伟大的发明家,一个为技术研究献身同时获得丰厚物质回报的人,一个因此也失去很多幸福的人,一个伟大的理想主义者。

他出身在一个工程师家庭,这个家庭有一股震撼人心的勇气:献身科技。但是诺贝尔自小时候起,就热爱美丽的大自然,热爱诗歌。

他有极强的语言天赋,在16岁时,他的理想是当雪莱那样的大诗人。最终他融入了科技发明,正是他这些美好而浪漫的情感使他在各种失败面前毫不退缩。

诺贝尔说:"我的理想,是使人类过上更幸福的生活而发挥自己的作用。"

看到自己的发明既被用来造福人类,又被用来投入战争。而且所谓"造福"人类的人还经常破坏了自然,没能起到真正的作用。这一切现象,使厌恶战争、热爱真正文明的诺贝尔十分痛心。有时候,诺贝尔几乎天真地设想:能不能发明制止战争的"炸药"?

临终之前,除很少部分赠与亲人朋友外,他的绝大部分财产留给了世界,奖给为人类和平和真正的文明作出贡献的人,而不是破坏与战争。

## 诺贝尔物理学奖第一人——伦琴

19世纪被称为"科学的世纪",其中X射线、放射性和电子等的发现,揭示了物理学革命的序幕。

1855年,法拉第早就结束了自己的电学研究,德国的玻璃工人盖斯勒发明了水银真空泵。他把金属电极放在玻璃管里,使放电现象有了新的进展。

人们发现在放电时阴极附近的玻璃管会发出荧光。如果管内放上一块云母片,玻璃壁上就出现云母片的影子。英国科学家克鲁克斯等人进一步研究得出:有一种射线从阴极发出,沿直线传播,就在磁场的作用下会发生偏转,这种射线被称为阴极射线。阴极射线其实就是电子流。

德国物理学家伦琴是当时的德国维茨堡大学物理学教授兼校长,他在研究阴极射线时,发现了X射线。事情是这样的:

伦琴在研究阴极射线激发玻璃壁而发生荧光时,偶然发现放在真空放电管附近的用黑纸严密包好的照相底片会被感光。这说明了放电管内发出了某种能穿透底片封套的射线。

伦琴对这个现象没有放过,他认真思考,决定再进行详细的实验。

1895年11月8日,伦琴用黑色硬纸板做成封套,把实验用的希托夫射线管子套起来,离射线管不远处有一张涂钡铂氰化物的纸,用来挡住射线管发射的射线。

伦琴接通电源检查是否漏光时,室内漆黑一片,可是伦琴发现了在这本应该伸手不见五指的环境里,氰化钡铂的纸上却发出荧光。

而那时的科学家通过实验已经证明了仅仅是阴极射线的话,不可能使一步以外的荧光屏发光。也就是说,阴极射线本身是穿透不了玻璃管的。

这到底作何解释呢?

伦琴自言自语:"阴极射线在空气环境下,只能辐射很近的距离,这是怎么搞得呢?"

他把纸翻转,使没有涂上钡铂氰化物的一面对着管子,屏幕上还是发出了荧光。他把屏幕移放得稍稍远些,屏幕同样呈现荧光。

经过实验,伦琴认为激发这种荧光的东西,来自阴极射线管,但绝不是阴极射线本身。它可能是一种具有强穿透力的新射线。

此后,伦琴又在屏幕和放电管之间放了多种物质进行实验。

1000页厚的书,穿透!

2—3厘米厚的木板,穿透!

15厘米厚的铝板,穿透!

他又把厚厚的铜板放在屏幕和放电管之间观察,结果光线消失了。

通过实验,伦琴知道这种未知的射线对密度较大的物质透不过去。

人的身体密度不很大,但不均匀,会有什么现象呢?

这样想着,伦琴把手放在射线管与屏幕之间,幸好有所准备,但也够吓人的:手骨。

伦琴投入到忙碌的研究之中。

他没有告诉任何人。

近一个月了,他忙忙碌碌,沉默寡言。同事们见他不声不响,家里人也觉得他跟变了一个人似的,大家都很替他担心,可是谁也不敢多问些什么。

1895年12月22日,伦琴的妻子来到实验室,她是提心吊胆来的,没有想到伦琴十分高兴地用夫人的左手照了一张照片。他命名为 X 光照片,因为这种射线不知是什么,所以伦琴用 X 来代表。这就成了人类史上第一张 X 光照片。照片上有戒指的轮廓和手骨结构。

整整 7 周的研究,伦琴写成 16 个专题,发表了《关于一种新的射线——初步报告》的论文。

X 射线轰动了物理学界。

直到 1912 年,德国物理学家劳厄发现 X 射线通过硫化锌晶体而发生衍射才证实它的波长很短,是一种电磁波,这种电磁波的波长比当时已知波长最短的紫外线还要短。而这时,英国的物理学家布拉格父子也确定了计算 X 射线波长的新方法。

X 射线被用于医用,成为直到现在人们仍然还在运用的、医疗必不可少的透视手段,X 射线诊断学也应运而生。

X 射线的发现宣布 20 世纪新的物理学到来,它告诉人们更深的领域等待着人们去探索去研究。

现在人们利用 X 射线的方法可以分析晶体结构,可以做人体透视,在工业上可以用于金属制品的探伤。

X 射线使趋于停滞的物理研究积极飞速地发展了起来。

伦琴成为 X 射线研究的第一人,是第一位获诺贝尔物理学奖的人。时间为 1901 年。

## 科学研究需要勇气

在人类科学发展的历史中,我们不只是看到智慧的头脑做出一个又一个惊人的发现,更令人感动的是那科学家探索真理的勇气和牺牲精神。

科学的发展每一次都是一场革命。如果只是思想观点领域内的革命,人们对不理解的人只会带来精神与道德上的伤害,如果涉及到社会固有的落后势力,科学革命将比真正的革命毫不逊色,它既是一个人胆略的锻炼,也是一个人知识的表现。

有胆有识的科学家,将是前进力量的代表。他们为人类所纪念。

布鲁诺是最值得敬佩的智者和战士。

相比之下,有些科学家受到一些反对势力的影响,会放弃自己的观点,这对科学研究是极大的危害。

科学家也会犯错误。

大化学家李比希和维勒开创了有机化学,他们曾经是革命者。但是在某些领域,他们又成为了保守者。

施旺在做发酵实验时发现了一个现象,发酵颗粒是一种真菌。真菌基本上也是细胞,所以施旺认为,"腐烂、发酵过程中的化学变化都是活的微生物活动引起的"。这是十分准确的结论。

他反对生命的自然发生说,认为任何生物看起来好像是自然发生的,其实是从更微小的生物体发育而来的。

这一观点受到当时人们的普遍嘲笑。尤其是大化学家李比希和维勒,他们认为这种说法荒谬之极。

同时,还有人写文章冷嘲热讽,表示反对。在激烈的科学斗争面前,施旺退缩了。他不再研究正确的东西,放弃了自己正确的想法,转而研究其他领域。最终,这个真理的发现权让给了勇于探索、坚持研究的巴斯德。

施旺,1810年出生,1882年去世。他原来在教会学校上学,继而学医,师从著名德国生理学家缪勒。施旺是一位高材生。

还是一名学生的时候,施旺就发现了胃蛋白酶的存在,认定它对胃酸消化食物具有极大的帮助作用。

施旺和施莱登两人性格迥异,他们是亲密的朋友,1838—1839年,二人共同提出细胞学说。该学说认为:细胞是一切有机体构造和发育的基本单位,有机体的发育就是细胞的分化和形成过程。

施莱登认为:细胞是一切植物体结构的基本单位,又是一切植物赖以发育的根本实体,植物的性状是细胞活动的表现,植物的发育过程就是细胞的形成过程。

正是施莱登的学说启发了施旺,施旺便将这个学说扩展到了动物界,后来又提出了整个生物界的细胞学说。

恩格斯曾经给予细胞学说以极高的评价。他称细胞学说为19世纪自然科学三大发现之一。在《自然辩证法》中,恩格斯写道:"19世纪的第二个发现,是施旺和施莱登发现有机细胞,发现它是这样一种单位:一切机体,除最低级的外,都是从它的繁殖分化中产生和成长起来的。有了这个发现,有机的、有生命的自然产物的研究——比较解剖学、生理学和胚胎学——才获得了巩固的基础。"

"有机体的产生、成长和构造的秘密被揭开了,从前不可理解的奇迹,现在已经表现为一个过程,这个过程是依据一切多细胞的机体本质上所共同的规律进行的。"

细胞学说同时也被誉为是奠定唯物主义辩证自然观的三大发现之一。

## 光的颜色研究

对光的速度的测量是技术的大发展,但是这最重要的技术不是因为对光速度的研究,而是对光颜色的研究。

牛顿通过光通过棱镜的情形来观察光的性质。他在把实验装置装备好时,就会在棱镜后面的屏幕上产生光谱,这是一道彩虹。所谓"红移"与"蓝移"就是根据光谱位置来说的。

牛顿发现白光并不单纯,而且白光是最不单纯的光,白光可以分成多色,多色光又可以合成白光。

约瑟夫·弗劳恩霍费尔(1787－1826年)是慕尼黑的一名磨镜师和玻璃制造工匠。他曾经设计过精密的磨床,他还改进了望远镜,并且对各种玻璃的性质十分熟悉,知道怎样加工成优质的光学仪器。

弗劳恩霍费尔比较各种玻璃的光折射,让日光通过用单种玻璃做的棱镜,但他发现:由于光谱的颜色密集在一个较小的范围内,一开始就做出精密比较是不可能的。所以弗劳恩霍费尔拟定了方案,依靠这个方案进一步扩展光谱。

结果,弗劳恩霍费尔线诞生了。

太阳光谱的颜色不是没有间隙的和连续的,从光谱上看到的是:无规则地有窄谱线分布。这就是弗劳恩霍费尔线。

弗劳恩霍费尔认为,"这些谱线证明被分解的白色日光的成份,并非是由不同折射力的连续光谱组成,而且证明光来自一定的颜色层次,因此暗线是光谱中的间隙,这些间隙与缺少的光相应,假使这个光谱每次都是由日光通过同一材料制作的棱镜产生的话,这些谱线就会始终处在光谱的同一部分,次序和位置相同,密度和明暗相同。如果材料不同,数量、次序、明暗度也没有变化,但是谱线之间的相互距离却有不同"。

人们历来都认为太阳与其他恒星是同一光种,但弗劳恩霍弗尔发现恒星光谱与太阳光谱不同。

这下引发了一项重要研究,即光谱分析。光谱分析是19世纪的重大科学成就,由于光谱分析,使得化学家可以指出微小元素的情况,而天文学家也开始走向天文物理。至于冶金、工程等方面,也可以精密地确定出微量物质从而断定质量与事故。

当时人们利用的是元素、原子与光的关系,而为什么它们能保持发光并且颜色各不相同呢? 19世纪的人们是不知道的,这是原子物理学的范围了。

今天实验室里的"本生灯",是科学家本生发明的一项技术性工具,是一种有充分空气供应的煤气灯。由于空气供应很充分,这种火焰几乎没有颜色,而且热量很高,十分有助于观察颜色。

德国的化学家本生(1811－1899年)与他的同事克希霍夫(1824－1887年)利用这种灯研究了很多元素的燃烧发光。

他们用铂金丝将各种盐类慢慢靠近火焰,就可以观察到盐类上燃烧的蒸气光谱。"我们面前的这些现象,属于人造的最辉煌的光学现象。现在我们只看到与燃烧的盐相应的光谱,这种光谱以最大的光泽出现,而在以前的实验中,光谱的最大特点被酒精光所遮蔽"。

本生与克希霍夫断定金属有其特殊的焰色反应。为了进一步使不易熔解的金属化合物呈现焰色反应,他们二人还利用了电火花,因为电火花提供的火光很强。

白炽的固体光谱是连续的。由于元素的光谱与其含在哪种化合物中无关,那么检验某种元素的一种好方法就是焰色反应。在检验中,一种化合物的各种元素的光谱不会相互干扰或影响。但主要的是,本生和克希霍夫提供的验证方法显示了极大的灵敏度。本生描述说，在一次实验中，三百万分之一毫克的钠已经足够获得一个清晰的光谱了。

运用光谱分析，人们不久发现了在研究中一直被忽视了的一些化学元素，因为它们只是出现在极微量的分布中。像铷和铯，就是本生通过焰色发现的。后来通过光谱，又发现了铟、镓、铊的存在。未知化合物的成分也可以通过光谱分析确定。

弗劳恩霍费尔曾经观察到，太阳光谱的两条暗线刚好处在实验室实验中钠光谱的明线位置上。莱昂·富科和本生以及克希霍夫是这样解释的：如果亮光落在较不亮的钠蒸气上，那么就会出现"钠线的逆变"。光谱中，原来明线的位置到现在比其余部分暗。使用相应的实验方法，其他化学元素的光谱线也有同样的情况。

其原因是什么呢？

发光的气体和蒸气吸收它们自己放射的颜色。除了发光体的光引起的发射光谱外，还有吸收光谱。光通过发光的气体和蒸气时，就产生了吸收光谱。这时，吸收光谱在某种程度上就是发射光谱的"反面"。吸收光谱中属于某一元素的暗线所处的位置，恰好是没有吸收时发射光谱的明线所处的位置。

这种认识解释了太阳光谱中弗劳恩霍费尔线的形成。

克希霍夫这样写道：

"为了解释太阳光谱的暗线，必须承认，太阳的大气包围着发光体，发光体本身只产生没有暗线的光谱。人们可以做的假设就是，太阳是一个固体的或流体的高温的核，四周是温度略低的大气"。

太阳大气中的元素吸收了"自己的"光，因此形成了暗线。事实上进一步的测量和比较表明，地球上有许多元素在太阳大气中是炽热的蒸气。只要扩大研究恒星的光谱，就会发现，"地球上的"元素在恒星上也存在。

在化学史上，有一个元素的发现第一次是在太阳上。

当时人们已经知道怎样安放和遮暗附有光谱仪的望远镜，以取得太阳四周炽热气体层的光谱，而不是太阳本身的光谱。所以，分光镜显示的不是吸收光谱，而是发射光谱。正常情况下暗的弗劳恩霍费尔线显得明亮。英国天文学家和物理学家约瑟夫·诺尔曼·洛克耶在这里观察到一个明亮的黄线，这个位置是属于一个未知的元素的。洛克耶猜想原因是地球上存在一个未知的元素，他命名为氦。几乎过了30年，1895年地球上的氦才被发现，而且是在某些矿物之中，有微量的氦。新元素第一次发现于太阳，后来才发现于地球，这是一个令人信服的证据，证明同样的元素也存在于天体之说。

从此，光谱分析在天文学和天文物理学方面建立了丰功伟绩。

人们从星球的光谱可以推断其表面大气温度，由此又可得到星体本身温度的要点。

光源的光谱中存在细微的，只有用最精密的手段才可以测得的偏移，偏移取决于光源朝我们来或离我们去的运动速度，根据这一点，可以用光谱分析来测定恒星速度。

19世纪迅速发展的摄影技术，为光谱分析作出了贡献。

目前光谱分析已从可见光到不可见光，可以对遥远星球的化学成份进行测定，证明了化学元素的普遍存在。

## 两位挚友开辟了有机化学

在古代,人们实践中接触了很多物质,其中也接触了很多有机物,但人们不能对这些物质有深刻的认识。

有机物比无机化合物的种类要复杂许多,数量上要多许多倍。在当今社会所有的化合物中,有人做过一次统计,发现有机化合物约占总数的五分之四还要多。而且很多有机化合物的存在常常跟生物体分不开,尤其是动物和植物。现在,仅植物动物体内的蛋白质数量就有万种之多。

早在19世纪以前,瑞典的化学家席勒(1742－1786年)就发明了提取有机酸的办法。人们从而可以获得更多更纯的化合物。

大化学家拉瓦锡也将他的学说和有机分析结合起来,得出有机物均含碳与氢的结论。拉瓦锡还认为,有机化合物与无机化合物本质上是没有区别的,大多是氧与一个基团相化合的成果。

但是,人们总误认为动植物组织就是有机物。

瑞典著名化学家贝采留斯在拉瓦锡理论的基础上提出,有机物实际是一种复合基与氧化物形成的,复合基本身是一种原子团,不含氧。

复合基相对稳定。这是贝采留斯的结论。

18世纪末盛行活力论。关于有机物的研究总带有神秘色彩。贝采留斯很想冲破有机物与无机物的界限,但他花费了10多年的时间,没能成功。他从氢、氧、碳、水等无机物来合成有机物,没有实现。于是,贝采留斯认为"生命活力是神秘的,高不可攀的"。

他还系统地论述了这一问题。他把化学物质分为两类,以是否来源于有生命的组织而分为无机物和有机物。在有机物中,蕴含着生命的活力,所以,无机化学的规律并不是完全适用于有机化学的。

有机物就像阳光、空气一样是人们生命的必需品,成为"生命来源之物"。

比如说尿素,这种有机化合物就只能在人或哺乳动物的体内才能制造出来。人们认为,只有细胞受了某种奇妙的"生命力"的作用才能产生尿素。

就这样,"活力论"在无机物和有机物之间划开了界限。

1824年,一个年轻人不知疲倦地工作着。他做了一个氨与氰酸相混合的实验。当氨与氰酸气体在容器中被水混合,振动摇晃了一段时间之后,这个青年把溶液蒸发。

随着温度的升高,液体不断被蒸干,出现了一种结晶体。这就是他想要研究的"氰酸铵"。

他把这种晶体溶入水中,用来检测它的性质,但是出乎意料的情况发生了,这种物质不是他所想像的所谓"氰酸铵",而是一种新物质。

他继续研究,终于发现了这种物质早就存在了,他曾多次测量过,不会出错。但是这种物质在实验室里从来没有被合成出来，它就是尿素，有机化合物尿素。

这种结果使他十分惊讶。按照流行的观点，尿素是含有某种生命力的物质，在实验室里人工合成是完全不可能的。

但是这个年轻人经过多次实验证明，他的实验是正确的。这就是德国化学家维勒。

他在1823年就在动物尿和人尿中分离出来尿素，研究了它的性质，所以对尿素的成分比例相当熟悉。因为这项工作，他获得了海德堡大学的博士学位。

维勒做过贝采留斯的助手，可以算作是他的学生。维勒将成果告诉了老师。

1828年，维勒发表了《论尿素的人工合成》一文，公布了这个足以震惊世界化学界的发现。

这项成果大大激励了科学家们，他们开始大量地做实验。

一个个有机物被合成出来了。

1845年，德国化学家柯尔柏用无机物做原料合成了有机物醋酸。后来，其他一些重要的有机物脂肪、糖类等也相继被合成出来。

结果，很多坚持活力论的科学家都放弃了活力论。贝采留斯本来也坚持活力论，后来等维勒发现尿素时，他就改口说"那么尿素"一定不是"有机物"，没想到如此之多的有机物接连不断地被从实验室里制作出来，所以也放弃了自己的观点。

科学家们合成了葡萄糖、柠檬酸、苹果酸等等，无机物与有机物之间的界线被抹平了。

19世纪末，人类能合成绝大部分的简单有机化合物。进入20世纪，人类又成功地合成了蛋白质、核酸等等高分子，创建了遗传工程，这都是有机化学的开创与研究造成的。

真正的"有机化学之父"是维勒的好朋友，德国化学家李比希。

李比希曾经在法国留学。

他在1823年与维勒各自独立分离了一种氰酸，化学家盖吕萨克认为这两种物质的分子式一样。果真如此，他们开创了同分异构体的研究，而导致了结构化学的产生。

在德国，李比希与维勒一起研究化学。他们主要研究有机化肥，因为他们二人的出色工作，使德国成为有机化学领域内化肥研究的世界中心。

李比希不仅自己搞研究，而且桃李满天下。

他和维勒一起，号召团结了一批青年学者，形成有活力的研究团体。

1824年起，李比希任教吉森大学。结果吉森大学成为德国的化学中心。李比希专门为学生开辟实验室，深受欢迎。他世界闻名，使本来不出名的吉森大学与吉森市享誉欧洲。

维勒与李比希共同发展提出了基团学说。他们认为有机化合物都以稳定的基团为基础，基团在一系列化合物中是不变化的部分，甚至可以相互取代，也可以被简单物取代。

李比希还影响了德国化学家凯库勒。凯库勒本来学习建筑，在李比希的影响下改学化学，取得了巨大成就，提出"亲和力值"理论。后来又强调了碳四价的学说，奠定了有机化学结构理论的基础。

李比希还是第一个试验用化学肥料来施肥养地的人，虽然没有成功，但是开辟了一条新的道路。

李比希最大贡献是有机化学中的定量分析。由各种元素含量推知元素结构,从而得出化学式。

这一对朋友在科学发展史上功不可没。

## 最先发现奇妙电磁的人——奥斯特

19 世纪以前,人们普遍认同吉尔伯特的观点,认为电和磁是不相关的。直到伏打电池的发明以及磁效应的发现,电与磁的研究才如雨后春笋般成长起来,很多物理学家改变了自己原来的研究而投向电磁研究,从而取得了一个又一个研究成果,推动认识世界之本质。

1819 年冬,奥斯特在哥本哈根大学开办一个自然科学的讲座。

讲座已经连续讲了很长时间,这使得奥斯特能够很长时间地研究讲座问题——电磁问题。他在备课和讲课的过程中发现了很多新问题。

一次,奥斯特为大家讲电流与发热。早期的物理学家发现,电流通过任何导线时,就会发热,多少会依照导线的性质而改变。这种热效应在现在的电热、电暖方面有很大的实用价值。

热效应就是奥斯特讲座的内容。奥斯特为大家讲述:"电流通过导线时会产生光和热,产生的热向四周辐射。"然后,他让助手通电。他特意在电流附近安置了磁针。

这是为什么呢?

原来,在这堂课之前,奥斯特有过一个想法,他让电流通过极细的铂丝,在导线下放置了小磁针,然而出现了一个意外,使他没能成功地得出结论。

利用这次讲座的机会,他顺便安置了一个磁针。在助手接通电源的那一瞬间,奥斯特扫了一眼磁针,只见小磁针忽然动了一下!

这个现象太惊人了。

下课之后,奥斯特异常欣喜,他重复实验,并且设计不同的方案仔细研究。用了三个月的时间,做了 60 多次实验,终于发现了电流的磁效应,即从电生磁。革命性的发现从奥斯特的实验中诞生了。

奥斯特出生于丹麦的鲁德克宾市。1806 年,刚 29 岁的他被聘为丹麦哥本哈根大学的教授。一直到去世,他都是学院技术理论的领导人之一。

奥斯特之所以能打破旧的思维,发现革命性的现象,与他的哲学思想密切相关。

18、19 世纪时,伟大的康德是自然哲学思潮的代表人。自然哲学重视自然界中物体之间的相互联系,尤其是自然力及其相互转化的思想影响了很多科学家。这种哲学批评牛顿的机械论成分。到了谢林,他更明确地提出自然力是统一力的思想观点。

奥斯特一直对康德哲学情有独钟。他周游欧洲,更是一位热心的自然哲学学派的拥护者和信奉者。他坚信客观世界的各种力具有统一性。

1812年开始，奥斯特受到了富兰克林研究的影响。富兰克林发现，莱顿瓶放电会使钢针磁化。于是奥斯特认为，电不是转化不成磁，而是应该寻找怎样才能转化成磁的办法。

1812年，奥斯特出版了《关于化学力与电力的统一研究》，他提出导线可能产生磁效应。

1820年7月21日，《关于磁针上电流碰撞的实验》一文发表，论文指明，电流所产生的磁力既不与电流的方向相同也不是相反，而是与电流方向垂直。此外，电流可以穿透周围的非磁物质而影响磁针。

这一个伟大发现轰动欧洲。

科学界里，安培敏感地抓住了这个问题。他继续实验，加以发展并用复杂的现象研究，提出了著名的安培定律。

从1820年7月21日奥斯特发现电流的磁效应到12月4日安培提出定律，一共只有四个月多一点儿，时间很短，但却很重要。

其意义在于：电磁学经历了从现象的总结到理论归纳的质的飞跃，开创了电动力学理论。

## 数学史上伤逝的流星

浩渺夜空，群星闪烁。在人类科学和文化的发展史上，有着无数星一般的人物，他们或明或亮，有的如日中天，有的如超新星的爆发，震惊天际。

数学是一门古老而奇妙的学科，是人类美丽的思维之花。它不是自然科学，但很多地方却与大自然奇妙吻合，它不是语言和文学，然而它通过神奇的数与线和各种推理，表述着动人的图景。在数学领域，每一个革命性进展都使人的思维走入广阔的新天地。

然而革命是困难的，超前不免遭人误解，更会令人痛心。

数学群星闪耀，一个个光亮的名字激动人心：阿基米德、牛顿、高斯、欧拉、阿波罗尼、柯西、费马……数不胜数，横亘历史的天空。

就在这些闪耀的名字里，有两颗流星，他们几乎同时在19世纪的天空一闪而过，悄无声息，消失的是生命与思想，为世人留下的却是无限的遗憾和深深的心痛。

他们就是19世纪的两个伴星：阿贝尔和伽罗瓦。他们几乎同时，几乎拥有一般无二的天才但又拥有同样悲惨的命运，为人留下的是心伤和遗憾。让我们从头来看，回顾这短暂而又漫长的历史，不要再出现这样的痛心历程。

阿贝尔出生在一个穷牧师家里。他有七个兄弟姐妹。他们家住挪威苏杜的小乡村。

阿贝尔排行第二，无钱上学。从小父亲就教他看书识字，一直到13岁，阿贝尔才上了斯丁尼亚（现在的奥斯陆）市的一所教会学校。

学校里，有一名数学老师很不合格。他经常酗酒，还打骂学生，教课异常无聊。学生和家长强烈要求更换老师。学校聘请了洪波伊。他是著名天文学家汉斯丁教授的助教，20多岁，头脑机智，学识渊博。对于中学的学生们来说，这真是千载难逢的好机会。

阿贝尔本来就很聪明，爱思考问题，这下如鱼得水，深深地投入到数学的学习中去。洪波伊比阿贝尔大7岁，他发现了阿贝尔超人的数学能力，于是悉心教导，并给了阿贝尔许多大数学家的著作，阿贝尔在短短时间内基本掌握了泊松、高斯、达朗贝尔的著作。

洪波伊曾经回忆："阿贝尔以惊人的热忱和速度向数学这门科学进军。在短时间内他学了大部分初等数学，我又给他讲高等数学，过了不久，他开始研究数学的深入分支了。"

在16岁时，阿贝尔就改进了欧拉的一项证明。他在校并不骄傲，与人友善。由于家境贫寒，面黄肌瘦的他常常穿着破烂衣服，同学们叫他"裁缝阿贝尔"。因为在当时裁缝是十分贫穷的。

阿贝尔把目光投向一元高次方程的求根问题。

我们知道，一元二次方程是有其求根公式的。早在古巴比伦人时期，已经发现了一元二次方程的求解方法。1535年，意大利数学家塔塔利亚和卡当对三次方程研究，卡当大法诞生了。由二次向三次迈进，人类用了几千年的时间。

卡当的学生在16世纪中叶提出了四次方程的解法，这使数学家无比兴奋，人们自然而然地想到探索更高次方程的问题。

两个多世纪过去了，高斯、欧拉都曾研究过这个问题，没能取得令人满意的答案。

还是中学生的阿贝尔写了一篇有关五次方程的论文，结果洪波伊没能看懂，洪波伊的老师汉斯丁教授也没能看懂，于是转给丹麦著名数学家达根。然而达根竟然也没发现其中的错误。达根建议阿贝尔自己用例子验证，这回阿贝尔自己发现了错误，于是继续研究。

阿贝尔专心研究五次方程时，父亲去世了。这使本来贫困的家庭更是雪上加霜。教授和朋友们筹钱让他读大学，他以免费生的身份进入了大学。

阿贝尔在大学期间研究了泛函方程，并且第一个给出积分方程答案。然而没有引起数学界的重视。

早在1793年，意大利数学家鲁芬尼就认为一般的五次方程，用加、减、乘、除及次方开方等代数方法是无法表示其公式解法的。

人们都想找到五次方程的公式表示，但是它却没有公式表示，这种现象再一次发生在数学史上。

阿贝尔是破格被允许带着弟弟上大学的人，他照顾弟弟并且认真学习，受鲁芬尼启发，他开始证明这个鲁芬尼猜想。

阿贝尔首先证明了："可以用根式求解的方程，它的根的表达式中出现的每一个根式，都可以表示成该方程的根和某些单位根的有理函数。"

基于此，阿贝尔证明了鲁芬尼猜想，就是现在的阿贝尔－鲁芬尼定理。

阿贝尔用法文写成了论文，他希望更多的人了解这项探索了千年百年的问题。因为贫穷，他自费印刷的论文只好尽量减化压缩，这样就变成了6页。

阿贝尔 22 岁完成的这篇论文潜藏了令人耳目一新的理论,这种思维是超常的,只有 6 页的论文更加令人难以理解。结果,果真没有数学家能理解阿贝尔。

阿贝尔把论文寄给了当时世界最有声望的数学家高斯,满心希望他能够支持。

但是据说高斯因为是数学大师,处理事情很多,再加上他先入为主的不信任态度,认为年轻人在胡闹,于是他看都没有仔细看,就丢到了废纸堆里。

这对阿贝尔的打击太大了。

1825 年,阿贝尔到了德国。1826 年 7 月去了法国。法国是一个黄金和地位的社会,上流社会的数学家们蔑视外来者,更看不起寒酸贫苦、地位低下的阿贝尔。他们以衣量人,而不是以学识量人。那些大数学家从来都不重视年轻人,能够奖掖后学的人少之又少。

阿贝尔把自己的研究交给勒让得,勒让得看不懂,又交给院士柯西。柯西随便翻了翻,和高斯一样,把这篇无与伦比的珍宝扔进纸篓。

阿贝尔的天才思想就这样被忽略了。由于各种各样的原因,一个又一个的数学家,都是数学史上丰碑式的人物,他们要么没有看懂,要么不加理睬。究其根源,主要是由于权威的傲慢和顽固,致使酿成悲剧。

阿贝尔的理想破灭了。他研究五次方程历尽艰辛却什么也成功不了,更不能为他带来实惠,他贫病交加。勒让得十分称赞他,但是勒让得水平有限,这位大数学家理解不了未来的数学革命。

阿贝尔对椭圆函数论的研究已经达到甚至超过了高斯,但是他未受到任何人的重视。阿贝尔创立了超越函数的理论,推广了欧拉积分,提出了"阿贝尔积分"。

最后,阿贝尔又超越了自己,提出了"关于五次以上方程不可能用根式求解"。

然而贫穷和劳累却使阿贝尔身体恶化,他在 1828 年持续高烧,不断咳嗽。这是肺结核的症状。这需要休息,需要安心静养。但即使如此也不一定恢复健康,因为那时肺结核近乎于绝症。可阿贝尔如此贫困,又怎能静养呢?

他知道自己的时间不多了,就加紧研究,以了心愿。在最困难时,他的手已经不能提笔写字了。他说:"我很想工作。"

阿贝尔在当时有很多研究,人们虽然知道他很出色,但不能真正看出他伟大的真实意义,无法理解他天才的思想,没有给予他应得的地位。

1829 年 4 月,在贫困潦倒的人生之路走过仅 27 个春秋的阿贝尔与世长辞。

死后三天,著名的柏林大学送来了数学教授的聘书,然而为时已晚。这一切实在是太晚了,太晚了。

读史至此,怎不令人落泪伤叹?

相比之下,伽罗瓦的遭遇同样令人扼腕叹息。

1811 年,伽罗瓦出生在法国巴黎附近的一个小镇,比阿贝尔小 9 岁。

父亲原来是一位校长,后来当上了小镇的镇长。伽罗瓦成长的环境比阿贝尔好多了。他自幼才思敏捷,勤学好问。他很小时就自己去图书馆看书,一直看到管理员说:"小伽罗瓦,你该回家吃饭了,图书馆要下班了。"

15岁时，伽罗瓦接触到阿贝尔的研究，那时阿贝尔已接近生命的最后阶段，欧洲数学界渐渐认识到了他的革命性伟大意义，但谁也没有这位15岁的少年看得真切和深刻。

伽罗瓦已经研究了当时拉格朗日、高斯、柯西和阿贝尔的著作，决心在阿贝尔的基础上研究五次方程。

真是命运多舛，五次方程问题研究创立了近世代数，而两位重要的奠基人提出的革命性思想又有着相同的遭遇。

1828年，名不见经传的年仅17岁的伽罗瓦向科学院递交了论文。这篇论文为"关于五次方程的代数解问题"。科学院又把论文交给了柯西，柯西审定阿贝尔的论文时已是粗枝大叶，这次是与泊松一起。但二人都是权威的院士，没有把中学生的论文放在眼里，结果论文被弄丢了。

1829年，伽罗瓦又将成果递交到科学院，这次审查负责人是著名数学家、空想社会主义的大学者傅利叶，不幸的是傅利叶马上就去世了，他没来得及做交待。而一个在权威看来是青年小辈的人的论文也不会被讲究论资排辈的院士们看重，所以没有人关心这件事，论文再次石沉大海。

伽罗瓦这时也已经得知了阿贝尔去世的消息，他发现在阿贝尔最后的论文中已经有自己论文中的观点和思想。天才的伽罗瓦比天才的阿贝尔似乎更进一步。

1831年，伽罗瓦的论文三进科学院。这回论文提出了进一步的理论，系统地提出了近世代数的支撑——"群"的概念。

伽罗瓦放射了近世代数的明晰曙光。然而这篇《关于用根式解方程的可能性条件》实在是太超前了，"置换群"是崭新的数学概念和方法。负责审定的是大数学家泊松，他在第一篇论文时已不能理解，这次更是"完全不能理解"，他把论文退给了作者，从此再也不放在心上了。据说他说了句希望能详细阐述。

然而来不及了。

伽罗瓦是一位热血青年，他结识了几位共和主义的领导人，他不能容忍苛刻的规章制度，发表文章大胆指责校长，因此被开除。

1831年5月和7月，伽罗瓦投身于政治运动，两次被捕入狱。

被释放后，仇视他的人利用感情关系，设下圈套。结果一名反动军官与伽罗瓦决斗。伽罗瓦受到致命的重伤，他不几日便与世长辞了。

在决斗前，伽罗瓦给朋友写了几封信，信中扼要地叙述了自己的成就，请朋友转寄给大师高斯和雅可比。"恳求他们，不是对这些东西的正确性而是对其重要性发表意见。"

在1832年，《百科评论》上发表了信件的研究内容，仍然没能引起人们的注意，但这为人类留下了宝贵的遗产。

伽罗瓦完整地引入了"群"的概念，成功地运用了"不变子群"的理论解决了任意次方程的代数解问题。这可以解决很多古典数学问题，开创了近世代数的重要学科——群论。

14年之后，法国数学家刘维尔整理并发表了伽罗瓦的遗作，人们认识到了伽罗瓦的重要意义。

又过了 24 年,法国数学家乔丹于 1870 年发表了《论置换与代数方程》,阐述了伽罗瓦的思想,一门对物理和化学有重大影响的学科诞生了。

在这个划时代的研究中,两名早逝的天才为历史添补了绚丽和遗憾。

1829 年之后,首都奥斯陆的皇家花园里,挪威人民塑造了阿贝尔的精致雕像,以纪念 27 岁告别人间的天才。

伽罗瓦的理论,也被"伽罗瓦群"的命名为人们所永世纪念,以缅怀 22 岁早逝的又一罕见天才。

## 周游世界问题

19 世纪爱尔兰著名数学家哈密顿提出了一个世界著名的问题:周游世界问题。

1859 年,哈密顿拿到一个正十二面体的模型。我们知道,正十二面体有 12 个面、20 个顶点、30 条棱,每个面都是相同的正五边形。

他发明了一个数学游戏:假如把这 20 个顶点当作 20 个大城市,比如巴黎、纽约、伦敦、北京……,把这 30 条棱当作连接这些大城市的道路。

如果有一个人,他从某个大城市出发,每个大城市都走过,而且只走一次,最后返回原来出发的城市。问这种走法是否可以实现?

这就是著名的"周游世界问题"。

我们如果知道七座桥的传说,就会意识到这是一道拓扑学研究范围内的问题。

解决这个问题,方法很重要。它需要一种很特殊的几何思路。这种题是不能拿正十二面体的点线去试的。

设想,这个正十二面体如果是橡皮膜做成的,那么我们就可以把这个正十二面体压成一个平面图。假设哈密顿所提的方法可以实现的话,那么这 20 个顶点一定是一个封闭的 20 角形世界。

依照这种思路,我们就进入了最初步的拓扑学领域。最后的答案是,哈密顿的想法可以实现。

哈密顿是一位首先提出"四元数"的人。这个成果至今还镌刻在他天才火花闪现的地方。

复数可以用来表示平面的向量,在物理上有极其广泛的应用。人们很自然地联想到:能否仿照复数集找到"三维复数"来进行空间量的表示呢?

1828 年开始,哈密顿开始悉心研究四元数。四元数属于线性代数的组成部分,是一种超复数。但在哈密顿以前,没有人提出四元数,哈密顿也是要解决空间量表示而研究的。

研究了十多年,哈密顿没有丝毫进展,他是一个数学神童,少有难题,这次可真遇上麻烦了。到 1843 年,哈密顿研究了整整 15 年。

有一天下午,夕阳无限,秋色爽丽,风景宜人。哈密顿的妻子见丈夫埋头研究问题,几乎不知寒暑不问春秋,于是很想让他外出放松一下,调节一下身体。

她说:"亲爱的,外面的自然即使不比你的数学更有趣,但也不会逊色的,快出去看看吧,多么美丽的秋天呀!"

哈密顿在妻子的劝说下,放下手头的问题,走出书房。

夫妻二人散步,不知不觉来到护城河畔。秋风柔和而凉爽,河面波光粼粼。清新的空气带着成熟的果香和大自然土壤的芬芳使人精神振奋,思维清晰。

他们陶醉在大自然中,这时暮色苍茫,晚景宜人。二人来到玻洛汉姆桥,对着清新的水气,望着万家灯火,哈密顿的头脑在若有若无之中思考,似乎远又似乎近,似乎清楚又似乎模糊的东西久久在脑海萦绕。招之不来,挥之不去。

突然之间,这些印象似的感觉都变成了亮点,以往的迷雾全部消失弥散,思维的闪电划过头脑的天空。哈密顿眼前豁地亮了,那些澄明的要点一一显露。

哈密顿迅速地拿出随身携带的笔记本,把这令人欣喜若狂的结果记录下来。15年来,整整15年,终于在这里找到了解法!

借着这个时机,哈密顿大踏步地飞奔回家,一头扎进书房,废寝忘食。一连几天,几乎不动地方,全神贯注地书写并且不时地演算。在几寸厚的稿纸中,哈密顿整理出一篇划时代意义的论文。

1843年11月,数学界被轰动了,哈密顿和爱尔兰科学院向世人宣布了"四元数"。

哈密顿证明了,要想在实数基础上建立三维复数,使它具有实数和复数的各种运算性质,这是不可能的。

1853年,哈密顿写成《四元数讲义》,于1857年发表。在他逝世后第二年,即1866年发表了《四元数原理》。

哈密顿敏锐地感觉到四元数的物理学意义。只可惜,他没能目睹四元数的变革作用便离开人间。

伟大的麦克斯韦正是在哈密顿四元数理论基础上利用向量分析的工具走出迷茫,得出举世闻名的电磁理论的。

四元数的研究,推动了向量代数的发展。在19世纪,数学家证明了超复数系统,人类思维达到了空前广阔的领域。

直到现在,爱尔兰都柏林玻洛汉姆桥,哈密顿驻足之处,仍立着一块石碑,碑铭记载:"1843年10月16日,威廉·哈密顿经过此桥时,天才地闪现了四元数的乘法,它与实数、复数显著不同。"

谁又知道,驻足缅怀的人中有几人能知科学探索的"灵感闪现"背后是数载的艰辛呢?

## 数学准确预言了它的存在

19世纪,天文学进入天体物理学阶段。在观测天文学时代最后激动人心的事情莫过于恒星视差的发现及海王星的发现。

在18世纪,赫舍尔偶然的观察而发现了天王星,让人们视域大增,为之激动不已。至此太阳系已有七大行星:水星、金星、地球、火星、木星、土星、天王星。

天王星发现不久,天文学家根据天体力学万有引力及各种原理规律,计算了轨道,编制了星体运行表。

人们不断地观测天王星,发现了问题。

起初,天王星的运行与计算出的轨道十分吻合,自1781年发现天王星并记录以来直到19世纪20年代,虽然有些误差,但不是十分厉害。

然而从1821年起,尤其是又过了10年之后,天王星与计算的轨道越来越不相符合,已经超出了误差的范围。

如果还想通过公式计算天王星轨道的话,已经是不可能了。

人们分析这种情况,有人怀疑计算有误,但是怎么核查也没有运算错误,甚至有人想到了万有引力不可靠。

德国数学家和天文学家白塞尔并不这样认为,这位因测量恒星的周年视差而著称于世的权威科学家提出:

"天王星在其行进中,受到某种未知力量的干扰,这种摄动作用应该来自天王星轨道之外的某颗未知行星。"

人们相信白塞尔的话,但是若已知天体,推求摄动,并不太困难,要反过来计算,可真是一个难题了。

有人说不用计算的方法,那么星空茫茫,谁能像赫舍尔那样幸福发现新星呢?这种大海捞针的做法实在不可取。

人们知道,要计算这个未知行星,必须先假设一部分条件,根据假设算出摄动,将结果对比运行表,这样反复修改、反复对比直到成功。要是把握不好,计算量是巨大的,还可能劳而无功。即使较顺利,计算量也不小。

科学史上往往出现困难挡不住的人,也往往产生最"意想不到"的事。

世界上第一位计算出结果的人是26岁的青年人——亚当斯。

亚当斯于1819年出生在贫困农民的家庭。他勤奋努力,以优异的成绩考上世界著名的剑桥大学,凭借奖学金他在大学攻读数学,1843年本科毕业。之后,他继续上了研究生,在这段期间,他完善了本科时期就关注的未知行星的轨道计算问题。

亚当斯带着这篇几年来凝结着他心血的论文求见著名天文学家、英国皇家学会会员——艾里。艾里竟然摆着架子,拒绝接见。在导师的帮助下,亚当斯把论文摘要递到艾里手中。

可是,艾里持的观点与白塞尔不同,他认为是引力定律不完善所致,根本不存在新的行星。主观臆断的他就这样埋没了一篇重大发现的论文成果。

皇家天文台如此不负责任,亚当斯又求援本校的天文观测中心。但是,台长拖延时日,不放在心上,又由于天文资料不足,没能得出结果。

就在英国天文学家草率工作时,德国的加勒取得了惊人的发现:寻找到了第八颗行星。

原来,柏林天文台的台长加勒收到了一位法国青年科学家的信与论文,里面提出了准确的数据:"请您把望远镜向黄经 326 度处宝瓶座内的黄道的一点指向,您可在离此点约 1 度的区域内发现一个圆面浮现的新行星,亮度近于 9 等。"

加勒看到论文后,毫不迟疑地于当晚观测星空,他瞄准了信中指出的天域,一颗星一颗星地记录,结果就在信中所指的具体位置偏移 52 角秒的地方发现了一颗新星。

持续观测两天后,和信中的预言基本吻合,这颗星移动了 70 角秒,而信中说是 69 角秒,证明十分准确,正是所要寻找的新行星。

加勒所收到的信和论文是谁的呢?

他就是法国天文学家勒维烈。

勒维烈同亚当斯一样,出身异常贫寒,他早亚当斯 8 年出生,在巴黎上了综合技术学校。大学毕业后曾在盖吕萨克实验室工作,1836 年做了天文教师。

在天文领域里,他发现了自己的特长,结识了法国的巴黎天文台台长阿拉哥。阿拉哥向勒维烈提议研究水星,这是距日最近的一颗太阳系行星。根据研究,勒维烈猜测有一颗新行星尚未被发现。

勒维烈当时就认为水星近日点的反常运动是由新行星所致,这个观点其实不正确。关于水星问题,其实是由以后的相对论理论解释的。

但这个思路却促进了勒维烈对天王星轨道的研究。

1846 年 8 月 31 日,在亚当斯得出结论约一年之后,勒维烈完成了最后的工作,得出前面如我们讲述的结果。因为阿拉哥的巴黎天文台缺乏资料,无法观测,勒维烈就把成果寄给了柏林天文台,请求验证。

9 月 25 日,加勒兴奋地给勒维烈回信:"先生,你给我们指出的位置确实存在一颗新的行星,对您的才华,我们钦佩异常"。

就这样,天文望远镜只起到了检验作用,而真正的发现却是"不见天日"、埋头计算的数学所做出的,正是"决胜千里之外"。

天文学界迅速传开了这个新发现。英国皇家天文台台长艾里十分的惊讶,他想起了亚当斯的论文,于是去找,结果在一堆资料中找到了被冷落的论文。

艾里后悔不已,他要做对自己的错误负责的事,就这样,亚当斯的论文发表出来了,并且注明其诞生的时间与原委。

新发现被誉为"笔尖上的成就""笔尖上的发现"。它是由两位年轻人用数学计算出的,这充分显示了理论的威力。

英法两国为争夺发现权开始争吵。其间热闹,也是不亦乐乎。最后,勒维烈主张:仍沿用希腊神系命名法,用海神波塞冬命名这新发现的第八颗行星。

海王星就这样确立了。

1915 年,美国天文学家预言还有另一颗行星。15 年后,冥王星被发现。

到此,太阳系已知共有九大行星。至于第十颗,这还是一个谜,没有人证实存在,也没有人推出不存在。

## 多人发现同一重大原理

多年以前,在19世纪中叶到来之前,人们曾经有过奇妙的想法:能不能建造永动机。

很多人设计过一系列的试验,著名的科学家兼艺术天才达·芬奇就设想过很多方案。无数人的努力均宣告失败。

直到能量守恒定律的提出并完全确认,人们才从幻想中走出。

"能量"是英国物理学家和医生托马斯·杨于1807年最先提出的。

最初发现物体运动的总量守恒的特点是法国大哲学家、数学家和物理学家笛卡尔。

在1644年的《哲学原理》中提出了运动不灭的思想。

"运动实际上不过是运动物体的一种状态,但它具有一定的量,不难设想,这个量在整个宇宙中会是守恒的,尽管在任何一个部分中是在变化的"。他还指出,这个守恒的运动的量就是物体的质量与速度之积(这后来成为"动量"的内涵)。

1686年德国数学家、微积分的创始人之一莱布尼茨发现,物体的质量与速度的积的平方也为恒量。莱布尼茨称其为"活力",并认为只有"活力"才能真正代表运动的量。

关于运动的量度,笛卡尔的后继人与莱布尼茨的后继学派展开50多年的争论。

他们两人在17世纪作出的发现局限在机械能方面,没有将宇宙间的运动概括进去,没能真正提出宇宙能量的守恒原理。

18世纪末,热质说占了统治地位。美国物理学家汤姆逊(1753-1814年)推翻了热质说,推动了能量守恒原理的发展。1798年,汤姆逊在慕尼黑做摩擦生热的实验。

他用一支十分粗钝的钻头来摩擦炮身,连续达两三个小时,结果这次摩擦生出的热使冷水达到沸点。

这说明运动生热,热不是一种实体,不是一种物质,而是物质的存在方式转化,动能转化为热能。热质说基本站不住脚了。

卡诺是第一个发现能量守恒原理思想的人。一般认为,真正最早提出广义能量守恒原理的是德国青年医生迈尔。

1840年,迈尔26岁。他以"船医"的身份跟随荷兰驶往东印度的船,到达过爪哇。

在为船员们医治时,他发现,人们血管中的静脉血在赤道等热带地区要比在欧洲时红亮。

迈尔是一名具有物理化学基础的人,他提出,血液转红亮是富含氧较多的结果。他同时研究动物热的问题。

在这个过程中,由食物到运动,迈尔产生了想法:人的有机体只需要吸收食物中较少的热量,在高热带环境中就可以了。人的体热和肌肉的机械作功之能量,均来源于食物,即化学能。

他进一步认识到,体力体热既然都来源于化学能,如果动物体能量的输入输出保持平衡的话,那么所有这些形式的能量就必定守恒。

19世纪上半叶以前,科学史专家认为:"人们有一种预感:存在着一种'力',它按着各种情况以机械运动、化学亲和性、电、光、热、磁等等不同形式出现,它们之间的任何一种形式都可以转化为另外的一种形式"。

从伏打电池化学能转化为物理能,从英国尼科尔逊用电池电解水又将物理电能转为化学能,以及奥斯特、安培等揭示的电能向机械能转化,法拉第又揭示了机械能的反向转化为电能,这一系列的学说、实验,使得研究相互转化的条件成熟。

从19世纪40年代开始,在世界范围内掀起了19世纪大定律的发现热潮。十几个不同身份不同国籍的学者几乎同时提出了广义的能量原理,他们的工作方式,提出角度更证明了这一原理的科学普遍性。

在这当中,迈尔无疑是第一位的。

1842年,迈尔写了《论无机自然界的力》,指出力(能量)像物质一样也是一种"原因",而一切因的首要性质是"不灭性"。他说"力是不可毁灭的而可转化的无重客体"。

这就从因和果的不灭性上论证了"力(能量)"的不灭性。

这篇文章浓重的德国传统色彩太过思辩了,也真是令人称奇。几经周折,论文在《化学和药物学杂志》发表。但是人们不理解,也没有引起注意。

之后,迈尔又继续投稿,阐述能量的守恒和转化。但是由于这种纯哲学的色彩和基础,物理学界始终不承认。甚至在迈尔计算出热功当量值的时候,物理学界仍然给予了蔑视。

最后,迈尔的推论日趋严格准确,范围越来越广,直至化学、天文、生命科学,涵盖当今宇宙的一切现象本质。

然而愈严格愈使迈尔得不到理解,很多人嘲笑讥讽他,写文章无情地攻击他,大多是对他不理解的一种肆意攻击,人们把他当"疯子"看待。

1848年,迈尔的孩子陆续夭折,他的亲人——惟一的弟弟入狱,这些生活上工作中肉体上精神上的折磨使他再也忍受不了了。

1849年,迈尔从三层楼上跳下,企图自杀来结束这被人误解而痛苦的一生,但天不遂人愿,他这最后的想法也没有实现。迈尔严重受伤,生命被抢救回来,双腿骨折而终生残疾。

1851年,迈尔被送进精神病医院,他真的患了精神分裂症,而医院的手段是粗暴的,迈尔的身心只有进一步恶化而不可能好转。

人们由于无知而攻击某种新事物的恶习在科技史上已酿成多少幕惨剧,这是我们应痛心警醒的。

迈尔在生前只得到了稍稍的安慰,1871年英国皇家学会授予他科普利奖章。但这迟到的奖项已经什么都挽不回来了。

在能量守恒定律的实验证明上最早做出重要贡献的是焦耳。然而这也是科学史所认识到的,在焦耳生前,没有受到划时代工作应有的认识。

焦耳几乎与迈尔同时提出能量守恒概念。

在1818年,焦耳生于英国的兰格良尔。他的父亲是一位富有的啤酒商。

在幼年时,焦耳的身体便不好,因此他一直在家学习,没有取得高等学位。因为家境很好,所以在小时候,父亲就为他置办了他喜爱的实验器具。

焦尔对实验十分热爱,特别是喜欢极其精确的测量工作。

1833年后,焦耳接替父亲管理啤酒厂,成为一名企业家。他在繁忙的工作之余,把全部精力放在了实验研究上。

这位业余物理学家一直研究关于功与热量的度量。

1840年,焦尔发现电流具有热效应,电和热相互转化的焦耳定律提出:导体在单位时间内放出的热量与电路的电阻成正比,与电流强度的平方成正比。

1843年,焦耳测定了1000卡的热当量为460千克重米。

1847年4月,他在曼彻斯特作了一个通俗演讲,第一次充分地阐述了现代能量守恒原理的思想。

在这期间,焦耳设计了很多实验来测热功当量,他设计过气体膨胀的实验,还设计过绝热容器中叶轮搅水的实验。

焦耳没有学位,只是一位业余的物理研究者,他的论文没有分量,皇家学会不发表他的论文。

1847年6月,焦耳终于得以在牛津召开的科学促进会上发言。但是大会主席只要求焦耳做一个简明扼要的发言,不要论证和解释,也无发挥和引申的权力。

焦耳的发言十分短暂,几乎没有引起人们的注意。然而,一位青年人却站了起来。这位青年的总结评价扭转了局面。他就是23岁的威廉·汤姆逊。

汤姆逊以滔滔雄辩的口才和严密的推理肯定了这项新的理论。结果论文引起了轰动效应,焦耳步入了科学界。

汤姆逊与焦耳互相切磋,焦耳第一次听到了卡诺的有关思想,而汤姆逊则更受到了崭新观念的启发。

就这样,焦耳以40年左右的时间,进行了400多次实验,测定了一卡的热功当量,为真正的能量守恒原理建立了确凿的实验证据和基础。

到了1850年左右,能量守恒定律得到了广泛普遍的承认。

为这一定律最终确定而作出划时代成果的是亥姆霍兹。

亥姆霍兹明确提出并系统证明了全面的能量守恒原理。

亥姆霍兹也是一位医生,并且是生理学家。能量守恒定律由先驱者迈尔医生到集大成者亥姆霍兹医生,形成一个奇妙的巧合。

正因为对能量守恒研究的兴趣,亥姆霍兹才成为大物理学家和数学家。他也是在生理学研究中,通过动物热的途径发现了能量守恒原理。

1847年,26岁的亥姆霍兹在柏林物理学会上宣读了论文《论力的守恒》,全面系统地论证了这一原理。

亥姆霍兹认为,"自然力不管怎样组合,也不可能得到无限量";"一种自然力如果由另一种自然力产生时,其力的当量不变"。

德语中,力的意义本来就在"能量"的意义上使用着。亥姆霍兹用数学化的形式表述了在孤立系统中机械能的守恒。他把能量的概念进一步推广至各个科学领域,将永动机与能量守恒相比较对照。

德国最权威的《物理学和化学年鉴》主编波根多夫是拒绝了迈尔的人,他同样也拒绝了亥姆霍兹。亥姆霍兹只好自己将论文印刷成小册子,很长时间得不到重视。

后来杜林等人攻击亥姆霍兹,说他是剽窃了迈尔的理论。但三人较为独立地提出能量守恒的概念是事实。焦耳和亥姆霍兹都尊重迈尔的成果,认为是迈尔最先提出这一理论的。

准确地说,是迈尔最先以公开的形式发表了论文,是焦耳从实验上领了先,而后是亥姆霍兹真正精确系统地确立了这一原理。

恩格斯在《自然辩证法》中称赞这一原理奠定了唯物主义自然辩证观。

我们发现,几乎同时,许多人提出了这一理论。能量守恒原理是牛顿物理经典力学建立以来的最大成就,是19世纪30年代、40年代不同侧面提出的原理。

它揭示了热、机械、电、化学等物质运动的形式之内在联系,达到了第二次物理理论大综合。

德国生物化学家莫尔(1806-1878年);

法国铁道工程师塞甘(1786-1875年);

德国物理学家霍耳兹莫(1811-1865年);

丹麦工程师柯耳丁(1815-1888年);

法国物理学家伊伦(1815-1890年);

英国律师格罗夫(1811-1896年)……

这一系列的名字铸就了同时发生的辉煌的发现。但我们更应该缅怀卡诺·迈尔、焦耳、亥姆霍兹的努力。是他们在困难下坚持研究,后人在他们的基础上奋然前行。

科学史家准确的评价代表了我们的看法:"从笛卡尔和莱布尼茨的理论到能量守恒原理,中间好像只隔了一层几乎是透明的薄膜,但由于历史条件不成熟,200年间就没有人能够突破它,把力学领域内的机械能的守恒扩展成为一般的能量守恒原理。一旦历史条件成熟了,就像洪水决口一样,从四面八方奔腾而出。这生动地告诉我们,科学上的历史突破,个人的努力和才能固然是重要因素,客观历史条件(包括社会、生产和科学状况)则更为根本。这也就体现了历史的必然。"

## 细菌传染原理之前

我们知道,微生物学的建立是同进化论一样伟大的成果。它不仅使人们知道大量的微生物存在,而且揭示了微生物导致的传染疾病之病因。

在巴斯德学说建立前的二、三十年,有一位医生认识到了无法解释但很有效的消毒方法,他名叫塞麦尔维斯。

19世纪下半叶以前,人们的伤口是很难对付的。在英国,有很多外科手术的病人死于术后,原因是伤口发炎溃烂。在欧洲,流传更广的一种病是"产褥热"。

产褥热是一种产妇的产后并发症。很多妇女生完孩子后,高烧不退,最终死亡。

那时,医生们不知道什么是消毒,谁也不知道什么是病菌,这个问题很简单但却千年来无人解决。医生们接生从来不洗手消毒。

1847年,奥地利医生塞麦尔维斯又经历了一场痛苦,工作多年的他又一次目睹产妇得了"产褥热",这健康粗壮的人不久就死了,留下了刚出生十多天的婴儿和愁苦的丈夫。

他的心再一次被揪紧,感到十分的痛惜。这是怎么回事呢?死亡率是12%,这是多么不幸的数字啊!

他一直在思考这个问题,可是什么也没发现。

一次偶然的事件震动了他。

医院里死了一名医生,他也是持续几天高烧不退,和得产褥热的妇女症状相同。塞麦尔维斯注意到,这位医生是在解剖患产褥热死去的病人尸体之后而得病的。在解剖时,他不慎割破了自己的手指。

难道说是尸体上的什么"东西"进入到医生的身体里了?突然,他眼前一亮:难道说医生手上有什么"东西"传染给产妇了?

于是,塞麦尔维斯决定试验。当时,他已经发现了"杀菌"药物漂白粉,但是细菌传染的观念却没有建立。

他用漂白粉洗手,为一个产妇接生,这个产妇不幸也得了产褥热。可是她只是轻微发了点烧,就恢复了健康。

这下可有办法了!塞麦尔维斯加大了漂白粉的用量,并且把所有能接触到的器具包括地面、墙壁,全喷上了漂白粉溶液。奇迹发生了,他的接生病例中,只有百分之一死于产褥热。

但是人们的观念相当顽固,很多人不正视医生传染这一现象。结果当塞麦尔维斯据理力争并企图推广使用时,被医院驱逐出来,他失业了。

1850年,塞麦尔维斯来到了他的家乡匈牙利布达佩斯,这里的一家医院十分欢迎他的消毒方法,结果塞麦尔维斯的名声大振。

1855年,塞麦尔维斯出版了《产褥热的病原、实质和预防》一书。保守的旧势力权威专家们纷纷反对,只有美国医生霍耳姆斯支持他,并写文章公开发表。

早在18世纪末期,施旺就发现了细菌,他还建议加热,这样可以杀菌,避免有机物的腐败。但是他受到攻击后就不敢坚持发现了。

到了巴斯德,建立了微生物理论,才攻破庸医的阵地。

塞麦尔维斯没能等到这一天,1865年他与世长辞,年仅47岁。而巴斯德的学说刚刚发展。

## "损己利人"又一人

在为人类造福的各项研究中,无论是物理还是化学,以及各种技术实验等等,都有很多人献身科学,献身为人类造福的事业,这种精神是很伟大的,历史上也举不胜举。

这里有一个用蚊子叮咬自己而得上传染病的人。他名叫卡洛斯·胡安·芬利。

黄热病是一种很可怕的传染病,在美洲大部分地区,肆虐蔓延,夺去了无数人的性命。在19世纪下半叶以前,人们不知道怎样有效地治疗,更没有办法找到传染源,以防患于未然。

芬利是古巴人,1833年12月3日出生在古巴的普林西佩。

他的命运很不幸,很小就被霍乱传染,侥幸捡回了一条命,但是留下了终生口吃、迟钝的病症。后来他长大了,又被伤寒传染。

芬利受到疾病的折磨,他决心习医,为人类造福。就这样,他进入了美国费城的杰斐逊医学院。

1855年,芬利毕业回国。导师对他说:"你留在美国吧。这儿条件很好,有利于你的生活和研究,而且我们很想让你留下来,你有出色的才能。"芬利婉言谢绝了导师的邀请,他要回到哺育他的祖国古巴去。他知道,古巴的传染病十分猖獗,他一定要赶回去。

芬利回到古巴,开始研究黄热病。他想,黄热病的治疗方法还不是最有效,目前来看,最好的办法是找到传染途径。可真是奇怪了,它是怎样传染的呢?如果说是喝水,为什么患者与健康的人在同一地区均喝同样的水却各不相同呢?如果是空气,那也不可能。但这实在是太不可思议了,因为我们什么都没发现。

芬利把可能出现的途径一一列举出来,又一一地加以否定。1867年,哈瓦那又发生了黄热病的大规模蔓延。医生们都利用这个机会,不惜冒传染的风险观察试验,可谁也没有得出结果。

一个偶然的机会,芬利看到了空中飞来飞去的蚊子,他忽然想到了,只有蚊子是流动的叮人机器,它叮咬患者之后,带到健康人的身上,极有可能传染!

为了验证是否蚊子所为,芬利赤着上身,站在丛林旁边,等候叮咬。人们看到这个奇怪的现象,纷纷过来询问:"医生,请问您需要帮助吗?"

芬利说道："不，谢谢。我是在等候蚊子。""什么？等候蚊子？""是呀，让它来叮我。"人们更加觉得不可思议了，围上来问长问短。芬利告诉大家，他想试一试，蚊子是否是传染黄热病的元凶。

人们被医生的精神感动了，向芬利提出请求，希望能拿他们做试验。当地普通居民、神父、士兵还有男女老少数不清的人成为了志愿者。

就这样，芬利在自己身上，也在健康的志愿者身上共做了上百次试验，终于证明了蚊子是传播黄热病的凶手，杀死蚊子，可以有效地预防黄热病。

1881年8月14日，芬利参加古巴的哈瓦那自然科学院学术报告会。会上有数万名科学家，规模空前。

轮到芬利发言了，芬利宣读《关于蚊子是黄热病传播媒介的假想》的论文。刚一听到题目，人们就沸腾了，会议大厅里像开了锅似的。这可是多少年来没有发现的事情，怎么会这么简单呢？

大多数人表示不信，这么困难的问题，怎么可能是小小的蚊虫造成的，那么医生还干什么？都去灭虫好了！

芬利不怕人们的嘲笑，他一往无前地坚持研究，并采取有效的措施防范。1898年，美西战争爆发了。美军进驻古巴后，受到了大规模的黄热病袭击。战士们还没有出征作战，却先被疾病夺去生命，这是多么令人心痛的事情。这无疑使战争的创伤更加严重，白白地浪费了生命，徒劳无益地增加了死亡量。

美军听到了芬利医生的名字，出面请求他帮忙。芬利向大家讲明了蚊子的危害，提议灭蚊驱虫。果然，黄热病患者大大减少。

巴拿马运河正在修建，大量的工人也受到了黄热病的侵袭。芬利向有关方面提交了"清洁卫生计划"。由于帮助美军灭蚊防病，芬利的名声远播，人们认识到了他的正确性，所以很快接纳了他的建议，到处开展了灭蚊灭虫的运动，洒石灰，填坑洼，杀死蚊子，消除寄居场所，取得了很大的成效。

人们不相信芬利的时候，曾经叫他"蚊子医生"，现如今，芬利成为世界名人，他的方法被世界各国所采用并推广实施。

1915年8月20日，82岁的芬利逝世了。

这个既热爱祖国又热爱人类、甘于献身自己为他人造福的人得到人们永世地纪念。

## 苯环的由来

化学的历史上，也充满许多传奇故事。一个又一个的自然之谜，在化学家的头脑中长期思考，有时会以哈密顿发现"四元数"一样的灵感闪现在眼前。

苯是一种特别有实用价值的物质，它是芳香族的化合物。人们在19世纪中叶提炼煤焦油时发现了这种物质。

那么它到底是什么样的呢？它的结构如何？它的反应怎样？

这一系列的谜有待人们去揭开。可是这时人们发现事情没有这么简单。研究苯是有机化学的领域，那么有机化学的发展是个什么状况呢？

维勒和李比希是有机化学的创始人。维勒是世界上第一个人工合成尿素的人，他打破了无机物和有机物之间不可逾越的鸿沟。

但是就在1835年，维勒放弃了自己的有机化学研究，他对自己的老师贝采留斯说："有机化学的研究使人异常恐惧，举步维艰。有机化学的领地是原始森林，但是这片森林面目狰狞而阴暗，荆棘丛生，毒蛇猛兽无处不在无处不有，让人无法进入，甚至都跑不出去。有机化学的研究太可怕了！"

这是维勒作为先行者对后来者的警告。在困难面前，维勒退却了。他的朋友、真正的有机化学领域之父李比希，在困难面前毫不退缩，奋然前行。

继李比希之后，许多化学家前赴后继，建立了有机化学领域内的一个又一个基础理论，这些都成为后来者前进的基石。

李比希研究了有机化合物的分子结构，把拉瓦锡、贝采留斯等人的原子团思想得以发展完善；法国化学家提出了有机化合物的同系列概念并且提出一种分类法，依照这种分类方法，可以发现很多未知的化合物。

德国人霍夫曼以及英国科学家威廉逊进一步加以分类，把已知的有机化合物分为水、氢、氯化氢、氨四种类型，这样使有机化合物得到了系统整理。英国人弗兰克林提出有机化合物的原子价，德国化学家肖莱马解释了同分异构的产生。

这些成就都是勇敢和坚持不懈的人才能取得的。

其中要提到一名早期的胜利者，他就是1847年出生的德国化学家凯库勒。

前面我们提到，化学家们在探索苯的规律。从弗兰克林开始，提出了原子价学说。利用这个学说，凯库勒研究碳的化合物。他认为，碳原子可以用它的价和其他元素的原子相结合，而且还可以结合自身，也就是说碳元素自身的原子也可以结合，形成或简单或复杂的碳链。

凯库勒成为第一个提出化学键概念并且第一个提出碳链说的化学家。

由于这样的想法，人们用碳链说研究苯结构。但是问题发生了，穷尽所有的结构排列方法，没有一个结构式能够使链状的排列满足已检测出的苯的组成：既要有6个碳原子和6个氢原子，还要保证碳为4价、氢为1价。

这是怎么回事呢？

凯库勒夜不能寐，冥思苦想。一个又一个的链状方案都被提出，又被一一否定。这些都不符合已知的检测条件，即6碳6氢而且化合价分别为4价、1价。

这一天，凯库勒早晨早早地起来，翻了几本书，脑子里又浮现出苯的分子原子排列。这个问题萦绕来萦绕去，回旋往复。他不得要领，渐渐地，伏案睡着了。他的身体飘了起来，似乎柔软平滑地摆动，和苯的长长的链飞在一起，轻舞轻飘。

飘着飘着，只见那"苯链"似乎被风吹得摆动弯曲，回环转动。他突然意识到了：

回环转动!

后来凯库勒说,那长长的链"抓住自己的尾巴,形成一个环状,在我面前嘲弄般地旋转不止。"

凯库勒大吃一惊的时候,就睁开了双眼,却原来是南柯一梦。然而这个梦却具有重大的意义。凯库勒对梦中的情景记忆深刻,历历在目。

他解开了一个缭绕在多少有机化学家脑海和心头的大谜团呀!那就是,苯的测量并没有错误,确实是4价的碳原子,个数为6,一价的氢原子,个数也为6,它们的排列却不是直线形状,而是环状!凯库勒把环状的闭合式六边形结构图清晰地画出。

1865年1月,一条惊人的发现被公布了。凯库勒的《论芳香族的化合物结构》构建了苯的分子结构:单双键互相交替,六边形平面环状。于是环状的碳链理论诞生了。

之后,网状的、立体状的理论不断涌现。从此突破原来习惯的发散思维,人们开始探索神奇的有机大分子和生命奥秘。

## 人类思维发展的里程碑

我们知道,欧几里得就提出过普遍适用于各种情况的公理:整体大于部分。

然而却有人提出:部分等于整体!

这是谁呢?他是不是疯子?

是的,康托尔提出这个思想的时候,人们也说他疯了。然而就是这个思想,成为近代以来人类整个思维的大革命之一。

集合论的最中心难点就是无限集合概念。从希腊时代,数学家们与哲学家就意识到这种无限集合。

无限集:两个集合的元素之间如果能建立一一对应关系,这两个集合就叫做等价的。如果一集合能与它的真子集等价,这个集合就是无限集。

哲学家亚里士多德曾经考虑过无限集合,但是长期不能理解,最后他认定:一个无限的集合不可以作为固定的整体而存在,他不承认无限集合。

首先探讨到无限集合本质的是大科学家伽利略。他想出两组数,一组是1,2,3,……,这样无限排列的自然数。一组是将这些数都平方,形成1,4,9……,这样的组数连线,那么1可以和1相连,2可以和4相连,如此下去,一一对应,无穷无尽。

但是问题出来了,自然数平方之后的数是1,4,9,这样的数,绝不会出现3,7,5,6,8,11等这样的数,这就说明,第二组数是自然数的一部分,可是部分的个数与整体的个数却一一对应,如此一来,岂不成为"部分等于整体"了?

人们把这个问题叫"伽利略悖论"。

数学王子高斯为此曾经说:"我反对把无限量当成实体,这在数学中坚决不允许。无限只能是说话的一种方式,当人们确切地说到极限时,是指某些值可以任意地趋近它，而另一些则允许没有界限地增加。"

柯西也认为，无限集合不能存在，因为他认为，绝对不能让"整体等于部分"。

1845年3月3日，俄国彼得堡犹太富翁的家里，诞生了一个男孩，他就是康托尔。1856年，小康托尔跟着父母去了德国，在法兰克福定居。

在康托尔15岁那年，就要做一名数学家。

他很小就被数学迷住了，以至考入威斯巴登大学预科学校时，下定了从事数学研究的决心。1863年，康托尔进了柏林大学，专门学习数理科学。柏林大学是德国具有盛誉的大学，在欧洲也是一座名校。善于思辩的传统在这里更加表现为理论上的无比艰深和考虑问题的复杂性与深刻性。

1867年，康托尔获得博士学位。两位导师之中，一为魏尔斯特拉斯，是著名的数学分析大师；一为克罗奈克。

据说，康托尔的论文独到性不是很强。为此，他的导师克罗奈克对他说："柏林大学的数理科学在欧洲学术界举足轻重，人才辈出，你作为一名最高学位的获得者，一定要勤加努力，要为柏林大学争光。我为你的创见感到担心。"

另一位老师魏尔斯特拉斯对他说："个人的努力总会换来成绩，要上进深思才可以成就辉煌的理论。"

结果，没有想到的是这位学生做出了太富有创见性的成果，以至于高出了人们的认识水平，他们做老师的也接受不了。

1869年，康托尔在哈勒大学做讲师，但是他只谋得了带课而不拿钱的职位。尽管如此，康托尔还是开始研究。1872年，康托尔把数论中的一个定理推广到了无穷集合的研究中，这使他走上了"一去永不回"的风雨之路。

1874年，康托尔发表了第一篇关于集合论的论文。在这篇文章里，康托尔引入了基数的概念。建立了以后被称为"康托尔公理"的实数连续性公理。他证明超越数大大多于代数数，这一成果举世震惊。

欧拉说过，超越数"超越了代数方法的能力之外"。康托尔证明，全体代数数是可以数清的，因而是有限的，而因为实数集是不可数的，所以数轴上几乎全部的数都是超越数。这太令人惊奇了！

对于超越数，真到现在人们的研究仍处于落后状态，比如说人们只知道什么是超越数，但超越数的加减法怎么样？两个超越数相加能不能是超越数？这一切就有待于后人去研究了。

1878年，康托尔发表了第二篇论文。之后6年内，他又发表了一系列论文。提出了"集合的势"等概念，建立了集合的等势理论。此外，他还奠定了由基本序列建立实数理论的基础。康托尔还是维数理论的开拓者，这一理论为拓扑学空间理论提供了新的发展道路。

在1879—1905年，康托尔担任了哈勒大学的教授。然而，人们对他的惊人设想感到古怪离奇，从第一篇文章发表，所有的人就几乎找不出能与他对话的。

涉及到理论与概念时，人们就发现康托尔的思维和所有传统的方法、思路都不一样，当然和大家更是大相径庭了。人们不理解康托尔，认为他真是一名"妄想型的精神病患者"。

是啊，这些观念多么"荒谬"：

一个短短的线段所包含的点与整个宇宙包含的点一样多。

任何两组东西，只要是一一对应，就是一样多，部分小于全部只在有限情况下适用，而在无限情况下，部分可以等于全部。

康托尔发现了有限集、无限集之间的区别在于：有限集不可能与真子集等价，而无限集却可以与真子集等价。

这一切一切，既不符合公理，也不符合常识，不是"疯子"又是什么呢？康托尔的老师没想到，他们的学生竟然"天才"地离了谱！

人们攻击康托尔，却忽视了康托尔论点的严密推理和逻辑证明。1891 年，康托尔的老师之一，数学家克罗奈克去世了，他至死都认为他的学生为他自己丢了名誉，这还不算什么，更严重的是，全欧洲都知道是柏林大学培养了一名疯子！

1884 年，在严重的打击下，康托尔精神失常了。过了八、九年，康托尔的论点引起了人们的重视。魏尔斯特拉斯也开始支持自己的学生了，康托尔似乎恢复了健康，他没有了怪异的行为，逐渐镇静和清醒。

真是公理的恩赐呀！

1897 年，苏黎士举行国际数学家第一次大会。在这之前，瑞典数学的最高权威——莱夫勃已经将康托尔的论文译成法文在《数学学报》上发表。

国际大会重点宣读了康托尔的集合论。而此时，他已经成为德国数学家协会和国际数学家大会的筹建人之一。

进入 20 世纪，康托尔已经成为享有国际盛誉的数学大师，他是集合论的开创者，他做出了"这一时代最使人类引以为荣的工作"。

他是人类思维的重大变革者，昭示了科学的创新精神。

1918 年，康托尔病逝。

## 大陆漂移学说

魏格纳出生在一个德国天主教家庭，父亲是一位虔诚的天主教信徒，他担任一家孤儿院院长。

1880 年 11 月 1 日，是魏格纳的生日，他从小就十分富于冒险气质。为了能冒险去爬山涉水，魏格纳认真地锻炼身体。他经常在风雨天站在外面让风吹雨淋，大雪天在外面挑战严寒、徒步旅行、长距离竞走等等，都是他的拿手好戏。

他准备去北极探险，但父亲坚决反对他的计划，并且希望他能考入神学院，找一个稳稳当当的工作。父亲很愿意让魏格纳接自己的班。父子二人经过互相让步，最后魏格纳上了大学的气象学专业。1905 年，魏格纳以优异的成绩取得了气象学博士学位，主攻高空气象学。

他的求学经历就仿佛他的历险性格一样，他先后在柏林大学、海德堡大学、因斯布鲁克大学求学，1908 年到马堡物理学院任教，讲授天文学和气象学。

第一次世界大战爆发了，魏格纳应征入伍，1915 年受伤，便回到家里。之后在汉堡大学和格拉兹大学担任教授职务。

1906 年时，魏格纳冒险的性格使他与弟弟二人共同驾驶高空气球，连续飞了 52 个小时，创下了一项新的世界记录。北极虽然没去成，但是他还是参加了探险队，去了格陵兰岛，他对那里的冰山赞叹不已，这是在 1912 年。

1910 年，魏格纳看世界地图时，就发现了大西洋两岸的海岸线轮廓十分相似，但他并没有认识到这点的重要性。到了第二年的秋天，魏格纳在一本著作中得知了有人认为大陆相逢这个观点，不过文章作者只认为巴西和非洲曾经有过陆地是相连接的，并且从古生物学角度找到了证据。

这一下魏格纳被启发了，他到处搜集资料，利用业余时间专攻地理。在他的脑海中，有一个景象深深地刻印着：格陵兰的冰山，慢慢地移动。由此他想到大陆会不会也是在移动的呢？

在这个思路下，他查看地图，发现几块大陆之间有互相吻合的海岸线。1912 年 1 月 6 日，在法兰克福地质学会上，魏格纳宣读了论文，做了关于"大陆与海洋起源"的演讲，第一次提出了大陆漂移假说。

一战的爆发打断了魏格纳的研究，负伤回家后，他反而有了充足的时间。整理好资料后，他写成《海陆的起源》，系统提出了大陆漂移的假说。

大陆漂移说认为：

在距今约两、三亿年前，即古生代时期，大陆是一个整体，称泛大陆，渐渐地，经过地球自转产生的离心力以及潮汐力的影响，原始大陆分崩离析。破裂的块像漂浮在水面上的冰山一样逐渐分离移动，花岗岩层在玄武岩层上作水平漂动，过了很长时间，就是我们现在所见的大陆样子。魏格纳说："这个学说的最重要部分是设想在地质时代的过程中大陆块有过巨大的水平移动，这个运动即使在今日还可能在继续进行着。"

大陆漂移说的缘起，是南大西洋海岸线的惊人的相似，1858 年斯乃德尔的想法就是把非洲、美洲连在一起，他绘制了一幅大陆复原的地图。

光提出观点还不够，关键在于证据。

魏格纳在古生物学、地质学以及古气候学三个方面寻找大陆原本是连在一起而后分开的证据。

首先从古生物学看，被大海大洋分开的大陆生物，有着久远的亲缘关系。生物学证明，相同的生物品种不可能独立在两个不同的差异较大的地区形成，而是起源于同一地区，然后再传播。例如大约 2 亿至 3 亿年前，印度、非洲和南半球发现的植物化石都是舌羊齿类，这些植物跨越万里大洋进行分布是十分可能的，而只有原先在一起，尔后被分开才是我们现在发现的情况。

从地质学上看，各大陆地质构造的吻合也是强有力的证据。魏格纳采用拼接的方法，发现两岸的岩石、地层可以接起来。

魏格纳是专业学习气象的，所以提出了古气候的证据。主要指出了两极地区曾有热带沙漠，而赤道地区有冰川痕迹。

这个道理像把一张撕碎的报纸按其参差不齐的断边拼凑拢来，如果看到印刷文字行列恰好相吻合，就只能认为是连接在一起的。

魏格纳学说提出之后，引起朝野震动。

因为那时人们信奉的是大陆固定学说，魏格纳的学说对于人们来说简直是"天方夜谭"。

大多数老一代地质学家都表示反对，的确，魏格纳这种不成熟的大陆漂移说遇上很多困难：

其一，大陆漂移的动力。

地球自转产生的离心力以及潮汐力不足以驱动大陆移动。魏格纳自己也认为，"形成大陆漂移的动力问题一直是处在游移不定的状态中，还不可能得出一个能满足各个细节的完整答案"。

其二，从力学原理来看，玄武岩的熔点高于花岗岩。这样，魏格纳提出的玄武岩在花岗岩上漂移就行不通。因为大陆漂移，地温高到使岩层变软，有流质出现，而在下层的花岗岩先熔化，固态的玄武岩仍在花岗岩上，从力学上看，不能产生漂移。

1926年，美国召开了一次大陆漂移的理论讨论会，共14名著名地质学家进行了投票。结果是2人弃权，7人反对，5人赞成。作为业余出身的地质学人物，魏格纳被否定了。

魏格纳的理论没有完全被否定，他的《海陆起源》再版三次，被抢购一空，翻译成英、俄、日、法多种文字，学术界都得知了大陆漂移的思想。

魏格纳再度考察格陵兰岛，他已经测出了格陵兰岛仍在漂移。

1930年11月2日，魏格纳第四次考察格陵兰岛，没想到，他竟然一去不返了。在大风雪中，他累倒在地上，长眠于冰雪之中。人们纷纷寻找这位令人尊敬的勇敢的探索者，直到第二年的4月份，才发现了他的遗体。

魏格纳去世以后，由于这位中坚力量的消失，再加上传统观念过于强大，大陆漂移说暂时消沉，失去了声音。

然而真理终有复出时，后人完善了魏格纳的理论，从20世纪50年代起，由古地磁学起，大陆漂移说复兴，成为目前的主导学说之一。

## 迷人的"第五公设"

欧几里得的《几何原本》如同牛顿的经典力学一样,确立了古典几何学的辉煌大厦。

人们称传统的几何学为欧氏几何学。欧氏几何统治了几何学两千多年,它建立了一个逻辑的演绎体系:由公理出发,推出各种定理从而得出结果。

公理就是欧氏几何中的公设。严格来说,欧几里得并不是这样规定的。他把公理定义为适用于一切科学的真理和基础。在《几何原本》中,欧几里得提出五条公理。比如:等量加等量,总量相等;彼此重合的东西是相等的;整体大于部分;两物与中间物相等则两物相等;等量相减仍为等量。这五条公理不仅适用于数学,而且在大自然中也同样适用。因此称之为公理。

而公设则是只在几何学中存在的真理。同样,欧几里得提出五条公设:

其一至其四为:从任一点到任一点可能作直线;有限直线沿直线延长是可能的;以任一点为中心和任一半径作圆是可能的;所有直角彼此相等。

第五公设为:若一直线与两直线相交,且若同侧所交两内角之和小于两直角,则两直线无限延长后必相交于该侧的一点。

公设是欧氏几何学的基础,它是不证自明的。也就是说,除非你推翻欧氏几何学,否则的话,就必须在这五条公设下进行推理。欧氏几何和我们所见的空间是那样的吻合,如平滑的面、平直的线、弯曲的线、以及相交的斜线等等,看起来都是自然而真实的。

人们发现,第五公设是那样的特殊。一是它远不如前面四条公设清楚而简明确定,而是语句冗长,含义似乎意犹未尽;二是连欧几里得本人也很少使用第五公设,经常避免第五公设的发生,在《几何原本》中,直到第29个定理时,才使用了第五公设。

总之,把第五公设作为不证自明的道理,人们不易接受。人们纷纷探索,有两种思路成为主流:一是找寻等价命题,也就是说,换一个说法;二是企图证明第五公设是一个定理,把它从公设中排除。

不管怎样,等价命题是需要提出的。

1741年,法国克雷洛提出:"如果四边形的三个内角是直角,那么第四个角也必是直角。"

1769年,芬恩提出:"两相交直线不能同时平行于第三条直线"。

1795年,苏格兰的普雷菲文提出:"过直线外一点,有且只有一条直线与该直线平行"。这就是我国课本中通用的"平行公理",各国目前都采用这种叙述方式。

也就是说,以上数学家提出的命题和原来的第五公设是一回事,完全等同,都是第五公设的等价命题。提出等价命题这一想法实现了,但是为什么对公设还表示怀疑呢?

自从公元前3世纪开始直到19世纪上半叶，有很多大数学家投入到第五公设的研究中去。人们大多认为，第五公设可能是定理，能够被证明出来。尤其是18、19世纪，证明第五公设的方案一个又一个地提出，进而一个又一个地被否定。

人们把证明第五公设视为一大难题，尽管无数人都失败了但仍然有无数人投身进去。人们证明第五公设，主要是证明与之等价的"平行公设"。

1802年，玻约伊出生在匈牙利的柯罗日瓦尔。小玻约伊的父亲老玻约伊是高斯的同桌好友，也是一位很有才华的数学教授。

很小的时候，小玻约伊就听父亲讲各种各样神奇的定理、伟大的发现，他深深地爱上了数学。第五公设的问题更加使玻约伊倾心向往。

中学毕业后，玻约伊成绩优异，考入了维也纳皇家工程学院。18岁时，他是这里的一名大学生，他立下心愿，要研究第五公设。

老玻约伊知道后，并没有感到高兴，而是很恐慌，他写了一封信给玻约伊，信的意思是这样的："希望你再也不要做证明平行公理的尝试。因为你把一辈子花到这上面，也不可能证明得出这个定理。在这方面，我自己埋没了一切亮光和欢乐。上帝啊！希望你放弃这个问题，对它的害怕应该多于感情上的留恋。因为它会剥夺你生活中一切时间和健康以至休息与幸福。这个无希望的黑暗能够使上千座牛顿那样的灯塔沉没，这个黑夜任何时候都不可能见到大地光明"。

这样可怕的预言从何而来呢？原来，老玻约伊的一生就是花在第五公设上了。和高斯不一样，他更加迷恋第五公设。高斯也研究第五公设，但在其他方面建树很高，老玻约伊虽然是一位数学教授，但沉溺于第五公设却没有什么进展，所以很后悔，认为自己虚度了一生。

他苦心规劝儿子，希望儿子不要重蹈覆辙。但是小玻约伊并没有被父亲的劝告吓倒。1822年，玻约伊留校从事研究，他终于取得了进展。1832年，老波约伊出版了一本著作。在这本书的最后，发表了小玻约伊的一篇论文《关于与欧几里得的第五公设无关的空间的绝对真实性的学说》。

其实，在小玻约伊只是21岁左右的青年人时，这个天才的萌芽已经出现并取得进展。他证明了："第五公设确实是一个欧氏几何体系中独立的公设，企图用欧氏几何的其他公设来证明第五公设是不可能的。"

而1832年发表的论文，是小玻约伊的进一步发展。在改变第五公设的情况下，一种新的几何诞生了。他提出，规定一个新公设，即"过已知直线外一点可以引无数条直线与已知直线平行。"

这太离奇了，连小玻约伊的父亲也不能理解。1826年起，小玻约伊到处请人们就他的新成果发表意见，人们都摇头表示不可理喻，也没有研究会帮他出版。后来，玻约伊请求高斯的支持，可是高斯却只是赞扬了几句，没有投入更大的热情。

玻约伊十分失望。

其实，早在数年前，高斯在研究第五公设的时候就已敏锐地意识到了转向问题。

1824 年，47 岁的高斯在给朋友的信中就说："三角形的内角之和可以小于 180°，这种几何和我们现在的几何完全不同，但却自足，我发现了它们并有一些见解。"

高斯为什么不发表新的观点呢？原来，高斯历来小心谨慎，甚至有些顾及名誉和利益而瞻前顾后。他既要独立系统地研究和证明，又怕发表的成果观念太过新颖，人们会嘲笑他妄想而失去权威的地位。这使得高斯一直没有公开发表，但他在暗地里却一直在研究，并且得出很多有价值的理论。

小玻约伊没有得到任何支持，后来又知道高斯也发现了这一新几何，只是没有发表，而突然间又得到罗巴切夫斯基发表了与自己想法相同的几何研究，心情十分沉重，郁郁寡欢。1860 年，天才的玻约伊去世了，没能目睹这门学科最终创立。

1840 年，俄国的罗巴切夫斯基勇敢地、完整明确地指出新几何的存在。

罗巴切夫斯基 1792 年生于高尔基城，父母都是穷职员。15 岁时就以高材生的身份进入喀山大学，毕业时获硕士学位，最后担任喀山大学校长。1826 年，罗巴切夫斯基首先指出第五公设的不绝对性。1830 年左右，罗巴切夫斯基发表《论几何基础》，成为世界最先论述非欧几何的文献。1840 年，他用德文写成《平行理论的几何研究》。

罗巴切夫斯基的遭遇果真如高斯所料，尽管罗巴切夫斯基是很有声望的科学家，但是他也遭到了攻击，为此还被免去了职务。人们攻击他，说他违反"常识"地胡言乱语，是"疯子"所为。大多数科学家也说罗巴切夫斯基是"伪科学"，荒唐透顶。

罗巴切夫斯基面对各种责难，以顽强的斗志捍卫新的发现。在他双目失明后，仍然口述了非欧几何的著作《泛几何学》。

虽然同时有高斯、玻约伊发现了新几何学，但是只有罗巴切夫斯基勇敢地全面发展并证明，坚持不懈地捍卫了这种新发现。所以，人们命名这种新几何学为"罗氏几何"。

欧氏几何中，三角形内角和是 180°；而在罗氏几何中，三角形内角和却是小于 180°。这都是建立在第五公设的不同之上的。

1854 年，高斯的学生德国数学家黎曼提出了另外一种几何，这种几何中，三角形的内角和是大于 180° 的。

黎曼几何与罗氏几何就是我们现在所见到的"非欧几何"。罗氏几何与黎曼几何同传统的非欧几何相比，重要区别就在于第五公设的不同。

自"非欧几何"提出，人们一直认为这些不过是推理中的体系。20 世纪到来，在新的突破中，在遥远宇宙的大尺度观测和原子微观领域研究中，发现了真正存在的非欧空间。

就空间所依托的平面不同来看，罗氏几何的面近似于马鞍，而黎曼几何的面是球面，球面三角形的内角和是大于 180°。1868 年贝特拉《非欧几何解释的尝试》中证明了非欧几何可以在欧氏空间的曲面上实现。德国数学家克莱因把欧氏几何叫"抛物几何"，把罗氏几何称为"双曲几何"，把黎曼几何叫"椭圆几何"，三者区别在于"曲率"不同。

非欧几何是构成相对论的重要数学基础。

这就是第五公设的无穷魅力。

## 《夜巡》是福还是祸

1642年，荷兰最伟大的艺术家伦勃朗受一群军人的委托，创作一幅集体肖像画，名为《夜巡》。伦勃朗一反常规，没有像哈尔斯画的军官群像那样，每个人都很完整；也不像他早先画的《杜普教授讲解剖课》那样，每个人都显现在同样明亮的光线下。伦勃朗把这张群像画成一幅具有戏剧性的风俗画。一群军人正在长官带领下出发巡查。伦勃朗选择了大尉班宁·柯克下令连队出发的瞬间。军人们正从兵营中急急忙忙赶出来。队伍还没有站好，乱轰轰地聚在一起。有的人正在走动；有的人正准备武器；有的人正要举起旗帜；还有几个孩子在其间嬉戏。伦勃朗采用了明暗法，使造型更为厚实。这加强了戏剧效果，同时也显示出一种高昂的战斗热情。伦勃朗把两个普通的战士放在最前面光亮处，突出了这种风俗画的戏剧性。他们都在手忙脚乱地准备着。其中的几个孩子也比较突出。尤其是其中那个正快步跑着的小姑娘，她被强烈的光照着，甚至可以说她自身就是一个散发着光的小天使，在光线的对比中，更显出孩子们的纯洁、娇憨。而其他的人物都退居在黑暗中。应该说，这幅画是很不错的。但是，因为军人们要的是肖像画，许多军人都不满意被放在阴影中，因为，他们都出了相同的价钱。但向来正直、自由、一心要维护艺术的职业尊严的伦勃朗，拒绝修改作品。结果，雇主们提出抗议，把他告上了法庭。最终，在那个日益商业化的社会中，伦勃朗被迫交了大笔的赔偿金，而且他的名声大损，订画的顾客大为减少。从此，伦勃朗失去了经济来源，生活每况愈下。这可真称得上是伦勃朗一生的大祸。此后，不幸的事情又接连而来，伦勃朗在贫困中度过了自己的晚年。

但是，在这接二连三的打击与挫折的过程中，伦勃朗参透了世事，开阔了眼界，对社会有了更为深刻的理解，在缺少生意的日子里，伦勃朗可以安下心来作自己喜欢的画了，不会再受制于那些顾客们无理的要求与打扰了。从此，伦勃朗的艺术水平更进一步达到了精纯的境界。他这一时期创作的作品多为优秀之作，例如《圣家族》《牧人来拜》《一个犹太商人》《对镜理装的少妇》《荷马》《浪子》等等，体现了画家强烈的现实主义精神。

其中《圣家族》一画明显地体现了画家注重劳动人民的倾向。这幅《圣家族》完全没有先辈作品中那种神圣的气息。画面上除了左上角从窗户上飞进来几个小天使，表明这是一件有关宗教"神迹"之外，完全是一家穷苦的荷兰农民日常生活的真实写照：一位穿着粗布长袍的农家少妇，腿上盖着一件厚衣，脚踏暖炉，正对着一堆燃烧着的木柴读书。天气变为暗淡，火焰也微弱下来。少妇转过身关切地掀开盖着摇篮的衣服，看看她初生的小宝宝是否睡得安稳。尽管她的丈夫在一旁不停地挥斧劈柴，在微暗的光线下，孩子依然睡得十分香甜。伦勃朗在这幅画中，把基督耶稣一家描绘成普通的劳动人民。他根本不愿意为了附庸高贵，而画上那几个"神圣的光环"。因为，伦勃朗知道，假如《圣经》上所述的基督的身份也是真实的话，耶稣一家就应该是这种平凡的人，过的也就是这种平凡的生活。马克思说："伦勃朗是按照荷兰农妇来画圣母的。"我们在这幅画中直接感受到的是：北欧冬日里一个贫苦的农民家里，人们过着勤劳简朴的生活，洋溢着亲子之间的温情以及一家人的幸福。

此外，伦勃朗还画了一系列自画像，其中，在这一时期的最后一幅被人们称为美术史上的奇特之作。笔法十分苍劲，厚涂的色彩犹如铸铜一样闪闪的发亮。身披旧衣的伦勃朗，眯着眼睛，嘴巴微张，好像在哀哭，又似乎是在冷笑。这时的伦勃朗已是孑然一身了。

晚年的伦勃朗十分悲苦，妻子早亡，儿子也已夭折，他原来精心收藏的艺术珍品早已被教会没收。伦勃朗亲身体会着劳动人民所受的灾难，使他的思想更为深刻，直到他临终的前几天，仍拿着画笔，在辛劳地创作。他最后的一幅作品就是《浪子》。

1669年，这位伟大的现实主义艺术家凄苦地走完了自己辉煌的一生。

伦勃朗出生于1606年7月15日。他是莱顿市一个磨坊主的儿子。早年师从鹿特丹的一位大画家学画，后来又进入阿姆斯特丹的画家皮特拉斯特曼的画室学习。最终，他离开了老师开始自学。他早期的作品主要有《正在读圣经的母亲》《杜普教授讲解剖课》《一位东方人的肖像》《瞎子》等。

1634年，伦勃朗与一位有钱的画商的亲戚——莎斯基雅小姐结了婚，在他自绘的《画家同他的妻子莎斯基雅》中，他把自己打扮成武士，举杯庆祝，他的妻子坐在他的膝上，也回头向观众致意。画面充满了欢乐、幸福的气氛以及画家对生活充满自信的豪气。

这一时期，是伦勃朗最为幸福的一段美好时光。他高超的画技，为他引来大量的雇主。但是，由于他对于收集艺术品的嗜好，使他没能积蓄钱财。伦勃朗不但收集古今的名作珍品，也购买一些无名画家的作品。而且常常是他自己把价钱抬得很高，他说道："这是为了维护艺术职业的尊严。"

伦勃朗是17世纪荷兰画派中最伟大的现实主义艺术家，也是17世纪整个欧洲艺术的杰出代表。他是肖像画、风俗画、历史画及风景画的一流大师，几乎擅长绘画艺术的一切表现形式，油画、版画、素描尤为精到。最应该提到的是，伦勃朗在铜版画方面为后代留下了重要的遗产。丢勒是木刻版画的先驱，伦勃朗则是腐蚀铜版画的更加伟大的先驱。

杰出的伟大艺术家伦勃朗勤奋一生，留下了大量杰作。他死后声誉更是与日俱增，伪作遍布全球。在西方美术界有个笑话："伦勃朗一生画了600张油画，其中有3000张在美国。"但是，这历来被人们公认为真迹的600张油画，近年来又引起争论。1968年，在伦勃朗逝世300周年纪念的时候，荷兰的6位艺术学者组成一个调查团，访问了世界各博物馆及私人收藏家。经过对600张原作进行审查后，调查团得出结论：其中大约只有350张是靠得住的。因此，现在说伦勃朗的作品，就是油画300多件，铜版画300件，还有许多素描的珍品。

不仅伦勃朗作品的真伪成为专家们研究的重大课题,而且伦勃朗作品的被盗也成为轰动世界的新闻。70年代初,邦奈博物馆珍藏的一张名为《拉比的头像》的作品被盗,惊动了欧美两大洲的警务人员。这张只有9英寸高的小画,当时估价至少数十万美元。而在拍卖会上,伦勃朗作品的价格仍然在不断上升。

想想当年伦勃朗凄苦的生活,再对比一下他身后巨大的声誉。当年那幅成为他不幸起点的《夜巡》,对他来说,究竟是福?还是祸?对于我们欣赏者来说,又究竟是福?还是祸?我们不知如何去回答。

难道说,伟大的成功,必须要以艰难困苦中走过的路程为代价?

面对伟人,我们陷入了沉思。

## 狂妄自负的"舞蹈上帝"

一天,在一条繁华热闹的街上,高贵的先生与优雅的妇人们正怡然自得地在街上慢慢散步。这时,从街的另一端急急忙忙冲过来一位妇人,她身材很胖,但一脸焦急的神情使她脚下沉重的步伐加快。人们都惊奇地望着她,纷纷为她让路。突然一位年轻的先生躲闪不及,只听他"哎哟!"一声大叫,蹲在了地上,原来那位行色匆匆的胖妇人踩了他的脚,妇人再着急,也还是懂礼貌的,她连声不迭地道歉,希望没踩伤他的脚。年轻的先生慢慢站起身,用一种嘲讽的语气说道:"我高贵的夫人,您这轻轻的一脚已经使整个巴黎陷入了两周之久的黑暗之中!"妇人满脸通红,她知道这位先生的鼎鼎大名后,更加不安。还好,年轻人并没有继续纠缠下去。妇人又急匆匆地走了。年轻人也迈着轻快的脚步离去。其实那一脚根本没有伤着他,他只想让别人注意一下他的脚。

他的脚有什么特别之处吗?值得如此兴师动众?其实更让人惊讶的还在后面。有一次,他的一位学生对他大放赞美、景仰之词。这位先生大为满意,他突然脱下他的皮鞋,把脚伸到学生的面前,说:"既然你这么崇拜我,就让你当第一个幸运者吧!"那个学生一脸犹豫之情。"难道你不愿意吻一吻它吗?"先生一脸不悦,那位学生无力地辩解道:"我是怕弄伤了您的脚。"然后不得不双手捧着这只大脚,假装受宠若惊的样子吻了几下。先生满意而去。学生却大为不满,本来想与他亲近亲近,没想到却吻了一只脚丫子,而且是男人的脚丫子。

是谁这么狂妄自负?竟把他的脚当作了圣物,炫耀于天下?

他就是18世纪的三位巨人之一。那个时代产生了三位巨人。一位是普鲁士的腓特烈大帝,一位是法国大启蒙思想家伏尔泰,另一位就是这位狂妄自负的意大利舞蹈家加埃里·维斯特里。当然,这顶"时代巨人"的桂冠是他自己给自己加封的,别人并没有把他抬得如此之高。

但是,在当时的舞蹈界,他那完美的舞步,几乎无人能够企及,他这双神奇的脚为他带来另一顶桂冠——"舞蹈上帝"。

加埃里·维斯特里于1728年4月18日，在意大利名城佛罗伦萨降生。这是一个音乐舞蹈世家，在其小时候，父母带着姐弟8个四处流浪，漂泊不定，当加埃里·维斯特里进入巴黎歌剧院舞蹈学校接受正式训练时，他已经是20岁的大小伙子了，按说他已经不可能在舞蹈方面有什么作为了。但是，因为他遇到一位出色的老师杜普雷，再加上他的刻苦、聪慧，这个问题轻而易举地解决了。他的艺术水平超过了所有的同学。1751年，加埃里第一次登台，与姐姐泰蕾兹同台表演了一段双人舞，立刻名声大振。不久，他的老师杜普雷退休。加埃里就替代了老师在剧团里的位置。

加埃里·维斯特里的舞蹈风格优美、典雅而且精致。他的舞步透露着一种炉火纯青的单纯与高贵。人们称之为得到了诗艺之神阿波罗的灵魂。在舞台上，他确实是一位高贵无比的神的化身。

但是，台下的加埃里·维斯特里却完全是另一种样子：没有修养、鲁莽粗暴、骄傲、嫉妒，除了舞蹈他几乎什么也不懂。他在巴黎歌剧院担任首席芭蕾男主演时，曾几次与领导、长辈们大吵大闹，为谋得一点私利吵得天翻地覆。几次被驱逐出门，关入监狱。但由于他那完美的舞技，领导们很快作出让步，把他请回去。这使得他更为得意洋洋、自命不凡。

当时，剧团里还有一位著名女演员安娜·海涅尔。她以独具风采的单脚旋转赢得了广大观众的心，成为与加埃里·维斯特里一争高低的"舞蹈女神"。这使得加埃里·维斯特里妒火万丈，他经常暗地里阻挠这位女演员登台演出。有一次，在一个很重要的剧目中，加埃里·维斯特里又成功地用别人替换了安娜·海涅尔。这位小姐独处台下暗自垂泪。她再也不能忍受这个趾高气扬的自以为高贵、优雅的大男人了。安娜·海涅尔勇敢地向观众述说了自己的委屈与不满。观众了解真相后都愤慨万分，当加埃里·维斯特里又在台上展示他那高贵、美妙的身姿时，观众们大声地起哄抗议，为那位受委屈的小姐叫不平。一曲终了，那高贵的阿波罗立刻变成了一位"男性泼妇"，他走下台来当众大声辱骂安娜·海涅尔，由此这位男士的人品尽为人知。

1779年，发生了著名的"歌剧院造反"，在这次造反中，加埃里·维斯特里却又对高贵、美貌的安娜·海涅尔大献殷勤，而奇怪的是安娜·海涅尔竟好像忘记了他对自己的侮辱，安心成为加埃里·维斯特里的爱情俘虏。1782年5月12日，两人双双退出舞台，同居一处。

1792年6月16日，两人正式结婚，这时他们的儿子已经一周岁了。若干年后，当他们两人安稳地度着晚年的时候。

这时在舞台上星光四射的新人是加埃里·维斯特里与另一位妻子的杰作——玛丽·让·奥古斯特·维斯特里。这位年轻的男演员比他父亲的演技更高一筹。他不仅擅长父亲的骄傲——古典舞，而且能跳性格舞，而这是加埃里·维斯特里所不能的。玛丽·让·奥古斯特最为拿手的是又高又轻盈的跳跃。这位儿子一直让加埃里·维斯特里引以为豪。青出于蓝嘛！不但舞技青出于蓝，而且人品也比其父有过之而无不及！

1800年3月1日，维斯特里家族在巴黎歌剧院写下辉煌的一页。已经72岁的祖父加埃里·维斯特里，40岁的父亲玛丽·让·奥古斯特·维斯特里与14岁的阿尔芒·维斯特里同台共舞。老的雄风依在，小的也渐露锋芒。每个人的表演都独具特色，又融为一体。

1808年9月23日，加埃里·维斯特里在巴黎逝世。

加埃里·维斯特里一生有许多杰作。例如他最为拿手的《夏空舞》，其他的如《罗朗》《达耳达诺斯》也非常有名。尽管加埃里·维斯特里的人品为人所不齿，但他那优美的舞姿依然被人们怀念。

## 维也纳古典乐派的奠基人——海顿

1741年秋季的一个傍晚，寒叶飘飞着，风在维也纳的大街小巷刮来刮去。一个瘦弱的男孩沿着街边默默地走着，抬头看看惨淡的夕阳，不由得紧了紧身上单薄的衣服。他看上去只有八九岁的样子。一年前他被选入这里的圣斯蒂芬大教堂的唱诗班，由一个平民的孩子变成了神圣的唱诗班成员。这得益于他对音乐的灵感和那副天生造就的好嗓子。这令他和他的家人着实高兴了一阵子。然而不幸的是，不知是什么原因，他的嗓子在一个月前就感到不好受，逐渐的，原来那清脆嘹亮的声音消逝了，代之以毫无光彩的暗哑之音，而且丝毫没有回转的希望。不能再放声歌唱的他，被唱诗班毫不客气地淘汰了，他被圣斯蒂芬大教堂赶了出来，流落街头。然而，一年多的唱诗班生活已在极具天赋的他心中播下了音乐的种子。这个小男孩不仅意识到，他要用音乐来为自己谋生，而且隐隐地感觉到，音乐已经融入了他的生命。

1808年，又是在奥地利维也纳，一场场面壮观的音乐会正轰轰烈烈地进行着，这是专门为庆贺一位音乐大师的76岁生日而召开的。在会场里山呼海啸般的欢呼浪潮中，一位华发苍颜的老人向人们频频致意。他接受了一只熊熊燃烧的三足火炉，是由140名法国音乐家联名赠送给他的。这只火炉象征着这位音乐大师的作品如同启蒙的火炬一样照耀着整个乐坛。不仅如此，他还悉心地指导和提携过贝多芬、舒伯特、莫扎特这一批划时代的音乐大师，这位老人是"大师的大师"。在依稀的火光中，他似乎又看到了若干年前那个凄冷的傍晚，那个孤独但有志气的小男孩，那是他童年的影子。大师不禁欣慰地笑了。

他就是海顿，交响乐之父，维也纳古典乐派的奠基人。

1732年3月31日，海顿出生于奥地利的罗瑙镇——一个靠近匈牙利的多民族居住的地区。他的父亲是一名马车制造匠，家境贫苦。但海顿很早就接受了音乐教育。

而音乐的殿堂真正向他开启大门是在1761年。他成为维也纳郊外一位匈牙利贵族——埃斯特哈齐公爵的乐队之长。在优越的条件下，他写下了包括交响曲和奏鸣曲在内的大量作品，占他一生创作的大多数。

直到 90 年代，在度过了 30 多年的宫廷乐师生活后，海顿开始了游历的生活。在英国，他创作了著名的《伦敦交响曲》12 部、清唱剧《创世纪》以及《四季》等。当时他仍定居于维也纳。1791 年，海顿以一曲《牛津》交响曲获得了英国牛津大学颁发的音乐博士学位证书。

海顿一生创作十分丰富，仅交响乐就达 107 部，弦乐四重奏 68 首，三重奏 20 多首，钢琴奏鸣曲 60 首，意大利式歌剧 13 部，等等。其中，完美的古典交响乐和四重奏形式是最重要的贡献。而且，他善于把民间舞曲有机地吸收到交响曲这种高级的音乐品种中来。其作品的基调健康明快、结构匀称、旋律朴实，和声明晰，充满了风趣和幽默之感。

12 部《伦敦交响曲》是海顿最优秀的作品，晚年的海顿创作了《帝王四重奏》，这支曲子曾被当作奥地利的国歌演奏了长达一个世纪之久。他的成就无愧于"维也纳古典乐派的奠基人"的地位。

"海顿老爹"是他的又一美称，表达了人们对他的普遍尊重，因为海顿不仅拥有卓越的音乐才能，还时时保持平易近人，谦虚和善的美好品德。他对贝多芬、舒伯特、莫扎特等杰出音乐家的悉心指导，更是立下了不朽的功勋。正如俄国著名音乐家柴可夫斯基所说，如果没有海顿，也就没有莫扎特，没有贝多芬了。海顿树立的人格旗帜威信远播，即使是拿破仑的军队占领了维也纳之后，部队的司令官非但对他没有丝毫轻举妄动，反而在他的家门口布置了豪华的仪仗队，以示对这位老人的尊敬。

海顿于 1809 年安然辞世，享年 77 岁。由于海顿生前是一个富于幽默感的人，因而他总是乐观向上地面对生活中的波折，他常常巧妙地利用音乐来解决人生中的烦恼，让人感到生命中充满乐趣。因此，海顿身后留传下许多动听有趣的故事。

比如有一年，海顿还是身为宫廷乐师的时候，公爵要去避暑，还想带上乐队一起去。可是疲惫的乐师们急不可待地要回家同亲人团聚。此时，富于幽默感的海顿想了个别出心裁的主意。当一首交响曲即将结束时，音乐绵延不止，奏出的是轻缓的柔板。瞬间，乐师们逐个熄灭了蜡烛后退席而去，只剩下两名小提琴手哈欠连天地疲惫地结束了演奏。海顿的安排使寓意明显地表露出来。公爵领会其意之后，也不再强人所难，便宣布全体休假了。而这次演奏留下了一首著名的交响曲——《告别》。

另外一支交响曲《惊愕》也有一个有意思的背景故事。海顿的乐队给达官显贵们演奏时，那些附庸风雅的阔人常常一边听一边打瞌睡，直到进入梦乡。于是海顿决心教训他们一顿。一支交响曲开始了，音调非常轻柔，而且越来越慢、越来越低，在这催眠曲一般的音乐中，那些达官显贵们很快便昏昏地欲睡了。突然间，雷鸣般的音响奏了出来，那些昏睡的人全都被惊吓得跳了起来，虽然怒气冲冲，却又都是有口难言，海顿和乐师们则偷偷地乐了。

1787 年的一天，伦敦出版商布兰特先生来拜访海顿。当时音乐家正拿着一把不好使的剃刀在剃胡须，于是他开玩笑地对布兰特说："我愿意写一部最好的弦乐四重奏来交换一把好剃刀。"布兰特听到后，大喜过望，马上将一把随身携带的上等剃刀赠给海顿。

海顿也履行了自己的诺言,将一首弦乐四重奏回赠给布兰特。这就是《剃刀四重奏》。

最后,再讲一个富于传奇色彩的故事。海顿的《第九十六交响曲》在某次公演时,音乐家亲临舞台,准备指挥乐队。狂热的听众为了一睹作曲家的尊容,不禁都争相离座,向前台拥挤过去。就在这时,在人群背后发出"哗啦"一声巨响,屋顶的大吊灯突然掉了下来,摔得粉身碎骨,顿时引起人群的一片混乱。然而,人们事后发现居然没有一个人被砸着。人们稍稍安定下来之后,都深以为幸,发自内心地喊道:"奇迹!奇迹!"海顿也深受感染,随即把《第九十六交响曲》改名为《奇迹交响曲》。

真不知这位音乐家身上还有多少动人的故事。总之,海顿是一位耐人寻味的艺术大师。

## 音乐史上的奇才——莫扎特

提到莫扎特,恐怕无人不知,无人不晓。这个名声远扬的音乐家是星汉灿烂的乐坛上一颗耀眼的巨星。他的自身卓越的天才在群星中傲然而立,被公认为稀世之才。

莫扎特出生于奥地利的萨尔茨堡一个乐师的家庭,自幼便显示出非凡的音乐才能。他在三四岁时就会弹钢琴,5岁学会作曲,6岁时初次参加维也纳的演出,8岁就写出了两部交响曲,10岁成为小提琴和钢琴的演奏明星,12岁时成功地写成他的第一部歌剧《本都国王米特里达特》。这样的早慧和神速的进步,令世人为之惊叹。因此,人们称誉他为"音乐神童"。

这位"音乐神童"确实名不虚传。至今人们还在念念不忘那些发生在他身上的奇闻逸事。从这些传闻中,人们真实地感受到了莫扎特的天才带来的震撼。

小的时候,有一次莫扎特的父亲偶尔走进他的房间,只见这个不丁点儿的小孩儿正趴在椅子上,专心致志地在一张五线谱纸上写着什么。父亲出于好奇,凑近一看,不禁吃了一惊,原来他看到了一首钢琴协奏曲,虽然笔迹稚嫩,但却完全合乎规格!这不禁令他惊喜不已。但他故意说:"这个曲子不成熟,不能拿去演出。"小莫扎特显出很有经验的样子说:"哪个曲子在演奏前不得认真地练习和修改呢?"

这是一例,还有:

一次,莫扎特的父亲应朋友之约,写了一首曲子,由于事多忙碌,抽不开身,他便叫小莫扎特送去。因为朋友家离得不远,只是中间要经过一条河,父亲叮嘱他要小心。莫扎特与一位小伙伴一起出行。走到桥上,忽然刮起一阵风,把他手上的曲谱吹走了。眼看着那张纸飘飘荡荡地落到了河里,莫扎特和他的小伙伴都着了慌。慢慢地,莫扎特镇静下来,他迅速地掏出纸和笔来,趴在桥头上埋头进入创作。不一会儿,他便和小伙伴快快乐乐地上路了。一天,父亲的朋友兴冲冲地来拜访,他极力夸赞这一作品,并在钢琴上非常投入地演奏了起来。莫扎特的父亲一听便说:"这不是我那支曲子。"最后,真相大白了,小莫扎特不但未受批评,反而被大大夸赞了一番。

14岁时，莫扎特报考奥地利著名的波伦亚音乐学院。但该院历来有个规矩："凡年龄不足20岁的人，不能从这所学院领取荣誉学位。"鉴于莫扎特的出众表现，校方决定给他一个机会。几位教授在一起共同谋划了一道高难度的钢琴曲题目，限莫扎特在两小时内创作出来。不想，才过半个小时，一张出色的答卷便摆在他们面前。教授们不禁啧啧称奇。于是，莫扎特获得了学校破格颁发给他的学位证书。

随着年龄的增长，莫扎特的艺术修养愈发高深，演奏技艺愈发精湛。据说有一次在伦敦的一场音乐会上，莫扎特同老巴赫的儿子J. O. 巴赫并肩坐在一架古钢琴旁。他们要表演一项特殊的节目。两个人轮番即兴弹奏，听起来却是一首连缀得天衣无缝的绝妙乐曲，令在场的听众瞠目结舌，掌声经久不息。

以上的趣闻可以使我们对莫扎特的天才窥一斑而知全豹。但是，正如爱迪生所说：天才等于勤奋加汗水。莫扎特辉煌的背后，不知凝聚着多少心血和汗水。他也曾表露过："没有谁能比得上我这样用功，没有一位大音乐家的作品是我不曾反复认真钻研过的。"

莫扎特在短暂的35年生涯中，创作出600多部不同类型的音乐作品，其中有交响曲52部、奏鸣曲77首、歌剧22部，几乎涉及了音乐的所有领域，尤其以歌剧、交响乐、器乐和室内音乐的贡献为最大。

他最杰出的成就还是在歌剧方面。代表作品有《克里特国王伊多美纽》《诱出后宫》《费加罗的婚礼》《唐璜》和《魔笛》。他善于在作品中渗入意大利正歌剧、喜歌剧和德国与奥地利民间歌唱剧的优点，创作出真正具有民族风格的歌剧是这位音乐家至高的理想。

莫扎特的作品越到后来越成熟，写作技巧令人叹为观止。在上述歌剧作品中，最杰出的是后三部，《费加罗的婚礼》作于1786年，《唐璜》作于1787年，《魔笛》作于1791年。最后的《魔笛》主要采用民歌形式，用德文写词，唱白结合。

在其他体裁的作品中，莫扎特也表现了自己的独特风格和融合先行者成就的能力，并因此而为后来者开拓了更为广阔的道路。例如，他的室内乐作品明显有海顿的影响，但表现力要比海顿强；他的交响乐，特别是后期的作品，表现出激愤不安的情绪，仿佛是对贝多芬风格的到来作出的预示。莫扎特也因此成为维也纳古典乐派的承前启后的大师。

《安魂曲》是莫扎特的绝笔。受人之托，当时他已病入膏肓，但还是接受了。这一天，一个身着黑衣的仆人前来取稿，他高声地叫道："准备好了吗？已经到期了。"这不祥的话语使病榻上的莫扎特认定，那个黑衣人就是天国为他派来的使者，自己马上就要启程向天国进发了。

莫扎特于1791年12月5日英年早逝。这前一天，永世流传的《安魂曲》已创作出来，恰恰它安抚的第一个灵魂就是这个音乐的精灵。

## "西班牙第一画家"——戈雅

1800年，杰出的西班牙画家戈雅完成了查理四世让他画的《查理四世全家像》。戈雅小心地把这幅画呈献给查理四世，查理四世看后极为满意，于是，他正式授予了戈雅一个"西班牙第一画家"的称号。本来戈雅就是当之无愧的西班牙的伟大画家，现在竟然成了"名副其实"的西班牙第一画家了。戈雅在高兴之余，禁不住暗自窃喜。这个称号可完全出乎意料啊！

在这幅《查理四世全家像》中，戈雅可算是费了不少心机。如今成功了，他怎么能不高兴呢？画面之上，戈雅故意以单调的色彩配以有点呆板的构图。国王一家人分列国王的左右，都自负地、官气十足地排列在艺术家面前。戈雅巧妙地表达出节日的衣服、勋章、珠宝的鲜艳色泽，这些东西都透过整个背景的金黄色的烟雾闪着光，整个眩目的色调特别表现着国王与王后的面貌的猥琐与庸俗。胖胖肥肥的愚蠢的国王，得意洋洋地昂着头，蠢笨地看着前方，活像一只大雄鸡。而旁边的王后扭动着自己的头，以她那庸俗、贪婪与凶狠的眼睛警惕地望着四周。其他的人有的傲慢自负，有的手足无措，有的疑神疑鬼，都或多或少地继承了一些国王与王后的丑恶的相貌及丑恶的精神。查理四世竟然对这样一幅作品满意，由此可以看出这些统治者如何的愚蠢与自我欣赏了。而那个"作恶得福"的戈雅，在人民心目中的地位更加伟大了，谁还会去稀罕那顶"西班牙第一画家"的荣冠呢？如果戈雅是凭这样的作品得到如此高的称誉，那才成为一个杰出的笑话啦。

但是，这个喜欢"作恶"，喜欢与统治阶级对着干的戈雅大部分时间却是在统治阶级的上层社会中度过的。这样，戈雅对统治阶级的愚蠢与残暴才有了更为深刻的认识。他举起自己犀利的画笔，用自己的一生在与罪恶的势力斗争。

佛朗西斯果·鸠塞·德·戈雅是一个农民的儿子。1746年3月30日，他出生于萨拉果沙城。童年的戈雅是在当牧童中度过的。大约在1760年，小戈雅14岁的时候，一位牧师发现了他的绘画才能，便把他送到当地著名画家荷塞·路桑·马蒂尼的画室中学习，这成为小戈雅的启蒙课。但是，年轻的戈雅总是不安分地呆着，他从小喜欢斗牛打架，喜欢处在一种战斗的激情中。1765年，戈雅参加了反宗教的斗争，成为其中很活跃的一分子。斗争失败后，他被宗教组织四处追捕，戈雅不得不逃到了马德里，并隐居下来。在这里，他深入地研究了著名艺术大师们的作品，他的风格渐渐形成。但是，戈雅总是不安分的，他在一次争斗中刺伤了一位国王聘请的画师，戈雅不得已又流浪到意大利。

在罗马，戈雅的艺术水平开始显露出来。他在帕尔马画了一幅油画《汉尼拔登临阿尔卑斯山》，获得了该城美术学院的二等奖。但忘乎所以的戈雅又惹了一身麻烦，费了很大的力气，在西班牙大使的帮助下，这个惹事生非的小伙子才逃回了家乡。

1775年，戈雅又回到了马德里，开始为宫廷工作，戈雅创作了两小组木板油画，为他赢得了声誉，其中较出色的有《阳伞》《陶器市场》《春》《受伤的石匠》《葡萄熟了》等，画面充满了生活气息。

1780年，戈雅被批准为皇家画院会员，杰出的戈雅不久便成为画院副院长。1789年，戈雅成了宫廷的首席画师。这期间，他对统治阶级的丑恶面目认识得越来越深刻。虽然他遭受了两耳失聪的打击，但他以更为尖锐的画笔同封建宗教统治阶级展开了斗争。这一期间，他便创作了那幅《查理四世全家像》。此外，他所作的《法国大使费迪南·吉尔马德》也表现了戈雅对于革命人物的同情与敬爱。还有最让人争论不休的《着衣的马哈》与《裸体的马哈》。这是两个姿态与面貌完全相同的少妇。曾经有人说这个少妇就是与戈雅相好的阿尔巴女公爵，从而被人编造了许多恋爱插曲。但是近来有证据表明，这个少妇与阿尔巴女公爵的身材很不相同。戈雅在这两幅画中展示了女性的纯洁、善良与文雅。尤其是《裸体的马哈》更是对禁欲的封建天主教的直接宣战。后来，戈雅曾因这幅裸体女人画受到宗教裁判所的质询。

西班牙的宗教裁判所，历来以严酷闻名于世。有人统计过，到戈雅时代的查理四世统治期间，300多年间，宗教裁判所烧死了34万人之多，许多追求真理者被当作异端而投入到烈火之中。

但是，戈雅并不惧怕他们，这一期间，他又创作了一套为数达80幅的腐蚀铜版画，名为《加普里乔斯》，又称《狂想曲》，严厉地揭露批判了宗教的伪善、残忍，以及僧侣们的贪欲愚蠢，表达了人民在宗教统治与封建专制下的苦难与不幸，例如其中的一幅，一个驴子医生正在为一个垂死的病人摸脉，上面写道"是什么要了他的命。"又如两个人背上各压着一匹驴子，题为"你自己不会？"再如，画面上一个树桩穿着一身僧侣袈裟，伸着双手，头巾下露出一副似脸非脸的黑影，前面跪着一群受惊吓而哭泣的妇女儿童，题为"那是裁判所能办到的。"它揭露了教会僧侣对人民的残暴及自身的空虚无能。又如一幅画面，几个驴子学生在驴子老师面前听讲，书本上全是写的"A"字，题为"学生能否知道得更多一点"。此外，还有一幅，一个人俯桌而睡，背后许多妖魔在飞舞，题为"理性入梦则群魔丛生。"人民在睡梦中也不得安宁与幸福。

这一组高达80幅的作品是对宗教统治的强烈的揭露与控诉。刚陈列出去，立刻遭到宗教裁判所的干预与禁止，戈雅也被宗教裁判所所注意，后来，戈雅伪称是献给查理四世的，才免遭迫害。

1808年，法国拿破仑的大军侵入马德里，西班牙人民奋起反抗，但终因寡不敌众，鲜血浸染了马德里大街。戈雅心中充满了愤怒。这一期间，戈雅创作了《普埃尔塔·德里·索里之战斗》（即《1808年5月2日之巷战》）与《法军枪杀起义者》（即《1808年5月3日之屠杀》），此外还有一组80多幅的腐蚀铜版画《战争组画》，表达了对西班牙人民英勇斗争精神的赞扬及对侵略者的残暴的揭露。

例如《1808年5月3日之屠杀》更体现了西班牙人视死如归的英雄气概及法国侵略者的残暴。侵略者只敢在深夜来杀害起义的爱国者。地上已经倒下了一批被枪杀者，死状惨不忍睹，这一批中有神父、僧人、市民与农民们。他们表现出愤怒、不屈与仇恨及面对死亡的哀痛。一个对着枪口的白衣黄裤的起义者，像受难的基督一样，把双臂张开，似乎要保护与他一起受难的人，又像是高喊着口号或对侵略者的痛恨的咒骂。那种宁死不屈的眼神表现出一个爱国者的高贵品质。在地面的方形灯的照射下，地面上已经被触目惊心的鲜血染红，那种红白的强烈对比，烘托出惨烈的氛围，而处在阴影中的侵略者，只是一排黑乎乎的"杀人机器"的象征。背景是马德里皇宫附近的太子山，表达了戈雅对勾结外敌，引狼入室的统治阶级的罪恶行径的揭露与批判。

1824年，戈雅为了躲避新国王费迪南七世（查理四世之子）的迫害而侨居法国的波尔多城。晚年的戈雅仿佛又回到了童年，他回忆起下层劳动人民的勤劳、正直、善良的优秀品质。其中他的名作《卖水少女》中那个怀抱瓦罐，衣衫破旧的农民姑娘，以其纯朴健康的生命力与青春的活力，压倒了他曾画过的所有宫廷贵妇。戈雅感受到生活的希望。

1828年，戈雅在波尔多去世，终年82岁。临死前不久，他所作的最后一幅作品《波尔多的卖牛奶女子》，成为他的最后一幅名作。其中的技法，已经是印象派的笔法了。

戈雅逝去了，他以自己一生的斗争激情与高超的技艺为人们留下了无比珍贵的杰作。他忠实于现实，并以其不屈的精神对统治阶级封建宗教势力的罪恶进行了深刻的揭露与批判。而且以极大的热情赞颂了劳动人民的优秀品质及无比坚强的生命力。人们尊之为近代现实主义艺术的伟大奠基人。

"近代欧洲的绘画从戈雅开始。"美术史家们如是说。

## 艺术歌曲之王——舒伯特

艺术歌曲是由德国民间声乐曲发展而来的，同时也是浪漫主义运动的产物。它由音乐和诗歌结合而成，使音乐和诗歌融为一体，着重表现诗词的含义，抒情色彩很浓。艺术歌曲主要由钢琴来伴奏，而且钢琴伴奏在整个艺术歌曲中有很重要的位置。钢琴伴奏或以和弦，或以歌曲旋律同独唱一同进行，并适当加入一些间奏。当然，为表现和丰富艺术歌曲的内涵，有时钢琴伴奏也可独立于独唱部分，自由进行。总之，诗词，歌曲旋律和钢琴伴奏共同组成一首艺术歌曲。艺术歌曲规模不大，却是一种极为精致的艺术形式，它的写作需要很艰难的技巧，艺术歌曲除了独立的之外，还有由若干首连在一起组成的声乐套曲。一般来说，一部声乐套曲每首歌曲都有内在的联系。但也可以单独演出。比如舒伯特所作的《美丽的磨坊女》《冬之旅》，舒曼所作的《诗人之恋》等，都是这种形式的声乐套曲。

在浪漫主义艺术歌曲的创作中，德国是最为突出的。而在德国的艺术歌曲创作中，又是舒伯特使之达到顶峰。人们把舒伯特艺术歌曲中的美妙称做"神秘的蓝色花朵"。人们还称舒伯特为"歌曲之王"。

舒伯特于 1797 年 1 月 31 日生于维也纳近郊一个普通的家庭。同莫扎特一样，舒伯特在音乐上也可以说是一个神童。但舒伯特小时候并未接受正规的音乐教育。好在他有一个音乐氛围非常浓厚的和谐家庭。从小对音乐耳濡目染，对小舒伯特产生了很大的影响。在家中，父亲和哥哥分别教他小提琴和钢琴。另外，当地教堂合唱团的指挥霍尔策教他音乐理论。在这时，小舒伯特就表现出了他对音乐的天才领悟，这令他的老师霍尔策都惊讶万分："当我想介绍一点儿新东西的时候，却发现他已经知道这个了。""这样，我并没有教他什么，而仅是一面和他谈话，一面暗暗地惊讶。"

在音乐创作上，舒伯特很年轻时便显示出了惊人的天赋。《魔王》是艺术歌曲中的一朵奇葩，而舒伯特创作这首歌曲时才 18 岁，这首歌曲的创作他仅用了几个小时。他在一年前根据歌德的诗谱成的《纺车旁的玛格丽特》，也同样是艺术歌曲中的珍品。这样，从他 17 岁起直至他 31 岁英年早逝，作曲家在 10 多年里就为后人留下了大量的艺术歌曲。除此而外，在钢琴音乐，交响音乐的创作上，舒伯特也取得了令人瞩目的成绩。

而在这些天才作品的背后，却是一个饥寒交迫，贫病潦倒的舒伯特。

由于家中贫穷，舒伯特在自己 11 岁时被送进一所免费的神学学校。在这里，他过着食不果腹的日子。但就是在这样的日子里，他奠定了自己以后成为一个天才音乐家的基础，并开始了最初的创作活动。

当舒伯特 16 岁离开神学学校时，为生计所迫跟随他的父亲做了一名小学教师。但这种枯燥的工作又与他的性格格格不入。而当他中止自己的教师生涯，决心去做一名自由音乐家时，盛怒之下的父亲与他断绝了关系。他刚走上自由音乐家之路，他心爱的姑娘便因他的出走嫁给了一个世俗的商人。

而最大的打击却莫过于那个黑暗的时代对天才音乐家那伟大事业的打击。在当时的奥地利乃至整个欧洲，浪漫主义运动才刚刚开始。这需要有一个逐步渗透的过程，而当时上层社会的圈子中，充斥的是轻浮、无聊、乏味的艺术，舒伯特的音乐是被排斥在主流之外，得不到承认的，而出版商的剥削，又加剧了他的贫困。在自己的作品出版之后，他所得到的只是一点微薄的收入，有时仅仅是一顿饭钱。

而这种贫困的生活在某些方面也促进了他的创作。迫于生计，舒伯特不得不夜以继日地进行他的创作。一首接一首地完成他的那些作品。在他 18 岁那一年就完成了 144 首歌曲。

当然，舒伯特的创作与"舒伯特小组"对他的理解与支持也是分不开的。

舒伯特小组指以舒伯特为中心的一个由青年人组成的文艺圈子。在这个小集体中，人们相互帮助、相互接济、关系融洽。他们同吃同住，常常一同去维也纳郊外散步谈心。对各式各样的文艺作品展开广泛地讨论，并积极进行创作。他们以舒伯特为中心，还常开舒伯特作品的沙龙晚会。在舒伯特穷困潦倒时，正是他们一次又一次的接济，才使他屡度生活的难关，进行深入的创作。但更重要的是他们给以舒伯特的精神上的支持，这使得舒伯特在创作上坚守自己的创作理想，作出了伟大的成绩。

舒伯特的气质和当时的浪漫主义是相当契合的。所以，舒伯特的作品优美、流畅，情感细腻、充沛。并且，他的许多声乐作品都是根据浪漫主义大师的诗歌谱写的，比如席勒、海涅，尤其是歌德。像著名的《纺车旁的玛格丽特》《魔王》《野玫瑰》等。这里面最出色的歌曲要数那首《魔王》。

《魔王》是一首叙事歌曲。说的是一位父亲抱着他生病的儿子在林中骑马飞奔。但林中的魔王却想要走父亲手中的儿子。他幻化成各种形式，引诱、哄骗、威胁孩子跟他同去。孩子对此惊恐万分。焦急万分的父亲却无法看见魔王幻化出的这一切。当他疾驰回家之后，"怀里的孩子已经死去！"

在这首歌曲中，钢琴伴奏是匠心独运的。钢琴中丰富的和声极好地衬托了歌曲的意境和戏剧性。钢琴的右手部分以沉重的三连音八度描绘了疾驰的马蹄声，左手上下起伏的底音描绘了狂风的呼啸。它们合在一起，刻画、渲染出了一种极为恐怖、阴森的气氛。并且这种气氛贯穿了歌曲的始终。这首歌曲中一共有四个角色，即叙述者、魔王、父亲和儿子。在演唱过程中，需要演唱者以四种不同的音色把他们加以区分。同时，对各种不同人物的语言，哪怕是同一个人物不同环境下的语言，钢琴都以不同的载体去描述，显示出了舒伯特对诗歌语言的深刻领悟和对音乐创作技巧的巧妙运用。歌曲在最后如丧钟般的沉重的和弦上结束。

另一位令舒伯特极为崇敬的人物是贝多芬，但他们两人只有一面之缘。

舒伯特对伟大的贝多芬总有一种莫名其妙的敬畏。所以，尽管他的朋友多次鼓动他去见贝多芬，让贝多芬指点他的作品，都未能成行。在1826年冬季，当朋友再度鼓动之际，舒伯特便硬着头皮去找贝多芬。可是正赶上贝多芬不在。舒伯特只得把他带的歌曲集放在贝多芬的桌上，沮丧地离开了。而贝多芬回来之后便病倒在床。百无聊赖的他随手拿起一本集子让仆人弹给他听，却不料正是舒伯特那一本。贝多芬听完后被深深震惊，他知道这是又一位天才，便告诉仆人说他想见见舒伯特。话传到舒伯特耳中，他一阵惊喜，立刻赶赴贝多芬的住处，开始了一次倾心长谈。不料就在这次见面之后的第八天，贝多芬便与世长辞。

悲痛无比的舒伯特在贝多芬的葬礼上手持火把，护送灵柩。从葬礼上回来后，他与一帮朋友在一个小酒馆中端起酒杯说："来，为我们之中的先死者干杯！"又有谁能料想，席上的先死者却正是他自己。1828年11月19日，年仅31岁的舒伯特走完了他短暂的人生之路，与世长辞。

舒伯特死后，人们遵照他的遗愿，把他葬到了贝多芬的墓旁。他墓碑上的题词是这样的：

死亡把丰富的宝藏，以及更加美丽的希望埋葬在这里。

## 帕格尼尼的手指

帕格尼尼，一个享誉世界的作曲家和小提琴演奏家，生有一头傲立不驯的乱发，宽宽的额头下嵌着两只时时透露出不屑神情的小眼珠，一只高耸着的鹰钩鼻俯瞰着下面的两片抿在一起的薄嘴唇。脸庞瘦削，颧骨突出，神情冷漠，帕格尼尼的一副尊容实在不值得人们去恭维，但他那一双瘦长的手却引起世人极大的兴趣。

世界上有人对他的手进行过专门研究。研究者之一的美国人申费利特医生认为，帕格尼尼生前患有一种叫"马凡氏综合症"的疾病，这种病也叫"蜘蛛指症"或"肢体细长症"。这种病造成的四肢边端部分细长、关节延伸力强等症状，使他的手具有特殊的灵活性和柔韧性。

这种说法听起来言之凿凿，可实际上却是荒谬可笑的。很难想象，帕格尼尼所具有的出神入化的演奏绝技居然是由生理上的畸形而造就的。但无论怎么说，帕格尼尼确实可以演奏出令人叫绝的梦幻般的音乐，也难怪有人要怀疑他的手指是否正常了。那是许多具有高度艺术造诣的音乐家梦寐以求的手指，事实上，只有经过千锤百炼反反复复锻造，才会出现这样的奇迹。

1782年10月27日，帕格尼尼出生于意大利热那亚的一个小商人家庭。据说他母亲在生他之前，曾梦见一位白衣天使下凡，告诉她说将来她的儿子会成为举世闻名的小提琴演奏家。她把这个美妙的梦告诉了她丈夫，一位优秀的曼陀林琴手，他自是欣喜不已。待到帕格尼尼一出生，他的身上便寄予了一家人的深切的希望。于是当帕格尼尼刚刚长到能拿起琴的年纪，他父亲就毫不怜惜地逼他进入了练琴的生涯。帕格尼尼以他的天资加勤奋迅速地进步着。在一名提琴师的指导下，帕格尼尼不仅具有了坚实的基本功，而且在技艺上也日新月异。

1793年，11岁的帕格尼尼首次参加公演，便立刻以他幼小的年龄和高超的演技震惊乐坛，获得成功。随后，他那有远见的父亲没有沉醉在儿子暂时的成功里，而是把他送到帕尔马深造去了。1797年，帕格尼尼跟从父亲到伦巴第进行旅行演出。

在一次音乐会上，正当帕格尼尼演奏着那才情盎然、魅力无穷的乐曲在全场中弥漫着的时候，一根蜡烛倒下来，把谱架上的乐谱点着了。然而所有的人都正沉浸在如痴如醉的圣境中，没有人发现这一变化。直到刺鼻的焦糊味儿缭绕着飞散开，一位听众才及时地醒悟过来，唤醒了沉醉的人们，从而避免了一场可怕的火灾。

此后，帕格尼尼经常在欧洲各地巡回演出，并于1801年开始作曲。他那梦幻般的小提琴演奏技巧的诀秘在于，更多地采用和声和拨奏法，并加强手指力度，以奔放不羁、富于即兴性和擅长发挥乐器特性著称。

成名后的帕格尼尼，却染上了酗酒、赌博的恶习，一个天才眼看刚刚出水便又滑向毁灭的泥沼边缘。随后的几年中，他在乐坛突然销声匿迹了。原来，时年只有19岁的他与一位至今也不清楚真实姓名与身份的贵夫人相爱了。他随那位贵族太太到了一座乡下的庄园里，在她的帮助支持之下，帕格尼尼摒弃了从前的恶习，重新审视自己的前途，这使他更加热爱他的艺术，于是帕格尼尼在那里潜心钻研他的演奏技巧。这一段生活，使帕格尼尼的技艺完成了质的飞跃。

1805年，帕格尼尼复出乐坛。应当时的法皇拿破仑一世之妹艾利莎之邀，他在皮翁比诺任音乐总监。

1828 年到 1832 年,帕格尼尼在维也纳、巴黎和伦敦等地的巡回演出均获得轰动效应。为了炫耀自己高超的技艺,他时常故意弄断小提琴上的一两根弦,然后在剩下的琴弦上继续演奏。肖邦于 1829 年在华沙听了他的音乐会,大为惊讶地称赞他是"理想的化身"。其技艺影响了后世的管弦乐和钢琴的演奏,更奠定了现代小提琴的演奏技巧。作为演奏家,帕格尼尼在音乐史上的地位可称"至尊无上"。

另外,帕格尼尼也是一位出色的作曲家。作品有小提琴协奏曲 6 部、随想曲 24 首及小提琴和吉他奏鸣曲 12 首等。其中那 24 首《随想曲》是一组技巧高深的小提琴练习曲,堪称乐坛杰作。帕格尼尼最受推重的作品是《D 小调第一小提琴协奏曲》。

由于帕格尼尼神秘的个性和奇幻的演奏,致使社会上始终流传着他的各种轶闻,多数人怀疑有魔鬼附在他的身上,否则不可理解他怎能拉出那样不可思议的音乐。这致使教会在帕格尼尼死后,拒绝把他葬在圣地。

1840 年 5 月 27 日,法国尼斯城,奄奄一息的帕格尼尼出人意料地从病榻上爬起来,拿起他心爱的小提琴,又开始了一次即兴演奏。突然,乐声终止了,琴弓"哗"地一声掉到了地上,惊醒了的人们发现,帕格尼尼已经魂归天国了。

## 第一位赢得世界声誉的北欧作家——安徒生

喜欢童话的孩子们一定都熟悉一位伟大的作家。他每年都送给孩子们一本童话故事集作为新年礼物。他就是丹麦的童话大王安徒生。

汉斯·克利斯田·安徒生于 1805 年出生在丹麦一个贫苦的家庭。父亲是个鞋匠,母亲是个洗衣工。贫苦的童年使安徒生对劳动人民的生活有深切的感受,同时也使安徒生具有了丹麦劳动人民的优良品德。他从很小时就帮助家里干活,尽量减轻父母的负担。爱幻想的安徒生常常能编出美妙的故事令邻居们惊奇。安徒生期望有一天能够赚好多钱,让父母与穷苦人都过上幸福的日子。但他的期望还遥遥无期时,他的父亲病故,母亲一人无法支撑家庭,不得已改嫁他人。安徒生渐渐长大了。不久,安徒生独自来到京城谋生。这个鞋匠的儿子在街上一边干着零活,一边幻想着成为艺术大师。他用微薄的工资来学习绘画、舞蹈、歌唱等,但因为钱实在不够填饱肚子,他只好放弃。一次偶然的机会,这个鞋匠的儿子碰到一位善良的富翁。在谈话中,这个富翁看出了安徒生将是一个有作为、有才华的人。于是,在他的资助下,安徒生进入了哥本哈根大学学习。这可是这个鞋匠的儿子原来想也不敢想的。他知道学习的机会来之不易。在大学中,安徒生拼命地学习,每天待在图书馆中,那样子好像要一下子把所有的书都吃到肚子里去。安徒生博览群书,阅读了大量古典名著,为他以后的文学创作奠定了基础。不久,安徒生开始试着进行文学创作。他写诗歌,写戏剧,还写小说。1827 年,安徒生的长篇幻想游记《阿尔格岛漫游记》与喜剧《在尼古拉耶夫塔上的爱情》终于获得了成功。这个鞋匠的儿子终于出名了。但他的父母都已去世了，不能分享儿子获得的荣誉，安徒生一直引为憾事。此后，安徒生开始试着为儿童写童话。他要教育孩子们，让他们继承丹麦人民优良的品德。安徒生的童话不仅仅是教育儿童，他说："我用我的一切情感与思想来写童话。但是同时我也没有忘记成年人。当我为孩子们写一篇故事的时候，我永远记住他们的父亲和母亲也会在旁边听。因此，我也得给他们写一点东西，让他们想想。"

1835年，安徒生出版了第一本童话集《讲给孩子们听的故事》，包括《打火匣》《豌豆公主》《小克劳斯与大克劳斯》《小意达的花》四个童话故事。安徒生以真挚的情感，优美的语言，新奇的故事情节一下子抓住了孩子们的心，甚至连大人们也为之着迷。安徒生一下子成为世界著名的童话作家，无数的儿童纷纷给安徒生写信，甚至由父母带着来看一看这位脑袋里装满故事的叔叔。安徒生为了报答人们的关爱，几乎每年他都要发表一个集子，作为新年礼物送给孩子们。安徒生一共发表了156篇童话故事，其中许多佳作为世界各国儿童所熟知。安徒生是19世纪第一个赢得世界声誉的北欧作家。

安徒生一生写了如此多的作品，其中很多表达了对社会贫富悬殊的控拆，如《卖火柴的小女孩》。圣诞之夜，一个衣着单薄的赤脚的小女孩在风雨中瑟瑟发抖，她是来卖火柴的，家里跟街上一样冷，父母等着她卖些钱回去弄点吃的。小女孩笼着手，在这寒冷的欢乐的圣诞之夜，谁会来买火柴呢？小女孩慢慢走着，手脚已冻得麻木。她看见人家窗子里映出一家人围着丰盛的晚餐，孩子们依偎在母亲的怀里，她听见房子里传出欢乐的笑声。她看见橱窗里摆放着热气腾腾的烧鹅，她仿佛闻到了那香喷喷的气味。小女孩划着了一颗火柴，在这微弱的火光中，小女孩感到莫大的温暖，小女孩又划着了一根火柴，她看见了她慈祥的奶奶，小女孩划着了第三根火柴，她随着奶奶离开了这个罪恶的世界。第二天清晨，人们发现一个小女孩躺在雪堆旁，身体已经僵硬了。她手里拿着一把火柴，脸上露着幸福的微笑。在《她是一个废物》中，作者描写了一个洗衣女工，她受尽凌辱、贫穷，她在劳动中挣扎生存，在劳动中死去。

安徒生的另一些作品是赞美自然，赞美劳动人民，对统治阶层的愚昧无知进行了尖刻的讽刺。如《园丁与主人》中，以剥削为生的主人把自己园子里生产的水果当作是外国进口或皇宫中生产出来的，因为，他们自以为是地不相信下层人可能种出这么好的东西。他把"印度莲花"送进王宫，献给公主。那位据说对植物学很有研究的公主，竟也不认识这种最普通的睡莲。她非常喜欢这种"印度莲花"，大大赏赐了这个园丁的主人。而更为愚蠢的是《皇帝的新装》中的皇帝，这位皇帝喜爱新衣。如果要找他，到更衣室中肯定能找到。但这位皇帝不爱处理国事。他只喜欢每天穿上新装去街上游行。谁要向他提正事，他就烦，谁要给他介绍几个好裁缝，他就异常高兴。这一天，外国来了两个骗子，说他们能够做出世界上最华美的衣服，并且这件衣服能测出谁在说谎。皇帝果然大为高兴，重重赏赐了两个骗子。两个骗子故意架起几架空的织布机，向皇帝要大量的金钱。等他们捞足之后，假装以不存在的布给皇帝做了一件不存在的衣服。皇帝赤身裸体地在大街上游行，向居民展示他这件"神奇的衣服"。所有的人都不愿承认自己看不见这件衣服，只有一个童稚未消的小孩说出了真话："皇帝什么也没穿呀！"

安徒生许多作品赞扬了劳动人民的勤劳、智慧与高尚的品德。如最为著名的《丑小鸭》的故事，在一个森林里有一间小草房，里面住着一个老婆婆，一只母鸡在角落里孵小鸡。当所有的小鸡都破壳而出之后，母鸡妈妈的怀里仍有一个比其他的蛋大得多的蛋还没有动静。母鸡妈妈想放弃这个孩子，但终于因为母爱，母鸡妈妈坚持下来，这个特殊的蛋终于破壳了，但出来的不是一个又高又壮的漂亮的孩子，而是一只又蠢又笨的大个子。屋子里所有的居民都认为她是一只丑陋的鸭子，全都不喜欢它。其他的小鸡叽叽叫着斥责她，老婆婆的猫、狗也常常欺负她。渐渐地，母鸡妈妈也不喜欢她了。这只丑小鸭只好缩在角落里，默默地忍受着侮辱，独自流泪。春天终于来了。丑小鸭偷偷地逃了出去。她独自在寒冷的水上游呀游呀。想洗掉自己身上丑陋的外衣。她偷偷地看了一眼水里，那里有一只漂亮的白天鹅也在望着她。她羞怯地低下头，那个高贵的客人也低下头。她突然明白了，那就是自己，自己就是漂亮的白天鹅啊。她兴奋地挥舞着臂膀，飞上了天空，去寻找自己的伙伴。除此之外，安徒生这一类作品还有著名的《海的女儿》，讲述了美人鱼的故事。至今，在丹麦哥本哈根的海滨公园中，仍塑有那位美丽、善良的美人鱼的青铜雕像。是著名雕刻家爱德华·埃里克森的名作。她让整个丹麦闻名世界。其他的还有《野天鹅》、《光荣的荆棘路》、《老头子做的事总是对的》等数篇杰出的作品。

1875年，安徒生在哥本哈根逝世，世界上无数儿童、大人们为之哀悼。安徒生以勤劳的一生，为世界人民留下了闪光的作品。他是丹麦人的骄傲，也是世界人民的骄傲。

## 钢琴诗人——肖邦

每一个民族都有自己灵魂似的人物。在这个人物身上，一个民族的精神气质、优秀品德都被集中展现。在波兰，这样的人物是肖邦，也就是说，肖邦是波兰的灵魂。

如果你去过波兰，到过华沙，你就会感觉到，肖邦是无处不在的：你在街上，走过广场、剧院，会发现那里有肖邦各种姿态的塑像、雕像；你去听音乐会，发现哪里都会有肖邦的作品在演奏，而且很多时候，还是专门的肖邦作品音乐会；你去商店，会见到各式各样以肖邦为主题的纪念品；你打开收音机，收听到的是肖邦的琴声；你去音像店，会看到各种版本的肖邦作品专辑……这一切或许会使你产生这样一种想法：如果不是曾经有过肖邦，真不知这个国家会怎样！

所有这一切当然是有来由的。肖邦的伟大，是因为他作品的伟大，但更是由于其人格的伟大，于是肖邦便是波兰人心中一座永恒的丰碑。

弗雷德里克·肖邦于1810年2月22日生于华沙近郊的一个村庄。他的父亲原籍洛林，是一位有教养的法国人。他的母亲是一位波兰人，虽没有受过高等教育，但也颇有教养，热爱音乐，钢琴弹得不错，而且爱唱波兰民歌，小肖邦就常常在母亲的民歌声中甜蜜地睡去。母亲是肖邦的启蒙老师，尤其是母亲的那些民歌，对他以后钢琴民间舞曲的写作产生了很大影响。

肖邦6岁学琴，7岁开始作曲，8岁登台演出就受到了人们的赞赏。他从17岁开始，便在欧洲巡回演出，成就了优秀钢琴家的声誉。肖邦对音乐是非常敏感的，有时会被一些曲子感动得掩面而泣。

也是这种出色的感觉成就了一位伟大的钢琴作曲家。肖邦在小的时候就常常在半夜里为一些突然涌来的乐思披衣下床，摸索着弹奏。在他1826年考入华沙音乐学院之后，其创作天赋更是得以很大程度的展现和发挥。由于肖邦作品的风格和那时社会流行的风格迥然有异。所以，华沙音乐学院的一些老学究们对肖邦不以为然并纷纷加以指责。但当时肖邦的作曲老师、华沙音乐学院的院长埃斯耐尔却认同了肖邦的作品。

为了求学，肖邦于1830年11月1日离开华沙，来到音乐之都维也纳，并在一年以后来到巴黎，在那里度过了他剩下的岁月。

在巴黎，对肖邦生活与创作影响最大的就是乔治·桑了。乔治·桑是一位作家，女权主义者，经李斯特的介绍与肖邦相识。由于肖邦那高贵的气质，乔治·桑疯狂地爱上了他。后来，由于乔治·桑对病中的肖邦无微不至的关怀，两个人逐渐产生了感情。肖邦是一个面容白晰、举止文雅、气质高贵、自尊心很强的人，而乔治·桑是一个激进的女权主义者，她的许多行为在当时看来都是有逾常规的。所以，尽管他们的结合曾经对肖邦的创作有很大促进，但由于两人天性上的矛盾，他们的关系最终必然会破裂，并给脆弱多病的肖邦带来伤害。

在他们结合之后，肖邦的家中便自然成为了巴黎许多艺术家们经常聚集的地方。作为女权主义者的乔治·桑善于社交，并喜欢让人围绕着自己。而肖邦天性孤独，特别讨厌和许多人在一起。并且只有在人少或独处的时候，才能乐思泉涌，佳作不断。

种种矛盾使他们的关系逐步破裂，在1847年，他们的关系彻底破裂。而在此时及以后，肖邦的病情逐步加重，并且更为可怕的是，作为作曲家的肖邦感觉自己再也写不出优秀的作品来了。这一连串的打击使得肖邦终于在1849年10月17日的凌晨忧郁而死。葬礼在10月30日举行，但乔治·桑没有出席。

尽管久居国外，但肖邦心中只有音乐与波兰。在长期离开自己的祖国之后，肖邦成为了一个怀乡病者。

在肖邦离开华沙的时候，他的朋友们送给他一只装满波兰泥土的银杯。于是，在远离祖国的肖邦心中，这杯泥土就是祖国，就是他魂牵梦绕的故乡。无论走到哪里，肖邦都把它带在身上。肖邦死后，他的遗体葬在拉雪兹公墓贝里尼的旁边，他的朋友把他终生随身携带的泥土洒在了他的身上。他死后，嘱咐他的姐姐把他的心脏带回波兰。后来，人们把他的心脏带回波兰，安放在庄严的圣十字大教堂。

早在他第一年客居维也纳时，听到波兰华沙起义的消息便激动不已，想立刻回国参加革命，但由于种种原因未能成行。在去巴黎的路上听到华沙起义失败被镇压的消息后，他悲痛万分。创作了《C小调"革命"练习曲》等一批激昂澎湃的作品。后来，肖邦又与许多华沙起义后来到巴黎的幸存者交往甚密,向他们打听祖国的消息。

客居他乡,任何来自祖国的消息都会令肖邦热泪盈眶,激动不已。当他和来自波兰的朋友在一起时,常常一言不发,为他们一刻也不停地弹琴,他们在琴声中思念祖国、体会祖国。他和参加华沙起义后流亡巴黎的浪漫主义诗人密茨凯维支关系甚密。他常常去肖邦那里,听肖邦弹琴。肖邦曾经记载过这样一件事情:

"我又看见了密茨凯维支……我知道他是为什么来的,便立刻坐下弹琴。这一次我弹得很久,但我不敢回头,我听见他在哭。他走的时候,为了不让佣人看见他的眼泪,我亲自帮他穿上大衣。密茨凯维支温柔地抱着我的头,在前额上吻了一下。说出了整个晚上的第一句话:'谢谢你,你把我带到……'话还没说完,呜咽又塞住了他的喉咙。就这样,他抑制着呜咽走了。

离开祖国的时间越长,就愈是思念。而思念祖国在肖邦的脑海中成为一种天堂般神圣的记忆。而这种记忆愈是深刻,对祖国也越是思念。这种往返不断地重复,使得祖国波兰、故乡华沙成为肖邦脑海中的一个美好的梦想,一种不容玷污的圣洁。这样,就成了心头的一个情结。而正是这种情结极大地促进了肖邦的创作,使他的各种作品从幻想中又走向更加飘缈的幻想,充满了诗意。

肖邦一生都专注于钢琴作品的写作,这区别于其他许多作曲家。但使他与许多作曲家区别更加明显的是他的作品的独到性。无论从和声上、旋律上、还是体裁形式上,肖邦的作品都是与众不同,也无法模仿的。在肖邦的后来者中,许多人都刻意模仿他,但都不成功。倒是肖邦作品的精神实质,影响了后代的许多作曲家。

肖邦的创作是极有特色的,也是极严谨的。他具有不可思议的天才能力,但更具有艰苦卓绝的精神。乔治·桑在写到肖邦时这样说:"他的创作能力是自然而又不可思议的,他无需努力或是预先准备即可获得它。""但他的创作却是我所见过的最伤神的劳动,为了修饰某些细节,他不断地尝试,犹豫不决和发些脾气。他会一连几天把自己关在屋子里,走过来,走过去,折断他的笔,100 次地重复和更改一小节。……他会在一页乐谱上花上六个星期,但最后写下来的还是最初草稿上的东西。"正是这种天才与勤奋成就了伟大的肖邦。

对祖国的回忆、幻想成了肖邦创作灵感的源泉。肖邦一生写作了大量的舞曲和练习曲、夜曲。在肖邦的舞曲中以波罗乃兹和玛祖卡为主,而这些大都是来自童年时对祖国,对民间,对母亲的记忆。

波罗乃兹就是波兰舞曲,它原是一种三拍子的比较庄严的宫廷舞曲,后来被一些作曲家移到钢琴中。而肖邦的波罗乃兹已脱离了贵族气息,成为具有世界意义的艺术形式。早期的波罗乃兹是比较华丽的,而肖邦的波罗乃兹已具有了一种悲壮、宏伟的气质。比如他描述 17 世纪波兰英勇抗击侵略的英雄性作品《bA 大调波罗乃兹》和史诗式的《C 小调波罗乃兹》等。肖邦对波罗乃兹的改造不光是气质上的,在内容和艺术结构上也达到了很高的水平,如《幻想波罗乃兹》等。

肖邦一生还写作了大量的玛祖卡。玛祖卡也是一种源自民间的三拍子舞曲。肖邦笔下的玛祖卡主要有两类,一类是具有浓厚的民间风格的,另一类具有更多的城市气息。玛祖卡是一种比较柔美的舞曲,但它是来自波兰的,在当时的社会条件下,这种民族性便得以凸显。所以,舒曼曾经这样评价肖邦的玛祖卡:"如果北方的强国和专制暴君知道,在肖邦的创作里,在他的玛祖卡舞曲质朴的旋律里,蕴藏着多么危险的敌人,他一定会禁止这音乐,肖邦的音乐乃是遮掩在鲜花中的大炮……"

除了舞曲,肖邦还写了许多练习曲。钢琴在19世纪已逐渐普及,所以,许多作曲家、音乐教育家都写了不少钢琴练习曲,如车尔尼、克里门蒂等。而这些练习曲大都只注重技巧上的训练,比较枯燥。但肖邦的练习曲与这些不同,他的练习曲已经把艺术性、思想性、技巧性完美地结合起来,成为了精致、深刻、用于音乐会演奏的艺术品。比如他的练习曲第十二首《C调"革命"练习曲》。这部作品写于肖邦从维也纳到巴黎的途中。在他听到华沙起义失败后的消息后,悲痛万分,于是写下了这部作品。在作品中,他写出了自己的不安与惶惑,对祖国前途的忧虑,对侵略者的仇恨等许多复杂心情,成为肖邦练习曲的经典之作。

肖邦的作品是丰富多彩的。有人认为肖邦的作品过于柔美、细腻。但肖邦并不总是这样,他也有许多宏伟、刚强的作品。并且,肖邦的柔美与细腻由于其民族性,便成为了一种更为内在的深刻的作品,这岂不是比那些表面轰轰烈烈的作曲家强上百倍吗?

我们称肖邦是钢琴诗人,不只是因为他那白晰的面容、高贵的气质,更是因为其钢琴作品和诗的内在契合。正如海涅所说:"(肖邦)既不是波兰人,也不是法国人,更不是德国人,他有着更高贵的血统,他来自莫扎特、拉斐尔和歌德的国土,他的真正的祖国是诗的国家。"

## 德艺双馨——李斯特

在乐坛上,弗兰茨·李斯特的大名对任何一个人来说,都是如雷贯耳的。这位天才的艺术家以其杰出的成就,素有"钢琴之王"的美誉,在品德修养上,他的高尚的情操散发出无比的人格魅力,堪称"德艺双馨"的一代艺术大师。

1811年,李斯特出生于匈牙利西部肖普郎的莱丁村。自幼随父亲——一名业余音乐家学习钢琴演奏。9岁时他在厄登布尔格举办了第一次公开演奏会,获得了初次成功。1821年,10岁的李斯特获得匈牙利贵族的资助,奔赴维也纳深造,跟从名师车尔尼和萨列里学习钢琴演奏和作曲。

1822年4月的一天,发生了一件令李斯特终生难忘的事情。他的第二次音乐演奏会在这一天举办,地点是奥地利维也纳的音乐厅。令11岁的李斯特倍感不安的是,台下的观众中有一群不同寻常的人物,他们都是当时乐坛上的精英,其中还有那个举世闻名的乐圣——贝多芬。演奏开始后,李斯特收敛心神,全神贯注地投入进去。他的演奏倾倒全场的观众,也包括那些大师们。在雷鸣般的掌声和欢呼声中,贝多芬站起身来走向舞台，他轻轻抱起李斯特，并在他的小脸儿上亲吻了一下。他的赞赏令李斯特受到莫大的鼓舞，李斯特的老师也十分激动地宣称："只要你不断地努力，将来可以跟贝多芬和莫扎特比肩！"

这次演奏会后，李斯特开始接触许多乐坛上的顶尖高手。1823 年至 1835 年间，他在巴黎与音乐家肖邦、柏辽兹、帕格尼尼，画家得拉克洛瓦交往，思想上深受浪漫主义文学家拉马丁、雨果、海涅、乔治·桑，哲学家拉门内的濡染和圣西门的空想社会主义思想的影响。他的思想和艺术逐渐成熟。

名声远扬的李斯特身后总有大批的崇拜者和追随者，在他身上有着惊人的凝聚力和号召力。正如德国音乐家舒曼对他的选择："这位艺术家像统率着一支管弦乐大军，欢欣地领他们前进。他像统帅一样威武，群众对他的喝彩声完全不亚于士兵对拿破仑的欢呼。"

事实的确如此。比如他在普莱斯堡演奏时，市政会专门休会一天，以便议员们可以赶上他的演奏会，再如他在柏林的演奏会结束后，无数痴迷的崇拜者对他夹道欢送，就连国王和王妃也亲自乘着马车在市区巡视一周，场面激动人心，可谓万人空巷，盛况空前。

李斯特之所以受到如此无上的崇拜，恐怕不只是他的音乐艺术的功绩，也在于他的人格魅力。

李斯特心地善良，胸怀宽广，而且极其热心于提携后进，慧眼识英才。这里有两个流传甚广的故事。

一位刚从音乐学院毕业的小姑娘迫于生计而要开办一次演奏会。海报贴出后，由于她毫无名气，所以观众寥寥。小姑娘想来想去，便在海报上显眼的地方写上"李斯特的学生"的字样，立刻获得了良好的票房收入。可是，没料到，在演奏会召开的当天，李斯特本人到达了那个城市。小姑娘惊慌失措，生怕自己的欺骗行为被揭穿。她最后哭诉到李斯特门下，向他说明事情的缘由。李斯特宽容地原谅了她，并且还帮助她想了个补救的办法。他让小姑娘给他弹了几曲之后，进行了认真的指点，并且说："好了，孩子，放心地登台演出吧，因为你现在确实已经是我的学生了。并且，你可以在你的海报上再加一条：由你的老师李斯特亲自为你伴奏。"那事情的结果自然可想而知了。

再有一桩，充分体现出李斯特的伯乐眼光。1831 年，一名年轻的流亡者到了巴黎之后，潦倒不堪。当他结识了李斯特之后，他身上的音乐才华令李斯特十分钦佩。李斯特不愿看到这样一位杰出的人才被埋没，可又如何才能让这默默无闻的人得到大家的承认呢？他想出一个绝妙的办法。在李斯特的一场演奏会上，在雷鸣般的欢呼声中，李斯特出现在舞台上，并平静地走到钢琴旁坐下。这时全场的灯光都按照惯例熄灭了，李斯特迅速地与那位准备充分的年轻人换了位置。演奏开始了，那高超的技艺，美妙的旋律再一次令人们沉醉。不料当灯光再度亮起来时，从钢琴旁走出来向人们致意的竟是一个陌生的年轻人。人们沉吟片刻后，便很快明白了这一"掉包计"的精神内涵，他们欢呼雀跃，为李斯特的奉献精神，也为一颗新星的冉冉升起而兴奋不已。

这个故事中的年轻人，就是肖邦。

1830年法国七月革命爆发，李斯特深受鼓舞，写出了《革命交响曲》，后于1850年修改成交响诗《节日之声》。1834年，他创作了表现里昂工人起义的钢琴曲《里昂》。从1839年起，李斯特开始了为期十载的巡回演出，足迹踏遍匈、奥、德、英、法、罗、俄等欧洲国家。与此同时，他创作了大量爱国主义作品，如：《匈牙利英雄进行曲》《匈牙利风暴进行曲》，编写了民歌集《匈牙利民族曲调》，并在此基础上创作了著名的第一、第二首《匈牙利狂想曲》，以及具有民主思想倾向的男女合唱曲：《铁匠》《士兵》《农夫》《水手》等。李斯特还对大批钢琴曲进行改编，以《魔王》《拉科奇进行曲》为代表。

1860年，李斯特移居德国魏玛，并担任魏玛宫廷乐长兼剧院指挥。在此期间，他为了表达对匈牙利革命的支持和革命烈士们的深切悼念，创作了《匈牙利康塔塔》、钢琴曲《送葬的行列》、交响诗《英雄的葬礼》。这一时期还诞生了众多的名作，如《但丁交响曲》《浮士德交响曲》《第一钢琴协奏曲》《第二钢琴协奏曲》、13首《匈牙利狂想曲》《b小调奏鸣曲》。

李斯特这1000多首钢琴曲可谓蔚为大观。在音乐史上，他首创了单乐章的标题交响诗和钢琴独奏会的表演形式，奠定了现代钢琴音乐写作技巧的基础，使钢琴音乐获得了管弦乐队式的效果。他是近代音乐的开拓者。

1861年，年届50的李斯特来到罗马，他的思想不再似年轻时那样积极进取，而是走向消极悲观。他接受了罗马教皇的接见，并于1865年在梵蒂冈受剪发礼，封了一个低级神职，成为一名身着黑色长袍的修士。

1875年李斯特创办了举世闻名的布达佩斯音乐学院，并亲自担任院长。

1886年7月31日，75岁的音乐巨星悄然殒落了。

## 挪威戏剧大师——易卜生

亨利生·易卜生于1828年3月20日在挪威一个小城希恩出生。他父亲是一个富裕的木材商。父亲与母亲特别喜爱这个宝贝儿子。在幸福的童年，易卜生有许多梦想，他喜欢美术，幼时学习绘画，立志要做一名艺术家。不幸的是，在他童年的梦还没有醒时，父亲突然破产了。生活一下子从小康水平跌落到温饱线上。易卜生为了减轻家庭负担开始独立谋生。16岁时，他在一个药店当学徒工。工资勉强度日，但易卜生终于有了一处落脚的地方。他童年的梦想又在召唤着他。他在艰苦的生活环境中开始勤奋学习，并学习写一些诗歌。

1848年欧洲革命的浪潮波及挪威。少年的易卜生非常兴奋，他创作诗篇歌颂起来反抗压迫、要求独立的民族。在创作热情的鼓舞下，完成了他第一个剧本《卡提利那》。1850年，易卜生来到挪威首都奥斯陆参加了工人学生的革命运动，易卜生发挥自己的特长，帮助工人运动领袖做宣传工作，并担任学生刊物的编辑工作。不久，运动失败，易卜生离开了政治斗争，专门从事创作活动。以文学为阵地，与社会上的不合理现象作斗争。开始，易卜生从历史传说中取材，创作了一系列富于浪漫色彩的历史剧，有《厄斯特罗的英格夫人》《觊觎王位的人》《爱的喜剧》等，主要是以古代英雄的英勇行为激发人民的爱国激情。易卜生的戏剧一经上演就深受人们欢迎。早期创作就为易卜生赢得了很大声誉。先后被卑尔根剧院与挪威剧院聘为经理与艺术指导。1864年，普奥联军侵略丹麦。易卜生对挪威的中立态度十分失望。他一怒之下离开祖国，侨居国外达27年之久。在国外，易卜生清醒地看到了各国官僚政客在民主、自由、解放的幌子下的勾心斗角。易卜生把视线转移到现实社会中的法律、道德、妇女与教育问题上，他要揭穿资产阶级虚伪的面纱，把他们那种种丑恶的灵魂暴露于大庭广众之下，使人们警醒，以此来提高人民的素质水平。

1866年至1867年，易卜生创作了两个哲理诗剧《布朗德》与《彼尔·金特》。后者描写了一个普通无赖汉的冒险故事。彼尔·金特是个整日无所事事的无赖汉。他东游西逛，做一些偷鸡摸狗的勾当。在一次乡村婚礼上，彼尔·金特诱拐了朋友的新娘，后来，他又厌倦了这个漂亮的女人，抛弃了她。他无意间闯入山妖的王国，经历了一次次险境、奇遇，得到了很多财宝。后来，他因想念自己的母亲，于是衣锦还乡。但母亲已经逝去，他痛哭流涕，倒在母亲的灵前。不久，由于他的财产没有登记全部被充公，他又身无分文地离家而去。他在各地流浪，经历了不少事情，当过富翁，也冒充过先知，他随波逐流，只知酒色享乐。到了晚年，他落魄回乡，最终回到一直深爱他等归来的索尔薇身边。在索尔薇的爱情的感染下，彼尔·金特终于悔悟，重新做人。易卜生以彼尔·金特作为代表，揭露出人性的弱点。

1868年，易卜生迁往德国。在德国，他写出了一系列以社会家庭问题为内容的现实主义戏剧。有《青年同盟》《社会支柱》《玩偶之家》《群鬼》《人民公敌》《野鸭》《罗斯默庄》《海上夫人》《海达·加布勒》等9部，其中《社会支柱》《玩偶之家》《群鬼》《人民公敌》称为四大问题剧。这些剧本为易卜生带来世界声誉。《社会支柱》以一个"城市第一公民"卡斯腾·博尼克为主角，博尼克是个造船场的老板，他用自己的钱财干了许多光明正大的善事，被人们尊为慈善家。他自己也吹嘘为当地的繁荣兴盛做出了巨大贡献。自命为"社会支柱"。但随着剧情的发展，他的丑恶面目被一层一层揭露出来，他自己所谓的模范家庭只不过是他出卖爱情的结果，他为了得到一笔遗产，抛弃了深爱他的未婚妻，而去追逐她的姐姐，最后使尽手段终于跟她姐姐结了婚，如愿以偿地得到了遗产。幸福的家庭生活只不过是他的伪装的幌子，在他看来，有了钱就是幸福的事。后来他诱奸了一位妇女，为了维护自己的声誉，他迫使妻子的弟弟去为自己顶罪，后来暗暗地送妻子的弟弟去外地避难，把他送上一艘破船，希望妻弟遇上风暴永葬海底，以免毁坏自己的名声。而本城的市民却仍旧被博尼克的虚伪形象所迷惑，在博尼克门前高呼："博尼克万岁！社会支柱万岁！"易卜生尖刻地讽刺了资产阶级的伪善。

《人民公敌》以斯多克芒为主人公，他是一个普通医生，在治疗病人的时候，他了解到本城浴场中含有一种致命的传染病菌,他告知了他的哥哥——本城市长、浴场委员会主席,要求封闭浴场,进行消毒改建,但这样一来必然影响浴场的收入,遭到了他哥哥的反对。斯多克芒气愤之极,他要举办一次集会,向市民揭露事情的真相,这同样能达到关闭浴场、维护公众利益的目的。但市长、报界、房产主几乎所有有关的人都得知消息,策划了一场阴谋,在斯多克芒的领导下,集会居然顺利地召开了。但当他正要宣布真相,斯多克芒的哥哥——市长大人到了。他们利用自己素有的威望,操纵会场,煽动听众,最后以所谓"民主表决"的方式,宣布斯多克芒为"人民公敌",斯多克芒再辩解也没有作用,只有带着妻子、儿女孤单地离开了家乡。易卜生以鲜明的对比,揭露了资产阶级在"一切为人民"的幌子下,愚弄、欺骗群众,为自己谋私利。

《玩偶之家》是易卜生关注妇女解放问题的杰作,也是易卜生剧作中最优秀、影响最大的一部。

主人公娜拉是个活泼热情、天真可爱的少妇。她有一个幸福的家庭,有三个天真纯洁的孩子。丈夫原来是个律师,现在升为银行经理。他对娜拉十分喜爱、体贴,常常向娜拉说:"常常盼望着有桩危险事情威胁你,好让我拼着命,牺牲一切去救你。"娜拉感到非常幸福,想想自己曾经的壮举,真是值得,她对丈夫温柔、顺从。

圣诞节这天,娜拉的老朋友林丹太太来访。两人分别讲述了离别后的际遇,娜拉自豪地讲出她曾救过丈夫的性命,现在有一个幸福的家庭。原来,海尔茂曾得过一场重病,但没有钱治疗。娜拉背着丈夫向银行职员柯洛克斯泰借了一笔钱。娜拉不想打扰病中的父亲,也不想让丈夫海尔茂着急,于是她伪造了父亲的名字作担保人,丈夫的重病治好了。娜拉一直俭省家用,克扣自己,甚至熬夜替人抄写东西挣钱还债。如今只剩下最后一点没有还清了。林丹太太非常羡慕娜拉一家,请娜拉帮忙在海尔茂的银行里为她找个职位。娜拉答应了。海尔茂也爽快地让林丹太太去顶替柯洛克斯泰的职位。柯洛克斯泰找到娜拉求情,又以娜拉制造假签字的事为要挟,只求保住职位不失业。娜拉怕事情传出去既有损家庭荣誉道德,又触犯法律,转而替柯洛克斯泰求情。海尔茂编了一大通损害柯洛克斯泰名声的冠冕堂皇的理由,在娜拉再三地求情下,海尔茂终于说出了辞退柯洛克斯泰的真正理由:因为柯洛克斯泰不尊重上司,曾经当众与海尔茂开玩笑。海尔茂为报私愤终究把辞退柯洛克斯泰的信发出去了。柯洛克斯泰失望之极,向海尔茂揭发了娜拉伪造父亲签名,做假担保的事,海尔茂知道后,勃然大怒,指责娜拉是个下贱女人,他不考虑娜拉的名誉,以及事情该怎么处理。他首先想到自己的名誉和地位,责骂娜拉这个下贱女人为自己惹了大祸,他撕下温柔的面纱,说什么以后夫妻表面上照样过日子,但别谈什么幸福不幸福的事,并且孩子也不让娜拉教养了。娜拉想不到自己一片好心,竟换来这样的结局。她终于认清了海尔茂虚伪、自私的面目。后来,柯洛克斯泰在林丹太太的劝说下,为了娜拉的名誉,把当初签字的借据还给了娜拉。海尔茂一下子转怒为喜,高呼:"我没事了,我没事了!"转身又来哄娜拉,说什么"别害怕,一切事情都有我,我的翅膀宽,可以保护你"等等诸如此类的甜言蜜语。但娜拉早已认清了他本来面目,要求回家去。海尔茂一下子又拿出冠冕堂皇的理由,说什么母亲、妻子的神圣责任。又以法律相威胁，最后才低三下四地以情感来打动娜拉，但娜拉心已死，她拉开门，义无反顾地冲出了家门。易卜生以生活上的细节深刻揭露了资产阶级自私自利的虚伪面目，提出了一个妇女解放的问题。剧本一上演，遭到资产阶级评论界的非难，易卜生又写了《群鬼》，依然以妇女问题为主题。对那些反对者给予驳斥，指出妇女如果不求解放，终将成为悲剧。

1891年，易卜生载誉而归，定居在挪威首都奥斯陆。这时，他已成为世界著名的戏剧大师了，社会名流纷纷前来拜访。此后，他又写了《建筑师》《小艾友夫》《约翰·盖勃吕尔·博克曼》《我们死人醒来的时候》等4个剧本。其中《建筑师》是他对自己一生的回顾。

1900年，易卜生中风瘫痪，1906年5月23日病逝。

## 诺贝尔文学奖第一人——苏利

"世间所有的丁香都枯死，所有的鸟声都短暂；我梦想夏日永驻……
世间所有的双唇都微颤，没有留下任何印记；我梦想亲吻永驻……
世间所有的人都哭泣，伤悼他们的友情或爱情；我梦想情侣永驻……"
这是《世间》中的句子。

作者是苏利·普吕多姆，第一位获得诺贝尔文学奖的人，1901年获奖。

在20世纪，苏利·普吕多姆的诗似乎已经被现代主义的诗歌大潮淹没，但在当时他确实是法国诗坛杰出的代表人物之一。

即使到现在，人们仍然从他的诗中读到古典主义的味道，特别有哲学和艺术情趣。

苏利是法国诗人，原名勒内·弗朗索瓦·阿芒·普吕多姆。1830年3月16日，他出生在巴黎的一个工商业者家庭，父亲是一名工程师，家境很好。苏利的智力成熟很早，中学时成绩优异，但由于健康原因，他未能进大学深造。

他后来随父亲投身于实业界，经营自己兴办的企业，很快使企业效益大幅度上升，利润不断上涨。父亲十分高兴，希望子承父业。但是此时的苏利开始对法律感兴趣，他放弃了原来的职业，研究法律。他自学各种法典，那些枯燥的东西在他的头脑里井井有条。同时，他开始广泛阅读社会科学及自然科学著作。

他的法律学习卓有成效，很快成为精通法律的专业人员，在别人的邀请下，他在一个法律公证人的办公室里当律师。

扎实的科学修养使他想沟通诗与科学，此时的他已经对诗歌发生了兴趣。而他对哲学的热爱，又使他的诗具有哲学味道。

苏利把法律专业也抛弃了，开始投入到诗歌创作之中。1865年，苏利·普吕多姆发表第一部诗集《韵节与诗篇》，这部诗集分为《家庭生活》《青年女郎》《妇女》和《杂集》几个部分，表现了法国年轻一代热爱生活，追求崇高理想和变革社会现实的精神。

诗集还描写了他们的感伤、疑虑、爱情、无止境的追求和对故乡的怀念。

这部诗集受到诗坛重视。此后发表的诗集《孤独》《徒劳的柔情》，是抒情气息浓厚的两部代表作，主要抒写孤寂的心情和忧郁的思想。

知识界对他的哲理诗集《正义》和《幸福——12 首诗歌》更加称赞。因为他用诗的形式探讨了人类意识与现代社会的冲突。但是说教成分很重，而且晦涩难懂。

在 19 世纪 60 年代前后，苏利曾参加帕尔纳斯派诗歌运动，并成为该派的代表人物之一。帕尔纳斯派是由一些标榜"为艺术而艺术"的高蹈诗人组成，是象征派的先驱。他们主张艺术要远离现实，冷静、客观，并且要理智地抑制个人感情抒发。

苏利·普吕多姆体弱多病，多愁善感，而早年爱情生活的不顺利又给他的心灵造成终生的创伤。所以，他的诗歌总是或隐或现地充满着忧伤、低沉的情调。

在青少年时期，他有着良好的自然科学和哲学素养，这就使得他善于质疑发问和深入分析。他是一个思考型的诗人，平生最大的雄心便是"试图将他广博的科学及哲学知识溶入诗歌之中。"

让我们看《碎瓶》：

"花瓶由于扇子的一击而生裂隙，瓶上的美女樱便凋谢了；仅仅是轻微一碰，并未听到任何声响。

裂隙虽很轻微，却日日侵蚀着瓶体，眼睛并没看到什么变化，却慢慢向四周扩及。

瓶中的清水滴滴流尽，花儿的汁液逐渐枯竭；人们尚未经心，切勿碰它，瓶儿就已经碎裂。

爱人的手也往往如此，偶尔轻触心头，便碰伤了心；此后心儿自然破碎，爱情如花儿随即夭折。

世人看来似乎依然完好，岂知伤口正在扩大，心儿为此低声饮泣。它已经破碎，切勿碰它。"

这首诗从心灵深处出发，描写了虽然是常见的，但往往被忽视的心灵世界的创伤。诗人巧妙地借一只碎瓶来表达自己内心的伤痛感受和思考，令人感到他的疑虑、哀伤。

他的诗中有化不开的忧郁和玄奥的冥思。

他的追求是高远无边的，他注重挖掘心灵世界最隐晦微妙之处，捕捉神经最轻微的颤动。在 1870 年以后，诗人常常失眠，他在孤独的夜晚，格外敏锐地感受和分析人生与宇宙的冥冥不可知。

他把孤独带给宇宙。

孤独不仅仅是人生存在的基本特征，也是宇宙中一切星体存在的特征。在《祈祷》一诗中，诗人为自己和意中人的相知相爱而祈祷。他发现天空中的无数群星，是和人在对话，诉说痛苦：

夜里，我对星星说："你们看起来并不快乐；在广袤无边的夜色里，你们的微光，带有苦恼的柔情。

……

她们对我说:"我们形单影孤。……

"我们之间迢迢相隔,你别以为我们姊妹们紧相比邻,我们每人的柔美之光,在自己的国度里无人相顾;

"而这光辉的内在热情,被冷漠的天宇徒然耗尽。"我对她们说:"我明白了,因为你们的灵魂彼此相像"。

"跟你一样,每一位姊妹都是永恒的孤寂者,看似比邻却相隔迢遥,静静地在夜空里燃烧。"

以上是诗人《银河》中的诗,表现了他对广袤宇宙的感情。

在19世纪70年代前后,欧洲文坛杰出的评论家圣勃夫曾说过,苏利·H普吕多姆是"法国最年轻、格调最高、韵味最雅的诗人。"

瑞典学院颁奖时公开宣称:"瑞典学院喜欢他那些小巧玲珑、晶莹剔透的抒情诗,远甚于那些篇幅较长的教化诗与玄理诗,因为它们充满了感触和冥想,在极其珍贵的感性与知性结合中呈现出无比的高贵与尊严。"

苏利·普吕多姆还有诗集《考验》(1866)、《战争印象》(1870)、《法兰西》(1874)、《诗的遗言》(1901)和散文《散文集》(1883)等等。总之,作品集中在1900至1901年出版的《苏利·普吕多姆诗文集》里。

苏利·普吕多姆的诗歌擅于揭示人心灵深处的隐秘、幽微的感受和体验,尤其在分析上独具深刻性,他的诗难免带有形式化后的弊病,但是在内容和形式上都表达了人类意识与现代社会的冲突,诗人在探索的也是这个问题。

诗人进一步表达了内心多姿的波澜。他对外界不称道他的玄奥哲理诗感到遗憾和伤心失望。1907年,身体瘫痪的诗人离世而去。

但是,他终究表达了优雅的美和丰富的心灵以及崇高的探索。诺贝尔奖颁奖辞中说:"特别表彰他的诗作,它们是高尚的理想、完美的艺术和罕有的心灵与智慧结晶的实证。"

## 圆舞曲之王——施特劳斯

1844年10月5日,在维也纳的德姆玛雅舞厅,正举行一场乐曲演奏会,只听见厅内掌声雷动。那位年轻的演奏家不得不重复19次演奏他自己创作的圆舞曲,他一次又一次地谢幕致意。但是狂热的听众早已为之痴迷,依然掌声不断,这种现象在素有音乐之都的维也纳,可真是少见。是谁具有这么大的魅力,能让向来比较挑剔的维也纳人如此倾倒?他就是老约翰·施特劳斯的长子小约翰·施特劳斯。这一天小约翰·施特劳斯带领他组织的15人乐队进行他的首演,没想到竟如此成功。第二天,维也纳报纸上以"晚安,老约翰·施特劳斯!早安,小约翰·施特劳斯!"为题报道了这次首演的盛况。小约翰·施特劳斯俨然已取代了他父亲的位置,成为维也纳人新的崇拜偶像。这一年,小约翰·施特劳斯仅仅 19 岁。

小约翰·施特劳斯出生于 1825 年 10 月 25 日，他的父亲就是著名的"圆舞曲之父"老约翰·施特劳斯。

圆舞曲，也称为华尔兹，是一种三节拍的快速活泼的舞曲。起源于奥地利阿尔卑斯山山区村民中盛行的"兰得那舞"。后来传入宫廷，又流行于欧洲世界。老约翰·施特劳斯为圆舞曲作了巨大的贡献。当时，他是奥地利皇宫的舞蹈主任乐师，他凭自己的天赋创作出许多优美、典雅的圆舞曲，从而使圆舞曲名声大振，开始在欧洲各国流行起来，老约翰·施特劳斯在他 45 年的生涯中创作了 251 首音乐作品，其中以《多瑙河之波》与《水妖——莱茵河上的传说》尤为著名。

在老约翰·施特劳斯的音乐熏陶下，小约翰·施特劳斯及他的两个弟弟从小就表现出对音乐的偏爱。但是，因为老约翰·施特劳斯作乐师一生清贫，他不想让儿子们也学音乐，以免也走自己的路。但是他越阻止，孩子们对音乐越有一种浓厚的兴趣。尤其是小约翰·施特劳斯，曾多次与父亲发生争执，坚持要学习音乐。他不想听从父亲的劝告去学习法律，他偷偷地把所有的法律课本都画上了五线谱。老约翰·施特劳斯一气之下丢下全家，自己去安然享乐，再也不管这些不听话的孩子了。这样，小约翰·施特劳斯与弟弟们便义无反顾地走上音乐之路。经过 19 年的努力，小约翰·施特劳斯终于一举成名，从此更是一发不可收拾，接连创作出许多著名的圆舞曲，有些圆舞曲甚至超过了他的父亲。

老约翰·施特劳斯这时已经 40 岁了。但他并不认为儿子比自己强，于是，老约翰·施特劳斯老年努力，要跟儿子争夺"圆舞曲之王"的称号。父子两人的这场争斗在音乐界持续了 4 年多。直到老约翰·施特劳斯逝世的前几天，经朋友的调解、劝说，这场争斗才结束，老约翰·施特劳斯不得不承认儿子小约翰·施特劳斯在圆舞曲上的艺术成就确实超过了自己。老约翰去世后，小约翰接管了他的乐队，于 1868 年带领乐队到西欧各国巡回演出。1872 年，小约翰·施特劳斯又横跨大西洋去美国演出，取得了巨大的荣誉，圆舞曲跟随小约翰·施特劳斯走向了世界。

小约翰·施特劳斯一生创作了 400 多首圆舞曲，其中以《蓝色多瑙河》《维也纳森林的故事》《皇帝圆舞曲》《春之歌》等最为著名。小约翰·施特劳斯还创作了很多轻歌剧，最著名的有《印地果》《蝙蝠》《吉卜赛男爵》等，这些作品为欧洲 19 世纪后半期的轻歌剧高潮奠定了基础。

1899 年 6 月 3 日下午，维也纳公园里正举行音乐会，有个人轻轻地走到乐队指挥身边耳语了几句，指挥默然片刻，让首席小提琴手通知管弦乐手们，迅速装上弱音器，奏起了小约翰·施特劳斯的《蓝色多瑙河》。那低沉的旋律让听众感到淡淡的哀伤，人群中慢慢传递着那个悲哀的消息：奥地利著名作曲家、圆舞曲之王小约翰·施特劳斯刚刚去世。听众感到深切的哀痛，他们在那低缓的旋律中为自己所崇敬的作曲家哀悼。

## 追逐阳光与生命的人——凡高

"我所描写的,第一是人道,第二是人道,第三还是人道。"

凡·高就是带着这种纯洁的心愿加入到画坛之中的。最终,成为了后期印象派的大师之一。

温桑·凡·高于1853年出生于荷兰,他的父亲是一位牧师,凡·高从小就特别敏感,对一只小蚂蚁的死也怀有深切的同情。他上学时学的是法律,本想找个工作呆一辈子就算了。这是父亲与他的弟弟蒂奥对这个敏感的亲人的惟一愿望,只希望他能好好活着。但是,凡·高总是性情变得特别快。学了法律之后,凡·高并不愿意去律师事务所做小职员。他突然喜欢上画画。开始时他在家里自学,后来又进入安特卫普美术学校学习。但没有几天,他便退学了,因为他受不了那里的环境。于是,在他弟弟蒂奥的介绍下,凡·高在一个画店里当了店员。这使他有机会接触世界各地、各流派的作品。凡·高非常欣赏日本葛饰非斋的"浮世绘",他深入地学习了东方艺术中线条的表象。而西方画家中,他从伦勃朗、杜米埃及米勒这些关心下层劳动人民疾苦的现实主义大师那里得到更多悲天悯人的人道主义精神。他为了"抚慰世上一切不幸的人"的理想,便自费去当了一个教士。

凡·高要求来到一个矿区做教士工作。因为这样,他才能以直接的行为去关怀这些贫苦的劳动人民。他跟矿工们一样吃最坏的伙食,一起睡在冰冷的地板上。有一次矿坑发生瓦斯爆炸,他冒死救出了一个重伤的矿工……他的这种过分认真的牺牲精神,引起了教会的不安,终于撤了他的职。这一期间,凡·高的心情是非常沉闷的,他亲身感受到下层劳动人民的辛酸与贫苦。他这一时期创作的作品,如《教会的修士们》《机织人》《农妇》《吃土豆的人》都充满了现实主义的低沉与黑暗的调子。例如《吃土豆的人》这幅画,凡·高用黑棕的色彩画出幽暗的灯光下,贫苦的农民家庭在吃着粗劣简单的晚餐。凡·高以深邃的思想体察出生命的艰辛。当他父亲去世时,他冷静地说:"死亡是冷酷的,但人生更冷酷无情。"

1886年,凡·高来到巴黎。他的弟弟蒂奥是巴黎一个画店里的画商,这里聚集了许多画家朋友。在他的表兄莫威的介绍下,凡·高结识了印象派、主要是后期印象派的一些大画家,如高庚、塞尚等,并成为朋友。在这些人的指导下,凡·高接受了印象派的风格与技法。他重新投入到艺术家的行列。只是这时他的画风一改阴暗的调子,充满了太阳般的金子的色彩,明亮而又饱含生命力。好像要用欢快的歌声来慰藉人世的苦难,以表达他强烈的理想与希望。这时期,他的作品主要有《卡士桥》《克利西之街道》《餐厅》《桃花》等。

《桃花》是凡·高为了纪念他去世的表兄莫威而作的,那盛开的桃花在强烈的阳光下怒放。凡·高题诗道:

"不要以为死去的人死了。

只要活人还活着，死去的人总还是活着。"

这就是凡·高追求明亮的色彩，追求旺盛的生命力的原因；只是生命仍在，希望、理想总是会实现的。正因为此，凡·高抛弃了身上沉重的黑暗现实的包袱，对未来充满了信心。

凡·高的画面充满了最简单、最纯洁的事物。他不仅描绘了阳光下鲜艳的色彩，而且还不止一次地正面去描绘那令人难以逼视的太阳本身。在他的《日出》中，那闪亮耀眼的金色阳光布满天空，撒满大地，这个纯净明亮的世界也正是凡·高的理想。

1888年2月，凡·高到法国南部的阿尔去写生。在那里，凡·高想找到德拉克洛瓦的色彩系统、日本版画的锐利轮廓线与塞尚的风景。在这年夏天，凡·高创作出大量优秀的作品，如《自画像》《向日葵》《邮递员鲁兰像》《阿尔风景》《咖啡店之夜》《播种》等。

其中《向日葵》最为著名。他妹妹说，凡·高从小就理解花魂。他的《鸢尾花》《石竹花》等都体现出了花的生命力。而《向日葵》则更是以有力的笔触、丰富的黄色表现出花朵飞动的神态与秋天成熟了的葵花籽饱满沉实的质感。那飞舞的花瓣正如一轮轮金色的阳光，旋转、旋转，在生命与力之中得到永生。而且，淡蓝色的背景与黄花相衬，更增强了欢快嘹亮的调子，正如金色的太阳在蓝天下自由地转动一样。凡·高要用自己的艺术去服务于劳动人民，不管他如何采用抽象、夸张的外形，我们总能发现那顽强的向往阳光的内在生命。凡·高依然以强烈的人道主义关爱着世人。他画的邮递员鲁兰，尽管有一脸粗硬的大胡子，还是令人感到他善良忠诚的个性。他的自画像，大都是严峻忧郁的、反映出内心深处无法驱除的悲愤之情。不为世人苦，哪得如此多的哀痛？

这年10月，高庚也来到阿尔与凡·高一起生活与作画。尽管两人是朋友，但终因性格气质不同，而经常争吵。本来就敏感而忧愤的凡·高，终因受不了刺激，导致精神失常，最后用刀把自己的耳朵割了下来，吵着要去送给一位妓女，高庚不得已，在送他去医院的路上在妓院停了停，凡·高满身满脸是血污，拿着血淋淋的耳朵去找那位妓女，那位妓女一见之下，当然吓得拼命奔逃，凡·高昏倒在地上。高庚急忙把他送到医院，并叫来了他的弟弟蒂奥来护理凡·高，他自己随即回到巴黎去了。

在凡·高清醒的时候，他告诉弟弟关于耳朵的故事。原来，凡·高由于对下层人民充满同情，对妓院里的妓女更是非常关心。他不要妓女陪他，而只是到那坐一坐。有一次，一个妓女开他的玩笑说："你来这儿坐，又总不肯花钱，你舍得把耳朵送给我吗？"于是，重病中的凡·高便真的割下了耳朵送她。但把那个妓女给吓跑了。他心里时时刻刻都装着别人，由此可见一斑了。

但是，那个妓女的拒绝又使他的病情雪上加霜。他彻底地绝望了，仁爱之心却不被接受，这让凡·高非常痛心。在他病情好的时候，他也会清醒地认识到自己的行为很荒唐。于是，他又陆续作了一些画。如《阿尔之妇女》《打绷带的自画像》《放风》等。但是，凡·高的病情发作起来越来越频繁、越来越激烈。

1890年5月，弟弟蒂奥把凡·高带到奥维尔，想依靠优美的环境把他疗养好。但是，终因病情复发，他不愿再增加弟弟的负担，于1890年7月23日自杀身亡。留下了最后的遗作《奥维尔风景》，依然是极为单纯而鲜明有力的作品。

不久，曾经把自己全部热爱与物力都献给凡·高的蒂奥也死去了。人们说，蒂奥是为了照顾凡·高而生的，因而把兄弟二人合葬在一座坟墓里。四周种满了象征凡·高理想的向日葵。

"不要以为死去的人死了。

只要活人还活着，

死去的人总还是活着。"

我们依然活着，凡·高也将依然活着。那凡·高所追求的纯洁的太阳，每天清晨，依然把金色的阳光撒满天空与大地。

生命不息，理想不灭。

## 在哲学和宗教上舞蹈——马勒

当大地上还有别的生灵在遭到苦难，我又怎么能幸福呢？——陀斯妥耶夫斯基。

马勒，在音乐创作思想上所表现出来的人道主义作曲家，是欧洲后期浪漫派的代表人物之一，其在现代交响曲史上的地位曾被长期地轻视而且被故置之不理，但从现在来看，这显然是单纯历史意义上的一个美丽的错误。

被莫里斯·拉威尔称作"天才的业余爱好者"的马勒，作为指挥家，他使维也纳皇家歌剧院迅速崛起，并在欧洲占据重要的一席之地；作为交响曲的作者，其作品既是前人成就的终结和总结，又是走向未来的开端，是介乎19世纪如贝多芬、勃拉姆斯等音乐家那种"结构主义"和20世纪柏尔格甚或布雷等人体系之间的枢纽人物；而其组织的管弦乐队，则以表演上的宏伟性（包括人物及乐器的配置等）、内容思想的深刻性而著称。

古斯塔夫·马勒（1860－1911）出生在捷克的小城镇卡里希特的一个犹太人家庭。马勒自幼家境贫寒，兄弟姐妹14人，大都因贫困而夭亡。再加上其特殊的倍受歧视的犹太人的社会地位，就在他幼小的精神上投下了悲观主义的阴影。早年的马勒就表现出了其音乐上的天赋，6岁学钢琴，8岁就可指导别人练琴，15岁入维也纳音乐学院接受正规训练，并因学习成绩优异而多次获奖，1877年进维也纳大学学习历史、哲学和音乐史，这使他的艺术修养得到了全方位的充实和提高。在马勒37岁时，其事业达到了高峰，由于其独特的指挥风格（热情洋溢而又精益求精，对乐曲的独到见解及处理，及对艺术传统的突破和发展），再加上其犹太血统的身份，引起了维也纳上层社会的不满，并受到诽谤和攻击，于是为艺术而献身的他愤然辞去皇家歌剧院的一切职务。1910年11月20日，他在慕尼黑指挥了号称"千人交响曲"的演出，轰动一时。但是19世纪末20

世纪初资本主义社会深刻的内部矛盾与残酷的现实,反对派对他的攻击,再加上小女儿的夭折,此时的马勒身心疲惫、痛苦万分,不久患上了心脏病。1911年,心力衰弱已病入膏肓的他回到维也纳。在病床上,临终的他仍用一个手指在被子上指挥着,嘴里喏喏着一个音乐家的名字——莫扎特……

作为19世纪后期浪漫派的重要作曲家之一,马勒创作了包括交响曲在内的大量交响音乐。要了解马勒的作品,首先就要了解他的精神世界,要了解他的精神世界,就要清楚他所处的社会背景、时代背景及文化背景。

1848年资产阶级革命失败后,欧洲各国的贵族重新取得政治、经济的统治权,而民主思想则受到更为残酷的压制,失望、彷徨、消极、低沉的情绪笼罩了整个欧洲。政治、经济的动荡引起了思想的变化与矛盾,导致19世纪末文化领域上的错综复杂。晚期的浪漫主义音乐则被怀疑、失望、消沉的情绪所主导。

生活在奥匈帝国的马勒,他的国家经常受到德意志帝国的欺凌,而在本国的内部,潜伏着社会矛盾与民族矛盾的危机,作为一个犹太人,更因民族压迫而备受歧视。马勒同情弱者,酷爱自由。他对社会有看法,却无力反抗;虽才华横溢,却无出路。这种处于极端矛盾与痛苦之中的思想反映在作品中就会看到:一方面表现了他对美好事物的追求和对生活理想的憧憬,以及对大自然、对人生的赞美;另一方面又时常流露出暗淡的情调、失望与孤独、生活的烦恼以及对死亡的联想。在他的作品中常出现荒诞的形象,痉挛的节奏,尖锐的、喊叫般的音响和极不和谐的音程。

马勒是属于在奥—德文化背景中成长起来的一个人,在主观上接受认同这一文化的犹太知识分子。他们放弃了自己民族特有的宗教信仰,试图与他们赖以生存的人文环境相融合。在去维也纳歌剧院任职的时候,他接受了天主教,而这却并不能消解对他的民族歧视。马勒说过:"从三重意义上来说,我没有祖国","作为一个波希米亚出生的人却住在奥地利,作为一个奥地利人却生活在德国人中间,作为一个犹太人则只属于整个世界"。他将自己的民族感情上升到全人类的层面上。对于马勒而言,"创作一部交响乐就是建造一个世界","当大地上还有别的生灵在遭受苦难,我又怎么能幸福呢?"在他的音乐中,表达了对民族苦难的同情,对社会不公正、大多数人所受的剥削不满,寄希望于道德和宗教的力量。

马勒作品还时常从哲学角度出发对人生的问题进行探索。在大学期间对文学和哲学的广泛阅读与思考,对叔本华、哈特曼·丹哲学的研究以及对当时社会现状的思索,使他认识到人生是一场恶梦,是一场悲剧。同时,他也受到俄国文学家陀斯妥耶夫斯基宣扬的"灵魂净化、服从命运"的说教影响,在繁纷杂乱的现实中找不到出路,只得在宗教中寻求解脱,最后得到的消极结论是:人生是虚幻的,人们只有在天国中才能得到安息。

作为19世纪末的作曲家,马勒也是一个同性恋者,同大多数艺术家一样,他生性敏感、性格内向、感情脆弱;他厌恶附庸风雅、虚伪做作的社交场合与礼俗;因自我怀疑、信心不足而反复修改作品;其交响曲也在不同程度上带有自传色彩。作为一个犹太教徒，在他的第二交响曲中，马勒就悟出惟有灵魂的复活才能超越肉体的死亡。他的音乐，总有一种近乎于中世纪的对上帝的神秘向往。他怀着修道士般虔诚之情试图把世纪末的希望与困惑、欢乐与痛苦、生命与死亡等一切矛盾的直接感受化为具体的音乐形象。他也悲观厌世，怀旧思乡，害怕永别的痛苦，但他时时都有基督在客西马尼园主动要求饮尽那杯苦酒的感觉（我不下地狱谁下地狱）。因此，他的离愁别绪在凄恻动人之外，又显得高洁庄重。马勒的音乐可以使人从苦难中体验幸福，体验到以个人之苦难净化世界的众生的那种静穆的内心喜悦。在生命与死亡的哲学与宗教的探索中，他的音乐忽而是极端的欢乐愉快，忽而是极端的深沉阴郁；而在这两个极端之中，经常会有无数的幽灵鬼影出没、恐惧痛苦的喊叫。仿佛他的灵魂在尘世、天堂和地狱之间不停地游走。在马勒的作品中，一切都是开始，而没有结束，哪怕是死亡与生命。

《大地之歌》是马勒的代表作，在其创作的一系列交响曲及歌曲中属于第九交响曲，由于贝多芬、舒伯特、布鲁克和德沃夏克都在完成了他们的第九交响曲后便去世了，因此，对于"九"这个数字，他是非常忌讳的。最后，把这部作品称为"为男高音、女低音（或男中音）独唱和管弦乐队而写的交响曲"。

《大地之歌》是马勒的代表作，是以中国唐诗为歌词而创作的。它包含了马勒创作中多方面的内容：深邃的哲学构思、对生活和理想的期望、与大自然的融合以及最后告别俗世的热情与烦恼等等。他把六个乐章贯穿成一个统一的整体。整个作品基调是悲观的，但其中却并不缺少充满激情的抒情表述。音乐富于幻想和诗意，写作技巧可以说达到了马勒创作的顶峰。

《大地之歌》唱词共七首，都是我国唐代大诗人李白、钱起、孟浩然和王维的诗作。

第一乐章：咏世人悲愁的饮酒歌。以李白的《悲歌行》中的部分章节为歌词。这首诗被马勒分为三段，每一段结尾重复"生是黑暗的死也是黑暗的"，以此来表现天国永恒、大地永恒而人生短暂这一主题。总的情绪是激越、热烈和惊心动魄的。乐始时的法国号和弱音小号凄厉的音响，暗示原诗对待悲愁所反映出的反抗和呐喊。乐中时，对爱的憧憬与孤独忧伤交织在一起，在随男高音唱出："请看那边，在月光照耀的墓地上，蹲伏着一只狰狞的鬼影"的同时，乐队奏出了令人寒颤的音响，渲染出一种阴森可怖的气氛。

第二乐章：寒秋孤影。这一乐章描绘了秋雾弥漫中的自然景色。生命的火焰奄奄一息，诗人愁绪满怀，祈求长眠。这一乐章的音乐充满了凄凉和幽暗的气氛。

第三乐章：咏少年。表现出明快欢乐的气氛，充满青春活力。

第四乐章：咏美女。采用李白《采莲曲》为歌词。描绘了情人们在醉人的风景中漫游的情景；但厌世观再度出现。

第五乐章：春日的醉翁。用李白的《春日醉起言感》为词。这一乐章小而欢快，是一幅春意盎然的醉酒图。

第六乐章：告别。取词于孟浩然和王维的诗。这一乐章是整部作品的核心段落，占全曲的一半。表现了自然界永恒存在的思想，诗意地体现了同命运的和解，对宿命论的屈从,以及同生活的告别等内容。音乐时而尖锐刺激,时而转入葬礼进行曲般的沉重和暗淡,表现了即将生离死别的友人们内心剧烈的痛苦。音乐中出现了不谐的和弦,犹如好友挥泪告别的呜咽、抽泣声。然而,当唱到"当春日返回可爱的大地,百花怒放,遍地新绿"时,旋律变得优美动人起来,暗示作者对来世的幻想,虽美好,但虚无缥缈。最后在极弱的力度中结束,好似主人公也哀伤地走到了人生的尽头,永远消失在天涯海角。

马勒是浪漫主义代表者柏辽兹、李斯特、瓦格纳、贝多芬、舒伯特及勃拉姆斯的后继者,他将浪漫主义的交响乐发展到了极点。他也预示了一个新纪元的到来,对新维也纳乐派的勋伯格、贝尔格和韦伯恩产生了巨大影响。

马勒的音乐代表着20世纪,虽然他也延续了一个颓废的晚期浪漫主义传统,但他怀着一种英雄的没落希冀建造了一座纪念碑。是他率先把沉重的悲剧与轻松的消遣合为一体。浪漫主义的传统在他的手上由承结、扩张到毁灭、死亡,而表现主义的新风则在他的音乐中闪烁着微光。

世界历史五千年

# 20世纪上半叶的现代文化

## 表现主义的音乐开创者——勋伯格

　　表现主义，是20世纪初兴起于德奥的一种文艺思潮。表现主义认为现实社会充满苦难、丑陋和罪恶，反对印象主义的"客观性"和直接描绘客观世界的"所见之物"，主张用主观和畸形手法表现"心灵世界"中"自我的姿态"，将潜伏在内心的下意识冲动欲望推向外界。表现主义音乐，就像印象主义音乐和印象主义绘画间的密切关系那样，同表现主义绘画相互影响，亲密无间。

　　表现主义音乐，为实现其主张，完全抛弃传统音乐原则，以无调性和无调式的"十二音体系"为主要创作手法。如果把印象主义看作帘外观景、雪中赏花的话，表现主义则是哈哈镜里显影像。

　　表现主义音乐的创始人是奥地利音乐家勋伯格。他的学生贝尔格和韦伯恩，发挥了十二音体系的写作技巧，比他们的老师走得更远。由于他们主要活动于维也纳，所以表现主义音乐也被称为"新维也纳乐派"。

　　勋伯格是20世纪知名的作曲家、音乐理论家和音乐教育家。他于1847年9月13日出生在一个犹太小商人家庭。他不曾受过正规的音乐教育，仅仅是凭着聪慧过人的天才和毅力而自学成名。勋伯格自幼酷爱音乐，8岁学小提琴，12岁已成提琴能手。后来由于父亲病故，家境贫困，没条件入音乐学院攻读。到20岁，他向波兰籍犹太人音乐家泽林斯基（1872-1942）学了两个多月的复调。从此，掌握了复调音乐技巧，并在奋力拼搏中掌握许了多作曲技巧和理论知识。同时他结识了泽林斯基的妹妹，两人开始相爱。1897年，他的处女作《D大调弦乐四重奏》问世，获得好评。1899年，他完成了早期创作的重要作品《升华之夜》。1901年着手创作大型康塔塔《古雷之歌》，第二年因事搁浅，直到1911年方最后完成。1901年与泽林斯基的妹妹玛蒂尔德结婚。同年，到柏林任沃尔泽根剧场乐队任指挥。1902年，获李斯特奖金，在斯特恩音乐学院任教。1903年7月，返回维也纳，在舒瓦兹瓦尔德学院教授和声学、对位法。1904年，发起成立

"音乐创作艺术家协会"。1907 年热衷于绘画,并于 1910 年举办了一次个人画展。1911 年被聘为皇家音乐学院作曲教师,同年再去柏林,在斯特恩音乐学院召开 10 次作曲理论讲演会,宣传了勋伯格的全新和声理论。同年《和声学》一书,使他成为作曲理论知名人士。1914 年一战爆发,勋伯格参军入伍。战后回到维也纳,致力于教学和举办钢琴音乐会。1923 年,勋伯格的爱妻玛蒂尔德逝世,他不胜悲伤。1924 年,他去柏林,被聘为艺术学院教师。1925 年,与著名小提琴家鲁道夫·柯里什的妹妹结婚。由于纳粹爪牙对进步艺术家,特别是犹太人的迫害,勋伯格不得不亡命国外。1933 年到法国,1934 年到美国,定居加利福尼亚,并加入美国籍。1951 年 7 月 13 日,他病故于洛杉矶,享年 77 岁。

## 一、恐惧、迷茫、死亡——《月迷彼埃罗》

勋伯格是一个极具独创精神的音乐大师,但他也有着相当深厚的传统音乐功底。他早年曾是瓦格纳的追随者,所以早期作品充满了浪漫的色彩,例如《升华之夜》。1908 年以后,是勋伯格创作的第二个时期。他的创作逐渐舍弃了浪漫的语言,展现出自己的独特风格,而趋向于无调性音乐的探讨。他彻底摆脱了传统大小调体系音乐思维的羁绊,投身到了一个没有调性约束的新天地之中。他取消了能够确立调性的 7 个自然音和 5 个变化音之间的区别。12 个音同等重要,没有一个音能取得中心地位,这就是无调性。当然,这时他的十二音序作曲理论还没有建立,但是相对自由的无调性已能够说明表现主义的音乐特征,它成了表现主义音乐基本的、不可缺少的表现形式。

在技法上,除了较自由的无调性外,勋伯格还动用了被他称为"音乐旋律"的创作手法,使音乐独具一格。在勋伯格的音乐中,一条"旋律"线,由不同的乐器在不同的音交点上演奏,形成音色的跳动闪烁,在这里,和声、旋律和节奏都让位于音色,每一种音色都有繁复而详细的力度标记,令人眼花缭乱。

从音乐内容上看,茫然、失落感、灰色的忧郁等等,是这时期的主要色调。这时期最著名的《月迷彼埃罗》则是一种内心难以言明的复杂而奇异感情的表达。

彼埃罗原来是意大利喜剧中的一个丑角,穿着有皱巴巴的领子和大纽扣的白上衣,宽大的裤子,脸上涂着白粉,经常在喜剧中作为一个恋爱的失败者和被人取笑的对象。但是这首作品中的彼埃罗却有很大变化,他实际上具有神经错乱的心灵特征。勋伯格把自己想像成彼埃罗,借月光比喻自己的种种形象,犹如一缕月光照进玻璃杯里显现出许多形状和颜色。不过,他不写彼埃罗的有趣奇遇,而幻想出一幅令人毛骨悚然的景象。例如第八首《夜》中,描绘了阴森恐怖的团团蝙蝠挡住太阳,给世界罩上愁霾。第十三首《砍头》中,彼埃罗想象自己因为罪行累累而被月光砍头。勋伯格经常采用夸张的图表式形象和语言的曲折起伏来表现内心感受,使作品反映出孤独、痛苦和对生活失去信心,充满了精神上的荒诞。

## 二、一种新音乐结构的产生——十二音序列

在勋伯格打破了传统调性进入无调性音乐创作之后,经过相当长一段时期的沉默和探索,20年代初期,勋伯格终于向世人展示了他的新的作曲理论——十二音序列。一直到晚年,这种创作方法形成了勋伯格创作的第三个时期。

十二音体系的方法是用12个不同的音排列成一个序列作为基础,运用逆行、反行、逆行加反行等技术来发展这个序列,纵横交织,编排成曲。十二音音乐是无调性音乐进一步发展的结果。它可以对大型音乐作品进行结构控制,把乐思有条理地陈述出来,形成新的组织性和逻辑性,以代替传统的调性在作品中所起的组织和控制作用。十二音体系只是音高方面的序列手法,对作品的节奏、力度、音色等没有任何限制。只是到了后来,勋伯格弟子们才对这些因素加以全面控制。

十二音体系问世不久,在欧洲引起了截然不同的反响。一些崇拜者把它奉若神灵,亦步亦趋地追随其数学计算般的法则。而一些作曲家则把它视为怪物,难以接受。他们认为序列音乐中听不到熟悉的弦律和民歌,音乐进行的线条往往离奇古怪,设计过程中的"优美"法则在听觉中根本无法辨别,谐和与不谐和的对比被抹平,实际走上了单调。总之,当时的舆论认为,十二音体系是勋伯格个人头脑中产生的非自然体系,因此是无生命的。尽管如此,十二音体系在后来风靡欧美,追随、效仿者众多,并被认为是"在音乐美学上最理想、最完善、最先进的思维方式"。它对20世纪音乐所产生的影响是不可估量的。

## 三、发自心底深处的独白——《一个华沙的幸存者》

勋伯格创立了十二音序列作曲技术以后,用这种方法写作的主要代表作品有《乐队变奏曲》(1927~1928)、《钢琴协奏曲》(1942)、《一个华沙的幸存者》(1947)等等。在后来的作品中,十二音方法经常随内容表现的需要而有所突破,并不是墨守成规的。

《一个华沙的幸存者》是勋伯格作品中最激动人心、最具有表现力的作品,作于他一生最后的时日。1947年夏,作曲家在他加利福尼亚宁静的休养地,接见了一位从华沙犹太区侥幸逃出来的人,他是少数几名幸存者之一。因藏身于该城废墟下的下水道中得以生存。他的口述使勋伯格无比激动,以致于他连续两天奋笔疾书,写下了具有无比力量的惊人之作——《一个华沙的幸存者》。

乐曲一开始,刺透人心的小号声,像鞭子一般地在鞭挞,呈现出已成废墟的犹太区在黎明中的一片污秽、冰冻的景象。男人、女人、孩子、老人,在他们出发走向埋尸坑前,全都集中起来,并大声自行报数。德国军官高声怒骂着,指使他的兵团用枪柄殴打、侮辱犹太人。但是,突然地,牺牲者异口同声地唱起了"被遗忘了的古老的信经"——《听罢,以色列人》,比迫害他们的人更强有力一千倍。因为:这种人是不可战胜的,他们以上帝为证,证明他们的存在。在朗诵的全过程中,各种乐器按独奏处理,丰富地发挥了表现主义所特有的一切音响效果。在合唱以齐唱形式进入时,这时的

固定音型纯粹是十二音的，乐队首次也是惟一的一次应用了全奏——长达20小节，具有激动人心的伟大气概，使人们惊愕得透不过气来，产生了异常激越的效果。

《一个华沙的幸存者》说明了无论什么音乐技术都具有无限的表现力，只要它是出自一位天才创造者的手笔。但是我们也可以进一步这样说，没有其他一种技术能够这样确凿无疑地表现这种非人性的恐怖，在死亡面前痉挛的心态，以及人类面对这种恐怖的不可战胜的伟大心灵。

## 打开20世纪音乐大门的人——德彪西

法国作曲家、钢琴家克洛德——阿希尔·德彪西是印象主义音乐奠基人和完成者、现代音乐创始者，打开20世纪音乐大门的人。德彪西1862年8月22日出生在巴黎近郊圣日尔曼恩雷一个小陶器店主家里。他的父亲不懂音乐，希望儿子成为一名船员。德彪西却对音乐有异常浓厚的兴趣，具有精细的鉴赏能力。

他7岁向婶婶学钢琴，8岁向肖邦高徒富劳维尔夫人学弹钢琴。1873年，凭自己的才华进入巴黎音乐学院，进行了长达11年的学习。他既是全院著名的钢琴演奏者，又是理论班有名的捣蛋鬼。他凭自己的敏锐听觉和键盘能力，常不按传统和声规则寻找新鲜音响组合，演奏一连串增和弦、九和弦与十一和弦。因此，常遭到教师责怪、同学嘲笑。德彪西不以为然，依然故我，继续执著地探索新颖音乐语言。

学习期间，他曾两次去俄罗斯，使他有机会听到里姆斯基—科萨科夫、巴拉基列夫和鲍罗廷的一些作品，特别是一些真正的俄罗斯茨冈人的自由即兴演奏。1879年，他被俄国富孀、柴可夫斯基的赞助者冯·梅克利夫人聘为临时家庭音乐教师和首席乐师，并随梅克利夫人去瑞士、意大利和奥地利游历。在维也纳，他第一次听到瓦格纳的歌剧《特列斯坦与伊索尔德》，并很欣赏这部作品。

在意大利期间，德彪西给法兰西学会寄来两部作品：《春》和《被选中的姑娘》，其中部分被退了回来。《春》招致了非议，德彪西从而反对学会主持演出《被选中的姑娘》。这种演出是按照传统，为了奖励罗马奖获得者的辛勤创作而组织的隆重演出。1884年，他的《浪子回头》曾获得罗马大奖。后来，《春》由民族协会首先公演。

后来，德彪西开始和斯特凡·马拉美交往，后者的家是许多年轻艺术家，尤其是诗人和画家的聚会场所，又是象征派的圣地。在这里，德彪西认识了许多象征派和印象派的艺术家，受到了极大的影响。德彪西觉得这些人的艺术观点与思维正与自己的契合，所以这些艺术家在潜移默化之中极大地帮助了他完善自己的艺术修养。1892年，受马拉美的一首诗的影响，他写了第一部交响诗《牧神午后序曲》。从此，他接连不断地创作出了一些优秀作品，他的名字逐渐从那个小圈子里传出来，他出了名。

但德彪西很少抛头露面，而是过着一种离群索居的生活。他对自己的作品精益求精，他一个一个的，似乎勉强地把他长期推敲过的作品交给他的出版人，他在这些作品中越来越流露出一种愿望,即以最简短的形式表现最丰富的思想。

德彪西生命中的最后几年,身体日渐消瘦,1909年身患癌症,但他还是分秒必争,坚持与病魔作斗争。1915年开刀割瘤,1917年二次手术,1918年3月26日在德国法西斯轰击巴黎的隆隆炮声中与世长辞。

德彪西的一生是在音乐事业方面作出重要贡献的一生,他开创了印象主义音乐的先河,使法国音乐在20世纪乐坛上占据了一个重要席位。

我们前面已经提到,有两种音乐以外的影响导致德彪西去探索自己的独特道路:即象征派诗歌和印象派绘画。作为一个马拉美集会的积极参与者,德彪西在那里确立了对浪漫主义虚假做作的厌恶。他后来愈来愈抛弃这种音乐修辞上的清规戒律,因为它只不过是一种专向极端发挥的艺术,是一种从一个主题中汲取超出它本身所包含和适合的内容的艺术。他反对滔滔不绝,主张千万不要浪费我们的时间。他限制我们的乐趣,为的是使之更完美,他总怕人们会感到厌倦,他总是慎重地尽量简洁。

19世纪末,在历来新文艺思想就活跃的巴黎产生了一种新的艺术风格,即印象主义艺术。印象主义首先在绘画方面兴起,以马奈·莫奈和雷诺阿为代表。1874年,这些年轻的画家举办了一次画展,其中有一幅风景画是莫奈的《日出印象》。这次画展由于它的反传统性,遭到了很多的非议和攻击。一些人根据莫奈的这幅画,把这些年轻的画家贬为"印象主义者",印象派由此得名。印象派画家离经叛道,反对学院派的严谨和传统,反对从宗教和神话故事中汲取题材,主张走出画室,到大自然去。印象派的特色在于,它以光和色彩为视角,借助光和色的变化来表现作者从一个飞逝的瞬间所捕捉到的印象。这一艺术观点同当时自然科学对光的传播照射的物理研究成果有关,也反映了人们寻求新的艺术手法的要求。对于德彪西,人们正好可以说,他喜欢色彩胜过线条,即和声胜过旋律。

至于德彪西所受的音乐影响,则是多种多样的。首先是他的导师马斯内,其次是夏勃里埃。他们一个给予感官上的温柔,另一个则是讥讽性的幻想,始终是德彪西精神上的启蒙者。在他的探索中,他特别以俄国的先例为其引导。主要是穆索尔斯基使他走上了一种更为自由的和声道路,里姆斯基—科萨科夫和鲍罗廷使他窥见各种艺术手法。

正是站在这些巨人的肩膀上,德彪西才博采众长成为一个杰出的发明者,同时又是一个激情的创造者。也许在整个音乐史上,人们还未能见过如此突然的或如此根本的技术改革,所有的传统和声学因之而被推翻。

下面让我们看看他的《牧神午后》前奏曲。《牧神午后》是德彪西根据象征主义诗人马拉美的诗歌而写的,诗歌本身神秘而模糊。它的风格和绘画的印象主义近似,而德彪西的音乐用空间中的音响诠释了这首诗的意境。

乐曲一开始,响起了柔顺而飘忽不定的无伴奏长笛,带着微微的倦意和恍惚,长笛的音调代表着牧神。牧神——在古希腊的神话中叫"潘",他上半身是人形,下半身是羊身。他曾热恋山林沼泽女神绪伦克斯,而绪伦克斯总是躲开他。一次潘追逐绪伦克斯来到河边,无处可逃的绪伦克斯跳入河中化为芦苇。潘悲伤地采下芦苇,做成排箫随身携带，他不时地吹奏，以表达对绪伦克斯的怀念。长笛的音色接近排箫，这支旋律也形象地描绘了牧神。长笛之后，在薄膜般透明的织体中，竖琴快速地闪烁着，圆号似乎仅用三个音就把夏日的甘美和伤感的倦意倾吐了出来，把我们带进广阔的、布满青草的丛林里去了。这里躺着牧神，他深深地凝视着无边无际的苍穹，或者去聆听引人入胜的嗡鸣和静观各式各样的昆虫生气勃勃地在纠缠不清的花草中忙忙碌碌地奔忙。牧神躺在这里，每次我们听到这音乐，我们就又见到了他——在树林掠过、追逐，匆匆地离去；躲藏，无节制地嬉笑和恳求。他每次飘忽地出现，都由乐队把他的惊喜反映出来，他的每次绝望和挫折都使发光的和跳动的音响蒙上阴影。往后，是更多地追逐和销魂……在乐队的表现上，突然犹豫起来，举足不前。接着在木管和圆号的衬托下，小提琴演奏着欣喜若狂的旋律。这一切之后，长笛又懒洋洋地吹出了如梦的情欲般的乐曲，最后逐渐消失，万籁俱寂。

《牧神午后》这部作品被公认为是印象派音乐第一个范例，其创作思路十分清晰，德彪西采用了精美的雾状网织体所造成的音响很好地表现了马拉美的诗篇。所以马拉美听过这首作品后大为赞赏，特地把自己的一本诗集送给德彪西，上面题着一首诗：

原始气息的森林之神，

如果你的笛子已经制成，

请你细细聆听，

德彪西注入了呼吸的光明。

## 现代奥林匹克之父——顾拜旦

早已为人们所熟知的奥运会会旗，以其精致的造型、和谐的色彩和深刻的寓意而深入人心，它是奥运精神的象征。五环旗上那五个不同色彩的圆环亲密地绾结在一起，象征着地球上五大洲人民的团结、友好、合作的精神，使人们在奥运赛场上秉着公正、合理、坦率的态度求得进步，求得发展。

你可知道这美丽的五环旗的设计者是谁？他就是顾拜旦，一个把毕生精力都投入到了体育事业、特别是现代奥林匹克运动之中的人。人们公认这位贡献突出、功勋卓著的老人为"现代奥林匹克运动之父"。

顾拜旦生于1863年，法国人。20岁时，顾拜旦刚刚大学毕业。年轻气盛、激情如火的他全身心地投入到他所钟爱的体育事业之中，对父母为他提供的飞黄腾达的仕途毫不动心。他坚定地走上了自己所选择的道路，对这一选择，他自己有清醒的认识和崇高的目的。当时，法国刚刚经历了普法战争，百业凋敝，人心惶惶。为了迅速恢复经济，法国教育界存在着严重的重智轻体的倾向。顾拜旦不满于此，他深刻地认识到了体育运动对国民素质的重大意义，面对教育界的短见，他忧心忡忡。他认为发展体育运动能够为法国挖掘培养出大批精明强干的有用之材，也能够重塑国民精神，唤起法国人的爱国主义激情。

1892年,法国体育协商大会在巴黎索邦神学院召开。29岁的顾拜旦站在主席台上,向人们陈述了他心中酝酿已久的倡议:"我们要恢复的应该是这样的运动会——它要像古代奥运会那样,以团结、和平与友谊为宗旨;它不受国家、地区、民族和宗教的限制……"这个倡议提出得非常及时。当时战争的阴云又一次笼罩着欧洲。正值19世纪末,德国军国主义妄图发动大规模的侵略战争,重新瓜分世界,以此满足它扩张的野心。法国作为德国的近邻对战争的威胁感受得最为深切。法国人民回想起普法战争中德军给他们造成的刻骨铭心的巨大创伤,尤感不寒而栗。因此他们强烈反对战争,渴望和平安宁,对倡导和平友谊的奥运会深表赞成。

在法国人民和其他欧美国家的呼唤和支持下,恢复奥运会的决议顺利地通过了。顾拜旦于1894年6月23日成立的国际奥林匹克委员会中当选为秘书长,并通过了他所制订的第一部奥林匹克运动宪章。这是个值得全世界纪念的日子,对世界体育运动具有划时代的意义。中国将6月23日定为奥林匹克日。

顾拜旦把只限于古希腊人召开的奥运会推向全世界,是他揭开了奥林匹克运动的新篇章。1896年,第一届现代意义的奥林匹克运动会召开了。地点选在颇有纪念意义的希腊首都雅典城——那个1500年前熊熊燃烧着奥运圣火的地方。

顾拜旦从1896年到1925年连任了29年的国际奥委会主席。他卓有成效的工作使现代奥林匹克运动会蓬勃发展起来,从项目、种类、方式、原则上来看都是古奥运会不可与之同日而语的。顾拜旦反复倡导的体育精神是他个人崇高心怀的表现,得到了全世界人民的赞赏和尊重。他曾经写过一首著名的诗——《体育颂》,在诗中,他针对当时体育竞赛中存在的种种弊端,指出公平、公正的竞赛原则,指出奥运会的主题是和平。这首诗写于1912年开展的第五届奥运会的仿古制文艺竞赛上,并获得了金质奖章。这表明他倡导的体育精神是深入人心的,同时也代表了人们心中美的愿望。

1937年,顾拜旦在现代奥运城洛桑安祥地闭上了眼睛。他在遗嘱中要求,把他的心脏埋葬在奥林匹亚——这个奥林匹克运动的发祥之地,他要用心来时刻感知着奥林匹克运动的发展。他的一生都和它紧密相连,当然死亡也不能终止他对奥林匹克运动的关怀。现在,一座方方的大理石纪念碑矗立在奥林匹亚城,它是用来纪念奥林匹克运动的,似乎更是在纪念这位鞠躬尽瘁的伟大人物——皮埃尔·德·顾拜旦。

## 美国无产阶级文学之父——杰克·伦敦

"……你们这帮自以为乐善好施的人啊!到穷人中间去向他们学习吧,因为只有穷人才是乐善好施的。……丢一块骨头给狗算不上慈善行为。慈善行为乃是,当你像狗一般饿得发慌时,和狗一起啃一块骨头。"

是谁对于有钱的善人给以如此激烈的言语?是谁对于穷人的品德有如此深刻的见

解？他就是杰克·伦敦，工人阶级出身，完全靠自己的努力，一步步艰难地爬上文学顶峰的无产阶级作家杰克·伦敦。他出身于劳动人民，为劳动人民写作，为劳动人民请命。他是属于无产阶级的，属于世界劳动人民的作家。他被尊为"美国无产阶级文学之父"。

杰克·伦敦于1876年1月12日在旧金山出生。他的父亲是一个星相家，叫威廉·亨利·詹尼。母亲弗洛拉·韦尔曼是一个召魂降神的巫人。杰克·伦敦还未出生，父亲便抛弃了妻子不知去向。后来，母亲又嫁给流落在旧金山的破产农民约翰·伦敦。因此，小杰克改名为杰克·伦敦。他们一家人为了生活，经常搬家。老伦敦先后干过木匠、泥瓦工，还开过杂货铺、养鸡场、小农场等，但赚钱不多，勉为家用。杰克·伦敦自幼得不到母爱，他是由黑人乳母珍妮·普仑提斯太太喂养大的。杰克继父的长女伊丽莎对他也挺好，一直照料他，直到他逝世。杰克的童年是黑暗的，没有丝毫欢乐的回忆。在小杰克10岁时，全家定居在奥克兰城。小杰克起早摸黑地上街卖报，打零工挣钱贴补家用。但小杰克对书有一种天生的喜好，不管多么忙，多么累，他总要找一些书来读。他读的第一本书是华盛顿·欧文的《阿尔罕伯拉》。此后他常到奥克兰公立图书馆去借阅各种书籍，他如饥似渴地读完了季伯林、左拉、福楼拜、托尔斯泰等的作品，后来还读了尼采与马克思的哲学著作。

杰克·伦敦不满足于一辈子给资本家当奴隶，去挣那些不够吃饭养家的工资。年幼的杰克有强烈的冒险欲望。后来，他在私捕牡蛎的海盗帮里入了伙。他从乳母那里借了300元钱，买下一条小帆船，偷袭海湾中的私人水产养殖场，做起了贼。当时牡蛎价格很高，杰克赚到不少钱，不久就还清了乳母的钱。当时，小杰克才15岁。后来，他又在渔警队干过，去抓那些违法者。杰克干得很认真，终因不满上级贪污受贿的卑鄙行为，辞职不干了。后来，他又去当水手，去日本沿海捉海豹。7个月的海上生活让杰克着了迷，回来后干了临时工，打算明年仍旧出海，但却错过了机会，其他人驾着"玛丽·汤玛斯号"早出发了。杰克很后悔，依然做临时工。后来，听说那一条船连人带船都遇难失踪了。当时，旧金山的《呼声报》举行了征文比赛。母亲鼓励小杰克参加，他竟然以一篇《日本海上的飓风》获得第一名与25元奖金。小杰克开始想当一名作家了。但是多次退稿使他失去了信心。他仍在麻纺厂工作。

后来，美国经济大萧条达到顶峰，很多工人失业。杰克·伦敦跟随请愿工人去华盛顿集会请愿。但到达华盛顿的却没有几个人了。杰克·伦敦流浪街头，以乞讨度日，后来因此被捕入狱。出狱后，杰克·伦敦回到奥克兰。这时他才19岁。

杰克·伦敦回到奥克兰后进入奥克兰中学学习。在此，杰克·伦敦为校刊写了不少故事，但只过了一年就辍学了，杰克·伦敦仅用了三个月时间就读完了三年的中学课程，顺利地考入了加利福尼亚大学。杰克·伦敦不愿放弃这个学习机会，他一边在洗衣店工作，一边写稿维持生活。但功课太重，杰克·伦敦不得不停学。他又想依靠写作求得生路了，但过了三个月，稿子全部退回，杰克·伦敦不得不放弃写作。当时在北方克朗一带发现金矿，掀起了淘金热潮。在姐姐伊丽莎的支持下，1896年，杰克·伦敦加入了淘金大军奔向北方。那里荒凉寒冷,没有人烟,旷野中只有狼的嗥叫。恶劣的生存环境,许多人得了坏血病,金矿也没有找到,杰克·伦敦不得不回来,但是,他却带回来一笔无价的财富。杰克·伦敦写的旅行札记中记录了大量活生生的北方故事素材。但是工作依然没有着落,而且继父不久前死去,全家人的重担落在了他身上。

杰克·伦敦一边找工作,一边写作。虽然稿件都退了回来,杰克·伦敦仍然坚持写作。终于,加利福尼亚的《大陆月刊》采用了他的一个短篇《为赶路的人干杯》,杰克·伦敦第一次得到5元的稿费。不久,《黑猫》杂志出40元钱,要杰克·伦敦写一篇小说。从此,杰克·伦敦的生活出了现转机,他对自己有了信心。他开始专心写作。从1900年开始,杰克·伦敦发表了一连串的短篇小说,生动地描写了到北方淘金的队伍与太平洋上水手的生活。《寂静的雪野》写了淘金者的患难与共的友谊。《北方的奥德赛》写了一个印第安酋长历经多年的跋涉,终于找到夺去自己妻子的白人,酋长痛报前仇,但是他的妻子却已不再爱他。在杰克·伦敦一直认为写的最好的《老头子的同盟》中,作者揭露了白人殖民者对印第安人的掠夺,赞扬了印第安人的反抗斗争。1900年至1902年,杰克·伦敦发表了《狼的儿子》等三部短篇小说集,通称为"北方故事"。

杰克·伦敦以丰富的人生,取材于下层社会,关注下层劳动人民的命运,对资本主义予以尖锐的批判。《在甲板的天篷下面》描写了一个外表美丽、心肠却狠毒至极的资产阶级小姐。她用一枚金币诱使一个当地小孩跳下海去,结果被鲨鱼咬死。作者以残暴的鲨鱼象征那些道貌岸然的先生、小姐们。杰克·伦敦的《荒野的召唤》在1903出版,这本书奠定了他的国际地位。杰克·伦敦开始进入创作的高峰期。1904年,长篇小说《海狼》一出版就获得美国大众的欢迎,成为畅销书。

杰克·伦敦不仅只是写作,他还参加了美国社会党,与资产阶级进行直接的斗争。他抽出时间为工人同志们讲课,不要报酬,他以为工人运动出力而自豪。他孤身一人,深入群众生活,写出了报告文学《深渊中的人们》,愤怒地控诉资本主义的血腥制度。指出只有推翻资本主义,工人才能脱离地狱,重见光明。

1907年,杰克·伦敦携带第二个妻子夏米安·基特里奇乘私人豪华游艇"斯拿克号"进行7年的环球航行。在船上,杰克·伦敦开始创作著名的自传体小说《马丁·伊登》。但是,1908年,杰克·伦敦在南太平洋上得了疟疾和一种奇怪的皮肤病,不得不进医院治疗,游艇以低价卖出。1909年7月,杰克·伦敦回到旧金山。不久,《马丁·伊登》发表。这是杰克·伦敦最为引人注目的小说。

小说的主人公马丁是个年轻水手,一次偶然机会,他结识了罗丝一家。他一下子被罗丝的美貌与丰富的文学艺术知识所迷住。两人相爱。马丁强劲的体魄与充沛的精力吸引住罗丝的目光。从此,马丁发奋学习,注意谈吐。为了配得上罗丝,马丁产生了创作欲望,开始投稿,但每次都被退回。罗丝为了能与马丁结婚,拼命劝他学习那种"有为青年",进他父亲的律师事务所,将来一步一步爬向高位。马丁知道了原来罗丝也与别人一样,想把工人出身的马丁硬塞进资产阶级的生活模式中去。但马丁仍爱着罗丝,直到有一天,马丁被报纸宣传说成一个激进的社会主义者,罗丝主动与马丁决裂。马丁一下子遭受如此打击，整天饮酒，以图忘掉现实的苦难。可是，原来的杂志报纸开始采用马丁的旧作，马丁终于成为一位名作家了，全市人民都知道了马丁，以前跟他断绝关系的亲戚、朋友都来讨好他。罗丝也主动登门，愿意嫁给他。马丁看透了这些人的伪善面目。而这时，惟一当初赏识他的才能的社会党人勃力森登逝世，马丁万念俱灰。他不愿再为这个伪善的资本主义社会写一个字。他处理掉自己的稿件，把遗产留给他的亲姐妹及一个要好的朋友，还有一直深爱着他的女工丽茜·康诺莱。此后他对人世已没有丝毫留恋，他纵身投入了大海。

杰克·伦敦回到美国后，开始修建豪华别墅"狼舍"。但是，这座耗资 8 万的豪宅在 1913 年 8 月 18 日刚建成，夜里一场莫名其妙的大火就把它变成一堆废墟。这对杰克·伦敦是个相当大的打击。为了还债，杰克·伦敦常常不得不粗制滥造一些作品。他对此深为悔恨，在他给辛克莱的信中，他这样写道："我写成了一篇东西，感到痛恨。我写它，因为我需要钱，而这正是轻而易举的事。但如果给我自己有选择余地的话，我绝对不愿再动笔写作——除非是写一篇社会主义论文来对资本主义世界说明我多么鄙视它。"

由于他晚年的所作所为深为自己痛恨，他陷入极度的空虚之中。他开始大量酗酒，并出现酒精中毒的现象。在 1916 年 11 月 22 日清晨，杰克·伦敦被发现服了吗啡，已经昏迷，终因抢救无效，当晚去世，年仅 40 岁。

杰克·伦敦追随他的马丁·伊登而去了。在他短暂的一生中，留下了高达 49 卷的作品，其中包括 19 部长篇小说，150 多篇短篇小说，3 部剧本以及大量的论文、特写等。这是无产阶级一笔巨大的财富，成为人类进步不可或缺的力量之源。

## 自由、音乐——托斯卡尼尼

我们许多人都知道，在现代交响音乐和大歌剧演出中，指挥是整个乐队、整场演出的灵魂。有人很不理解：指挥谁不能做呀，无非就是打打拍子。再说了，乐队里都是经过专门训练的专门演奏家，难道他们还不会自己数拍子吗？但实际上，指挥和打拍子是截然不同的两件事情。

在刚开始乐队规模比较小的时候，人们确实不需要指挥。但随着乐队的一步步扩大，没有指挥便无法演奏了。从 19 世纪左右开始，乐队变得逐渐庞大，这就必需有指挥来把各演奏者联系起来。于是，在 19 世纪便出现了指挥和指挥法，并且一般认为，门德尔松是第一个真正的指挥家。

另外，一个人学会打各种各样的拍子，只是他学习指挥的开端，而两者之间的距离是巨大的。打拍子只不过是在数时间，而作为一名指挥，他必须要传达出音乐的意义。他必须要理解总谱，从总谱中读出尽可能多的信息，然后把自己的感受、体验和作曲家留下的文本加在一起，通过复杂的指挥艺术告诉他的乐手应该如何去做。根据作曲家留下的总谱,他要在速度、强弱、风格、节奏等许多方面作出自己的判断。有时,为了达到自己理想中的境界,他还不得不对总谱上弦乐的方法、作品的配器等一些方面作一些改动。另外,为了准确理解作品,他还必须具有广博的知识,知道作曲家的历史、思想,当时的背景等许多方面知识。同时,他还必须具备一双灵敏的耳朵,能在各种乐器的宏大音响中听出细微的变化。让整个庞大的乐队成为他手中一件得心应手的乐器。可见,作为一名指挥,远不是那么简单。

自从指挥艺术诞生之后,曾出现过很多伟大的指挥,而且还有各种流派。然而在这些人里面,最响亮的名字无疑应该是托斯卡尼尼。与他同台演出过的音乐家、聆听过他的作品的欣赏者无不对他推崇备至。他们称托斯卡尼尼是"所有指挥家中至高无上的大师"。他们对托斯卡尼尼指挥艺术的评价是"尽管过去和现在都有许多伟大的指挥家,但托斯卡尼尼对指挥艺术和管弦乐演奏的影响是任何人所无法超越的。"

阿尔图罗·托斯卡尼尼于1867年生于意大利的帕尔马市。而伟大的作曲家朱塞佩·威尔第就出生在不远的布塞托,并且两人都出生于平民家庭。托斯卡尼尼的父亲是一位裁缝,年轻的时候曾经参加加里波第的义勇军,参加反暴政和反压迫的斗争。他的母亲是一位善良的家庭主妇,在家里抚养孩子,操持家务。托斯卡尼尼在小的时候就有惊人的记忆力,他常在从歌剧院回来的路上,就能哼唱出他所看歌剧的全部咏叹调。是他的母亲首先发现了他天才的音乐才能,并在他9岁时把他送入帕尔马皇家音乐学院学习。但在那里,他却不能学自己喜欢的指挥专业,选择了大提琴系,因为当时只有大提琴这种比较冷门的专业才能免交膳宿费。他在学习大提琴的时候,时刻也没有忘记对自己钟爱专业的学习,所以在他毕业时,钢琴、乐理、指挥都已达到了很深的造诣。

他毕业之后,首先是以一名大提琴手的身份出现在音乐舞台上的,托斯卡尼尼走向指挥舞台具有很大的偶然性,也极富传奇色彩。

那是在托斯卡尼尼19岁时,随歌剧团一起去南美作巡回演出,而当时的托斯卡尼尼是乐队的大提琴手。由于当时的指挥与演员不佳,加上听众的指责,指挥在演出的危急关头辞职,而听众又把不满意的副指挥轰下了指挥台。正当剧院经理一筹莫展之际,有人向他推荐了托斯卡尼尼。托斯卡尼尼在危急的关头走上了指挥台,指挥了威尔第的歌剧《阿伊达》,并且,他是凭借自己惊人的记忆,在几个小时的演出中背谱指挥。从这一晚起,托斯卡尼尼便一举成名。

托斯卡尼尼在经过了他的初期指挥活动后,于1898年担任了著名的斯卡拉歌剧院的音乐指导与常任指挥。他上任伊始,就开始按照自己的艺术理念来改革剧院。他是一个现实主义的指挥家,认为"艺术高于一切"。当时,浪漫主义的指挥风格正风靡一时,而有许多平庸的指挥按照自己的想法对作曲家的作品随意删改,随意歪曲,认为这样就是浪漫主义。但是在托斯卡尼尼的带领下,斯卡拉歌剧院改变了这一切。托斯卡尼尼认为,指挥家应该忠实于作曲家的原作,根本就无权删改作曲家的作品。由此,他成为客观现实主义指挥艺术的开拓者。他曾经说:"我常听人说X指挥的《英雄》、Y指挥的《齐格弗里德》,或者是Z指挥的《阿伊达》。我真想知道贝多芬、瓦格纳或威尔第对这些先生们的解释作何评价。还有，他们的作品是否经过这些解释者之手就有了新的内容。我想，在面对《英雄》、《齐格弗里德》和《阿伊达》时，一位解释者应该尽力深入到作曲家的精神世界中去，他应该只是心甘情愿地演奏贝多芬的《英雄》，瓦格纳的《齐格弗里德》和威尔第的《阿伊达》。"

由于他的努力，陷于困境中的斯卡拉歌剧院被迅速改变，演出水平飞快提高。

在1939年，由于遭受到意大利法西斯分子的围攻与迫害，已72岁高龄的托斯卡尼尼远渡重洋，来到美国。在美国，他亲自挑选美国最优秀的人才组成了NBC（国家广播公司）交响乐团，并指挥这个乐团17年之久。NBC乐团由于演奏者的高超技艺与突出个性，使得除了托斯卡尼尼之外，再也没有指挥能够驾驭它。所以，当1954年托斯卡尼尼离任后，这个乐团不得不遗憾地解散。

在音乐上，托斯卡尼尼是一个完美主义者，他常常要求演奏者在演出过程中应该专心致志，而作品的演出应该完美无瑕。正因为如此，他常常因为乐队在排练时无法达到自己想要的效果而大发雷霆，有时竟是甩手而去。更有甚者，还曾经发生过他对首席小提琴的演奏无法容忍而一怒之下用破了的琴弓捅伤首席小提琴手而被诉诸法庭的事情。

但托斯卡尼尼确实具有非凡的天才。他有惊人的记忆力，他一般都是背谱指挥，甚至是长达几个小时的歌剧也是如此；他还可以凭记忆默写出搁置几十年而从未过问过的作品。他具有非凡的听力，他能够在庞大的交响乐队那复杂的音响中辨别出坐于后排的第二小提琴手拉出的错音。他对乐队具有非凡的驾驭能力，在他的指挥下，他能够不知不觉地把所有的演奏员、合唱人员、歌剧演员乃至观众吸引和融汇到他所构想和创造的音乐境界中，获得辉煌的艺术效果。也正是因为他的天才，他的演员才对他那暴躁的脾气都能够容忍，甚至对他产生深深的敬佩。乐队演奏员常想尽一切办法让他认真指挥。据说有一次，乐队为了防止托斯卡尼尼在排练交响音乐的过程中发怒而甩门离去，在排练开始后，他们偷偷反锁了排练厅的大门。当乐队达不到他想要的效果而要开门离去时，他发现门已经被锁了，他无可奈何，苦笑了一下，居然心平气和地回来参加排练。

托斯卡尼尼几乎把自己的一生全部交给了指挥事业。年逾八旬，依旧活跃在指挥舞台上。他的一生极少出错，但当他因年纪老迈，不得不告别音乐舞台而为自己举行的告别音乐会上，过分激动的他居然会忘记了谱子。那时当他指挥《汤豪塞》序曲时，脑海中突然一片空白，大师的拍子突然发生了踌躇，他痛苦地双手抱头，趴到谱架上，一会儿之后，他抬手示意乐队进入下一个曲子的演奏。

这只是作为一个伟大指挥家的托斯卡尼尼，而在很多人的心目中，他更是一个热爱自由与民主，反对法西斯暴政，与之进行不屈斗争的托斯卡尼尼。

正当托斯卡尼尼统领斯卡拉歌剧院创下辉煌业绩的时候，以墨索里尼为首的法西斯主义开始在国内蔓延。并且，他与法西斯主义的冲突越来越明显，越来越白热化。

当托斯卡尼尼要指挥歌剧大师普契尼的歌剧《图兰朵》在斯卡拉歌剧院首演时，墨索里尼也想出席，并且要在他入场时，乐队演奏法西斯颂歌。而托斯卡尼尼宁肯拒绝指挥歌剧首演也不那样做。最后，墨索里尼只好放弃出席首演的计划。

还有一次，墨索里尼路过米兰，指名要见托斯卡尼尼。之后恳切要托斯卡尼尼加入法西斯党，结果被托斯卡尼尼拒绝。

另外一次是两个法西斯首脑要参加托斯卡尼尼指挥的音乐会，剧院要求他在曲目中加奏两首法西斯颂歌，并且说明不让托斯卡尼尼亲自指挥，只让第一小提琴代劳。谁知托斯卡尼尼愤怒地大吼："不行！"同时把大衣和帽子摔在地上。

这些行动终于惹恼了法西斯分子，他们对托斯卡尼尼进行谩骂、殴打，并且威胁他的全家，他们全家的护照被吊销，他的电话被人日夜监听。但这一切并没有使托斯卡尼尼屈服，他说"我宁愿抛弃一切，但我要自由地呼吸。在这里你必须与墨索里尼一致，可我永远也不会和他想到一块儿去，永远也不会！"

由于对法西斯主义深恶痛绝，他对亲法西斯的艺术家也极端蔑视。富特文格勒在当时也是一位著名的指挥家。但他由于屈服于希特勒的淫威，演奏法西斯颂歌，托斯卡尼尼与他彻底决裂，并且说："在作为音乐家的富特文格勒面前，我愿意脱帽致敬；但是，在作为普通人的富特文格勒面前，我要戴上两顶帽子。"

由于当时意大利严峻的形势，他不得不离开祖国，前往美国避难。

在"二战"期间，托斯卡尼尼一直支持世界人民的反法西斯斗争，他率领美国的一些著名乐团，到处举行义演，和其他政治避难者一起发表声明，支持美国政府。音乐家之外，他又成了一名反抗法西斯的英勇斗士，他甚至成了反对法西斯，取得反法西斯胜利的象征：当墨索里尼倒台后，他曾经多年经营的米兰斯卡拉歌剧院里立刻贴出海报："托斯卡尼尼万岁！""托斯卡尼尼，您快回来！"

就这样，天才的指挥才能和崇高的人品使托斯卡尼尼像一尊伟大的雕像屹立在世界一切爱好音乐和自由的人民心中。

1957年1月16日，托斯卡尼尼结束了他作为战士和音乐家的一生。但他所留下的巨大影响，却永远也不会消失，诚如他自己所说的那句名言："人的生命是有限的，但音乐的生命是无限的，音乐是不会死亡的。"

## 让音乐在小说中流淌——罗曼·罗兰

精通欧洲古典音乐的罗曼·罗兰，以他天才的灵感与手笔创作出一部描写音乐家的长篇小说——《约翰·克里斯朵夫》。这部作品的各个方面几乎都渗透了音乐性，仿佛一部气势雄壮的交响乐。

作者始终以音乐家的精神状态来揭示主人公的情感领域和内心世界，人物的性格中渗透着音乐的节奏。小说的主人公约翰·克里斯朵夫从小就对音乐特别敏感，他是一个极有天赋的孩子，自然界的万事万物只要与他一接触，就会"全部化为音乐"。这种无所不在的音乐，在克里斯朵夫的心中都有回响。对他而言，家乡奔流的莱茵河化为一支悦耳动听的音乐："波涛汹涌，急促的节奏又轻快又热烈地向前冲刺，而多少音乐又跟着那些节奏冒上来,像葡萄藤绕着树干扶摇直上:其中有钢琴清脆的琴音,有凄凉哀怨的提琴,也有缠绵婉转的长笛……"这是一段典型的描写,除此之外,小说中渗透的音乐感俯拾皆是,就连自然景物的描绘都带有"音乐性"。

更令人赞叹不已的是在作品中,罗曼·罗兰凭借自己对欧洲音乐的深厚素养,插入了许多对音乐作品和音乐家的富于真知灼见的评点文字。通过他的评点,人们可以领略到博大精深的欧洲古典音乐真正魅力之所在,从而开启人们心中那扇走向音乐殿堂的高雅之门。

因此,罗曼·罗兰的《约翰·克里斯朵夫》是一部富于独创性的作品。它被许多评论家称为"音乐小说"。

罗曼·罗兰这种别具一格的创造,把音乐与小说这两种不同形式的文艺结合在一起,产生无穷的魅力,因为他本人就是一位优秀的钢琴家,一位有名的音乐艺术史家、音乐评论家和音乐传记作家。这位世界闻名的反战主义者和进步作家1866年生于法国克拉美西城一个中产者的家庭。罗兰五六岁时,就从爱好音乐的母亲那里得到对贝多芬的认识,接受了音乐的启蒙教育。在大学里,他主要攻读的是文学和历史。由于对社会前途的怀疑,青年时代的罗曼·曼兰是彷徨和痛苦的。22岁时,他写信给早已蜚声世界的文坛泰斗托尔斯泰,诉说自己内心的痛苦,他开始根本没有期望托尔斯泰会给他这个初出茅庐的无名小辈以任何回音。但出乎意料的是,他不久后竟收到了长达几十页的托尔斯泰的亲笔回信。他鼓励罗曼·罗兰为人类崇高的理想而奋斗,他说:"一切使人们团结的,是善与美;一切使人们分裂的,是恶与丑。"大师的精神令年轻的罗兰深受鼓舞,在人品上、学识上,罗兰都看到了人类的典范。

出于对社会的责任感,罗兰从戏剧入手踏上了文学创作的道路。1894年,一名叫做德雷福斯的犹太籍大尉被诬叛国,判处终身监禁,这引起法国社会的轩然大波。1898年,罗兰以"圣正义"的笔名发表了第一部剧本《群狼》,旨在为德雷福斯辩护。因为他认识到了戏剧是直接影响群众的最好手段,既可以针砭时弊,又可以鼓励行动。于是他写出了一组以法国大革命为题材的戏剧,合称为"信仰悲剧"和"革命戏剧"。

20世纪初,罗兰写了一组名人传记,如:《贝多芬传》《米开朗基罗传》《托尔斯泰传》《甘地传》,这是他有感于世风日趋颓靡,把变革现实的希望寄托在英雄伟人身上的表现,暴露了罗兰思想的局限性。

与此同时,罗兰投入了长篇小说《约翰·克里斯朵夫》的创作。这部十卷本的现实主义著作,花费了他20多年的时间,是20世纪文学创作中最伟大的收获之一。也因为这部小说,罗曼·罗兰获得了1913年度法兰西学士院文学奖金和1915年度的诺贝尔文学奖,从此跻身于世界级文学大师的行列。

《约翰·克里斯朵夫》写的是一个个人主义反抗者的悲剧。出身低微但富于音乐天才的克里斯朵夫在童年时代,就显示出刚正的品质。他敢于反抗故意侮辱他的贵族少爷小姐,不向统治势力低头。成为宫廷里的少年琴师之后,崛起的人格精神使他越来越难以被驾驭,他鄙视豪门,反抗贵族,毫不示弱地顶撞向他要威风、摆架子的公爵。他秉着正直无畏的品德行走江湖，终于在路见不平，拔刀相助中惹下命案，开始亡命天涯。在巴黎，文化界的庸俗、腐化和堕落又和真正的艺术家克里斯朵夫尖锐地对立起来，使他的反叛性格进一步发展。他不顾一切、横冲直撞，勇敢地揭露法国上流社会的丑恶，但他却落得四处碰壁，倍受打击的结局。可这一切丝毫不能消灭他的斗志，他在斗争中变得更加坚强，精神也更加充沛。然而，尽管他的反抗是坚强而勇敢的，却并没有动摇资产阶级的社会，更为可悲的是也没有得到人民大众的支持，只是引起少数同他一样的知识分子的共鸣。孤独与沮丧伴随而来，好友奥里维的死又给他以沉重的精神打击。最终，万念俱灰的克里斯朵夫沉醉于自己创作的清明恬静的音乐之中，他同现实妥协之后，也成名成家了。他的晚景是在恬淡的心怀中度过的。

前面已经谈到了这部小说的音乐性，有趣的是，从整体上来看，这部小说有着交响乐般宏伟的结构。主人公一生的悲欢离合、是非曲直、成败得失，犹如交响乐中高低轻重的各种音调，错综交织，形成一股旋律的洪流。整部作品的四部分相当于"交响乐的四个乐章"，分序曲、发展、高潮、结尾，气势雄浑，浑然一体，堪称音乐史诗。

## "现代舞之母"——邓肯

1902年，巴黎。在一座普通的剧场里，一切准备就绪，只要时间一到，表演马上开始。但是，突然，伴奏乐队中开始噪动起来，响声越来越大。演员休息室中一位年轻漂亮的女演员烦躁地走来走去，她紧皱着眉头，嘴里不知道在自言自语什么。这时，演出按说早已开演了。但是，剧场内外吵闹的声音越来越高，看样子是出了什么事。这时，那位女演员猛然推开休息室的大门，冲到舞台上。观众安静下来，但突然又噪动起来，观众席上一片惊讶、稀奇的喊叫声，原来，这位女演员竟没有穿鞋子，她赤着脚！观众为之哗然，在当时，舞台是高雅的场所，平时人们在家里都必须穿着鞋子，在舞台上更要讲究这些。她是谁？竟然如此大胆、开放。观众席渐渐平息下来。

这时，这位赤足的大胆姑娘开始压抑着心里的气愤，慢慢地用她动听的声音解释着："很抱歉，真的。很对不起大家！今天这场演出不得不取消，我心里非常难过。真的，我非常难过……"她低下头，几乎抽咽起来，但过了一会，她猛然又挺起胸，昂起头，"我的经纪人刚才携带全部票房收入逃跑了。我一分钱也没有，不能雇佣乐队为我伴奏，我雇不起他们。希望大家能够原谅。以后，我会补偿所有为我捧场的亲爱的观众们。谢谢，谢谢大家。"但是观众们哪里肯白花冤枉钱，非要这位女演员开始演。但是，乐队因为没有拿到钱，不肯伴奏。这位女演员一会跑到这，一会跑到那，谁也不肯让步。剧场里人声鼎沸，乱成一团。她几乎快急疯了。谁来帮她解除这个困境，那可真是上帝显奇迹了。这时，观众席上突然站起一位潇洒的年轻人，他走到这位已被逼到绝路的年轻姑娘面前，诚恳地说："我来帮你伴奏，演出开始啦！"这位姑娘一下子呆住了，观众们也安静下来，谁不想看看这位赤脚姑娘表演呢？

年轻人在钢琴旁坐下来，沉稳了片刻，一串美妙的音符便从他修长有力的手指下飞舞起来。这是肖邦的名作。年轻人用鼓励与探询的目光望着这位脸上仍带泪痕的女演员，"开始吧！"

女演员轻轻抹去泪痕，随着美妙的音符翩翩起舞。"这是什么舞？不像芭蕾……不像……什么也不像！"是的，这不属于任何一种舞蹈，女演员沉醉在优美的旋律中，她异常准确地跟随着乐曲的节奏，而且将旋律的韵致淋漓尽致地用她形体的变化表达了出来。一曲终了，观众席上传来一阵阵喝彩声。虽然人们感到这种舞蹈完全不合乎传统，但人们在其中感受到心灵的悸动。女演员微笑着退在一旁。第二曲乐声响起，这是格鲁克音乐。女演员丝毫没有慌乱，她又以独创的舞姿在台上轻盈地飞舞起来。

演出结束了，观众们满意而去。

女演员脸上洋溢着笑容，她完全抛开了开场时的不幸。她夹着空背包兴冲冲地回家了。她没有赚到一分钱。

她是谁？为什么如此高兴？

她就是后来扬名世界的邓肯——"现代舞之母！"这是她的第一场演出，她成功了，她独创的现代舞成功了。

依莎多拉·邓肯于1877年5月26日出生在旧金山。她从小对舞蹈就表现出浓厚的兴趣。常常自己就边歌边舞起来，母亲把她送到一位很有名气的芭蕾老师门下。但是，在上过三堂课之后，她气恼地说："芭蕾一点也不美！"从此之后，她开始按照自己喜欢的方式练习跳舞。这一年，小邓肯才仅仅6岁。不久，她开始教邻居的朋友跳这种舞。很快，小邓肯出名了。但是，邓肯很不满意美国的艺术环境。于是，在小邓肯的坚持下，一家人迁往伦敦。不久，邓肯在伦敦崭露头角。《仲夏夜之梦》中的仙女以及门德尔松《春之歌》她的独舞吸引了不少人的眼睛。她把新的气息注入到舞蹈中。

不久，一家人又迁到巴黎。邓肯拥有了自己的舞蹈工作室。在这里，邓肯对舞蹈进行了深入研究，开始确定了自己的方向：开辟一块自由的舞蹈新天地。终于，邓肯在1902年那场倒霉而又幸运的首演中，展露出了她的才华。此后她一发不可收拾，被各地剧场请去演出。人们要欣赏她这种生命舞蹈。邓肯从此名声大振。

1904年，邓肯在柏林的格吕内瓦尔德创办了第一所现代舞舞蹈学校。邓肯以自己的方式教导他们。但是由于资金匮乏，后来不得不关闭。直到1913年，由于邓肯的两个最爱的孩子因为汽车掉入河中，两个孩子被困在汽车里，活活淹死。邓肯悲痛万分，心性大变，对舞蹈失去了信心。她退出了舞台。但是，她并不闲着，她又开始创办舞蹈学校。而且，邓肯收养了一战中的6个孤女，作为自己的孩子，都随她姓邓肯。她手把手地教导自己的6个女儿。

在平凡中沉寂3年多之后，在朋友的劝说和鼓励下，邓肯重现舞台。这以后，她的舞蹈一改往日的轻灵、热情，转入了表现悲伤心碎的情感。不仅是她个人不幸的申诉，而且更多地是对一战给广大人民造成的沉痛灾难的展现。

1922年，早已心如死灰的邓肯在苏联演出时碰到了青年诗人谢尔盖·叶赛宁，心中的爱火被叶赛宁重新点燃,奇怪的是,邓肯不会说俄语,而叶赛宁又不会说英语,显而易见,语言的障碍并不能阻止两人火一般的热情。两人结婚回美国,但却在海关被当作共产主义的宣传者而遭拘捕,虽然后来被释,但报纸舆论依然紧追其后,邓肯被逼急了。在波士顿演出时,又有记者纠缠她,邓肯于是挥舞着她在跳《马赛曲》之舞所用的大红围巾在舞台上大舞特舞,表现生命的激情与活力。一时间,整个剧场里的人吓坏了,邓肯自己却若无其事。但是当地政府终究把她驱逐出去。

1923 年,邓肯在美国纽约举办了最后一场演出,然后去了欧洲。

1927 年 7 月 8 日,邓肯在巴黎的英加多尔剧院举办了最后一场演出,其中包括舒伯特的《未完成交响曲》与《圣母经》。

1927 年 9 月 14 日晚,不知什么原因,邓肯说要出去。她围着那条鲜艳的火红的长围巾坐入汽车,但是围巾拖在了外面,汽车发动起来,红围巾随风飘扬,这时谁也没有想到惨剧就在眼前。突然,围巾被车轮卷住,围巾狠狠地勒住了邓肯的脖子——一下子就勒断了,邓肯抽搐几下便不动了。

这位在古老、传统的舞蹈王国为我们开辟了一块"自由之土"的开创者,就这样被断送在旋转的车轮之下。闻者无不泪流满面。想想那位赤脚的少女,仿佛就在眼前。

## 20 世纪的白天鹅——巴甫洛娃

1931 年 1 月 23 日,一位重病的妇人静静躺在洁白的床上。病床对面的墙上,是一幅巨大的油画,一群美丽的白天鹅从水面上跃起,正挥动着翅膀,迎着柔和的太阳,长鸣而去。这位妇人面容清瘦,被重病已折磨得不成样子,但依然透露着高贵的气质。她静静望着画中的天鹅。突然,她微微抬起头,轻轻对身旁的女仆说:"准备好我的天鹅裙"。说完,她闭上眼睛,双臂轻微地抖动了几下,便沉寂不动了。女仆失声痛哭。噩耗传出,伦敦剧场里的芭蕾舞演出戛然而止,马上奏起了《天鹅之死》,用以追念这位"为天下所有人跳舞"的伟大女性。

美国芭蕾史学家丽莲·穆尔女士用美妙的诗来赞美这位伟大的女性:
"美,一个为生而死亦为死而生的主题
一片漆黑后的一线光明,一个平凡琐事中产生出的奇迹,一柄光环与一种魔力。
美,一个她将会呐喊的福音,
直到最隔膜者亦看到了那种喻天启时分的火焰。
这位逝去的伟大的妇人依稀又穿上那洁白的天鹅裙,飞舞于天堂的空灵之际。"

她,名叫安娜·巴甫洛娃。

她是 20 世纪芭蕾舞台上最伟大、最圣洁的天鹅。

安娜·巴甫洛娃于 1881 年 2 月 12 日出生在俄国彼得堡。

安娜·巴甫洛娃家中并没有人从事艺术。父亲很早就扔下她们母女二人,独自去了。家里一切全靠作洗衣工的母亲微薄的工资维生。巴甫洛娃的童年充满了辛酸与苦难，只有深爱她的母亲才能让这个敏感孩子感到生命的温馨。

1889年，平凡的母亲做了一件她这一生最为荣耀的事。这年圣诞节，母亲用洗衣积攒下来的钱带小巴甫洛娃去玛林斯基剧院看古典芭蕾名剧《睡美人》，小巴甫洛娃简直高兴坏了。她曾经在那扇高贵的剧场大门外经过许多次，每次她都用眼角偷偷地瞅上几眼，高贵的人们涌进涌出，她觉得自己与这个神圣的殿堂隔着一条永没有边际的大河，她最高的奢望都没有敢想去里面看看，而且是与高贵的人们一起平等地坐在里面看演出。她觉得自己简直成了幸福的公主。

是的，小巴甫洛娃真的成了公主。

当母亲牵着她的小手走进那富丽堂皇、整洁、漂亮的玛林斯基剧院时，她以为自己是公主。在演出之后，当奥罗拉公主以轻盈的舞姿在台上翩翩而飞之时，她以为自己就是那位公主。当演出结束后，她对母亲说："我要做台上的公主。"小巴甫洛娃完全被芭蕾舞迷住了。母亲这件伟大的圣诞礼物因而决定了巴甫洛娃的一生。

这之后，巴甫洛娃就一直恳求母亲让她去学芭蕾。开明的母亲又一次做出一件意义重大的事，送小巴甫洛娃去帝国芭蕾舞学校学习。在这个严格的学校中，经过许多名师的指点，小巴甫洛娃逐渐成长起来。

1898年，巴甫洛娃以优异的成绩毕业，随后便进入玛林斯基芭蕾舞团做了群舞演员。小巴甫洛娃凭借她无可挑剔的舞姿在短短几年中成为女主演。

巴甫洛娃的成名作是《吉赛尔》。这是一部二幕芭蕾舞剧，被称为"浪漫芭蕾悲剧代表作"，是玛林斯基芭蕾舞团保留剧目中历史最悠久的。该剧由意大利明星格丽希于1841年在巴黎首演。由于该剧要求极高的表演天赋，一直没有人能表演得完美。而年轻的巴甫洛娃一下子就抓住了剧情的精髓，她完美地胜任了这个角色，轰动了全城。从此，这个剧目一直由巴甫洛娃担任。

巴甫洛娃不满足这小小的成绩，她知道自己的表演还有许多不足之处，于是她继续拜名师学艺。先后跟索科洛娃、约翰逊、贝蕾塔以及切凯蒂求教。于是，巴甫洛娃的技艺更为精湛。

1907年，巴甫洛娃准备为一场募捐义演表演一个节目，但一时找不到合适的作品，于是去请有"现代芭蕾之父"称誉的福金帮忙。福金一见到这位身材纤弱、气质高雅的巴甫洛娃，就想到了法国作曲家圣·桑的《天鹅》的旋律。他觉得巴甫洛娃最适合表演这个向往永生的高贵、纯洁的形象，一只因为太美而陷入孤独的白天鹅以溪流般清澈的脚尖碎步从背台出现。一只雪亮的聚光灯轻轻地守护着她，不让她进入旁边那沉沉的黑暗中去。她轻巧、纤弱，以不停的碎步舞着，追逐着那耀眼的光明。她在细碎的舞步中表达了生命的永久。她的手臂轻轻抖动，她的头颈偶尔转动，饱含了生命垂危之际无言的哀痛。最终，她倒下了，在一阵颤动着双臂的原地旋转中倒下了，头仰望着光明。

巴甫洛娃因为这一场《天鹅》演出而享誉世界。其完美的舞姿，高雅的气质使她获得"不朽的天鹅"的称号。《天鹅》成为巴甫洛娃最有名的代表作。从此，巴甫洛娃开始与福金合作,从而创造了一部又一部杰作。例如《葡萄树》《欧妮丝》《埃及之夜》《阿尔米达之宫》《肖邦组曲》等。

演出的成功,使巴甫洛娃赢得了无数观众的心。他们如痴如狂地追随她,保护她,以免这只纯洁、高贵的小天鹅受到一丝伤害。这让敏感的巴甫洛娃尤为感动,她说:"我要为天下所有人跳舞。"

抱着这样伟大的目标,巴甫洛娃不是只说不做的。她以自己为事业献身的精神跳遍了四大洲,除了没有人烟的南极洲她没有走到之外,其他四大洲都留有她高贵、优雅的身姿。她走遍了世界,其中主要有伦敦、巴黎、柏林、南北美洲各国、日本、中国、菲律宾、缅甸、印度、爪哇、澳大利亚、埃及等等。她把永生的天鹅送到了世界各地。她启迪了许多喜爱舞蹈的青年走上芭蕾之路。

1930年12月13日,已身患重病的巴甫洛娃出乎意料地又在伦敦的格林马戏院出现。观众为她的出现报以热烈的掌声,并给以亲切的问候。巴甫洛娃在舞台上又一次展现了她清纯的纤尘不染的高贵的舞姿,那只美丽的白天鹅又一次在舞动,旋转中完美地倒下了。但这一次是最后一次。

1931年1月23日,成为人们记忆中永久的伤痛。

## 毕加索与《格尔尼卡》

塞尚在给他的朋友的一封信中说:"你必须在自然中看到圆柱体、球体与圆锥体。"这一句话使毕加索受到启发,把自然形体还原为它们的基本几何形式。这一运动的第一阶段至1915年为止,被称为"分析的立体主义"。毕加索于1907年所作的《亚威农的少女》被称为第一幅立体主义的图画。画中左边三个半裸的少女,是用各种三角形凑起来的。右边两个人的面部,样子很吓人。有的人说,这是两个水手,一个坐在前面,一个站在后边拉开灰蓝色的帘子向内张望,狰恶的面孔来自非洲土人面具与纹身的形象。也有人说,这两个,也是裸体女性。只是面部的形象处理得特别。《亚威农的少女》在技法上显然受了塞尚的影响,但三角形的分割形式则是对非洲艺术的仿效。此后,毕加索更进一步把分割成块的形体重新组合,创造了所谓"立体派"。

美术史学家曾说,在印象派之前,人们关心的是"画什么"的问题;印象派之后,人们关心的则是"怎么画"的问题。毕加索对形式的技法不断变化,使他在崇尚时髦的现代艺术家中获得了声誉。他一时如塞尚那样,画形体沉重的静物,一时如马蒂斯那样,画东方式的装饰艺术,一时把黑人艺术中的怪异形象与立体派方法结合,造出更为狰恶的人物,一时又用希腊瓶画中流畅的单纯,画出古典的神话故事。毕加索第一个把真自行车的坐鞍竖起来,倒装上车把,俨然变成一只牛头,成为后来把实物用为艺术形象的"波普"艺术的先导。但毕加索的才能在于:他的各种变异风格中,不论是印象派大师塞尚式的静物,还是在野兽派大师马蒂斯式的东方装饰艺术中,都保持着自己粗犷、刚劲的个性，而且在各种手法的使用中，毕加索都能使作品达到内部的统一与和谐，从而成为伟大的现代派艺术家。

保罗·毕加索于 1881 年出生在西班牙小城马拉加的一个图画教师的家庭，早年在马德里与马塞罗纳的美术学校学习，他与马蒂斯一样都受过学院派的训练。

1900 年，毕加索第一次到巴黎，受到了印象派以及后期印象派画家的影响，同时也常到博物馆临摹古代大师的作品。1904 年他定居巴黎之后，至 1906 年这一早期阶段的作品，从形式到内容都有现实主义的品质与古典主义的某些手法。这期间，他对于乞丐、流浪汉与巡回演出的卖艺人等苦难大众生活与形象有所关注。主要作品有《少女肖像》《年老的犹太人与孩子》《球上少女》《丑角之死》《人生》等等，表现出他对卑贱的穷苦人寄予深厚的同情。这几年，毕加索画出油画、水彩画 200 多幅，素描几百张。毕加索的传记作家根据这些作品的色调倾向，把这几年分别称为"蓝色时期"与"粉红色时期"。

1907 年，毕加索创建了"立体派"，如《妇人之面》《斗牛士》《三个音乐家》《斑衣小丑》《人像》等代表了几个阶段的立体主义作品，之后又是"新古典主义"、"超现实主义"等流派的代表人物。作品如《海边坐女》《磔刑》《三个跳舞人》《摇椅》《画家与模特儿》等都是其各种形式的代表作。

1937 年，西班牙政府委托他为次年的巴黎世界博览会的西班牙馆画一幅壁画，毕加索画了一套讽刺性漫画式的版画《佛朗哥的梦与谎言》。这套版画"画了一位奇怪的珊瑚状的、外貌凶狠的英雄，他经历了一连串的恐怖场面，最后也被刺死牺牲"。当年春天，西班牙内战加剧期间，法国当局把它作为宣传品用飞机散发到佛朗哥法西斯占领区，它的作用可想而知了。毕加索说："西班牙的斗争是对反人民与反自由的反革命势力的一次战争。作为一个艺术家，我一生都在不断斗争，以反对反动，反对艺术的毁灭。"

毕加索是抱着这种为正义而斗争的伟大信念，从而创作了他一生最著名的作品《格尔尼卡》。

格尔尼卡是西班牙巴斯克省的文化中心。1937 年 4 月 26 日，干涉西班牙内政的希特勒，为实验新型炸弹的杀伤力，在格尔尼卡这天集市贸易的日子，狂轰滥炸了三个半小时之久，死亡 1600 余人，引起各国人民的震惊与愤怒。事件发生几天后，毕加索愤笔创作，6 月中旬即完成了壁画《格尔尼卡》。

画面中间是一只身上有裂缝的受了伤的马，它代表受难的西班牙。马脚下躺着一个死去的士兵，手里握着断剑，画中断剑的旁边，一朵小花在怒放，画面左端有一个仰天哀号的母亲，抱着死去的婴儿。她背后是一只牛，有人认为它代表野蛮的法西斯，画的右端有个人举起双手，像是被烟火围困。一个披散头发的妇女从楼窗中伸出头来。把一盏煤油灯举近马头，好像给人们照路，她的下边，有个人在俯身奔跑。画的上端有一盏电灯，据说是象征着光明的希望。画面表现出残暴、恐怖的气氛，给人以紧张、压抑的感受，但因为没有表现具体情节，人物器官有明显的移位与扭曲，采用了象征、寓意手法，致使人们对这件名作似懂非懂。后来有人向毕加索当面求教。对占据画面主要部位，而不被人们理解的马与牛，毕加索解释说道："牛并不是法西斯主义，它是兽性与黑暗；马代表了人民。"1981年9月，这幅藏于美国纽约现代博物馆多年的名作，移交给西班牙，在毕加索曾任馆长职务的普拉多博物馆展出，以纪念他诞生100周年，展出的时候观众极多，但像进入教堂一样安静。老年人到壁画前脱帽，他们对这幅作品这样评价："我不理解它，但我喜欢它！"

1944年，毕加索参加了法国共产党。1947年他又画了素描《和平鸽》，以此赢得了1950年的国际和平奖金，并当选为世界和平理事会理事。美帝国主义侵略朝鲜，毕加索又画了《在朝鲜的屠杀》《战争》等等。毕加索说："绘画绝不是为装饰住宅，它是抵抗、打击敌人的武器！"

1973年4月8日，这位叱咤画坛大半个世纪的一代名家在法国穆甘逝世，享年92岁。他一生的作品，据不完全统计，有油画1885幅，素描78089幅，版画30000幅，雕塑1228件，陶品3222件，另有速写数百本。如此多的作品是空前绝后的。毕加索凭其充沛的精力在艺术领域奋斗了一生。

## 原始主义·新古典主义——斯特拉文斯基

在我们的印象中，音乐会一般都是庄严典雅的。去听音乐会的人一般也很有修养，他们往往锦衣华服，举止高雅。总之，我们很难把音乐会同混乱不堪联系在一起。但1913年在著名的法国香榭里舍大街巴黎歌剧院，却演出了一场与众不同的音乐会。当时的指挥皮埃尔·蒙特是这样回忆音乐会上的场面的："听众在开始的两分钟内还平静，但是不久之后表示厌恶的、学猫叫的声音就开始从楼上传了下来。接着，楼下的听众也渐渐附和，听众开始向左右邻开玩笑，互相打闹，乱抛杂物，一切可以找到的东西渐渐都以我们为目标向乐池发射过来，但是我们依然继续演奏。"在那天晚上，78岁高龄的法国浪漫派作曲家圣桑也来听这场音乐会。他只是听完这部作品的序奏，说了一句"这是什么鬼音乐？"拂袖而去。还有一位伯爵夫人站起来大喊："60年来，这是第一次居然有人这般愚弄我！"场内秩序大乱，甚至连座椅都被扔下了乐池，大批警察不得不进来维持秩序。

到底是什么样的音乐能使这些"高雅"的人们如此愤怒呢？是斯特拉文斯基的舞剧《春之祭》在首演。

斯特拉文斯基于1882年6月17日生于彼得堡近郊奥拉宁波姆。其父奥多尔是皇家乐团的首席男低音歌唱家，颇负盛名。母亲也很有音乐修养。斯特拉文斯基自幼便受到浓郁音乐空气的熏陶，他9岁学琴，将来要当一名音乐家。

但父母的意图是想让他做一名官吏，所以，他们把斯特拉文斯基送到了彼得堡大学学习法律，而他对法律却没有丝毫的兴趣，便在业余时间里依然学习音乐。在1902年，他在同窗弗拉基米尔的引荐下，结识了他的父亲——"五人团"的作曲家、彼得堡音乐学院的作曲教授里姆斯基·科萨科夫，后来，他接受了里姆斯基·科萨科夫三年的指导，并在此完成了他的第一批作品：《第一钢琴协奏曲》《第一交响曲》。他的这些作品受里姆斯基·科萨科夫的影响很大，具有浓郁的民族气息。

后来，他得到了俄罗斯舞剧团经理兼舞剧编导季贾列夫的赏识。季贾列夫是一位敢于破旧立新的人物。他与斯特拉文斯基合作了多年，创作了许多著名的舞剧。比如《火鸟》和《彼德卢什卡》。这两部作品都取自俄罗斯的民间艺术。虽然音乐中有很明显的原始主义风格，但依然有里姆斯基·科萨科夫的影响，具有新民族主义风格。尽管如此，它们还是显示了斯特拉文斯基的独特性与革新意识。

标志着斯特拉文斯基彻底抛弃新民族主义走向原始主义的是他们合作的舞剧《春之祭》。正是这部作品，引起了本文开头所描述的那种骚乱，同时也导致了一场现代音乐的革命。

原始主义是20世纪兴起于欧美的一种音乐派别。原始主义主张音乐创作要质朴、平凡，反对音乐作品的虚无、缥缈。这便具有了明显的"反印象主义"性质。原始主义音乐在题材上多选用古代神话或民间传说，在音乐风格上追求原始、古老的曲调和节奏，在手法上却多采用现代作曲技法。而斯特拉文斯基的《春之祭》，在某种意义上可以说是原始主义音乐的宣言和范本。

《春之祭》的音乐是真正抽象的音乐，里面有大量刺耳的不谐和音，粗犷的不对称的节奏，有许多乐器都在从未用过的极端音区里咆哮。钢琴的使用更是前所未有，居然被当打击乐器使用。到后来，音乐只剩下了各种不同的节奏。在配器上，他用了许多前所未有的乐队效果与和弦结合，产生了一种令人生畏的威力。

舞剧的主题思想是歌颂春天的创造力和所具有的神秘感。歌剧主要可分为两个部分：第一个场面用姑娘们春天的舞蹈表现出对大地的崇拜，还有女巫和智慧的长者穿插其间，增加了气氛的神秘性；第二部分是祭献，在进行神秘游戏的少女中，选出一名用她的生命祭献给自然，整个《春之祭》就是对一次原始仪式的刻画。

这样的音乐和舞蹈当然会与传统的优雅的艺术相抵触，那么，在首演时出现那样的骚乱也就不足为奇了。但一年之后再次上演时，音乐却取得了空前的成功。

对于《春之祭》这样一部作品，人们一直褒贬不一，众说纷纭。但不管怎样，它已成为原始主义音乐的代表作，并且极大地丰富了20世纪的现代主义音乐，为以后的音乐创作开辟了一条新的道路。

就在《春之祭》轰动了世界，别人纷纷效仿的时候，斯特拉文斯基的创作却突然发生了转向，喊出了"回到巴赫"的新古典主义口号。

新古典主义是20世纪20年代兴起的一个新的音乐流派。他们主张音乐创作不必反映社会，而应该回到"古典"去，但并不是简单地回到过去，而是一种对古典主义时期美学原则所做的反思和重新应用。古典主义追求的是冷静客观、均衡的古典原则，追求适度的、理智的感情表现。斯特拉文斯基的创作发生转向后，成了新古典主义的代表作曲家。

斯特拉文斯基新古典主义的作品有舞剧《士兵的故事》《普尔欣奈拉》，歌剧《浪子的历程》等。其中《士兵的故事》是从早期原始主义转向新古典主义的关键性作品。

《士兵的故事》剧情是这样的：一个士兵回家度假，路上遇到了一个扮成老人的魔鬼。士兵以自己的小提琴向他换了一部魔书并在"老人"的家里住了三天。但他没想到在"老人"家的三天竟是世间的三年，所以，当他回家后别人见了他却很吃惊，他原来的未婚妻也已嫁人生子。当士兵第二次遇到魔鬼时，魔鬼又变成了一个牲口贩子，他又教士兵靠着他的魔书得到财富。当士兵对财富厌倦之后，魔鬼又变成一个老太婆，把士兵那把小提琴给士兵演奏，可他无法拉出声音。一气之下的士兵扔掉提琴，撕破了魔书，士兵也就成了一个穷人。当士兵流浪到国外后，偷走了魔鬼的小提琴，并治好了该国公主的怪病。然后，公主要与他成亲，这时魔鬼又来捣乱，士兵战胜了魔鬼，和公主成了婚。而当他们要一起回到士兵的故乡时，魔鬼却又成功地把他带走了。

除了《士兵的故事》外，斯特拉文斯基还创作了新古典主义风格的清唱剧《俄底浦斯王》混声合唱与乐队《诗篇交响曲》等。

斯特拉文斯基是一个传奇式的人物，他曾屡次改变自己的创作风格，并且在不同的风格上都做出了非凡的成绩。由于他出色的创作，他获得了各种各样的荣誉。另外，斯特拉文斯基还曾经有过三个国籍：他的原籍是俄国，1934年他加入了法国籍，后来又在1945年改入了美国国籍。

斯特拉文斯基最后于1971年4月6日在纽约故去，遵其生前愿望，在威尼斯举行了葬礼，遗体埋在了圣弥格尔修道院所在的一个小岛上。

斯特拉文斯基一生创作了大量的现代音乐，撰写了许多理论文章，对20世纪的世界音乐产生了巨大的影响。

## 20世纪现代主义第一人——卡夫卡

我特别想要芍药，因为它们是那么脆弱。
把丁香花放到阳光下去。
永恒的春天在哪里？
黄金雨得不到吗？……

临终前的卡夫卡还是那么凄凉、悲哀、忧郁和伤感，夜夜都有一只猫头鹰在他窗前停驻，看着已不能说话的他，用笔来谈论那永恒的黑暗、难觅的光明和脆弱的人生。

1924年6月3日，这位开现代主义创作先河的"饥饿的艺术家"终于投入那永恒的黑暗中去了。弥留之际的卡夫卡仍然没有放弃他习惯的充满悖论的表述方式，他告诉要给他注射吗啡的好友克洛普施托克："杀死我，否则你就是凶手。"在他的一生中，阳光和鲜花对于他来说是奢侈品，他有的只是孤独和黑暗，在对烈日曝晒下的黑暗的逼视中，他看到每个人都是凶手。

1883年7月3日，弗兰茨·卡夫卡生于奥匈帝国统治下的波希米亚（今捷克西部地区）首府布拉格。他的父亲赫尔曼·卡夫卡凭借着对金钱和地位的执著追求，终于进入了中产阶层。这个犹太百货批发商有着粗野的生命力，非理性的内驱力，强烈而又不自觉的自我中心主义，他性情粗暴专制，信仰"物竞天择、适者生存"和"弱肉强食"的资本主义竞争规则。1882年9月3日，赫尔曼和尤莉·洛维在布拉格结为夫妻。两个人的结合不是因为爱情，而是为了生存。他们都有一个辛酸的、受伤的童年，为了摆脱那种无所依赖的生活，两个人走到了一起，他们相信，金钱能为他们带来幸福和欢乐。卡夫卡就是这样一对夫妇的长子。

他们最初的家是在一个贫民区里，周围是一片下层社会的酒馆和妓院。他们的寓所庞大而杂乱，居住着形形色色的各种人物，并且由于建筑的原故，这儿的氛围阴森而怪诞，有黑暗过道、阴湿的墙壁，一到晚上，暗淡的烛光摇来晃去更为这个建筑平添了几丝阴森恐怖的气氛。这对于一个善于挖掘人物潜意识思维的敏感的作家来说，其影响恐怕是十分深刻的。从这时起，黑暗就已经深深地烙在这一脆弱的人的心灵之上。

1885年9月，卡夫卡有了一弟弟，但大约一年半后，因患麻疹去世。1887年9月，又一个弟弟亨利希来到人世，但他的命运更为不幸，仅仅半年之后，小亨利希就因患耳炎死去。两个弟弟的出生和死亡对卡夫卡的影响是十分深刻的，那是一种对生命消逝的恐惧，这种恐惧也是卡夫卡性格中一个重要的组成部分。

卡夫卡，一个天生羸弱和敏感的人，这不单单是指他的心理，在生理上也是如此，卡夫卡一生都受到疾病的折磨，他患有严重的结核病，这种病使他骨瘦如柴，一米八二的身躯居然不足55公斤。生理上的病痛使他本来就脆弱的神经更加敏感。在一篇日记当中，他就自己的身体作了一次自我解剖：我写过些东西，根本是出于对我身体及其未来的绝望。在后来的一封信中，他说得更为简单，也更为凄惨：……我是我所知道的最瘦的人……

在很大程度上，卡夫卡的一生也是被羸弱、疾病和死亡所苦恼，并与之斗争的一生。由于性格的内向、孤僻和生理、心理的疾病，卡夫卡一生未婚，他虽然曾经三次订婚，但又都主动地解除婚约。强烈的孤独感缠绕了他一生。

1889年9月15日，卡夫卡在厨娘的护送下，前往布拉格旧城肉市附近的德语国立一公立小学报到。在这里，他度过了4年的小学生涯。那所学校外观阴冷森严，学校本身对卡夫卡来说已构成一种威吓，在那段经历中隐藏着噩梦的不安，给他后来的人生阶段投下沉重的阴影。

1893年，卡夫卡以优异的成绩进入布拉格旧城区德语文科中学就读。这是一所公认的教学最严格、质量最过硬的学校。在这里，优美的德语把他引入了德语文学的海洋，格林和安徒生的童话以及中国的民间故事对于卡夫卡的影响是非同小可的，他日后的文学创作就显示出童话般丰富而怪诞的想象力，他的大量寓言，以及包括《变形记》在内的若干重要作品，无论其思想如何复杂，都具有童话般的表现形式和结构。另外，歌德、席勒、莱辛、施莱格尔等著名的德国作家的创作对他的影响也是十分深远的。在临近毕业时，卡夫卡还对尼采等人产生了深厚的兴趣。

1901年11月，卡夫卡进入布拉格大学，开始了6年的大学生活。起初他学习文学，不久迫于父命而改学法律，1906年他取得法学博士学位。因为学习法律非他本愿，所以对于必修的法律课程，卡夫卡基本上是应付了事。而在必修课程之外，在布拉格大学校园内的各项活动，则充分激发了他内在的兴趣。

在大学的第二个学期，卡夫卡加入了"布伦塔诺沙龙"的活动。布伦塔诺学说的内容主要是对人真实存在本性的思考。这些学说引导着卡夫卡开始思考和探索人之为人的深层哲理，进入了一种形而上的哲理沉思。

卡夫卡开始文学创作是在大学时期。1902年，在一次学术辩论之后他结识了马克斯·布洛德，从此两人成为知己。布洛德后来成为著名作家，他对卡夫卡的创作有一定影响。他们曾经一起出国游历。卡夫卡生前只发表过一个短篇集，其他短篇小说和长篇小说都是他死后由布洛德整理出版的。

在大学时代，卡夫卡阅读和研究了大量的作品，主要作家有黑贝尔、海涅、格奥尔格、克莱斯特、凯勒、托马斯·曼、爱默生、陀思妥耶夫斯基、托尔斯泰、高尔基、狄更斯、拜伦、福楼拜、左拉、斯汤达等。其范围遍布整个欧洲。同时，他还阅读了这些作家的大量传记，这些人痛苦的经历，痛苦的思索赋予他一种直觉，一种关注，使他想要透过文化现象，进一步了解人性深处那些隐晦朦胧的东西，以及与之相应的存在本相。

有趣的是，在大学期间，他还被中国文化的独特魅力所吸引。德国作家汉斯·海尔曼编译了一部《中国的抒情诗选——从公元前十二世纪至今》，其中李白、杜甫、苏东坡、杨万里等人的诗歌给他留下了深刻的印象。在他生命的最后日子里，中国绘画和中国木刻艺术成为他赞叹不已的对象。而《论语》《中庸》《道德经》和《南华经》等书籍成为他最钟爱的书。

他的一生主要是在一家保险机构工作，任秘书之职。从1917年开始，他就经常咳血，1922年因病情加重不得不离职疗养。在离职二年后，溘然与世长辞。

在卡夫卡病入膏肓之际，留言给他的挚友布洛德，要他将自己遗物中的"一切稿件，……日记也好，手稿也好，信件也好，等等，毫无保留地，读也不必读，统统予以焚毁。"幸运的是布洛德违背了卡夫卡的遗嘱，他充分地认识到了这些稿件的价值，并把它们加以整理和出版。

那么，卡夫卡为什么要焚毁这些稿件？这些稿件又都写了些什么内容呢？

卡夫卡的小说与传统的小说在思想内容和表现形式上有着明显的不同。在他的小说中，他充分地揭示了现实世界的荒诞与非理性。在《判决》一文中，儿子因为父亲的一句话，"我现在判你去投河淹死。"他竟然真的冲下楼去投河自尽了。临死前，他低声说道："亲爱的爹娘，我可是一直爱你们的呀。"这一对父子的非理性行为其实正是整个人类的非理性的一个缩影。卡夫卡小说的第二个内容是揭示了现代人的异化现象，所谓异化是指在外在的和内在的双重压迫下，人丧失了人之为人的本质，异化为动物和机器。他的代表作《变形记》就突出表现了这种异化。主人公在精神和肉体的重压之下，一夜醒来已变成了一只大甲虫，虽然他还一心想着帮助家里人，但家人却逐渐地开始厌弃他，最终他悲惨地死去了。另外，卡夫卡在他的小说中，还揭示了人在现实世界中的困境和困惑，描写了现代国家机器的残酷和统治阶级的专横腐朽。在短篇小说《万里长城建造时》中，作者以更鲜明的态度揭露了封建统治者的罪行，以此来影射资本主义统治的血腥和残暴。

卡夫卡为了更好地显示小说的哲理内涵，更深刻地表现世界的不可理喻，他习惯于采用以下几种艺术表现手段：一是象征，二是荒诞，三是独特的讽刺，四是叙述简洁、平淡。

卡夫卡的创作对现代文学的发展具有重要意义。他的经验被许多作家所汲取。表现主义、超现实主义、象征主义、存在主义、荒诞派、新小说、黑色幽默等流派都把他视为本派的鼻祖。

卡夫卡对现代社会弊病的批判是相当深刻和尖锐的，同时他对整个人类存在状况的思索和挖掘也是引人深思的。

## 萧伯纳是怎样变谦虚的

1925年诺贝尔文学奖的获得者、文坛巨匠、英国戏剧史上的一代宗师、被誉为"20世纪的莫里哀"的英国戏剧家萧伯纳，拥有如此一大串闪光耀眼的头衔，然而他本人并不以此为骄傲和炫耀资本，保持着谦虚谨慎的态度。你可能要说，这可真难得！确实，萧伯纳谦虚的态度是升华的人格表现，一般人很难做到。但这并不等于说萧伯纳天生高人一等，他也经过了一个平凡人由骄傲自满到谨慎谦虚的心理转变过程。

萧伯纳在未出名前同许多落魄者一样穷困潦倒。他的父亲是个破落的贵族，母亲是个很有才能的音乐家。自小时候起，萧伯纳培养起对音乐、绘画等艺术形式的热爱。而潦倒的经济状况使他不能走正常的求学之路，他早早地投入社会，为谋生而奔走着，但并未放弃文学。从写第一篇音乐评论起，到写小说，最后转入创作剧本。然而在长达9年的时间内，萧伯纳一无所获，只挣到了6个英镑的稿费，其中还有5个英镑是替别人写卖药广告挣来的。

萧伯纳对戏剧剧本的接触是在一个偶然机会开始的。1888年，他不太经意地参加了一次戏剧演出，演的是易卜生的名剧《玩偶之家》。他不知不觉竟被吸引住了，那种投身戏剧之中的亦真亦幻的感觉，那些性格丰富多彩的人物形象，那些出人意料的故事情节和精彩倍出的戏剧语言，让萧伯纳深深喜爱上了戏剧，并决心投身于戏剧的创作之中。正是这样一个契机，让萧伯纳从此走出过去卑微渺小的生活境遇，走上了适合自己的创作道路，而一代戏剧宗师也就开始慢慢铸造出来。

萧伯纳一生写了51个剧本、5部小说和多种评论、散文、信函之类的著作,达到英国文学史上空前的创作量。他是英国戏剧史上继莎士比亚之后又一位最耀眼的剧作家。

在作品成功的同时,名誉、鲜花、掌声接踵而来,萧伯纳不禁沉醉在自己创造出来的辉煌之中,行动言语之中不经意地透露出一个成功者的自信、自满甚至自负,而他本人对这些却浑然不觉。然而发生了这样一件事。一次,萧伯纳应邀前往前苏联访问,他春风得意地走在大街上。忽然,他的视线里出现了一位小姑娘,模样清新动人,明亮的大眼睛扑闪着光芒,显得活泼可爱。萧伯纳非常喜欢这个孩子,提出邀请她一起游玩。小姑娘爽快地答应了。他们在一起玩了很长时间,终于要分别的时候,萧伯纳对小女孩得意洋洋地说:"回去告诉你的妈妈,今天同你玩的是世界上鼎鼎大名的萧伯纳。"他以为小姑娘会吃惊,既而会欢呼雀跃地跑开,不料,这位小姑娘扑闪了一下大眼睛,镇定自若地说:"你也回去告诉你妈妈,今天同你玩儿的是苏联小姑娘薇拉。"萧伯纳顿时语塞,脸上的得意渐渐消失,他愣在了那里。

这件事对萧伯纳的触动太大了,他深深领悟到人与人之间应该怎样平等相待,无论一个人的名气有多大,他与别人都应该是平等的。保持一份谦虚的、平常的心是多么重要啊。薇拉小姑娘给他的不客气的教训,使他铭记了一辈子。

从此,萧伯纳比往常更加勤奋踏实地投入了创作。他为了能够更好地胜任繁重的工作,经常进行体育锻炼,并养成了运动的时候进行艺术构思的好习惯。可这个习惯差点儿给他带来麻烦。他曾与司机一同出游,路上他一面开车,一面投入地给司机谈他新构思的剧本。可他太投入了,几次都快撞车了,司机终于醒悟,他夺过方向盘,幽默地对萧伯纳说:"先生,您的剧本太棒了,为了我能看到完整的剧本,我不想让您现在就把命送掉!"

萧伯纳的剧作确实引人入胜。他总共创作了3部戏剧集:《愉快的戏剧集》《不愉快的戏剧集》和《为清教徒写的戏剧集》。最为出色的要数《不愉快的戏剧集》中的两部:《鳏夫的房产》和《华伦夫人的职业》。

《鳏夫的房产》是萧伯纳的第一部剧本,写于1892年。讲的是一个名叫萨托里阿斯的鳏夫靠出租贫民窟的房屋而发财致富,也就是说他在惨无人道地压榨穷苦人的血汗钱。他有个独生女儿被培养成有知识有修养的高等人,但她并不了解父亲收入的来源。后来她结识了青年医生屈兰奇,并同他订下了婚约。当屈兰奇发现岳父钱财的来路后,感到难以接受,并打算解除同未婚妻订下的婚约,除非她与父亲解除父女关系。面对这种情况,萨托里阿斯告诉了屈兰奇一个令他震惊的事实:萨托里阿斯家的房屋的土地是屈兰奇家的产业!这意味着屈兰奇本人的收入同他是一个来源,并不比他清白许多。屈兰奇发觉自己所谓的体面不能再得以维持时,他向萨托里阿斯屈服了,并同他干起了一样的勾当,也愉快地娶了他的女儿,全然忘记了自己当初道貌岸然的表白。这部戏剧揭示了资产者财富的罪恶来源,更对他们虚伪贪婪的品性进行了辛辣的讽刺。

《华伦夫人的职业》写于1894年,它的主题思想与《鳏夫的房产》有很相似的地方。它是通过对娼妓问题的关注来表达的。自命清高的女大学生薇薇既有才能,又有学问，并且还在剑桥大学获得过教学优等奖，她终日里自我感觉良好。她靠母亲华伦夫人的钱财过着优雅的日子。可是有一天她突然发现这些赖以生存的钱财竟是如此肮脏：它来源于华伦夫人同人合伙开妓院的收入。薇薇愤怒地质问母亲为何要做这种事情，母亲向她道出了自己凄苦的身世。从小她的家境贫寒，为生活所迫，两个姐姐一死一病，成了华伦夫人的前车之鉴。为了避免这种痛苦，她走上街头开始了出卖色相的日子，这给她带来财富，有了财富，既而就有了体面。薇薇虽然原谅了她的母亲，但她决定脱离这种钱财的供养。同母亲断绝经济关系之后，她独自去往伦敦，试图靠自己的劳动过上清白的日子。

萧伯纳的这个剧本告诉人们，资产者清高的体面恰巧是靠肮脏的钱维持的。很显然，萧伯纳受挪威戏剧家易卜生的影响很深，在讽刺手法上又受狄更斯的影响。《巴巴拉少校》、《伤心之家》以及《苹果车》，体现了萧伯纳机智灵活的语言运用，夸张大胆的幽默讽刺。他是英国口语和对白的大师。恩格斯对他的称赞是："萧伯纳作为文学家是很有才能和富于机智的。"

1925 年，萧伯纳以其杰出的成就荣获诺贝尔文学奖。当时的瑞典文学院诺贝尔奖委员会主席对萧伯纳的创作成就作出一番中肯的评价："他的思想属于那种抽象的、理性的激进主义，这些思想与敏捷的机智，对传统的藐视以及极为逗人的幽默结合在一起，所有这一切凝聚成一种稀有瑰宝，展现在文坛上。"

## 严肃的喜剧大师卓别林

"被一顶歪斜的小礼帽紧箍着的脑袋东瞅瞅，西望望；两撇儿绅士小胡子可爱地翘翘着；一件破烂的上衣紧包在瘦小的身上，那根上等人的文明手杖灵活地甩来甩去，在手中打着花儿。一条肥大的裤子拖在地上，两只小船般的大头皮鞋像鸭子一样一撇一撇地迈着步子，时不时绊自己一下……"大家对这个形象一定不陌生，他就是世界闻名的喜剧大师——卓别林扮演的流浪汉夏尔洛。

夏尔洛是卓别林扮演的最为成功的形象之一。滑稽可笑的流浪汉夏尔洛因此走进了千家万户。伟大的喜剧影星卓别林也日益展示着自己的才华，受到越来越多的观众的喜爱。可是又有谁能真正体会出他心底的辛酸？又有谁能了解他苦难的成长历程以及流浪的童年。

查尔斯·斯宾塞·卓别林于 1889 年 4 月 16 日在英国伦敦一个贫民区中诞生。卓别林的父母都是喜剧演员，经常在伦敦的游艺场演出，非常受观众的欢迎。卓别林从小在父母的熏陶影响下具有极强表演欲望。由于经常被带到剧团里，聪明活泼的卓别林跟每个叔叔阿姨都特别熟悉。演员们也非常喜欢这个小家伙，这个教他唱个歌，那位教他念段词。小卓别林都能维妙维肖地学下来，表演给叔叔、阿姨们看。

有一天，母亲正在前台演唱，忽然没有了动静，紧接着便是一片起哄、唱倒彩的声音，小卓别林掀开帷幕一瞧，原来是母亲嗓子突然坏了，唱不出声来，遭到挑剔的观众的侮辱。这时舞台指导也正手忙脚乱地抓不着人，这时，他一眼看见正探着头往外面偷看的小卓别林，于是便把他一把拽上台，让他替母亲演唱下去。才仅仅4岁的小卓别林竟一点也不怯场，大大方方地用童稚的声音唱起来，小家伙唱得好极了，观众们都恢复了平静，被卓别林的歌声给迷住了。观众席上响起一遍又一遍的掌声，为这个小家伙喝彩。卓别林越唱越高兴，禁不住手舞足蹈，在台上表演起来，观众们更兴奋了，从来没有见过这么可爱的小孩。掌声、叫喊声好像要把剧场的屋顶掀下来。卓别林忘乎所以，全然不理舞台指导的暗示，下一个节目已等了半天了。直到母亲惊喜地一把把儿子拉到后台，紧紧地抱在怀里，小卓别林才停止了表演，因为母亲把他吻得喘不过气来了。这是小卓别林的第一次登台，他觉得幸福极了。

但是，幸福的时光很快结束了。父亲与母亲离婚了，卓别林与哥哥西德尼跟着母亲一起生活。因为母亲的嗓子坏了，从此再也不能登台演出了。她只能靠给人家做做衣服，缝缝补补赚些钱。后来，卓别林的父亲又失了业，母子的赡养费也没有了，日子更为艰难。后来，母子三人不得不搬进贫民收容所。由于生活的日益艰难。母亲终于承受不了，精神崩溃了，母亲被送进了疯人院。

兄弟两人无依无靠，最后父亲把他们领回了家。但是，继母对他们非常痛恨，整天责骂他们，兄弟两人只能互相抱着躲在墙角中流泪。更为恶劣的是，继母有时候见兄弟俩回来晚了，竟把门反锁上，把他们关在外面。漆黑的夜晚，清冷的街上只有兄弟两人孤单的身影在游荡。后来，母亲的病终于好了。她赶紧把两个苦命的孩子接回家中，虽然生活依然清苦，但有了母亲，兄弟两人便觉得拥有了整个世界。这一段时光是卓别林兄弟俩童年中最幸福的回忆。

后来，母亲靠做零活积攒下一些钱，送卓别林去学校读书。在学校里，卓别林发现了一个新的世界。他学会了写字、读书，如饥似渴地学习着知识。同时，被苦难的生活压抑已久的表演欲望渐渐苏醒过来，卓别林把小时候在剧团里学的与母亲教给他的，统统表演给老师与同学们看，他成了学校里最活跃的人物。为了使卓别林的表演才能得到更好发展，父亲送卓别林参加了"兰开夏儿童伶剧团。"于是卓别林离开了熟识的老师同学，开始了表演生涯，能够赚一点钱贴补家用。但母亲心疼这个瘦小的儿子，不久让他辞了剧团工作，回到家里。但小卓别林仍然有一个梦想：他要当一名伟大的演员。

不久，父亲病逝，家中更为艰难。卓别林为了减轻母亲的负担，自己偷偷出去倒卖一些小东西。后来，哥哥西德尼当了水手，随船出海了，只剩下母子二人相依为命。虽然日子很苦，但母子二人非常贴心，也过得非常幸福。但是不幸总跟随着卓别林一家。一天，卓别林外出回来，发现母亲的病又犯了。医生来了，把母亲送进了疯人院。现在卓别林是真的一无所有了。他不愿意生活在郁闷的孤儿院里，于是，小卓别林开始在街上流浪。每天去拾点东西吃，夜里就睡在街上。他就像一条无人要的小狗一样，受尽了别人的白眼与打骂。可是一个无依无靠的孩子能怎么样呢？

卓别林就这样在街上流浪了将近一年，终于当水手的哥哥回来了。卓别林总算见着了亲人。向来坚强的小卓别林扑在哥哥怀里哭了。哥哥在船上赚了一些钱，给卓别林带了很多好吃的。很久没有吃过一顿像样的饭了，卓别林看见这么白、这么香的面包突然出现在眼前，竟迟迟不敢动手，他对这种饭食早已陌生了。

卓别林有了可以依靠的哥哥，他那深埋心底的梦想又有了可以实现的可能了。于是，他自己去剧团里碰运气。终于，有一个剧团的老板答应给卓别林一次小机会。试演之后，老板非常满意。他为能找到这么一个出色的小演员惊奇不已。于是，小卓别林开始了他的演员生涯。这一年是1901年，卓别林刚刚12岁。

卓别林在剧团里非常刻苦、认真。几年之后，他已成为小有名气的喜剧演员了。1907年，卓别林在哥哥的帮助下进入了另一个更为出名的剧团——卡尔诺剧团，这个剧团装备非常整齐、完备。卓别林在这里得到了更为科学的训练。此后，卓别林如饥似渴地阅读各种书籍，增加自己的修养。经过几年的刻苦努力，卓别林成为卡尔诺团的大明星，从而得到了出国巡回演出的机会。1909年，卓别林到巴黎演出，轰动了巴黎。1910年，他们又到美国演出。卓别林面对自由女神像，开玩笑地说："美国，我又要来征服你了？"虽然是开玩笑，卓别林心里却装着一个认真的想法，他想成为世界著名的大演员。这次演出，独具特色的表演使卓别林名声大振。1912年，卓别林第二次来到美国，受到人们的热烈欢迎。人们都以认识这位英国喜剧演员为荣耀。卓别林在纽约州的巨大影响，引起好莱坞制片商的注意，立刻派人与卓别林联系。当时，电影还是一个新事物，虽然片子很短，一般才15分钟，而且是无声的，只能制作哑剧，但是由于它能将演员出色的表演记录下来，并且能携带到远地多次放映，能够很好地为演员扬名。于是在1913年12月，卓别林与好莱坞启斯东制片公司签下了为期一年的合同。

开始的时候，由于卓别林第一次拍电影，被剧组中的导演认为没有经验，处处限制卓别林，要求他听从安排，像传统的模式那样搞几个小笑话，然后被人识破遭打。但才华横溢的卓别林向来有自己独特的搞笑方式，因此感到很别扭，他要求老板让他自导自演，可是谁能相信一个初来乍到的年轻人呢，卓别林被迫排演了自己很不满意的影片。但即使如此，卓别林那天生的的喜剧大师的气质仍旧使影片获得了巨大成功。老板终于把权力交给了卓别林，从此一发不可收拾，卓别林很快红遍了美国。

这一年，卓别林一共主演了35部影片。其中，他自编自导的有21部。卓别林的第一部影片名为《谋生》。卓别林最负盛名的夏尔洛的形象，是在他的第二部影片《威尼斯赛车记》中最早出现的。当时，导演让他设计一个滑稽幽默的流浪汉形象，卓别林了解了一下剧情，费尽心思，最后终于以一身不伦不类的装扮出现在导演面前。摄制组的所有人员一看见他，便捧腹大笑。有几位女演员笑得躺在地上打滚，一边笑一边"哎哟！哎哟！"的叫唤肚子疼。导演立刻开拍，最终这一举世闻名的装扮展现在广大观众面前。原来，卓别林努力想让流浪汉身上的每一个地方都显得别扭，表演时以一本正经的样子表演，肯定会有强烈的喜剧性。他向一个大胖子借了一条裤子，像条大麻袋一样拖在地上摆来摆去；又向一个高个子演员借了一双大头皮鞋，因为鞋太大了，小个子的卓别林只好左右反穿，才避免了走路时飞出去，这样反而更增强了喜剧性。他又给自己套上了一件瘦小的上衣，并顺手捞了一顶小圆礼帽箍在头上。为了打扮得像一个文明的绅士，他给自己粘上了两撇尤为显眼的小胡子。在这部影片之后，卓别林严肃地考虑了一下自己这身装扮的意义及他之所以受到观众欢迎的原因。在第四部影片《在阵雨灾之间》中，卓别林又让夏尔洛手中拎着一根文明棍，从而使这个形象更为丰满。卓别林自己评价说："夏尔洛的个性是多方面的：他是一个流浪汉，一个绅士，一个诗人，一个梦想者……然而，他只会拾拾香烟头，或者抢孩子的糖果。当然，如果看准了机会，他也会对着太太、小姐的屁股踢上一脚。"夏尔洛终究只是一个被压迫，被欺凌的小人物。他幻想自己是一位文明的绅士，但贵族、小姐们并不买他的帐，当他记起自己是被压迫者时，常常忍不住报复一下这个不平等的世界，他就这样在幻想与真实的世界中交替活着。由于卓别林自己对流浪儿的生活深有体会，他常常恰如其分地把握夏尔洛性格的起伏，从而获得了巨大成功。卓别林随着影片胶带被传播到世界各地，成为世界闻名的大明星。但是，由于初期的影片注重搞笑，卓别林在其中寄予的严肃认真的深刻思想反而被冲淡了。同时，由于卓别林获得了巨大的成功，对此不太在乎了。

1916年秋天，卓别林拆开一封普通的观众来信。但这封信却对卓别林的一生有着重大意义。这一天，他像往常一样，随手从一大堆来信中抽出一封，他想像往常一样享受一下赞美的言语。他拆开信封，随手点了一支烟，展开信纸读起来。这封信很普通，首先像所有的来信者一样赞美了卓别林一番，只是言词没有那么热烈。卓别林接着读下去，越读越心惊，直到读到这一句"我很担心您会变成观众的奴隶"，卓别林的心被震动了，他头脑完全清醒过来。开始认真总结自己这几年所取得的成就，他这才醒悟到，自己这几年是为浮名而累。于是，他重整行装，开始向真正伟大的表演艺术家进军。

1917年1月，卓别林拍摄了第一部社会讽刺片《安乐街》，揭露谴责了资产阶级恶霸的凶残，尖锐地嘲笑了清教徒的伪善。不久，第二部电影《移民》又问世。剧中讲述夏尔洛乘坐轮船到向往已久的美国去。三等的乘客像牲畜一样被挂上标签。终于踏上了神圣的美国国土，自由女神像在不远处向人们招手。但是，突然冲出一队警察用木棒驱赶着乘客，粗暴地进行侮辱性的检查。逃过了这一关，就在那自由女神像的下面，一个警察光天化日之下调戏妇女。夏尔洛在街头流浪……一连串的罪恶事件撕下了自由之邦的伪善面目。从此，卓别林开始认认真真地对待自己的作品，把它当作一个严肃伟大的事业去做。

由于卓别林光芒四射的演艺，第一国家公司同意卓别林建立自己的制片厂。1918年1月21日，卓别林自己的制片厂正式开张。卓别林非常高兴，他穿上那双举世闻名的夏尔洛的大头皮鞋，郑重地在未干的水泥地上踩上个脚印。然后，又用那根无所不能的文明棍签下自己的名字。1919年4月，卓别林与他的好友朋克等著名影星组成了阵容强大的联美公司。1923年，卓别林为联美公司拍摄了第一部影片《巴黎一妇人》。这部影片一改过去短小精悍的模式，成为卓别林向拍摄长片转变的一次重要尝试。他说："这是我一生事业中最重要的一部影片。在处理这样一种作品的时候，我表现了革命的精神。"这一时期，卓别林另一部最重要的影片是于1925年完成的《淘金记》，展示了淘金者的凄惨命运。其中夏尔洛煮食大皮鞋与跳小面包舞的镜头成为世界喜剧的经典。

1929年，从美国开始的经济危机席卷了整个资本主义世界。这时，资产阶级惟利是图的本来面目暴露无遗。为了揭露谴责资本主义的虚伪外表，卓别林于1931年与1936年分别拍摄了《城市之光》与《摩登时代》，这两部作品标志着卓别林的创作已经成熟。其中《城市之光》描绘了这样一幅画卷：清晨，有一个城市正由官方主持一座纪念碑的揭幕式。碑上刻着"和平繁荣，谨将此碑献给本城居民"。碑上刻有三个雕像，中央一座是"繁荣女神"，旁边是两个卫士。当幕布一揭开，人们忽然发现在那个神圣的女神的膝盖上，竟躺着一个无家可归的流浪汉，流浪汉被惊起，狼狈地跳下来，裤子却挂在那个卫士手中的军刀上，他拼命一拽，然后掩着破了洞的裤子逃跑了。后来，流浪汉爱上一个卖花的盲女，盲女却把他当作了百万富翁。为了给盲女治病，流浪汉夏尔洛当过清道夫、做过拳击师，吃尽苦头挣了一笔钱送给盲女治病。他却被当作强盗，被抓进了监狱。出狱之后，一天，潦倒的夏尔洛在街上又碰到了卖花女，她的眼睛已治好，她认出了夏尔洛，原来自己的恩人不是什么富翁，只是一个流浪汉，两人在复杂的心情下，默默对视……

《摩登时代》对资本主义的揭露更为深刻，展示了在资本主义生产制度下，工人已被折磨得不像人，成为"吃饭的机器"。

1936年，卓别林到远东旅行，路过上海时，卓别林回访了老朋友梅兰芳，对中国悠久的文化非常赞赏。

30年代后期，法西斯国家开始践踏爱好和平的民族国家。卓别林开始编写《大独裁者》。1939年春天，剧本发表，震惊了世界，受到世界人民的欢迎，却也令法西斯分子痛恨之极，扬言要杀死他。1939年9月，卓别林在私人警卫队的保护下，正式开拍《大独裁者》。在希特勒正席卷欧洲大陆，扬言吞并世界的时候，1940年10月15日，《大独裁者》在纽约正式公映。

由于卓别林顽强不屈地与人民一起同法西斯反动势力、资产阶级作斗争，引起反动势力对他的极端仇视，曾多次造谣诬谄卓别林，更是拿卓别林不幸的婚姻为把柄，对卓别林进行无休止的迫害。但坚强的卓别林一旦选择了人民为自己的朋友，便义无反顾地斗争到底。

1944年，卓别林开始编写一部谴责战争贩子与军火商的剧本《凡尔杜先生》，卓别林忍受着无休止的责难专心于自己的事业。终于在1947年4月《凡尔杜先生》在纽约上映，这让反动势力咬牙切齿，他们公开叫嚣要把卓别林赶出美国。好莱坞的一些败类也提出要处死卓别林。美国政府公开对卓别林进行迫害。在这暗无天日的岁月中，卓别林依然坚守着自己的信念，他完成了自传性电影《舞台生涯》。

1952年9月17日，卓别林一家登上"伊丽莎白女王"号轮船，去欧洲各国举行《舞台生涯》的首映典礼。9月19日，当轮船在大西洋上乘风破浪时，收音机广播了美国政府司法部的声明，宣称美国司法部要公开调查卓别林的"非美"活动。声明还强调，美国政府将拒绝卓别林再次入境，否则将立即被逮捕。但卓别林在自己的祖国却受到隆重的欢迎。

1953年，卓别林的妻子回到美国，卖掉了卓别林在美国的全部财产，把他所有的手稿、影片等珍贵资料运往瑞士，并在日内瓦湖畔的维薇镇定居下来。在卓别林生日那天，他亲自到美国驻洛桑领事馆，交回那张在他离开美国时当局发给的再入境签证，宣布道："我再也不回美国了！"美国政府恼羞成怒，给卓别林定了各种罪名，他的一切电影在美国禁演，他的名字也不准在正式场合提起。但美国人民却永远记住了这位与自己站在一起的伟大的艺术家。1954年5月，在柏林召开的世界和平大会为卓别林颁发了国际和平奖，在日内瓦会议期间，周恩来总理会见并宴请了卓别林，两人结下深厚的友谊。

在瑞士定居之后，卓别林开始写《我的自传》。此书于1964年正式出版。晚年的卓别林专心于自己的家庭。他的沉寂让资本主义反动势力大为满意。为了拉拢他，他们开始给他一大堆荣誉。1962年，卓别林被英国牛津大学授予名誉博士学位。1971年，法国政府授予他荣誉军团高级绶带。1972年，好莱坞邀请卓别林去美国旅行，美国电影艺术与科学院授给他荣誉奖，纽约市给他颁发了最高文化奖。1975年，英国女王伊丽莎白二世接见了卓别林，并授予他大不列颠帝国爵位……等等，许多荣誉、奖章纷纷而来。卓别林说："我的妻子、儿子比世界上任何荣誉都更重要。"

是的，这些浮名早就被卓别林看破了，他以自己一生的80多部影片早已在世界人民的心中刻下了永不褪色的名字。他早已不需要什么虚名，他只忠实于自己的心灵，捍卫自己的事业。

1977年12月25日，卓别林在风景秀丽的日内瓦安然睡去，享年88岁。

## 桃李满天下的格莱姆

《玛莎·格莱姆技术六代人》这一盛大的纪念活动于1988年5月19日在美国纽约如期开始了。这是由玛莎·格莱姆协会与亚洲协会共同举办的。

大会于上午10点钟正式开始。漂亮的莉拉·艾奇逊·瓦莱斯礼堂里聚集了美国现代舞蹈中的名流，其中不少人已是世界舞坛上的大师。他们都是格莱姆的亲传弟子。从格莱姆自己在"美国现代舞的奠基人"——丹妮丝与肖恩夫妇那里学艺师满一直到现在的60多年间，格莱姆前后一共培养了六代舞蹈家，有的已是舞台前辈，有的是刚毕业的青年。这次聚会真可谓是格莱姆门派大会师。

与会者畅谈了自己从恩师那里得到的巨大恩惠，也同时披露了许多未曾公布于众的格莱姆的生活细节。

例如，据梅森先生透露，格莱姆自从1923年从丹妮丝、肖恩那里独立之后，她之所以另创一路舞径，一方面是为自己求得更大的发展，另一方面却是迫于无奈。原来，格莱姆虽然学得了老师丹妮丝、肖恩夫妇的精湛技艺，但是这一对夫妇却要求格莱姆不能擅自使用自己一派的技艺，除非格莱姆能够付 500 美元买去这种技艺的使用权。当时格莱姆刚刚毕业，连吃饭都很困难，她上哪儿去弄这 500 美元？她对这对夫妇的做法非常不满，便决心要创出自己的一套风格，不要使用老师的任何技艺。不久，她便创出了自己非常拿手的胯至脊椎至肩部收缩与放松动作。

艾尔斯·吉尔摩女士是著名的美籍日本现代雕塑家野口勇的妹妹，是她促成了格莱姆与自己的哥哥之间多次的成功合作。她说，格莱姆的艺术世界是建立在呼吸与脊椎的收缩与放松动作基础上的。在早些时候，格莱姆从墨西哥回来，受墨西哥本土风情的启发，编导了《原始神秘》。但当时演员们因为衣服太紧而无法自由活动，竟被《纽约时报》称为"黑老鼠"。

美国著名舞蹈摄影师芭芭拉·摩尔根女士展示了格莱姆早期的剧照及教学示范照的幻灯片，那一个个充满生命力的动作依然让观众们激动得无法安静。

接着许许多多的格莱姆弟子纷纷讲述了自己记忆最为深刻的一件事。这些事都从侧面揭示了格莱姆伟大的一生。

格莱姆曾经说过："舞蹈是最好的交流。人体不会扯谎，动作从不会扯谎。我对观众理解我的动作并不感兴趣，我感兴趣的是他们对我动作的感觉。我要的是直觉，而非理性的感觉。我要让观众自己去感受，感受到生命的涌动。"

玛莎·格莱姆于 1894 年 5 月 11 日在美国东部的宾夕法尼亚山区出生。其后不久，一家人迁到了加利福尼亚。她们一家非常幸福，父亲是个医生。从小就培养孩子们对生活与自然的兴趣。有一天，父亲把一小块带水的玻璃片拿给小格莱姆。问："你看见了什么？""清水！"小格莱姆用童稚的声音高声答着。"清水干净吗？"父亲接着问，"当然干净！"父亲摇了摇头，把玻璃片放到显微镜下，让女儿凑过去瞅瞅。格莱姆很奇怪，有什么好看的呢？格莱姆眯起眼睛朝小圆筒里瞅去。她猛地叫起来，那里面充满了不知名的、奇形怪状的小东西。它们都不停地蠕动着，这是哪儿来的，可把她吓坏了。她经过反复检查，这才确信这些东西都是那清水中的。父亲说："水看上去很干净，其实并非如此，世界充满了奥秘，就等着你去探索。"从此，小格莱姆对那些神奇的小生命充满了神秘感："原来生命到处都有呀！"

格莱姆中学毕业后，出于对舞蹈的热爱，她觉得舞蹈的每个动作都充满了生命的魅力。

格莱姆投入当时著名的现代舞名师——丹妮丝与肖恩夫妇门下。父母也非常愿意这个满身充满活力的女儿能够在耀眼的舞台上展现自己的风采。那一天，父母把小格莱姆打扮得漂漂亮亮的，然后用车直接把她送到当时丹妮丝与肖恩夫妇的驻地洛杉矶。那天晚上，是小格莱姆永远不会忘记的。因为，父亲给她买了第一束花佩戴在胸前，那是清丽秀雅的紫罗兰。小格莱姆突然感觉到，她的所有的美丽都尽在舞蹈之中。

丹妮丝、肖恩夫妇是当时美国最负盛名的现代舞名师。聪慧的格莱姆在这对老师的悉心指导下，通过自己刻苦的学习、训练，她进步之快让所有人都惊奇。连丹妮丝、肖恩这对夫妇也不得不佩服小格莱姆的天赋与毅力。要知道，格莱姆并不是一直在老师身旁学习。她只是在暑假期间才能亲自登门求教，大部分时间是她自己练习，不懂的地方只能通过书信求教。但是，格莱姆不但丝毫不比别的学生差，而且是其中尤为出色的一个。格莱姆跟丹妮丝与肖恩夫妇学习现代舞，跟音乐家路易·霍斯特学习音乐，跟野口勇习得了形体的空间表现力，这是格莱姆风格的重要基础。直到后来，格莱姆依然经常提到这些对她有重要影响力的老师与朋友，她从各种艺术中感受到生命力的强悍。

1923年，格莱姆离开丹妮丝与肖恩这对恩师，开始自己闯荡舞台，不久她就创出了一种独特的风格，这种风格是根源于一切古老民族的神话中生命的复苏。格莱姆一边演出一边到各地学习传统的民间舞蹈与音乐，研究当地的神话传说。就这样她渐渐成熟起来。

1926年，格莱姆举办了自己的首场独舞演出。她以自己编导的舞姿在台上尽情展现了自己的风格，给观众以巨大的冲击力，当时便轰动了全城。这之后，格莱姆创办了自己的舞蹈剧团，开始招收弟子。但是，因为团里没有男演员，格莱姆认为这只是个舞蹈组。直到1938年，埃里克·霍金斯这位著名的舞蹈演员进入剧团，这才使格莱姆大为欣慰。从此，开始了格莱姆舞团的辉煌时代。

埃里克·霍金斯接受过专业系统的芭蕾训练。这位优秀的芭蕾演员为格莱姆的教学增加了新的内容，从而更加全面地提高了演员们的素质。此外，霍金斯的到来对格莱姆的爱情产生了巨大影响，从而激发了格莱姆的艺术激情，在格莱姆的舞蹈动作中突然增加了戏剧性，从而使格莱姆的作品更加完美。

从此格莱姆创作了一部又一部的杰出作品。格莱姆舞团渐渐扬名世界。团里的演员也越来越出色。例如，有位叫金·埃德曼的女演员，她也是1938年进入格莱姆舞团的。有一次，舞团要赶去波士顿，时间急迫，金·埃德曼却在舞团就要出发的前几天才赶回来，她所扮演的角色她还不知道呢。团里上下全都很着急。金·埃德曼投入紧张的排练中去，令人惊讶的是，她以短短的10天时间出色地掌握了5部作品。整个剧团在欢呼的同时对她敬佩万分。这种能力在格莱姆舞团的演出史上是空前绝后的纪录。

格莱姆以生命的韵律来创作舞蹈。当她创作时，她沉浸在自己的内心冲动中，这里没有音乐，只有节奏。她用形体的语言尽情地表达她对生命的理解。一部作品编出之后，作曲家路易·霍斯特能够为她写出配合得天衣无缝的旋律。这不能不让人惊奇。

格莱姆说："人总是会有一种欲望的，这种欲望就是需要。卷进了激情的漩涡之中，陷入生活的直接需要和眼前的重要意义中就是不可避免的，这就像个孩子似的，被一种神秘的生活力量所驱使。当一个孩子说，现在，除了现代，一切都不存在——过去与未来都不存在时，他就只注重于眼前了。而对我来说，这种欲望就是生的欲望，就是爱的欲望，就是干的欲望，在世界上建立一种新秩序的欲望。有这种欲望是个负担，但又是个极大的特权。"

格莱姆取得了巨大的成功。美国著名舞蹈表演家、编导家及理论家艾格妮丝·德·米尔女士称格莱姆舞团是"20世纪剧场艺术中最强壮而富有创造性的力量和美国舞蹈传统的真正代表，可与全盛期的佳吉列夫俄罗斯芭蕾舞团及日本大型歌舞伎相媲美。"

但是，这个伟大的格莱姆舞团曾经经历了一次重大的挫折。

1969 年，75 岁的格莱姆因身患重病，不得不告别了舞台，这让她痛不欲生。因为，表演便是她的生命。此后，格莱姆孤独绝望，一蹶不振，并一度将舞团与舞校弃之不顾，格莱姆舞团日渐衰落。

这时，一位叫做雷诺德·普洛斯塔的小伙子出现在这位舞蹈大师的面前。在他的鼓励下，格莱姆终于重新抬起了头，并以极大的热情重新投入工作。她重新面对自己一手创办的舞团与舞校，继续创作、编导。由于她已不继续跳舞，她就坐在椅子上指导示范。格莱姆舞团迎来了新的春天。

格莱姆以极大的毅力，又推出了《夜歌》等 26 部新作。声势依然不减当年，要知道，到 1988 年 5 月 19 日，这位女前辈已经 95 岁了，但她依然充满了工作的激情，她已经把自己等同于格莱姆舞团了。每一部作品的成功演出，就等同于她自己的演出。她虽然不在台上，但她的灵魂与演员们一同舞蹈。1989 年，格莱姆又率领她的格莱姆团举行了盛大的回顾式演出，这成为她最后的杰作。

美国最权威的舞蹈批评家之一、《纽约时报》的安娜·吉赛尔柯芙女士对此评论道："格莱姆的这些作品一个接一个地诞生，构成了任何其他现代舞团都无法自夸的保留剧目"。

其后不久，格莱姆病情加重，住进医院。1991 年，玛莎·格莱姆与世长辞。

格莱姆一生为舞蹈事业作出了巨大的贡献。她的格莱姆舞校为美国培养出了许多著名的舞蹈演员，其中尤为突出的是默斯·堪宁汉，他的功绩可以与老师相媲美。格莱姆的训练体系与默斯·堪宁汉的训练体系及霍塞·林蒙的训练体系被称作世界现代舞训练中最科学的三大体系。此外，格莱姆一生编导了多达 178 部舞剧，其中名作众多，例如《原始神秘》《致世界的公开信》《阿帕拉契亚的春天》《心之窟》《夜之旅》及《春之祭》等等。

她的贡献是无与伦比的。格莱姆被西方艺术评价家与弗洛伊德、斯特拉文斯基、詹姆斯·乔伊斯及毕加索列在一起，她是 20 世纪里改变了人们观察与思考方式，打破陈规陋习者之一，并为古典芭蕾术语提供了经典性的选择。

"我害怕在钢丝绳上冒险，我害怕冒险地步入未知世界。创作任何真正新的东西就像进入太空一样，要么你找到一个行星，要么你永远也找不到行星，要么你自己完全地消失掉。"玛莎·格莱姆如是说。

格莱姆以一生的精力来追求那种神秘的生命力量。她一生最崇拜的就是充分展现了人性美的意大利著名戏剧演员杜丝以及俄国著名的芭蕾演员巴甫洛娃。她向往着充满生命气息的古希腊罗马时代。就这样追求着生命的冲动，在世间轻舞了一个世纪，并且将在无数人心中舞动一生。

## 迷惘的硬汉——海明威

1918年，欧洲的上空弹片飞扬，硝烟四起。第一次世界大战正在像狰狞的魔鬼一般叫嚣着，肆虐着。意大利前线，一名重伤员鲜血淋漓地被抬了下来，他笔直地躺着，不知是死是活。后来，从他的身上取出无数的弹片，仅左腿就取出了237片，浑身的伤口像无数绽开的花朵。然而这个人活了下来。在二战中又因一次汽车事故，他的头部被缝了57针。在非洲两次遭遇飞机失事，致使头部、肝区、腰部和下脊椎都受损伤。

这位多次挣脱死神之手的硬汉就是海明威，现代美国著名作家。海明威的一生可谓丰富多彩，富于传奇性。然而当他倔强地活到62岁，死神并不想召唤他时，他却主动投怀送抱了。由于他一生激烈残酷的经历，他的健康状况迅速恶化，各种疾病折磨得他身心交瘁，精神处于异常抑郁的状态。终于在1961年7月2日，爱达荷的一所别墅中传出一声清脆的枪响，海明威死了。

海明威硬汉的一生又时时充斥着迷惘，这是由于战争给他留下深刻的创伤，无论是肉体的，还是精神的。他的短篇小说集《在我们的时代》主要是对战争、暴力、痛苦和死亡的描述。海明威通过这个短篇集要说明的是"在我们的时代里"并没有真正的和平和幸福，只有暴力和死亡，在这样的现实面前，人们从幼年时代起就处在一种恐惧、迷惘、被伤害状态中。的确，海明威的作品深深留下了他那个时代的烙印。

《太阳照样升起》写于1926年，是一部长篇，通过侨居巴黎的一群美国青年的生活透视了一代人精神世界的深刻变化，揭示了战争给人们生理上、心理上造成的巨大创伤，在一定程度上具有反战色彩。主人公杰克是一名美国记者，战争毁掉了他的性能力，然而他爱上了战时结识的英国女护士布莱特，布莱特也倾心于他，但他们的爱情因为丧失了性爱的基础而残缺不全。他们以及他们的朋友成了战后被生活的激流冲击出来的年轻人，终日游手好闲，虚度光阴。他们的精神处于一种荒原状态，巨大的空虚和迷惘令人困惑。斯坦因为这本小说题词说："你们是迷惘的一代。"由此，海明威和《太阳照样升起》成为"迷惘的一代"的代表。

此外，《永别了，武器》和《丧钟为谁而鸣》都是海明威反映战争主题的代表作品。《老人与海》则塑造了一个海明威型的典型硬汉形象。这部作品使他在1952年获普利策奖，两年后又荣获诺贝尔文学奖。

《老人与海》的情节十分简单，写的是一个老渔夫桑地亚哥孤单一人出海远航捕鱼的故事。桑地亚哥虽然老迈，但精神却丝毫不减，对生活显示出强者的信心。他驾着小船在海上漂流了84天，一无所获，然而并不泄气。他继续不慌不忙，信心坚定，在茫茫大海中搜寻着猎物。这一天的凌晨时分，他果真网住了一条大鱼，这条大鱼不可思议，居然比他的小船还要长两英尺。经过两天的殊死搏斗，桑地亚哥终于制服了大马林鱼。在胜利的返航途中，突降大难，一大群鲨鱼循着马林鱼的血水透迤而来，展开围攻，尽管老人奋力拼搏，也未能抵挡住鲨鱼的进攻，马林鱼被咬得残缺不全。孤单无援的老人在此时抖擞出盖世的英雄气概，他与鲨鱼的搏斗惊心动魄。尽管归航后，小船遍体鳞伤，大鱼也只剩下一具18英尺长的庞大骨架，但老人身上体现出来的人类超乎寻常的毅力和非凡坚韧的决心，依然表明他胜利者的姿态。这部小说留下一句名言："一个人不是生来要给打败的，你尽可以把他消灭掉，可就是打不败他。"

海明威的创作风格自成一体。他提出了创作中的"冰山原则"，即创作要像海上的冰山一样，它之所以在移动时显得巍峨壮观，是因为冰山显露在水面上的只有八分之一，而另外八分之七的丰富内容却潜藏在水面之下。这是要求创作追求一种言外之意，书外之旨，给读者留下无限的再创造的空间。而要达到这一效果，必须学会恰到好处地运用象征手法。

海明威的语言风格简洁、明快、清新、精炼，享有盛名的是他"电报式"的对话。形成这一风格，主要跟他的记者职业身份有关，但也是他严谨认真的工作作风的产物。据说海明威创作时采取站立的姿势，这种方式逼迫他在最短的时间内用最简洁明了的语言把事情说清楚，因此他的语言中少有繁冗芜杂的修饰词和赘句，一般都是单刀直入式的叙述和对白，语言的动作性较强，读起来是一种痛快淋漓的感觉。

## 与"天鹅"同在的芭蕾巨星——尼金斯基

在20世纪的芭蕾舞台上，安娜·巴甫洛娃以其纯洁、高贵的"天鹅"形象独占一隅，展示了一片纯洁、安宁的圣地。在这一时代，另有一位同样著名的芭蕾巨星也自创一派风景，他就是享有"空中火焰"美誉的尼金斯基。他以自己高超的空中动作抓住了无数观众的心。

尼金斯基的空中动作可以说无与伦比。他可以随时起跳，躯体直立着一次跃入空中，两腿前后交叉八次、十次对他来说不费吹灰之力，充分展示了男性的阳刚之美。

瓦斯拉夫·尼金斯基于1890年2月28日在俄罗斯的乌克兰境内的小城基辅出生。这是一个舞蹈世家。父亲福马·尼金斯基是华沙国家芭蕾舞团杰出的性格舞演员，母亲艾丽奥诺拉·贝蕾也是芭蕾演员，而且他的祖父母以及以上几代也都是舞蹈艺术家。在这样一个环境中，注定要出现伟大的天才。果然，在父母的从小熏陶下，尼金斯基家族出现了两位伟大的芭蕾大师：瓦斯拉夫·尼金斯基与其姐姐布罗尼斯拉瓦·尼金斯卡。

尼金斯基在波兰首都华沙度过了平淡的童年。后来，父母把他送进彼得堡帝国芭蕾舞学校。在学校里，小尼金斯基如鱼得水，很快在学校中崭露头角。于是，学校中的芭蕾大师们更加悉心教导他。

1908年，瓦斯拉夫·尼金斯基以优异的成绩毕业，立即被当时的芭蕾女明星切辛斯卡娅看中，邀请他做了男舞伴。

由于尼金斯基天才的跳跃与旋转，许多名家都邀请他做舞伴。例如，他曾先后为安娜·巴甫洛娃以及卡尔萨文娜等大明星做过舞伴。

不久，尼金斯基被邀请作俄罗斯芭蕾舞团的男主演。1909年5月，这个由"现代芭蕾之父"称誉的编导家福金，以及著名芭蕾女演员巴甫洛娃与卡尔萨文娜以及我们的尼金斯基组成的俄罗斯芭蕾舞团在巴黎首战大捷。因为尼金斯基的出色表演，他成为最得宠爱的孩子。在巴黎回来之后，俄罗斯芭蕾舞团的领导者佳吉列夫更为赞赏尼金斯基。于是，他有了一个以尼金斯基为首的芭蕾舞团的宏伟蓝图。

1911年，尼金斯基在与卡尔萨文娜合作浪漫芭蕾悲剧名篇《吉赛尔》时，由于忘了在紧身裤上套上一条遮羞的短裤，被当时正在包厢中的杜瓦格尔皇后斥为大逆不道的丑行，玛林斯基剧院让他反省。尼金斯基随即辞职，却遂了佳吉列夫的心。

由于尼金斯基的俄罗斯芭蕾舞团声势大增，福金为尼金斯基编写了《玫瑰花魂》与《彼得鲁什卡》两部名作，都获得了巨大成功。

《玫瑰花魂》讲述了一个美好夏夜的故事。一位妙龄少女手里握着一枝鲜红的玫瑰在一所窗户大开的房子里甜甜地睡着。忽然，那朵玫瑰滑落到地上，这时，玫瑰花魂从闪烁的星空出现，他轻轻飞入窗户，在那里轻盈地舞着，如同那凋落的玫瑰花瓣在风中飘动，偶尔才与地面接触。接着，玫瑰花魂飘向了沉睡中的少女，用甜美的香气唤醒她与自己共舞。正当两人舞兴盎然之时，玫瑰花魂突然惆怅地停止了舞动，用嘴唇轻吻过少女的前额，便消失在闪烁的星空中，只留下那可爱的少女在似梦非梦的爱情的回忆中徘徊，沉醉。

这个芭蕾舞剧于1911年4月19日在蒙特卡罗首演。由尼金斯基与卡尔萨文娜这两位巨星联手演出，使得剧情更富表现力。几个月之后，在巴黎又演出了另一部《彼得鲁什卡》，着力展示了尼金斯基非凡的演技。

1912年5月29日，由尼金斯基编导的《牧神的午后》在巴黎首演。这是他编写的第一个剧本。

一座绿草覆盖的小山，一潭被绿树环绕的碧绿的湖水。半人半羊的牧神正在树旁沉睡。他内心充满了青春的骚动与幻想。在这个烈日炎炎的午后时分，一群亭亭玉立的仙女向湖边走来，正准备在清澈的湖水中洗去夏日的忧伤。牧神按捺不住本能的冲动，他迅速向美丽的仙女们跑去，这半人半羊的怪物把仙女们惊得四处逃散，慌乱中，有位仙女遗落了一条披巾，牧神欣喜地拾起，把她当作了梦中情人。

这幕展示了人性冲动的剧只有12分钟长，但是却已让传统的观众们目瞪口呆，保守者痛骂，激进者喝彩，剧场里乱成一片。终于人们安静下来，赞成者取得了绝对的胜利，纷纷要求再演一场。佳吉列夫也兴奋异常，满足了观众的愿望。这可是俄罗斯芭蕾舞团有史以来的第一次重演。

1913年5月29日，尼金斯基的又一部现代芭蕾舞剧《春之祭》又展现在观众面前。这幕舞剧着力表现远古人的生命冲动，歌颂的是人类强悍的生命力。那粗厉强劲的音乐，动作热情奔放的舞姿，一开场就引起了巨大的混乱，几乎使得演员没办法演完，因为观众太狂热了。惊叫、愤怒的责骂响成一片。这种现代的气息与传统思想发生了剧烈的冲突，最终在巴黎引起了巨大震动。

这到底是一出什么样的剧作呢？

在苍茫的俄国土地上，遥远的原始部落时代展示在我们面前。全曲分为两部分：第一部分是"大地崇拜"。春天来临，大地苏醒，一对对男女以性媾动作展示了生命复归的生殖崇拜仪式。第二部分，"祭祀仪式"。山顶上聚集了部落的人群。少女们推选出一位公认为最美的少女去做一年一度的祭祀牺牲。这位幸运的处女一直用最美的舞姿跳着，直到最后慢慢地倒在地上死去。

这种完全现代化的芭蕾舞剧第一次展现在那些在典雅、古老的文明中长大的观众面前，当然不被接受了。但是，从此尼金斯基的名气更大。

1913年，俄罗斯芭蕾舞团远赴南美各国演出。这次出行中，尼金斯基得到了自己的幸福的婚姻，这让佳吉列夫非常生气。于是将这对夫妇全部开除。这样，尼金斯基结束了自己辉煌的时代。

1914年，尼金斯基自己组建了一个小型芭蕾舞团，远赴伦敦演出，但由于经营不善，剧团因亏损而倒闭。不得已，尼金斯基跟随妻子去了奥匈帝国。但因为俄国正与奥国交战，尼金斯基被当作敌人关进集中营。后来，在佳吉列夫与美国纽约大都会歌剧院的帮助下，死里逃生。

1916年4月12日，尼金斯基再次与佳吉列夫合作，举行了自己的访美首演式。但是佳吉列夫自知已难挽回旧爱，演出之后，便悄然回国，由尼金斯基负责剧团工作。但尼金斯基已身心疲惫。这年秋天，尼金斯基在纽约大都会歌剧院公演了自己最后一部舞剧《蒂尔·奥伊伦斯皮格尔》，但反映平平。演出之后，尼金斯基率团返回欧洲。这时，尼金斯基已表现出了精神病症状。

1917年夏天，尼金斯基在乌拉圭的蒙得维的亚作了自己的告别演出。他只在《仙女们》中跳了一段玛祖卡舞，就已身心交瘁了。

回到欧洲之后，尼金斯基与夫人移居瑞士。这时他已患上严重的精神病。1919年初，尼金斯基被送入疯人院。据专家分析，尼金斯基的病来自遗传，其父兄都有这种症状。

1950年4月8日，瓦斯拉夫·尼金斯基逝世。他的墓被安排在18、19世纪芭蕾代表人物维斯特里与戈蒂埃两人墓穴旁边。这位过早地燃烧完自己的芭蕾巨星就这样默默消逝了。

纯美的"天鹅"早已飞去，留下的形象依然清晰。"火焰"焚尽了，没有灰烬，只有观众独自的叹息。

## 美国芭蕾之父——巴兰钦

1914年秋，这一天对于塔玛拉是最重要的一天，也是最不幸的一天。

这一天，是彼得堡帝国芭蕾舞学校招生的日子。塔玛拉从小喜欢舞蹈。于是父母决定送她到当时最有名的彼得堡帝国芭蕾舞学校学习。早晨起来，塔玛拉很快就收拾好了，她心里又紧张又兴奋，终于父母就要带着她出发了。突然，父亲一眼瞅见了已10岁的儿子巴兰钦，他正自己在屋里捣鼓着不知什么东西。父亲怕他一个人在家里出事，便带着他陪姐姐一起去了。

在排队等候的时候，旁边一位熟人看了一眼巴兰钦，对他父亲说，不妨让这姐弟俩一块试试。父亲一直想让巴兰钦当一名海军，不愿让他学舞蹈，小巴兰钦自己也没想过，但父亲一想，考考试也没什么坏处，就去试试吧。于是姐弟俩一同走进了考试的房间。过了很久。姐姐塔玛拉独自一人流着泪回来了。

父母大吃一惊，谁欺负自己的女儿啦？儿子呢？是不是姐弟俩吵架了，小巴兰钦独自溜掉了？父母费了好一阵力气，才让塔玛拉平静下来。原来，学校录取了弟弟，拒绝了姐姐塔玛拉。

这可是父亲绝没想到的结果，急急忙忙奔到里面去要儿子，怎么能让他去学舞蹈呢？但是已经晚了。原来学校有规定，被录取的学生一律当即留下，开始上课训练。父亲懊悔不已，只好隔着房门与儿子告了别，因为严格的女教师怕这个不安分的小家伙跑出来，父母带着伤心的塔玛拉回家了。

被留下来的这个小家伙做梦也没有想到自己要学跳舞，家里的那辆小车还没有装好呢，但被留在了这里，便没有办法了。

这次出乎意料的结果改变了姐弟俩的一生。小巴兰钦更没想到，不久的将来自己会真正喜欢上舞蹈，并且成为世界闻名的"美国芭蕾之父"。但是，命运造就了这位小家伙。

这个小家伙原名格奥尔吉·梅利托诺维奇·巴兰奇瓦泽，后来改名为乔治·巴兰钦。他于1904年1月22日出生于俄国彼得堡一个音乐之家。父亲是一位作曲家，母亲也受过良好的音乐教育，在这样一个艺术氛围内，孩子们天份都不错。但父亲自有安排。谁知，命运与他作对，把他的安排都打乱了。仔细一想，似乎巴兰钦真有舞蹈天赋，这样也不错。

小巴兰钦在学校里可以经常看演出，并且常常在舞台上扮个小角色。渐渐地，他便喜欢上这个严厉的环境，更向往能独自在台上如同那些大明星们一样飞舞。在小巴兰钦眼里，那太美妙了。

1920年，少年的巴兰钦创作了自己编导的处女作《夜》。由他与同学奥尔加·芒卡洛娃表演。剧中进行了大胆的创新，但被传统的老师斥为对古典芭蕾的背叛与亵渎，却让他的同学们大为振奋。不久，巴兰钦又创作了一个更大胆妄为的双人芭蕾舞剧《诗》，得到保守者更严厉的斥责。但小巴兰钦在学生中的声誉却日益高涨，这足够了。

1921年，巴兰钦毕业了。他有幸看到了青年编导格列佐夫斯基的室内芭蕾舞团举办的完全非传统式的演出，这让巴兰钦更加坚定了走自己的路。

此后，巴兰钦一面在国家歌剧舞剧院做群舞演员，一面与格列佐夫斯基共同创立了一个反传统的舞蹈工作室。这时现代舞蹈已经兴起，社会各地出现了许多搞新式芭蕾的编导。巴兰钦以自己的才华渐渐成为这一群年青人的核心，他们自己组建了一个临时的青年芭蕾舞团，以便随时排演各种新的作品。巴兰钦的创作日益成熟。

不久，巴兰钦举办了一场自己的舞剧专场，其中最为著名的是根据作曲家肖邦的同名音乐创作的《葬礼进行曲》。这是一个由三男八女表演的群舞。一开始六个女子用脚尖碎步慢慢登上台，她们的头沉重地低垂着，手臂僵硬地抬抱着，严肃地聚到舞台中心。突然六个少女仰天张开双臂，围成一个圆圈，她们默默地朝外跪在地上，头又都沉重地垂了下去。三个男子随即抬着一个仰天躺着的已逝的女子，放到舞台中心放下，然后又被摆布成与其他六个女子一样的姿式。这时，一个满身朝气的少女如天使般飞舞到他们中间，将这些悲痛的人们从苦难引向新生的欢乐。

1924年6月15日，巴兰钦的青年芭蕾舞团推出更为激进的舞剧演出。这第二场演出更被国家歌剧舞剧院的长老们斥为胡闹。

1923年，巴兰钦从音乐学院毕业后，更加专心于自己的事业。因为一个偶然的机会，他与自己的伙伴丹妮洛娃、夫人吉娃一同应聘到佳吉列夫的俄罗斯芭蕾舞团。在这里巴兰钦作为编导开始初露锋芒，他编导了一系列反传统的芭蕾舞剧。其中比较有名的是《阿波罗》《众神乞讨》《舞会》《浪子回头》等。在编导完《浪子回头》之后不久，佳吉列夫去世。巴兰钦又成了无家可归者。

巴兰钦随后一直在各处客串编导。

1933年，美国作家林肯·科斯汀找到了巴兰钦，邀请他到美国发展。二人商谈好之后，巴兰钦立即赶往美国，着手准备工作。这年年底，科斯汀与巴兰钦共同创建的"美国芭蕾舞学校"在纽约附近正式开学。但令巴兰钦十分失望，因为这些学生中没有一个有出色的天赋。1934年，巴兰钦终于把芭蕾舞校迁到纽约市中心。这让巴兰钦十分满意。从此这个舞蹈学校日渐兴盛。

1934年6月10日，巴兰钦推出了到美国后的第一部芭蕾舞剧《小夜曲》。从此，巴兰钦便以学生军充作自己的演员，称为"美国芭蕾舞团"，开始了在美国的奋斗。他创作了一部又一部芭蕾舞剧。主要有《梦幻》《回忆》《莫扎特组曲》《浪迹天涯》《仙女之吻》等。芭蕾舞剧获得巨大成功。因此激化了歌剧与舞剧的矛盾，他们被迫停演了几年。这几年，科斯汀组建了一个小型舞团"芭蕾大篷车"到各地演出。

1946年，巴兰钦创建了"芭蕾协会"。由于该协会成功地演出了《奥尔菲斯》，被邀请到纽约市音乐戏剧中心。此后，这个协会改名为"纽约市芭蕾舞团"。在巴兰钦的出色领导下，这个剧团为美国赢得了世界声誉，成为驰骋世界舞台的五支一流的芭蕾舞团之一。

巴兰钦的创作也日益精美、宏大。1964年，巴兰钦应邀搬进了更为宽阔的专门为舞蹈修建的纽约州立剧院。在这里，巴兰钦创作了盛大的《宝石》《葛蓓丽娅》《堂·吉诃德》等多部芭蕾舞剧。

1972年，巴兰钦率领纽约市芭蕾舞团隆重地举行了斯特拉文斯基艺术节。此后又举办了拉威尔、柴可夫斯基艺术节。巴兰钦日益显示出自己的音乐才能,使得自己的作品更为成熟。但是,巴兰钦已经老了。

1983年4月30日,巴兰钦因病在纽约市的罗斯福医院逝世。

巴兰钦一生编导了上百部芭蕾舞剧和音乐芭蕾。他一生在舞台上活跃了60多年,为美国芭蕾的成长与繁荣作出了巨大贡献。这个昔日的小男孩被人们尊为"美国芭蕾之父"是毫不为过的。

## 忠魂虽逝有遗篇——小林多喜二

日本近代杰出的无产阶级作家小林多喜二深受世界人民爱戴,他的作品鼓舞人心,他的死令人震怒。1933年2月20日,作为共产党的地下联络员,小林多喜二在东京街头从事紧张的工作,然而他却被法西斯政府的走狗当场捕获,是叛徒出卖了他。随即他遭受了严刑拷打,持续了将近大半天的残酷折磨,也未能撬开小林多喜二的口,他终以鲜血和生命捍卫了党的机密。

这一年,小林多喜二正处在29岁的英姿勃发的年华。

鲁迅先生亲自拍去唁电,小林多喜二的革命业绩"我们不会忘记的",中日两国人民"正在坚强地沿着小林多喜二同志的血路携手前进",这表达了中国人民深沉的哀悼。

然而,志士的鲜血不会白流。小林多喜二以他年轻的生命为自己的英雄著作留下了最好的脚注。他的一生是为革命抛头颅洒热血的一生,也是为日本文学奋斗的一生,他的创作具有奋发向上、刚健质朴的革命现实主义倾向,以强烈的激愤和坚韧的毅力,描绘出20世纪初期日本无产阶级英勇斗争的壮丽画卷,奠定了日本左翼革命文学的基础,也是世界无产阶级文学的杰出代表。

小林多喜二的第一部革命作品是中篇小说《一九二八年三月十五日》。这部小说取材于真实的历史事件。1928年3月15日,日本的法西斯政府伸出魔爪,绞杀正在蓬勃开展的日本工农运动。在阴云密布的天空下,大批党员和进步人士被捕入狱,惨遭杀害。电闪雷鸣的激烈斗争使小林多喜二深受震撼,他决心以自己的笔对这一事件做出深刻的记录。《一九二八年三月十五日》发表于"三·一五"事件发生后3个月,这部力作以大无畏的精神揭露了事实的真相,塑造了革命者——工人出身的党干部渡的光辉形象,同时暴露出法西斯的魔鬼面目,在当时日本社会引起极大的震惊。这部作品以其深刻的现实性成为日本左翼文学划时代的代表作。

《蟹工船》是小林多喜二另一部力作。这部作品取材于真实的工人运动,作者以自己亲身经历的小樽工会的活动为基础,描写了1928年日本函馆一带发生的蟹工船工人的罢工事件。小说写的是北海渔业公司的一艘捕捞螃蟹的渔船"博光号"上发生的斗争。"博光号"本是一艘破旧不堪的烂船,经过简略的改装,被派往深海作业,其危险可想而知。船员大部分是失业破产的劳动者,为生活所迫不得不到船上来做苦工,而这里的待遇是非人的严酷，一名叫做浅川的监工时时对他们加以压迫和欺侮，船员们逐渐由小规模的反抗到团结起来进行罢工斗争。小说表现了工人由自发到自觉的斗争过程，场面巨大，人物形象生动。《蟹工船》很快走出国门，为小林多喜二赢得了世界声誉。

工农斗争的主题始终是小林多喜二创作的中心。在他牺牲前不到两三年的时间内，他写出了《工厂支部》《安子》《组织者》以及《转形时期的人们》等一批有影响的作品。这些作品体现了小林多喜二在创作技巧上日臻成熟，作品情节上更富于生动性和多变性，在人物塑造上突出了鲜明个性和思想境界。小林多喜二的最后一部作品是《为党生活的人》，或者译为《党生活者》或《地下党员》，这是他最为成熟的一部作品，遗憾的是并没有完成，就成为遗作。

《为党生活的人》采用第一人称自叙方式写成，主人公"我"是一名叫做佐佐木安治的地下党员，在革命斗争中由一个贫苦的孩子逐渐成长为有头脑、有魄力，成熟而又勇敢的职业革命家，成为一个为党生活的人。"我"受组织委托到工厂领导斗争，以高度的革命精神全身心投入到工作中去，揭穿了资本家坑害工人的恶劣行径，并将其军国主义的野心暴露无遗，于是工厂中的工人运动发展为政治运动。"我"作为专职的革命工作者，牺牲了一切私人生活的乐趣，甚至与自己万分敬爱的母亲、亲密无间的弟妹都割断了联系，而"我"钟爱的情人笠原也不得不与"我"分手。这一切都由"我"一人独自默默承担着，而"我"为党生活的信念始终坚定不移。这是30年代的日本英雄战士的精神写照。这部小说受到日本著名的进步作家宫本百合子的称誉，说它是"日本现代文学中第一部细致地再现无产阶级先锋战士形象的作品"。

小林多喜二的创作是与他个人的生活经历紧密联系的，他本身就是一名逐渐成长的革命英雄。1903年，小林多喜二出生于日本秋田县的一户贫苦佃农家，从小一家人都寄人篱下，勉强维生，下层劳动人民的生活奠定了他的创作基础，他对这一切都有深入骨髓的体会和感知。当他爱上写作之后，他也明白地将之确定为自己的创作方向。1927年，年轻的小林多喜二接触到了先进的社会科学知识，并开始认真学习马克思主义著作，而且积极参加了工农运动，在理论与实践双管齐下的努力中，他培养了自己高尚的革命精神和坚定不移的革命信仰，从此走上了充实而又壮丽的人生。

世界历史五千年

# 美国的发展

## 独立宣言

随着枪声不断的传来,潘恩发表了《常识》一书,他呼吁北美宣布独立,并列举了种种独立的理由。《常识》刮起了独立旋风,吹响了独立号角。同时,随着战争的进程,大多数人越来越认识到:想得到敌人的仁慈,想用妥协换来和平是不可能的,自己的命运只能掌握在自己手中,只能自己解放自己!

1776年6月7日,弗吉尼亚代表理查德·亨利·李在大陆会议上提出了一个决议案,要求会议通过:联合殖民地"应该是自由与独立的国家,必须解除对英王的一切效忠,争取外国政府之援助!把各殖民地更紧密地团结在一起。""联合殖民地是——而且有权利是——自由而独立的,它们解除了对英国国王的一切臣属的义务,因而它们与大不列颠国家之间的联系应该完全解体。"经过简短的辩论,会议任命托马斯·杰弗逊、约翰·阿丹姆斯、杰明·富兰克林、罗杰·谢尔曼、罗伯特·李文斯顿等五人组成一个委员会,负责起草脱离英国的决议。后来,委员会又把这个任务交给杰弗逊。杰弗逊独自关在屋中,从6月11日到28日用了两周多的时间,起草了《独立宣言》,提交大会讨论。经过两天半逐字逐句的讨论和修改,最后于1776年7月4日通过。北美十三个殖民地独立,美利坚合众国诞生了。7月4日后来被定为美国国庆日。

《独立宣言》分为五部分。第一部分阐述了资产阶级的自由权利和人民主权的思想,它写道:"我们认为下面这些真理是不言而喻的:一切人生来就是平等的,造物主赋予他们固有的、不可转让的权利,其中有生命、自由以及追求幸福的权利。为了保障这些权利,才在人们中间成立政府,而政府的正当权利则得自被统治者的同意,如果遇有任何形式的政府损害了这些目的,人民就有权利改变或废除它,并且成立新的政府。而新成立的政府,应奠基于这样的原则上:以这样的形式组成它的权力,以期它最能保障人民的安全和幸福。"

第二部分列举了英王乔治三世的种种罪行。它一针见血地指出:"他一向拒绝批准那些对于公共福利最有用和最必要的法律。……他屡次解散各州的议会，因为这些议会曾以刚强不屈的坚毅精神，反抗他那对人民利益的侵犯。……他滥设了许多新的官职，派了大批官吏到这边来控制我们的人民，并且盘食我们的民脂民膏。……他把大批武装部队驻扎在我们各州，用一种欺骗性的审判来包庇那些武装部队，使那些对于各州居民犯了任何谋杀罪的人得以逍遥法外。……他们没有得到我们的允许就向我们强行征税。……他们一向掠夺我们的海上船舶，骚扰我们沿海地区，焚毁我们市镇并且残害我们人民的生命。他此刻正在调遣着大量雇佣军要来把我们斩尽杀绝，使我们的房舍变成废墟，并施行专政……在他施行高压政策的每一个阶段中，我们都是用最谦卑的语辞，请求改革，而屡次请求，得到的答复是屡次伤害。一个如此罪恶昭彰的君主，其一切的行为都可以确定为暴君，实在不能做自由的民族的统治者。

同时，我们不是没有想到我们英国的弟兄。我们时常把他们立法机关要把它的辖权无理地扩展到我们头上的企图通知过他们，我们也曾把我们这里移民和居住的情形告诉他们。我们也曾经向他们天生的正义感和侠义精神呼吁！我们恳求他们念在同种同宗的渊源，拒绝这些迫害行为，以免影响彼此间的关系和往来，但是他们对正义和同宗呼吁置若罔闻。因此，我们实在不得不宣布和他们脱离，以对待世界上其他民族的态度对待他们，和我们作战的，就是我们的敌人；和我们和好的，就是我们的朋友。"

第三部分《独立宣言》向全世界宣告："我们这些在全国大会中聚集的美利坚合众国的代表们，以各殖民地善良人民的名义，向全世界……郑重宣布，我们这些联合一致的殖民地从此是，依照公理也应该是自由和独立的国家；我们取消一切对于英国王室效忠的义务，把我们和大不列颠国家之间的一切政治关系全部断绝，而且应该断绝。我们以自由国家的地位，有全部的权力来宣战、缔约、联盟、通商和采取独立国家有权采取的一切行动。"

在宣言的初稿中，杰弗逊用严厉的口吻谴责奴隶制，说奴隶制是"向人性本质进行的残酷的斗争，它侵犯了黑人的最神圣的生命和自由的权利"。但由于奴隶主代表的反对，这段文字被删掉了。

《独立宣言》在历史上第一次以政治纲领的形式宣告了主权在民的原则，比法国的《人权宣言》要早13年。马克思称它为世界历史上"第一个人权宣言""推动了欧洲革命"。《独立宣言》鼓舞了美国人民，使他们英勇果敢地走上战场，最终取得了彻底的胜利。

## 萨拉托加大捷

《独立宣言》发表后，美国的独立还只是纸面上的东西，要把它变为现实，还必须经过持久的艰苦斗争。对于已进行了工业革命的英国来说，英美力量相差悬殊，英国就国力而言处于绝对优势。英国经济力量雄厚，拥有上千万人口；美国人口总数才300万，其中还有许多王党分子和妥协主义者；英国拥有正规军和精良的装备，而美国只有装备和给养都很差的民兵和游击队。英国拥有当时世界上最强大的海军，可运送士兵和军饷，并能有效地封锁美国的港口，而美国根本就没有任何海军。但是美国人民是为独立自由而战，具有高昂的斗志，又是在美国本土作战，地形十分熟悉，各方面消息较英军灵通。一开始只有美国人同英军作战，虽然大陆会议曾派人去游说法国支持自己，但均未获实质性进展，只能从法国那儿得到少量的军资援助。

1777年初，英国统帅部制订战略计划：以纽约和加拿大为根据地，夺取哈德逊流域，以切断美军北部与中、南部之间的联系。为此，英军派出了三支队伍，并拟定在欧尔巴尼会师。第一支由板高英将军率领，从加拿大出发经过张伯伦湖；第二支在巴利圣·列格尔中校率领下，也从加拿大出发经过安大略湖和摩瓦克湖；第三支由克林顿将军率领，从纽约出发，沿哈德逊河北上。这个计划存在战略缺陷：板高英出发较早，但攻下爱德华要塞时，已快弹尽粮绝，同时又受到美军和当地居民的攻击，弄得狼狈不堪。圣·列格尔队伍在库瓦克汉受到当地居民强有力的狙击，无法前进，只好退回加拿大。到两支队伍陷于绝境时，克林顿才姗姗而来，在他的队伍到达离欧尔巴尼60英里的地方之前，板高英就退到萨拉托加了。板高英还未来得及安营扎寨，就被4倍于己的农民包围，弹尽粮绝的英军只好于1777年10月17日投降。萨拉托加大捷使英军夺取哈德逊流域的计划破产了，同时也促成了法国以美国盟友的身份参战，继而西班牙、荷兰也加入了美方作战。德、俄等国则组成所谓"武装中立同盟"，英国陷于孤立之中，萨拉托加大捷成为美独立战争的重大转折点，为《巴黎和约》的签定和使英国承认美国独立奠定了基础。

没有永久的朋友，也没有永久的敌人，只有永久的利益。法、西、荷等国的参战实际上是为了各自利益而进行的，就像美国刚独立之后法英就携手阻止美国强大一样。

## 谢同起义

什么是国家？国家究竟是干什么的？马克思认为国家是统治阶级统治人民的一种暴力工具，这是从既存的历史现象中得出的结论。虽然马克思用发展的观点分析了将来的国家全由无产阶级掌权并实现社会主义，进而发展成为没有国家的共产主义社会。国家是一种机构，国家机关中所有工作人员特别是领导成员均应是人民的真正代表，人民对其具有绝对权力，可以随时撤换而不应受到任何外来干涉，军队应直接掌握在人民手中，其余政府部门截然分开，不接受任何行政部门的领导或管辖。

当然以上也仅是设想，即便有些国家宣称自己主权在民，其真正在谁手里，一看便知，美国《独立宣言》对人权的规定设想可谓是有史以来（截止到《独立宣言》发表）最为明确完美了，但结果呢？美国脱离英国后，资产阶级和种植园奴隶主等富人获得了真正的独立和解放，解放战争中的主力军——贫苦大众的处境不但没有得到改善反而每况愈下，广大人民群众被剥夺了普选权，60多万成年男子中只有10万人享有选举权，人民群众并未迎来自己当家作主的日子，走投无路的贫民百姓只好又拿起了武器。

1786年秋，爆发了美国历史上第一次大规模的农民起义——谢同起义，历时半载，对美国的历史产生了深远的影响。丹尼尔·谢同（1748—1825）出生于贫苦的农民家庭，独立战争中多次立功，被授为陆军上尉，并受到支援美国的拉法叶特将军的赞赏，拉法叶特将军特地送给他一把宝剑。退伍后，回到家乡一贫如洗的他不得不把将军的宝剑卖掉。他认为土地是依靠人民力量从英国手中夺回来的，因此就应合理地分配给农民，并且要免除土地税，废除一切公私债务，取消惩罚穷人的法庭，打倒社会的吸血鬼——资产阶级的辩护者和律师。他号召曾为民主、自由、独立而战的人们拿起武器，为了保卫独立战争的胜利果实而继续战斗。谢同的革命主张得到了广大人民群众的支持。马萨诸塞等地的农民、手工业者和退伍军人600多人，在谢同和他的伙伴鲁克·佳的领导下举行了起义，谢同起义的烈火迅速燃遍了康科佳。

## 一个奴隶的暴力现身说法

道格拉斯本是一个逃亡的奴隶，后来学会文化，写了一本自传介绍了他的前半生，书名曰《一个奴隶的自述》，内有这样几段：

"我生于马里兰州塔尔波县。我不知道自己生于何年何月何日。大部分的黑奴在了解自己生日这个问题上并不比马或牛高明，因为奴隶主不愿意把黑奴的生日告诉奴隶本人。……这件事从小就给我带来了痛苦，因为周围的白人小孩都能说出自己的生日，而我却茫然不知所对，尽管我的年龄要比他们大。我也不敢向我的主人打听我的生日，我只能对自己作估计。在1835年时，我在无意中听我主人在别人面前说我17岁了，因此，我估计我生于1817年。

"我母亲是一个血统黑人，我父亲是一个白人。这是我从小听人家这样说的，另外我本人的相貌也有白人的痕迹。有人说这个白人不是别人，就是我的主人，但我无法肯定也无法否定。在我孩提时期，我与母亲就被拆开了。小黑奴与母亲被从小拆开是奴隶主们惯用的一种做法。通常在孩子满一周岁前母子就要被分开，婴孩交给农场上的老年女奴看管，因为她们已年迈力衰，反正干不了多少活，而母亲一般正届壮年，若让她兼管孩子，势必影响她的劳动。

"在我一生中，我与我妈（从我意识到她是我妈算起）一共见过四次面，每次只是几个小时，而且都在夜间。她那时在一个名叫史蒂华的主人那里干活，离我住所有15英里。她必须在晚饭后出发，而又必须在第二天日出以前准时出工，因此不能在我那儿多留一个小时。如果她回去赶不上日出，那就要挨一顿鞭子毒打。我从来没有与我妈白天见过面，她晚上来，一来就哄我睡，到我醒来的时候，她早已不在了。没几年，她就病死了。那时我约7岁。她患病时我从来没有被允许去探望过她，入葬时我也没有被允许去参加葬礼。当听到她死去时，我没有什么感觉，因为那时我并不了解母亲的爱抚。对我来讲，母亲与陌生人没有什么区别。

"我的第一个主人名叫安东尼，他是一个十分残忍的人，他似乎把鞭打奴隶作为一种乐趣。我时常在清晨被姨母的惨叫声所惊醒，因为我的主人时常把她吊起来鞭打，即使血流满背也不肯罢休。姨母愈叫得厉害，他的鞭子抽得愈凶；哪儿的皮肉愈烂，他的鞭子抽得愈紧。惟一使他放下鞭子的原因是他的力气用完了，抽不动了。

道格拉斯在书中还写了他姨母被打的原因及情景。安东尼不准姨母晚上出去，尤其不许她与一名叫罗伯兹的年轻人在一起，因为姨母是个美貌女郎。一天晚上，姨母不仅夜出且与罗伯兹在一起。安东尼残暴地鞭打姨母的主要原因是吃醋。在这个流氓人物的头脑中，一个男子与一个女子在一起时，除了幽会以外，就不可能有其他任何理由。

"他先把姨母拖到厨房内，把她上衣剥个精光。然后命姨母双手交叉，他用一根绳子把姨母双手捆了起来，狠狠地骂她是一个不要脸的婊子。他叫她站到一个木板凳上，他把绳子套在横梁上的一个铁圈内，然后收紧绳子，使姨母的足尖刚好可以接触凳面。接着主人走到姨母面前，把裤子也剥了，然后拿起皮鞭，没头没脑向姨母身上抽去，我看到姨母的血一滴滴往下流，真是惨不忍睹。我不敢看下去，急忙躲进我自己的木屋子里去哭了。我当初不了解主人为什么要剥光衣服鞭打，后来才体会这是主人的'节约'，因为衣服是主人提供的，打烂了衣服等于打烂了主人的财产，衣服要比奴隶的生命珍贵得多。

"奴隶们没有床，睡在所谓地板及泥地上，每人发一条粗毯子。但对奴隶来讲，最缺少的倒不是床或毯子，而是睡觉的时间。奴隶一下工就忙着洗澡、洗衣服等等，这一切做完后已精疲力竭，就一个个带着毯子，不分男女老少，躺在冰冷的泥地上。第二天早上号子一响就得马上起床，第二声号子一响就得马上出发上工，迟到的人就给以一顿结实的鞭子。

"我们的监工名叫薛维尔，真是名副其实。与其说他的工作是监工，不如说他的工作是鞭打。从早上号子声一响，他就开始抽打，一直打到下工为止。

"我的第二个主人名叫劳埃德，他有一个很大的庄园。他家备有三套马车，养了20来匹马。看马的奴隶是巴奈父子。劳埃德是一个凶狠的主人，巴奈父子整日生活在恐惧中。主人对任何一匹马有任何一点不满，就意味着对巴奈父子，特别是对巴奈的一顿毒打。满意不满意并不取决于马的保养情况，而取决于主人那时刻的心情。哪匹马跑得慢，巴奈要挨鞭子；哪匹马头昂得太高，巴奈要挨鞭子；哪匹马嘶叫不合时宜，巴奈也要挨鞭子。主人舍不得抽马，却舍得抽奴隶。不管主人说得是对是错，奴隶必须毕恭毕敬表示接受，甚至不能在脸色之间表示任何反抗，否则又是一顿鞭子。有一次我看到老巴奈为了一项根本不存在的罪名而罚跪在地上，主人一连给了他30大鞭。

"劳埃德有三个儿子也是虎狼心肠，是抽奴隶的嗜好者。有一次，我看见他们叫马车夫威尔基站在四、五公尺外，令他脱去上衣，然后他们三人各用马鞭，赛谁能在威尔基背上打起最大的疙瘩。"

"劳埃德的狗腿子戈雷也是一个杀人不眨眼的家伙。有一次,他要抽打黑奴邓比,刚抽上几鞭,邓比受不了,拔腿跑了,一直跑到一条小河边。他不顾河水一直跑到河中央,河水及肩。戈雷追了过来,命令他出来,他不肯。于是戈雷拔出手枪威胁说:我喊一、二、三,如果喊到三你还不动,我就要开枪。数完后,邓比仍然不动。于是,二话不说,戈雷就砰砰两枪,把邓比活活打死在河中央。

"我亲耳听见戈雷向主人汇报说:'我不能不打死他。我要不打死他,我这碗饭就没有办法吃下去了,因为别的奴隶再也不会听我指挥了。'我的主人竟然同意他的结论,于是这条人命案就当狗命案似地了结了。"

"我顺便说一下,在蓄奴州杀死黑奴或任何黑人都不算犯罪的,不但法庭不论罪,社会也不论罪。

"我七、八岁时,被送到巴尔的摩服侍新主人奥尔德。我初到时,正值奥尔德先生到外地公干去了,由奥尔德太太接待我。她待我很客气,而且还问寒问暖,我当初觉得她真是一个和善的主人。我的任务是陪小主人,特别是陪他上学。奥尔德太太见我不识字,还抽空教我读书识字,我开始感到了人生的幸福。

"一个多月后,奥尔德先生回家了。他发现他太太教我读书识字,就把她狠狠地训了一顿。我躲在门外听见他斥责太太说:'你怎么能教奴隶识字,我们所以能叫奴隶安心当奴隶就是因为他没有知识。奴隶一识字就有了知识,一有知识他就不可能甘心当奴隶。不仅如此,奴隶有了知识他就会找到摆脱奴隶地位的方法和途径。更坏的是,他还可能在奴隶中间煽起不满,实行叛乱'。

"从此以后,我的女主人就变了一个样子,我再也看不到她的和颜悦色了,当然更谈不上教我读书识字了。但我从奥尔德先生那里得到了一个很大的启发:奴隶有了知识就懂得摆脱奴隶地位的方法和途径。那天晚上,我就跪下向上帝发誓,我一定要读书识字,获得知识。"

"有了决心就有办法。虽然女主人不再教我,但她已教会我初步的识字本领。我利用每天送小主人上学的机会,在路上引导小主人把学校中所学的东西透露给我。我还经常注意路上的破旧报纸,拣起来念。这样,我终于学到了不少东西。"

道路拉斯在书中还记载了他的第三位主人柯维先生。柯维先生是一个更为狠毒、更为刻薄、更为虚伪的家伙。他满口仁义道德而实际行动上却恰恰相反。他有一女奴卡洛琳,她的任务就是多生小奴隶以增加他的财产。在书中作者这样描写:

"如果说我一生中尝到过最苦的奴隶滋味,那就是在柯维先生家中尝到的。一年到头,不管天寒地冻,下雨落雪,我们总得下地,从早到晚不得休息。最长的白天,在柯维先生看来,还嫌太短;最短的夜晚,在柯维先生看来,还嫌太长。……我曾起过一个念头,打算把柯维先生杀了然后自杀,只是由于迟疑才没有下手。

"我现在深切体会,南方的宗教是最虚伪的东西,是用来掩盖其最可耻的罪恶的。奴隶主最残酷、最下流、最不可告人的罪恶都可以在宗教的外衣下获得庇护。假如我现在再要落入奴隶主之手,那么,我最大的不幸是落入一个自命信教的奴隶主手中去。"

1835 年，道格拉斯又重新回到奥尔德家去做工。他找到一个时机，在黑人朋友的帮助下，在 1838 年 9 月 3 日逃出了巴尔的摩到达纽约，获得了自由。从此也开始了他积极地反对奴隶制的斗争。

不久，波士顿《解放报》社长、废奴主义者葛里逊找到道格拉斯，并带他到各大城市公开演讲，诉说他的生平遭遇。道格拉斯的演讲影响之深，未可估量。但葛里逊是一个和平主义者，企图用宪法手段来废除奴隶制度。他不许道格拉斯在台上发表评论。

道格拉斯非常疑惑：为什么不许他本人下评论呢？难道这不就是禁止黑人造反吗？难道这不就是黑白不平等的另一种表现形态吗？他在 1848 年前往斯普林菲尔德找约翰·布朗。在布朗的指点下他看到了黑人解放的真正道路。但葛里逊根本不同意道格拉斯的建议，仍一意孤行。他们的分歧越来越大，道格拉斯终于毅然造了葛里逊的反，独自出版了刊物《北极星》，指引人们的废奴斗争。

道格拉斯号召奴隶以武力对付奴隶主的武力。他指出："杀死追捕者是否做得对呢？对！把他杀死是不能算犯罪的，因为这等于杀死一条咬住一个婴儿的豺狼。"

道格拉斯的号召引起了奴隶主的恐慌。这位在艰苦环境中成长起来的英雄，以他坚定的立场、昂扬的斗志领导着反奴运动。他用自己的实际行动向人们说明了解放黑奴的正确道路。

## 由小律师到总统——林肯

在 19 世纪上半叶，美国的政治操纵在民主党和共和党两党手中，随着蓄奴问题的尖锐化，政党的衰弱重组，最后成为民主党和共和党联合控制局势。在 1860 年的选举中，代表反蓄奴势力的共和党取胜，党员林肯就职总统。

林肯于 1809 年 2 月生于肯塔基州一个贫困的家庭，幼时只上过一年学，但他喜好自制木船并用它旅行。旅行中林肯目睹了拍卖奴隶的场景并决心为打垮这一制度而奋斗。在 1830 年以后，林肯曾在商店做小职员。他对工作认真负责，曾为多收了一顾客一角二分钱而专门跑了三英里的路还钱。林肯的这种态度深受人民喜爱，于是有了"诚实的林肯"这一称号。有学问、有智慧、心底善良的林肯不久就被人们推选为伊利诺斯州的州议员。在此期间，爱好法律的林肯开始学习法律。1836 年他通过了律师考试成为一名真正的律师。

林肯断案不靠引经据典，而是善于利用他丰富的生活经历，以西部农民所熟悉的生活实例来说服对方。林肯很爱学习，甚至还看欧基米德几何学，他在法庭上的机智更是有口皆碑。

一次，一位原告律师在庭上把一个简单的论据翻来覆去重复了两个小时，讲得听众都不耐烦了。接着是林肯上台替被告辩护。只见林肯走上讲台，先把外衣脱下，放在桌上，然后拿起玻璃杯喝了一口水，然后把玻璃杯放下，重新穿上外衣。然后又把外衣脱下，又喝水。这样循环了五、六次。堂上的听众都已笑得死去活来，而林肯一言不发，在笑声中走下了讲台，他的对手就这样被笑输了。

但使林肯取得全国声誉的则是阿姆斯特朗案件。林肯当年初到纽萨拉姆时，曾经同当地第一个角力手阿姆斯特朗进行过较量，林肯的劲儿很大，居然把对方摔倒了。从此他们两人交了朋友。不幸阿姆斯特朗得病早死，遗下一妻一子，生活相当艰苦。

有一天，林肯忽然在报上看到一条消息说：小阿姆斯特朗被控犯谋财害命案，已被初步肯定有罪。林肯知道这孩子性格纯良，决不会干杀人之事。他马上写了一封信给阿姆斯特朗夫人，信中这样写道：

"我刚刚获悉你儿子被控谋杀罪的噩耗，我不能相信他会犯被控告的罪。这看来是不可能的。我希望获得一次公正的审判。当年我落难的时候，你的家曾经给我以温暖，因此我冒昧要毛遂自荐来免费帮你打这一场官司。

"当年你已故的丈夫曾不嫌我的穷酸，免费给我安身之处，现在我希望或多或少能偿还这一笔若干年来的人情债。"

不久，林肯就到阿姆斯特朗家，那孩子的妈噙着眼泪向林肯诉说冤情，林肯更深信这是一件冤案。他以被告律师的资格，向法院查阅了全部有关案卷，进行仔细研究，直到心中有数，才要求法庭复审。

复审开始了。全案的关键在于原告方面的一位证人福尔逊，因为福尔逊发誓说他在月光之下清楚地目击小阿姆斯特朗用枪击毙了死者。

按照法庭的惯例，林肯向福尔逊进行了一场面对面的交叉对问：

林肯：你发誓说你认清了小阿姆斯特朗？

福尔逊：是的。

林肯：你在草堆后面，阿姆斯特朗在大树后面，两者相距二、三十米，能认清楚吗？

福尔逊：看得很清楚，因为月光很亮，完全可以在二、三十米内认清目标。

林肯：你肯定不是从衣着方面认清的吗？

福尔逊：不是的。我认清了他的脸蛋，因为月光正照在他脸上。

林肯：你能肯定时间在 11 点吗？

福尔逊：完全肯定，因为我回屋看了时钟，那时是 11 点 1 刻。

林肯：你担保你说的全是事实吗？

福尔逊：我可以发誓我说的全是事实。

林肯：谢谢您，我没有其他问题了。

接着林肯容光焕发地发表了一席惊人的谈话："全体女士和先生们，亲爱的陪审官先生们，我不得不告诉你们，这个证人是一个彻头彻尾的骗子。他一口咬定 10 月 18 日 11 点在月光下认清了被告的脸。请大家想想，10 月 18 日那天是上弦，11 点时月亮已经下山了，哪里还有月光？

"退一步说，也许他时间记得不十分精确。假定说，时间稍有提前，那的确有月光，但那时月亮应当在西方,月光从西往东照射,草堆在东,大树在西,如果被告的脸对着草堆,脸上是不可能有月光的,证人怎么可以从二、三十米外的草堆看清被告的脸呢?"

整个法庭都轰动了,原告证人当场出了洋相,在众人咒骂声中承认了自己是被人收买来陷害被告的。

林肯打赢了这场官司使他成为全国最有名的律师。

共和党主席从此看中了林肯,请他出来担任伊利诺斯州的联邦参议员候选人,与在职届满的民主党参议员陶格拉斯进行竞选。

在竞选之前,双方进行了明争暗斗及各式各样的人身攻击。例如:

一次,陶格拉斯奇怪地搬出一套逻辑说:"林肯若真心主张黑白平等,为什么他不娶黑人做老婆而娶白人做老婆?他既然只爱他的白人老婆,可见他所谓黑白平等全是欺人之谈,他本人不过是一名哗众取宠的骗子罢了。"

林肯答曰:"我年纪大了,我不想离婚重新娶妻子。但即使我还没有结婚,我也不准备娶黑人妻子。我认为应当让黑人姑娘自由地嫁给黑人男子或白人男子,白人男子也可以自由地娶白人姑娘或黑人姑娘做妻子。不应当在这种事情上去进行干涉,这就是平等。"

但当时的总统是民主党人,且民主党人在计票中搞了小动作,终于使林肯以数票之差输给了陶格拉斯。于是,满怀总统美梦的陶格拉斯继续连任了参议员,但真正的政治胜利还是属于林肯,因为一场辩论使全国人民了解了林肯的观点并群起拥护之。

终于,在1860年的总统竞选中,林肯以他正义的立场、机智的头脑、雄辩的口才赢得了选民的支持,当选为美国第十六届总统。

当时,存蓄还是废除奴隶制度是南北方的斗争焦点,当时矛盾异常尖锐。林肯不希望发生内战,他在宣誓就职时还以委曲求全的口吻说:

"只要你们不动手,内战是打不起来的。你们没有任何合法的权利可以推翻政府,而我却有庄严的责任来维护政府。

"我们不是敌人而是朋友,我们不应当成为敌人。感情可以冲动,但不应冲破友情。"

然而内战还是爆发了,林肯不得不领导人们进行了为期四年的南北战争。战争最终以南方的失败而告终。林肯接到敌人投降的消息后,就表示要对敌宽大;然而南方奴隶主阶级对林肯却一点也不感恩戴德,他们老早就决心要从肉体上消灭林肯。对此林肯满不在乎。但由于白宫的一时疏忽,使林肯在1865年4月12日,也就是南军投降后的第五天在华盛顿福特剧院被刺。

林肯的死讯传出后,天下识与不识林肯的人,莫不举哀。诗人惠特曼的妈妈正为惠特曼准备早餐,但门外忽然响起"号外"之声,惠特曼立即奔向门外买了一份"号外"。妈妈和儿子读报后纵声大哭,这一顿放在餐桌上的早饭就此无人理睬,一连竟放了三天,因为在这三天之内,惠特曼和他妈妈终日啼哭,没有举火烧过一顿饭。以后每年逢林肯忌辰,他就要在林肯逝世纪念会上发表演说,介绍林肯一生的艰苦事迹,讲到林肯被刺时，总是禁不住落泪，有时不免纵声大哭，听者无不泪流动容。

　　这位出自贫苦农家的林肯，他的一生不断学习、积极进取、力求上进。他以他的诚实、机智、友爱、宽容赢得了人们的尊重和爱戴。他不仅是美国人民衷心爱戴的总统，而且也是世界各国人民心目中的英雄。

## 爱迪生眼中的科学与金钱

　　自从美国确立资本主义制度以来，资本家之间的"商战"一直很激烈。19世纪下半叶，资本家古尔德在哈里斯被摩根击败，但实力未损，不久他就钓了一条特大鲤鱼——托马斯·爱迪生。

　　1847年2月11日，爱迪生生于俄亥俄州米兰城，家庭贫困，只上了不到一年的小学。他的学习成绩虽然平平，但却已显示出喜欢试验的个性。

　　一日夜间，小汤姆的妈妈腹部剧痛，急延医视之，断定为阑尾炎，需要马上动手术。当时电灯还有待发明，汤姆家中只有煤油灯，不足以照明。医生和汤姆全家都感到万分为难，束手无策。

　　忽然，小汤姆跳了起来说："医生叔叔，请稍等，我将设法补救。"只见小汤姆夺门而出，直奔邻居小杰米家。小杰米的爸爸是家具商，店铺中有穿衣巨镜四块。汤姆征得杰米爸爸的同意，就把四块巨镜搬至家中，放于手术台四周，然后在镜前各放一盏煤油灯，顿时全室照明如昼，手术乃得以顺利进行。

　　一次，汤姆的爸爸和妹妹往外地探亲戚，定于下午5点乘火车返家。到下午两点，忽起狂风暴雨，汤姆对妈妈说："如此风雨，路桥可能不保，让我前往观察一番。"他跑到郊外桥边，果然大事不好，桥已经断了。这时，时间已过四点半，回车站报告已经来不及了，怎么办呢？

　　汤姆发现离桥不远有一座小工厂，乃心生一计，直奔工厂（那时电话还没有发明），向厂长说明原委，乞借工厂汽笛一用，厂长允之。

　　汤姆的妹妹丽莎，平日惯与哥哥作电报之游戏，所以熟悉电报收发。她坐在火车上忽然听见有电报叫她："丽莎，丽莎，我是汤姆，我是汤姆，前面铁桥断了，前面铁桥断了，快请车长停车，快请车长停车。"

　　那小姑娘听得字字真切，没有漏掉一个字。她马上报告车长，请他停车。车长看这么一个小姑娘，有点半信半疑，但竖起耳朵一听，真的听见在汽笛声中带有电报。于是决心下令急刹车，一场灾祸得以幸免。车子完全停下时，距断桥不到100米。

　　但小汤姆最闻名的一段故事则是车下救婴。有一次，正当一列货车已经开始进入车站之际，站长的3岁小儿子突然跑进了车轨，站台上的人以及货车司机见状，全都傻了，不知如何是好。在这千钧一发之际，只见小汤姆从站台上鱼跃而下，抱着小孩，滚出铁轨，仅以十分之三秒之差，避过了一场灾祸。小汤姆只有轻微的擦伤，小孩则安然无恙。四周的人没有一个不捏一把冷汗的。

站长为了报恩，特许小汤姆在列车上卖报。这时，汤姆已搬到密契根州，此故事发生于密契根的格兰屈伦克，时为1859年。

汤姆在列车上卖报时，逐渐感到报纸消息送到读者手上时，已不够新鲜，乃自己收电报、自己编辑、自己刻腊板、自己印刷，在列车上发行了一份《先锋报》，时为1862年。这是世界报业史上第一名最年轻的报纸发行人。

爱迪生用卖报赚来的钱购置化学品，在一个车厢的一角设了一个实验室。不料这个实验室却给他带来了一场飞来横祸。

当时的火车行车条件远非现在可比，车子在转弯时车身必猛烈震荡。有一次，在车子震荡时，爱迪生的一瓶化学品被震下了地，在车厢内着起火来。爱迪生用尽全力才把火扑灭，这时，车长已闻讯而至。他怒气冲冲，不问青红皂白，把爱迪生的全部印刷设备和化学品甩下车厢，最后一手抓住爱迪生，一手向爱迪生右耳掴了一猛掌，把爱迪生也甩下了车子。爱迪生的右耳从此失聪。

回家后，他转业为铁路电报工作，并在业余时间进行化学实验。他每天要干14个小时而不以为累。

1869年，爱迪生发明的交易所计票机问世，这是他第一起公认的发明，也是第一次获得金钱报酬的发明。他领到了专利证第90646号。当他到专利局领取奖金的时候，他没有带皮包或布袋，致使他把所有的口袋都塞满了，又抱着一堆钱回家。当时报纸都刊载了爱迪生钞票为患的一幅漫画像，成了这位发明家的一则佳话。

从1869年的计票机算起，爱迪生的大大小小的发明一共有1300多宗。特别重要的有：1876年的电话机、1877年的留声机、1879年的电灯、1880年的电车、1882年的电台、1891年的活动电影。

现在人们只知道电话机是贝尔发明的，但真相却是：爱迪生当初发明的电话机只适合实验室之用，而贝尔却在同期发明了较适用于商用的话机，因此贝尔就占了上风。

爱迪生的原始留声机是用大喇叭发声的。他把自己的讲话录了下来，在大喇叭内重新放出。有一批宗教界人士看了大惊，硬说这个喇叭闹鬼，就不由分说，把喇叭砸烂了。甚至有人说爱迪生本人就是魔鬼化身，要用火把爱迪生活活烧死。

爱迪生经此打击，并不灰心。他回去又制造了第二个喇叭。这一次，他不敢录人的声音了，而是把狗叫的声音录下来，在喇叭里播放。人们终于相信了他这一项发明的巨大意义。

现在美国最大的唱机垄断公司"美国收音机公司"的商标，仍然是一个大喇叭和一条狗，这个商标就是纪念爱迪生造第一架留声机的故事的。

爱迪生最动人的一项发明，也是他本人感到最满意的一项发明，则是电灯。在古代希腊神话中，有一个名叫普罗密修斯的神把上帝的天火偷给了人间，所以人们惯于把爱迪生称为当代的普罗密修斯。

为了找到一种能够耐久燃烧的灯丝，爱迪生及其实验室的全班人马，走遍了整个世界，试用了他们认为可能成功的每一种材料。当然，他们也曾到过中国，在湖南采购了湘妃竹。

经过1300多次的实验，最后终于找到了当时比较理想的材料。在最后开始试用的那天晚上，每个人的精神都紧张到了极点。爱迪生站在灯泡旁边，下令开灯，全室鸦雀无声。只听得开关扑的一响，电灯照亮了整个实验室。人们惊喜若狂，他们抬起爱迪生，发疯似地走上大街，欢呼"人类已偷来了天火"。

爱迪生即威名大振，自有一批吹捧家给他戴上了一顶天才的帽子。为此，爱迪生召开了一个记者招待会。他说："我以科学家的良心告诉你们，我对天才进行了分析，结果是：天才的成分百分之九十九是辛勤的劳动。"

他顺便说："我对工人的八小时工作要求是支持的。但我要说，若有人把八小时工作当作放之四海而皆准的标准，那就荒唐了。你难道能叫一个革命家、一个科学家、一个作家、或一个作战的士兵每天只工作八小时吗？我从14岁开始每天的工作时间就一直超过12小时，现在也仍然这样。我不反对社会上的8小时工作运动，但我坚决反对我个人每天只工作8小时。"

美国当时在电报行业处于垄断地位的是西联电报公司。古尔德为了争取西联，花了100万美元建了一条新线路，名曰太平洋大西洋电报公司。西联对此非常敏感，旋即派人与古尔德谈判，买下了这条线路。然而当太平洋大西洋公司并入西联之时，其主要人马也转入了西联，其中就有西联的总工程师艾克特。

爱迪生发明了四重发报机，比原来的电报效率翻了一番。西联公司乃派艾克特与爱迪生进行谈判，表示愿以5万美元收买他的专利。然而，当日夜间10点，古尔德和艾克特就把爱迪生拉到古尔德公馆进行谈判。作为科学家的爱迪生不熟悉生意经。当古尔德提出愿以10万美元收买他的专利权，并请他出任马上成立的公司的总工程师的条件后，爱迪生与艾克特和古尔德签了合同。

这样，古尔德在一个小时内成立的美联公司就出笼了，而且掌握了爱迪生这张王牌。西联感到束手无策，只好同意美联并入西联，而由古尔德任总经理。

爱迪生在古尔德手下工作，屡受古尔德专制。有一次，言明要建一个实验室，但古尔德出尔反尔，以无利可图为理由，收回了诺言。爱迪生大怒，乃挂冠而去。他向报界发表谈话说："古尔德一心想钱，心灵萎缩，他对科学本身根本没有兴趣，他要把科学作为生意的奴隶，我已不能跟他共事。"

在美国一般历史书中，古尔德被认为是品质最恶劣的垄断资本家。历史学家詹姆斯·基恩说："古尔德是基督纪元以来世界上最无耻的人。"但另外一些历史学家认为古尔德无非是许多典型垄断资本家之一而已，既不比坏人好些，也不比坏人坏些。他们这样分析："少年古尔德看到：社会对贫穷的人绝不会同情。贫穷的生活就是一片黑暗，即使不生病，不年老，也是一无希望。惟一的出路就是取得财富，安全的惟一保证就是财富。"

"社会上的上层阶级可能在口头上为贫穷祝福，也可能写漂亮文章到处散发，说诚实的贫穷是一种美德。但所有这一切都是十足废话，活生生的事实是穷人被压在地下喘不过气来。古尔德仅仅是为了摆脱贫穷而使用了一切手段。古尔德不是他个人创造了自己，他是一种制度的产品。"

但这些话总比不上被古尔德击败了的一位资本家的自白有力量。这位资本家是太平洋邮船公司前老板斯托克维尔。他说："我当初到纽约的时候，买进了 500 股股票，人们称我为斯托克维尔。后来我买进了 5000 股股票，人们称我为斯托克维尔先生。后来我买进了 50000 股，人们改称我为斯托克维尔少校。最后我控制了太平洋邮船公司，人们又改称我为斯托克维尔上校。然后，古尔德把我击败，把我从太平洋邮船公司撵走，于是，人们就叫我那个从西海岸来的狗婊子养的赤鼻头。"

这就是当时科学与金钱对立关系的体现。

## 贝尔发明电话

莫尔斯发明电报之后，人们更加积极探索：电怎样传递声音。

电话的原理其实很简单，只要将声波的振动转化为电流的振动，那么人的声音就可以通过电线传送出去。

只要实现这种转化，就是电话了。

贝尔是波士顿大学的教授，他本是苏格兰人。在美国他曾经参与了电报的改进和研究工作，对电讯有一定了解。慢慢地，他就开始研究电话了。

亨利是电报发展中有很大影响的专家。莫尔斯发明电报的时候就得到亨利的帮助。这次贝尔研究电话，也找到了亨利。

亨利年纪已经很大了，但对贝尔鼓励有加并且热情帮助。

贝尔的研究室里，一直摆着用橡胶做成的人头和喉咙的怪模型，那些模型连着地上的风箱，风箱一动，模型就发出奇怪的声音，原来他是教授语音学的，对语音的兴趣使他转移到了电话上。

贝尔有一名很亲密的合作伙伴，他就是 18 岁的技师沃森。二人投入到研究工作中，带有火一般的热情。他们就在原来的旧马车棚里工作，尽管条件很简陋，但是他们夜以继日地进行研究。

贝尔把旧的马车棚改成了楼上楼下的听音房与喊话房。他们首先做成了电磁铁片的振动膜，接着研制振动簧片。

贝尔发现，碳粉的密度与电阻的改变极其相关，而电阻的改变可以改变电流强度。那么话筒可以用钢膜夹住碳粉做成，人说话时，声波造成冲击，影响钢膜，进而可以改变被夹碳粉的密度。

就这样，贝尔把送话器与受话器研制成功了。

1876 年 2 月的一天是一个难忘的日子。

贝尔他们连接好设备，一个人在楼上，一个人在楼下，准备试验。

贝尔到了楼下，他喊了几声，不见动静。他又喊道："沃森，听到请过来，我等待着成功！"

结果，沃森仍是没有动静。

贝尔检查了设备，把他认为应当变换的地方调了调。

忽然，一不小心，贝尔把硫酸撞洒了。

这下他可着急了，不由自主喊道：

"沃森，快点儿，出危险了！"

这时，忽然听到楼板一阵响，沃森出现在眼前。

贝尔手忙脚乱，正在着急地收拾，突然他高兴地意识到了什么："沃森，你从设备里听到的？"

沃森高兴地说："是啊，我们成功了！"

贝尔欢呼起来，东西也顾不上收拾了。

1878年，波士顿和纽约之间进行了人类第一次长途电话通话，当然还是贝尔与沃森二人了。

早在两年前，他们就已经取得了传话器与听筒的专利。在博览会上，他们的发明也受到广泛的关注，很快电话就推广开来。

1880年，美国已有5万家电话用户。

1881年，贝尔建立了第一家电话公司。

## 进化论的种种说法

英国科学家达尔文的进化论刚出世的时候，曾遭到基督教的围攻，不论天主教也好，新教也好，都现出一副青面獠牙，手持狼牙棒，必欲置进化论于死地而后已。而一般盲从之徒，也纷纷叫嚷要油炸达尔文。达尔文何以引起这样的"众怒"呢？其原因是他拆穿了上帝造人的骗局和谎言。正如一位作家所说，达尔文的进化论在一夜之间把上帝从奇喔啼变成了啼喔奇。人们不能不对英国造字学家的卓越见解表示敬佩，因为他一针见血地指出，上帝无非是狗的倒立。不错，上帝不仅在名字上与狗是一而二、二而一，它在实际上也是与狗一而二、二而一的，因为两者都是由主子喂养的，从而都是忠实地为其主子服务的。

不到半个世纪，曾经痛骂达尔文的基督教忽然摇身一变，成了达尔文的拥护者和宣传者，岂非咄咄怪事！曰：不怪，不怪。这正好说明了实用主义的应用。

达尔文认为，现今世界上所存在的物种，都是几千万年来竞争的结果，不适合生存的逐渐被淘汰，适合生存的被保留了下来。

基督教理论家既然看到他们的反对不能制止达尔文学说的传播，乃因时制宜，把进化论接了过来，并扩而大之。他们说，进化论不仅是自然界的规律，而且也是人类社会的规律，在人类社会中，适者就生存下去，不适者就被淘汰。

在这一批传教士中，最卖力的一个就是亨里·比契牧师。他为了宣传"社会达尔文主义"，特地办了一个杂志，名叫《基督教联合报》。他还独创了一门新课程，叫"基督教社会经济学"。他认为：

人是一个为欲望所驱使的动物，他普遍地受自我利益的指引而进行活动。道德发展的基本原则就是使人的性格适应于其生活条件。能适应的就是善，不能适应的就是恶。

竞争是上帝指定的原则，它是宇宙的规律，是生物的规律，也是人类社会的规律。自然的法则就是要求消灭不适合于生存的人，以便腾出地方给那些较适于生存的人，而整个社会的进化就是靠这一条原则进行的。

社会科学应当是一门从反面起作用的科学，它不应当制造任何设想来规划社会的自然演变，而应当设法证明任何这种企图都是白费力气。它应当证明，最好的有系统的知识就是教导人们心甘情愿地受制于自我发展的推动力。最大的善莫过于让社会自然发展而不要去稍加干涉。任何一种正确的社会科学理论都应当承认生物学的真理，而不应当用任何人为的努力去保障那些毫无能力自力更生的人，因为这是破坏适者生存的原则的。

他说，他所创立的这条原则本身是客观存在的，人没法躲过它，它没有替代它的东西。这一法则对某些人来说严肃了点，但对整个社会来讲还是好的，因为它保证使社会的各个领域内出现最适合的人。

有一次，一位记者向比契尼列举纽约坦慕尼大厦的罪恶活动及纽约贫民窟的悲惨镜头，并问"牧师有何评论？"

比契尼回答道："你和我都不能做什么，这一切都是一个进化问题，我们只能等待进化。也许在4000年或10000年后，人们会摆脱目前这种不愉快局面。"

1877年，当全国铁路工人大罢工的时候，比契尼牧师乃赤膊上阵，在纽约布鲁克林区的普利毛斯教堂发表气势汹汹的演说："不错，每天一块钱的工资不足以养活老婆和孩子，如果他既不吸烟又不喝酒的话。一块钱难道不够买一天的面包吗？水有的是，不用花什么钱。不错，人不能光靠面包活下去。但一个人如果不能靠面包和水活下去，那就不适于生存规律了。一家人可以在早餐用好面包和水，在午餐用水和面包，在晚餐用好水和面包。

"经济萧条是自然的经济法则，有能耐的人就能顶过去，不能顶过去的人还不如让他们消亡为好。"

他认为广大工人的苦是上帝决定的，上帝决定穷人应承受由于他本人低能而带来的不幸。

他说："如果警察的棍子打在骚扰分子的脑袋上可以使他们清醒，那就谢天谢地，阿弥陀佛。万一棍子不足以立刻收到效果，那只有靠子弹和刺刀了。拿破仑教导我们，对待乱民的最好办法就是消灭他们，他的话对得很。"

从此，工人们都把他们食用的饭叫"亨里·比契式简餐"。

同时，有一个名叫威廉·苏奈尔的名闻欧美的大学教授与比契尼唱的是同一个调子。

他说："我们应当明白，我们只有在下列二途中选择其一，别无他法：或者是自由、不平等、适者生存；或者是不自由、不平等、不适者生存。前者会推进社会发展而造福于其最优秀的人员；后者会促使社会后退而适便于其最劣等的人员。"

当有个学生问他，政府是否应当给劳工以帮助时，他很干脆地答不，并比喻说，猪必须自己去找白薯，找不到就是该死。学生说猪也应有吃白薯的权利，苏奈尔则答，世界上没有权利二字，世界并没有欠谁的活命债。我只相信一种制度：竞争制度——这一惟一健全的经济制度。

他还写了一卷又一卷的社会进化论，为资本进行辩解。

他写道："资本是刻苦的产物，如果资本之获得并不给所有者较优越的条件，那就不会有人愿意自找苦吃去积累资本。"

有人问他，遗产不是不劳而获的吗？得遗产的人吃过什么苦呢？

他回答道："财富是努力的奖赏，它给有创造力的人一种保证，使他可以把自己靠努力所得的东西传之于后代。达尔文学说的一个重要关键就是生物会把自己适于生存的特性遗传下去。就社会而言，取得财富的人就要把自己的经济才能传之后代，而在社会的生存竞争中，经济才能的代表就是金钱。因此，政府不应该多管闲事，它的主要任务应当只有两项：保护男人的财产和保护女人的名誉。"

与社会进化论同样时兴的还有实用主义。它被宣布为美国的"国家哲学"。这种理论的祖师爷是威廉·詹姆士，其第一代的徒弟叫约翰·杜威，第二代在中国的徒孙就是洋奴胡适。那胡适本来不叫胡适，他为了决心做洋奴，发誓忠于实用主义，所以改名为适，取"适者生存"之意。

威廉·詹姆士，生于1842年，是美国哈佛大学教授。他本来是学医的，后来又学心理学，心理学是讲究实验的，他把实验法搬进了他自己所发明的实用主义，所以实用主义有时也可以叫实验主义。

詹姆士下了一个实用主义的经典标准，他说：凡是行得通的东西就是真理。

有一次，杜威举行记者招待会，就关于真理的某些问题进行下面这样的阐述：

问：按照你们对真理的了解，那强权就是真理了，对吗？

答：不对。我们所谈的真理是一种理论范畴内的东西，不是伦理范畴内的东西。我们的真理标准是效验，凡主观设想与客观实验相一致的就叫真理。强权本身是不是真理是无从谈起的，这要看使用强权的那个人或集体的主观愿望而定，如果实现了愿望，那就是真理，否则就不是真理。

问：照这样说，真理是没有绝对标准的了。

答：不对，真理有绝对标准，那就是它行得通行不通，或者叫做主观与客观是否一致。

问：这样说来，穷人总是没有真理的了。

答：不对。在发财问题上这是对的，因为穷人发了财就不再是穷人了。但如果穷人的目的不在发财，而在革命，而且革成了，那也是掌握了真理。

问：那么，小偷想偷东西，偷成了，也叫作掌握真理。

答：可以这样说，但这里有一个情况要补充说明一下，真理的验证需要时间，这个时间短的可以是无穷小，大的可以是无穷大。

问：但有一点似乎可以肯定，在你们看来，胜利者就是真理。

答：是这样。但仍然要注意验证问题。二千年前，人们把元素看作是物质的最低形式，在当时这是真理，但过了一千年发现分子，原来的真理成了谬误。一个时期分子论成了真理，到发现原子时，分子论又成了谬误。这还算是好的，在另外一些问题上，情况更复杂，譬如说，宇宙间除地球以外有没有其他有人类的星球呢？我们假定是有的，但它只能是假定，而不是真理，因为你还没有验证，而且我们也不知何年何日才能验证。所以说，验证是一个关键。

实用主义看起来很公平，但在资本主义世界内，谁能实现其主观愿望呢？当然只有拥有资本的那些人。而实用主义大师们就不敢深入谈论这一点。

达尔文的进化论就这样被资本家歪曲着，企图维护他们的统治。然而历史是向前发展的，不合理的社会制度终将被推翻。

## 资本主义的固疾——经济危机

资本主义出世以后，经济学的词汇中又多添了一个新名词，叫做经济危机。当然，奴隶社会、封建社会中，经济也是有危机的，但古代的危机都是由于生产不足产生的，而资本主义的经济危机却反其道而行之，而是由于生产过剩，这种过剩又是相对的过剩。

当然，过剩是对作为谋求利润的资本家而言的，因为资本主义生产的目的就是追求利润，而不是为了自我享用。当生产品找不到销路的时候就叫做生产过剩。找不到销路倒也不是因为没有人想买，而是因为想买的人没有钱。可见这个过剩并不是对整个社会而言，社会上没有吃没有穿的人有的是，产品不可能过剩。所以说这是一种相对的过剩。但资本家生产的东西卖不出去，对他来讲，这就是生产过剩了。

这种危机是资本主义所固有的，想逃避也逃避不了的。用术语来讲，这是生产资料私有制和生产方式社会化发生矛盾的必然结果。

经济危机既然是资本主义所固有的，因此，在美国内战以前，它已经就有，只是程度有轻重，规模有大小之别。内战结束以后，19世纪70年代、19世纪80年代、19世纪90年代都发生了经济危机，而19世纪90年代这一次比以前各次尤为严重。

这次危机是以1893年5月4日国民制索公司之倒台为引线的。由于这一家公司的倒台，股票市场上立即掀起一股跌风。工商企业纷纷倒闭，工人失业猛增。

7月4日，正当美国国父纪念日之际，纽约报纸上刊登了一条惊人的自杀新闻。有查利·哈格蒂者，年方30，为商店店员，因失业无法维持生活，全家饮煤气自杀，包括哈格蒂本人、其妻及二幼女。

哈格蒂留有一份遗书说："我从10岁到美国，因为我相信美国是一个公平的国家，任何一个有强壮身体、勤劳双手和一颗诚实的心的人都可以在社会上立足并取得发展。现在我知道情况并非如此。我从10岁起就做童工，我一直辛勤劳动了20年，我从来没有欺骗过任何人，但我却找不到工作。我不能去当要饭的，因为我不愿接受要饭这种生活方式。因此我惟一的选择是自杀。"

这一条"煞风景"的消息震动了整个社会。不仅是一般工人，即使是贡泼斯治下的劳联工人也纷纷起来要求有所作为。贡泼斯没有办法，只好答应召开一次劳联集会来讨论工人失业问题。会上群情激愤，要求贡泼斯表态。

贡泼斯不得不当众发表了一篇即席讲话。他说："在这样一个生产不正常状态的社会中，其基本结构一定有某种不合理的东西。人们不用引经据典就可以得出这样的结论：生产工具由私人公司占有和控制乃产生今日人们之痛苦和灾难的根源。"听众对他的讲话表示满意，大会结束。

然而，时间一天天过去，贡泼斯却没有采取任何行动，本来他就不打算采取什么行动。

这时，有一个小商人叫雅各勃·柯克赛的在报上登了一个广告，要求大家到华盛顿去请愿。他这个建议立即获得了全国失业者的支持。全国各地自发地建立了"向华盛顿进军服务站"。这些服务站设在主要交通路口，为过路的进军者免费提供面包和茶水。

在那个时候，汽车还没有问世，人们到华盛顿不是乘火车就是乘马车。而较多的进军者是乘马车的，他们晚上就宿在车内。这样，在通往华盛顿的大车道上，就出现了蔚然壮观的马车队。

1894年5月1日，进军者在华盛顿集合，他们沿宾夕法尼亚大道举行了一次自动组织起来的示威游行。他们高呼："我们要工作"，"我们要劳工立法"，"要就业不要失业"。

尽管这次游行是非常明显的和平游行，但华盛顿政府还是吓得发抖，他们叫嚷："这是一次起义，也是一次叛乱。"

游行结束后，柯克赛把一份请愿书交给了国会，书内要求制定解决失业问题的法案。接着，他又在国会大厦门前的草坪上发表了讲话。

他说："我们来自合众国的四面八方，今天聚集在这里。这不是因为我们游手好闲乘机会来逛华盛顿，也不是因为有什么人在背后怂恿我们来闹事。我们素未谋面，各不相认。但我们都有一个共同的愿望，我们要求我们被剥夺了的工作权利得以恢复。"

"我们都有壮健的体格，灵巧的双手，上帝给我们这些是要求我们为人类创造财富的，但现在却有人剥夺了我们这种工作的权利。我们并不想来叙述我们家中有多少张口在那里嗷嗷待哺，我们将不谈这些，因为我们并不是来乞讨什么的，不，我们决不乞讨，我们不是乞丐。

"我们是一个民主的国家，每一个公民都应当有工作的权利，如果他愿意工作的话。当一个国家不能为其公民提供工作机会或保证工作权利，那就不能继续是一个民主的国家。

"我们都是规规矩矩的公民，我们没有带匕首，也没有持手榴弹，我们只带来了三寸不烂之舌，我们要求政府和国会内的先生们睁开眼睛看看，为什么今天那样多的人民没有工作，但却有极少数人在那里寻欢作乐。

"我们从小就被教育说：美国是一个富有的国家，每一个勤劳的人都可以获得立足的机会，是真的吗？那么，机会在哪里呢？

"不错，美国是富有的，前些天报上不是登着一条消息说，在纽约最豪华，也是全世界最豪华的饭店华道夫·阿托斯旅馆举行了一次狗婚礼吗？这是够豪华的了。"

柯克赛的演说没有讲完，警察就上来把他押走了。奇怪的是，他的罪名倒不是什么破坏社会治安等等，而是"没有得到国会的许可擅自进入国会大厦草坪。"

控告柯克赛的检察官说："我们都是上帝治下的臣民，都有上帝所赐给我们的仁慈之心，但这位柯克赛先生，没有请示国会当局，擅自闯进了草坪。据调查，有1248株幼草在柯克赛先生残暴的践踏下，已经受到了程度不等的摧残，我们现在还不能保证它们是否会正常的生长。所以，柯克赛先生不仅侵犯了国家财产，同时又破坏了上帝的好生之德，是罪上加罪。"

法官先生最后作出了判决，罚柯克赛禁闭一天，或罚款1美元。

柯克赛进军虽然没有取得成果，但此事本身就是一堂教育。有一家工人报纸这样写道："柯克赛运动是一个自发的群众运动，它尚且产生了如此有条不紊的进军。假如有一个有组织有纪律有理论指导的党派来领导这样一个运动，那我们可以想象，它会发生什么样的后果啊！"

现在我们来看一下柯克赛所讲到的狗婚礼到底是怎么一回事。

原来正当失业工人陷于水深火热之际，美国的另外一个角落却在那大讲狗道主义。资产阶级贵族们在华道夫·阿斯托饭店里为两只小狗举行了一场豪华的婚礼。出席婚礼的狗宾达63位之多，而且由维多利亚乐队担任婚礼奏乐。据报纸上报道，证婚人亚多斯多神甫还发表了一大堆话。他强调这是它们的第一次结婚，而不是再婚；并且他说如果谁要是对它们的"第一次结婚"提出异议，他就控告该人有诽谤之罪。

之后，宴会开始。"每一狗宾由其主人携至各自的座位，每狗各进了三道菜一道汤。每一客价值13元6角。也有个别宾客嫌不足的，还在那里汪汪乱叫。"

"狗新娘今天穿的是中国式黄缎绣龙马褂，狗新郎穿的是巴黎式的比基尼。"

"狗宾们每一个也都打扮得衣冠楚楚或是花枝招展。"

"据饭店老板告诉记者说，这一次宴会共花费了8548美元，小费不算在内。"

关于这件新闻，在纽约引起了两种评论。

《纽约邮报》发表了一篇题为《人道乎狗道乎?》的文章曰:

"美国从来自夸为一个人道主义的国家。我们希望纽约市当局到哈莱姆去看看,今天在哈莱姆是一个什么情况。在那里,由于失业,特别是由于'黑人最后受雇,最先解雇'这一条规律,人们已处在死亡的边缘。婴孩死亡率达到了可惊的程度,成群儿童围绕在垃圾箱四周找食物,这些食物显然对我们阿斯托饭店的狗新郎和狗新娘言,是不屑一顾的。它们要吃十元以上的一份菜单,而这样一笔费用是可以养活一个儿童的一周生活的。"

"一方面让狗进纽约最豪华的饭店办宴会,一方面让成千上万儿童饿毙于垃圾箱旁,这样的社会难道可以贴人道主义招牌吗?"

"否!该换上狗道主义。"

但有一位崇尚实用主义的弗里茨教授却持相反的意见,他说:"适者生存不仅是上帝的规律,也是人间的规律,也是狗间的规律。"

"谁家的狗能上阿斯托饭店呢?只有优秀的狗才能。大家知道,印度的狗、中国的狗,今天还在吃粪,而纽约的狗已经进化到吃高级西菜了。"

"根据纽约警察局登记,纽约养狗37642头。也并不是所有的纽约狗都能上阿斯托,能上阿斯托者为数不多。这一切都是遵循上帝的规律的,只有适者才能生存,只有适者才能享受最好的。这是促进狗世界发展的规律,也是促进人世界发展的规律。"

"没有任何人欠任何人的债务。一切决定于你的竞争能力。"

资本主义的不治之症——经济危机,背后藏着巨大的隐患。

## 美国最优秀的作家——马克·吐温

马克·吐温是19世纪末美国现实主义文学的杰出代表,他以广为人知的幽默的言语,尖锐的笔锋揭露了美国资本主义的虚伪,在广阔的社会背景下描写了美国的黑暗的现实生活。

马克·吐温原名塞缪尔·朗赫恩·克莱门斯。1835年,小塞缪尔出生在密苏里州的佛罗里达村,这是一个极普通的小村庄。他父亲是个没有名气的乡村律师,收入微薄。在小塞缪尔12岁时,父亲去世。年幼的塞缪尔不得不出外谋生。他先后当过印刷所的学徒,排字工人,后来又在船上作领航员。这一段密西西比河上自由的生活给小塞缪尔留下永久的回忆。1861年,南北战争爆发。密西西比河上的航运变得萧条。塞缪尔不得不结束了这段快乐的时光。后来,他又跟人到内华达州寻矿,但一无所获,不得不另谋职业。1863年初,塞缪尔来到弗吉尼亚市,应聘报社记者,凭着他多年的生活体验,丰富的人生阅历,尤其是对密西西比河流域的民间传说非常熟悉。塞缪尔成为《企业报》的记者,开始发表一些通讯报道及幽默小品,塞缪尔拿起笔来得心应手,他终于找到了自己喜爱的工作。1864年,塞缪尔来到旧金山,担任《晨报》记者,继续写作。

1865 年，塞缪尔写了一篇短篇小说《卡拉韦拉斯县驰名的跳蛙》，这是根据一个流传很广的传说改写成的，生动幽默。报社收到后大为赞赏，说："这么好的作品发表后肯定会受欢迎。你会成名的，但你的名字太普通，起个笔名吧。"塞缪尔冥思苦想也想不出一个好的笔名。他踱到窗前，望着远处平静的海湾，一声声悠长的汽笛声从海上传来，塞缪尔知道这是船要进港了，"马克·吐温！"塞缪尔不觉喊了出来。"马克·吐温"是领航员术语，即两，表示水深两，船可以顺利通过。塞缪尔对这一切太熟悉了。他又回想起密西西比河上那快乐的时光。为了纪念那段日子，塞缪尔当即决定用"马克·吐温"作为自己的笔名，小说发表之后，果然大受欢迎。于是"马克·吐温"广为人知，而他的真名倒不怎么被人熟悉了。

此后，马克·吐温一发不可收拾，创作了大量的小说、政论、杂文、游记等，成为了专业作家。

1870 年，马克·吐温发表了广为人知的优秀短篇小说《竞选州长》。主人公是独立党的候选人，参加了纽约州州长的竞选，他自以为凭自己很好的声望，能够轻而易举地击败其他的候选人，因为他们没有一个是清清白白的，但是，随着竞选活动的进行，报纸上竟铺天盖地地揭露出许多他听也没听过的罪状。开始的时候他还能坚持住，相信自己能够澄清这些谣言，取信于人民群众。但是，结果更糟，他一出门就顶着那些无中生有的罪名：伪证犯，盗窃犯，舞弊分子等等，好像天下的坏事让他一个人全做了，到了最后，连他自己也弄不清自己是否干过那些事，故事的高潮发生在一次集会上，当他正一本正经地在台上演讲，七八个各种肤色，衣服破烂，肮脏的小孩跑上台来，拉着他的衣服叫"爸爸"。他有口说不清，只好狼狈地宣布退出竞选，他害怕如果继续下去，他将成为世界第一大恶人。小说以幽默夸张的言语，极力讽刺了美国所谓的"民主"。1870 年他还发表了名为《哥尔斯密的朋友再度出洋》的短篇，小说以美国南北战争之后，为了开发本土，发展资本主义，美国向世界各国招募工人为背景，写了一个天真老实的华人艾颂喜听了朋友的劝告，到"民主，自由"的美国去挣钱。但是，当他刚踏上美国的土地，正幻想着金银铺地的美国是何等气派时，就遭到了警察的拳打脚踢，行李也被没收。走在大街上，遭到了恶狗的撕咬，警察不但不帮忙，反而把他抓进监狱，罪名是"扰乱治安"。一心来为美国卖命的艾颂喜背井离乡，远渡重洋最后竟落到这样的结局。马克·吐温让人们在笑声中认识到美国的"真正的民主"。

南北战争之后，美国的资本主义飞速发展起来，尤其是 70 年代，更被称为辉煌的"黄金时代"。由于金钱崇拜的恶习已成为风气，政府机关贪污受贿的腐败现象日益暴露出来，美国报纸多有报道。这种现象触动了马克·吐温的灵感，1873 年发表了与华纳合写的长篇小说《镀金时代》，塑造了一个表面假仁假义，骨子里却一心捞钱，贪污受贿无所不为的参议员狄尔沃绥的官僚形象。这篇小说无情地撕开了美国华服掩盖下的罪恶。

1876 年，马克·吐温的儿童题材小说《汤姆·索亚历险记》出版。以儿童的眼光看待世俗的丑陋，更为生动、形象。1884 年，又出版了《汤姆·索亚历险记》的姊妹篇

《哈克贝利·弗恩历险记》。这一部比前一部更成熟，控诉了美国的黑奴制度，批判了种族歧视，展示了黑人身上良好的品质，有些是连自称为优等血统的白人也不具备的。小说以哈克为中心展示了密西西比河两岸的生活画卷。哈克是个聪明活泼的小男孩。但是，他不适应他的收养人道格拉斯寡妇家那种"规矩"、"体面"的资产阶级式生活，他向往自由自在的生活。后来他的父亲回来，带走了哈克，父子两人在密西西比河岸边过起渔猎的生活。父亲虽然很爱他，但一喝醉酒便毒打哈克。哈克设法逃走，在一个小岛上遇见逃亡的黑奴吉姆。吉姆是一个纯朴、善良的黑奴，他渴望当一个自由人，为了不被主人卖到南方去，他逃离了华森小姐家，他幻想去赚一笔钱，然后去赎出自己与家人。两人结伴同行，乘木筏沿密西西比河而下，准备逃到不买卖黑奴的自由州去。一路上，他们遇见各种各样的人，吉姆一度被骗子卖掉。哈克却以自己的聪明救出了吉姆。吉姆一路上也百般照顾小哈克，两人结下了纯真的友谊，最后，吉姆的主人华森小姐临终前宣布给了吉姆的人身自由，他不再是奴隶，终于成了自由人了。哈克的父亲也幡然醒悟，答应不再管束儿子，他对自己以前的行为深感愧疚。《哈克贝利·弗思》从侧面对美国内地的贫困、愚昧，人们的贪婪与无信进行了深刻的揭露。作品出版后，受到人民的热烈欢迎，但是因为作品中对现实生活的真实描写，触怒了政界、教育界，被列为禁书。

1893年，马克·吐温又发表了《傻瓜威尔逊》。书中描写的是女黑奴罗克森娜害怕自己刚出生的儿子被主人卖掉，便偷偷把自己的儿子与主人的儿子调换，从此，她的真儿子锦衣玉食，在白人圈里慢慢长大，逃脱了被卖掉的危险，却沾染上不少恶习，最后成了罪犯；那位真少爷从小在下层黑奴中摸打滚爬，最后却成为一个正直、善良的人。马克·吐温以真假少爷与真假母亲的戏剧性情节，生动地揭示了种族歧视的荒谬。

80年代，美国工人运动高涨。马克·吐温发表了一系列表达自己的社会理想、反映工人斗争的作品。如《密西西比河上》《劳动骑士团——新的朝代》与《在亚瑟王朝里的康涅狄克州美国人》等。

1893年，由于商务上的失败，马克·吐温负债累累。为了偿还债务，在1895年到1896年他到世界各地巡回演讲，目睹了帝国主义对殖民地的残害。1897年，马克·吐温发表了纪实性文章《赤道环游记》等一系列作品，揭露了帝国主义的罪恶。

1899年，马克·吐温发表了他晚年的代表作《败坏了赫德莱堡的人》。赫德莱堡自祖上三代就有着"诚实"、"清高"的好名声。但一个来自他乡的陌生人巧妙地利用一袋假金币，使得这些自谓清高的赫德莱堡人自己撕下伪善的面目，暴露了他们的贪婪与卑鄙。

晚年的马克·吐温看透了世事的沧桑，陷入自古以来哲学家无法解答的谜团中——"什么是人？"他看到太多的人性的丑恶，从而失去了对人类光明之路的信念。在他逝世后发表的小说《神秘的陌生人》中充分表现了他这种迷惘的思想。1907年，马克·吐温撰写了自传。1910年4月21日，马克·吐温在美国因病逝世。

马克·吐温以自己幽默讽刺的独特风格描绘了美国现实社会的黑暗，表达了对于具有优良品质的劳动人民的同情,深受人民的喜爱,也得罪了不少权贵。但生性幽默的马克·吐温对于这些人向来是针锋相对的。据说,有一次马克·吐温在独木桥上碰到一位被他讽刺过的参议员,这位参议员瞅瞅马克·吐温衣衫不整的打扮,高傲地大声说道:"我从来不给野蛮人让路!"马克·吐温用饱含意味的眼光看看参议员那用华服包裹着的肥大愚蠢的身体,微微一笑,道:"我正相反!"转身安静地退到一旁,参议员目瞪口呆。

马克·吐温那风趣、幽默但又富含深意的形象将永远存留在我们心中。

## 中美关系的开端——华工上海

到19世纪60年代为止,美国还没有贯通太平洋、大西洋两岸的东西铁路,铁路网最西的终点是中西部的奥哈马。内战期间,建筑横贯铁路的要求已迫不及待,但哪里去找工人呢!

当时美国的第一号大财主是华道夫·阿托斯,他的父亲曾与华侨做过生意。所以他认定华人"忠实可靠,刻苦耐劳,并且富有独创精神"。阿托斯就写信给他豢养的议员,议员接信后马上行动,于是一场举世罕见的贩买华工的丑剧就搬上了历史舞台。

一大批美国船只驶到了广州和上海。成千上万的贫苦农民被人贩子们用哄骗或劫持的办法送上海船,直驶圣弗朗西斯科。

从语法上讲,上海是一个专门名词,但在英文词汇中上海一词可以当动词用。譬如说,某某人被上海了,那是什么意思呢?那就是说,某某人被蒙汗药酒灌迷后绑上海船劫走了。为何这个字要这样用呢?原来这也算是美国人贩子们的一种发明。他们把上海动词化,从而使他们的绑架合法化。

一次,有一位被骗的农民在上海地方法庭控诉一个美国人贩子把他骗绑到美国。人贩子的律师在法庭上辩护说:"原告说被告骗了他,这是不确实的。被告和原告在初次见面时就讲得一清二楚,绝无欺骗可言。原告当初曾询问被告要他干什么,被告再三明确地回答:'上海,上海'。根据美国人对上海一词的理解,他早已毫无掩盖地把真实意图告诉了原告,这是非常诚实的交易,并不是欺骗。"于是法庭宣布此案不能成立。

当时中国正值太平天国事败之时,清朝政府对太平天国的士兵迫害未已,兵士的处境非常困难,美国人贩子稍以薄利引诱,他们便不过多考虑欣然而至。

被骗上船的华工的处境怎么样呢?一位侥幸生还的广东华工追忆道:

"东方既白,美国人勃来格带了一个总工头、四个大工头,揭开舱板。那些华工饥肠睡眼,人人惊醒。洋人们从小房内搬出无数铁镣,只见两人锁一双,顷刻间全部锁住,不得动弹。

"船开以后,一路上有晴天也有风浪之日。华工们躺在舱下,暗无天日,吃的是烂洋米和臭咸肉,天天如此,餐餐如此。头一两天还凑合着,日子久了,哪个还受得了。

特别是风浪之日，那些不习风浪的人，早已呕吐大作，满舱腥臭，更兼尿臭粪臭，加在一起，构成了一副人间活地狱。

"到了圣弗朗西斯科，只见洋人令一名小工下舱来，从华工脚上卸下铁链，喊他们起来。那些人骤然觉得脚下轻松了许多，只是站不起来。洋人们等得不耐烦，呼呼地把鞭子抽得怪响。华工们好容易忍着痛，你挨着我，我挨着你，凑合着站了起来。洋人们喝声'走'，又见没有人动腿，洋人就叫水手们上来，连拖带赶，把华工一个个拉到梯子边。

"最后一批人还是不见动静，水手们看到这情景有些纳闷，但闻到一股恶臭，从下面冲出来，就向洋人汇报。洋人叫水手下去拖，不拖犹可，一拖时真叫铁石心肠的人也要落泪。原来下面七八十个人横躺着，满面都是血污，身上也辨不出是衣服还是皮肉，只见血堆里混着一套套脚镣，洋人俯身一看，才知道是断了气的。立刻下令叫水手拿来八九个大竹篓，用铁铣把腐尸铲入篓内，抛入大海喂鱼去了。其中也有几个没有完全断气的，也当作已死看待，享受同样待遇。

"上得岸来，华工们全被命令赤身裸体，所有衣服俱送硫碘锅蒸之。另有洋人用药水像浇菜似地喷射裸体之华工，谓之防疫。然后引入一个房屋，把华工用大麻袋一个一个分别装了进去，于是便有人前来讲价钱购买，逐个过磅。亦有买主用脚乱踢麻袋以检验袋内之货色是否还活着。"

可怜这一批华工，举目无亲，语言不通，就像牛马一样被鞭子驱入高山做苦役去了。

由于美国当时没有横贯铁路，筑铁路的器材都是从纽约装上轮船，绕道南美洲的合恩角由海上运输至圣弗朗西斯科的。而圣弗朗西斯科本身就是山地，整个铁路要穿过洛矶山脉，工程艰巨但又要抢时间，怎么办呢？惟一的办法就是加强华工的劳动强度。因此，筑路华工每日要工作14小时。

此辈华工虽然被白人视为无文化之野蛮人，但卑贱者最聪明，他们屡次出点子，解决白人工程师所想不到的高山运输问题。有一年冬天，风雪交加，气温降至零下二、三十度，工程因运输困难而陷入停顿。工程师们连续商讨，也没有善策。这时，有一位华工出来讲了一个故事，顷刻把死棋救了过来。

他说："昔日我国北京城内铸得一巨钟，重几千斤，欲置于郊外宗庙中，但无运输工具能运此庞然大物者。直到冬天，始有工人建议从城内至宗庙路上铺一浅沟，灌以水，因天气严寒，滴水成冰，浅沟之水马上成了一冰道，乃置钟于冰上，轻易拉至目的地。"

工程师们大喜，乃请华工设计，赶制了一长达37英里的冰道，不但恢复了运输而且还加快了工程进度。

就这样，在内战后的10年中，运往美国的华工有近10万人。他们帮助建成了美国第一条横贯铁路，即联邦中央太平洋铁路，随后又帮助建成了另外两条横贯铁路，即北太平洋铁路和南太平洋铁路。

华人在从中国运往美国的途中,本来就在船内死了近十分之一。在铁路施工过程中,因疾病、事故、疲劳致死者,又有十分之四五。幸而能熬过难关,积下一点钱财的人,则又遭到白人的公开抢劫,最后还是落得不名分文。

原来中国人在美国做工的,莫不克勤克俭。做小买卖的,也莫不买卖公平,信用卓著。按一般常理讲,他们应当有权过太平的日子。但美国社会是一个讲"丛林法则"的社会,中国工人在那里无钱又无势,因此,不管你个人怎么奋斗,也是要被压迫的。

当三大横贯铁路完成后,对华工的需要大为减少,于是美国政府就策动了一个惨无人道的排华运动,并美其名曰消除"黄祸"。

华盛顿政府的手段是多样的,其一曰强迫驱逐出境,在北方的被驱至加拿大,在南方的被驱至墨西哥。有一位亲历其境的华侨写道:"本年11月2日,洋人数十,手执火枪,勒令华侨离埠,限期两日。11月3日,来了火车,扬言不要车票,送至西岸。车至美加边境,忽停车迫令华人下车,驱华人入加拿大。值大雨,华人衣衫尽湿,有抗命者,洋人以火枪击之,惨不忍睹。"

其二曰找借口破坏华人做生意,使其无以为生。有一位华侨商人描写道:"唐人街华人因病死了人,其他洋人也有死人的。本来世界上人类日日有生的,天天有死的,没有什么稀奇。偏偏这个时候美国一般生意人眼看自己的生意一日一日衰败下去,而唐人街中国商人的生意却一日一日兴隆起来,早就准备破坏华商的业务。于是他们急不待择,把死人作为借口,政府立即派出警察封住唐人街街口,外头不许进去,里头不许出来,名曰防疫,这样关闭了一个多月,试想,商人一个多月不做生意,哪有不垮的。"

其三曰绝其子断其孙。美国在华所招华工,十之八九是小伙子。他们只会说中国话,不会说外国话。他们的思想感情也都是中国的。因此,他们要想成亲也只能找中国女子结婚。美国政府看准了这一点,故意不让中国女子入境。这样,成千上万的华工就被迫过一辈子的单身汉生活,若要娶亲,只有回国,而这正是美国政府所期望的。

其四曰制定法律公开排华。美国当年敢于以如此手段对待华工,盖因在美国统治者眼内,中国只是一个地理名词,中国人比黑奴还不如。是以任凭他们如何虐华排华,都不会有人出头说话。这就牵涉到当时谁统治中国的问题。原来19世纪那个清朝政府,曾公然扬言"大清天下宁赠外邦不予家奴"。它把外国人当作亲爸,把中国人当作眼中钉。它兴师动众,围剿太平天国,逼得那些爱中国的中国人无路可走,只得流亡国外。那清朝政府对这些华工惟求其死,不求其活,哪里还谈得上保护华侨的利益,向美国政府表示抗议!所以美国排华,中国的卖国政府也要担当一部分责任。

新中国是一个欣欣向荣的团结的国家,40多年来,中美关系又发生了许多变化,我们在独立自主的前提下寻求平等,中国人民坚决抵抗外辱,同时希望和平。

## "让草叶放声歌唱"——惠特曼

《草叶集》是"美国诗歌之父"惠特曼惟一的一部诗集。它初版时只有95页,是一本仅收录诗歌12首的小册子。它的出现虽未倍受关注，却也小有名气了。在这以后，诗人惠特曼笔耕不辍，《草叶集》在30多年的时间内不断再版，每一次都增添进去不少新作，直至1892年诗人临终前出了最后一版，《草叶集》已脱去当初那单薄的躯壳，变得丰满、茂盛起来。近400首精致的诗篇以其独具的韵律合奏着一曲草叶之歌。这歌声像春风吹拂之下蓬勃生长的春草一般迅速地传遍全世界。

"草叶"之名，有它独特的寓意。

《自己的歌》是《草叶集》中最长的一首诗，在第六节中有一段诗人与孩子的问答。

孩子问："草是什么呢？"

诗人从三个方面作出了回答。

首先，它代表了理想、希望：

"我猜想它必是我理想的旗帜，由代表希望的碧绿色的物质织成。"

其次，它代表着平等、公正和博爱：

"……在宽广的地方和狭窄的地方都一样发芽，在黑人和白人中都一样生长。"

最后，它还象征着发展和生生不息，象征着发展中的美国和人类：

"一切都向前和向外发展，没有什么东西会消灭。"

总之，惠特曼心目中的"草叶"是最普通、最富于生命力的东西，是整个民族中普通劳动者的形象。惠特曼以"草叶诗"来赞美人，歌颂人的创造性劳动，赞美大自然，更着力于歌颂民主和自由，同情受压迫奴役的黑人和印地安人，反对奴隶制度。1848年在欧洲大陆上发生的风起云涌的民族民主革命也得到了他热情的讴歌。

由此，惠特曼被称为"人民的诗人"。他的成长有赖于他的家庭赋予他的独特气质。1819年5月31日，惠特曼出生于美国纽约州的一个农村下层家庭中。父亲是一个木匠，母亲是一个温和的农家妇女。他的家中还有一位给他造成深刻影响的人物，就是他的曾祖母。这个老妇人富有传奇色彩，她语言粗鲁、举止粗俗地叼着大烟斗，经常破口大骂。她是村里威慑流氓恶少、保护黑奴孩子的庇护女神。惠特曼自幼从这位曾祖母身上继承了倔强耿介的脾气和对压迫者的憎恶，以及对被压迫者真挚的关切与同情。普通劳动者的家庭培养了他许多优秀的品质，在思想上，他受到斯宾诺莎泛神论的影响，坚信在茫茫的生命之海中，人人都是同等的不容忽视的浪花。

诗人不遗余力地歌颂劳动者，在他的眼中，劳动者的美是无以伦比的。《我听见美洲在歌唱》是一首著名的诗歌。惠特曼在诗中写道：

我听见美洲在歌唱，我听见各种不同的颂歌；

机械工在唱着，他们每人歌唱着他的愉快而强健的歌；

木匠歌唱着，一边比量着他的木板和梁木；

泥瓦匠在歌唱着，当他准备工作或停止工作的时候；

船家歌唱着，他的船里所有的一切水手在汽艇的甲板上歌唱着；

鞋匠坐在他的工作凳上歌唱，帽匠唱着歌站在那里工作；

伐木者、犁田青年们歌唱着，当他们每天早晨走在路上，或者午间歇息，或到了日落的时候；

我更听到母亲美妙的歌，在工作着的年轻妻子们的或缝衣或洗衣的女孩子们的歌。

每人歌唱属于他或她而不是属于任何别人的一切；

白昼歌唱白昼所有的，晚间，强壮而友爱的青年们集会，

张嘴唱着他们的强健而和谐的歌。

这首诗是惠特曼妙手描绘的一幅包罗众生的画卷，透过它，我们依然能在200年后感受到那欢快跳动着的时代脉搏，那蒸蒸日上的繁荣景象，而这一切都是通过作者对劳动者热情的赞美表现出来的。

惠特曼坚持自由民主的思想，在诗歌中抨击资本主义的罪恶，渴望理想社会的到来。这一类诗作很多，如《为你，啊，民主哟!》、《起义之歌》、《法兰西》等等。在《自由之歌》中，他讲述了一个白人收留并款待逃亡黑奴的故事。主人公用"我"来代表，其实代表的是每一个普通的美国人。"我"让"他在我这里住了一星期，等养好伤了才上路去了北方"。"我"还在墙角安放了一支火枪，准备随时对付追捕这个黑奴的人。作者把黑人看作是与自己平等的人，在给予救助之外还结下兄弟般的情谊。更为难能可贵的是，惠特曼并不把民主平等的思想局限于此，而是推而广之：

我的精神环游了整个世界，深情、坚定。

我寻求人们爱我，和我平等，在世界各地到处都是这样的人

……

向世界致敬！

凡是光和热能进去的任何城市我自己都要进去。

凡是鸟儿所能飞去的一切岛屿我自己都要飞去。

1861年美国内战的爆发对惠特曼的诗歌创作起到了决定性的影响。他把战争中的经历、见闻、思考、感悟都写成诗歌，分别编入《桴鼓集》和《林肯总统纪念集》，最后都以组诗的形式收入《草叶集》。

《桴鼓集》中，惠特曼号召人民起来战斗，鼓舞士气；也讲述哀伤凄凉的战争故事。如：《敲呀！敲呀！鼓啊!》《父亲，快从田地里上来》都是其中的名篇。

在惠特曼所有的诗篇中，最为感人至深的是两首哀悼诗，《啊，船长，我的船长哟！》和《当紫丁香最近在庭园中开放的时候》。这两首诗用以纪念当时不幸遇刺身亡的美国人民的伟大领袖林肯总统，是诗人创作的最高成就。

惠特曼本人对林肯钦佩备至，他以少有的铿锵低沉的严谨格律写作了《啊，船长，我的船长哟！》，表达了深切的哀悼和追念。诗人把林肯比作一位经历了千难万险到达目的地的大船船长，当大船即将靠岸时，他却在众人的欢呼和无数鲜花的欢迎中倒下了，"就在那甲板上，我的船长躺下了，他已浑身冰凉，停止了呼吸"。在《当紫丁香最近在庭园中开放的时候》一诗中，作者以庞大的交响乐一般的篇幅抒写了人们无尽的悲悼之情，对林肯作出盛情的赞誉。

总之，惠特曼的《草叶集》以其进步民主的思想，博大宏深的气度和自然纯朴的风

格感染了一代代的读者，对世界文坛、诗坛产生了深远的、弥足珍贵的影响。

## "发动南北战争的妇人"——斯陀夫人

　　1860 年，旨在废除奴隶制度的南北战争在美国轰轰烈烈地爆发了。情绪高昂的北方士兵势如破竹一般攻克了南方要塞。1863 年，美国总统林肯颁布了《黑奴解放令》。所有黑奴一夜之间成为了自由人。南北战争取得了决定性胜利。当胜利的喜悦荡漾在每一个黑人脸上时，人们不约而同地记起那位可敬的夫人——哈丽叶特·伊丽莎白·比彻·斯陀。因为这位夫人一部伟大的作品导致了这场如火如荼的废奴战争，也引起了世界被压迫民族的觉醒。林肯不无敬意地称她为"发动南北战争的妇人"。

　　哈丽叶特·伊丽莎白·比彻·斯陀于 1811 年 6 月 14 日出生于美国东北康涅狄格州列奇斐市。她的父亲是个基督教牧师，后来在中北部俄亥俄州辛辛那提市担任兰氏神学院院长，是当时美国最有权威的清教徒教士。哈丽叶特姐弟五个从小在父亲的教导下长大，都笃信上帝，关心道德、宗教与社会问题。她的三个兄弟后来成为美国著名的传教士。她的姐姐凯赛琳在哈特福德市办小学，哈丽叶特先在那里读书，后来就在姐姐的学校当教师。

　　在哈丽叶特幼年时，她跟随父亲居住在辛辛那提市。辛辛那提市与南方的蓄奴州仅隔一条俄亥俄河，经常看到黑奴从南方逃过来。在 18 年里，纯真善良的哈丽叶特耳濡目染了大量关于黑奴的悲惨故事。从小，哈丽叶特就从心底厌恶奴隶制度，看到一对对黑人妻离子散，哈丽叶特幼小的心灵在滴血。后来，哈丽叶特与兰氏神学院教授卡尔文·斯陀结婚。当自己的七个儿女幸福地围在自己与丈夫身边时，斯陀夫人又想起了少年时所见到听到的一幕幕黑人父母、儿女生离死别的凄惨画面。斯陀夫人决定要为解放黑奴制度做点什么。在一位朋友的鼓励下，在丈夫的支持下，斯陀夫人开始了一部伟大著作的创作，终于在 1851 年完成，书取名为《汤姆大伯的小屋》。我国翻译界先驱林纾与魏易曾译为《黑奴吁天录》，也有的译为《汤姆叔叔的小屋》。

　　当时，美国北方已掀起废奴运动高潮，"地下铁路"活动日益频繁，引起南方大地主的强烈不满。1850 年，国会通过"安协议案"，南北各作让步，矛盾又平缓下来。1851 年，斯陀夫人的《汤姆大伯的小屋》出版，像一颗重磅炸弹一样，震动了整个美国。小说对于南方奴隶制度的真实描写，重新激起了北方人民的愤怒，使南北矛盾更加尖锐。1859 年 10 月 16 日，废奴派英雄约翰·布朗率领 18 名游击队员攻击弗吉尼亚州的哈柏津国家军火库，企图武装黑人，发动起义。这件事更是火上浇油，内战如箭在弦上，一触即发。1860 年，林肯当选总统，南方各州宣布独立，南北战争终于爆发了。两方史学家都认为，《汤姆大伯的小屋》是美国南北战争的导火线之一。此书刚一出版，销售就达到 30 万册，前所未见。同年，美国作家乔治·艾肯把它改编为话剧，在美国各地上演，盛况空前。后来，《汤姆大伯的小屋》被译成 20 多种语言，改编为各种语言的剧本，在世界各地演出，对于世界被压迫民族的觉醒，起了很大作用。1853年，斯陀夫人访问欧洲，受到人们的热烈欢迎。《汤姆大伯的小屋》已成为世界闻名的著作。

小说展示了一幅幅凄惨的黑奴生活画卷。汤姆大伯是坎特基州一个善良的庄园主家的黑奴管家。主仆原来过着快活融洽的生活。但是，主人谢尔贝因负债累累，受制于人，不得不卖掉庄园中最得力、最忠实可靠的汤姆以及女奴伊丽莎的儿子小哈利来抵债。因为汤姆大伯最值钱，如果不卖他就要拍卖全庄所有的黑奴，汤姆大伯宁愿一个人承担厄运。第二天，汤姆大伯含泪离别妻子与自己早已熟悉的庄园。主人谢尔贝答应将来一定要赎他回来，但谁知此去还有没有生存的可能？汤姆大伯被奴隶贩子海利带走了。而头天晚上女奴伊丽莎不忍儿子被卖，连夜携子逃走。伊丽莎在爱子之心的鼓舞下，几次险里逃生。特别是在俄亥俄河边时，海利的追兵近在咫尺，前面是冰雪融化的大河，伊丽莎以一线求生的希望，抱着爱子从浮冰上飞奔过俄亥俄河，逃离了魔爪。伊丽莎的丈夫乔治·哈里斯也因不堪其东家的虐待，乔装逃走，途中夫妻二人不期而遇。在废奴派人士的帮助下，终于胜利地逃到加拿大，一家三口取得了自由。而汤姆则在被运到南方的船上，救了一个落水的小姑娘伊娃。小姑娘的父亲圣·克莱亚见他忠厚老实，就买下了他，待他如谢尔贝一家一样宽厚，汤姆与伊娃一家结下了情深，尤其是对伊娃，他像父亲一样照顾纯洁的伊娃。但是，不幸的事终于发生了，体弱多病的伊娃夭折，主人圣·克莱亚因为劝架也不幸受伤而死，一个家败落下来，主母不得不把汤姆卖掉。这次汤姆落到残暴的庄园主雷格里手中。很多奴隶已被他折磨而死。能干的汤姆开始很让雷格里高兴，打算让他当监工，但正直、善良的汤姆却不愿意欺负与自己同样命运的人。雷格里勃然大怒，发疯般地毒打汤姆。这时，汤姆原来的小主人乔治·谢尔贝寻到这里，要赎买他回家，但是汤姆已经不行了，他微笑着死在小主人的怀里。

斯陀夫人从基督教教义出发，以客观的笔触描写了黑人奴隶的悲惨命运，同时也写了黑人奴隶的反抗及正直的白人的帮助，控诉了奴隶制度的罪恶。第一次用现实主义的手法展示美国的社会风情。《汤姆大伯的小屋》是美国第一部具有鲜明的民主倾向的现实主义作品。

斯陀夫人还写过其他的小说，如《居雷德·大荒泽的故事》，也是反对奴隶制度的作品。还有其他如《牧师求婚记》等几部表现清教徒生活的小说。

1896年7月1日，斯陀夫人在哈特福德逝世。虽然斯陀夫人在世界文坛上并不算大家，但她与她的《汤姆大伯的小屋》一起早已世界闻名，被压迫、被奴役的人们永远不会忘记这位受人尊敬的夫人。

## 捕捉雷电的人——富兰克林

1752年7月4的一个雷雨天，狂风呼啸，电闪雷鸣。大家都躲在屋中，以防发生危险。

这时，有两个人却顶风冒雨在野外工作，他们是富兰克林父子二人。

正在美国费城的富兰克林，带着他的儿子冒雨捕捉雷电。富兰克林设计了一个大风筝，为了不让风筝损坏，他用丝绸做原料。在风筝的顶端，富兰克林特意装上了长长的触须一样的铁丝，风筝用细长的麻绳系牢。

这天，雷电交加，富兰克林高兴地说："机会来了！"于是他把风筝放飞到天空中。一个闪电过来，一声巨响，击在风筝上。风筝在雨中淋湿，带上了电，而麻绳由于浸了雨，也成了导体。这样，一瞬间，闪电通过风筝上的铁丝，沿风筝线直向地面上传导而来。

富兰克林在线的端处挂了金属钥匙，导电的一霎那，只见绳子上的纤维全都立了起来，用手和导体接近钥匙，发出耀眼的火花。雷电频繁不止，富兰克林用储电瓶接触了钥匙，迅速把雷电储存了起来。

科学家为了研究自然奥秘是不惜牺牲的。以上过程虽然简单，但对富兰克林来说，却侥幸之极。这是一项直接危及生命的实验，死伤的危险性比健康安全的可能性要大得多。

在研究电的早期，很多科学家献出了自己的生命。富兰克林有一次连接了几个储电瓶，准备用强电杀死一只火鸡，但是操作中失误，他自己碰上了导电处，于是被击昏过去。醒来之后的富兰克林还乐观地说："本来想电死一只火鸡，没想到搭上一个傻瓜。"

富莱克林的"捉电"实验证明了天电与地电是一样的，性质相同，这成为富兰克林的著名发现。

富兰克林是美国历史上人所共知的著名人物。他1706年生于麻省的波士顿市。他的父亲是一位肥皂商，由于子女众多，家境贫寒，富兰克林年轻时做过印刷业的学徒工，后来在费城地区创办了报纸。

在18世纪下半叶，富兰克林成为美国独立运动的领导人之一，成为家喻户晓的英雄和领袖，而在此之前，他早已以科学家的身份闻名欧洲了。

18世纪上半叶，电学研究基本上没有开展，富兰克林也是晚年才研究电，并取得了重大发现的，可见他的科研才能十分出众。人们把他的著名实验称为"费城实验"。

1746年时，他得到了伦敦朋友送来的莱顿瓶，这是当时新发明的储电瓶。由此，富兰克林开始更好地研究雷电了。

通过很多试验，富兰克林发现电可以传导，也就是转移，从一个物体到另一个物体，连续不绝。在莱顿瓶内侧与外侧，一边有电另一边则必然不带电，把电释放，但总的电量保持不变。不同性质的电相接触时，会放射火花。

富兰克林提出"电荷守恒"的概念，后来就成为"电荷守恒定律"。正电与负电的概念是富兰克林提出来的。

1747年，富兰克林在致朋友的信中写到，电是某种电液体构成的，这些电液体渗透在一切物体之中，但是分布并不均匀。只有一个物体内部的电液体与外界的电液体处于平衡时，这个物体才呈现不带电的中性。如果内部的电液体多于外界时，则为正电，反之则为负电。

富兰克林认为，电荷总量不变，电不会被创生而只能转移。这一观念极其正确。虽然他的电液体理论不准确，而且他把正电负电的形成弄反了，但是他对电的转移的认识是至关重要的发现。富兰克林的"缺失"和"多余"的思路被大多数科学家发展，推动了电的理论研究。

富兰克林证明了天电与地电的统一性，破除了迷信说法。他还发明了避雷针。他发现尖端处更易放电，所以想到利用尖端处引电，把天电引入地面，建筑物就不会遭受电击。

1760年，世界首次应用避雷针。富兰克林在费城一座大楼上竖起一根避雷针，人们目睹了避雷针的神奇效力。到1782年，全城安装了四百多处避雷针。据说，教会极力反对避雷针，因为他们认为这样会违反上帝的旨意。

有趣的是，到了19世纪，有个教堂不想装避雷针，去请教爱迪生。爱迪生说到："上帝也有大意之时，你们说怎么办？"教会终于还是装上了避雷针。

电的研究打破了"上帝的灵光"说，更有力地瓦解了宗教神学的理论。电的研究如同火的应用，给人类文明带来长远深刻的变革。

富兰克林，全名本杰明·富兰克林，是美国18世纪科学家、社会活动家。他靠自学成才，在电、光、热、化学、医学等领域贡献杰出。参加了《独立宣言》和《美国宪法》的起草。担任过美驻法大使及宾夕法尼亚州最高行政会议议长等职。1790年，因病去世。

法国经济学家杜尔哥颂扬他："他从天空抓到雷电，从专制统治者手中夺回权力。"

## 火车之父——史蒂芬

1769年，瓦特发明了蒸汽机，动力机器的极大改进使人类进入蒸汽时代。在世界范围内掀起了轰轰烈烈的工业革命。

在矿山，原来主要靠用马拉矿石来运输，费时又费力，所以矿上的人们首先迅速地换上了蒸汽机车。人们专门修建了蒸汽机车的轨道，用来顺利地运送矿石及其他物品。

有些人开始研究：既然能运输货物，应该一样可以运输人才对。英国的矿山技师特莱维茨克开始琢磨这个问题，1803年，世界上第一台蒸汽机车诞生了，这种机车每小时可以行驶6000米左右。

但它面临的危险是出轨，特莱维茨克反复试验都没能很好地解决因震动引起的零件松动脱落以及出轨问题。

1812年，人们认识到了一点：铁轨打滑是机车出轨的主要原因。于是英国的两位技师提出新的方案，他们在铁轨中间又加了一条轨，使两轨道路变成了三轨道路。这第三条轨是锯齿状的，与机车底部的齿轮互相咬合，这样防止出轨，但是仍然没有什么实际进展。

1799 年，史蒂芬逊上了夜校。

他是一名矿工的子弟，而他本人 14 岁时也当上了煤矿矿工。史蒂芬逊对煤矿工人的苦难生活有极深的体会。

工人们挖煤、运煤，受苦受累不说，而且相当危险。

蒸汽机发明后，应用在煤矿上，虽然减轻了人们一定的负担，但是机车的性能并不是十分优良。

史蒂芬逊决心为工人们制造出更加高效率的机车，为大家谋福利。他凭着四年矿工生活积累的对机车构造和性能的经验，要补充科技文化知识，好进一步研究。

1814 年，史蒂芬逊研制的第一辆蒸汽机车在达林顿的矿区铁路上试运行，效果比较理想，速度和动力明显进步了。

但是机车就像一头怪兽，疯狂叫嚣，浓烟滚滚。

火车开动的时候，地动山摇一般，轨道摇摇晃晃，车子异常颠簸，烟筒冒出滚滚黑烟，火星四射。

这个场面太吓人了，附近的树都被烟筒冒出的火焰烧着了，熏得漆黑。

最危险的是，锅炉的温度散不出去，急剧升高，有爆炸的危险。

据说，周围的人们被吵得不能休息，就连牛、马、鸡、狗等家畜也被吓得不吃草、不干活、不听使唤了。人们纷纷表示抗议。

史蒂芬逊开始解决这个问题。

他用导气管把喷出的蒸汽废气引到烟筒里，就把噪声减小了。由于废气排得快，因此加快了炉内的空气循环，使炉内的煤燃烧加快，发出更多的功率，使机车的牵引力变得更大了。

不仅如此，史蒂芬逊还改进了车厢，增加了弹簧以防止震动过于猛烈，他还用熟铁来代替生铁用作路轨，并且在枕木下加铺小石块，增加车轮用来分散压力。史蒂芬逊还想到了要把锅炉安装在车头，这样可以减少爆炸带来的损失和伤害。

从 1823 年起，在英国的"煤都"达林顿和海港城市斯多顿之间修建了一条商用铁路，政府让史蒂芬逊主持修建。

1825 年 9 月 27 日，史蒂芬逊劝服了政府，在这条路上行驶蒸汽机车，开始试车。

很多人认为，铁路和火车不是搭配使用的吗？怎么史蒂芬逊还要劝服政府在路上通行机车呢？

原来这条铁路是给马车准备的。

历史上，铁路的出现比火车早。在欧洲，马车的使用非常广泛，是陆地上主要的交通运输工具。渐渐地，随着矿业的发展，矿产品越来越多，燃料、原料以及成品都需要运输。

在山岭中，在矿井里，人们铺设了木制专线，这是专用轨道，行驶起来要快一些。后来伴随着铁的大量使用，人们为了减少磨损，增大速度，在木制轨道上包上铁皮，逐渐演变，铁轨就代替了木轨。

试车那天，史蒂芬逊的"旅行号"列车拉着6节车厢的煤，20节车厢的乘客，重达90吨，时速15000米。人们都围观欢呼，人山人海，热闹非凡。

1830年，利物浦至曼彻斯特的铁路贯通了，史蒂芬逊的"火箭号"使用蒸汽动力，平均时速达到了29000米，没有出现任何异常。

据说，当时有一场比赛，三台蒸汽机车中"火箭号"载重14吨，速度第一。

## 航运史上的新时代

人类文明的发展依赖交通工具的进步。五湖四海，山河茫茫。一去经年，数载不回的场面是古代所有人都经历过的痛苦。

人是陆地动物，在水上更是无法全力施展自身的能力，大江大河、大洋大海阻断了陆上交流，但自古就有勇敢的人漂洋过海，凭借木制、铁制等等原始的船，以风力这种自然力为动力，航海远行。

然而这样的水上航运费时费力，危险极大。

人们在科技进步的同时，没有忘记努力改进水上交通工具。

瓦特发明了蒸汽机，为动力提供了广阔的天地。瓦特本人有很多天才的创见，他指出应用新的蒸汽机会改进车辆、船只和很多动力设备带动的工具，但是瓦特的主要精力放在蒸汽机的改进上，他自己没有过多的时间和精力去设想蒸汽机的应用。

这些应用的任务有待后人进一步探索并实现。于是各行各业有了很多发明，矿山、冶金及纺织、机械等部门不断地利用蒸汽机带动设备，获得极大的效率。

第一个航运改革值得纪念的人是美国人菲奇，他没能产生影响，作为一名致力研究的人，没能受到重视，他的经历带给后人很多思索。

菲奇于1743年出生于美国。他利用瓦特的新产品——双向式蒸汽机来结合帆船，研究了将近三年。他设想过螺旋器，可以起推进作用并且制做了推进器的模型。

经过多方面努力，出身普通的菲奇艰难地筹措到了一部分资金，研制出了四艘汽船。他的桨式汽船成为世界第一代汽船。但是他没有雄厚的资金作保障，也没有人帮助，只好投诸实用想挣一些钱以供研究。

投入使用的汽船却没有引起人们的关注，乘客也十分稀少。船只还需要维护修理，他的营业越来越困难。1790年，菲奇最先进的一艘汽船在载客途中失灵，更加使人们不满。要知道，新发明哪有一帆风顺的！但是没有人支持菲奇了，人们对他的研究十分漠然。

菲奇中断了他的事业，1798年，在穷困潦倒中死去。

在菲奇之后，有一个人投入到汽船的研究，他产生了巨大的影响，并最终将蒸汽动力用于航运，使航运开始跟上蒸汽时代的脚步。

他就是"轮船的发明人"——罗伯特·富尔顿。

1797年，富尔顿在法国曾经研制了潜水艇，但是实际使用起来很不理想，因此也没能继续下去。

在法国时，富尔顿研制好了一艘轮船，它用瓦特蒸汽机做动力，用明轮桨做助推工具。一天，富尔顿在塞纳河上试航，人们听说研制了水面"怪物"，纷纷跑来观看。船开动了，顶风逆水而行，船缓缓地前移，发出轰轰的声音。

人群中突然有人笑了起来："哈哈，瞧它慢得像什么？"

"蜗牛！"

"又笨又重！"

"又呆又傻！"

人们七嘴八舌讥讽着这艘刚刚起步的汽船。

还有一人大叫：

"看我的！"

只见他在岸边，竟然与轮船一起行走，不一会儿，他竟然超过了汽船，而船却落在后面了！

人们更加开心，哄然大笑。

富尔顿毫不气馁，他对人们说，新发明需要人爱护，要有向前看的眼光，才能有正确的意识。

但是没有人感兴趣。为此，富尔顿向拿破仑建议，希望政府能出资金帮助他。可是拿破仑一见富尔顿，哈哈大笑："尊敬的先生，您让我用它来做什么？打仗？我的军队会在船里饿死的！"

拿破仑这位军事天才也不是全能的，没有想到汽船今后的重大作用，而只顾了眼前利益。

富尔顿同菲奇一样，遭受了打击。

更为沉痛的是，狂风摧毁了轮船，富尔顿只好从头开始。

1806年，富尔顿回到美国，寻找支持者。幸运的是他遇上了发明家列文斯顿。列文斯顿很富有，是一位农场主。在他的资助下，富尔顿解决了吨位重量与推动力的难题，提高了船的速度。

成功的日子到来了。

1807年7月4日，富尔顿成功制造的一艘新汽船停泊在美国纽约附近的哈得逊河上。

这艘船样子十分奇怪，表面上看去是木制结构，在船上有一个冒着浓烟的烟囱，船上有船帆，但却没有摇橹的人，当然也没有橹。

富尔顿把这艘船命名为"克莱蒙特"，这次来观看的人依然是人山人海。

人们听说在法国富尔顿曾经失败，都想看看这位发明家的新成果如何。

富尔顿邀请了一些有名望的人，有学者，还有贵族，其中还有很多是他的朋友。富尔顿为大家讲解轮船的性能，并且介绍了它的稳定性。

这回的试航十分成功。人们惊奇地发现，新轮船比帆船要快，而且乘客们感觉很平稳，让人十分舒适。

这艘船运行了32个小时，从纽约到奥尔巴尼共行程240公里。

一时间，搭乘这艘"克莱蒙特"号成为时尚。

不久，美国的史蒂芬逊工程师也发明了"菲尼克斯"号汽船，但富尔顿成为世界上第一位发明汽船的人，人们把菲奇忘记了。

这时的轮船还不是真正的轮船。

因为设计师采用的是明轮推进，而不是螺旋桨。明轮就像车轮，所以，汽船就像车在地面上行驶一样在水面上行驶。

1814年，富尔顿采用明轮为美国海军制造出了蒸汽军舰，威力无比。拿破仑后悔也没有办法了。人们的重大发明往往会被首先用于装备军事力量，轮船也不例外。

1836年，螺旋桨研制成功，船真的成为了"轮船"。1838年，商船"天狼星号"完全利用蒸汽动力横渡大西洋，航运终于全面进入蒸汽时代。

## 画家的物理发明

莫尔斯是一位画家，他对绘画很熟悉，已经从事多年并小有名气。

莫尔斯已经41岁了。

莫尔斯对电学和机械一窍不通。

但是，莫尔斯改行了。

改学了电学与机械。

最后，他发明了电报！

事情要从1832年那个美丽的秋天说起。

"萨丽"号游客轮在大西洋海面上乘风破浪，赶赴美国的纽约。人们互相攀谈闲聊。有一位青年人的谈话吸引了很多人。这位青年人是杰克逊。他不知道，由于他的一次很普通的旅行谈话促使了近代一个重大发明的诞生。

莫尔斯虽然听不懂杰克逊的一些术语，但是电的奇妙却深深地打动了他。他放弃了自己的艺术领域，开始研究"电报"。

莫尔斯把自己的工作间变成了研究室。他在大学担任美术教授，以挣得必要的钱，同时向大电学家亨利学习电学知识。

对于一个41岁的人来说，这是多么不易呀！

莫尔斯先了解了前人的发现：

最早的是安培。安培用26根导线连接两处26个相对应的字母，利用发报端控制电流的开关，利用收报端的字母旁的小磁针感应联接字母的导线是否通电，从而确定信息。

后来就是莫尔斯的老师，美国物理学家亨利了。亨利提出接力赛式的传导，在线路的中间加装电源，以增强电流从而远距离传输。

莫尔斯从亨利那里学习技术与电报理论。他很快就制造了自己的电磁铁，发明了"继电器"。

三年时间一晃而逝，莫尔斯的积蓄不多了，但是发明还是没能成功，一个关键的问题没有解决——26个字母符号太复杂。

终于有一天，莫尔斯看到飞溅的电火花想到了这些："电火花是一种信号，没有电火花是另一种信号，时间间隔也是一种信号，有电与没有电，时间间隔的有无，这可以互相组合代表字母与数字，从而传递信息，双方都知道编码规则，就可以互相翻译了。"

电码与电路的对应关系被解决了。莫尔斯发明了只用点和横两种符号的电报系统，人们称为"莫尔斯码"。

莫尔斯的数学进制与编码知识十分薄弱，他能想到这一点，难能可贵。

莫尔斯特意求助一位机械学知识较丰富的青年人，经过一段时间的紧张研制，莫尔斯终于在自己经济最拮据的时期研制成功了电报机。

1837年9月4日，莫尔斯的电报机在500米范围内工作了，当助手从另一端接收到信号，两人的内容准确无误没有丝毫出入的时候，莫尔斯兴奋极了。

但是国会的议员们认为电报无用。通信即可，为什么要架设专线呢？当时没有发现无线电波，人们认为架设专线发报是费力不讨好的事情。1843年，在莫尔斯的鼓动和再三提议下，又看到别的国家也在进行电报研究，美国国会终于动心了。

经过两年多的铺设，一条由华盛顿到巴尔的摩的60公里实验电报线路成功开通。

1845年5月24日，第一次有线电报发出了。美、英先后成立了电报公司。电报事业迅速在欧洲发展。人们远距离迅速通讯的时代到来了。

## 世界历史五千年

# 俄国故事

## 彼得大帝的海上强国梦

现代的俄罗斯是一个海上强国,这是一个不争的事实。它的海军实力是世界上惟一的一支可以和美国海军相媲美的。但距现在 300 多年之前,俄罗斯却是一个内陆国。为什么俄国的海军现在能够如此的强大?这样的功劳应该归功于被世人称为彼得大帝的彼得·阿列克塞那维奇·罗曼诺夫。

彼得大帝出生于 1672 年,他是俄国罗曼诺夫王朝的第九代沙皇。他 10 岁的时候就已经登基了,但是当时的政权落在他的同父异母的姐姐索菲娅公主的手中。彼得从小就喜欢军事,经常和一群小伙伴玩军事游戏,把他们变成娃娃兵团。他在军事游戏中接受了最初的军事训练,娃娃兵团也成了他日后组建近卫军时最早创设的两个团。

彼得一世身体强壮,精力充沛,性情粗野,对待反对他的人残酷无情,但是他非常聪明,他系统地向西方人学习数学、科学和军事。他一生中学会了许多手艺,在他的一生中大约会 20 种不同的技艺,从造船到拔牙几乎样样都会做。1689 年,彼得一世从他的姐姐手中夺回政权。

彼得一世生平热爱大海,羡慕西欧的先进技术,他要使俄国由一个贫穷的内陆国家变成一个海上强国,他要使俄国的海军悬挂着俄国的国旗,在一望无际的海上游弋。为此他做了一系列为当时俄国人所震惊的事。

首先,他宣布在阿尔汉格尔斯克就地制造战舰,这是俄国历史上前所未有的。为了寻找通向欧洲的窗户,1695 年 1 月彼得一世亲自率领 3 万大军进攻土耳其,企图占领亚速海。但是因为俄国没有海军,不能够从海上包围亚速城堡,而土耳其的舰队却可以经常从海上提供支援,彼得的第一次远征失败了。但是在一年之后,彼得一世组建了一支舰队。1696 年春,30 艘俄国的战舰出现在亚速海上。这一次俄国水陆两军并进,一举攻破了亚速城堡,土耳其战败求和,亚速海落到了俄国人的手中。亚速海战后,俄国海军一举成名。

其次，彼得一世毅然决然地决定组织一个庞大的使团出国参观访问。因为在攻下亚速城堡之后，彼得更加看清了俄国在军事方面的落后，要使俄国成为军事强国必须向西欧学习。所以彼得在 1697 年组建使团出访西欧。他自己装扮成随团人员随团出访。在荷兰的阿姆斯特丹，他进入一家最大的造船厂当学徒工，一直干了 4 个多月。空闲的时候，他总是去参观手工工场、博物馆，访问著名的学者、科学家，许以他们以重金，聘请他们去俄国工作。但正当他在国外考察时，国内射击军发动兵变，要求立索菲娅为沙皇。彼得闻讯急忙赶回国内，迅速镇压了叛乱。

第三，平息叛乱之后，彼得一世开始在俄国进行全面改革。他大力发展工商业，鼓励工业发展，给工厂主许多的优惠条件。他还派遣大批留学生去西欧学习，学习西方的科学文化及工程技术。在政治方面，为了提高政府的工作效率，他参照了西方的模式进行行政改革，把一切权力都集中到沙皇的手中。彼得在生活习俗方面也进行了改革，提出了生活方式西欧化。但是他的这些改革都是以增强沙皇俄国的军事力量为目标的，所以，在军事方面的改革也就成为了改革中的重中之重。彼得一世在军事方面的改革有：创建新军，实行义务兵制。为了训练军官，他开办炮兵学校、海军学院和军医学院等。他引进国外的新式武器与战略战术，建立俄国第一支海军。他为了发展军火生产，甚至连教堂里的铜钟都用来筑造大炮。他于 1704 年开始，决定在波罗的海的海岸建造新都圣彼得堡。在海滨修建新都的同时，彼得大帝又在科特林岛修筑防御工事，兴建喀朗施塔得海军基地，建造船坞和要塞。这些对于俄国取得波罗的海的出海口，使俄国走向世界，向外扩张，成为一个军事强国、海上强国，都有重要的意义。

第四，彼得大帝决定同波罗的海的霸主、欧洲强国之一的瑞典开战。因为俄国虽然在亚速海战役之后夺得亚速城堡使俄国海军一举成名，但是俄国还是没有得到他们梦寐以求的出海口——"朝向欧洲的窗户"。所以被历史上称之为北方战争的一场长达 21 年的战争开始了。

当时瑞典是波罗的海的霸主，它有一支强大的军队。在战争的初期，彼得大帝亲率大军进攻纳尔瓦。他的部队从莫斯科一路行进了两个多月才到达这个瑞典在波罗的海的重要城堡。一连猛攻了两个多星期，俄国军队的弹药都快要打完了，但是纳尔瓦依然牢牢地掌握在瑞典人的手里。而且此时瑞典 18 岁的国王查理十二已经率领一万多瑞典军人先后击败了俄国的盟友波兰和丹麦，然后闪电般地来到纳尔瓦，增援瑞典军队。这时俄军已经疲惫不堪。瑞典军队突然在清晨时发动进攻，俄国大败。这一仗下来俄军几乎全军覆灭，彼得一世侥幸逃脱。

彼得一世回国之后，卧薪尝胆，重新组建自己的军队。他下令全国每 25 户农民出一名终身服役的军人，很快重建了一支拥有 20 万人的陆军；铸造了 300 门大炮，是在纳尔瓦损失大炮的三倍；他命令每一万个农民要缴纳一艘战舰的钱，迅速地造出了 40 多艘大船和 200 多只小船，建立了俄国第一支海军舰队——波罗的海舰队。之后彼得又开始了第二次远征纳尔瓦。他先攻占了纳尔瓦附近的尼恩尚茨堡要塞和吉诺特要塞。第二次纳尔瓦大战开始了，俄军先用炮火轰击纳尔瓦。100 多门大炮猛烈地轰击纳尔瓦一天一夜，纳尔瓦的将军戈恩感到纳尔瓦快要守不住了,决定向瑞典国王救援。但是信使被俄军捉住,彼得一世决定将计就计,让一队俄军扮成瑞典军人,里应外合一举攻破了纳尔瓦。俄军大获全胜,凯旋而归。彼得夺取了出海口,迈出了"朝向欧洲的窗户"的第一步计划。彼得一世决定在叶尼萨利岛上建立彼得—保罗要塞。彼得—保罗要塞地处于大涅瓦河、小涅瓦河的汇合点,控制着通向波罗的海的水路。彼得选中这地方作为未来的首都。1712年,彼得在涅瓦河两岸的荒岛上建立了一座新城市,取名为彼得堡,并作为新的首都。

经过彼得一世多年的努力,使得俄国日益强大、富强,俄国终于成为一个海上强国,建立了强大的海军,圆了彼得的海上强国梦,也使俄国成为西方列强之一。

## "贵族的女皇"——叶卡杰琳娜二世

在俄国的近代历史上,有一位地位非常重要的女沙皇,她以残忍、荒淫、反动而著称于世,她就是叶卡杰琳娜二世。她在一次宫廷政变中杀死了她的丈夫——彼得三世之后,登上了俄国沙皇的宝座。之后,俄国人民在她的残酷统治下生活了35年。

叶卡杰琳娜是德意志一个小公爵的女儿,本名叫索菲娅·奥古斯塔,1729年生于德国。她在15岁时,跟随她的未婚夫俄国的皇储——彼得三世来到了俄国。年轻的叶卡杰琳娜当时不懂俄语,也不懂得俄国的规矩,但是她非常聪明,又机智好学,很快就学会了俄语,并且深入地研究了俄国的历史和风俗。她能够察言观色,生活在宫廷之中逐渐地掌握了贵族之间争权夺势的手段。

俄国在彼得一世改革之后,虽然取得了一些成果,但是彼得死了之后,有一些成果也失去了。其中贵族成了不受约束的特权阶层。不同的贵族派系因为各自的利益在1725—1762年发动了多次政变,推出对自己有利的人担任沙皇。在历次的政变中,由贵族组成的近卫军都起到了重大的作用。

叶卡杰琳娜与彼得三世结婚之后,两人的关系一直不好,所以她一直生活在一个孤独的环境之中。但是随着她对俄国宫廷权术的了解,逐渐增长了她在政治上的野心。1762年的宫廷政变中,她在自己的情夫奥尔洛夫(近卫军军官)的帮助之下,推翻了她丈夫彼得三世的统治,自己当上了女皇,开始了她长达35年的统治。

叶卡杰琳娜在当上沙皇之后,在经济和统治上实行了一些"开明"的政策。因为俄国是一个农业国,她强调农业生产,为了很好地发展农业,她还允许发表一些批评农奴制的言论。她还接纳许多的外国移民,把他们安置在南方新征服的土地之上。她还允许自由贸易,逐步地放弃重农抑商的政策,实行了一些有利于资本主义发展的政策。

叶卡杰琳娜在政治上的"开明"主要是在口头上,她为了表示要对国家制度进行全面改革,于1767年召开了一个立法委员会会议,并且为会议的召开精心地拟定了一个《训谕》,其中大量引用启蒙思想家的言论。《训谕》在欧洲各国引起了强烈的震动,法国甚至禁止它的传播。但是这些都是只说不做而已，到1768年，女皇以对土耳其开战为理由，解散了会议，就连这样口头上的"开明"也都取消了。

叶卡杰琳娜被称为"贵族的女皇"，她竭力加强封建农奴制的专制制度，以扩大贵族的特权。她经常把土地和土地上的农奴一同赐给贵族，以示她的恩赏，最多一次赏赐的农奴高达80万人。1765年，叶卡杰琳娜赐给贵族可以任意放逐农奴去服苦役的权力，并在两年之后禁止农奴对贵族作任何的控告。就是因为叶卡杰琳娜给予了贵族这种为所欲为的权力，所以贵族才能够放手施为，任意地对待农奴。女贵族萨尔蒂娃在十年中亲手折磨致死的农奴多达140人，其中大部分是妇女和孩子。叶卡杰琳娜的专制统治就是建立在这样一种落后野蛮的基础之上的。

在叶卡杰琳娜二世这种野蛮、残酷的统治之下，于1773年终于爆发了大规模的农民起义——普加乔夫起义。这是俄国历史上最大的农民起义，起义从乌拉尔山区扩大到伏尔加河流域，并在占领的地方建立起农民政权，处死贵族、农奴主和官吏，取消了封建义务，使农民获得了土地和自由。叶卡杰琳娜二世使用非常残酷的手段对农民起义军进行镇压，由于农民起义军是由农民领导的，没有先进的思想作指导，而且起义军过于分散。所以，在1775年2月起义失败了，普加乔夫被捕，送往莫斯科处死。声势浩大的农民起义虽然失败了，但是起义军沉重地打击了封建农奴制的统治。叶卡杰琳娜二世在镇压了普加乔夫起义之后，在1775年对地方行政机构进行了一次重大的改革，集中了行政权力，加强了贵族的国家机器。在10年之后，叶卡杰琳娜二世颁布"敕书"，确保了贵族占有土地和农奴的权力和以前所赐的一切特权，使农奴主贵族专政进一步加强起来。

叶卡杰琳娜在加强对本国农奴统治的同时，也力图把农奴制扩展到国外，她充分地利用当时欧洲大国之间的相互争夺和不和，来实现"俄国从不改变、从不忽视的目标——俄国的世界霸权"。叶卡杰琳娜的政策是：兼并波兰；把德国变成未来的瓜分对象；占领君士坦丁堡；夺取芬兰；用国际法的限制性条款来削弱英国的海上优势；在土耳其帝国的基督教徒中煽动起义，以及用"开明"和"进步"的口号来掠夺领土，使用暴力，进行镇压。叶卡杰琳娜为了她的这个目的，同普鲁士和奥匈帝国三次瓜分了波兰，攫取了从德维纳河到涅瓦河的大片领土，在波兰建立起了血腥的殖民统治，向欧洲打入了一个楔子。与此同时，叶卡杰琳娜又在南方同土耳其发动战争，兼并了克里米亚，把俄国的西南界从第聂伯河推进到德涅斯特河，把黑海北岸大片土地并入俄国版图，并且俄国船队还获得通过博斯普鲁斯海峡和达达尼尔海峡出地中海的权利。叶卡杰琳娜二世在欧洲疯狂扩张的同时，还在亚洲进行蚕食和鲸吞，先后吞并了高加索、哈萨克草原，并且在北美洲的阿拉斯加和加利福尼亚建立了殖民地。直到叶卡杰琳娜二世快要死的时候，她还在吼叫："假如我能活到200岁，欧洲全部会落到俄国脚下。"这是一个至死不改的疯狂的沙文主义者。

叶卡杰琳娜二世以革命的敌人自居。当1789年法国大革命时，她派出10万大军镇压了受法国影响的波兰起义。从那时起，叶卡杰琳娜和她的后继者一直都奉行着追求世界霸权的目的，而沙俄一直都充当着欧洲反动势力的堡垒和镇压革命的世界宪兵的角色。

## 普加乔夫起义

普加乔夫起义是俄国历史上规模最大的反农奴制的农民战争。

1773—1775年，起义的烈火燃遍了今乌拉尔河沿岸、乌拉尔南部和中部、西西伯利亚、长马河沿岸和伏尔加河中下游广大地区，波及当时的奥伦堡等6个省，总面积达60万平方公里，人口约300万。

"有压迫就有反抗"，起义的爆发是有其历史原因的。18世纪中叶，受资本主义经济发展影响的俄国农奴制度开始瓦解，各族劳动人民受到严重的政治压迫和经济掠夺。

农奴制法令规定，农奴属于农奴主的财产，农奴主对农奴拥有绝对权力。农奴主可以任意流放、监禁农奴，蹂躏女农奴，也可以将农奴赠与、买卖、抵押。农奴失去了最基本的人身自由，处于完全无权的地位。另外，农奴的土地不断被贵族地主兼并，各种形式的封建剥削增加。

农民的境遇也在恶化。农民在名义上是自由的，不归属于农奴主，但照样要负担日益沉重的徭役、赋税。工人在极其恶劣的劳动条件下，冬季每天要工作10小时，夏季则是14—15小时，所得的工资非常微薄。工厂主大量使用女工和童工。

地主和工厂主侵占农奴和工人的土地、草场、林场来兴建工厂和矿场，把许多人强迫编入工厂劳动。除沙皇政府向农奴和工人征收皮毛实物税外，地方官府和寺院还勒索名目繁多的杂税，把人逼到了破产和毁灭的悲惨境地。

在阶级矛盾极端尖锐的情况下，俄国各族农民的反抗斗争连绵不断。

在1762—1772年10年间，仅俄罗斯欧洲地区的农民起义就有160余次。

劳动人民的斗争在遭到沙皇政府残酷镇压的同时，反抗越来越激烈。起义人数之多、范围之广，使整个社会处于危机之中。

终于，1773年爆发了伊·普加乔夫领导的全国规模的农民起义。

1773年9月，农民战争首先在俄国东南部地区爆发。普加乔夫组成一支由60人组成的武装队伍，在托尔长乔夫农庄举起义旗。他以彼得三世的身份发表讲话，号召哥萨克人要像祖辈效忠先帝那样效忠于他，他赐予他们"从上源至河口的河流、青草、土地以及钱饷、铅弹、火药和粮食"，让他们自由生息。

起义开始后，普加乔夫的队伍很快扩充到400多人。接连胜利的起义军政治影响迅速扩大，军队人数急增。

10月5日，起义军开始攻打沙皇政府在乌拉尔地区的统治中心奥伦堡城，双方多次发生激战。驻守该城的3000名城防军屡次反扑，企图突破包围，没有得逞。由于冬季早临，普加乔夫不得不安营扎寨，采取了围困该城的策略，期待守军弹尽粮绝。

沙皇政府在数月之后才知发生动乱，迅速调集步兵、骑兵和大炮，甚至从与土耳其交战的前线抽调两个骠骑中队，指派卡尔将军率领，紧急支援奥伦堡。

卡尔率领的讨伐军军心不稳，起义军由于得到群众的帮助，得知讨伐军的行踪，于11月7日至9日三次突击，击溃了卡尔的部队，取得了粉碎沙皇讨伐军的胜利。

起义军声威大振，影响遍及全国各地。以几个地方为中心，由普加乔夫派的将领组织起义。起义军所到之处，得到农民的拥护，农民积极响应。

为了满足广大农奴和农民的要求，普加乔夫提出了更彻底、更激烈的反农奴制纲领。"不召募他们当兵，免除人头税和货币税"。要把受害的农民"从贵族和城市贪官"等凶手手中解放出来，把"贵族逮捕，处以绞杀"。

1774年，农民起义席卷伏尔加河沿岸。农民纷纷派代表并组织队伍迎接普加乔夫，争相传阅他的文告。"几乎没有一处村庄的农民不参加爆动"。

普加乔夫的队伍从7月17日急驰南进，20多天内，未经战斗就先后占领了几个重要城市。各城督军、贵族、地主闻风丧胆，多弃城而逃。

面对如火如荼的农民起义，惊恐万状的沙皇政府急忙与土耳其缔结和约，从前线调回大批部队，派往伏尔加河左岸和顿河地区镇压起义军。莫斯科和邻近各省的城市都加强了防卫。

起义军于8月6日攻占了萨拉托夫城，接着又占领了其他一些城市，继而向伏尔加河下游挺进。当起义军迫近顿河地区时，普加乔夫派代表同顿河哥萨克举行谈判，希望他们参加起义。哥萨克内部的阶级分化使其上层已成为沙皇政府的爪牙；同时，沙皇政府在顿河地区派有重兵，对顿河哥萨克控制极严。因此，在萨尔尼柯夫村，起义军遭到政府军的毁灭性攻击，几乎全军覆灭。在这次战斗中，意欲叛变的炮兵统领丘马科夫故意放错炮位，不战而逃。9月14日当普加乔夫东渡伏尔加河，撤至乌晋河时，丘马科夫、特沃罗戈夫等将他骗到河边，逮捕了他。然后，又逮捕了他的妻子和子女。

1774年11月，普加乔夫被装在特制的笼子里送至莫斯科，被判处极刑。普加乔夫先遭砍头，后被裂尸焚毁，壮烈就义。

各地的起义队伍到1775年秋，被沙皇政府全部打垮和消灭。

俄国最后一次轰轰烈烈的农民战争被封建统治者血腥地镇压下去了，但农民的斗争并没有停止。

普加乔夫起义规模之大，地区之广，反农奴制斗争之坚决和彻底，在俄国历史上都是空前的。但因历史和阶级的局限，没有代表新生产力的先进阶级的领导，起义军的失败是必然的。

虽然起义失败了，但农民起义的觉悟性和组织性比以前的农民起义要强，起义军提出的要求和社会口号更为明确。这次农民起义的意义和影响，自然比俄国以前几次农民起义的影响要大。它沉重地打击了封建的农奴制度，客观上为新社会经济制度的发展和成长开拓了道路。

## "周期王国"的建立者——门捷列夫

俄国的科学不是很发达，这种现象一直持续到 19 世纪。

在 1724 年，彼得大帝听从莱布尼茨的建议，成立了圣彼得堡科学院。第一批院士从欧洲聘请而来，著名的伯努利家族和大数学家欧拉都在俄国工作并定居。

然而俄国内政动荡，政权更迭频繁。直到 1762 年叶卡杰琳娜二世时，才促使科学向前发展，欧拉也是于此时重返彼得堡的。

俄国科学的最伟大奠基人是罗蒙诺索夫。他生于 1711 年，卒于 1765 年。到 19 世纪，罗巴切夫斯基于 1826 年创罗氏几何；19 世纪 60 年代时，季米里亚捷夫揭开了光合作用之谜；化学家门捷列夫发现了元素周期律，使俄国在近代科学的舞台上全新登场，展示了其取得的世界性成就。

门捷列夫是 1834 年出生的，他是家中孩子里最小的一个。在他前面有 13 个哥哥姐姐，这是一个负担很重的家庭。

门捷列夫的父亲是西伯利亚托博尔斯克市一所高中的校长。但是门捷列夫出生后不久，他的父亲就双目失明而退休，全家人的重担落在了母亲一人的身上。她要照顾 14 个孩子，还开办了一家小玻璃厂以维持生计，在千辛万苦的艰难条件下，把 14 个儿女全部养大成人。

门捷列夫高中毕业时，父亲已经去世了。而祸不单行的是，小玻璃厂着了火，被迫关闭。为了能使儿子进入大学学习，母亲带着门捷列夫来到了莫斯科，但是由于条件限制，莫斯科大学不能招收门捷列夫所在地区的学生。

1805 年，母亲又带着门捷列夫去了彼得堡。在朋友们的帮助下，门捷列夫终于进了彼得堡师范学院，这位伟大的母亲看到小儿子已经安排稳妥，放心地闭上了双眼，告别了人世。

门捷列夫深爱着母亲，他将著作献给自己的母亲时这样说："她通过示范进行教育，用爱来纠正错误，她为了使儿子能献身科学，远离西伯利亚陪伴着他，花掉了最后的钱财，耗尽了最后的精力"。

门捷列夫于 1855 年以第一名的成绩获得金奖，正是母亲的爱使他获得永恒的动力。

1857 年，门捷列夫取得了硕士学位，在彼得堡大学讲课。1859 年赴法、德留学深造。欧洲一行使他大开眼界，尤其是 1860 年卡尔斯鲁化学大会上康查罗的论文对他影响至深。他还结识了许多著名科学家，受到了物理化学方面精确的方法训练。

1865 年，门捷列夫成为彼得堡大学的化学教授。

早在 18 世纪，随着各种方法的改进，新的化学元素层出不穷，平均每两年半左右的时间就会发现新元素，化学家们探索元素的联系也在逐渐展开。

1789 年，拉尼锡在自己编写的化学课本中列出了化学史上第一张元素表，并且把当时的33种元素分为气体元素、金属元素、非金属元素、土质元素，开了化学分类方法的先河。

1814年，瑞典化学家从大量化学反应实验中，测定了许多元素的相对原子量，原子量的测定走上正规。贝采留斯是做这项工作的重要人物，他画出第一张原子量表。

1815年，英国医师普劳特发现了一些元素的原子量近似于氢原子量的整数倍，提出"氢原子构成一切元素"的假想。这种设想虽然是错误的，但却启发人们深入思考元素间的联系。

1829年，德国的德伯莱纳从当时已知的54种元素中抽取15种，按照类似性分为三组，提出"三素组"假设。结果发现，同一组的元素的原子量排列具有规律性。

1843年，盖墨林制成了一张按元素性质分类的化学元素表。

1862年，法国地质学家尚古多按元素原子量的递增顺序排在一个螺旋柱上，提出元素性质变化就是数的变化，并且发现了约以16为周期，元素性质重复近似。这是第一次认识了"周期性"。

1864年，奥德林发现，元素性质随原子量递增而呈同期性规律，但他只是看到了这种现象，没有详细深入下去。

同年，德国化学家迈耶尔建立"六元素"表。

这一系列的工作，正在逼近元素周期律的本质发现，为门捷列夫的伟大发现创造了前提条件。

但其中有一件事我们却要注意到，当1866年纽兰茨认为"从一指定的元素起，第八个元素是第一个元素的某种重复，就像音乐中八度音程的第八个音符一样"把自己《八音八律与原子量数字关系的起因》论文在英国伦敦召开的化学学会上宣读时，引起了人们的普遍嘲笑，除此之外没有任何人再注意他的理论了。

1868年，门捷列夫要为《化学原理》课程写讲义、编教材，他开始思考元素排列问题。他认为，元素不能混乱排列，教课也不能胡讲。于是，他开始探索其中的规律。

人们发现，这个大教授在玩牌。他把元素写在一张张的卡片上，颠过来倒过去，排列着并且思考着。大家觉得奇怪又好笑，以为门捷列夫想化学想出毛病来了呢。

当他说明是在研究周期与性质时，人们更加嘲笑他，老师们和一些知名的教授都不支持他，说他"异想天开"、"不务正业"。因为在人们的心目中，一个化学家不去做实验，老是摆弄一些花架子，怎么能行呢？

其实，他们是走向了极端，一个人老是空想当然不对，但是埋头实验不总结也是错误的。别看门捷列夫在摆弄数字，他的很多实验是建立在对这些数字的深刻认识基础之上的。

1869年3月1日，门捷列夫完成了周期表，化学史上"伟大的一天"到来了。门捷列夫在深思熟虑之后，把当时已知的63种元素的主要性质和元子量写在卡片上，排列出了元素周期表。

1869年4月，门捷列夫用俄文发表了《元素性质和原子量的关系》的论文，阐述了元素周期律的基本观点：

其一，按照原子量的大小排列起来的元素，在性质上呈现明显的周期性。

其二，原子量的大小决定元素的特征，正像质点的大小决定复杂物质的性质一样。

其三，元素的某些同类元素将按它们的原子量大小而被发现。

其四，由某元素的同类元素已知，可以推测并修正该元素的原子量。

1871年，门捷列夫又修改和完善了周期表，就是我们现在所见的周期表。

然而，和英国的纽兰茨相同，门捷列夫遭到嘲笑，继而，人们竟然把这件事忘记了。只有一个人没有忘，他就是门捷列夫本人，他不怕嘲笑，义无反顾地在科学的道路上继续前行。

门捷列夫把已知的63种元素排好之后，还空下了许多位置，这是预言新元素发现的。门捷列夫还留下了类硼、类铝、类硅的空位，并且是在人们没有发现这些元素之前。

1876年8月27日，法国化学家布瓦博德朗在庇里牛斯山用光谱分析闪锌矿，他意外地发现了一种新元素，比重是4.7。

他十分高兴，因为这种元素小到只能在显微镜下才能看清。由于法国古称"高卢"，所以，布瓦博德朗取了"高卢"发音的第一个字母，命名新元素为镓，现在我们把它记作Ga。

成果发表在《巴黎科学院院报》上，学界十分注目。

然而不久，布瓦博德朗收到了一封信。

信中说："您发现的镓，就是我预言的类铝。四年前我预言它的原子量接近68，比重约在5.9左右，而不应是4.7，请您详细核查。"

布瓦博德朗大吃一惊，因为他知道这种新元素只有他自己拥有，而且仅有一毫克在实验室中存放，难道他是先知？陌生的门捷列夫？

不是门捷列夫先知，而是科学规律是先知。布瓦博德朗重新测量了镓的比重与原子量，结果发现，门捷列夫预言极其准确！

布瓦博德朗向化学界说："我认为没有必要再来说明门捷列夫先生的这一理论的伟大意义了。"

至此，化学界把遗忘了数年的门捷列夫元素周期论重新想起，门捷列夫成为世界级大化学家。

之后四年，"类硼"被发现。1886年"类硅"被发现，而且数据预言得相当准确，人们叹为观止。

恩格斯评价："门捷列夫不自觉地应用黑格尔量转化为质的规律，完成了科学上的一个勋业，这个勋业可以和维勒列计算尚未知的海王星轨道业绩同等。"

取得了这样大的功绩和地位，门捷列夫没有骄傲。当时迈耶尔几乎也同时与他一起提出元素周期律，并且迈耶尔还略早于门捷列夫。不过他没有勇气面对嘲讽和不信任，因而错失良机。

门捷列夫与迈耶尔没有丝毫争执，二人互相尊重，十分友好地会面交谈，这与门捷列夫的优秀品质是分不开的。

门氏曾经公开地抗议沙皇迫害学生的行为，据说，这使他在诺贝尔奖的投票中以一票之差被不公平地排除。有人找理由说他的成果相当陈旧，又过了若干年，诺贝尔评奖委员会决定授予门捷列夫奖项时，他已经去世了。

然而，在科学史上的门捷列夫永远活在人们心中。为了纪念他，第101号元素命名为"钔"。

## 俄罗斯科学之父——罗蒙诺索夫

M. B. 罗蒙诺索夫，在俄国堪称伟大的学者。他是一个百科全书式的科学家。在他二十余年的研究生涯中，取得了多种学科成就。他的研究遍及化学、矿物学、物理学、天文学、冶金学、航海、地质、语言、历史、教育、哲学和文学等广大领域。

他1711年生于俄罗斯北方的一个小岛，父亲是渔民，家境贫寒。19岁之后，他去莫斯科上学，1936年进圣彼得堡学院并去德国留学。

1745年，成为俄国科学院的教授。他独立提出了物质和能量的守恒定量，并且创办了莫斯科大学。正是他为俄罗斯科学打下了基础，成为"俄罗斯科学之父"。

在18世纪以前，俄罗斯的化学登不上大雅之堂，正是罗蒙诺索夫使俄国化学在世界拥有了自己的位置。

我们知道，燃素说是从斯塔尔那里系统起来，一直影响到18世纪的。

燃素说认为物体中含有燃素，燃素逃离的过程就是物体燃烧的过程。为什么能冶金，就是因为矿石里没有燃素，木炭里有燃素，加热后矿石从木炭中夺走了燃素，所以矿石变成了金属。怎样证明金属中也含有燃素呢？可以用锻烧来证明，经过锻烧，可以发现有灰渣，灰渣不能燃烧，证明燃素逃离出去了。

1748年，罗蒙诺索夫建立了俄国第一个化学实验室，开始着手研究"燃素说"。他要通过实验来证明"燃素"到底存在与否。

在此之前，罗蒙诺索夫在德国留学时，就开始怀疑燃素说。

罗蒙诺索夫用了专用的容器，把称好重量的金属装入容器中。有铅、铁、铜等物。这些金属装入不同的容器，开始加热。渐渐地金属熔化了，之后慢慢冷却。在整个实验过程中，罗蒙诺索夫把容器全都封死了，别的东西进不来，空气也不可能流通。

按照燃素说的说法，燃烧是外界的火微粒进入物体之后才产生的，而罗蒙诺索夫把容器封死后，依然能燃烧，假如火微粒不能进入容器，燃烧就不应该发生。有人说，火微粒是可以穿墙越壁的。

那么好办，燃素应该逃离出去，称量一下冷却后的灰渣就可以了。结果发现灰渣不仅没有减少重量，反而更加重了。

这样，罗蒙诺索夫就找到答案了。原因就在空气之中。果真，空气的重量比原来减轻了。

1760年，罗蒙诺索夫在《论固体和液体》一书中写道："自然界中的所有化学变化，是一种物质失去多少，另一种物质就增加多少的过程。也就是说，一个地方失去了多少东西，另一个地方就增加多少东西。世界万物只有从一种现象变为另一种现象，只有变化，没有无中生有，也没有从有到无。物质是转化的。"

这之后，拉瓦锡取得了更大进步，建立了燃烧理论。

罗蒙诺索夫是世界第一个观测并记下水银凝结现象的人，还是第一个发现金星有大气存在的人。

俄国大诗人普希金称他为"俄罗斯的第一所大学"。

## 俄国天文学的奠基人——斯特鲁维

19世纪，方位天文学进入天体物理学。天体物理学标志着人类探索宇宙的新进展，这是一次质的飞跃。

在观测天文学中，恒星视差的发现具有无与伦比的意义。

什么是恒星视差呢？正如天才的布鲁诺所预言的那样，恒星不是看起来一成不变的，它们也在移动，不过恒星离我们实在是太遥远了，所以，在基础观察阶段，尤其是用肉眼，是无法看到这些移动的。

英国的天文学教授布拉德雷想证明恒星视差，但是却没有成功，然而却意外地发现了光行差。他所能分辨的精度相当于离1万米之外看一根1米长的棍棒。可是恒星离我们出奇的遥远，单凭发现光行差所能分辨的精度根本无法准确地识别行星视差。

恒星视差，就是地球与恒星之间的距离问题。在观测天文学阶段，这是一道难题。1834年，德国血统的俄籍天文学家斯特鲁维着手研究这一问题。

斯特鲁维1794年出生，他一直学习的是文科课程，以至到了30岁时还是语言学的准博士生。1825年，31岁的斯特鲁维递交了一篇论文名为《杰尔宾特天文台的地理位置》。就是这篇论文被导师们所欣赏，理科教授予以承认，从此，他开始了真正热爱的工作——天文研究的生涯。

斯特鲁维用自己新制的天文望远镜观测织女星，天文学中称阿耳法星。整整观测了三年，他发现了织女星0.25角秒的周年视差。同时，1784年出生的德国天文学家贝塞尔也在观测视差。

他使用的方法比斯特鲁维更为先进。所以他的测量也更加准确。他使用了测量被测恒星与它附近恒星之间夹角的方法。斯特鲁维的方法是：选定了一个固定的时间、固定的地点观测，然后隔一段时间就在同一地点再观测。这样就会发现恒星的位置发生了移动。

英国人亨德林也观测到了一些恒星的视差。

这里面最准确的当属贝塞尔。但是因为他晚一年发表研究成果,所以世界上最早发现恒星视差的人是斯特鲁维。

恒星周年视差的发现有一个突出的贡献,即测定日地距离。也就是说,找到了一把"量天尺"。

半人马座的阿耳法星,它的视差最大,那么就可得知它是第一次测出的离地球最近的一颗恒星,因为越远的恒星越不易察觉出它的移动。人们把离地球最近的这颗恒星称作比邻星。就是这样,如果和太阳离我们的距离相比,也是远得多。

宇宙中离地球最近的恒星是太阳,比邻星到地球的距离是日地距离的272000倍!太阳系在宇宙中真是沙粒一般。

斯特鲁维发现并测量了双星和聚星。和赫舍尔相同,他发表了双星表。

斯特鲁维的观测达到当时世界的先进水平,在天体物理学时代到来之前,他做出了旧时代的后期巨大贡献之一,和海王星的发现一起载入史册。

斯特鲁维创立了当时世界最先进的天文台即普尔科夫天文台,使此地成为"世界天文学之都"。他奠基了俄国天体测量学。

## 俄国最伟大的诗人

亚历山大·塞尔盖耶维奇·普希金是俄国最伟大的诗人,他是俄国现实主义文学的奠基人,是"俄国文学之始祖"。普希金开创了俄国文学的辉煌时代,他的《叶甫盖尼·奥涅金》的光辉形象成为世界文学中的瑰宝。

普希金于1799年6月6日出生在莫斯科的一个古老的贵族世家。他父亲是个军官,经常不在家。母亲性格怪僻。年幼的普希金被农奴出身的奶妈带在身边。普希金从小在优美的民间故事中长大。年幼的普希金便表现出惊人的天赋,在他8岁时就开始写诗,获得当时一位老诗人的称赞。1811年,普希金人贵族子弟学校学习,受到法国启蒙思想的影响,与一些十二月党人走得很近。青年时代,普希金被俄国战胜拿破仑大军的激情鼓舞,写了很多歌颂自由、反对专制暴政的抒情诗。如《自由颂》《童话》《致恰达耶夫》《乡村》等。在《致普柳斯科娃》中,普希金这样写道:

"我只愿歌颂自由,

只向自由奉献诗篇,

我诞生到世上,而不是为了

用羞怯的竖琴讨取帝王的欢心。"

普希金的诗歌迅速传播开来,引起沙皇的恐慌。1820年,普希金被流放南俄。在那里,普希金同十二月党人更加接近。参加他们的秘密集会,写下了更为激进的诗篇,有《短剑》《囚徒》《致大海》《强盗兄弟》等。其中较为著名的是叙事长诗《茨冈》,是作者由浪漫主义向现实主义转变期间的作品。诗中讲述了这样一个故事：主人公阿乐哥是一个贵族青年，因与文明社会发生冲突，逃到自由的茨冈游牧人中间，并与他们一起流浪。流浪生活中，阿乐哥与茨冈姑娘真妃儿相爱并结婚。但两年后的一天，阿乐哥发现真妃儿另有新欢，他怀着自私与嫉妒的心情杀死了真妃儿与她的情人。阿乐哥的残暴行为遭到茨冈人的唾弃，被茨冈人抛弃在荒原上。诗人以茨冈原始纯朴的美德与文明社会的"美德"相对比，揭露了贵族阶级自私的本性。

1824年，普希金因与南俄总督产生冲突，被放逐到父亲的领地来哈依洛夫斯科耶村。在这里，普希金阅读了大量历史文学著作，深入民间生活，创作出历史剧《鲍利斯·戈都诺夫》，揭示出人民群众的巨大力量，痛斥了与人民为敌的专制统治与背叛祖国的丑恶行径。

十二月党人起义失败后，俄皇尼古拉一世为了笼络人心，把著名的诗人普希金召回莫斯科。但是普希金并没有被这种假象所迷惑。当十二月党人被大批地杀害与流放时，普希金写下了《致西伯利亚的囚徒》，托一个十二月党人的妻子带到西伯利亚，这首诗在囚徒中间广为传诵：

"沉重的枷锁会掉下，

阴暗的牢狱会覆亡，

自由会在门口欢快地迎接你们，

弟兄们会把利剑送交你们手上。"

1830年，普希金创作了他最为著名的诗体小说《叶甫盖尼·奥涅金》。叶甫盖尼·奥涅金是一个俄国贵族青年，他生活在一个优裕的环境中，受过大学教育，读过大量西方经典著作。他什么都学过，但什么都半途而废，因为他不知道干这些事有什么意义。他只觉得贵族生活无聊，他厌倦了每天的歌酒舞会，干别的又不愿意受苦，结果他的生活更无聊，心里也更苦闷。于是他又不得不去参加那些聚会，以打发无聊的时间。有一次，奥涅金为了继承教父的财产来到一处乡下农庄。在这里他结识了一位乡下小地主的女儿达吉雅娜。奥涅金城里人的潇洒气质吸引了达吉雅娜。达吉雅娜大胆地吐露自己的爱情，但是已厌倦了红粉交际的奥涅金对达吉雅娜的真爱不屑一顾，谁会爱上一个乡下丫头？奥涅金拒绝了达吉雅娜。后来，有一次奥涅金的好友连斯基邀请奥涅金去参加自己的舞会。在这次舞会上，连斯基要与达吉雅娜的妹妹奥尔加举行订婚仪式。奥涅金衣着华丽地去了。他怀着恶作剧的心情频频邀请奥尔加跳舞，结果奥涅金反而成了舞会的主角。风流倜傥的奥涅金故意让奥尔加为之着迷。结果把连斯基的订婚舞会给搅了。奥涅金却像无事人一般回了家，这使连斯基受到莫大的污辱，提出与奥涅金决斗。奥涅金知道这都是自己造成的错，他毫不犹豫地走上决斗场，而且给自己找了个冠冕堂皇的理由"为家族的荣誉而战"，并且毫不犹豫地杀死了自己的好友连斯基。决斗之后，他也感到羞愧，远游他乡。在外面同样一事无成。游荡的心消退之后，他回到家里，听说社交界又出了一位有名的贵妇人。他因无聊又去参加舞会，谁知那位气度不凡、美若天仙、温文尔雅的贵族妇人竟是当年被他拒绝的达吉雅娜。奥涅金被达吉雅娜迷住了。他想依靠当年的旧情得到达吉雅娜，但是，如今的达吉雅娜虽然心里仍有当年奥涅金的影子，但她知道，奥涅金追求的不是过去的达吉雅娜，而是光彩夺人的贵妇人。达吉雅娜拒绝了奥涅金的爱。普希金成功地塑造了贵族青年奥涅金的形象，是对当时苦闷彷徨的一代觉醒的贵族青年的真实写照。奥涅金成为俄国文学史上著名的"多余人"形象。此外，普希金还塑造了一个大胆追求自由爱情的俄国女性形象达吉雅娜。达吉雅娜具有俄国女性一切优良的品质，但在当时的社会条件下，她的追求必然成为幻影。《叶甫盖尼·奥涅金》描绘了一幅真实的俄国生活画，成为俄国文学史上的开山之作。

除了《叶甫盖尼·奥涅金》之外，这一时期普希金还写了《别尔金小说集》《石客》《吝啬的骑士》《莫扎特和沙莱里》《瘟疫流行日的宴会》等 4 个剧本以及 30 多首抒情诗。其中最为著名的是短篇小说《驿站长》。小说讲述了一个小人物的悲惨命运。小驿站长维林，善良老实，每天辛辛苦苦地为旅客服务，但遭到往来官吏的辱骂欺侮。还好，他有一个美丽纯洁的小女儿在身边，能够给他许多安慰。可是一天，小女儿被过路军官拐走，从此不知下落。维林十分伤心，不顾年老体弱，凑足盘缠到彼得堡去寻找女儿。但是在俄皇的脚下，他却有冤无处申，无门可入，终于病倒，孤零零地死去。

1831 年 2 月，普希金与一位莫斯科的少女娜尼·冈察罗娃结婚。随后回彼得堡，依旧在外交部任职。由于这时普希金遭到反动势力的极端仇视，夫妻两个经常受到打扰，但普希金更加努力地写作，以充沛的精力反对沙皇的专制统治。他写了《渔夫与金鱼的故事》《黑桃皇后》《上尉的女儿》等，最后一部是普希金又一力著。1836 年，普希金创办了杂志《现代人》，刊载一些激进的文章。普希金更让反动势力坐卧不安。后来，他们唆使人挑拨普希金夫妇的关系，让一个下等军官调戏诗人的妻子。普希金不能忍受如此侮辱，在 1837 年 2 月 8 日，普希金以一个文人的身份与丹特士男爵决斗，结果身负重伤而死。他的妻子隐居乡下，寡居一生。

普希金是俄国最伟大的诗人，是他让俄国文学走上世界。普希金是俄国民族的骄傲，也是世界人民的骄傲。他曾经写过的一首诗《纪念碑》成为他自己一生的写照：

"我所以永远能为人民敬爱，

是因为我曾用我的诗歌，

唤起人民善良的情感。

在这残酷的世纪，

我歌颂过自由，

并且还为那些倒下去的人们，

祈求过怜悯同情。"

## 果戈理与贩卖死人灵魂的人

在一辆飞驰的马车上，一个面目清秀、贵族打扮的先生在沉思："唉，我这个老实人!……趁新的人口调查还没完成之前,我去买了所有死掉的人们来,一下子弄它一千个,然后到救济局里去抵押,那么,每个灵魂我就能得到二百卢布,我总共能得到二十万卢布了?"他脸上露出了微笑,细小的眼睛因兴奋而闪闪发光。他叫乞乞科夫,这辆马车是驶向某省省会的。

这一天,某省省会上流社会出现了一位谦谦君子,他以惊人的谦虚、周到的应酬、优雅的举止博得了所有官吏地主的一致好评,他来这里是"办差"的。几天以后,他开始遍访地主。

这一天,他要去拜访一位拥有上千农奴的巨富。他东打听西打听,来到了一幢与地窖一般的黑屋子前,这位衣着华丽的先生高声叫道:"有人在家吗?有人在家吗?"但是没有一点回音,先生提起乌黑发亮的皮鞋,踏着厚厚的积土走到屋里。显然已经很久没有人来过了。在一堆堆破鞋、锈铁钉、碎瓷片中安下脚之后,先生渐渐适应了屋子里的黑暗与腐烂的气息。他看见了桌子旁有一双贼亮的眼睛,上面是一顶破烂的乡下女仆用的小圆帽,乌黑的脖子上系着不知是袜子还是吊带的东西,可能是领带,身上是零乱不堪的女人睡袍,这是个人,他一动不动地朝望着这位高贵的来访者。"我要找你们的老爷波留希金先生!"我们的来访者小心翼翼地向这个不知是人是鬼的家伙问道。"什么事!"声音如同在地狱中回荡,高贵的来访者惊恐地朝后退了退。"我,我……来同波留希金老爷谈谈购买死去的农奴户口的事。"来访者低着头,一副老实人的样子,"我不怕吃亏,我情愿负担死农奴的人头税。"那双发亮的眼睛突然笑起来,"我就是,您快请坐,我去给您备饭。"一顿忙乱之后,华衣先生望着桌子上的酒菜目瞪口呆。面包是一块块的,上面长满了绿霉菌。甜酒脏乎乎的,里面一个个不知名的小虫在蠕动……

这位男不男、女不女装扮的老爷正是世界四大吝啬鬼之最的富翁波留希金,那位华衣先生就是我们开篇提到的要买死魂灵的"老实人"——乞乞科夫。他们都是震撼了整个俄罗斯的《死魂灵》中的重要角色。而这部伟大的作品的作者就是俄罗斯现实主义文学的第一人——尼古拉·华西里耶维奇·果戈理。

果戈理出生于1809年3月19日,他父亲是乌克兰的一个地主。果戈理12岁时上中学,喜爱文学艺术。19岁时,果戈理独自到彼得堡谋生。起初当小公务员,生活的贫困,卑微的职业,使他对现实生活产生不满,他痛恨周围肮脏的环境,痛恨上层社会那种猥琐的生活。在普希金、别林斯基的帮助与影响下,他更加向往自由,憎恨专制,对现实生活有了深刻的理解。他开始学习创作,并以之为终生职业。果戈理是个天赋很高的作家。1832年,他完成的《狄康卡近乡夜话》使他一举成名。书中描绘了恬静迷人的乌克兰风光,纯朴的社会风气,都充满着浓郁的诗意与传奇成分。果戈理乘胜追击,1835年至1842年,果戈理发表了《密尔格拉得》与《彼得堡故事》。这两部现实主义的力作,给果戈理带来"文坛盟主"的声誉。从此,果戈理转向现实主义,转向对现实阴暗面的讽刺与揭露。他含着眼泪,描写了当时地主们那种丑恶的、动物般的庸俗生活,也表达了对小人物的不幸命运的深切同情。

1836年,果戈理的剧本《钦差大臣》发表,引起社会极大震动。这部揭露官僚权贵丑恶生活的剧本，一经上演，就遭到了反动派的攻击与诽谤。果戈理不得不出国，侨居罗马。

《钦差大臣》描写了一个偏远外省城市的官僚们听说钦差大臣要来视察，他们自信以做官三十年，有骗过三个省长的经验，要再一次上演他们的手段，却不知为何错把一个爱吹牛撒谎摆架子的赫列斯塔柯夫当作了钦差大臣。而赫列斯塔柯夫本来只是一个平时没人理睬、一文不值的十二等文官，他从彼得堡来，路过这里却被当作钦差大臣来对待，当然乐得接受了。一时间市长、警察署长、邮政局长等等各级官吏纷纷登门拜访，呈上贿赂，市长大人甚至献上自己的妻女。这个小文官当然假戏真做，大捞特捞。人民群众得知"钦差大臣"来了，如潮水般涌来告状，揭开了这个城市黑暗的统治。最终，这幕剧以真正钦差大臣的到来，所有官员目瞪口呆而结束。

《钦差大臣》是俄国现实主义戏剧发展史上重要的里程碑，标志着果戈理的现实主义讽刺艺术已完全成熟。在这一基础之上，最终诞生了世界闻名的《死魂灵》。

《死魂灵》早在《钦差大臣》之前就已着手写作。在罗马又经过 5 年的努力，终于在 1842 年出版。"《死魂灵》震撼了整个俄罗斯！"著名文学评论家赫尔岑这样评价。反动势力叫嚷果戈理是俄国的敌人，应当把他绞死。而民主阵营把它评为"划时代的巨著"，揭露了农奴制的黑暗。果戈理虽然预料到这场激烈的论争，但面对现实的斗争，他还是动摇了。果戈理本以含泪的微笑向人民展示了他们自己愚昧的生活，期望统治者能够变革，从而更好地维护统治。他以善良的心却换来那伪善的麻木的判决，这是他所不想要的，他不想与权贵阶级为敌。因此，他退让、妥协，否定了自己的作品。1842 至 1852 年，果戈理全力写作《死魂灵》第二部，企图创造一些道德高尚、热爱劳动的理想人物，他要描写地主、农民亲密合作，共同富裕的理想社会。但是，果戈理终究是个优秀的现实主义作家。他写了改，改了写，始终觉得写得不真实，形象苍白无力，长期处在痛苦的精神挣扎中。1852 年，果戈理在病中痛苦地烧毁了已完成的《死魂灵》第二部，不久，这位颇受争议的伟大作家因病去世。

虽然果戈理本人颇受争议，但他留下的伟大作品《死魂灵》第一部的价值是不容怀疑的。因为这部著作，也奠定了果戈理在文学史上的位置，他是俄国批判现实主义的奠基人，他为 19 世纪俄国文学的批判倾向建立了不朽功勋。

《死魂灵》是俄国现实主义文学第一部具有高度思想艺术水平的长篇小说。果戈理以高超的讽刺艺术描绘了 19 世纪俄国广阔的生活画卷。他以一个骗子乞乞科夫为中心线索，由此展开了对俄国地主阶层的深刻描绘。在这里果戈理极力刻画了五个典型地主形象：有庸俗无聊、故作高雅的玛尼罗夫，作者这样评价他：在最初一见面，他会说："一个多么可爱而出色的人啊！"但过了一会儿，你会想："呸！这是什么东西啊！"如果你还不离开，过一会儿你会无聊得要命。第二个是女地主科罗皤契加，她是一个愚蠢多疑的女地主婆，她小心翼翼地管理自己的财产，又贪图钱财而又怕被人欺骗。第三个地主是罗士特来夫，他是一个地方恶少，每天喝酒胡闹，玩鹰逗狗，滋事打架。任凭我们的乞乞科夫手段多么高明，恶少全不理这一套，几乎把乞乞科夫打死，生意也没成交。

第四个地主是梭巴开维支,他有熊一样壮实的身材,性格也像熊一样残暴,而且与乞乞科夫一样是个精明的骗子,乞乞科夫在这里花了最高的价钱才买到死魂灵,而且还是一个女的。第五个地主就是我们开篇提到的大吝啬鬼波留希金。果戈理通过五个地主的形象展示了俄国农奴制的黑暗,人民生活的困苦,同时还描绘了官吏的丑恶行径。《死魂灵》以其伟大的现实主义典型形象震惊了整个俄罗斯。同时,它也是世界人民所喜爱的无价珍宝。

## 俄国革命时期最伟大的思想家——赫尔岑

赫尔岑是俄国19世纪解放运动中突出的作家、革命家、思想家。他的一生对于俄国革命起了伟大的推动作用。

亚历山大·伊凡诺维奇·赫尔岑于1812年4月6日出生在莫斯科一个显赫的大贵族家庭。其父伊·阿·雅科甫列夫是沙皇禁卫军的上尉。其母是一个外籍女佣。两人由于相爱而走到一起,但是由于身份相差悬殊,父母一直没有举行正式仪式。但是两人相亲相爱共同爱护这个宝贝儿子,这是他们爱情的见证。"赫尔岑"原是德文中"心"字的音译字。

小赫尔岑在如此优越的环境中生活,但由于缺少玩伴和父母由于太爱他对他管教又不严,所以,他就经常跑到农奴家中,跟下等人家的孩子一起嬉戏。他从小就感受到下层劳动人民生活的凄苦与不幸,经常从厨房中偷一些东西给朋友们吃。小赫尔岑很小就懂事了。

后来,赫尔岑渐渐长大了,父亲不能再让他这样玩下去了。于是,给赫尔岑请来两位家庭教师,开始让赫尔岑学习。这两位教师对赫尔岑的一生影响非常大。一位是叫布梭的法国人,他曾经参加了法国资产阶级大革命,他经常向赫尔岑讲述法国人民为了民主、自由而奋勇斗争的事迹。另一位是叫普罗托波波夫的俄国大学生。他经常给赫尔岑讲述革命性的、充满激情的诗歌。此外,赫尔岑的玩伴中,有几个他的亲戚朋友,也非常喜欢现代的科学与民主思想。在他们共同的成长中,小赫尔岑开始向往着革命。

当时的俄国依然是沙皇统治下的封建农奴专制制度的国家。由于统治阶级的残酷剥削,广大人民不堪这种牛马不如的生活,纷纷揭竿而起。1825年,十二月党人在首都彼得堡的参政院广场举行了公开的武装起义,但很快被镇压下去。1826年7月13日,十二月党人的5个重要领导者被绞死,其他大批的起义者被流亡到遥远的西伯利亚。但是,这场战争拉开了俄国解放斗争的帷幕。赫尔岑当时只有13岁,这一声"为自由而斗争"的惊雷在赫尔岑幼小的心中留下了深刻的印象。

1829年,赫尔岑考入莫斯科大学哲学系数理科学习。在大学里,赫尔岑与社会上的革命组织有了更多的接触。他自称为"十二月党人的儿子",并自己组织了一个政治小组,举行秘密的会议,热烈地讨论世界各国的政治活动,揭露俄国与世界各国统治阶级的种种罪恶行为。渐渐地，赫尔岑成为小组中的领袖人物。

赫尔岑在学校中学习很刻苦。由于对俄国社会很多现象、制度产生怀疑，赫尔岑把自己埋入书的海洋中去寻找理论依据。他刻苦地研究社会学、自然科学、政治经济学，从而用完整的理论武装了自己的头脑，开始对人类社会进行思索。

1833年7月，赫尔岑以优异的成绩毕业。他的毕业论文《哥白尼太阳学说的分析》，获得了硕士学位与银质奖章。

毕业之后，赫尔岑依然参加政治小组秘密的集会，探讨各种新的社会思想。但是，由于被人告密，1834年7月，赫尔岑被捕入狱，同时被捕的还有小组中的奥加辽夫。由于这时沙皇反动统治已如惊弓之鸟，一有风吹草动，马上惊恐不安。因此，赫尔岑在没有一项确切罪名的情况下被流放到比尔姆省，后来又被送到维亚特卡省。由此，赫尔岑对沙皇统治更为痛恨，经常愤愤不平，发誓要推翻它。1841年，沙皇特务截获了赫尔岑给他父亲的一封信，信中，赫尔岑痛斥沙皇统治下的罪恶与黑暗，因此又被流放到诺夫哥罗德。

1842年，赫尔岑回到莫斯科。经历了苦难的流放生活，赫尔岑更为成熟了。他接连不断地在进步杂志《现代人》与《祖国纪事》上发表政论、文学作品与哲学论文，抨击农奴制的罪恶，号召人们起来投入到"为自由而斗争"的战斗中去。这一时期，赫尔岑还发表了小说《谁之罪》与《偷东西的喜鹊》等小说。

早在1841年，赫尔岑就开始创作长篇小说《谁之罪》。小说分为上下两部。上部以平民知识分子克鲁采弗尔斯基为主人公。他应聘担任地主涅格洛夫家的家庭教师，指导地主的儿子莱沙的功课。因为他潇洒的仪表、富有磁性的声音，充满青春的智慧与热情的眼神，地主涅格洛夫年轻漂亮的妻子对他产生好感，经常主动关心克鲁采弗尔斯基的生活。但是克鲁采弗尔斯基不爱她，而是爱上地主涅格洛夫的女儿柳邦卡。柳邦卡也被他的丰富的知识与先进的思想所吸引，两人相爱了，这引起涅格洛夫妻子的嫉妒。她总找一些小事给克鲁采弗尔斯基制造麻烦。涅格洛夫一直把克鲁采弗尔斯基看作情敌，巴不得他有个喜欢的女子，于是很快答应了他与自己女儿柳邦卡的婚事，并且在城里替克鲁采弗尔斯基找到一个中学教员的职业。下部以贵族青年别尔托夫为主人公。别尔托夫是一个热情的具有革命精神的贵族青年，他与克鲁采弗尔斯基一家认识，并且爱上了柳邦卡，他认为柳邦卡身上有一种非凡的力量。她第一次让他认识到什么是爱情的力量，什么是一种幸福。柳邦卡虽然是真心爱着克鲁采弗尔斯基，但现在由于贵族青年别尔托夫的出现，她发现了别尔托夫身上具有一些克鲁采弗尔斯基身上所消失的东西，而这些东西能让她产生新的思想和感情，为她的心展开一个新的世界。她忍受着精神的折磨。而克鲁采弗尔斯基由于深爱着柳邦卡，把其他的一切都荒废了。出现了这种情况，他也十分抑郁，每天借酒消愁。别尔托夫爱上了不该爱的人，破坏了别人的幸福，也非常地苦闷，不得不出国去逃避这种矛盾。小说最后以一种悲剧性的忧伤情绪结束。小说提出了一个问题"谁之罪"？把矛头指向了罪恶的社会制度。

而另一部《偷东西的喜鹊》以一个农奴出身的演员安涅塔为主人公。她的主人赏识她的才能，出钱让她学习，带她去意大利与巴黎学艺并且演出。但由于主人突然死去，剧团被另一个地主斯卡林斯基公爵买了下来。他垂涎于安涅塔的美色，想占有她。他用物质引诱安涅塔，被严辞拒绝。这个人面兽心的老家伙意欲闯入安涅塔的卧室，想用强力占有她。安涅塔把他引到镜子面前，让这个公爵看着自己丑陋的面目，说宁愿自杀也不要他这样丑恶的人。公爵恼羞成怒，大骂安涅塔，说农奴是主人的财产，她只是他随意摆布的东西。后来安涅塔爱上一个农奴演员，怀了孕。她不愿意自己的孩子再成为一个让人随意摆布的奴隶，她服毒自杀了。

赫尔岑在他的小说中以下层劳动人民为主人公，赞扬了劳动人民的优秀品质，同时谴责了上层统治阶级的丑恶面目。

1847年，赫尔岑的父亲病故。他继承了巨大的遗产，成为一个富裕者。他更加渴望着革命的自由，但是在俄国，各种思想言论控制得更为严密。赫尔岑为了寻找革命的出路，于1847年3月底来到了法国巴黎。

后来意大利爆发了青年意大利党的领袖马志尼与加里波领导的革命运动，赫尔岑赶到意大利参加了意大利人民所进行的罗马大游行。后来，1848年法国也爆发了革命，赫尔岑得到这个消息后，马上赶回法国，参加了法国人民举行的巴黎示威大游行。但是，起义被反动势力残酷地镇压下去了。由于赫尔岑参加了罗马和巴黎的大游行，法兰西政府把他当作危险分子，将他驱逐出境。这时，沙皇勒令赫尔岑回国。赫尔岑明白回国之后必然受到监视甚至流放，于是，他不听从沙皇的命令，全家迁到了瑞士，并加入了瑞士当地的农民协会。

赫尔岑经过大量的理论、经验总结，认为人民才是社会的根本力量，不能把政府与人民混为一谈。他要让世界了解俄国，认识俄国人民斗争的现状。他写了《俄国人民和社会主义》《论俄国革命思想的发展》《旧世界与俄罗斯》等等介绍俄国的作品。由于赫尔岑与俄国沙皇专制统治一直为敌，俄国政府决定，从1851年3月22日起，剥夺赫尔岑的一切权利，终生驱逐出境。从此，赫尔岑丢掉了贵族身份及各种荣耀，他成了一个没有祖国的人。但是，赫尔岑却非常高兴，他觉得自己为俄国解放事业做的努力取得了效果。"这是让人兴奋的事"，他这样说。

1851年6月，赫尔岑一家又搬到法国南部定居下来。由于家庭连遭不幸：母亲与儿子因沉船而丧生，妻子又病逝，赫尔岑伤心至极，但他很快从灾难的哀痛中恢复过来，投入到斗争中去。

1852年8月，赫尔岑来到伦敦。首先，他创办了一个自由俄罗斯印刷所，专印宣传用的俄文刊物。

1855年，赫尔岑着手创办了一种定期刊物杂志《北极星》。在创刊号上，赫尔岑以十二月党人五领袖的侧面像作为封面，继承十二月党人的传统，刊印了大量在沙皇严密监控下不能发表的作品，例如普希金等人的政治诗等。

1856年，赫尔岑的战友奥加辽夫也来到此地。在他的帮助下，又增加了一个定期文集，主要刊登来自俄国的信件，称之为《俄罗斯之声》。但是，随着革命形势的发展，这些刊物仍不能满足斗争的需要。1857年7月1日，赫尔岑又创办了《钟声》。在这个革命的火焰正慢慢燃烧起来的日子里，赫尔岑以深刻的理念为指导，紧密配合国内的革命斗争，发表了许多专论文章，如《俄国的革命》《解放的果实》《给未来朋友的信》等等。这些刊物取得了巨大的成功，吸引了无数追求自由与解放的人民读者。同时，它竟能越过沙皇边防警戒的重重封锁，送到俄国各阶层手中，甚至连主教与沙皇的宠臣也都人人有一份。由此可以看到这些刊物的巨大力量。

但是，在俄国革命热情逐渐高涨时期，由于赫尔岑远居国外，不了解俄国革命的真实动向，曾经与国内以车尔尼雪夫斯基为首的《现代人》杂志产生了一些分歧。1859年，车尔尼雪夫斯基带着和解的心情来到伦敦与赫尔岑亲切地交谈，交换了彼此的意见，最终达成共识。这之后，车尔尼雪夫斯基与赫尔岑联手合作，一个国内，一个国外，更大地发挥了斗争的力量，终于迫使沙皇进行改革。但是改革之后，赫尔岑清醒地看到沙皇改革的实质。他在《钟声》中写道："解放是一种骗局"，"沙皇用虚构的解放使人民开了眼界。"从此，他对沙皇统治制度进行更为激烈的斗争，号召人民起来斗争，号召士兵转到人民的一边，强调组织革命秘密团体的必要性。赫尔岑利用《钟声》对人民的斗争起了指导性作用。

此外，赫尔岑清楚地看到了自由派的反人民性，对之进行了深刻的批判与揭露。果然，以卡维林之流为代表的自由派看到日益壮大的革命力量感到害怕。他们就以造谣诬蔑、叛变投敌的方式挑拨政府迫害民主派。1862年，政府封闭了《现代人》与《俄语报》等进步报刊。车尔尼雪夫斯基等人被逮捕、流放。

1867年，在《钟声》创刊十周年的时候，这个刊物与读者告别了。赫尔岑说："每一代都有它自己要做的事，我们这一代所应当做的是准备革命的工作。"又说："新的一代已经成年，找到了自己的道路，他们不需要我们的言论，我们没有什么对他们好说的了。"

《钟声》停刊之后，赫尔岑开始研究学习马克思主义。他认为，俄国革命的胜利，必然应是社会主义革命的胜利。他已认识到农民革命的局限性与资产阶级革命的剥削性。到了晚年，赫尔岑终于成为一个马克思主义者了，他还要坚持起来继续进行斗争。但是，长期的革命工作已损害了他的身体。

1870年1月21日，赫尔岑因患肺炎在巴黎与世长辞了。

这位出身贵族的平民革命家以其一生不懈的革命斗争为俄国革命开辟了一条道路，把革命斗争的种子播入每一个受压迫的人的心中。他的功绩将被历史所牢记。

## 贵族作家——屠格涅夫

屠格涅夫是俄国19世纪一位优秀的现实主义作家，全名为伊凡·谢尔盖耶维奇·屠格涅夫。他出身贵族，一生锦衣玉食；写的作品中的主人公也多为贵族，并且在他的作品中最早出现了俄国文学中著名的"多余人"形象，如《罗亭》中的贵族罗亭、《贵族之家》中的贵族拉夫列茨基等。屠格涅夫写作不为名，不为利，因为他什么也不缺，他纯粹是出于爱好，贵族式的爱好。这使得天赋很高的屠格涅夫能以敏锐观察、冷静的笔触去写自己感兴趣的事，自由表达自己的观点、情感。屠格涅夫一生与贵族分不开，称之为"贵族作家"是恰如其分的。

屠格涅夫于1818年10月28日出生在俄国奥勒市的一个贵族家庭。父亲是个退役军人，很早就去世了。这使得其母的性格变的乖戾，常常无故责打下人。屠格涅夫因此觉得母亲是个可怕的人，母子不太亲近。在屠格涅夫9岁时，全家迁到莫斯科。聪明勤奋的屠格涅夫中学毕业后，于1833年进入莫斯科大学学习。因为不喜欢那里的环境，1834年转入彼得堡大学。大学中的屠格涅夫爱好广泛，曾参加进步的学生组织，思想倾向于民主，这时的屠格涅夫表现出对文学的偏爱，曾写过诗。大学毕业后，屠格涅夫到德国柏林大学留学，乘机到附近各国去旅行，了解了不少风俗民情。

1842年，屠格涅夫结识了对他文坛一生至关重要的文艺批评家别林斯基。在别林斯基的影响与鼓励下，屠格涅夫开始写作。从1847年开始，屠格涅夫经常在《祖国纪事》与《现代人》杂志上发表作品。他的第一部小说《猎人笔记》以连载的形式发表，获得文坛上的广泛关注。屠格涅夫以其独特的风格一举成名了。《猎人笔记》以一个贵族猎人在俄国中部山村打猎为线索，描绘了一幅俄国农奴制统治下的真实生活画卷，表达了作者对农奴制的不满。这部作品的发表触怒了沙皇政府，但苦于没有理由不便发作，终于在1852年果戈理逝世后，反动当局明文禁止发表悼念文章。一向自由惯了的贵族屠格涅夫丝毫不把禁令放在眼里，依然发表文章表达对果戈理的深切哀悼。这件事被反动当局抓住把柄，屠格涅夫被逮捕并遭到流放。但是，屠格涅夫毫不屈服，依然创作反对农奴制度的作品，他的中篇小说《木木》就是他在彼得堡拘留所里写成的。

从50年代开始，屠格涅夫开始创作长篇小说。1856年，屠格涅夫塑造出俄国文学史上第一个"多余人"形象罗亭。"多余人"是俄国文学史上独特的产物，是指那些出身贵族、对现实极度不满，而又不去实际做点什么的脱离人民的所谓"贵族革命家"，他们都是"语言上的巨人，行动上的矮子"。1859年，屠格涅夫完成他的"多余人"系列的顶峰之作《贵族之家》。

小说的主人公拉夫列茨基是个总想干一番事业的正直的贵族知识分子，他出生在古老的贵族之家，父母早逝。在拉夫列茨基上大学时，在剧院中遇到一位美貌姑娘，堕入情网。这位姑娘是科罗宾将军的女儿瓦尔瓦拉。婚后，拉夫列茨基沉醉在个人幸福之中，往日的抱负与决心全都烟消云散了。谁知科罗宾将军把女儿嫁给他，完全是看上了他家里的财产，想依靠女儿攫取在自己手里。父女俩成功了。婚后不久，瓦尔瓦拉的本性逐渐暴露出来，她的放纵奢华让拉夫列茨基感到厌倦，他又专心于自己的学业，总想回俄国去干一番事业。但是，这种想法总因某个无关的小事而停顿，不能付诸行动。偶然的一天，拉夫列茨基发现妻子对自己不忠，他一下子像掉入了冰窖。他禁不住这样的打击，通知管家从科罗宾那里收回产业管理权，自己却独身隐居在意大利一个小镇上。

4年之后，他一事无成地回到故乡，住在姑姑给他留下的小庄园里，结识了表姐卡里金娜的女儿丽莎。拉夫列茨基与丽莎在一起很自由，两人相爱了，当时还有一个浮华的年轻军官也在追求丽莎。一次他们在谈话时为俄国的未来争论起来。年轻的军官鼓吹全盘西化，认为俄国一无是处，而丽莎与拉夫列茨基的观点一致，认为俄国的未来在人民手中，从此两个人的心更加贴近。但是，传闻已经死掉的瓦尔瓦拉突然归来，让宗教观念很强的丽莎感到沉重的负罪感。她心灰意冷，皈依上帝，进了修道院，而拉夫列茨基却毫无办法。瓦尔瓦拉得到一大笔钱后，又去巴黎寻欢作乐去了。拉夫列茨基后来在他的庄园里努力改善农民的生活。后来，他重回表姐家里，老一辈都已逝去，只有一群朝气蓬勃的青年人，拉夫列茨基坐在与丽莎曾经同坐过的那张椅子上，回忆着自己无功的一生。他想着青年一代应该比他有作为的。同时，也对自己说道："毁掉吧，无用的生命！"颓然离去。

《贵族之家》以悲凉的笔触描写了贵族在历史舞台上的悄然退场。

1860年，屠格涅夫发表了长篇小说《前夜》，描写了俄国贵族小姐叶琳娜爱上保加利亚爱国英雄英沙罗夫，二人一同去参加保加利亚的解放斗争。英沙罗夫在路上病死，坚强的叶琳娜仍然去了保加利亚，并在起义军中当了护士。但是由于当时的评论家杜勃罗留波夫以《真正的白天何时到来？》为题对《前夜》作了自己的解释。向来自由的屠格涅夫不喜欢别人任意拆解自己的作品，二人发生争论。屠格涅夫愤然退出《现代人》刊物，与革命民主主义者决裂。

1862年，屠格涅夫又完成了他的另一部长篇巨著《父与子》。小说主人公巴札罗夫出身平民，他推崇实用科学，重视实践，信奉唯物主义，他以革命民主主义的立场坚决反对贵族自由主义思想。巴札罗夫在医科大学毕业后到贵族出身的同学阿尔卡狄家中小住。一次偶然的机会，巴札罗夫与持贵族自由主义观点的阿尔卡狄的伯父巴威尔争论起来，结果巴札罗夫大获全胜。不久，巴札罗夫同阿尔卡狄到省城去玩，碰到贵族遗孀奥津左娃。巴札罗夫对成熟漂亮的奥津左娃一见倾心，但遭到拒绝，而阿尔卡狄则热恋上奥津左娃的妹妹。两人回家之后，阿尔卡狄抛弃了曾经有过的革命民主主义思想，安然享用祖上的产业，巴札罗夫则专心于自己的事业。由于上次辩论的失败，巴威尔耿耿于怀，找个机会与巴札罗夫挑起一场决斗。巴威尔负了轻伤，而巴札罗夫随即回到父亲家里。后来，在一次解剖伤寒病人尸体时不小心割破手指，受到感染而死去。

屠格涅夫以清醒的眼睛看到了贵族与平民思想上的隔阂与距离，看到了民主主义必将战胜贵族主义，塑造了俄国文学史上著名的"新人"巴札罗夫。

后来，屠格涅夫又陆续发表了一些文章。其中《烟》最能反映他的贵族主义庸懒、倦怠的思想，而《处女地》则又体现出贵族革命家对政治的看法。1882年，屠格涅夫出版了他最后一部作品《散文诗》，表达了自己思想上的苦闷之情。

1883年9月3日，屠格涅夫因病在巴黎去世。依照他的遗言，遗体运回他的祖国，在彼得堡安葬。从此，俄国消失了一位普通的贵族，而俄国文坛却损失了一位独具风格的贵族作家。

## 古典芭蕾之父——彼季帕

19世纪，在俄国有一位天才的芭蕾大师，他不仅编写了许多著名的剧目，而且塑造了一颗又一颗芭蕾巨星。他就是深为世人敬重的马里尤斯·彼季帕，是他让俄罗斯成为芭蕾第二故乡，是他让俄罗斯芭蕾在世界舞台上展现了无比的辉煌。

马里尤斯·彼季帕为俄国艺术作出了巨大贡献，但是马里尤斯·彼季帕却是个法国人。

1819年3月1日，马里尤斯·彼季帕在法国马赛出生。这是一个艺术氛围浓厚的家庭：父亲是一位芭蕾名师，当时正在布鲁塞尔的蒙奈耶剧院做男主演，并且开始编写剧本；母亲是一位很有才华的戏剧演员。这个家庭有四个孩子，马里尤斯·彼季帕是最小的一个。父亲从小就注意培养孩子们对艺术的兴趣。结果，功夫不负有心人，他的独女成为了杰出的歌剧演员，长子吕西安与最小的儿子马里尤斯则接过了父亲的衣钵，成为了著名的芭蕾演员。特别是马里尤斯最终成为了芭蕾大师，在芭蕾史上留下了自己完美的足迹。

马里尤斯·彼季帕大器晚成。青年时也曾与大明星格丽希同台演出，也获得了成功，但终究不及其兄的表演才华。马里尤斯隐身于偏远小城南特，成为当地一个芭蕾舞团的男主演。在这里，马里尤斯第一次开始了自己的独立创作生涯，如《神权》《波希米亚少年》《布特婚礼》等。

1839年，父亲带着马里尤斯·彼季帕应邀到美国闯荡新世界，结果大败而归，一连几场演出全部亏本。父子两人灰溜溜地回到欧洲。父亲又回到蒙奈耶剧院，而马里尤斯·彼季帕却大为惭愧，回来之后，一头拜在名师奥古斯特·维斯特里名下学艺。凭他的天赋与刻苦，很快舞技大增，做了波尔多舞团的男主演。在这里，他潜心学习研究芭蕾舞及大量的民间舞蹈，创作了许多作品，而且风格渐为成熟。主要有《波尔多美人》《私通》《摘葡萄》《鲜花的语言》等等。

1843年，马里尤斯前往西班牙，在那里，马里尤斯得到进一步深造。他创作了5部西班牙题材的芭蕾舞剧：《石榴花》《马德里少女历险记》《塞维利亚的珍珠》《知难而进》《卡门与她的托雷洛》。

1847年，马里尤斯·彼季帕前往俄国彼得堡，被玛林斯基剧院聘为男主演。在这里，马里尤斯开始了他一生最辉煌的时代。

1858年，马里尤斯凭着自己几十年积累的丰富经验，开始了他创作生涯的高峰。他先后创作了《摄政时代的婚礼》《老实人的契约》《蓝色的大丽菊》《法老的女儿》《唐·吉诃德》等。这些芭蕾舞剧一部比一部出色，马里尤斯·彼季帕以自己出众的才华赢得了巨大声誉。

1869年，玛林斯基剧院的芭蕾大师圣莱昂离职而去，马里尤斯·彼季帕顺理成章地接替了他的位子。

1872年12月27日，玛林斯基剧院的芭蕾演员为庆祝马里尤斯·彼季帕赴俄国首演25周年，举行了盛大的宴会，而且赠给他一顶金冠，来表达对这位法国人为俄罗斯所作出的巨大贡献的谢意。

马里尤斯·彼季帕最为杰出的作品是与俄国作曲家柴可夫斯基合作完成的，那就是《天鹅湖》、《睡美人》、《胡桃夹子》，这三部作品成为了古典芭蕾舞剧的代表作。

《天鹅湖》由意大利著名演员莱妮娅妮作女主演，从而创出了女子"挥鞭转"达32圈的纪录。

《睡美人》更成为马里尤斯·彼季帕的杰作。该剧由许多著名芭蕾演员共同完成。该剧于1890年1月3日公演，马里尤斯·彼季帕在剧中串演了一位仙女。演出取得了空前的成功。著名的芭蕾演员安娜·巴甫洛娃就是随母亲看了这部巨著才决然走上天鹅之路的。

1904年，在俄罗斯青年一代芭蕾演员都成长起来之后，马里尤斯·彼季帕无憾地退了休，从此过着平静的晚年生活，直到1910年安祥地逝去。

马里尤斯·彼季帕一生共创作了54部完整的芭蕾舞剧，复排了17部传统芭蕾舞剧，并且为35部歌剧编排了插舞，而且还完善了古典芭蕾舞剧中双人舞ABA模式与性格舞，从而使古典芭蕾舞剧更为规范。

马里尤斯·彼季帕不仅在芭蕾舞剧的编导上作出最大贡献，而且，他以自己的耐心与热情教导出了一大批优秀的芭蕾艺术家。其中最为优秀的就是后来著名的女芭蕾演员安娜·巴甫洛娃，以及著名的编导福金。

马里尤斯·彼季帕以其一生伟大的成就，无愧于"古典芭蕾之父"的称誉。

## 现代主义作家的鼻祖——陀思妥耶夫斯基

1849年12月22日，阴云笼罩着彼得堡，寒冷的北风呼啸着卷过灰色的原野，撼动着这个腐朽的城市。刑场上，一排整齐的士兵正端起步枪，瞄准着不远处一排衣衫褴褛的死刑犯们。监刑的军官漠然地望着那群囚犯，今天天气真冷，他竖起了大衣领子，随手下达了行刑命令。一个班长站在士兵旁边，高声喊道："准备，一！——二！——……"，这一套他早已练得熟之又熟了。那群囚犯面色苍白，绝望地闭上了眼睛。那个班长也闭着眼睛高喊："——三！"话音还未出口，一个骑兵身跨烈马，气喘吁吁地奔驰而来，手挥令旗，远远地高声喊道："大赦了！大赦了！停止行刑，大赦了！"所有的人为之一愣，班长愤怒地瞪了一眼满脸汗水的传令兵，看见他掏出一张纸递给监刑的军官。他挥挥手，士兵们失望地退出了枪弹。

那群死里逃生的囚犯们，茫然地睁开眼，等明白事情的经过之后，惊喜之余便瘫倒在地上。只有一个身体粗壮、面色忧郁的年轻人木然地立在那儿。他叫陀思妥耶夫斯基,因为在集会上宣读别林斯基致果戈理的信,企图反对宗教与政府而被逮捕,并作为主要分子判了死刑。

现在,死刑已免掉了。不久之后,这一群幸运的死囚犯被押往千里之外的西伯利亚流放地。陀思妥耶夫斯基被判服4年苦役。

费奥多尔·米哈伊洛维奇·陀思妥耶夫斯基于1821年出生在莫斯科一个平民医生的家庭。

他的父亲虽然有贵族称号,但并不是富翁。陀思妥耶夫斯基从小呆在父亲工作的玛丽娅贫民医院中,跟父亲住在一起。下层劳动人民贫苦的生活从小便深深印在了他的脑海里,挥之不去。

13岁时,小陀思妥耶夫斯基开始在一所寄宿学校读书,他非常喜爱文学,自己找来无数的俄国与西欧的著名作品来读。1837年,陀思妥耶夫斯基来到彼得堡,不久,他进入了公费的彼得堡军事工程学校。在这里,他更如鱼得水,痴迷于文学的海洋之中,竟然忘了自己的正式功课。结果,除了文学课一直优秀之外,其他的都是不及格。老师们都特别奇怪,只有他自己毫不在意。最后,他总算毕了业,只不过是已降了两次级。

1843年,陀思妥耶夫斯基从学校毕业,被安排到彼得堡工程兵团工程局绘图处工作了一年,被称为最白痴的绘图员。本来陀思妥耶夫斯基便无心于绘图工作,一气之下,便辞了职,这下更有充裕的时间专心搞文学创作了。《穷人》是陀思妥耶夫斯基的成名作,也是其中篇小说的代表作。

小说以一个凄惨的爱情故事为主线,展示了俄国现实主义生活的阴暗面。陀思妥耶夫斯基采用书信体的形式,尽情地让主人公展示了自己的内心世界。主人公杰符什金出身于平民,文化水平不高,好容易找到一个小公务员的职位。他虽然薪俸微薄,生活清贫,但他依然有自己人格上的强烈自尊。在他的隔壁住着一位善良的姑娘,由于生活贫困,她不得不靠卖淫维生,善良的杰符什金对这位贫苦的姑娘瓦尔瓦拉充满同情,于是他便有意地关心瓦尔瓦拉,因为他自己生活贫困,所以这种关心只能是情感上的,但这足以打动这位身处困境中的姑娘。在杰符什金面前,她才觉出自己是个人,还有人的尊严。于是,她便渐渐对杰符什金产生了感情。这使得杰符什金觉得自己总算还有些用处,在瓦尔瓦拉面前,他寻回了自信,于是两个贫苦的人相爱了。但是,他们却不能结婚,因为,杰符什金自己赚钱勉强度日,根本养不了家。后来,瓦尔瓦拉无以为生,只好嫁给了主贝科夫。两个有情人最终痛苦地分离,默默忍受着命运的捉弄。

这时,陀思妥耶夫斯基还写了《双重人格》《女房东》《白夜》《涅朵奇卡·涅兹万诺娃》等小说,继续发挥他的心理描写的特长。只是由于他过分渲染人物的病态心理,引起评论界的非议,导致同别林斯基等人的分裂。但是,陀思妥耶夫斯基仍然是追求革命的。他参加了进步学生团体彼特拉舍夫斯基的活动小组,积极倡导农奴制废除运动,要求改革不合理的社会制度。最终,导致了他1849年4月23日的被捕,经历了死刑赦免之后被流放西伯利亚。

陀思妥耶夫斯基在西伯利亚的鄂木斯克服了4年苦役，1854年刑满后又罚为边防士兵。经历了近10年的非人折磨，陀思妥耶夫斯基于1859年才获准回俄国中部的特维尔居住。但是，他的性情已大变，冷漠、孤僻、脾气暴躁易怒，且时常发作癫痫病。

回来之后，陀思妥耶夫斯基一直努力写作，因为他已耽误了10年。开始时，他的作品丝毫没能引起人们的注意，因为他已退出文坛10年，人们早已淡忘了他，而且他10年未摸笔，这支武器也有些生疏了。直到他发表了《舅舅的梦》《斯捷潘契科沃及其居民们》《死屋手记》等，才重新登上文坛，重新寻回了观众们热烈的目光。这一时期，陀思妥耶夫斯基完成了他的绝世名作《被侮辱与被损害的》。

60年代后期，陀思妥耶夫斯基的风格已经成熟，从而完成了他几部著名的长篇小说，如《地下室手记》《罪与罚》《白痴》《群魔》《卡拉马佐夫兄弟》等。

其中最完整，给陀思妥耶夫斯基带来巨大声誉的是《罪与罚》，陀思妥耶夫斯基以一件触目惊心的凶杀案为背景，成功地运用了人物的心理描写。

50多岁的小官吏马美拉多夫因政府裁员而失业，从此一家六口生活失去了经济来源。妻子每天卧病在床，早已病入膏肓，一直无钱医治，亲生女儿索菲娅刚满18岁，其他三个寄养的儿女尚且年幼。全家人拥挤在狭窄的过道中，别人家的垃圾污秽都堆积在他们门前。然而，这样恶劣的居所也住不下去了，女房东声称如再不交房租，就把他们赶出去。他们全家人衣衫褴褛，女人们外出只有一条公用披巾，他们没有一种可供换洗的衣服，只好在脱衣入睡之后，病弱中的妻子把脱下的衣服洗干净，夜里晾干，以备明天穿用，食物更是可怜，常常一连几天都在挨饿。马美拉多夫每天更是借酒消愁，使得本来就已疲惫的家庭更是雪上加霜。无奈之际，索菲娅只好出去卖淫以挣些钱敷衍家用，但终究不能挽救这个败落的家庭。马美拉多夫醉酒被马车撞死，埋葬他之后，一家人流浪街头，妻子又心力交瘁，吐血而亡。一个善良的家庭就这样毁灭了。而这一切都被另一个穷困的年轻大学生拉斯柯尼科夫看在眼里，记在心里，又加上自身对贫困的真切体验，联系到社会上的富人们的丑恶行径，于是在义愤之下，他杀死了放高利贷的老太婆。他要用这个蛀虫的钱为穷苦人办上几千件好事。但是，他终究是一个杀人犯。从此，他心里忍受着良心的煎熬经常做恶梦。这件事压在他心里，几乎把他弄疯了。最后，在索菲娅圣洁的灵魂的关爱下，他去警察局自首，并且被判为苦役犯。索菲娅陪伴着他，踏上了苦役之路，两人开始了新的生活。

由于陀思妥耶夫斯基出色的心理描写，他被称为"现代主义小说的鼻祖"。他开创的"意识流"手法，被后辈作家纷纷效仿。

陀思妥耶夫斯基最后一部巨著便是《卡拉马佐夫兄弟》。他以一家三代极端的人性显现，揭露批判了人性中的弱点，如淫欲、暴虐、贪婪等。陀思妥耶夫斯基以广阔的社会历史场景演绎了人性之间的大碰撞。这部书没有最终完成，成为陀思妥耶夫斯基的终生遗憾，世界文学宝库中也因而少了一部辉煌的杰作。

1881年，陀思妥耶夫斯基因病逝世。

陀思妥耶夫斯基以其独特的人格魅力以及他那惊心动魄的心理描写，屹立于文学的峰巅之上。他以其小说中丰富的内容、题材的多样、深刻的分析而越来越引起世人的瞩目，曾经几次出现"陀思妥耶夫斯基热"。有的人尊他为批判现实主义大师，有的人尊他为现代主义的鼻祖，荣誉真是光彩夺目。但这些都说明了一点，那就是陀思妥耶夫斯基在文学史上具有不可估量的重要地位。

## 世上最美的坟墓——托尔斯泰墓

有这样一座坟墓，它没有高大坚硬、雕刻精美的墓碑可以留存千年，也没有威武雄壮的外观可以吸引他人的注意，更没有占据显眼地位以显示其非凡的身价，它甚至连记载墓主名姓的文字都没有留下一个，但却被举世公认为最美的坟墓。它静静地躺在一片郁郁葱葱的桦树林中，春天，它周身开满繁星似的小花；夏天，代之以萋萋的芳草在微风中轻轻摇摆；秋天，片片黄叶飞来，覆盖住它那小小的身躯；冬天，这是一片白茫茫的世界，已分辨不出哪里是它的墓地。然而，这条小小的土埂却使全世界的人在靠近它时都放轻脚步，摒弃一切喧嚣，向它凝神致敬，因为，这里躺着一位巨人，他叫列夫·尼古拉耶维奇·托尔斯泰。

托尔斯泰生于1828年9月9日，他的父亲是一位伯爵，后来托尔斯泰承袭了爵位。生活在这样的一个贵族家庭中，托尔斯泰并没有成长为一名游手好闲的花花公子，相反，他从小就表现出对贵族生活的天然反叛。他鄙视贵族社会的繁文缛节，厌烦上流社会的生活，甚至憎恶家族的财产，对下层人民尤其是广大的农奴表现出同情之心，认为这是社会黑暗和不公的产物。

托尔斯泰在大学期间接触到卢梭、孟德斯鸠的著作，退学后回到故乡经营自己的田庄。他的大半生都是在自己的庄园雅斯纳雅·波良纳度过的。在23岁的时候，他加入军队到高加索服役，并参加了克里米亚战争中的塞瓦斯托波尔战役，任炮兵连长。28岁时，他退役回家。这段亲身经历的战争生活成为日后不朽著作《战争与和平》的创作素材。

托尔斯泰的早期创作是从高加索开始的。从1852年开始，他陆续发表了自传性三部曲：《童年》《少年》和《青年》，显示出了他的心理分析的才能，同时说明他已具有民主思想。车尔尼雪夫斯基曾称这种心理分析为"心灵辩证法"。此后，托尔斯泰创作了不少中短篇小说：《一个地主的早晨》《卢塞恩》《哥萨克》。从这些作品中可以看出，托尔斯泰的思想一开始就处在矛盾之中，他进行着艰苦的思想探索，既不满贵族社会，也厌恶资本主义，可又找不到理想的途径解决这些问题。

在19世纪60年代和70年代，文学史上诞生了两部光耀千秋的著作：《战争与和平》《安娜·卡列尼娜》。这是托尔斯泰呕心沥血的思想结晶，他试图从历史与现实两方面来探索俄国社会的出路。

历史题材的《战争与和平》是一部四卷本，约120万字的宏篇巨作。它以1812年俄国卫国战争为中心，写出了战争年代与和平年代交替出现的广阔社会生活，是一幅气势磅礴的历史画卷。这部小说总共描写了 559 个人物，各个阶层都涉猎到了，上至王公、贵族，下至平民、士兵，而以包尔康斯基、别竺豪夫、罗斯托夫和库拉金四大贵族为主线，反映出各阶层的思想情绪，提出许多重大问题，诸如政治、哲学、社会、道德等。在宫廷贵族与庄园贵族的对比之中表达作者的政治理想，颂扬了作为俄国先进贵族典型的安德烈和彼尔。《战争与和平》庞大严整的结构布局展现了人民战争的宏伟规模，具有了史诗的性质。不足之处是作者竟然把国家前途寄希望于先进贵族的身上，而且流露出鲜明的宿命论思想。

《安娜·卡列尼娜》是作者 1870 年开始构思，1873 年动笔，历时 5 年于 1877 年完成的一部现实生活题材的著作。剧中的女主人公安娜·卡列尼娜出身贵族，良好的教养，非凡的气质，加之以美仑美奂、倾国倾城的外貌，使她近于幻想中的完美。（据说安娜的形象塑造并非凭空虚设，而是作者托尔斯泰曾经邂逅过大诗人普希金的大女儿，就以她为原型创造出来的。）难能可贵的是，安娜还具有一颗求真向善的心灵，她性格倔强，意志坚定，对真正的爱情抱着纯真的信仰和追求。然而在她还是少女的时候，姑母把她嫁给了卡列宁，一个大她 20 岁的思想僵化、呆板冷漠的男人。安娜与他毫无感情可言，只是在封建礼教的维系下保持了 8 年的家庭生活，直到安娜遇到了她所钟爱的情人沃伦斯基。沃伦斯基年轻英俊的外表、潇洒的气质使安娜着迷，以为找到了爱情的寄托。安娜勇敢地走了出来，然而上流社会虚伪的礼教不能容忍安娜大胆的行为，而沃伦斯基也逐渐暴露出他那花花公子的本来面目，他只是迷恋于安娜的美貌，并不能接受安娜真正的感情。当现实全部展现出狰狞可憎的面目时，安娜选择了自杀。她从容地离去了，是的，这个肮脏虚伪的世界是容不下安娜这样品质高洁的人的。

小说另外安排了一对青年的婚姻作为安娜的对比，反映了俄国社会存在的众多问题，如政治、宗教、家庭、妇女等等方面的问题。这是俄国文学史上的又一座丰碑。

托尔斯泰的一生笃信基督教。到了晚年，在仍然没有找到社会出路的情况下，他更加寄希望于基督教的博爱思想，以期能拯救人的灵魂，达到生命的和谐与纯净，从而形成"托尔斯泰主义"。他晚年写的长篇小说《复活》表现出对俄国旧社会空前激烈的揭露和批判，而对"托尔斯泰主义"的宣传也更加集中。

《复活》的写作基础源于真人真事。故事梗概是：作为法庭陪审员的贵族聂赫留朵夫，惊异地发现站在被告席上被指控为杀人犯的妓女玛丝洛娃，竟是他十年前诱骗过的农奴少女卡秋莎。他在良心上深受谴责，并开始忏悔自己的罪过。良心未泯的他四处奔走，尽全力为被诬告的玛丝洛娃伸冤辩白。在上诉失败之后，聂赫留朵夫自愿陪同玛丝洛娃去西伯利亚流放。他真诚的举动终于使心如死灰、面如霜雪的玛丝洛娃感动了。聂赫留朵夫获得了心灵的解脱，而玛丝洛娃则重新树立起人格的尊严，他们两人都得以在精神和道德上"复活"了。

小说以这一故事为线索，全面暴露了沙皇专制制度的黑暗，在法庭上找不到公正，因为那些执法官员一个个都是寡廉鲜耻、昏庸自私的人，各怀鬼胎，无所事事，由此引申到沙皇政权的各个机构,都是无一例外的。此外,贵族地主的腐败,寄生的生活以及资本主义所造成的祸患都在小说中得以充分暴露。农民们穷困窘迫,凄凉破落的生活,正是由于土地的私有制造成的。托尔斯泰在为人民大声地呼喊,他提出的问题正是当时俄国社会迫切需要解决的重大社会问题。由此,列宁称赞他是"最清醒的现实主义者"。

但是,这部小说的缺陷是明显的。从某种程度上来说,它是"托尔斯泰主义"的一种图解,宣传"不以暴力抗恶"、"道德上的自我修养"、"宽恕"和"爱"等观念降低了它的思想价值。

托尔斯泰的人格无疑是非常高尚的。这当然源于他的世界观和人生观。他试图抛弃一切自私自利、寄生压迫的生活方式,在晚年他专心致力于"平民化"的生活:拒绝任何人的服侍照顾,拒绝昂贵的衣物食品,坚持吃素,坚持从事体力劳动,自己动手耕地、浇水、种菜、做鞋,甚至于还打算放弃他贵族的身份、特权和私有财产,为此他和家人激烈冲突起来,几乎达到众叛亲离的地步。他对家人忍无可忍,终于做出了离家出走的决定。

1910年11月,82岁高龄的老人第二次离家出走,年迈体衰的他不幸染上感冒,病倒在阿斯塔波沃火车站。11月20日,一代文豪在那里溘然长逝。

托尔斯泰认为,种树可以给一个人带来幸福,他的坟墓就安置在少年时他种过的几棵树之间。那样朴素、那样静谧,而这正是托尔斯泰高洁心灵的表现。

## 死亡·焦虑·惶惑——柴柯夫斯基

彼得·伊里奇·柴柯夫斯基于1840年5月7日诞生于维亚特斯基省的一个贵族家庭。10岁时,他被送到彼得堡学习法律,并于1859年从法律学校毕业。

但他对法律根本就不感兴趣,只有音乐才能使他感动。于是,从1862年起,他便进入彼得堡音乐学院跟随鲁宾斯坦学习作曲。在音乐学院学习期间,柴柯夫斯基开始了自己的创作,至1865年秋从彼得堡音乐学院毕业。柴柯夫斯基在此期间创作了交响序曲《大雷雨》等一批早期作品。

柴柯夫斯基从彼得堡音乐学院毕业后,受院长尼古拉·鲁宾斯坦之邀,到该院担任教授。他同鲁宾斯坦保持了终生的友谊,他的许多作品都由鲁宾斯坦弹奏或指挥演出。

但在当时,他的许多作品是得不到人们承认的,作为作曲家的柴柯夫斯基很是沮丧,并且由于音乐学院繁忙的教学工作,使他很难静下心来创作。但自从他结识了梅克夫人并得到她的资助后,事情便逐渐有了转机。

柴柯夫斯基与梅克夫人的关系是极富传奇色彩的。梅克夫人是一个富孀,有大量的财产并且非常喜欢音乐,她经常资助一些穷困的艺术家。

1876年冬天的一个夜晚,尼古拉·鲁宾斯坦来到他的友人梅克夫人的寓所,请求他资助一位年轻的作曲家柴柯夫斯基。梅克夫人在她的寓所聆听了鲁宾斯坦弹奏的柴柯夫斯基的《暴风雨》。

《暴风雨》是柴柯夫斯基于 1873 年 10 月根据莎士比亚的同名戏剧创作的一部交响幻想曲，这部作品在同年的 12 月 19 日首演于莫斯科，但除了"五人团"给予这部作品充分的肯定外，听众却对此很不以为然。

然而这部作品在这里却戏剧性地改变了作曲家的命运。梅克夫人一边聆听鲁宾斯坦的演奏，一边在嘴里呢喃着柴柯夫斯基的名字。当鲁宾斯坦演奏完之后，梅克夫人神情激动地对他说："你也不必替他说那么多的好话，你没有说之前，他的音乐早已说过了。"梅克夫人愿意每年资助 6000 卢布，让年轻的作曲家安心创作。从此便开始了他们传奇的友谊。

梅克夫人对柴柯夫斯基的帮助是巨大的。在音乐上，她能听懂他的作品，她常常写信告诉柴柯夫斯基他的音乐如何深深地打动了她，对他的创作给予充分肯定，在精神上给柴柯夫斯基以巨大的安慰。柴柯夫斯基多愁善感，情绪极不稳定，他写给梅克夫人的信常常是沮丧的、悲观的。这时，梅克夫人又像母亲与情人一样，以惊人的耐心与细致为他分解忧愁，鼓起他生活的勇气。柴柯夫斯基对音乐敏感、忠诚，但对繁琐的生活却又相当冷淡，甚感无聊，在他经历了自己失败的婚姻之后，梅克夫人对他的感情更是产生了质的飞跃，并且把柴柯夫斯基的事业当作自己生活的中心内容：为他提供经济上的资助，给他提供住房，让他出国去安心创作……

但他们之间的感情只是精神上的，基本上都是靠通信保持联系，且从未谋面。梅克夫人直到有一次去法国旅行时，才告诉柴柯夫斯基让他去自己的寓所看一下自己的藏品，柴柯夫斯基也委婉地拒绝了对他很感兴趣的梅克夫人的小女儿想去拜访他的要求。只是有一次，两人的马车在一条路上不期而遇。他们两个各怀复杂的心情，相互微微地鞠了个躬，又一言不发地相互走开了。

梅克夫人的资助与关怀对柴柯夫斯基的创作起到了不可估量的作用。在此期间，他乐思奔涌，创作了大量的优秀作品，还屡次出国作巡回演出。他的作品终于为世人所承认，所到之处，无不受到热烈的欢迎，并渐渐被人们公认为俄罗斯首屈一指的大作曲家。美国人在著名的卡内基音乐厅竣工之后，还特地邀柴柯夫斯基参加落成典礼，并在美国作巡回演出。

然而就在柴柯夫斯基的事业如日中天的时候，梅克夫人却突然中断了与他的关系，无论柴柯夫斯基如何努力都无济于事。

柴柯夫斯基生活在后期浪漫派特别是民族乐派逐渐深入的时期。当时，艺术家的民族意识逐渐凸出，俄罗斯的音乐与文学正迅速崛起。这些思想无疑都影响到了柴柯夫斯基并在他的作品中得到体现。同时，他与俄罗斯民族乐派的代表"强力集团"的五个音乐家关系很好，他们之间相互推崇。在文学上，柴柯夫斯基极为推崇托尔斯泰的作品，并对托尔斯泰本人一直心怀景仰。在一次柴柯夫斯基的作品音乐会上，托尔斯泰应邀来欣赏，而柴柯夫斯基就坐在他的旁边，当《如歌的行板》奏响之后，柴柯夫斯基看见托尔斯泰的眼里滚出了激动的泪珠，文学大师被音乐大师的作品深深地感动了，这令柴柯夫斯基激动万分。

在柴柯夫斯基成名之后,他对上层社会越来越绝望,甚至发出了"到人民中间去吧"的呼声。所以,柴柯夫斯基的许多作品,都与俄罗斯联系紧密,具有深刻的民族性。他还经常从民间采风,借用了民间音乐的很多素材,比如他著名的《第四交响曲》的末乐章就是如此。

《第四交响曲》是题献给梅克夫人的,并且当时柴柯夫斯基正经历着婚姻的不幸。但《第四交响曲》的内容远比梅柴之交与婚姻不幸重大得多,广阔得多,深刻得多。在这部作品中,有作者对生存意义的深刻关注。这部伟大的交响曲末乐章的第二主题那优美凄伤的旋律便出自一首名字叫作《一棵白桦树静悄悄地挺立在原野上》的俄罗斯民歌。这首民歌的"孤独"与"个人"等象征意义深刻地触动了柴柯夫斯基的内心,便把它写在了自己这部重要的曲子里面了。

柴柯夫斯基的作品旋律非常优美,许多人都把他奉为旋律写作的大师,并且在一部作品中,精彩优美的旋律几乎比比皆是。也正因为柴柯夫斯基作品的优美旋律,使很多人忽视了他更是一个出色的配器大师。在音乐史上,许多人对俄罗斯"强力集团"中里姆斯基—科萨科夫的配器推崇备至,尤其认为他在交响组曲《含赫拉查达》中的配器更是无与伦比。但如果我们细心倾听柴柯夫斯基的作品,就会发现他对配器法的运用绝不会比里姆斯基—科萨科夫逊色。

很多人只是把柴柯夫斯基作为晚期浪漫派的作曲家来谈论。但实际上,他的作品更契合现代人的心灵。他的作品是为自己的内心创作的,里面充满了他在 19 世纪末期对那一个世纪的深刻绝望,也充满了现代人的惶惑、焦虑、内心的分裂与破碎,体现在这些作品中的这些情绪,正是柴柯夫斯基精神情绪向其中的渗透。

柴柯夫斯基常常会有一种莫名的烦躁与忧郁,他在 1875 年 3 月写给他弟弟阿纳托的一封信中说:"没有一个人可以向他倾诉我的灵魂。……我正在患忧郁症,没有密友是很糟的。差不多整个冬天我老是不愉快,有时简直是绝望,我期待着死。"与其说这是一种忧郁症,更不如说是现代主义以及绝望的情绪向他内心的渗透。他有许多次精神濒于崩溃,都想到了自杀,以解脱自己烦躁的灵魂。

他的这种情绪自然会影响到他的创作活动。他自己常有一种自卑感、怀疑感。对一部作品,他会反复修改而不知所措;他会无端地担心自己会有一天江郎才尽,乐思枯竭。由于自卑,他常常不能对自己的作品做出应有的评价而过分在乎别人对他作品的看法。

也正因为如此,在他的作品中出现了很多断裂,往往一些优美的旋律在进行中就被突然打断而出现跳跃不定的不稳定音型。有时,在弦乐优美的进行中,会有铜管突然出来发泄,并且在其创作的后期,这种断裂日渐明显、突出。但这绝不会是作曲家技术上的原因,因为他早年的许多作品都是连贯明快的,那么,这只能是心理上的焦虑与惶惑在作品中的反映,这种断裂是不合逻辑,但也是最合逻辑的。

柴柯夫斯基的作品在交响乐、室内乐、歌剧、艺术歌曲等许多领域都达到了很高的成就。他的六部交响曲可以说是他一生的写照,尤其是他的后三部,被人们称为"悲剧三部曲"。这三部作品都深刻地揭示了柴柯夫斯基的内心世界,也涉及到了人和现实的相互关系。《第四交响曲》可以说是对他自己和外部世界关系的描摹,而《第五交响曲》可以说是一个人的斗争,写出了两个分裂的自我的深刻斗争。在他的交响曲中,最突出的,就应该是他的第六部《悲怆交响曲》了。

《第六交响曲》是柴柯夫斯基的天鹅之歌,最初产生写这部交响曲的想法是在1889年。在这一年的10月29日,他致克·克·罗马诺夫的信中说:"我非常想写一部宏大的交响曲,它仿佛是我整个创作事业的完结……"但直到1893年,作曲家才开始他的这项工作。那时,作曲家好像知道他剩下的日子不多了,他立下了遗嘱,做完了认为该做的一切事情,接下来就是写这部交响曲。

但这部交响曲的写作却不是一帆风顺的,问题首先出现在这部交响曲的名字上。开始他想把这部交响曲叫做《生命》,但后来觉得甚是不妥。后来他又想把这部交响曲写得跟《第五交响曲》的旋律一样,并且就叫做《e小调交响曲》,但在这部交响曲中,依然有许多困惑无法解决,最后,所谓的《e小调交响曲》也只能成了泡影。无奈,在1893年2月,柴柯夫斯基不得不开始动手写这部早已构思、但还没有名字的交响曲。他很快写完了第一乐章干脆把曲名就叫做《标题交响曲》,在这一年的10月这部交响曲完成了。

1893年10月16日,这部作品在莫斯科首演。首演之后的10月22日,他见到了他的外甥达维多夫,随后和他谈到了这部曲子的标题问题。他感觉叫标题交响曲没有什么意义,而简单地叫它《第六交响曲》又不能暗示这部作品的构思。在一筹莫展之际,在场的他小弟弟莫德斯特提议用"悲怆"这个名字,柴柯夫斯基听后欣然同意,并决定把这部作品献给达维多夫。

《悲怆交响曲》可以说是柴柯夫斯基一生的自传,从第一乐章柔板那轻弱暗哑的开始到末乐章最后一个乐句奄奄而息,中间刻画了作曲家整个一生中的焦虑与绝望。第一乐章可以说是对作曲家生活常态的写照,有他一以贯之的警醒、善良、孤独、自疑。第二乐章的旋律轻松优美,是作曲家的最后一首圆舞曲,写尽了自己的梦想与幸福。第三乐章写出了一个分裂的自我,写出了作曲家面对生存的压力而产生的心理异化。末乐章是告别和悲哀,是以疲惫的垂死之声向这个谜一样的世界作最后的询问,而整部交响曲就是一部关于"死"的描摹。

1893年10月28日,作曲家在彼得堡亲自指挥了《第六交响曲》的再度演出,这是柴柯夫斯基生前第一次也是最后一次指挥演出这部作品。11月6日凌晨,他便在彼得堡去世。沙皇亚历山大三世获悉后说:"俄国有这么多人,但偏偏死了柴柯夫斯基!"

柴柯夫斯基已离去一个多世纪了,但他那充满对普通人欢乐与痛苦的内心体验的音乐,那表现出无限的爱与信赖的音乐将与我们同在。

## 俄国的女帕斯卡——柯瓦列芙斯卡娅

帕斯卡是法国数学家、物理学家。他制造了世界第一台手摇计算机，曾经发现了让笛卡尔惊叹的定理，当时笛卡尔说："17岁的少年不会发现这个定理！"

1850年出生的俄国女数学家柯瓦列芙斯卡娅是一位"新的帕斯卡"。

她是一位罕见的在数学史上留名的俄国女数学家。

她的父亲是俄罗斯的将军。当她出生时，父亲还在任上，过了几年，全家搬到靠近立陶宛的帕里彼那庄园。

8岁的柯瓦列芙斯卡娅的房间与众不同。因为搬家时要裱糊新房，但人们发现纸不够了，于是四处寻找，结果发现将军的笔记纸的质量很好，于是大家就用将军笔记的纸糊了柯瓦列芙斯卡娅的房间。

这些笔记是将军听数学的笔记，就这样，柯瓦列芙斯卡娅从小浸泡在数学里长大。

奇异的是，她从认字开始就自学数学，不久，她在上中学时就学会了父亲笔记里的高等数学内容。

在15岁以前，她的数学才能就展现出来，但是父亲是很不希望她学习数学的，因为在那时，学数学是男孩子的事，女孩子不要学什么理工科，这是俄国人的普遍观点。

柯瓦列芙斯卡娅13岁时，就偷偷地在房间里读数学书，14岁时，她居然能自己推导三角函数了。一位物理教授看到了她的草稿纸十分赞赏，说服了柯瓦列芙斯卡娅的父亲，于是父亲让她去彼得堡学习。

但这样是不够的，俄国许多学校不收女生，而彼得堡的数学远远没有欧洲发达。

但是父亲不同意女儿出国，怎么办呢？

当时俄国有一项规定，没结婚的女孩出国必须经父母同意方才准发护照，但结了婚的人可以有自主权。就这样，柯瓦列芙斯卡娅开始"假结婚"。她的假扮丈夫是一位大学生，名叫弗拉基米尔。

然而出了国门后，她直奔德国，却梦想落空，因为柏林、海德堡的大学不收女生。

柯瓦列芙斯卡娅回忆说："普鲁士的首都是落后的，我的一切恳求和努力都落空了，我没能进入柏林大学学习。"

柯瓦列芙斯卡娅很崇拜"椭圆积分论"的著名数学家魏尔斯特拉斯，曾亲自去找这位数学大师。

魏尔斯特拉斯想试一试她的才能，便出了几道题，结果她很快就解出来了，而且解题方法非常漂亮。

教授被打动了，亲自与学校联系，但是学校始终不同意。于是魏尔斯特拉斯教授亲自教她，有时是在教授家中，有时在柯瓦列芙斯卡娅那里，如此一星期两次，共教了四年。

四年学成，柯瓦列芙斯卡娅写了三篇论文，教授看后十分满意，便与哥廷根大学联系。结果哥廷根大学既没有让柯瓦列芙斯卡娅到场答辩也没有让她进学校深入考试，就认定论文的水平已经很高，同意授予博士学位。

她成为哥廷根大学第二位女博士。

博士学位得到了，论文的水平也很高，导师也很有名望，但是柯瓦列芙斯卡娅仍然没有工作，因为当时在学术中是没有女子地位的。

1875年，柯瓦列芙斯卡娅回到了俄国，但情况没有什么好转，俄国的数学只能由男性教授来教，女性只能教小学。

后来，彼得堡召开科学大会，在数学家兼科学院院士的切比雪夫推荐下，柯瓦列芙斯卡娅发表了一篇论文，其实那是她6年前的论文，然而一点都没有过时。

瑞典数学家利弗勒与柯瓦列芙斯卡娅的老师魏尔斯特拉斯教授相识，最后在他们的帮助下，柯瓦列芙斯卡娅进了斯德哥尔摩大学教学。

学校要试验她的教书能力，而男士不会有这一关的。试验期是一年，这一年没有任何报酬而且只能算是临时工。

尽管如此，柯瓦列芙斯卡娅还是接受了这苛刻的条件。1883年秋，熟练用德语进行教学的她深受学生欢迎，成为正式讲师。

1884年、1885年两年间，柯瓦列芙斯卡娅成为教授，而且是高等分析与力学两门课程的教授，这在整个欧洲，仅此一例。

1888年，法国科学院悬赏解题，题目是"钢体绕固定点旋转的问题"，这是欧拉和拉格朗日都没能解决的问题。在评审中，名字是封上的。专家们发现一个人的解答十分出色，于是决定把奖金由3000法郎加至5000法郎。

打开一看，是女教授柯瓦列芙斯卡娅。

科学院院长评价说："我们的成员发现了她的工作不仅证明她拥有广博深刻的知识，而且显示了她巨大的创造才智。"

柯瓦列芙斯卡娅的成绩是突出的，偏微分方程的一个重要定理就被命名为"柯西·柯瓦列芙斯卡娅定理"。

1891年初，柯瓦列芙斯卡娅从法国回来，途中病倒。

她深受瑞典和北欧的教授们青睐。据说，仅用一年，她已会用瑞典语进行深刻研究了。

1891年2月19日，由于医生误诊，柯瓦列芙斯卡娅病逝，年仅41岁。她曾经在俄国做过小说及戏剧评论工作，魏尔斯特拉斯教授悲痛地说："虽然人已经离世，但她的思想永存，对这样杰出的人来说，她在数学与文学上留给后代子孙的已经足够了。"

柯瓦列芙斯卡娅被安葬在斯德哥尔摩。

柏林大学克罗内克教授说："她是一位罕见的探索者"。

## "从病房洞透人世"——契诃夫

在俄罗斯外省一座小城的医院里，有一间第六病室，这是专门用来关"精神病患者"的房间。屋子里阴暗潮湿，臭气薰天，并且拥挤、混乱不堪，毫无卫生可言。病室的看门人像狱吏一般凶暴，他们面目狰狞，心肠狠毒，对待病人像对待猪狗一般，肆意地殴打，克扣病人那点可怜的食物。"患者"在这里非但得不到半点治疗，反而像入了地狱一般遭受着非人的虐待。医生拉京是这里惟一的具有同情心的人。他看不惯许多现象，对这种状况表示不满，但他又是托尔斯泰"不以暴力抗恶"理论的信奉者，所以他内心充满的愤激都被压了下去。他不采取任何有效的行动进行斗争，而是对身边的一切采取视而不见、充耳不闻的态度。一个偶然的机会，当他值班巡视病房时，一个名叫格罗莫夫的"病人"引起了他的注意。这个人其实并未患上精神病，只是因为他反抗专制的革命行动为反动统治阶层所不容，将他当作精神病人关押了起来，以期将他折磨至疯、至死。格罗莫夫的言论、激情使拉京深受感染，他们两人谈得很投机，拉京从此经常与格罗莫夫交流。然而，这却给那些图谋不轨，企图陷害拉京的人一个极好的契机，他们很快便顺水推舟地诬告拉京为精神病人，把他也关进了第六病室。此时，往日那对他很恭敬的看门人也恶狠狠地对他举起凶器，一阵毒打过后，拉京悲惨地死去了。在临死之前，拉京顿悟到，"不以暴力抗恶"是坚决行不通的，可一切都为时已晚。

上面这个故事的名字叫《第六病室》，这是著名短篇小说家契诃夫的作品。小说描写的那间牢狱一般专横野蛮、阴森恐怖的第六病室，是作者对俄国专制社会的艺术缩影，由此使沙皇俄国的黑暗反动暴露无遗。这篇作品写于1890年，在契诃夫千里迢迢奔赴库页岛考察流刑犯和当地居民的生活之后，作者以一间病室折射整个俄国社会，显示了他对人世的关怀。

安东·巴甫洛维奇·契诃夫是俄国19世纪批判现实主义的最后一位杰出作家。他以其短篇小说创作的杰出成就，被誉为"俄国短篇小说之王"。

1860年契诃夫生于一个小商人家庭，童年时期生活困苦。上中学时，家中那赖以生存的小杂货铺也倒闭了，契诃夫只得早早就自谋生路。他一面求学，一面去做收入微薄的家庭教师。生活的独立培养了他深入思考问题和认真观察周围事物的良好习惯，这为他日后的短篇小说创作打下了必不可少的主观和客观基础。

契诃夫1880年在莫斯科医学系求学时，开始发表作品，最早的两篇登在幽默杂志《蜻蜓》上，从此开始了他自己的文学创作。为了赚钱和供自己上学，他在创作时保持着惊人的速度，从某种意义上来说，他这个小说家是被生活逼迫出来的。创作数量之巨，令人吃惊。从1883年到1885年，每年都有100篇以上的小说问世，在他一生创作的470多篇小说中，约有400多篇写于此时，多是短篇。

当然，这种状况下写出的小说有不可避免的失误。因为求的是速成，所以作品多显得粗糙，缺乏精心的提炼；又因为是为了赚钱，作品内容比较媚俗，很多没有价值的笑料和趣事也是创作的素材，以期能够在幽默休闲之类的杂志上发表。后来，契诃夫在整理出版自己的文集时，毫不吝啬地抛弃了这样的作品，表现了一个真正的作家对文学的严肃认真的态度。

但是这些早期的作品中也有不少优秀之作，具有深刻的社会意义和积极的思想内容。主要分为两类：一类表面上写的是俄国社会日常生活中的笑话，实际上却无情地嘲笑和揭露了专制警察制度和小市民的奴性心理，如《小公务员之死》《变色龙》《普里希别叶夫中士》等；另一类反映了劳动人民的贫困和痛苦的生活，如《哀伤》《苦恼》《万卡》等。

《小公务员之死》描写了一个卑微的小公务员在看戏时打了个喷嚏，把唾沫星溅在了前排一个秃顶的将军头上，他顿时吓得魂飞魄散，虽然他已经三番五次向那位将军道了歉，但他依然惊惧于幻想中的灾难——他怕将军大人怀恨在心对他施以报复。他终日里战战兢兢，神经过敏，不久便一命呜呼了。通过这个可悲又可笑的故事，我们不难想像当时的俄国社会等级制度有多么森严可怕，有权势的人飞扬跋扈，不可一世，而小人物则是卑怯鄙陋、谨小慎微地过日子。

《变色龙》通过一条狗的归属，把警官奥楚涅洛夫的变色龙嘴脸勾画出来。狗咬人后，有人说狗是将军家的，奥楚涅洛夫就极尽谄媚讨好之词夸赞起狗来，而说被咬的人是活该。一会儿又有人说狗不是将军家的，奥楚涅洛夫的嘴脸立刻变换，骂起狗来，并假惺惺地对被咬伤的人表示同情。如此三番两次的变化，奥楚涅洛夫专横愚蠢的奴才嘴脸暴露无遗。小说在夸张中又带有合理性，这些优点显示了契诃夫的写作才华。

契诃夫特别憎恨庸俗和奴性，终其一生，都在与这二者做不倦的斗争。他用他那支犀利而又冷静的笔，揭露和讽刺了形形色色的市侩，揭露了现实生活中的霉块和毒菌。高尔基说："他能够随时发现'庸俗'的霉臭，就是在那些第一眼好像很好、很舒服并且甚至光辉灿烂的地方，他也能够找出那种霉臭来。"

《哀伤》是一篇简短而又扣人心弦的小说。贫穷的镟匠赶着车送病重的老婆到医院去，结果还没到达，老婆就断了气。镟匠摸到老婆冰凉的手并明白她已经死了时，他哀伤地哭了起来。因为他还没有来得及跟他的老婆好好生活，也没有来得及向她表明心迹，怜惜她，她就死了。"他跟她过了四十年了，可是那四十年都如同雾里，尽是醺醉啦，打架啦，贫穷啦，根本没有觉着是在生活。事情多么不巧，正在他觉得可怜老婆时，觉得没有她就活不下去，觉得对她十分抱歉，她偏偏死了。"他的惟一希望是："再从头活一回才好。"然而老镟匠在风雪中冻坏了手脚，很快也死去了。死前他还苦苦向医生哀求，让他再活五六年，因为他还得把那匹拉车的马还给人家，还得给老婆下葬。

镟匠的话虽然很可笑，但却让人笑不起来，仔细一想，是很可悲的。契诃夫的幽默就是这样特别，往往喜剧因素中包含着更多的悲剧因素。

《苦恼》写一个孤苦伶仃的老马车夫，在儿子死后整整一个星期，好几次都想找人倾吐一下他内心的痛苦，但是谁也不理睬他，他只好向他的老马倾诉。契诃夫在这里对劳动人民悲苦的命运表示深深的同情，为他们不幸的遭遇鸣不平。同时，对人们相互之间的淡漠、麻木不仁感到痛心。但这个问题似乎无法解决，作者也没有指出一条出路。

对于一些小知识分子庸俗猥琐的生活，契诃夫以他的笔加以不遗余力的揭露。《套中人》是契诃夫这方面内容的代表作。作者在短短的篇幅内，以讽刺的手法，入木三分地刻画了别里科夫这个沙皇专制制度下被扭曲了的奴性十足的"小人物"。

别里科夫企图尽一切可能与外界事物隔绝，以避免外来灾祸，达到保全自己的目的。他的一切日常用品都装在套子里，还要带雨伞、穿雨鞋，裹上棉大衣，戴上黑眼镜，耳朵用棉花堵住，上车要支起车篷，一切都那样令人窒息。别里科夫把他的思想也极力藏在一个套子里，还要用"套子"去套别人的思想，以至于大家看见他就害怕。这个古怪猥琐的人思想荒谬至极，语言却一本正经。他看不惯骑自行车的人，就说：如果教师骑自行车，那么"学生就要倒过来用脑袋走路了"。别里科夫死掉后，作者辛辣地讽刺道："他躺在棺材里，神情温和、愉快，甚至高兴"，原来他"仿佛是暗自庆幸自己终于装进了一个套子里，从此再也不必出来了。是啊！他的理想实现了。"

契诃夫的短篇小说最显著的特色是：简洁、朴素、真实、生动。他说："简洁是才力的姊妹"。契诃夫以少胜多的反映生活的卓越技巧，使得他在文坛独树一帜。

## 现代芭蕾之父——福金

1880年4月26日，俄国彼得堡一位大商人喜得贵子，这是这个家庭中第五个孩子。为了能够让孩子们得到健康全面的发展，父亲从来不阻止他们干什么。这不但是因为生意兴隆，忙不过来，而且更是因为他相信妻子比自己更能教导好孩子们。于是，孩子们在这位喜爱文学艺术的母亲的关怀下，都生得活泼可爱，父亲一看见这么多可爱的小东西，更任其自由发展了。

在这样一个环境中，小福金也渐渐地喜欢上了艺术。后来兄弟姐妹们都长大了，让老福金失望的是，谁也不能在生意上帮他，各自忙各自的事去了。但这一群孩子都有一个相同的特点，那就是都喜爱表演艺术，而其中最为突出的就是老五——米哈依尔·福金。

老福金是很开通的，他赚的家业孩子们一辈子也用不完，他们喜爱什么就让他们干什么。既然小米哈依尔·福金喜欢芭蕾，于是，他便被送进当时俄国最为著名的帝国芭蕾舞校。

从此，小福金开始了他辉煌的艺术生涯的第一步。这一年是1889年，他才仅仅9岁。

芭蕾舞学校的生活是非常严格的。小福金又天生地喜爱芭蕾，所以他门门课程都学得很好，例如音乐与美术，他不仅很熟练地学会了钢琴和小提琴，而且还学会画一手好画。芭蕾自不必说，学生们主要练的就是这个。最让小福金遗憾的是文学。因为学校里不注重这门课，没有什么好教师，所以他得不到适当的指点。虽然这门功课不好，但小福金依然自己去找一些文学名著来自学，从而也奠定了一些文化基础。

小福金先后跟过许多老师。

第一位老师是卡尔萨文，是他为这些小家伙启蒙的。卡尔萨文有自己独特的一套教学法，不但培养了众多的大明星，更使自己的女儿卡尔萨文娜名扬天下。在这样的老师指导下，福金学得很轻松。他轻而易举地升入三年级，而且由于成绩优秀，成为了免费的住读生。

以后，福金又遇到一些老师，各有特色，也让福金学到不少东西。

1898年，福金毕业了，因为他学习成绩一直优等，毕业汇报时又得了一等奖，因此轻而易举地进入了玛林斯基剧院，这时的福金已成为一个各方面才能都十分优异的好演员了。进入玛林斯基剧院后，他便拜在名师约翰逊的门下，继续深造。福金虽然是独舞演员，但他跳过的角色很少，只在《雷蒙达》中扮过行吟诗人，在《睡美人》中扮过蓝鸟，《天鹅湖》中的三人舞中也有他一个，福金还成为"最美的天鹅"——巴甫洛娃的第一位男舞伴。除此之外，福金拥有许多空闲时间。

好学的福金并不会坐等岁月空逝，他有自己的目标。在没有演出任务的时候，福金自己经常出入于图书馆、博物馆之中，由此，他为自己日后的创作打下了深厚的基础。

1902年，福金担任帝国芭蕾舞校的教师。他先从低年级教起，后来由于工作出色，胜任高年级的教师。这里，有后来成为著名芭蕾舞星的尼金斯卡、洛波科娃等。

1905年，福金为了给学生的表演课考试编导一部作品，从而开始了自己的创作生涯。

福金的第一部芭蕾舞剧是《亚西斯与该拉忒亚》，故事取材于希腊神话。年轻的福金使用了许多非传统的方式，并且对古典芭蕾进行了很多改革，这种新式芭蕾当然遭到了人们的反对。最终，福金不得不用另一部传统的舞剧去应付，但自此已显示出了自己的创作倾向。

1906年，福金在本剧团演员的邀请下，为他们在一个募捐大会上演出编导了《葡萄》，继续采用了许多新的处理方式。演出得到广泛的好评，当时的"古典芭蕾之父"彼季帕为他写来贺信："亲爱的同事，为你的作品感到高兴。继续干下去，你将成为一位伟大的芭蕾大师。"

伟大的马里尤斯·彼季帕没有说错，这位"古典芭蕾之父"预言了"现代芭蕾之父"的成功。

伟大前辈的赞誉让年轻的福金兴奋不已，这更坚定了他的方向。

1907年，福金应邀为一次慈善演出编导一整台晚会，他充满自信地编导了《欧妮丝》与一部独幕舞剧《肖邦组曲》。

《欧妮丝》是一部二幕芭蕾舞剧，其情节淡化，突出了欢乐的气氛，讲的是一位罗马贵族举行盛大的宴会，一群美貌的女奴献舞助兴。其中有巴甫洛娃在羊皮酒囊上表演的七层面纱舞；有切辛斯卡娅表演的剑器舞；还有一段火炬群舞及三位化妆成黑皮肤的三位女演员表演的埃及少女三人舞等，最后这出埃及少女三人舞尤为让人耳目一新。

1907年，福金又为毕业学生设计了考试作品《阿尔迷达之宫》第二幕中的一场。这出剧讲述了一个怪异的故事，一位名叫维孔特的年轻人出门旅行，中途遇雨，只得借宿于一位老侯爵家里，这位老侯爵却是一个巫师。小伙子被安置在"阿尔米达之宫"的拱顶偏殿过夜，殿中悬挂着一幅漂亮的女妖壁毯，这个女妖就是侯爵供奉的本家女始祖阿尔迷达，壁毯下是一座由"爱情"与"时间"两个角色支撑的大钟。午夜时分，睡梦中的维孔特被"爱情"追求"时间"及"时辰"出现的吵闹声惊醒。他看见漂亮的女妖阿尔迷达现出人形，便不由自主地加入了群魔的舞蹈中，并且一下子爱上了阿尔迷达。正当两个人沉浸于爱河之中时，"时间"征服了"爱情"，——黎明到来了，人群消失得无影无踪。女妖阿尔迷达又回到壁毯之上，维孔特恍惚中也回到睡梦中。这时老侯爵进来催小伙子赶路，小伙子却看出了老侯爵竟是昨夜狂欢之国的国王。现实与梦幻让他迷惑了，他冲向壁毯去寻找昨夜的情人，但马上如触电般拼命逃走，他已中了老侯爵的巫术，倒在大地上凄惨地死去。

1908年3月8日，福金在玛林斯基剧院又推出了自己的新作《埃及之夜》与《肖邦组曲》的第二个版本。

《埃及之夜》展示了一幕迷人的爱情悲剧。在迷人的尼罗河畔，有一座庙宇，远处是雄伟神秘的大金字塔与狮身人面像，猎手阿蒙与少女贝蕾妮深深相爱，并且已订婚。但是，一次偶然的机会使阿蒙碰到了埃及女王克勒奥帕特拉，并且对女王一见钟情，心甘情愿地以生命换取一夜的云雨。黎明，女王的丈夫、罗马大帝安东尼即将归来，女王准备了毒酒，已被迷惑的阿蒙一饮而尽，倒在地上。女王与安东尼乘船远去，贝蕾妮在她的未婚夫身旁独泣，并原谅了阿蒙。这时阿蒙突然醒来，原来是慈悲的大祭司早已将女王的毒酒换成美酒，阿蒙仿佛做了一场梦。

福金的新式芭蕾获得了成功，得到众多观众的好评。但一些嫉妒的人与保守人士则对他大肆攻击，福金的日子也很不好过。

这时，天才的舞蹈管理家佳吉列夫有备而来，邀请了玛林斯基剧院的杰出人物组建了俄罗斯芭蕾舞团进军巴黎。这批人士包括福金、巴甫洛娃、卡尔萨文娜、尼金斯卡以及贝尼金斯基等。这批杰出的艺术家创造了芭蕾史上最大的辉煌。这成为福金创作的鼎盛时期，他先后为佳吉列夫俄罗斯芭蕾舞团创作了许多部芭蕾舞剧，其中大多为福金一生的代表作，例如《阿尔迷达之宫》《仙女们》《克勒奥帕特拉》《伊格尔王子》《火鸟》《天方夜谭》《彼得鲁什卡》《玫瑰花魂》以及《狂欢节》等尤为著名。俄罗斯芭蕾舞团一举倾倒了巴黎，震惊了世界，福金也因此成为最负盛名的编导。尤其是《仙女们》这部舞剧，开创了无情节交响芭蕾之先河，福金也因而戴上了"现代芭蕾之父"的桂冠。

1914年，福金总结了自己这十几年的创作经验，在英国《泰晤士报》上发表了著名的现代芭蕾宣言，提出了这种新型芭蕾编导的五项基本原则，为后者指明了芭蕾的前进之路。

福金这时正处在最辉煌的时期，但是，福金这时却决意离开佳吉列夫俄罗斯芭蕾舞团，因为他已忍受不了佳吉列夫对尼金斯基的过分宠爱与扶持。他觉得自己不应只为一个人设计作品，那样会毁了他。

福金离开了这个群星聚集的俄罗斯芭蕾舞团，这个决定不仅让俄罗斯芭蕾团走向衰落，也使他自己走向了衰落。也许，只有拥有杰出的演员才能创作出杰出的作品。

这之后，福金到处流浪。他又到过许多地方，又写了许多作品，但其艺术水平已大为降低。最后，福金与夫人定居美国纽约。

1942年，米哈依尔·福金在纽约去世。没有隆重的悼念，没有成群的子嗣，只有孤单的灵车载着他孤单地离去。但他那往昔的辉煌，那"现代芭蕾之父"的名字将被人们永远追忆。

## 革命预言家和宣传者——高尔基

提起高尔基，人们可以一口气列出他的许多著作：《俄罗斯童话》《列宁》《母亲》、自传体三部曲（《童年》《在人间》《我的大学》）《伊则吉尔老婆子》和《鹰之歌》，等等。但给大多数人留下深刻印象的还要数那篇脍炙人口的散文诗——《海燕之歌》。

《海燕之歌》是高尔基创作的短篇小说《春天的旋律》的结尾部分。《海燕之歌》采用象征性手法表现了革命风暴到来前夕，革命人民与反动势力英勇搏斗的壮丽图景：在苍茫的大海上，狂风卷集着乌云。乌云越来越密，越来越低，不断地压向海面，雷声隆隆，狂风怒吼，闪电如火蛇一般在游窜，愤怒的大海掀起巨浪冲向高空，同它们进行激烈的搏斗。在乌云与大海之间，海燕在勇敢地飞翔，它高兴地嘹亮地叫着，像胜利的预言家一样大声呼喊着："让暴风雨来得更猛烈些吧！"这句名言作为一个时代的号角永远定格于历史之中，无论是谁读到它都会被这高扬的热情、壮烈的场面所深深打动。显然，在作品中，海燕是无产阶级革命战士的化身，在革命的高潮即将到来之际，他满怀豪情地投入战斗之中，乐观而又坚定自信地迎接革命暴风雨的洗礼。这种从海燕身上透露出来的大无畏的英雄精神和革命的乐观主义，深深鼓舞了处在黑暗统治之下的俄国人民，起到了巨大的宣传作用，这种影响波及到全世界无产阶级革命。

高尔基创作如此一部洋溢着革命激情的浪漫主义作品，正处在俄国工人运动、农民运动和学生运动蓬勃发展的新时期，高尔基就像那只勇敢的海燕，站在时代的前列，充当了革命的预言家和宣传者。

列宁称高尔基为"无产阶级艺术的最杰出代表"。的确，他以丰富的艺术创作开创了无产阶级文学的新纪元。高尔基原名阿历克塞·马克西姆维奇·彼什科夫，1868年3月28日生于俄罗斯伏尔加河畔的一座小城，父母是清贫的手工劳动者，又都早早地离他而去。童年时期在外祖父家的寄居生活也未能维持多久，年仅10岁时，高尔基便流落人间，拣破烂，做学徒，当杂工，受尽欺凌侮辱，备尝生活的艰辛。但是高尔基酷爱读书，尽管只上过两年小学，但他通过勤奋自学也具备了相当的文化素质。长期底层社会的漂流生活使他积累了丰富的素材,早期的革命运动和对马克思主义著作的学习,开阔了他的眼界,并且树立了人生的目标,指引他走上革命作家的道路。

高尔基早期作品中占较大比重的是现实主义作品,如《切尔卡什》《玛莉娃》等。这些作品真实地再现了资本主义重压之下各种类型的社会底层人物的生活状态,诸如农民、工人、乞丐、小偷、妓女等,而以描写流浪汉的题材最为成功,代表作为《叶美良·皮里雅侬》。主人公叶美良是一个生活得猪狗不如的流浪汉,一天晚上,当他准备抢劫一个商人时却救了一位少女。这位少女因为失恋而意欲自杀,而叶美良真诚地劝慰她,并鼓起少女生活的勇气。高尔基的创作表现了这些底层人精神上的明暗两面。作为资本主义社会的畸形产物,流浪汉一方面粗野下流,自暴自弃,另一方面还保持着人性中闪光的一面,即他们的正直善良的个性。流浪汉非人的生活是对吃人的资本主义制度发出的愤怒控诉。

高尔基早期的浪漫主义代表作是《伊则吉尔老婆子》和《鹰之歌》。在《鹰之歌》里,有鹰和蛇这两个形象。鹰在战斗中身负重伤,但却不悲观沮丧,它渴望新的斗争给它带来自豪和幸福,最后它在万里长空中张开翅膀,壮烈地死去。而蛇却对鹰的壮举加以嘲笑和不屑,它终日爬行于气味腐朽的阴暗之处,不觉其低,也不嫌其暗,这是庸俗和卑琐思想的化身。

《母亲》是高尔基最重要的作品,列宁称赞它是"一本非常及时的书"。这部小说第一次生动描写了工人阶级反对地主、资产阶级专制统治的革命斗争,歌颂无产阶级革命精神和英雄气概,塑造了具有相当社会主义觉悟的先进分子的光辉形象。这部小说在世界文学史上具有划时代的意义。

小说的中心人物是尼洛夫娜,即"母亲"。她本是一个胆小怕事、卑怯懦弱的家庭妇女,迷信宗教,不敢反抗丈夫的虐待。然而,当马克思主义革命思想和蓬勃发展的工人运动闯进她的生活天地后,她的思想感情发生了巨大的变化。在革命的洗礼之中,她大胆地迈了出去,直至献出自己的生命。而她也终于不再落后无知,柔弱可欺,而是更加勇敢、坚定和成熟。

这个故事取材于1902年索尔莫夫镇的工人五一游行事件,来自于生活,但经过了艺术的典型化加工,具有深刻的普遍意义。

## 十月革命的"总演习"

当日俄战争在远东打响时,革命正在战线后面的俄国内部传播开来。革命的根源可以在农民、城市工人和中产阶级的长期不满中找到。这种不满由于与日本的战争而更趋严重,因为与日本的战争一开始就不得人心,在遭受一连串失败后愈来愈如此。最后,发生了1905年1月22日所谓的"流血星期日"——这一事件是使第一次俄国革命爆发的火星。

1905 年初，彼得堡最大的普梯洛夫工厂的工人举行罢工，抗议厂方无理开除工人。罢工得到其他工厂工人的支持，很快发展成为全城总罢工。沙皇政府企图在罢工兴起之时就把革命火种扑灭掉，它指使加邦牧师诱骗工人列队前往冬宫，向沙皇尼古拉二世呈递请愿书，以便乘机把工人淹没在血泊之中。布尔什维克看穿了敌人的阴谋，反复向工人说明：向沙皇请愿是不会获得自由的，自由必须靠自己拿起武器来争取。但是，很大一部分工人认为困苦是下面的官吏造成的，他们仍相信"慈父沙皇"会帮助他们。

1月22日（俄历1月9日）星期日，由数千人组成的一大群人平静地朝圣彼得堡的冬宫行进。这是一次独特的示威，实际上是一支宗教队伍，以教士乔治·加邦神父为首，后面跟随带着圣像、唱着俄国赞美诗、手无寸铁的男人、妇女和儿童。他们的请愿包括恭敬地请求实现诸如代议制议会、免费教育、八小时工作日、涨工资和较好的工作条件之类的改革。如果当时沙皇或其代表接受请愿，答应予以仔细的考虑，那么人群很可能会平静地散去。相反，沙皇的姑父莫名其妙地命令皇家禁卫军向聚集的群众开枪，75人至11000人被枪杀，200至2000人受伤。伤亡数字之所以会有这么大的差异，是因为某些目击者仅报告了星期日的伤亡人数，而骚乱在首都又持续了两天。

无缘无故的大屠杀在全国激起猛烈的反应。向来爱好和平的加邦神父的立场发生了转变是很有代表性的，他在流血星期日傍晚的一次演讲中宣称：

亲爱的亲兄弟们，帝国士兵的枪弹已毁掉了我们对沙皇的信任，让我们向他和他的整个家族报仇，向他的所有大臣和俄国土地上的所有剥削者报仇。去吧，去劫掠帝国宫殿！所有杀死我们无辜的妻子和儿女的士兵和军官、所有的暴君、俄国人民所有的压迫者，我要用教士的诅咒惩罚你们。

流血星期日无可挽救地打碎了许多俄国人历来所珍爱的沙皇的仁慈的"小父亲"形象，整个帝国的公民转而反对沙皇政权，1905年俄国大革命必然地发生了。

革命的迅猛发展把社会上的各阶级各政党都发动起来了。他们从本阶级的利益出发，制定各自的策略方针和行动路线。沙皇政府深感单用暴力不足以维持摇摇欲坠的统治，因此，它一方面残酷镇压，极力破坏人民内部的团结，挑唆俄国各族人民互相残杀；另一方面又答应召开咨询性质的国家杜马（代表会议），妄图用反革命的两手扑灭革命。自由资产阶级在沙皇专制和民主力量之间动摇。它们一方面拿革命来恐吓沙皇，要求它实现一些改良，自己也可以从中分享一些权力；另一方面，它们更害怕革命，极力与沙皇妥协，共同扼杀革命。俄国资产阶级的这种反革命本性决定它根本无法领导这场革命。

无产阶级是这次革命的领导力量，但是，无产阶级的政党这时分为两派。以列宁为首的布尔什维克主张：无产阶级应积极领导当前的资产阶级民主革命，用武装起义推翻沙皇统治，实现工农民主专政，然后不失时机地把它转变为社会主义革命。而另一派孟什维克却主张：革命应当由资产阶级领导，反对武装起义，主张用和平方式改良沙皇制度。孟什维克的行径分裂了工人队伍，给革命带来了极大的危害。为了彻底批判孟什维克的错误，列宁在7月写了《社会民主党在民主革命中的两个策略》一书。这部光辉著作对党的路线作了精辟的论证，它进一步武装了党和无产阶级。

在1905年五一劳动节，全国几乎有200个城市爆发了工人罢工。5月末，俄国最大的纺织工业中心伊万诺沃—沃兹涅先斯克的700名工人举行罢工。在斗争中，工人们发挥了首创精神，选出自己的代表，建立了俄国最早的工人代表苏维埃。6月在波兰的重要工业中心洛兹，工人同沙皇军队进行了三天的巷战。6月中，沙皇的最后支柱——军队也发生了动摇，黑海舰队"波将金"铁甲舰爆发起义。在革命蓬勃开展的情况下，沙皇政府慌忙与日本签订了和约，以便腾出手来镇压革命。8月19日，又正式发布诏书，召集咨询性质的国家杜马，布尔什维克领导人民抵制了这届杜马。

1905年秋，革命发展到了一个新阶段。首先是莫斯科工人大罢工。10月初，全国主要铁路的职工宣布总罢工，随即扩展到各大城市，形成了全俄政治总罢工。参加这次总罢工的工人有100多万。此外，低级官员、学生、民主知识分子也参加了运动。总罢工使工厂停工、学校停课、商店停业、邮电不通、社会生活陷于停顿，政府机构也大多陷于瘫痪。在总罢工过程中，各地纷纷建立起苏维埃，它不仅领导罢工斗争，而且自行颁布命令，推行各种革命措施。

10月总罢工吓得沙皇魂不附体，他躲到彼得堡郊外，准备一旦情况紧急，就从海路逃亡国外，同时被迫作出一些重大让步。10月30日（俄历10月17日），尼古拉二世签署宣言，答应召集立法杜马和给人民以言论、出版、集会的自由。资产阶级、孟什维克和社会革命党人欢天喜地接受了这个宣言，说"革命已经完成"，"开始了民主宪制"。布尔什维克驳斥了这种谎言，指出10月17日宣言只是斗争的第一个胜利，沙皇统治并没有崩溃，必须进一步开展革命，用武装起义推翻它。

11月，列宁从瑞士回国，直接领导起义的准备工作。12月20日，莫斯科工人举行总罢工，参加人数达到15万。声势浩大的罢工到了23日发展成为武装起义，工人修筑起近千座街垒，同沙皇军队展开了英勇的搏斗。在勃列斯尼亚区战斗进行得特别激烈，400多名战士顽强地保卫着自己的阵地，使沙皇军队不能前进一步。最后，沙皇调来炮队，向这个地区发射了600多发炮弹，才占领了这个地区。由于敌我力量过分悬殊，最后莫斯科苏维埃决定从1906年1月1日起，停止武装斗争，以保存革命力量。继莫斯科起义之后，格鲁吉亚、乌克兰、波罗的海沿岸的拉脱维亚、西伯利亚的赤塔和克拉斯诺雅尔斯克也先后爆发了起义。由于起义的时间参差不齐，缺乏共同的领导中心和统一的计划，缺乏武装斗争的经验，以及孟什维克的妥协投降，起义都被镇压下去了。

12月武装起义是1905年革命的顶点。起义失败后，革命高潮渐入低潮时期，劳动人民是一边战斗一边退却的。从罢工人数看，1905年有280多万，1906年有110多万，1907年还有70多万。农民运动在1906年上半年继续开展，席卷俄国（欧洲部分）一半左右县份，军队骚动也不断发生。在这种情况下，沙皇不得不继续玩弄反革命两面手法，一面加强对革命者的迫害，一面主持召开国家杜马。布尔什维克看到革命已转入低潮，就参加了1907年1月召开的第二届国家杜马，利用杜马讲坛揭露了沙皇各项政策的反动本质，引起反动派的恐惧。于是，沙皇政府捏造罪名，把社会民主工党杜马党团全体成员流放到西伯利亚，并在1907年6月16日（俄历6月3日）解散了国家杜马。这在历史上称为"六·三政变"，它标志着俄国第一次人民革命的结束。

革命虽然失败了，但它具有重大意义。它沉重地打击了沙皇专制制度，锻炼和教育了劳动大众和布尔什维克党，为十月革命的胜利作了良好的准备。列宁指出："没有1905年的'总演习'，就不可能有1917年十月革命的胜利。"

## "学院暴动"与列宾

19世纪的俄国依然是黑暗的沙皇专制的封建农奴制国家，但是革命的浪潮早已悄悄逼近了这个腐朽的王位，因为资产阶级的民主、自由的思想早已深植于青年一代的内心深处。1861年，俄国沙皇为了保护自己的利益，迫不得已进行了自上而下的废奴运动，但其结果是对广大劳动人民更大的欺骗。人民愤怒了，高举民主与自由的大旗宣布追求自身的解放，与统治阶级展开了如火如荼的斗争。1863年，俄国彼得堡皇家美术学院里发生了一件震动整个美术界的大事，有14名毕业生拒绝官方规定的创作题目《瓦尔加列的宴会》。他们集体向院务委员会提出申请，要求允许他们自己选题、创作来参加毕业竞赛。院方震惊了，知道如果同意他们自由选题，就等于承认了民主及民族主义权利。校方为了维护这一百年来权力至上的规矩，断然拒绝了他们的要求。毕业生中除了一人之外，13名油画系学生与一名雕塑系学生拒绝毕业，愤然离校，以表示对官僚制度的反抗，这件事在当时被称为"学院暴动"。这些青年随即被作为"嫌疑分子"而列入暗探局的黑名单。

这14个人推选出富有理论与组织才能的克拉姆斯柯依作为自己的领袖，组成了"彼得堡自由美术家协会"。他们共同学习，共同斗争。1870年，协会迫于社会与经济的压力，不得不解散。随后，克拉姆斯柯依与莫斯科的画家彼洛夫等人组成了另一个团体"巡回展览画派"。由于众多杰出人士的加入，渐渐成为一个全国性的美术家组织，他们以优秀的作品为俄国在世界画坛上争得一席之地，其中，列宾则为之作出了巨大贡献。

伊里亚·叶菲莫维奇·列宾于1844年7月24日在哈尔科夫省楚古叶夫镇一个移民军人家中诞生。开始时他在军事地形测量学校读书，后来表现出惊人的绘画天赋，被父母送到画家布那科夫那里学习。1863年，一家人移民彼得堡，列宾进入绘画学校，不久又进入了美术学院学习。经过系统的理论充实及实践经验，列宾的天才很快显露出来。在此期间，克拉姆斯柯依非常欣赏这个天才的青年，并对列宾进行了悉心指导。1871年，列宾毕业时以一幅油画作品《睚鲁的女儿复活》摘得了学院的金质大奖章，从而获得了出国学习的机会。在出国之前，列宾完成了他第一幅伟大杰作《伏尔加河上的纤夫》。

《伏尔加河上的纤夫》是列宾的第一幅以社会现实为题材的杰作。为了创作这幅画，列宾搬到了伏尔加河边居住，与纤夫们交朋友，仔细了解了他们的思想、情感与生活状况。

画中的 11 个贫苦辛劳的纤夫,个性极其鲜明,列宾以稍加夸张的笔触使画中人物从背景中凸立出来,虽然有些损害了画面空间的真实性,但人物形象本身在重压之下苦难的眼神及力的表现,的确能给人以强烈的震撼力,使人想到民歌《船夫曲》那种低沉、雄壮而又悲怆的旋律。这是人与社会的抗争,也是人与自然的抗争。

在国外,列宾深入研究了前辈们的巨作,把它们融入到自己的风格中去。这期间他创作了《巴黎咖啡馆》《女乞丐》《捕鱼女》等作品。

1876 年,列宾回到祖国,当时他已经是个成熟的现实主义画家了。评论家说:"列宾是通过眼睛与手势反映人物内心世界的肖像大师",这是很有道理的。这期间,列宾画了许多优秀的肖像画,如《司祭长》《胆怯的庄稼汉》《眼神邪恶的庄稼汉》,尤其是他的《司祭长》,成为了他肖像中的杰作。

列宾善于以真实的场景反映真实的人物,尤其善于抓住人物内心的心理特质,从而创作出许许多多优秀的作品。1878 年,列宾正式加入了"巡回展览画家协会",投身于革命的斗争行列中去,从而迎来了他创作的辉煌时代,为后人留下了光辉的巨作。

例如《突然归来》便是其中的代表作之一。画面取了一位因从事革命而被流放多年的政治犯,在亲人们早已绝望的情况下突然回到了家,他径直踏入了房门。这一刹那间,屋里平静的氛围被打破了:背向观众坐在桌前的老母亲很快认出了久别的儿子,悲喜交加,但她木然地呆立在那;正在弹钢琴的背向丈夫的妻子转过身来看一下这个不速之客,突然见到自己熟悉的丈夫的脸,惊喜交加,使她忘了站起来;稍大一些的儿子认出了父亲,也高兴地望着他,张着嘴巴忘了叫爸爸;小女儿没见过父亲,以胆怯的目光注视着这个高大的陌生人;而门口的女仆一手扶着门,以一种狐疑的眼神盯着这个大胆闯入房中的男士;而这个历经沧桑的政治犯,在一副冰冷的面孔、一双机警的眼中,透露出内心无比激动的热情。画家通过一瞬间的家庭生活场面,表现了当时革命者悲壮的经历,尤其是对这位革命者面容的刻画,达到了完美的境界。列宾曾多次修改这个人物,开始时把他画得很激动,后来又改为面含笑容,都觉不满意,最后才改成这副"外冷内热"的形象,达到了十分传神的效果。当作品展出时,引起官方不满的首先就是这个归来的政治犯,"你看,他一点儿悔改的意思都没有!"一位审查大员恶狠狠地说。

另一幅《伊丹雷帝与儿子伊凡》也是这方面的杰作。据历史传说,16 世纪的沙皇伊凡雷帝,性情十分暴虐,因为怀疑其子伊凡篡权,盛怒之下用权杖击死了自己的儿子。列宾的画面上取景于伊凡被击死之后的事,沙皇把垂死的儿子抱在怀中,企图用手捂住儿子额头上的伤口,这个残暴的皇帝因悔恨而陷入恐惧之中。王子垂死时虚弱的形象与沙皇精神狂乱的形象构成了强烈的对比,权力欲与亲子之情的矛盾冲突,得到了惊心动魄的表现。列宾选择了这样一个"宫廷喋血"的故事,是因为当时沙皇亚历山大二世被刺后,发生了一连串的流血事件,列宾为之激动不已,从而创作了这幅揭露统治阶级的黑暗与残暴,以及在权力欲望下人性的变态。

列宾说:"只有伟大的思想才是永垂不朽的。"

在 20 世纪初,列宾又创作了许多作品,如《决斗》《红色葬礼》《国务会议》《多么辽阔》《果戈理焚稿》等，都是优秀的作品。

　　1930年9月29日，这位伟大的现实主义画家在彼得堡附近的别纳德与世长辞。为了纪念这位伟大的俄罗斯艺术家，人们在这里为他修建了博物馆，无数追求真理与艺术的人们都来过这里，为这位伟大的艺术家献上洁白的鲜花。

## 世界历史五千年

# 亚非拉星火

## 古代美洲印第安人的灿烂文明

亚洲的东北部与美洲的阿拉斯加十分靠近，中间仅隔着一道白令海峡，其最窄处只有86公里。地质学的研究证明，在第四纪最后一次冰川期来临的时候，海水大量被蒸发并以降雪的形式积聚在陆地上，因而导致海面下降，其幅度达150米至200米，结果，白令海峡的海底山脊露出了海面，成为可以通行的"陆桥"。

大约5万年以前，印第安人的祖先——亚洲的黄种人，就是通过这座"陆桥"，陆陆续续从亚洲进入阿拉斯加，从北到南散布于整个美洲，使美洲这片万古荒原开始印上人类的足迹的。

据估计，在15世纪末叶，印第安人的人数约为3000万，分成许多部落、部族或民族，所用语言和方言有1700多种。在社会发展阶段上，各支印第安人很不一致，有的尚处在氏族制度的全盛时期，有的已进入原始社会末期。但就是他们创造了灿烂的文化，建立了文明的古国，为人类作出了不可磨灭的贡献。

墨西哥的印第安人从古代起，相继创造了辉煌的奥尔梅克文化、玛雅文化、托尔特克文化和阿兹特克文化。

奥尔梅克文化可以看作是墨西哥文化的前驱，出现于公元前一千年代中期。奥尔梅克人创造了象形文字、计算法和历法，他们会用整块石头雕凿祭坛和人头像。

玛雅人于公元初在尤卡坦半岛上建立了作为政治和宗教中心的城邦，约公元4至9世纪，是玛雅文化的昌盛时期。100多年前，考古学家在墨西哥的尤卡坦半岛的热带丛林中，发现了一座玛雅废墟，里面建造有庄严的庙宇和雄伟的宫殿。

玛雅人是勤恳的农艺家。他们从野生植物中培育了玉米作为主要粮食，此外还种植甘薯、蕃茄、南瓜及豆类等。由于农业生产的需要，玛雅人很早就建立了天文台，细心观察天象，他们判定的太阳历1年有18个月，每月26天，外加5天作为禁忌日，共365天，闰年加1天，1星期为5天，4星期为1月，月份的名称都是按"播种""收割"等农时命名的。

玛雅人在公元初就创造了自己的象形文字。玛雅文献有两种,一种是以毛发制笔,树皮制纸,记述有关宗教、神话、历史、天文等内容。此外,玛雅人大约每隔20年就建立一些纪年柱,记载重要文件和日期。

玛雅人的建筑十分壮观。1600多年前玛雅人建造的一座神殿,高60多米,分作15层,而且在第一、五、八及十一层处各有一间石室。整座神殿是由几万块重达一吨的花岗岩堆砌而成的。

到了9世纪,由于某种至今尚未明了的原因,玛雅文化突然中断了。尽管如此,玛雅文化对后来墨西哥文化的影响还是相当大的。

9世纪后,托尔特克人征服了墨西哥盆地。他们在建筑、雕刻和绘画方面都取得了出色的成就。他们建造的"太阳金字塔",高64.5米,底边宽220米,上面建筑有庙宇和太阳神雕像,并有石梯由底部一直通向塔的顶端。太阳金字塔无论在占地面积和规模上,都超过了埃及的金字塔。托尔特克人也已使用象形文字,并制定了历法。

13世纪中叶,另一支印第安人部落——阿兹特克人又征服了墨西哥盆地,并在铁希尔戈湖中的两个岛上建立了自己的都城——铁诺奇第特兰城。在这座城中建有金字塔形的坛庙共40座,其中最大的一座有144级台阶,另外还有雄伟的宫殿建筑等。

阿兹特克人也是杰出的雕刻家。他们制作的一尊印第安人的雕像屈膝蹲坐,双手环抱于膝前,两眼注视着前方,栩栩如生。

在医学上,阿兹特克人已知道用奎宁、毛地黄等药物治疗疾病,还掌握了原始的麻醉术。

除墨西哥外,秘鲁是印第安人的另一个文明发祥地。

秘鲁中部有个名叫查文的小山村,面对湍急的莫斯纳河,背倚巍峨的群山。在20世纪初,考古学家曾在这里发掘出一座古庙,据考证,约建于公元前1800年至前1000年,庙内一块大石头上凿有7个不太深的圆洞,其构图很像猎户星座,这表明秘鲁人很早就研究天文了。在两根圆柱上,各雕着一只鹰,虽然经历了数千年,纤细的纹理仍清晰可辨。另外还有许多石板,上面刻着凶猛的美洲虎,手持兵器,形象十分逼真。查文文化凝结了古代秘鲁人高度的智慧和辛勤的劳动。

公元2至6世纪,秘鲁进入了阶级社会。从出土的许多墓葬品中,发现了有服饰不相同的陶俑,这说明已出现了明显的阶级分化。

13世纪左右,印加人崛起于秘鲁高原,印加人是安第斯山区印第安人的一支。"印加"一词,印第安语的意思是"太阳的子孙"。14至15世纪,印加人征服了周围各部落,以秘鲁为中心建立了中央集权制的奴隶制国家,其疆域北抵厄瓜多尔和哥伦比亚南境,南至智利及阿根廷北部,统辖的人口达600万。

印加人虽然不会冶铁,但已大量使用铜、青铜、金、银、铅等多种金属,并擅长使用金银、铜制成各种器皿。在印加帝国首都库斯科的花园里,独具匠心的印加人用金银制作的花朵,几乎与天然的一样。出土的贵族墓葬中,往往有几十磅到几百磅用金、银制成的各种器皿和装饰品。印加人制作的陶壶不仅造型优美，而且色彩也十分绚丽。印加人还擅长纺织，尤以毛纺织品著称。

印加人也是伟大的石工建筑家。首都库斯科的城墙、城内的宫殿、庙宇等建筑都是用巨石砌成的。这些石块都经过仔细的打磨，以致石缝间连刀片都插不进。库斯科以北有一座保存得十分完整的重镇，坐落在深山之中，整个镇上的建筑几乎都是用一至三米见方的巨石砌成。镇内有居民点、作坊、庙宇、堡垒，还有用整块大石磨成的日晷。

印加人曾培育了近40种植物，最著名的是马铃薯。他们已知道用鸟兽的粪便作肥料，修筑梯田，建立灌溉系统。

为了加强国内的联系，印加人修筑了两条纵贯全国的南北大道，每条长达二三千公里，大道在穿过河流峡谷时架有桥梁，遇到河面过宽则利用浮桥和渡船。路面平坦坚固，路旁绿树成荫。整个工程十分浩大而艰巨，无怪乎有人惊叹地说，这两条大道的建筑"可以吓倒现代最勇敢的工程师"。大道沿途相隔不远就设一驿站，有专人以接力的方式传递公文书信。

在计算和记事方面，印加人创造了一种独特的称为"基布"的结绳文字。做法是在一根粗长的绳子上，系上一条条不同颜色的细短绳，细短绳上编结的形式和多少表示数字，细短绳的颜色则表示各种物品，如褐色表示马铃署，白色表示银子，黄色表示金子，红色表示战士等。印加帝国就是通过这种"基布"，保留了关于人口、税收等记录。印加人还有一种各地都通用的公用语，以克服各部落在语言上的障碍，加强帝国境内各地区之间的联系。在医学上，印加人已懂得使用麻醉药，据说，甚至还能动脑外科手术。

从以上大量生动的史实中可以看出，美洲印第安人是富有创造性的人民，他们在没有任何外来文化影响的情况下，独立谱写了美洲的历史，创造了灿烂的文明。

然而，1492年哥伦布开辟了通往美洲的新航路后，欧洲各国的殖民者为了寻求黄金，抢夺殖民地，一批又一批地横渡大西洋，侵入美洲，中断了印第安人独立发展的历史，毁灭了印第安人的文明。而印第安人为了自己的独立和自由，与殖民者进行了长达三四十年的武装斗争。

## 复活节岛上的巨人石像

复活节岛是玻利尼西亚海域东端的一个孤岛，总面积175平方公里，人口约1000名左右。这个岛的名称来得很偶然，也很奇特，因为复活节是基督教耶稣复活的节日，但是岛上的原有居民根本不知道这个欧洲最大的宗教，更不知道耶稣为何许人。那么为什么这个小岛却有着这么一个宗教性的名称呢？原来，这个小岛本不叫复活节岛，岛上居民自称为"拉帕努俨"，意思是"地球的中心"或"地球的肚脐"。1722年4月5日复活节这一天，荷兰某总督率舰队偶然经过这个小岛，为了好记，于是称之为复活节岛。

在这个小小的孤岛上，最令人震惊的是沿着海岸线那为数众多的排列的整整齐齐的巨人石像，他们像守卫海岛的卫士，但更像是威仪的神灵。

这些石像被安置在海边的石砌平台上，总数曾超过600。石像高大，一般从6英尺到30英尺不等，最重的竟达40吨。石像造型大体相同，均为长脸、高鼻、凹眼、嘴巴噘起。但岛上的居民却不是这种模样，这真是一个谜。而且，这些石像制造的原因，为什么把他们都安置在海边，这更是不可理解，因为，岛上的原有居民几乎死光了。不是被贩卖到远处作奴隶，便是被抓去当苦工，已经全部被劳累、疾病害死。1955年至1956年有一个探险家来到岛上考古探险。据考证，这些石像是秘鲁人来此修建的。在公元380年左右，这个拥有前印加文化的部族来到该岛，修建了这些石像。巨人石像及祭台都与前印加文化有类似之处。但后来考古发掘的结果却显示出现在遗留下来的石像群是第二次来自秘鲁的部族建造的，他们毁坏了以前部族的造像，在废墟上重新建造起来。这些石像是用整块巨大的灰褐色熔岩雕刻而成的，石料来自拉诺·拉拉科地方火山斜坡的采石场中。石像被雕成之后，运到几英里远的海岸线上，并在那里给石像戴上巨大的红色岩石雕成的顶冠，装上石砌平台，并最后安上眼睛。根据发掘出来的眼睛碎片看，石像的眼睛巨大，做得很精致，眼白是用白色的珊瑚石雕成，眼睛宽约14英寸，眼球就如一个直径5英寸的大圆球，它是用红色熔岩做成的。这种石料与制造石像顶冠的红色熔岩均来自另一个地方的采石场。据专家考证，这些石像建造于旧石器时代晚期，当时没有任何金属工具。这些数目庞大的巨像真不知是怎么建成的，而且雕刻得如此形象、逼真，这也是一个未解之谜。在岛上火山腹中，还有一些未完成的作品，有的高达21米。这里建有祭台，可以想像在建造石像时，仪式是多么的隆重、神秘。在17世纪时，岛上的居民达到5000多人。但是，盛世不久，岛上遭受自然灾害，食物奇缺，各部族互相争战，并且出现吃人的恶习，使该岛高度发展的文明遭受极大破坏。后来，约在1680年，玻利尼西亚人移居该岛，将所有石像推倒，石像的平台也遭到破坏。随着岁月的流逝，它们渐渐被风沙所掩埋，那精雕细琢的眼睛，那巨大的红色顶冠也不知去向。巨人成了无眼的呆子，独自在海风中怀念那逝去的辉煌。

直到后来，随着世界考古学的发展，那复活节岛上的巨人才重新为世人所注意。但是已成了一个千古之谜。尽管随着考古科学的发展，人们对于其历史有了更深一步的了解，但是很大一部分只能凭一些残片去遐想。后来，在岛上又发掘出一些与石像一样的木雕，眼睛是用白色骨头与黑曜石做成。这又给我们造成了一个谜。这些木雕像是谁造的？既然有了那么多巨型石像，为什么还有木雕呢？而最难解的依然是这些石像制造的原因，为什么把如此众多的石像都整齐地立在海边？难道真是为了守卫神圣的海岛吗？有人猜测这些石像是原始崇拜的产物，但是原始人为什么历时几个世纪造了一个又一个巨大的石像？有人猜测这些石像是外星文明的遗迹，作为飞行器着陆的标志；也有人说这是原始人与外星文明交流的产物，原始人造成如此多的巨像，企盼引起外星人（原始人以之为神）的注意，呼唤他们的到来，如此等等。但是这些石像同埃及金字塔、玛雅文明一样，依然是个不解之谜，因而被誉为世界十大无法解释的奇迹之一。

## 海地黑人独立

1804年1月1日，海地人民正式宣布独立，世界人民为之震惊，这是拉美历史的新篇章，鼓舞了世界黑人为争取独立而战斗。

海地，本为印第安人所起，意思是多山之地。海地位于加勒比海海地岛的西部，1492年西班牙在圣多明各岛建立了第一个殖民地，到1502年海地沦为西班牙的殖民地。1697年，西班牙同法国签订合约，又把海地岛的西部割给了法国。从此，海地人民受西班牙和法国殖民者的残酷压迫。

西班牙殖民者实行残忍的种族灭绝政策，在16世纪30年代，岛上的印第安人几乎全被杀害，西班牙殖民者甚至从非洲引进大批黑奴到海地去种植甘蔗、棉花、咖啡等经济作物。法国殖民者更是残酷压榨黑奴，他们强迫黑奴从事繁重的劳动，开辟种植园。许多黑奴不得不露宿野地，海地成为黑人的地狱，许多黑人在西班牙和法国殖民者惨无人道的压迫下死去。黑白混血人和一些自由黑人同样也受到统治者的剥削、歧视和压迫。他们不能和白人穿相同的衣服，不能乘马车，不能在军队和政府机关中供职。广大混血种人和自由黑人对殖民统治者进行了强烈反抗，黑人争取民主权力的斗争此起彼伏。

同时，美国独立战争和法国大革命对海地人民也产生了强烈的影响，大大激发了海地人民的革命觉悟，由此导致海地黑人奴隶革命的开始。

1790年，混血种人文森特·奥热率领250名混血种人和自由黑人起义军举行起义，海地革命正式开始。起义军打击法国殖民者，烧毁种植园，猛烈袭击法国殖民上校马杜特的殖民军，法国殖民者派兵力支援，起义军终于失败。西班牙殖民当局把奥热的军队引渡到海地岛，奥热被车裂而死。这次起义失败，是由于没有充分的准备，没有提出反映广大黑奴要求的革命口号，所以缺乏广泛的群众基础。

1791年8月，在黑人布克曼的领导下，广大黑白混血人和自由黑人又发动武装起义，黑奴也积极加入了起义队伍。8月22日，黑人奴隶在"争取自由"、"宁死不当奴隶"的口号下起义。他们放火焚烧咖啡和甘蔗种植园，捕杀法国殖民官吏和白人奴隶主。起义中，黑人领袖杜桑·卢维杜尔带领千余名奴隶参加了起义军。

杜桑·卢维杜尔原是奴隶出身的马车夫，受过法国启蒙思想的影响，他成了英勇的起义军领导者。

杜桑组织了一支纪律严明、战斗力很强的起义军，把起义推向了一个新的高潮，奴隶主和种植园主受到沉重打击。西部的里戈率领混血种人在太子港举行起义，提出"争取圣多明各独立"的口号，吸引大批混血种人。起义军队伍不断壮大。

1793年春，西班牙和英国组成反法同盟，决定联合夺取圣多明各。杜桑为了反抗殖民者的进攻，曾动员说："我正在从事报仇雪耻的事业，我要让圣多明各实现自由和平等，我们都是骨肉兄弟，让我们团结在一起，为共同的事业奋斗吧。"奴隶们受到极大的鼓舞，杜桑的队伍不断壮大，他们连续攻占了冬冬、戈纳伊和阿卡哈耶夫等重镇，部队人数也增加到4000余人。

由于受西班牙统治者的欺骗，杜桑暂时和西班牙进行了合作。后来当西班牙拒绝在占领区废除奴隶制时，他正式同西班牙当局决裂，并开始对西班牙军队发动进攻。西班牙军队节节败退，不得已同法军签订合约，从圣多明各撤出全部军队，西属圣多明各割让给法国，起义军又开始了反对英国武装的斗争。

英国于1793年派兵入侵圣多明各，先后派兵达到8000多人，占领了圣多明各西部和南海沿海地区，并占领了莱奥甘纳、太子港和马尔·圣尼古拉港等重要城镇。

里戈领导的混血人种起义军在反英斗争中起了重要作用，先后击退英军7000多人，里戈被誉为"莱奥甘纳的英雄"。杜桑领导部队西进，加强了西部地区的反英力量，取得了重大胜利，为此，他被任命为圣多明各的副总督。

1794年法国派兵攻打英军占领的地瓜德罗普，宣布解放该岛，推动了加勒比地区英属殖民地奴隶的解放斗争。同时，由于英国军队内部发生了流行病，给英军带来很大困难，英国政府不得不于1796年作出撤军的决定。1798年，杜桑分两路进攻英军，英国处于被动挨打的地位，英军司令官梅特兰根据英政府的旨意，和杜桑起义军进行了谈判。协议规定，英军立即撤出太子港和圣马克等重镇，放弃一切军事设施。10月1日，英军正式向杜桑投降，结束了在圣多明各的殖民统治。

法国大资产阶级企图继续维持法国在圣多明各的殖民统治，但杜桑坚决反对法国对圣多明各的干涉，1797年，杜桑控制了圣多明各的行政和军事大权，使圣多明各实际上成了一个独立的国家。

1801年，海地召开制宪会议，制定了一部宪法。宪法正式废除了奴隶制度，规定居民不分肤色一律平等、贸易自由。海地成为了独立的国家，杜桑被选为终身总统。法国诱骗杜桑进行谈判，把杜桑押送到法国。1803年，这位杰出的海地英雄、领袖死于法国。海地人民不断抗击法军，法军内部又发生了黄热病，法军不得不撤回。1804年1月海地人民正式宣布独立。

海地革命是拉美第一次取得胜利的黑人革命。在海地革命中涌现出了一批英雄人物，他们为海地人民的解放作出重要贡献。

## 爪哇蒂博尼哥罗起义

长期以来，亚非拉地区人民处于殖民和半殖民地统治之下。

19世纪末20世纪初，亚非拉各地出现了资产阶级民主运动的高潮，沉睡在中世纪的各国人民觉醒了，他们为争取民主和独立英勇地斗争，作为争取自由独立的英雄们被载入史册。

随着西方殖民主义对亚洲各国侵略的深入，19世纪中期亚洲各国人民掀起了反殖民反封建的高潮，这包括1825—1830年印尼爪哇岛上爆发的反荷兰殖民者起义。

这次起义的主力军是爪哇农民，他们不堪忍受荷兰殖民者和爪哇封建主的双重压迫，愤然揭竿而起。1816年，荷兰从英国手中接管印度尼西亚，重新恢复了贸易垄断制度，进行关税保护，继续荷兰东印度公司时期的旧剥削方式，强迫农民种植咖啡等；荷兰人还沿用英国的货币地租制，加重了爪哇人民的负担。更为残酷的是，荷兰殖民者强迫农民交纳土地税、关卡税、门户税、人头税等30多种苛捐杂税，从事各种无偿徭役，农民在残酷的压榨下，负债累累。农民忍无可忍，早在蒂博尼哥罗起义之前就不断零星地进行起义，反抗荷兰殖民统治。1822年，葛都·巴格连地区发生农民起义；1823—1825年，三宝垄和加拉横地区也发生了农民起义。蒂博尼哥罗起义实际上就是上述起义的总爆发。荷兰殖民者的入侵也使爪哇封建地主的利益受到侵害，尤其是经济利益。所以，一批爱国之士为了维护封建主的权利、实现自己国家的独立，也参加了这次以蒂博尼哥罗为首的大起义。

蒂博尼哥罗领导人民反抗荷兰殖民者的统治，并想继承马塔兰王位，企图把马塔兰重建成为一个独立强盛的伊斯兰封建王国，所以荷兰殖民者害怕蒂博尼哥罗的反抗，不断破坏蒂博尼哥罗的领地。荷兰殖民者甚至企图逮捕蒂博尼哥罗，为此，1825年7月20日蒂博尼哥罗在斯拉朗发动了武装起义。在蒂博尼哥罗的领导下，广大农民和他领地的大部分封建主，以及梭罗著名的伊斯兰阿奇阿依、摩佐也参加了起义。蒂博尼哥罗采用灵活的游击战术，不断重创敌军，取得了一系列伟大的胜利。荷兰总督连忙增派部队进行支援，但抵抗不住起义军的进攻，被迫全线后退。在蒂博尼哥罗起义的鼓舞下，起义烈火蔓延到整个中爪哇和东爪哇的一部分地区。

1825年10月，蒂博尼哥罗在德格索建立起伊斯兰封建王国，并且开始称为苏丹。从此，他开始整顿军队，着手建立严密的正规军队。

1826年，蒂博尼哥罗起义部队向克拉顿到马吉冷的荷军防线发动进攻，在勃兰班南、卡拉珊和班都兰等地多次取得胜利。1826年7月，荷军向德格索进攻，经过激烈的战斗，起义军于8月2日大获全胜，荷兰殖民者于1826年9月21日恢复了蒂博尼哥罗祖父的王位，以此来引诱蒂博尼哥罗停止战斗，但蒂博尼哥罗依旧坚持战斗。

1827年，南望地区起义出现高涨局面。荷兰殖民者调集大量兵力镇压南望地区人民起义，起义军重创荷兰皇家军队，但终因寡不敌众，而于1828年3月失败。南望起义失败之后，荷兰军队把总部从梭罗迁到马吉冷，加紧对起义军进行包围，荷兰殖民者掌握了战争主动权，起义步入衰落时期。荷兰殖民者一方面开始收买封建主，分化起义军，另一方面加紧围困和孤立起义军。起义军内部开始出现矛盾，起义军中另一领导人——奇阿依、摩佐同荷兰殖民者进行了三次谈判，最终投降了，起义军的力量被大大削弱了。

此后进行了多次战斗，荷兰殖民者甚至用杀害其子来威胁蒂博尼哥罗，但蒂博尼哥罗仍然继续坚持斗争。

1830年3月8日，蒂博尼哥罗轻信了荷兰殖民者的谎言，带领随从人员前往马吉冷进行谈判。实际上蒂博尼哥罗已经步入荷兰殖民者精心布置的陷阱，他们解散了蒂博尼哥罗的随从人员，并把蒂博尼哥罗押往了巴达维亚。1830年5月3日，蒂博尼哥罗被放逐到苏拉威西的望加锡，1855年死于流放地，至此，蒂博尼哥罗领导的印尼人民反荷大起义失败了。

蒂博尼哥罗不愧为印度尼西亚杰出的民族英雄，他的名字将永远留在人们的心中。这次起义不仅沉重打击了荷兰殖民者，也激发了其他各国反殖民的运动。因此，蒂博尼哥罗起义不仅在印度尼西亚历史上写下了光辉的一页，而且在世界近代史上也占有重要地位。

## 传奇人物玻利瓦尔和圣马丁

西班牙南美洲殖民地包括秘鲁、新格拉纳达和拉普拉塔三个总督区及委内瑞拉、智利。

西班牙和葡萄牙长期对南美洲实行殖民统治，南美洲的人民强烈要求推翻西班牙、葡萄牙等国殖民统治，建立独立的民族国家，因此，在拉美地区进行了一系列的民族独立战争。

西蒙·波利瓦尔生于委内瑞拉的加拉加斯。从小目睹了西班牙殖民者、天主教会和垄断商人对人民的剥削，希望摆脱殖民统治，实现民族独立。波利瓦尔曾先后在西班牙、法国和意大利等国留学和旅行，在法国深受法国大革命的影响。1806年，波利瓦尔从欧洲返回委内瑞拉，投身到民族独立运动中，1810—1812年，波利瓦尔积极领导民族运动。1811年3月2日，委内瑞拉首届国民代表大会在加拉加斯举行，会议通过了《独立宣言》，宣告委内瑞拉共和国诞生。但西班牙殖民者调集大量兵力进犯加拉加斯。于是共和国政府派米兰达统掌军政大权，进行抵抗，但不幸惨遭失败，被迫同敌人议和，于1812年7月25日同敌人签署了"协议书"。后来，米兰达率领一批爱国人士离开加拉加斯，第一共和国被扼杀。

波利瓦尔重整旗鼓，继续坚持战斗，1813年率领革命军解放了加拉加斯大片土地，并建立了第二共和国。波利瓦尔被任命为爱国武装总司令，掌握军政大权，并被授予"解放者"称号。

一批流亡在奥里诺科河沿岸草原地区的西班牙殖民军纠合在一起，组成了"保王军"。1814年6月，保王军在拉普埃尔塔击败了波利瓦尔的爱国军，第二共和国再次失败，波利瓦尔流亡牙买加和海地。海地总统支持波利瓦尔的斗争，提供给他船只和武器装备，期间几次遭到失败。于是波利瓦尔总结经验教训，深入到奥里诺科河流域农村地区，革命力量得以壮大，解放了重镇安戈斯图拉，并在这里设立了总部，召开国民代表会议，1819年成立了委内瑞拉第三共和国。玻利瓦尔被选为共和国总统和爱国武装的最高统帅。欧洲志愿军1500多人补充了波利瓦尔的革命军,特别是草原自由牧民也转入了革命一边,大大加强了革命军的战斗力。1819年,波利瓦尔率领大军进攻新格拉纳达,全歼敌军,并迅速南下,收复了波哥大,解放了大片领土。同年12月,玻利瓦尔在代表会议上提议委内瑞拉和新格拉纳达合并,成立了哥伦比亚共和国,波利瓦尔被选为这个共和国的总统和最高统帅,革命军扫除了西班牙殖民军残余势力,解放了南美北部地区。1822年7月,新格拉纳达、委内瑞拉和厄瓜多尔联合起来组成了大哥伦比亚共和国,推选波利瓦尔为大共和国总统。

圣马丁在南美洲南部领导革命,主张精练部队,纪律严明。1814年,智利爱国军失败,并入库约省,与圣马丁会合。1816年,拉普拉塔地区国民代表会议召开,在会议上宣布正式独立。选举普埃雷东为最高执政官。普埃雷东积极支持圣马丁的战略方案。将圣马丁组织起来的部队命名为"安第斯山军",任命圣马丁为总司令。圣马丁对军队进行了严格的训练。1817年,圣马丁和奥希金斯率主力直插圣地亚哥城,西班牙殖民军溃败,革命军占领了圣地亚哥城,并推选奥希金斯为智利最高执政官。接着,圣马丁和奥希金斯在迈普同西班牙军队展开大战,俘虏了敌军官兵3000余人。迈普战役胜利之后,爱国军又向南推进,解放了大片领土。为了进一步扩大战果,圣马丁组织了自己的海军,并兼任总司令和陆军司令。

1820年,圣马丁开始进攻秘鲁。在圣马丁的领导下,革命军在秘鲁南海港帕拉卡斯登陆,迅速占领了附近的皮斯科镇。接着,圣马丁封锁了沿海港口,切断了敌人的海上支援和与内地的联系,使敌军陷入孤立。后来,圣马丁又亲自率领部队在秘鲁北部进行作战。经过英勇斗争,1820年底秘鲁北部地区基本上已经全部解放。殖民军队不得不退出利马,退往内地山区,圣马丁率军进驻利马,正式宣告秘鲁独立,并出任护国公,成立新政府。为实现西班牙南美洲殖民地的完全独立,圣马丁决定和玻利瓦尔共商大计。但双方存在分歧,圣马丁悄然离去,并于1822年9月召开国民代表会议,发表了辞职演说,把政权交给代表会议。圣马丁离开了秘鲁,经智利回到阿根廷,随后又辗转欧洲,移居法国,1850年8月在法国病逝。

玻利瓦尔在秘鲁政府的邀请下率军进军秘鲁,秘鲁国民代表会议授予他全部政权,处理军政事务。玻利瓦尔和圣马丁的旧部汇合,组成了"解放联军",一起进攻在内地山区的殖民军残部,殖民总督被迫签署投降协议。1825年2月底,秘鲁游击队也先后收复了复拉巴斯、圣克鲁斯、科恰班巴等重要城市。4月份,秘鲁全部解放。

1825年8月,秘鲁宣告独立,成立共和国并改名称为"玻利瓦尔共和国",随后又改名为玻利维亚共和国。

波利瓦尔一生参加了无数次战斗,立下了不朽的功勋,在拉丁美洲争取独立的事业中作出了不可磨灭的贡献。但由于本身阶级的局限,玻利瓦尔掌握政权之后,农民没有分到土地,剥削反而加重了,从而失去了人民群众的支持。1830年5月,波利瓦尔辞去了大共和国总统的职务,同年12月病逝。

## 巴布教徒起义

19世纪40年代末,帝国列强侵入带来的沉重灾难,伊朗人民起义不断发生。

"巴布"的意思是门,表示即将降临人世的救世主的意志通过北门传达于人民,这是巴布教的创始人赛义德·阿里·穆罕默德提出的神秘学说。他号召人们相信救世主——马赫迪的力量,能够拯救处于水深火热的人们。后来,他干脆自称为马赫迪,并著一部《默示录》论述自己的学说。

伊朗在19世纪中叶处于卡扎尔王朝统治之下。内部统治极其混乱,人民生活困苦不堪。俄、英、法、美等国列强先后强迫伊朗签订了不平等条约,瓜分了它的领土并侵占了它的主权。其中:仅俄国就占领了格鲁吉亚、北阿塞拜疆等大片领土。伊朗赔款两千万卢布,俄国还取得了一系列特权,如领事裁判权、自由贸易权、减免税等特权。随后,英国也强迫伊朗签订此类条约。从而,伊朗变成了半殖民地半封建国家。

内部受封建主的横征暴敛,外部受列强的烧杀抢掠,各个国家不断向伊朗输出商品,使伊朗的手工业和农业遭到严重破坏,农民和手工业者陷入贫困;封建统治者内部出卖官爵,贵族和官吏把土地出卖给商人高利贷者,土地私有化进一步盛行;封建主为了维护自身的利益,加强对人民的剥削,促使农民阶级和地主矛盾不断激化;一些商人和小手工业者由于社会地位低下,不断受到排挤、生活条件不断恶化等等,导致了伊朗各地不断爆发起义,其中规模最大的就是巴布教徒起义。

巴布教徒分为两大派,以巴布为首的代表城市和新地主阶级的一派。他们幻想建立一个没有封建暴政和外来侵略的国家,梦想着人人平等的和平王国。巴布要求财产要人人平等,平分封建统治者和外国资本家的财产。废除一切刑法和苛捐杂税,保护私有财产不受侵犯,保障人身自由,严守商业通信秘密等一系列的政策。巴布教徒反对暴力,主张用和平的方式,说服封建统治者进行改革。1847年封建统治者逮捕了巴布。另一派是人民派。这一派主张用暴力武装推翻封建统治,建立一个人人平等,没有剥削,没有压迫的国家。这一派的领导人是穆罕默德·阿里·巴尔福鲁升。

1848年9月,穆罕默德·阿里·巴尔福鲁升领导巴布教徒在伊朗北部的马赞德兰省发动起义。两万多起义军英勇抗战,打败了王军的进攻。后来王军用欺骗手段使起义者放下了武器,起义者遭到大肆屠杀,大批巴布教徒死于王军的屠刀之下。但巴布教徒继续坚持斗争,队伍又不断壮大起来,到1849年全国的巴布教徒已经达到10多万人。第二年5月,巴布教徒在赞兼再次发动起义,建筑堡垒和防御工事,灭敌人8000多人。

1850年6月,尼里兹也曾爆发巴布教徒起义。为了打击巴布教徒起义,国王下令处死了巴布。巴布教徒也遭到了血腥镇压,他们只好采取隐蔽的恐怖活动。

巴布教徒起义虽然失败了,但给封建王朝以沉重的打击,它在客观上也是一次反封建、反殖民主义的农民起义。巴布教徒起义最终的失败,也有其主、客观原因:起义的队伍中,主要是手工业者、城市贫民和一部分郊区农民,没有带动起广大的人民群众;起义不是在全国范围内开展起来的;起义时各个组织联系不够紧密,并且在战略上主张消极防守,没有采取进攻和灵活的游击战;封建统治者身后有外国殖民国家的支持,使起义者寡不敌众;巴布教徒相信封建统治者的伪善诺言,自动放下武器。巴布教徒起义告诉人们,不要轻信封建统治者的诺言,人民只有彻底推翻封建主义的统治,才能获得真正的自由和独立。

## 非洲人民的反帝运动

从1415年葡萄牙在非洲建立第一个殖民据点起,西方殖民者开始侵入非洲大陆。17世纪起,荷、英、法开始在西非、南非进行角逐。

最先完成工业革命、并有"日不落帝国"之称的英国,开始由掠卖黑奴转向掠夺原材料,其后各国也相继开始对非洲的经济掠夺。在拿破仑战争中,英国占领了荷兰在南非的开普殖民地。战后,又通过一系列条约将其攫为己有,进一步向南非地区扩张。

南非居住着许多民族,其中包括桑人、科伊·科伊人。班图部落中还有祖鲁人、科萨人、赫雷罗人、贝专纳人、巴苏陀人、马达尔列人和马绍纳人。西方殖民者称这些人为"卡弗尔人",意思是"异教徒"或"不信教者"。他们对待黑人极其暴虐。因此激起了南非各族黑人的坚决反抗。

南非人民是向往和平和自由的民族。为了反抗白人殖民者的统治,祖鲁人进行了顽强的斗争。18世纪末,祖鲁各部落逐渐联合成一个强大的部落联盟,在首领恰卡和丁干的领导下,祖鲁部落联盟曾拥有一支10万余人的部队。军队训练有素,组织严密,有很强的战斗力。

恰卡出生于南非纳塔尔地区姆利彻河畔的一个小村寨,他的部落本是一个小部落。父亲康纳是个有两千人的氏族小酋长。童年时期的恰卡寄居在母亲的氏族,牧童的生活和坎坷的境遇使他炼就了坚强勇猛的性格。1803年,他离开本部落,投奔一个由丁吉斯瓦纳领导的部落,丁吉斯瓦纳是纳塔尔地区最杰出的酋长,他联合了附近各部落,组成一个部落联盟。

1809年,恰卡应召入伍,他勇敢善战,不久便担任了指挥官。1816年,恰卡的父亲死亡,他率领一支部队杀回本部落,夺回了祖鲁氏族酋长的宝座,然后以本氏族青年为主,建立一支很有威慑力的部队。丁吉斯瓦纳在一次征战时被俘处死。恰卡重建了姆塞思瓦联盟集团,自己充当联盟首领,成为附近地区最大的盟主。

他经过一系列的改革措施来发展本部落的经济,并促进各部落之间贸易往来,稳定了各部落的联系,为南非祖鲁人民反抗殖民侵略奠定了坚实的基础。

1838年12月,布尔殖民者用猛烈的炮火击败了祖鲁人的英勇抵抗,屠杀了大量祖鲁人。祖鲁人经过这次打击,以及内部混乱,力量日益削弱,不得不退守纳塔尔最北部地区。

1870年，祖鲁人在开支瓦约的带领下，再次进行武装起义，重建一4万人的精锐军队，并且加强了武器装备。英国殖民者要求祖鲁人解散军队接受英国总督的管理，但祖鲁各部的酋长坚决反对，主张积极抵抗英军的入侵。

1879年，英军大举进攻祖鲁军，企图彻底消灭祖鲁军队。但祖鲁军有着强烈的爱国精神，战斗士气高昂，同敌人的部队展开肉搏战，祖鲁军击毙敌军1300余人，大获全胜。可是祖鲁人幻想英帝国主义者会回心转意，所以没有追杀英军，反而不断向英军求和。英军趁机增援部队，再次进攻祖鲁。

祖鲁军英勇奋战，屡屡挫败英军。但终因寡不敌众，最后失败。

英军在祖鲁部落地区进行更加残酷的统治，各部落酋长被剥夺了权利。因此，各部落准备联合起来，最后发动起义，企图消灭英军，恢复他们的统治权力。1906年3月起，他们在格雷敦、英姆峡谷等地同英军进行了激烈的战斗，几千名祖鲁士兵死于英军的屠刀下。从此，而祖鲁部落一蹶不振，南非黑人部落起义也暂告结束。

## 马赫迪大起义

非洲抗英殖民统治斗争中，马赫迪起义是最著名的一次大起义。

马赫迪起义领导人是穆罕默德·艾哈迈德。他从小居无定所，过着流浪的造船工人生活。

19世纪20年代，埃及统治了苏丹。70年代，英国控制了埃及，打着埃及的旗号对苏丹进行扩张。苏丹实际上沦为英国的殖民地。从此，英国侵略者、埃及封建王朝和苏丹的统治者不断对苏丹人民进行残酷的政治压迫和经济剥削。英国殖民者垄断了苏丹的象牙、驼鸟毛和阿拉伯胶等商品的贸易，并进行惨无人道的奴隶贸易，残酷地压榨苏丹人民。

艾哈迈德为了拯救苏丹人民，号召人民进行"圣战"。他从1871年开始在民间宣传他的政治宗教思想。1881年，他自称为马赫迪，号召人民停止纳税，打击外来侵略者，推翻苏丹封建统治，消灭不平等和"邪恶势力"，建立一个"普遍平等、处处公正的美好社会"。马赫迪提出"宁拼千条命，不缴一文税"的战斗口号，深得苏丹人民的热烈拥护。

马赫迪领导起义军英勇抵抗英埃联军，并取得了巨大胜利，在科尔多凡省境内的卡迪尔山区建立了根据地。这时人们纷纷加入到起义队伍中来。

1881年12月，起义军再次击败了敌军，并缴获大量武器弹药。1882年6月，英埃军队再次受挫，起义军不断得以壮大。

1883年1月，起义军攻下苏丹第二大城市乌拜伊德。这时，英国派出万人大军征伐起义军，企图彻底消灭马赫迪的部队。但由于起义军队伍十分壮大，英军几乎全部被消灭。乌拜伊德战役的胜利，使起义军名声大振。1884年，起义军占领了整个南部地区，同时又解放了红海地区。

1883年3月，马赫迪派兵围攻英国驻苏丹总督所在地喀土穆。马赫迪采取围而不攻的方式，切断了英军的后备支援，许多英国士兵忍不住饥饿，不断逃跑或投降起义军。1885年1月26日，起义军向喀土穆发动了进攻，经过短暂的战斗，起义军就攻下了整个城市，英国殖民头子戈登被起义战士用长矛刺死。同年9月，除了沿海的萨瓦金港外，苏丹已全部解放。

马赫迪起义军在反抗殖民统治的斗争中作出了巨大贡献。但由于马赫迪死后，国家变成了一个统一的封建神权国家，起义军的力量被大大削弱。由此，1898年起义军在柏柏尔地区的阿特巴拉河畔被英军打败，起义战士遭到了英军的大肆屠杀。到1900年1月，马赫迪起义以失败告终。

## 埃塞俄比亚争取独立的斗争

在帝国主义侵略埃塞俄比亚之前，埃塞俄比亚实际上是处于分裂割据的局面，各大公国割据一方，不断进行征战和对外掠夺，国力衰落，人民困苦不堪。分裂割据的形势和帝国主义列强的入侵，使狄奥多尔二世不得不开始进行改革，消除封建割据，建立统一的中央集权国家，建立军队，改革税制，由中央统一管理全国财政收入，禁止奴隶贸易，大力发展经济。但狄奥多尔二世不得不的改革，触怒了封建割据势力的统治者，他们强烈反对改革。英国侵略者也不断地进行破坏活动，1867年乘机派兵侵略埃塞俄比亚。大封建地主纷纷反叛，致使狄奥多尔寡不敌众，在抗英斗争中兵败自杀，从而使埃塞俄比亚陷入混乱状态。

这时，苏伊士运河开通，红海地区的商业地位和战略地位，因此成为列强角逐的焦点。英国、法国、意大利和俄国纷纷进行瓜分埃塞俄比亚的活动。英国支持傀儡皇帝约翰攻打麦纳利克，意大利支持麦纳利克反对约翰。英国从约翰手中得到许多经济特权，并且通过约翰和王公麦纳利克的斗争来削弱埃塞俄比亚的国力。英国还唆使埃及两次入侵埃塞俄比亚，后来又让约翰去攻打苏丹马赫迪国，导演出现非洲人打非洲人的一幕，而列强却站在一边看热闹。

1882年，意大利占领厄立特里亚的阿萨布后，也企图吞并埃塞俄比亚。列强在埃塞俄比亚的争夺尤其激烈。英国为了防止法国的进一步入侵，控制非洲东北部，反过来去支持意大利吞并埃塞俄比亚。在英国的唆使下，意大利迅速占领了马萨瓦和厄立特里亚全境，并逐渐向埃塞俄比亚内陆入侵。

1887年，入侵提格雷省的意军被埃及军队击溃，不得不后退到马萨瓦，开始同王公麦纳利克结盟，支持麦纳利克夺取皇位，从而统治埃塞俄比亚。由于约翰四世在进攻苏丹马赫迪起义军时不幸被击毙，麦纳利克二世继承王位，意大利实现了利用麦纳利克统治埃塞俄比亚的梦想。意大利支持麦纳利克扩充军队，镇压各地割据势力的反叛，统一整个埃塞俄比亚，建立中央集权。

麦纳利克打算借助意大利的帮助先加强埃塞俄比亚的势力，然后再打击意大利，而意大利则想利用麦纳利克统治埃塞俄比亚。双方的矛盾在签订《乌西阿利条约》时激化。意大利想通过这个条约使埃塞俄比亚成为它的保护国，而麦纳利克却坚决反对，并宣称废除《乌西阿利条约》。

麦纳利克为了同意大利的斗争，加强了中央集权和全国团结，建立了一支11万人组成的正规军，并征收特别税以购置武器，不断促进商品经济的发展。欧洲列强根据各自利益支持战争的双方。英国与法国是宿敌，并一直支持意大利来控制法国的扩张。法国和俄国又对抗英国，支持麦纳利克的斗争。1895年，意大利向埃塞俄比亚发出最后通牒，并扬言要迅速占领埃塞俄比亚。麦纳利克号召全国人民起来抗击意大利侵略军，全国人民志气高昂，纷纷进行抵抗侵略者的斗争。

1895年12月，埃塞俄比亚的军队击退了两股意大利军，夺回了马卡累要塞。后来，在阿杜瓦战役中，埃塞俄比亚军队又依靠优势兵力，正确的战略方法和人民的支持，一举歼灭敌人1.7万多人，沉重地打击了意大利军。意大利无力再进行反攻，战斗结束。

1896年10月，埃意两国在亚的斯亚贝巴签订和约。意大利承认埃塞俄比亚完全独立，并废除了《乌西阿利条约》，自动放弃侵占的土地，保证不将厄立特里亚转让他国，并赔款1000万里拉。

埃塞俄比亚依靠强大的军队和正确的领导，以及人民群众的拥护和支持赢得了这场战争。这是帝国主义瓜分非洲时期非洲人民取得的惟一一次民族卫国战争的胜利。埃塞俄比亚从此保持独立，成为非洲仅存的两个独立的国家之一。

埃塞俄比亚抗意斗争的胜利让世界人民认识到，只有坚持斗争才能取得独立。

## 帝国的生命线——苏伊士运河

埃及是一个文明古国，地处要道，东临亚非交界的红海，北濒地中海，隔海相望的是小亚细亚半岛，在红海北端陆地处与西亚相通，地中海又是欧洲和东方通商必经的水路。所以，埃及实为亚、非、欧三大洲的交通枢纽。远在古埃及时的中王国时期，人们就开凿了沟通尼罗河和红海的运河，从而沟通了红海和地中海，这是苏伊士运河最古老的前驱。其后，苏伊士运河几经修浚和废弃。

公元7世纪上半期，阿拉伯人侵占埃及，为了便于运输，曾修筑过这条运河。但公元8世纪时，哈里发阿里·曼苏尔出于军事的需要，把运河再次堵塞。1798—1801年法国殖民者占领埃及时，曾经计划开通地中海和红海的这条运河，但由于某种原因，还未开始就被迫离开了埃及。19世纪穆罕默德·阿里统治时期，许多欧洲人曾经劝说阿里开通运河，但由于他害怕埃及成为列强争夺的焦点而没有同意。

后来，阿里在国内进行了改革，国力大增，并且派兵攻占了苏丹、叙利亚、黎巴嫩等地。埃及的日渐兴旺，使各列强国家纷纷想据为己有。英国指使奥斯曼帝国攻打埃及，埃及最终失败，同英国签订条约。法国乘机攫取了苏伊士运河的开采权。

1854年11月，法国取得了开凿运河的租让权，双方签订了《关于修建和使用苏伊士运河的租让合同》。决定成立"国际苏伊士运河公司"，资本约2亿法郎。合同中规定：一、租让期为99年，期满后，运河全部归埃及政府所有。二、埃及政府必须无偿出让公司开凿运河所需的土地，并提供必要的劳动力。三、公司有权输入运河开凿工程所需要的机器。四、埃及获得纯利的百分之十五。这个合同明显是对埃及的剥削，租期太长，获利少，并且免税进口，影响埃及的财政收入。

1859年4月，苏伊士运河正式破土动工。在当时的条件下，要开凿这样长的运河绝非易事。埃及人民冒着酷暑，忍饥挨饿，从事繁重的劳动。

苏伊士运河的开凿，是成千上万埃及人民的血汗筑成的。苏伊士运河全长共162.5公里，比巴拿马运河长两倍，共挖土方7400多立方米，到1869年末实际耗资4亿多法郎，花了整整10年时间才修建成功。

1869年11月，苏伊士运河正式通航。从此苏伊士运河成为沟通亚非欧三大洲的交通枢纽，从欧洲到印度的航程大约缩短了一半，伦敦到孟买的航程缩短了4840公里，马赛到孟买的航程缩短了5940公里。

运河开通以后，通过运河的各国船只不断增加。1870年480艘，1880年有2026艘，1890年增加到3370艘，公司的利润不断增加，法国收利很大。

法国控制运河的同时，英国极力要将其据为己有，因为苏伊士运河对其向外扩张的大英殖民地具有十分重要的地位。这时，埃及政府财政发生危机，1847年11月不得不决定出卖它所掌握的苏伊士运河公司44%的股票。英国闻讯后，阻止埃及把股票卖给法国，连压带敲，把埃及的股票弄到了自己的手中。

英国只以1亿法郎就购得原价4亿法郎的股票，议会对首相狄斯累嘉奖备至。此后，英国又零星买下了苏伊士运河的一些股票。英国侵占苏伊士运河之后，下一个目标就是吞并整个埃及，从而牢牢抓住苏伊士运河，控制亚欧非三大洲的交通要道。

1882年，英国侵占埃及，控制整个苏伊士运河的梦想终于实现了。

由于苏伊士运河的重要地理位置，各国政府都十分关切运河的控制权。

1888年10月，英、德、奥匈帝国、西班牙、法国、意大利、荷兰、俄国和土耳其等国的代表在君士坦丁堡召开会议，签订了《君士坦丁堡公约》。公约中规定：苏伊士运河在战时和平时一样，对任何国家的商船和军舰开放，不许封锁，禁止任何国家在运河水域打仗。英国出于自身利益的需要，没有完全同意《君士坦丁堡公约》的规定，直到1904年签订《英法协定》后才宣布完全同意上述公约。事实上，各国并没有遵照公约去做。1898年美西战争时，英国为了美国，曾禁止西班牙舰队通过苏伊士运河。1905年日俄战争时，英国准许俄舰队通过苏伊士运河。1911·1912年意土战争时，英国也允许意大利军舰通过。苏伊士运河至今仍起着重要的作用，是连接欧亚非的交通大动脉。

## 埃及的阿拉比起义

阿拉比起义是19世纪埃及半殖民地化日益加深的必然产物。

1879年2月,埃及2500名被裁汰军官在总督府阿比西门前示威游行。示威人痛打了首相努巴尔和英国财务大臣,国王伊斯梅尔常受英法限制,并看到众怒难犯,乘机将努巴尔首相免职。英国人迫使奥斯曼帝国废黜了伊斯梅尔,而由其长子继位。其子恢复了原来的统治,又回到英法"双重监督"的统治下。由此爆发了阿拉比起义。

1879年11月,以爱国军官和知识分子为骨干的祖国党正式成立。祖国党代表埃及地主资产阶级的利益,它提出了"埃及是埃及人的埃及"的口号,主张建立独立国家,维护民族主权和独立,实行宪政,排除外国势力的干涉,扩充军队。阿拉比被推选为祖国党的领袖。

杜菲克国王见阿拉比英勇善战,害怕其对自己不利,便决定将包括阿拉比在内的三名上校逮捕入狱。由于阿拉比受众人爱戴,广大官兵听说阿拉比等三个上校被捕,纷纷冲入陆军大楼。杜菲克害怕官兵,不得不将陆军大臣里夫斯免职,改为巴鲁迪,同时放出阿拉比等三个上校。但半年后,杜菲克再次免去巴鲁迪的职位,把阿拉比等三个上校调离到外地。

阿拉比注意到,要实现独立不但要靠军队,同时还要实施宪政,建立议会。所以阿拉比带领军队4000多人来到阿拉丁宫前示威,对杜菲克进行兵谏,杜菲克不得不再次命谢里夫组阁。然而谢里夫是祖国党温和派的首领,素来不喜欢阿拉比等激进派,只在原有制度上稍加了改良。1879年再次组阁时,他没有按事先议定的议会审议权举行,而是按旧时之制选举议会,致使激进派大部分人未能进入议会。阿拉比和议会中大部分议员都强烈反对。

英、法见祖国党内发生内讧,便趁机出面干涉,阿拉比领导军官包围了王宫,逼迫杜菲克解散反动内阁。开罗人民举行声势浩大的示威游行来声援阿拉比。英、法的逼迫,使祖国党内举棋不定的人都倒向了激进派,谢里夫只得辞职,由巴鲁迪重新组阁。1882年,巴鲁迪重新组阁,命阿拉比为陆军部长,重新通过了1879年宪法,废除"双重监督"制度,同时宪法中还规定内阁只对议会负责,而不对国君负责,从而取消了专制制度,并从司法、商业和教育诸方面施行改革,兴修水利。

国君杜菲克没有了实权,常常违背宪法对改革进行阻挠。英、法也不想让埃及强大起来,所以英国照会埃及,逼迫埃及解除巴鲁迪内阁,并将阿拉比驱逐出境。为此,英、法舰队开进埃及的亚历山大港进行武力威胁,并在君士坦丁召开会议,商讨武力干涉埃及之事。接着,英军派25000人强行登陆,洗劫亚历山大。国王杜菲克见局势已乱,连忙来到亚历山大寻求英法舰队保护,并要求阿拉比停止抗战。但阿拉比坚决反抗,并派兵至亚历山大,修筑防御工事。

英法由于多年矛盾,并为争夺埃及之事不合,法国舰队撤离了亚历山大。英国认为这样就可独吞埃及了,于是用大炮轰炸亚历山大,将亚历山大轰炸成了一片废墟。阿拉比带领军民约15万人到城东南的一个村子布防,并号召举国上下同英国侵略者决一死战。埃及人民纷纷响应阿拉比的号召,支持民族政府,踊跃参军,奋勇抗敌,英军一连20余日,终不能攻破阿拉比部队。

英国急忙下令把驻印度的兵力调到开罗来增援。阿拉比撤出亚历山大港之后,率埃及军队坚守开罗北部防线,多次击退英军的进攻,使英军无法深入到内地,但阿拉比犯了严重的战略错误。他认为英国人根本不会在苏伊士运河方面用兵,所以只派五分之一的新兵进行防守,放松了对东线的防守。而英军佯装进攻西线,却集中兵力去攻打东线,阿拉比立刻率军前往抵御敌人的进攻,并派巴鲁连率兵支援,但英国人买通了当地酋长,援军受阻,致使阿拉比孤立无援。

1882年9月13日,英军在泰尔——厄尔——卡比尔战役击溃了贝督因部落的防线,并于9月15日攻陷了开罗,阿拉比及其战友被俘。

阿拉比起义最终失败了。除了阿拉比战略上的错误外,其重要的原因是:贝督因部落酋长和开罗封建集团动摇叛变;地主阶级害怕抗英战争发展成为全民抗战,只希望正规军作战,没有发动群众参加战斗;此外,埃及政府没有把派去攻打苏丹马赫迪起义的埃军调回来,使抗英力量大为削弱。

阿拉比抗英失败后,英国进行直接对埃及的统治,埃及名义上还属土耳其帝国,保留自己的王朝,但实际上却沦为英国的殖民地,直到1914年才宣布埃及为保护国。

## 印度百年屈辱史

16世纪以前的印度本是一个封建国家,随着地理大发现,西方殖民者的魔爪首先伸向印度。

印度当时正处于莫卧儿王朝的统治之下,阿克巴大帝在北印度建立了稳固的统治中心,并且逐步向南扩展。他采取了鼓励发展农业和手工业的政策,使印度的封建经济在一定程度上得到了迅猛的发展。然而,欧洲国家远远超过印度的发展水平,因此,印度成为了他们侵略的对象。

西班牙和葡萄牙为了资本原始积累的需要,掠夺东方国家的财富来促进本国资本主义的发展,满足封建地主阶级的需要。他们首先瞄准了印度。当时西班牙和葡萄牙势力较强,西班牙素有"无敌舰队"之称,他们凭借着强大的海上优势,切断了印度和波斯湾传统的海上贸易,并不时在印度周边沿海地区进行掠夺,使莫卧儿王朝感到不安,印度人民生活不能安定。

法国人也很快侵入了印度。他们在沿海城市建立商馆,收买棉纺织品、香料、蓝靛、硝石等。

当时，英国的工场手工业、商业和航运业也已达到相当高的水平。随着本国资本主义的发展，于 1600 年，在印度建立了东印度公司，并得到了对印度洋贸易的垄断权。1702 年，东印度公司和另一个获得印度洋特许权的公司合并为联合东印度公司。这个公司不仅有贸易等商业特权，同时还在国王那里得到建立军队，宣战媾和，占领土地和对所属地居民进行审判等特权。

英国商人来到印度，本来是想做印度棉织品和香料的贸易。但莫卧儿皇帝当时没有把英国人放在眼里，所以没有批准与其通商，直到 1613 年，才允许在苏拉特改立商馆。1615 年，英王又派使臣托马斯·罗来印，要求在整个莫卧儿帝国进行通商。由于莫卧儿皇帝想利用英国来抑制葡萄牙的势力，所以就答应了。

17 世纪中期，英法在世界范围内的商战开始进行。经过三次卡纳蒂克战争，英国人成了印度的主要外国势力。东印度公司在印度已经占有了绝对优势地位。

当时，印度内部四分五裂，封建统治阶级、争夺皇位、互相倾轧，内战不断。人民不能忍受贫困和压迫，不断进行农民起义。错综复杂的阶级、民族、宗教和种姓矛盾，促使了莫卧儿帝国的衰落。这正好为英国的入侵提供了便利条件。因为没有一个统一的国家，就不能进行全国范围内的抵抗。所以英国人没有后顾之忧。而各割据诸侯为保存自己的实力，反而纷纷求助英侵略者的庇护。更为可笑的是，英国入侵一地反而被看作是对另一个诸侯的削弱。因而对英国的入侵漠不关心。

英国就是利用这一有利时机开始侵占印度的。东印度公司征服印度是从孟加拉开始的。孟加拉是印度富庶的省份，当时的统治者为争夺王位而互相争斗，英国人从中挑拨，并寻找借口侵占了孟加拉。

英国人在孟加拉还保留了纳瓦布（王位）的傀儡统治，这有利其掩饰侵略目的，便于统治。英国掌权后，把孟加拉的国库洗劫一空，并用强硬手段榨取田赋。另外，英国还从莫卧儿皇帝那里得到了收税权，纳瓦布的税收机构开始由英国人掌管，这使英国人的收入从开始的 8175533 卢比提到 14704875 卢比，增加了 80%。田赋成为公司掠夺的首要财源。东印度公司还颁布法令强迫手工业者为公司生产，对产品只付半价，或干脆不给任何钱，强行买卖，把贸易变成了掠夺。印度商人遭到排挤，纷纷破产，最为残忍的是，英国诱使农民种植鸦片，然后走私运进中国，毒害中国人民，公司从中获取暴利。英国在印度的掠夺，在 1757—1815 年期间共 10 亿英镑，致使孟加拉国人民不聊生，生活贫困，大量居民被饿死，许多地方变成荒野，无人居住。

英国在印度的统治，激起了人民的强烈反抗，各地不断爆发起义。其中包括米尔·卡西姆领导的反英起义。1763 年，针对公司职员滥用免税权逃避税收，于是，米尔下令豁免一切商人的内地贸易税，东印度公司强烈反对，企图以武力压制。于是，米尔领导人民进行反英起义，广大农民、手工业者和部分商人积极支持。但由于起义队伍成份复杂，缺乏军事训练，最后遭到失败。米尔逃到奥德，得到莫卧儿皇帝的支持。1764 年，他组织联军发动对英进攻，但又惨遭失败。东印度公司于是又借机侵占了欠拿勒斯地区，从而控制了整个恒河下游地区。

英国的入侵，致使纳瓦布丧失了政权。1750年4月，年轻的西拉杰继承了外祖父的职位。纳瓦布曾写信给英国："我以万能的上帝和先哲的名义发誓，除非英国人同意填平堑壕，夷平防御工事，并根据与扎法尔汗纳瓦布时代相同的条件进行贸易，否则，我将拒绝考虑英国人的利益，还要把他们完全驱逐出我的国家。"

1756年6月初，西拉杰攻占了英国在卡西姆区扎的商馆。6月16日，又统率5万大军包围了加尔各答。4天后，东印度公司的加尔各答参事携儿带女逃离法尔塔，留守的霍尔威尔只抵抗一天就投降了。

英国当局派遣海军上将沃森和尉官罗伯特·克莱武率军远征，再次入侵加尔各答。远征军队伍由900名欧籍士兵和1500名土著雇佣军组成。克莱武收卖了守将，攻下加尔各答，并劫掠了胡格里城及周围地区。西拉杰率军英勇抵抗，但最终考虑到各方面的原因，于2月9日和英国签订了和约，和约恢复了英国以前的一切特权，并进而拥有了在加尔各答建立防御工事和有铸币的权力。

英国人时刻都梦想着占领孟加拉，推翻西拉杰。西拉杰是阿里瓦迪汗三女的后代，在继位后不久，姨母伽西蒂公主和表弟肖卡特·詹就分别向他的王位进行挑战，举行了叛乱，并得到英国人的支持。西拉杰控制了伽西蒂，镇压了肖卡特·詹。几个大地主也反对西拉杰的反印度教政策，曾密谋取代西拉杰，都没有成功。另外，纳瓦布的军队多数是波斯和阿富汗的亡命徒，很容易被金钱所利用。克莱武利用这种形势，同意和密谋者一起推翻西拉杰的统治。

克莱武和密谋者奥米昌德签订了密约，但秘密被泄漏了。西拉杰召集军官准备抵抗。克莱武于6月23日把军队开到普拉西，军队包括613名欧洲步兵、100名左右欧亚混西士兵、171名炮兵和2100名土著雇佣兵，总兵力达3000人，武器装备有10门野战炮和两门榴弹炮。英军迅速占领了位于河堤的纳瓦布的猎舍和附近的花果园。猎舍面积较大、用砖砌成、比较坚固，克莱武利用地势在这里设立司令部。

西拉杰在离猎舍北方约一公里的地方设置了军事大营，他有步兵约3.5万名，大部分没有经过训练，武器粗劣，纪律松弛；骑兵约1.5万人，绝大部分是西北的阿富汗的优秀骑手；炮兵装备有53门野战炮，大部分是大口径的。

纳瓦布的军队开始包围英军，克莱武采取有力的反击。双方激战了约半小时，由于纳瓦布手下的三个叛将按兵不动，没有攻下英军的军营。

由于天降大雨，纳瓦布的忠实战将米尔·马丹以为英军弹药被淋湿，想乘夜偷袭英军，结果被英军大炮打死。纳瓦布失去了惟一忠实的战将，走投无路，不得不求助于米尔·贾法尔，但米尔·贾法尔把一切情况都通知了克莱武，并要求克莱武发起进攻。

西拉杰的部将建议其撤军，西拉杰只好撤回军队并带领自己的2000名士兵向木升达巴德方向逃去。途中受到英军的猛烈炮轰，伤亡惨重。最后，普拉西战役以印军失败而告终。

普拉西战争结束了，印度人民陷入了更贫苦的境地。

在印度历史上，1857—1859年印度反英民族大起义是重大的历史事件，是英国在印度推行的殖民政策的必然产物，是英国殖民者同印度人民之间矛盾尖锐化的结果。

19世纪初的英国资产阶级不断取得优势，对殖民地取得支配权，以其自由贸易代替了东印度公司的垄断贸易政策。英国殖民政策的改变，对印度产生了极其深远的影响。印度从此变为英国的商品销售市场和原料产地，受英国的奴役和掠夺进一步加剧。

英国殖民者直接剥削印度佃农。佃农几乎把收成的三分之一到二分之一作为土地税上交殖民政府，同时农民还要受印度封建地主的剥削。英国手工业品等商品却不断涌入印度，但却严禁印度纺织品输入英国，致使印度的手工业彻底被摧毁，成千上万的工业者失去了饭碗。印度雇佣军本是英国殖民者的侵略工具，但1849年英国统治印度后却改变了对印度雇佣兵的政策，遣散了大批印度士兵，减少薪饷，取消免税权，命令印度士兵绝对服从英国军官，强迫印度教士兵渡海或到伊斯兰教国家作战还让印度士兵把猪油抹在子弹上，这大大激怒了印度士兵。英国殖民者原来把印度各封建王公当作殖民统治的重要支柱，但到19世纪上半期，随着工业资本主义的发展，英国迫切想消灭印度的封建割据状态，直接统治印度，用以开辟广阔的原料产地和产品销售市场。于是采取兼并王公领地的政策，规定没有直系后裔的封建王公，死后其领地即"丧失"，归东印度公司所有。各邦王公对此普遍不满，他们本来不愿反抗英国，但人民大起义后，大势所趋，他们中的许多人也就卷进了起义的洪流之中。

1856年，印度农村中开始传递烤薄饼，据说是反英起义的信号。婆罗门、伊斯兰传教士、民间艺人等走遍全国各地，到处宣传反英的口号，不断鼓舞农民起来反抗英殖民统治。印度土兵也组织地下军人委员会，传递荷兰花，密谋起义。一些封建王公也暗中商讨反英对策。

1857年3月，印度土兵曼加尔·迪开枪打死了三个英国军官，次日被英军处死，这些事件便成了印度民族大起义的导火线。

1857年5月10日，米鲁特士兵起义，杀死了英国殖民者，烧毁了兵营和殖民官府。第二天，起义者攻陷了德里，拥立德里皇帝巴哈杜尔沙为印度皇帝，但却没有实权，实权由行政议会掌管。行政议会的成员大部分是下级军官和士兵，他们号召人民消灭英国殖民者，宣布废除柴朋达尔制度，豁免贫民捐税，逮捕通敌的富商高利贷者，并没收他们的财富和存粮，对地主、富商和高利贷者征收特别税。

起义火焰迅速蔓延到奥德、康普尔、詹西等印度北部和中部大部分地区。英国殖民者赶紧派兵支援，企图消灭起义军，占领德里。据守德里的几万起义军英勇抵抗，几次打败英军的进攻，但到9月，起义军抵抗不了英军的不断进攻，最终被攻破。英军进入德里之后进行烧杀抢掠，无恶不做。

德里失陷之后，起义中心转移到勒克瑙和詹西，英军迅速集中优势兵力围攻勒克瑙。在坦堤亚·托比的领导下，起义军民浴血奋战，多次击退英军进攻。但由于敌我力量相差悬殊，1858年3月下旬起义军被迫撤出勒克瑙。英军又开始进攻詹西，詹西女王拉克开米巴伊亲自率军保卫詹西，同英军激战了8天，重创英军。由于英军力量强大和各封建王公的投降，詹西最后被攻陷。詹西女王和坦提亚·托比退往瓜辽尔，6月中旬在瓜辽尔城外郊战争中,詹西女王不幸阵亡。

由于两次起义都被镇压,起义军实力受到削弱,特别是詹西和瓜辽尔失守之后,起义军不得不放弃阵地战,采取游击战术来打击敌人。但是,英国殖民者利用起义军的内部矛盾,采取分压的政策,致使印度民族大起义最终失败。印度民族起义虽然失败了,但是,它是印度民族解放历史上最光辉的一页。

## 东方"诗哲"——泰戈尔

1861年5月7日,在印度半岛上那片温暖湿润,绿树成荫的孟加拉地区,诞生了一名男婴,他成为这个家庭中的第14个孩子,并且在日后成为他们当中最杰出的一位。他就是享誉世界的东方"诗哲"——罗宾德拉纳特·泰戈尔。

在19世纪印度孟加拉文化复兴过程中,泰戈尔家族的名字占据着显赫地位。这一家族自18世纪下半期以来,至今两个多世纪里,涌现了无数文化人,可谓群英荟萃,人才辈出。他们中有宗教改革家、社会活动家、哲学家、文学家、艺术家、诗人、画家和音乐家等等。泰戈尔家族本身属印度人种最高级的婆罗门种族,再加之以丰厚的文化教养,家族成员中人才济济,而罗·泰戈尔——这位印度文坛巨擘、诗圣、诺贝尔文学奖获得者无疑更使这一家族名垂青史。

天资聪颖的泰戈尔,自幼便生活在浓郁的文化氛围中,家族中良好的教育条件和开明的思想使泰戈尔的天才得以自由地发展并较早显露出来。他从童年时代就开始写诗、写剧本,十四五岁就开始发表诗歌、小说作品。尽管泰戈尔后来曾留学西欧,但他的思想深深植根于印度传统文化的土壤之中,他从欧洲进步文化中吸取的是民主思想和人道主义,这两者加以融和,使他的作品充满浓厚的爱国主义思想和民族主义情感。

泰戈尔是新孟加拉文学的奠基人和最伟大的代表。他思想开放,知识渊博,多才多艺。他的早期诗集作品《晚歌集》(1882)、《晨歌集》(1883)、《画与歌集》(1884)、《刚与柔集》(1886),充满爱国激情,表达了诗人反对封建礼教、宗教和种姓对立,反对暴君,赞颂自由和生命,赞颂大自然与爱情,具有浓郁的浪漫主义抒情色彩,又富于民族特色。这些作品激动过无数青年的心灵,被称为"精神生活的灯塔"。

泰戈尔的诗充满浪漫的风情和深邃的哲思,语言像流畅的溪水,自然、开放,而又奔涌不息。在他的中期诗作中又涌现出大量优秀之作,如《缤纷集》《江河集》《瞬息集》《故事诗》等等。试看《缤纷集》中的一段诗:

"就是这股生命的泉水,日夜流穿过我的血管,也流穿过世界,有节奏地跳舞。

就是这同一的生命,从大地的尘土里快乐地伸放出无数的芳香,迸发出繁花密叶的波纹。

就是这同一的生命,在潮汐里摇动着生和死的大海的摇篮。

我觉得我的四肢因受着生命世界的爱抚而光荣。我的骄傲,是因为时代的脉搏此刻在我的血液中跳动。"

诗人礼赞生命，浅吟低唱着生命之歌，表达了诗人热爱人生、热爱自然、不断追求、不断进取的人生哲学。

泰戈尔享年 80 岁，在一生长达 60 多年的文学创作中，总共留下了 50 多部诗集、多部中篇和长篇小说、100 多部短篇小说、30 多部散文作品、20 多部剧本、1500 多幅美术作品和 2000 多首歌曲。其中，《祖国致敬》的歌曲，在印度独立后，被定为国歌。此外，还有哲学、政治、历史、宗教方面的论著，以及大量书简，这一连串令人眼花缭乱的数字，是泰戈尔留给印度人民和世界文化宝库中最丰富、最珍贵的精神遗产。而其本人不仅成为印度文学史上，也可以说是世界文学史上，方面最广、产量最高的作家之一。

泰戈尔的小说中的《沉船》和《戈拉》为其代表作。《沿船》描写的是刚刚大学毕业的青年知识分子罗梅西的曲折复杂的恋爱婚姻故事。情节带有传奇色彩，悬念叠生，引人入胜，然而决不是荒诞不经的，而是有它深厚的生活基础。正如作者之言："这种极端离奇的事，只可能出现在现实生活中。"《沉船》标志着孟加拉文学中现实主义创作方法的成熟，而《戈拉》则是泰戈尔现实主义创作的最光辉成就。这是一部可以称得上是史诗式的小说，它反映社会的深度和广度，艺术上的精湛技术可以说在同类作品中是无以伦比的。它在印度文学中的地位，如同托尔斯泰的《战争与和平》在俄罗斯文学中的地位一样。

作为"诗哲"，泰戈尔最负盛名的作品还要数诗集《吉檀迦利》。1913 年，泰戈尔以这部作品荣获诺贝尔文学奖，成为第一个获得世界文学最高奖项的亚洲人。所以，泰戈尔不仅是印度，也是整个东方人的骄傲。

《吉檀迦利》在印度孟加拉语和印地语中都是"献歌"的意思，因为，这些诗歌是献给神的。但这些诗又不是一般的宗教颂神诗，而是一曲曲的"生命之歌"，作者歌唱的是生命的荣枯和现实世界的欢乐与悲哀。《吉檀迦利》实际上是一部抒情哲理诗，表示了诗人对祖国前途的关怀，对人生的思考和追求。

诗人所景仰的神并不是那些高高在上但又死气沉沉的泥胎木塑，而是无处不在、无所不是、化为万物的神。这位神从来不与钱财势力相交结，它终日游走于那最为贫贱的人群之中，它是在"锄着枯地的农夫那里，在敲石的造路工人那里，太阳下，阴雨里，它和他们同在，衣袍上蒙着尘土"。显然，这位神品质高贵，同情劳动人民，又是光明和自由的象征。

《吉檀迦利》韵律优美，语言朴实无华，具有高度的情感性，抒情味道很浓厚。随着时间的推移，这部诗集中那些金子般闪闪发光的哲理，那股奔流不息的生命力量，将历久弥新，与泰戈尔的名字一起永存。

值得一提的是，泰戈尔曾于 20 世纪 20 年代访问过中国，是由中国现代著名诗人徐志摩等接待的，在文学史上留下了一段佳话。

## 明治维新

1868年1月,倒幕派利用人民的力量,通过国内战争(鸟羽、伏见战役)推翻了德川幕府的统治后,成立了由明治天皇亲政的新中央政府,明治政府是地主资产阶级的联合专政。它成立后实行一系列资产阶级改革,史称"明治维新"。

1869年3月,明治政府颁布了内政、外交基本纲领——五条誓文。它规定:(一)广兴会议,决万机于公论(实际上国家事务由列侯会议讨论决策);(二)上下一心,盛行经纶(即政府和民众共同过问国事);(三)官武一途以至庶民,各遂其志,人心不倦(即上自宫廷贵族、封建武士,下至平民百姓,各守本分,履行职责);(四)破旧有之陋习,基于天地立之公道(即破除封建的旧制度,实行改革,务求公道);(五)求知识于世界,大振皇基(即向西方先进资本主义国家学习,输入近代资本主义文化知识,促进天皇统治下的日本民族国家的繁荣富强)。

为了实现上述基本纲领,明治政府实行了一系列资产阶级改革,其中比较重要的有以下几个方面:

一、废藩置县,消除封建割据,加强以天皇为中心统一的中央集权国家

1869年,各地藩主被迫先后奉还版籍,即把领地和户籍(人民)奉还给天皇。旧藩主成为新中央政府任命的藩知事,藩政基本方针必须服从中央。接着,1871年政府强行废藩置县。所有藩知事被解除职务,移居东京,领受俸禄。取消藩国,将全国划分为3府72县,由中央委派知事直接管辖。这个措施大大地加强了国家的统一和中央集权。

同时,新政府作为地主资产阶级的国家机器,发挥了镇压人民的作用。它宣布永远禁止农民结党聚众。当农民要求把反封建斗争进行到底,在许多地方发动起义时,新政府悍然镇压这些起义。

二、改革封建等级制度,以适应资本主义经济的发展

新政府在废除纯粹的封建土地所有制的基础上,改革了封建等级制度,废除武士等级的部分特权。大名公卿改称华族,一般武士改称士族,农、工、商和贱民皆称平民。1873年后,政府以公债代替各种俸禄。领受公债者达31.1万人,发放的公债达17500万余元。华族用公债购买土地,成为地主,或投资于工商业,成为资本家。这种赎买政策实际上使封建私有财产制度变成资本主义私有财产制。

政府取消对农、工、商的限制,承认土地私有权,允许自由买卖土地和种植作物,允许一切人自由选择职业和迁居。这些措施意味着农民摆脱了对封建主的人身依附关系,为日本资本家提供大量的自由劳动力,从而为资本主义的发展提供有利的条件。

三、地税改革,保证政府的财政收入

土地税占新政府收入的80%。为了固定和保证这项收入,1873年政府颁布了地税改革条例。条例规定:只对土地所有者征税;地税为法定地价(按五年内平均产量折合米

价，作为法定地价）的3%，不管丰歉如何，地税不变，地税一律以货币缴纳。

地税改革丝毫没有减轻农民的负担。政府始终站在地主方面，保护地主对佃农的剥削。好容易取得土地的自耕农，大部分由于交纳不起税，纷纷丧失土地，沦为佃农。地税改革是促使封建经济转化为资本主义而强制推行原始积累的重要手段。这个改革使政府的财政收入得到保证，使政府有足够的财力供养军队和补贴近代军事工业（财阀）。同时，地税改革使作为天皇政府重要社会支柱的半封建地主制迅速地确定下来。

四、实行征兵制，建立近代常备军

明治政府成立初期，提出了"富国强兵"的口号，努力建立一支强大的近代常备军。其目的是为了镇压士族叛乱和人民起义，也是为了对外侵略扩张。政府首先建立由亲政府的士族组成的近卫军，各县在整顿旧藩兵的基础上建立士族军队。1872年11月，开始实行征兵制，向全国人民征兵，建立近代常备军。

天皇制度从一开始就具有浓厚的军国主义色彩。日本地主资产阶级羽毛尚未丰满，就依靠这支常备军，开始对中国的台湾（1874年）和朝鲜（1875年）进行侵略。

五、扶植资本主义工商业，积极引进外国先进技术

为了扩大国内市场和促进资本主义的发展，新政府采取了许多经济措施，例如：废除各藩设立的关卡，统一全国币制和邮政；建立示范企业；聘请外国技师，积极引进外国先进技术，等等。政府为了军事上的需要，特别重视和大力发展军事工业。政府把一些厂矿企业廉价转让给三井、三菱、安田、住友等财阀，促使日本垄断资本急剧形成。

天皇制政府、军阀和财阀紧密勾结，是明治维新后一个十分突出的现象。因此，从一开始，日本资本主义的发展就带有鲜明的军事特征和军国主义的倾向。日本资本主义迅速过渡为军事封建帝国主义。

六、与列强交涉，收回国权

新政府成立后，努力与列强交涉，力争修改不平等条约，收回国权。1871年政府派出以岩仓具视为团长的代表团到美欧各国，进行关于修改不平条约的谈判，但遭到欧美各国的蛮横拒绝。尽管如此，在70年代新政府先后收回了租借地及铁路修筑权、采矿权、驻军权和租借地警察权等。直到90年代末，日本才成功地修改了不平等条约，获得与欧美各国基本上平等的地位（只有关税自主权等未收回）。

明治维新是日本历史上一个转折点。它标志着日本从封建主义社会过渡到资本主义社会，从封建割据国家变成统一的国家，从半殖民地国家逐渐变成独立的资本主义强国。明治维新之所以能够取得这些成就，绝非偶然。倒幕派利用人民的力量，建立了广泛的反幕阵线，通过国内战争推翻了与外国殖民势力相勾结的反动幕府封建统治，建立了地主资产阶级联合专政的新政权是实行上述资产阶级改革的首要前提。当时，美国忙于国内的南北战争，英法等国忙于侵略和争夺，使日本得以乘隙自强。西方资本主义国家各怀鬼胎，对日政策各异，对日未能采取统一行动和联合武装干涉。当时中国等亚洲人民反封建反殖民主义的斗争方兴未艾，也牵制了西方殖民势力，使它们不能抽调大量兵力进一步干涉日本。这些就是明治维新能够成功的内外条件。但是，明治维新是一次

极不彻底的资产阶级革命,它没有完成资产阶级革命的任务。从上层建筑到经济基础,保留了许多封建残余。天皇制和半封建寄生地主制就是封建残余的突出表现。尽管如此,明治维新在历史上所起的进步作用是不容抹杀的。它改造了日本社会,使日本走上资本主义道路,资本主义生产力快速发展。它促进了日本近代民族的形成。日本通过明治维新第一个摆脱了半殖民地的束缚。明治维新的道路,鼓舞了近代亚洲各国被压迫民族,特别是亚洲各国民族资产阶级,争取民族独立和重建祖国的信念。

## 日本近代文学的开山鼻祖"该死"

日本近代文学的开山鼻祖二叶亭四迷是一个伟大的现实主义作家,但由于他英年早逝,最初的这一时代巨人只能湮灭于世界文化名人的瀚海之中。但是,从他仅留的作品中,我们仍能感觉到一个天才巨人的风范,他的早逝对于日本文学是一个惨痛的损失,对于世界文学也是一个永久的缺憾,热爱和平的世界人民将永远怀念他。

既然二叶亭四迷是一位如此受人尊敬的巨人,为什么又骂他"该死"呢?这里有一个令人崇敬的故事。

1886年1月19日,二叶亭四迷因为厌恶庸俗的商业学校的风气,毅然退学,凭自己对文艺理论的深刻造诣,开始从事文学创作。经过几个月的努力,二叶亭四迷完成了他的长篇小说《浮云》的第一篇,他送给自己的好友、当时日本文坛的领袖人物坪内逍遥审读。坪内逍遥读后异常兴奋,连自己也写不出这样出色的小说,于是两人开始忙着出版发表。但是,当时的日本国内,论资排辈等许多丑恶的现象充斥于各行各业,文坛之中风气更盛。一个人如果没有靠山,没有名气,即使才华出众,也会因为年轻、没有资历而被人看不起。所以,虽然二叶亭四迷写了一部后来一致公认为日本近代批判现实主义开山之作的《浮云》,同样不被人理睬,他们忙了几个月,大小书店、出版社就是不给出版。

后来,两人想了一个"借鸡生卵"的计策,在《浮云》的封面、扉面和封底上统统署上大名鼎鼎的坪内逍遥的大名"坪内雄藏"。而在卷首的《浮云序》中,点明本书作者是"二叶亭四迷",然后又由坪内逍遥写了《浮云第一篇序》。这样一来,各出名的书店、出版社一见到"坪内雄藏"的大名,争夺着要出版这本书,当时财大气粗的金港堂最终抢到了第一出版权。《浮云》很快出版了,而且其中还有当时大画家大苏芳年所作的插图。虽然读者最终知道了这篇大作的作者不是文坛著名人物坪内逍遥,而是一个很有才气的新人,但是,二叶亭四迷却被这种虚伪的风气激怒了,他在即将付印的《浮云集》中,大骂"该死"。在日语中"该死"与"二叶亭四迷"谐音,于是他在《浮云序》中所写的"该死"便成了他的笔名,我们尊敬他称她为"二叶亭四迷"。但在日语中,直呼"二叶亭四迷"就是"该死"。对此,二叶亭四迷丝毫不以为意,他看透了这个虚伪的社会,他的笔名"二叶亭四迷"便是对当时那些的所谓采菊山人、前田香雪、山田美妙等一派文雅之庸俗虚伪风气痛骂"该死"。由此可见这位青年后生的气魄。

二叶亭四迷原名长谷川辰之助。他生于日本东京尾张藩邸的一所武士住宅中，在今东京名古屋一带。有人说他生于1864年2月3日，也有人说他生于1864年2月28日，此事已不可考。其父长谷川吉数原为卑寒之士，后来凭其才华与容貌得到尾张藩主的宠爱，成为藩王德川庆胜的近身家臣，那时他才20岁，后一直留居江户（今东京）。由于父母的才华，小长谷川辰之助受到很好的教育，他对文学艺术产生浓厚的兴趣。1868年，日本明治维新开始了，小长谷川辰之助同母亲搬到外祖母家里，开始读书识字。

虽然当时日本开始教育改革，重点是学习西方近代文明知识。但由于长谷川辰之助家是士族，保持传统，依然以汉学为主。1869年，小长谷川辰之助被送入汉学私塾，开始正式学习。由于他聪明伶俐，学习又刻苦，成绩非常好。后来，由于父亲不断改任，小长谷川辰之助经常换学校，这让他从小接触了众多的知识，见识过很多的地方，长谷川辰之助长期接受汉学的熏陶，很注重个人的修养。他把"俯仰天地，问心无愧"作为自己的人生准则。在先生讲课时，小长谷川辰之助总是正襟危坐，恭恭敬敬地听讲。从来不像别的学生一样，累了就趴在桌子上睡一会儿，小长谷川辰之助再累也是直直地坐着，连用两肘支在课桌上稍微休息一下也不。他从小就注重在学习的同时培养自己的品德。他认为上课不好好听讲是对先生与知识的侮辱。因此，在如此的毅力信念支持下，小长谷川辰之助到哪里都学习很好。此外，读书之余，他还研究"武道"，弹琴唱歌，学习剑术。青年时代的长谷川辰之助接受了西方近代的平等、民主思想。此后，他目睹耳闻世界列强对于日本的欺凌，这激起了他强烈的民族意识与爱国精神，总想干一番轰轰烈烈的事业。

开始的时候，长谷川辰之助想当一名军人。他从1878年至1880年先后三次投考陆军士官学校。成绩优秀，但终因眼睛近视而未被录取，于是他又打算从政，做外交工作。1881年，长谷川辰之助考入东京外国语学校俄语系。

由于有伟大的抱负，长谷川辰之助学习非常刻苦认真，学习成绩一直名列前茅，而且各门功课均为满分。但长谷川辰之助不死读课本，他涉猎非常广泛，尤其对政治、历史、经济、文学研究最为深刻，成为学校中引人注目的高材生。本来，他可以成为一名很好的外交官，但上天偏偏要让他作文学家。

1885年5月，父亲被罢官回家，家庭生活条件急剧变化。接着，1885年9月，东京外国语学校突然宣布解散，俄语系并入东京商业学校。这让长谷川辰之助非常恼火，他愤然退学。当时，校长亲自挽留这位品学兼优的学生。但他去意已定，无可挽回了。

长谷川辰之助想从事文学，用一只笔来挑起养家的重担。

当时，日本文坛仍然是一个被人轻视的群体。写小说更被人不齿，但是长谷川辰之助却不管这些，他有自己独特的观点，他完全不认为小说是消遣、宣传的玩艺。他认为小说是负载使命的神圣的东西，是用来表达严肃社会思想的东西。他自己研读小说时也是抱着探索社会问题的目标。因此，年轻的长谷川辰之助一开始就是以现实主义的立场来走进文学的。

当时，坪内逍遥已成为文坛著名的领袖，被称为"新进的文学指导者"。刚刚退学的长谷川辰之助抱着坪内逍遥的文学理论著作《小说神髓》走进了坪内逍遥的家，他以批判与怀疑的言辞开始了对这位名人的拜访，坪内逍遥非常欣赏这位才华横溢的年轻人。两人亲切地交谈，激烈地争论，最终，两人成为亲密的朋友。回到家之后，长谷川辰之助很快完成了一篇文艺评论《小说总论》，提出了现实主义小说的真谛，指明了现实主义小说的方向。这篇《小说总论》，长谷川辰之助以"冷冷亭主人杏雨"为笔名，经过坪内逍遥的的帮助，在《中央学术杂志》上发表，文学界为之震动，不仅仅是由于这篇文章是批判坪内逍遥的《小说神髓》的，也不仅仅是因为这样一篇与著名的人物坪内逍遥对着干的文章竟是经坪内逍遥自己的手发表的，更为重要的是，这篇文章所显示出的文学造诣竟比领袖人物坪内逍遥还高，而且出于一个名不见经传的年轻后生之手，确实令人惊讶。

在坪内逍遥的鼓励与帮助下，长谷川辰之助开始踏进了文学殿堂。他翻译了俄国各著名文学家的小说与文艺理论著作，并开始写作长篇小说《浮云》。经过艰苦的努力，《浮云》于1887年6月出版。从此，日本文坛上出现了一位新人"二叶亭四迷"（"该死"）。文质儒雅的长谷川辰之助这么叫骂着开始了文学之路。

《浮云》主人公是叫做内海文三的一个破落士族子弟，父亲早逝，母亲节衣缩食供内海文三进城求学，寄住在婶婶家里。由于刻苦的学习，内海文三以优异的成绩毕业，顺利成为某机关的科员，阿政一家见内海文三年轻、漂亮，为人诚实、正直，便想招他为女婿。小姐阿势也对他情意有加，正当一切都应圆满结束时，由于内海文三不屑于逢迎拍马，触怒了上司，被开除公职。本来就是贪图内海文三职位的阿势与其母亲一下子就对他变为冷言冷语。这时，内海文三的同事本田升乘机向阿势大献殷勤，使内海文三更受冷落，阿势一下子就把秋波转送到本田升身上，而且伙同本田升一起凌辱内海文三。于是内海文三只能在苦闷、怅惘以及无奈的愤恨中消磨时日，成了一个社会的"多余人"。

二叶亭四迷着力塑造了这种在明治专制政权下被压制、打击的小资产阶级知识分子形象。他们不满现实，宁折不弯，但又没有力量，找不到反抗的方向，结果郁闷彷徨，无事一生。内海文三就是这一类人的典型代表。

1888年与1889年，《浮云》第二篇、第三篇陆续出版，仍然是借坪内逍遥的旗号，直到第三篇在《都之花》小说半月刊上连载时，才单独署了"二叶亭四迷著"。小说到此就没有写下去，读者一般都以为小说结束了。但后来在二叶亭四迷的杂记《炝叶集》中，人们发现原来小说并没有结束，二叶亭四迷在第19回之后又设计了三四回以结束全书，并拟了主要情节：

第20回阿政的丈夫归来，阿政欺骗他。

第21回阿势的父亲劝说内海文三并与他商谈，内海文三尾随阿势，发现阿势走进本田升的住所。本田升与阿势的"幽会"使内海文三十分绝望，他回到家，婶母阿政又催要食宿费，大吵大闹。

第 22 回母亲死讯传来。

第 23 回内海文三成了醉汉与疯子，此处插入阿势被遗弃的内容，阿势之死。

但是，这最后几篇最终没有完成。因为，二叶亭四迷又升起了当政治家的伟大抱负。1889 年，二叶亭四迷为生计所迫，又看不惯当时日本文坛无能为力的风气，最终决定退出文坛。因为他批判现实、追求真理的抱负在当时享乐主义盛行的文坛根本没有地位，他还受到那些所谓大家的压制、打击，无奈之际，他转而跨入政界。

1889 年 8 月 19 日，在《浮云》等 3 篇的最后一部分付印之后，二叶亭四迷在外国语学校老师古川常一郎的帮助下，走进了内阁官报局的大门。开始了他长达 8 年之久的"官报局时代"。

日本的官报局是当时日本各政府部门中最为清廉的一个。二叶亭四迷选择这个部门，既发挥了他外语的特长，同时也是他得以修身养性，不与污浊的官僚之气相往来的地方。二叶亭四迷开始先担任英文译员。后来又兼任俄文译员，每天的工作是从世界各重要报纸中摘录文章，翻译过来载入每期官报的专栏中。他还负责编辑属于新书评论一类的杂志《出版月译》，并在上面撰文。这里的工作很适合二叶亭四迷。每天大家品诗、评画、讲政治、说道德，大到世界格局，小到风流韵事，无所不谈。二叶亭四迷在这里也自得其乐。

但是这种生活只持续了 8 年。1897 年，天皇政府任命了新的局长，将官报局完全纳入天皇专制体系。这种世外桃源似的生活便结束了。1897 年 12 月 27 日，二叶亭四迷忍受不了这种官僚风气，又辞职不干了。其后几年间，二叶亭四迷漂泊不定，陆续任过陆军大学特约教授、海军省编修书记、海军大学特约教授等职，直到 1902 年 5 月 2 日，新婚的二叶亭四迷才受聘为德永茂太郎商会顾问，动身来到中国哈尔滨。但是当时，日俄正在争夺中国东北，商业活动无法进行，于是他不久辞职，并受聘为京师警务学堂提调。过了一年多，他辞职归国。他辗转不定，找不到一个适合自己施展抱负的地方。在心无所依的时候，二叶亭四迷翻译了几位大作家的著名作品。如屠格涅夫的《阿霞》《幽会》《奇遇》《罗亭》；果戈理的《肖像》《旧式地主》《狂人日记》；安德烈夫的《红笑》；冈奈洛夫的《断崖》；托尔斯泰的《伐林》；高尔基的著作《犹太人尘世》《郁闷》《灰色人》《二狂人》《乞食》等等许多作品。二叶亭四迷以忠于原作的现实主义态度，为日本文学引了一股清流，二叶亭四迷的翻译工作，在日本文学史上同他的小说创作一样，具有开创性的、划时代的重大意义。二叶亭四迷精通汉语、俄语，通晓法语、英语。他还学习研究了波兰犹太人柴门霍夫所创的世界语。1906 年，二叶亭四迷公开出版了自己编的《世界语》《世界语读本》两种入门书，一经出版，被抢购一空，紧接着连续出版了 6 次，二叶亭四迷不仅是日本近代文学的奠基人与卓越的文学翻译家，而且是日本世界语的先驱。

20 世纪初，日本文坛出现了繁盛局面。这时，二叶亭四迷担任大阪朝日新闻社东京驻在员，但由于日本政府对新闻工作强加干涉，二叶亭四迷不能把战争的真相传达给人民群众，他非常气愤，不久辞职。这时，二叶亭四迷的朋友东京朝日新闻中心主笔池边三山吉太郎非常敬佩二叶亭四迷的才能,挽留他为东京朝日新闻撰写小说或翻译文学作品,二叶亭四迷盛情难却,又开始了他的文学之路。这一次被迫性的工作竟成为他一生中最为辉煌的一页。

1906年10月10日,二叶亭四迷发表了长篇小说《面影》。主人公小野哲也,是一个贫寒的农家子弟,他以优秀的成绩考入大学。但由于家境不好,无力缴纳学费。后来小野一家为了有一个大学生的女婿增加荣耀,于是收小野哲也作入赘女婿,由小野家出钱供他上学。但小野哲也毕业后在一所私立大学当讲师,收入微薄,丝毫不能满足岳母与妻子挥霍的生活。于是岳母、妻子开始瞧不起他,责骂他,侮辱他……小野哲也的情绪日益低落,本来就没有爱情的婚姻出现裂痕,而且日益增大。在这个没有感情、没有温暖的家里,只有小野哲也妻子的异母妹妹小夜子同情他、安慰他,两人同病相怜,最终小野哲也与贤淑的小夜子产生爱情。但是,小野哲也始终没有勇气提出与妻子离婚,然后娶小夜子为妻。经受这种长久的矛盾折磨后,小野哲也终于不能再忍受,于是离开日本,独自去了中国教书,最终在平凡的人群中消逝。二叶亭四迷在这里为旧作《浮云》中那没有完成的结局作了交待,指出在资本主义制度下,如果不反抗、奋斗,再有才华也只能是沉寂一生,屈辱一世。

事隔仅一年多,紧接着《面影》之后,二叶亭四迷又创作出一部批判现实主义的杰作《平凡》。小说于1907年10月30日发表,小说主人公以第一人称"我"自述为主要手法,揭露了这个罪恶的世界没有一块净土,充满了对人世的厌恶与仇恨,表达了作者在现实生活中无力的反抗。在二叶亭四迷复回文坛的这两年中,他取得了丰盛的成果,除了这两部长篇小说之外,还发表了其他作品30余篇。仅仅这两年的时间,二叶亭四迷就已成为文坛大将,日本人民还期待着更为惊人的巨作,他们对二叶亭四迷充满了期望。

但是,二叶亭四迷又让人们失望了。

1908年朝日新闻社任命二叶亭四迷为驻彼得堡特派员。在他离开日本将去彼得堡的日子里,他在《文章世界》上发表了长篇散文《我来生的忏悔》,回顾自己前半生的事迹。

1908年6月6日黄昏时分,日本文艺界"长谷川二叶亭氏送别会"在上野市精养轩召开。有40多位名人出席,大家合影留念。二叶亭四迷致答谢辞。他说:

"日俄两国人民——不,全世界任何国家的人民,都决不是嗜杀好战的,所以,避免未来战争的惟一办法,就是要创造出一种即使政府想战而人民也不肯战的局面来,除此别无他法。为此必须沟通人民之间的意志。如果说要通过什么好的途径实现这一点,那么应该说文学就是一个最好的途径。"

虽然二叶亭四迷又离开了文坛,但是他依然对现实主义文学充满了信心,他已看透了政府的反人民性,对此已不再抱任何幻想。只有人民,只有苦难的劳动人民才能让这位伟大的作家对未来充满希望。

1908年6月12日,二叶亭四迷离开东京,踏上了彼得堡之旅。

到达彼得堡之后,二叶亭四迷就被疾病困绕。但他在重病缠身之际,依然坚持写作。写了《入俄记》《俄都杂记》等文章。

1909年,他的病越来越重,不得不考虑回国事宜。于是,他开始四处求购新出版的各种书籍,以备将来使用,但是他再也没能使用。

1909年4月5日,被重病折磨得不成人形的二叶亭四迷踏上回归之路,他的病因旅途的劳累更加恶化。每天,他的体温基本都在39℃以上,身体一天比一天衰弱。

1909年5月10日午后5时15分,二叶亭四迷在"贺茂丸"邮船上长眠。是时,"贺茂丸"正在孟加拉湾南部的印度洋上乘风破浪,飞奔故园。

## 一个伟大的人——纪伯伦

"一个伟大的人,有两颗心:一颗心承受痛苦,另一颗心则在沉思。"

"一个伟大的人,有两颗心:一颗心流血,另一颗心宽容。"

纪伯伦·哈利勒·纪伯伦——黎巴嫩最著名的诗人、散文家、画家,阿拉伯海外文学最杰出的代表,阿拉伯近、现代文学的奠基者——就是这样一个伟大的人。他以自己深沉的情感、高远的理想,深刻的哲理去诉诸世人的理智、灵魂,以自己伟大的灵魂关爱世人。

"被钉在十字架的人呵,你是钉在我的心上,那刺透你双手的铁钉也刺透了我的心房,明天,当远方来客路经各各他(即髑髅地,圣子耶稣被钉死在十字架上的地方)时,他绝不会认为曾有两个人在这里流血,而只认为那血是从你一个人身上流出来的。"

这个现代的"圣子耶稣"于1883年12月6日在黎巴嫩北部山区一个小农庄中降生。这里,洋溢着浓郁的东方伊斯兰文化的气息,但同时,纪伯伦又是一个小天主教徒。他从小便沉浸于东西方文化的交汇、融合的文化氛围内。父亲是个牧民,贪杯好酒,生活十分贫困。生活其中的小纪伯伦深刻地感受到封建统给者对人民的残酷压榨,以及教会利用宗教对人民的欺诈与剥削。还好,瘦小的母亲以一颗仁慈的心为孩子们在艰难与贫苦中撑起一方温暖的天空,母亲的爱护与鼓励让纪伯伦感受到圣母一般的温暖,这让他至死不忘。

"伟大的母亲对于儿子的爱,会比玛丽亚对耶稣的爱少些吗?"

由于生活日渐贫困,为了谋求生路,母亲携带着哥哥、两个妹妹与12岁的纪伯伦于1895年去了美国波士顿,落脚在唐人街。在这里,纪伯伦依靠母亲与妹妹的辛勤劳动,进了当地一家侨民学校学习。他开始更多地接受了西方的文化。同时,他在绘画与文学上的天赋开始显露出来。此后他一直坚持学习文学与绘画,并且得到许多赏识他才华的人的帮助。同时,纪伯伦也开始试着进行诗歌创作,并且在祖国的《觉醒》刊物上开始发表他早期诗歌作品。

1901年,纪伯伦在祖国学习之后又回到了美国的亲人身边。但是由于长期艰苦生活的折磨，纪伯伦的小妹妹、哥哥与母亲在一年多的时间里相继病逝，这给他带来极大的痛苦，更加深了他对祖国的怀念。1903年，他在波士顿的侨民报纸上发表散文诗，得到社会的好评。1905年，他又举行了自己的首次画展，很受当地一位女校长的赏识。此后，这位女校长一直给予他很大的帮助。1908个，纪伯伦发表了他的短篇小说集《叛逆的灵魂》。其中的作品揭露了封建统治者，特别是教会的黑暗与虚伪。尤其是其中的一篇《不信教的赫里勒》更是充满对教会、封建统治的憎恶情感。纪伯伦的这种态度触怒了当局，小说被当众销毁，纪伯伦也被开除了教籍，驱逐出境。在那位女校长的资助下，纪伯伦逃到法国去学习绘画。在当时的艺术大师罗丹的指导下，纪伯伦在艺术上有了长足的进步。他的油画作品《秋》，在法国春季画展上获得银奖。

在法国的日子，纪伯伦游览了各地名胜古迹。广泛接触了西方文明。同时，他也深入研究了古代大师们的艺术作品。他十分崇拜米开朗基罗。此外，纪伯伦还涉猎了欧洲著名作家及其作品，他深受19世纪初诗人兼画家的英国浪漫主义作家布莱克的影响。罗丹称他为"20世纪的布莱克"，当然，纪伯伦的成就比布莱克高多了。这时的纪伯伦已经融汇了东西方文化于自己内心。这使得他能够站在更高处以自己的深刻思想分析世人的思想、灵魂。

"倘若你高坐于云端，你就看不见两国之间的界线，也看不见庄园之间的界石。

"可惜，你不能高坐云端。"

"他们对我说：一鸟在手胜过十鸟在树。

而我则对他们说：一鸟在树胜过十鸟在手。"

"20名骑着马的猎人带着20条猎狗追逐着一只狐狸。那狐狸说：他们肯定会把我杀死。但是，他们也真够笨，真够傻的，我想，即使我们狐狸也不会傻到以20只狐狸骑着20头驴带着20只狼去追打一个人的地步。"

"我曾对一条小溪谈到大海，小溪认为我只是一个幻想的夸张者；

"我也曾对大海谈到小溪，大海认为我只是一个低估的诽谤者。"

"当智慧骄傲到不肯哭泣，庄严到不肯欢笑，自满到不肯看人的时候，就不成为智慧了。"

1911年，纪伯伦又回到美国波士顿，完成了中篇小说《折断的翅膀》之后，他迁到纽约，专心致力于文学创作。

《折断的翅膀》是纪伯伦小说作品的代表作，是一篇带有自传色彩的作品，小说以主人公"我"与富家小姐萨勒玛恋爱故事为中心情节。"我"与萨勒玛一见钟情，两人很快坠入爱河。但是大主教保罗垂涎萨勒玛的巨资家财，让自己的侄儿——一个恶棍曼功尔贝克与她成了亲。萨勒玛的父亲出于传统观念，答允了这门婚事。萨勒玛被迫嫁给了她不爱的人。婚后，她丈夫平日问柳寻花，不关心她的死活，生活十分痛苦。五年之后，萨勒玛怀孕，她把生活希望全部寄托在这还没出世的孩子身上。但是，孩子刚生下来便死了。萨勒玛在极度悲痛中，对生活绝望了，不久，她也默默死去。而"我"失去萨勒玛之后，一直忍受着相思之苦，嗣后曾与萨勒玛相见过几次，也只能徒增心中的哀痛。

小说中弥漫着深切的哀婉之情，表达了作者对于社会陈腐的反动势力的强烈不满与深刻的批判。

1916 年，纪伯伦与旅美作家米哈依尔·努埃曼相见，成为挚友。在他们两人的努力下，广泛结交在北美的阿拉伯作家，成立"笔会"，即 1920 年的"旅美派"。他们集结起来，取得了很大成就，为阿拉伯文学在世界文坛上取得了一席之地。

纪伯伦在文学上的成就更主要的集中在散文诗方面。开始时，纪伯伦主要用阿拉伯语写成。他的第一部散文诗集《泪与笑》，共计 56 篇，全部是用阿拉伯语写成，发表于 1913 年。1918 年，纪伯伦发表了他第一部英文散文诗集《疯人》。这之后，他的作品用英文写成的还有《先驱》《先知》《沙与沫》《人子耶稣》《流浪者》《先知国》等。其他用阿拉伯语写成的有《暴风雨》《珍趣篇》以及诗歌《行列圣歌》与戏剧《大地之神》等。

《疯人》描写了一个在真理的阳光下敢于反抗与呐喊的离经叛道者。他无视传统，猛烈地向腐朽的旧世界冲击。例如《聪明的小狗》中写道："一天，聪明的小狗碰到一群猫。这时，它听到从猫群中走出的一只肥壮的大猫对群猫说道：'虔诚的弟兄们，快祈祷吧，倘若你们不断地祈祷，你们的祈求一定会得到回报，天上一定会掉下老鼠来。'聪明的小狗听到这里笑了，他一边转身离去一边暗自说：'这些猫该有多蠢呀！书籍上写着的东西，它们竟不知晓，书本与祖辈们告诉我的明明是'祈祷所降临的并不是老鼠，而是肉骨头。'"

又如《正义！》篇中，纪伯伦以惊人的笔触描写他看到的正义：

"一天夜晚，王子的宫殿里正举行着宴会，嘉宾熙熙攘攘，出出进进，在入宫者中有一个男子，他恭敬而又庄重地向王子施礼。这时，众人的目光都惊愕地注视着他，原来他的一只眼睛已被剜去，空空的眼眶中正不停地流着血。"

王子问道：'朋友，怎么回事？'男子回答说道：'我是一个窃贼，今晚我趁天黑去行窃，打算去偷钱庄，谁知，因为天太黑，我误入隔壁机织工的屋子，不小心一下撞在机杼上，把眼球撞了出来，我请求殿下在我与机杼之间作出正义的判决。'

王子听后派人去把机织工叫来，下令剜去他的一只眼。

机织工说：'殿下，您判得很对，是正义让我失去一只眼，可是，为了看清织物的两边，我需要两只眼。我的鞋匠邻居，他有两只眼，但他的职业只需一只眼就足够了，为了维护正义的尊严，不妨把他的一只眼也剜去。'

于是，王子派人叫来鞋匠，剜去了一只眼。"

就这样，正义得到了伸张！

《先驱者》发挥了《疯人》的思想，指出人人都可以成为人类的先行者，只要能够发现自己身上的"神性"。纪伯伦有力地批判了人类的奴性、愚昧与虚伪。

《先知》是纪伯伦的代表作，其中第一批诗稿是作者 18 岁时用阿拉伯语写的。后来受到母亲的鼓励，继续创作。1923 年用英文正式出版，整个创作过程长达 30 年。这篇散文诗描写了先知在即将离开时,对来拜者提出的问题进行解答。全诗共28节,探讨了人类生活中的26个问题,显示了纪伯伦深刻的思想及对人民的热爱之情。此外,《先知园》同《先知》一样,也以赠言的方式写出。作品包括16节,是先知回到故乡,与亲人朋友相聚时的谈话录,用深刻的哲理解答众人的疑问,指出"我们就是上帝!"

《沙与沫》是部作品集,汇录了300多首妙语格言,也有短小的寓言故事,是对人生、艺术深刻思索的结晶,它与《先知》齐名,也是纪伯伦的代表作之一。作品饱含了纪伯伦的哲理思想,例如:

"人性是一条光河,从永久以前流向永久。"
我永远在沙岸上行走,
在沙土与泡沫之间,
浪潮会抹去我的脚印,
风也会把泡沫吹走,
但是海洋与沙岸
却将永远存在。

晚年的纪伯伦身体很不好,但他依然坚持着写作,与死神的争夺一直持续到他生命的最后一刻。

1931年4月10日,纪伯伦因肺病而去逝。按照他的遗愿,人们把他运回祖国,安葬在他的故乡。

这位伟大的诗人哲学家便这样孤单地去了。但是,他给我们留下的富含哲理的诗篇,却让人感觉到他永远生活在我们中间。

"一会儿的工夫,你们不会见到我;再过一会儿,你们又会见到我。因为另一个妇女又将怀上我,将我生出。"

米哈依尔·努埃曼说:

"纪伯伦不需要别人用石雕、铜像来纪念他,作为一个人,他比石雕、铜像都是更为不朽的!"

"最好的纪念,便是在人民中传播他的文学艺术作品。"

是的,人们做到了。他的作品被译成20多种文字,到处都受到热烈的欢迎。这位东西方文化共同浇灌的圣洁的鲜花,已经在世界各地人民心中生根发芽。

"1000年以前,我的一个邻人对我说,他厌恶生命,因为生命中只有痛苦。

"昨天,我经过一座坟墓,我看见生命正在他的坟上跳舞。"

世界历史五千年

# 壮丽的事业

## 社会主义从空想开始：三位先驱者

17、18世纪英、法两国先后爆发了资产阶级革命，两国也相继成为了资本主义国家，开了确立世界资本主义国家政权的先河。资产阶级革命刚刚爆发的时候，人们都异常欣喜、争相投身革命，轰轰烈烈的革命之后，资产阶级政权正式确立起来。等革命结束后，人们渐渐发现：资本主义并不是启蒙思想者所设想的理性社会。它虽然强于封建社会，但剥削关系并没有消除，贫富分化愈发加剧。人们认识到所谓资本主义只不过是以金钱即"资本"代替了封建社会的等级特权和土地所有制来压榨人民，"换汤不换药"，人民依旧没有得到解放。产业革命之后，工人大批失业，民不聊生，于是人们开始寻求一种真正理想的社会制度。19世纪中叶出现了空想社会主义思潮和学说，它批判资本主义社会，幻想建立一个消除贫富对立的美好社会。但是，这种社会主义不能指明真正的出路。它既不能阐明资本主义制度下雇佣奴隶制的本质，又不能发现资本主义发展的规律，也不能找到新社会创造者的社会力量。所以说，这是一种批判的然而是空想的社会主义。它的最著名的代表人物是法国的圣西门、傅立叶和英国的欧文。

昂利·圣西门（1760—1825年）出身于法国贵族家庭，深受18世纪启蒙学者的影响。早在少年时代，他就幻想建立伟大的功业。他命令仆人每天用这样的话唤醒他："起来吧，伯爵，伟大的事业在等着你啊！"19岁时，他前往北美参加美国独立战争，作战很英勇。战后，圣西门带着上校头衔回到法国，并被任命为麦茨要塞的警备司令。但是圣西门抛弃军职，在欧洲旅行了很长时间，直到法国大革命开始才回到法国。他并不反对法国大革命，但并没有参加革命。经历法国大革命的洗礼后，圣西门陷入沉思，终于悟出，资本主义比神学和封建制度要优越，但贫富差距越来越大，更加重了对人民的剥削。他认为，最应关切的是"人数最多与最贫穷的阶级"，于是便设想出一种理想社会，叫做"实业社会"。在这种社会里，将以科学的发展，艺术的进步，手工艺的发达等手段赢得社会的发展，从而满足人们日益增长的欲望；将按科学计划去安排生产，按人们的才能及贡献分配其所得；原来对人们进行政治管理的国家政府，将被对生产与分配进行物事管理的部门所代替。这就是说，人与人之间不再有阶级差别。

40岁的圣西门觉得自己缺乏知识，于是进入高等工艺学校听课，沉浸于科学研究之中。他为此花尽了最后一点钱。妻子离开了。圣西门不得不去当抄写员，后来就靠以前的仆人施舍度日。他看到革命后建立起来的资本主义并没有解决社会的矛盾和人民的贫困，仍然充满着罪恶和灾难，他苦思冥想，渴望建立一个人人平等和幸福的社会——即"实业社会"。他整天整夜都在设计改造人类社会的方案。圣西门亲手抄写自己的作品，分发给各种各样的人。但是富人们甚至连看都不看他的手抄本。临终前他对学生说："要完成伟大的事业就要鼓起勇气……我毕生所追求的就是如何保证人们自由地发展他们的才能"，他补充说，"不久，工人政党将会形成起来，而未来是属于这个政党的"。

沙利·傅立叶（1772—1837年），出身于法国布商之家，幼年辍学，随父经商，后因为破产陷于贫困。傅立叶当过店员、推销员、交易所经纪人。熟悉了整个商界的见利忘义、尔虞我诈的劣迹，开始寻找怎样消除剥削造福人类的道路。他把资本主义叫"文明制度"，他认为资本主义与以往的社会制度相比具有其先进性，使工业兴盛，科学技术发展起来，但仍旧是"反社会的工业主义制度"。傅立叶怒斥文明制度"是颠倒世界，是社会地狱"。他说："我的目标不是改善文明制度，而是把这一制度消灭。"他推测，在消灭文明制度以后，要经过两个过渡阶段才可以达到理想的"和谐制度"。和谐制度由许多的"法朗吉"所构成。"法朗吉"是由工、农、商、家务、教育、科学、艺术等7种劳动联合与协作的团体。在法朗吉内，所有的产业都归全体成员共同所有，人人都参加劳动，以农业为主，人人自由地选择职业，使劳动成为乐趣。他重视发展文艺，主张男女平等，他认为，女权的发展是一个社会进步与否的评定标准。他写了很多文章，揭露与抨击资本主义制度，探求社会改革的道路和拟订未来理想社会的计划。他主张通过宣传教育，说服资本家接受他的社会改革方案。他认为，欧洲有4000个富人会接受他的学说。他写信给拿破仑和大银行家，指定他们访问他的时间。他登出了广告呼吁资本家资助他搞试验，宣布每天12点到1点在家里等候他的支持者来访，但是等了一生，也没有一个富有者上门来。他理想中的"法朗吉"由于没有物质依托终于成了可望不可及的空中楼阁。

罗伯特·欧文（1771—1858年），一个手工业者的儿子，贫苦出身，7岁就开始劳动，10岁被送到伦敦的小店里当学徒。从小目睹资本主义给广大工人和劳动人民带来的苦难。他说，世界充满财富，但到处笼罩着贫困。他企图建立一个消灭贫困和阶级对立，共同劳动、财产共有的新社会。1800年欧文同苏格兰某工厂厂主的女儿结婚，担任了该厂经理。他没有像圣西门和傅立叶那样著书立说，对世人宣教，而是从慈善事业做起。他所经营的工厂，工资高、工时短，有医疗福利和住房福利制度。因此工厂的生产日渐发展起来，股东所获的红利也远比其他厂多。所以欧文被人们称为"善人"。欧文不以慈善事业而满足。有一次，他偶而读到了经济学大师李嘉图的书，其中有个重要观点是"万物的价值是由劳动创造出来的"。这一观点提醒了欧文，于是他想："价值是由劳动所创造出来的，劳动者就应当享有全部价值。工人过得贫寒清苦，全是因为资本家剥夺了他们所创造的财富。"从此，他成了一个空想社会主义者。他开始写作并宣传批判资本主义的言论。他说，资产阶级剥削了工人又制造了"公平交易"的假像，工人得到的远比他们所付出的劳动要少。究其根源，就是资本家攫取了巨额财富和厂房机器。于是欧文斥责私有制是资本主义剥削的根源。这一观点是圣西门、傅立叶没有想到的。因此欧文对空想社会主义学说有着更重要的贡献。1823年，他提出建立共产主义新村的计划，即建立劳动者"公社"。一年以后，他在美洲印第安纳州买了一块土地，带着一群志同道合的人到那里建立起一个共产主义新村——新和谐村，进行示范试验，以便吸引全人类的关注。在公社中，产业公有，各尽所能，按需分配。但是他并未想到，美国是资本主义国家，周围处在资本主义的包围之中，一个小小的社会主义"和谐公社"怎么能存活下去？以欧文计划为基础的"村落"，不是很快崩溃，就是变成剥削他人的富农企业。四年后公社全然瓦解，欧文只得返回英国。以后，欧文又在伦敦创立"公平交换银行"，结果又告失败。欧文的试验，一生中一无所成。

圣西门、傅立叶、欧文的"空想社会主义"梦想虽然在资本主义大潮中覆灭，但他们却是时代的伟人，他们以济世为己任，光明磊落，敢向方兴未艾的资本主义宣战，设想出社会主义的前景和蓝图，为整个世界建立了不朽的功勋。但当时他们并不懂唯物论和辩证法，只不过从善意出发，济世救贫，难免陷于空想。

这三大空想社会主义者的思想归纳起来，有两个突出方面，也是他们的重要贡献。第一，尖锐地揭露了资本主义的矛盾，批判了资本主义制度的罪恶现象。圣西门把资本主义社会叫做"本末倒置的世界"，社会财富的创造者处于最贫困受压迫的地位；而政治上占统治地位的人却过着荒淫无耻的寄生生活。傅立叶对资本主义的剥削关系作了辛辣的讽刺，指出一部分人的幸福是建立在另一部分人的痛苦、灾难和死亡之上的。他把资本主义文明叫作"新成立的奴隶制"、"社会的地狱"。欧文生活在资本主义生产当时最发达的英国，因而批判更深刻些。他明确讲到，资本主义制度的一切矛盾是由分不开的三种祸害——私有制度、宗教制度和婚姻制度产生的，而其中私有制度又是敌对、欺骗、舞弊、卖淫、贫困、犯罪和痛苦的根源。他把批判指向私有制，他指出，私有制把人变成魔鬼，把世界变成地狱；当私有制还存在的时候，人类要获得幸福是不可能的。他主张消灭雇佣奴隶制和私有财产，确信资本主义必然由社会主义所代替。第二，设想了未来"理想"的人类社会，第一次把社会主义作为一种新的生产体系提出来，并预测到未来共产主义的一些特点如城乡对立的消灭，脑力劳动与体力劳动对立的消灭，国家的消亡等。在圣西门的未来社会中，"人人应当劳动"，生产的无政府状态将为有计划有组织的生产所代替；对人的统治由对物的管理和对生产的领导所代替。傅立叶把他的理想社会设想为由许多工农业相结合的"法伦斯泰尔"（即"公社"）所组成的集体，在"法伦斯泰尔"中自给自足、共同劳动和生活，男女平等，普及免费教育。欧文的共产主义新村要彻底废除私有制，土地和其他生产资料应为集体所有。三位空想家都在不同程度上提出在未来社会应该实行按劳分配的思想。

空想社会主义者对资本主义"文明制度"的揭露和批判，成为启发工人觉悟的极为宝贵的材料；他们关于未来社会的积极主张和学说，为社会主义理论的产生提供了宝贵的材料。空想社会主义成为马克思主义的三个来源之一。所以马克思、恩格斯把他们称为"三个伟大的空想主义者"，承认他们"在许多方面是革命的"，肯定了他们的历史功绩。

此外，空想社会主义者还受唯心主义世界观的限制，他们不承认自己是一个阶级的代表，而把自己看成是整个社会历史的代表，不把社会主义看作是社会历史发展的必然结果，而是看作绝对真理、理性和正义的表现。因此，空想社会主义学说是与历史的发展成反比的。当马克思主义产生以后，它就变为一种反动的和保守的社会主义，空想社会主义的信徒们，总是组成一些反动的宗派。

因此，"空想社会主义"与"科学社会主义"着实相去甚远。把社会主义从空想变为科学的伟大历史任务，就落到了马克思和恩格斯的头上。

## 里昂工人运动

随着资本主义的发展，工人运动在日益残酷的剥削下勃然兴起。较早的是把忿恨寄予在机器身上，人称"鲁德运动"，捣毁大量机器。

久而久之，工人开始觉悟，机器不过是个工具，造成他们苦难的真正根源是工厂主的剥削，并且政府总是代表资本家的利益来镇压他们捣毁机器的运动。于是工人开始把矛头指向直接对他们进行剥削的资本家。到19世纪前期，工人由最初毁坏机器的运动转为直接同资产者斗争，向政府和资产阶级争民主、要人权，工人运动取得了巨大的进步，在整个世界范围内掀起了工人运动的高潮。

在诸多工人运动中尤数法国里昂丝织工人起义、英国的宪章运动和德国西里西亚纺织工人起义。这三次起义的伟大历史功绩至今仍为人们所称道。

浴血的工人，悲壮的歌。

法国里昂工人起义共有两次，分别在1831年和1834年。那时，统治法国的已是"七月王朝"。原来，自拿破仑帝国最终灭亡之后，复辟王朝又统治了15年之久。其间，资产者自由派与妄图恢复大革命前旧制度的极端派保王党也曾反复较量。一个要守住革命的成果，让法国沿资本主义道路演进；一个则要复辟原来的旧王朝。这被人们称之为"两个法国"之争。1824年，复辟王朝的第二任国王，也就是当年路易十六的弟弟阿图瓦伯爵，在路易十八死后继位。两派势力针锋相对，水火不融。阿图瓦伯爵即位后，称查理十世。王位本应由他的儿子贝里公爵继承，因1820年贝里王储遇刺身亡，他才代子继位。他和保王党都认定贝里遇刺是自由派干的，于是把丧子之仇记在了自由派身上。查理十世本来就是极为执拗的复旧派，和他哥哥路易十八的主张完全不同，是极端派保王党的首脑。继位后他胡作非为，倒行逆施，最后官逼民反，引发了巴黎民众的革命。

因为革命于1830年7月爆发,所以历史上称为"七月革命"。"七月革命"推翻了复辟王朝,查理十世亡命国外,资产阶级把自己建立起的王朝称为"七月王朝"。自由派把18世纪以来就素以自由主义者著称的奥尔良公爵路易·菲力浦请出来,推上宝座。所以"七月王朝"又叫"奥尔良王朝"。从1831年3月开始,卡西米尔·佩里埃出任王朝首相。他是个有万贯家财的金融巨头,向来以强硬著称。里昂起义就发生在他执政的时期。

里昂是法国的第二大城,其以丝织业冠绝法国和欧洲已有数百年的历史了。当时有丝织工人约四五万人,是全城人口的1/3。从1826年起的五年里,工人的工资竟从四法郎降到一法郎。为挣得这一法郎,工人每天得劳动15个小时。于是工人中怨声载道,纷纷请愿,要求企业主提高工资。这时的里昂城是罗讷省的首府,省长怕激起民众忿怒,出面为劳资双方调停。1831年10月,调停成功,双方定下协议,工资略有提高。但是,当朝首相卡西米尔·佩里埃却以官府不应干预雇佣自由为名,取消了罗讷省长所作的调停协议。这引起了工人的极大忿怒,马上起来罢工,到11月21日罢工演变为起义。工人义军树起黑旗,上书:"以劳动去求活命,毋宁战斗而死!"工人们久积的怨恨一下子爆发出来,把警察打得落花流水,抱头鼠窜。起义军占领了市府和省府,把省长扣押起来。这次事件完全是因愤怒引起的,并没有人预先谋划过,所以是自发的起义。工人在当时没有文化,只知道挣钱糊口,不知道怎样处理政务,所以在占领了全城之后竟不知道下一步该如何是好。这就给了政府以可乘之机。12月,巴黎派苏尔特元帅率领3万人马来到里昂。苏尔特元帅是当年在拿破仑麾下驰骋疆场的老将,能征贯战。起义的工人怎么能是他的对手,虽然奋力抵抗,还是遭到失败,被镇压了下去。

佩里埃内阁虽然能镇压里昂工人的起义,但却阻挡不了突如其来的霍乱瘟疫。这场霍乱肆虐,波及了巴黎、波尔多等许多大城市,每天都有成千的人丧命。当然,死者大多数是贫苦百姓,殷实富户早就躲到乡间别墅里去了。贫富不均竟然在瘟疫面前也得不到平等,以致于在1832年4月,巴黎发生拾破烂人的暴动,佩里埃内阁又予以镇压。但令他万万都没想到的是自己虽贵为首相,霍乱病竟然不分贵贱尊卑降临到他的头上,5月他就因霍乱一命呜呼了。

这时,复辟王朝的余孽也要趁机行事。1820年遇刺身亡的贝里公爵的妻子正住在意大利,她得知国内大乱以后,偷渡回国,想要煽起叛乱,重新复辟王朝,把她的儿子推上王位。但因响应的人不多而没有成功,反倒在11月时被抓了起来。谁知她已经怀了孕,居然在押期间生下了一个女婴。原来她和意大利一个贵族有染,才生下这个私生女。这一丑闻真是让正统王朝丢尽了脸。

6月,巴黎共和派人士又和数万群众一起游行示威。因为遭到警方的镇压而演变为起义。虽然起义失败,但从那以后共和派和工人的联系却越来越紧密了。1833年出现了首批工人团体,共和派组织起"人权社",其中也不乏工人代表。人权社和工人团体联手,于1834年2月在里昂掀起罢工,被镇压。于是,他们又开始筹划第二次起义。

1834年4月9日,里昂工人和共和主义者举行大示威,示威迅速演变为起义。这一次起义已经不再是自发的了。起义者不完全是出于生计没有着落,而是预先有谋划、有政治目标、有口号的。他们举出"不共和,毋宁死"的旗帜,公开反对政府。但是,这次起义虽然是早有谋划的,却没有像1831年那样顺利占领全城。因为政府也早有准备,早在里昂驻扎了一万几千人的部队。所以,起义刚刚爆发,军队就攻了上来,赤手空拳的工人当然不是军队的对手,但工人们却不甘示弱,誓死与官兵拼杀,浴血奋战了4天。可叹的是工人的血肉之躯怎么抵得住官兵的枪杀!在死伤一千多人后,第二次里昂工人起义又被镇压下去。

## 宪章运动与德国工潮

19世纪20—30年代,英国完成了工业革命。英国资产阶级的经济力量壮大起来,他们洋洋得意,政治上的要求也越来越要得到满足。

1832年的议会改革,使资产阶阶的要求得到满足,登上了统治地位,工人阶级在议会改革运动中支持了资产阶级,但是结果一无所得,政治上仍处于无权地位。

这就是宪章运动的历史情况。

就在里昂工人遭到镇压这一年,英国的工人建立了"全国工人大同盟"。主席就是声名远播的空想社会主义者欧文。加入同盟的工人达50万。那时,大同盟率领工人不时起来罢工,要厂主提高工资,缩减长达十几个小时的工作日,并要求政府承诺,给所有工会合法的权利。英国政府怎么能容忍工人这样闹事?派出部队警察大肆镇压,各地的工厂主也把参加同盟的工人革除出厂,致使大同盟成立不到一年就宣告瓦解。通过这一次,英国工人领悟到,只要求提高工资是不行的。要想取得革命的成功必须在政府中有自己的代表,为工人说话。几十年前资产者争得国会选举制度改革,使资产阶级代表进入国会就是先例。

英国伦敦有一名叫珞维特的木匠,早就有志于为工人争得普选权,以便让工人有自己选出的可信赖的代表去做议员。1830年时他就创建了工人及劳动者的"全国联盟",传播普选的言论。1836年他又建立起"伦敦工人协会",第二年就和同会中激进的议员商讨拟定了有关普选的6项主张:第一,凡满21岁的成年男子均应享有选举权;第二,选举时必须是秘密投票;第三,全国各选区应当按居民的人数排定,各选区选出的议员名额也应相等;第四,国会应当每年改选一次;第五,取消对候选者的资格限制;第六,当选的议员应当支给薪金。1838年5月,这6项主张被以法案的形式公布,并命名为《人民宪章》,因此,为实现宪章内容的斗争就称为宪章运动。

宪章运动产生的根本原因,是由于英国资本主义的发展而造成无产阶级经济上的赤贫和政治上的毫无权利。19世纪30年代,英国基本上完成了工业革命,生产机械化了,工业发展起来,工业品猛烈增长,经济危机加剧。破产的农民、手工业者和资产阶级纷纷涌向城市,涌向西部和北部的工业区。曼彻斯特、伯明翰以及其他工业中心的人口迅速增加起来。英国的重要社会阶级,已经不是农民和地主,而是无产阶级和资产阶级了。工业革命带给无产阶级的是什么呢?是贫困不堪的生活,极其低下的工资,每天16至18小时的劳动。女工和童工的劳动排挤男工的劳动,工人们居住在极其肮脏和破烂的屋子里,受到伤寒、疟疾、肺病的折磨。有一个政府巡视员这样描写格拉斯哥城的工人区:"每间小屋里挤住着15~20个工人,躺在地板上,他们的被子是一束半腐烂的麦秸混着破布条","房屋肮脏、潮湿、破陋到马都不能拴在里边。"从20年代以来,英国工人阶级就开始组织工会和进行罢工。30年代初,新兴的工业资产阶级不满意政权被地主和金融商业资产阶级所垄断,要求参与政权,发起争取改革选举制度的运动。英国工人阶级也曾参加了这个运动,这也是前文提到的英国工人吸取的教训之一。1832年,议会在工人的压力下实行选举改革,降低选举资格,使选民人数增加了22万。这次选举改革部分地满足了工业资产阶级的要求,而工人得到的是资产阶级的欺骗以及对工人罢工和工人运动的镇压。工人得到了经验教训,从这时起,他们开始了反对资产阶级国家的政治斗争。

宪章运动经历了三次高潮,这三次高潮发生在1839年、1842年和1848年。

1836年6月木匠洛维特领导创立"伦敦工人协会"就是第一次高潮的开端。归纳《人民宪章》的六条,其基本要求就是普选权。但是,在工人的实际斗争中,要求却逐渐超出原来的范围。

宪章运动从伦敦很快就扩展到外地,一开始便具有群众性的、人民运动的性质。这个时期,虽然资产阶级的激进派,如以阿特乌德为首的伯明翰政治协会和以科伯登为首的反谷物法协会被卷入运动,但宪章运动的主体是工人。全国各地举行盛大的群众集会,动则四五万人,有时达10万人。工人们晚间在火炬下开会,发表战斗性的演说,甚至公开号召"武装起来,武装起来,武装起来!"一个宪章派在演说中指出:"普选权问题,归结起来就是刀子和叉子的问题,面包和乳酪的问题。"

在立宪派内部,对如何实现宪章的斗争策略问题上从一开始就发生分歧。以欧文的信徒洛维特为首的一派,主张同资产阶级联合,用道义力量,即宣传、集会、请愿等温和的合法手段争取政治权利和实现各阶级的社会平等。这一主张被称为"道义派",是右翼。与此相对立的是以奥康瑙尔、哈尼为领导的"暴力派",主张采用革命手段争取宪章的实现,是左翼。身材魁梧、嗓门洪亮、精于拳击的爱尔兰律师兼记者奥康瑙尔(1794~1855年)在1837年创办了《北极星报》,1838年春又在北部工业区组织了"北方大同盟",因此,他在宪章运动中占据显著地位。但是他不是社会主义者,而是一个小资产阶级激进派,一个口头上的革命暴力派,他真正的主张是工人集资购买土地,成为小土地所有者,以此避免贫困。在他的报纸上可以读到这样的诗句:"我希望有座小房,每年收入不必超过一百镑。在茵绿的小牧场上,牧人赶着牛羊,在那里放牧。"马拉的崇拜者、当过水手的青年记者哈尼(1817—1897年)和他的少数支持者,形成真正的革命左派。1838年,哈尼同洛维特决裂,退出伦敦工人协会,创立"伦敦民主协会"。他曾指出:"只有一个方法能实现宪章,这便是起义。"从1843年起,哈尼就受到马克思和恩格斯的影响。但是哈尼没有能提出一个明确的行动纲领。

1839年2月4日,第一届宪章派代表大会在伦敦召开,定名为宪章派工会会议。会议决定在5月5日采用和平请愿方法,向议会递呈请愿书。哈尼派则提出一旦议会拒绝请愿书,就采取武装行动。宪章运动进入了第一次高潮。在请愿书上签名的人数超过125万人,请愿书的重量达300公斤,放在装饰着彩旗的长担架上抬到议会。7月12日,议会否决了请愿书,政府派出大量军警对群众的抗议集会进行弹压。宪章派工会在洛维特派控制下,取消了原定于8月12日举行的总罢工决定,并在9月14日自行解散。各地运动相继失败,运动进入低潮。

40年代初,宪章运动迅速恢复。经济危机和农业歉收引起的饥荒,再度引起工人斗争的高涨。1840年7月,宪章派在曼彻斯特召开新的代表大会,成立了"全国宪章派协会",到1842年,"宪章派协会"会员总数达5万多人。协会实际上是宪章派的政党组织。

1842年2月,宪章派提出新的请愿书,运动进入第二次高潮。这次请愿书比第一次进了一步,除原先六条外,还陈述了劳动人民的苦难;谴责政府的警察统治与暴政;支持爱尔兰人民争取独立的斗争。这次高潮的特点是清一色的工人运动,激进派资产阶级已经分离出去。在请愿书上签名的达300万人以上。但请愿书又一次被议会否决。全国许多地区出现罢工,形成8月罢工浪潮。但是"宪章派协会"仍然没有明确的行动纲领和斗争策略。9月份,罢工遭到镇压,政府实行大逮捕,1500多名宪章运动领导人和活动分子被投入监狱。

宪章运动最后一次高潮发生于1848年。1847年开始的经济危机和法国开始的革命,给宪章运动以新的刺激。1848年4月3日,宪章派又举行代表大会,决定再次递交请愿书,并提出了建立民主共和国的要求。4月10日,成千上万工人群众集会在肯曼顿广场,准备向议会进发。政府调集大量军队到首都实行戒严。政府还把15万资产阶级子弟组成志愿兵,发给武器,对付工人,在这样严峻的关头,宪章派主要的组织者奥康瑙尔不敢发出起义的信号,而是劝告工人解散回家。议会第三次否决了请愿书。宪章运动自此进入低潮。

宪章运动失败的主要原因,是英国工人阶级政治上还不成熟,还没有一个用正确革命理论武装起来的工人政党的领导,工人中还普遍存在改良主义的幻想,组织上也很薄弱。但是,宪章运动在英国以至整个国际工人运动史上仍然具有重要的历史意义。列宁称它为"世界上第一次广泛的、真正群众性的、政治性的无产阶级革命运动。"宪章运动中还第一次形成了具有政党形式的全国性政治组织,为国际工人运动提供了范例。它是当时世界上惟一具有全国性的工人运动,极为可贵。

法、英两国工人奋起起义,为自己的阶级大事而奋争的时候,1844年德意志普鲁士境内的西里西亚地区也闹起了工潮,这就是当地麻纺织工人的起义。这里还没有进行产业革命,起义者是手工工人,当然不如英法两国的工人运动影响力大。但对于封建割据的德意志来说却是一件大事。只是因为起义的人数少、为时短、又马上遭到了政府的镇压，没有更多的人响应，更没有波及全国其他城市。

世界著名的三大工人运动虽都未取得成功，但对世界历史的影响却是巨大和深远的。自从三大工人运动发生后，世界历史上便有了国际工人运动这一历史新潮流，为马克思主义理论的发展奠定了坚实的实践基础。

## 伟大导师马克思的青年时代

马克思不仅仅是无产阶级的伟大导师，也是人类历史上杰出的精神与文明向导。他是一座人格与思想的丰碑，永远令各国人民缅怀和敬仰。

法、英、德三国的工人运动，引起了当时一位年轻人的极大关注。这个人就是少年的卡尔·马克思。马克思是普鲁士莱茵省特利尔城人。第一次里昂工人起义时，马克思刚刚13岁，还在中学里读书。他的父亲亨利希·马克思，博学多才，当时任当地律师协会会长。亨利希看见儿子生性聪明过人，是块天生的奇才，所以对儿子寄予厚望，盼望着他将来子承父业，成为一名好律师。小卡尔也的确聪明伶俐，才华隽拔，17岁时就读完了中学，升入波恩大学就读。因为父亲一心想让他成为律师就让他在大学专修法律。但年轻的马克思却另有所好，他更喜欢读诗和研究哲学，并没有安下心来研究法律。提起读诗，还有个鲜为人知的原因呢！

原来，亨利希·马克思既为出名的律师，平素与他交往的人里，自然少不了官员。其中老马克思与参事官威斯特华伦的关系特别好，两家结下了深厚的友谊。马克思很小的时候就常到威斯特华伦家玩。参事官很喜欢马克思的聪颖机智，就常教他读古希腊荷马史诗以及近代英国莎士比亚的诗作。马克思对诗歌的喜爱就是从这时开始的。威斯特华伦的子女也和马克思交往甚厚。在嬉戏之间，马克思对比他大四岁的燕妮小姐产生了一种朦朦胧胧的爱慕之情。燕妮长得温雅秀美，楚楚动人，娇态可掬之中又带着富贵与端庄，清灵脱俗。马克思当时稚气未脱，还未能过多地去感受这种隐隐的情愫。就在这时，他被父亲送到了波恩大学就读。

少年马克思初次离开家门，去大学就读，就像出笼的小鸟，自由地在天空飞翔。到波恩大学以后，他曾发奋攻读，竟同时选听9门课程。亨利希怕儿子负担过重，劝他改为6门。但是一个学期过后，情况就不同了。那个时候大学里的学子，不是出身名门也是富家子弟，当然就少不了放荡的纨绔习性。马克思正处在少年时期，难以把持自己，不免效尤起来。他曾因为常去酒吧，又下饭馆，违反了大学的纪律，被学校罚关禁闭。他因为喜爱诗歌还加入了"青年作家协会"，诗兴发作的时候就得意忘形起来。由于花费无度，欠了不少债务。不得不为他还债的父亲，既舐犊情深，又忧心忡忡，连连在信中告诫他，一定要为人正直，勤勉学习；喜欢诗歌是好事，但不要荒废了学业。马克思在兴头上，父亲的话怎么听得进去？

父亲看到马克思不听教诲，就决定把他送到以学风勤苦著称的柏林大学去学习。当时唯物哲学的卓越代表费尔巴哈曾经说过，"要是和柏林大学深入钻研的学风相比，别处的大学简直就是酒馆"。于是，马克思在1836年夏天离开波恩，回到了故乡特利尔城。

18岁的马克思已经是情窦初开，当他看到燕妮的时候，就再也难以抑制爱恋之心。不过，燕妮比他大四岁，威斯特华伦家的地位又比马克思家显贵得多。想到这一客观现实，马克思就想此事难成，心里十分痛苦。他实在抑郁难耐，最后还是忍不住鼓起勇气向燕妮表白了自己的爱慕之心，并提出向燕妮求婚。燕妮虽然是名门闺秀，却通情达理，没有门第观念。她慧眼识人，对马克思也早有爱恋之情。等燕妮向他表白了苦心，马克思几近狂喜。于是，两个人私定了终身，双方的父母并不知道。随后马克思把这件事禀告了父母。亨利希曾考虑到门第的差别，觉得高枝难攀，而迟疑不决。但他看见马克思对燕妮情有独钟，自己也很喜欢燕妮的温雅慧洁，就答应下来。不过对燕妮父亲的态度还是有些担心。这件事就瞒着威斯特华伦参事官定了下来。暑期过后，马克思满心欢喜，恋恋不舍，又有些隐忧地离家去了柏林。柏林大学的确就像费尔巴哈所说的那样，教授严于施教，学生勤于用功，绝对没有饮酒作乐、决斗、恣意闹事的事情发生。马克思来到这里，也决心要收心向学，在信中他向父亲禀告说，他已经"打算埋头科学和艺术"。不过他还是常常想念燕妮，可是燕妮还是拘泥于旧礼，在婚约未经双亲允许公诸亲友之前不肯与卡尔有书信往来。马克思爱恋之情难抑，就借诗抒情，写下了三部诗稿。他的父亲得知这件事后，写信给他说："你在诗中所显示出来的对爱情的夸张和过度的亢奋，并不能使你要为之献身的那个人得到平静。只有用模范的品行，英勇和坚定，能赢得众人好感的举止，才能使你们亲密，才可以使她在心里和在别人眼里，深感自信和安定。"信中还要马克思做一个"令世人尊敬与折服的堂堂男子汉"。这一次，马克思听从了父亲的善言相劝和谆谆教诲，立志勤学成才，所以他以异乎寻常的毅力开始了他的学业。

马克思选听的课程不多，但教课的老师都是著名人物。那个时候，在德意志尤其是在普鲁士，哲学家黑格尔的学说最为盛行。马克思进入柏林大学的时候，黑格尔已经故去5年了，但是他的学说却依然受到人们的钦佩和景仰，他的学生也都在极力地宣扬他的学说。黑格尔也的确不愧为哲学史上的一代宗师。他学识渊博，触类旁通，创下了辩证法哲学的学派，在欧洲可以称得上是前无古人。黑格尔把自然、历史和精神都看作是活动着的过程，永远都处在运动、演变、改造和发展之中，没有静止的时候。他解释说，人和自然是统一并相互作用的；在人类历史中，人总是把劳动当成手段去自我创造，而人的自我创造也就构成了历史。这样解释历史，黑格尔还是古往今来第一人。不过他的整体哲学观点却陷入了唯心主义，他认为万事万物皆由"绝对精神"产生。黑格尔还宣称，他的自然哲学就是通晓了"绝对精神"，所以也就是绝对真理。在政治上，黑格尔虽然也主张君主立宪制，但却更加看重君权。对四分五裂的德意志将怎样完成统一，他全然寄希望于普鲁士。他的"绝对精神"、君权的学说以及由普鲁士统一全德的论点，使他的辩证法以及人的自我创造权利等闪光的人类哲学观点变得暗淡多了。所以普鲁士政府对黑格尔的学说很是欣赏，视为官方哲学。柏林大学本是黑格尔生前执教达12年之久的高等学府，是他的弟子聚集的地方，自然也成为研究黑格尔哲学的中心。马克思的老师中，很多都是黑格尔的传人。

黑格尔学说中既有精华又有糟粕，那些黑格尔的门徒，现在作为柏林大学教授的人中也是各有选择地继承他的学说，渐渐地分了派别。有些倾向自由主义的激进学者，建起了"青年黑格尔派"，专门用黑格尔学说去抒发自由主义的观点。教马克思《刑法》的甘斯教授就属于这一派别。甘斯教课的时候，赞颂了法国大革命，甚至称圣西门的社会主义学说也"说得很对"。马克思极细心地聆听甘斯教授所讲的课，获得了甘斯给予的"极为勤勉"的评语。出于对自由主义的神往，马克思也加入了青年黑格尔派，结识了该派代表人物之一的布鲁诺·鲍威尔。较马克思年长9岁的鲍威尔及另一位该派首要人物科本，那时都已著书立说，小有名气，但却平等地看待马克思，相处十分和谐。从此以后，马克思手不释卷，研读黑格尔的学说。马克思不仅把他的学说熟记于心，而且更把他的辩证法全都记在心里。就是因为有了辩证法，马克思对黑格尔学说的剖析高出了鲍威尔他们很多。更重要的，是他用辩证的目光鉴察自然、历史和世事，为人类理解自然、开发自然开辟了新的道路。马克思从黑格尔哲学中学到了辩证法，却扬弃了唯心主义。而后他又在费尔巴哈哲学中吸取了唯物主义，成了唯物主义和辩证法的集大成者。

由于马克思心智大开，学业精进，1841年在柏林大学毕业的时候，他以一篇关于希腊哲学的优秀论文获得了哲学博士学位。马克思申明自己信奉无神论，并在论文的序言中极力推崇普罗米修斯，称颂普罗米修斯为自由和人类而献身的精神，这实际上是向普鲁士国家和封建制度开火。马克思本想在大学里执教，但是普鲁士政府驱逐大学里的进步学者，因而马克思也不能在大学工作。1842年，一些激进的资产阶级活动家在科伦创办《莱茵报》，24岁的马克思最初被聘为该报的编辑，不久担任该报的主编。这样，马克思就直接投身了社会政治活动。在马克思的影响下，该报日益带有民主主义的性质。马克思通过每天的斗争和亲身体会，彻底认清了普鲁士贵族地主的本质和这个国家官僚政治的腐败及专横。他在文章中以犀利的笔调反对普鲁士秩序，反对普鲁士的地主私有制和专制统治。他赞成社会进步，要求自由和民主权利，特别为贫苦的劳动人民辩护。他强调指出，没有人民群众的武装起义，自由是不可能获得的。那时，马克思依然发奋研读，把费尔巴哈以及法国许多社会主义者的论著详细剖析，如傅立叶、卡贝、德萨米、勒鲁、孔西德朗、蒲鲁东等人的论著。在这个时期，马克思已发展成一个彻底的革命民主主义者，已开始提出用革命方法消灭私有财产制度和过渡到共产主义的思想。由于《莱茵报》宣扬民主思想，普鲁士政府对《莱茵报》越来越憎恶。1843年1月，普鲁士政府决定从4月1日起封闭该报，并通知报社只可以出版到3月31日，并且须经过政府的严格检查。该报的股东们想改变报纸的言论方向，以顺从政府，保全报纸。马克思自然不能容忍，3月便声明退出编辑部。但仍无济于事，马克思仍遭到普鲁士政府的追害，迁居到巴黎。在巴黎，他和友人卢格商量创办新刊的大事，决定邀请德、法两国的民主人士共同办好此报，并把刊名定为《德法年鉴》，在巴黎出版。巴黎给马克思带来强有力的感受和经历。他面对着的是一个新的世界。马克思迫切希望熟悉这个新世界包括它的进步之处和各种矛盾。巴黎是当时工人运动非常活跃的城市，马克思积极参加法国工人运动，同流亡在法国的德国工人团体保持经常接触。就在这个时期，马克思完成从革命民主主义者到共产主义者的转变。这从他在1844年发表的《论犹太问题》和《黑格尔法哲学批判》文章中看到，新的哲学——无产阶级的哲学建立起来了。他在对黑格尔哲学作系统批判时，得到了这样的见解：在阶级社会中，基于物质利益的阶级斗争是推动历史发展的动力；只有无产阶级才有能力摧毁资产阶级社会、资产阶级国家及其经济基础——私有制，并通过摧毁这一切实现社会革命。

1843年夏天，马克思回到罗茨纳赫小城暂住。那时，燕妮的父亲威斯特华伦参事官早已答应把女儿嫁给马克思，婚约在1837年，且已经公布亲友。不过燕妮的兄弟们，特别是她异母的哥哥斐迪南，对这件亲事极为反对。燕妮却对马克思情有独钟，虽然因为少女的羞怯极少和马克思有书信往来，但两情相许，相惜相怜的感情与日俱增。于是燕妮终于一个人来到克罗茨纳赫，在6月19日和马克思完婚。从此他们就相濡以沫，白头携老，再也没有分开。新婚之际，马克思仍在奋笔疾书，剖析黑格尔的法哲学。《德法年鉴》出版的事已经大致办完毕。婚后4个月，马克思就决定迁居巴黎。这时的马克思已较以前大有进步了。他在剖析黑格尔哲学关于国家与法的唯心主义观念时，以锐利的眼光看出，黑格尔实际上是把整个世界全都颠倒了。马克思回首历史，明察现实，判断出国家与法的特征原来是由社会形态所决定，而不是由国家决定的。于是他把黑格尔的哲学翻过来，使自己踏上了唯物主义历史观的道路。他首次明确地分析了以前英法的革命，指出他们所求的只不过是"政治解放"，落入了国家决定社会的窠臼。只有谋求"人类解放"的革命才堪称彻底，而能够进行这种革命的，就是不久前在里昂起义和宪章运动中显示出无穷力量的无产阶级。所以，哲学必须依托无产阶级，并且为无产阶级指明道路；而无产阶级也必须懂得哲学，把它作为斗争的武器。两者结合就可以产生无穷的力量，就可以改造整个世界。当马克思的思想深入到这一步的时候，也就把自己变成了一个全新的自我，完全摒弃了唯心主义，树起辩证唯物主义和历史唯物主义的世界观，同时也在政治观念上由革命民主主义升华到科学社会主义。

马克思偕爱妻燕妮迁到法国首都巴黎并安顿下来之后，就全力以赴去筹办《德法年鉴》出版的事了。1844年2月，年鉴头两期合刊问世，载入了马克思的贯穿历史唯物主义的科学社会主义文章，篇名为《<黑格尔法哲学批判>导言》。那时马克思还不满26岁。虽然这篇文章蕴意极深，字字珠玑，马克思还是感到不足。他觉得自己的知识还有很多缺憾。他能洞见是市民社会决定国家，而不是国家决定市民社会，指明了社会发展规律的真理，但怎样去剖析市民社会，却需要有政治经济学的根基，马克思对于这一领域了解不多。就在这时，从英国寄来的一份文稿却正好弥补了马克思的缺憾。文稿的题目是《政治经济学批判大纲》，见解十分深邃，赫然又是一篇科学社会主义的雄文。文后署名就是马克思在两年前曾与之谋面的弗里德里希·恩格斯，也是后来与他并肩战斗一生的亲密战友。从此，马、恩开始了伟大的合作与战斗历程。

## 文明世界的导师恩格斯的故事

在马克思去世之后，恩格斯是人类文明世界最杰出的导师。

他与马克思建立了伟大的友谊，他把自己的智慧和能力，统统投入到志同道合的友谊与事业中。恩格斯的一生，是有其独特价值意义的一生。

恩格斯比马克思小两岁。论起来，马恩两人还是同乡，都是普鲁士莱茵省人。恩格斯祖籍巴门市，出身于工业界的大户人家，祖产"欧门·恩格斯公司"在莱茵省工业界名声很高。恩格斯的父亲是商业资产者，但却为人古板，恪守旧礼，专门用清教徒式的虔诚主义作为持家之道。他在恩格斯书箱中看到一本叙述中世纪骑士的小书，就认为是犯禁，不检点。所以，恩格斯从小就不喜欢刻板的父亲，却和母亲很有感情。他的母亲是教授的女儿，性情开朗，言谈幽默，曾经把虔诚主义信徒视为禁书的《歌德全集》当作生日礼物送给恩格斯。因此，在慈母的熏陶下，恩格斯养成了豁达不羁、喜爱自由的性格。又因为他自幼好学、资质聪明，13岁之前在巴门实验中学已经是同窗中的佼佼者。14岁转到爱北斐特市立中学求学，文学、历史、化学、物理等许多科目都学得十分扎实。在拉丁语、法语上尤其显示出了他的天才，成绩优秀。不过因为恩格斯的父亲并不像马克思的父亲那样倾向自由，把爱子送入大学深造。而是一身商人的习气，只想让恩格斯子承父业，尽快步入商界。所以在恩格斯还有一年就毕业的时候，强令他辍学，回到巴门市到自己家的工厂当学徒。一年后又转到布来梅贸易公司。

一心向学的恩格斯在17岁风华正茂之年就得弃读经商，当然是十分不情愿的。但是迫于父命，也只能这样。那时候他还不敢违抗父亲，只是暗中立下志愿，只要有闲暇时间，就用来读书自学。所以恩格斯虽然连中学都没读完，后来却和马克思一样的学识渊博，这都是他在闲暇的时候自学的结果。他在20岁的时候，已经可以娴熟地运用英、法两种语言写信撰文了，对于西班牙、葡萄牙、意大利、荷兰等几种语言文字也能较熟练地运用。他博学强记，对诗歌文学都很喜好，且更喜欢研读黑格尔哲学，21岁时已经把黑格尔以及黑格尔派的著作大部分读完，差不多和马克思同时具有了革命民主主义观念。恩格斯既勤学又好动，善于游泳、射击。1841年10月，他竟志愿入伍服役，到了柏林近卫炮兵旅。服役虽然只有一年，恩格斯却从此喜欢上了军事科学，直到晚年他一直对此情有独钟。服役的时候，恩格斯常到柏林大学旁听，并结识了青年黑格尔派的鲍威尔兄弟和科本等人，还研读了费尔巴哈的名著《基督的本质》，哲学见识大大拓展。役满后回到故乡，被父亲派往英国曼彻斯特，到在那里开办的"欧门·恩格斯沙龙"学习经商管理。1842年11月在前往英国途中，他路经多伦，曾经拜访过莱茵报编辑部，首次和马克思相见。只是因为彼此间了解甚少，并未深谈。随后就到了英国。

到1844年9月之前，恩格斯一直住在曼彻斯特。曼彻斯特是产业革命中兴起的工业都市，工厂林立，工人聚居，显示出工业资本主义的各种特征。恩格斯在这段时间内真是大开眼界，目睹了资本主义社会的情景。他渐渐分析得出，在以往的史籍中从来没有记载过好的经济状况，而这实际上是具有决定力的东西。现在工人阶级和资产阶级之间的对立，显然是因经济地位的差别而形成的，如果不是产业革命产生大工业，怎么能变成现在的状况呢？就是政坛上的党派之争，也是因为各自的经济利益不同。于是，恩格斯开始研读各经济学者的论著，亚当·斯密、大卫·李嘉图和许多其他派别的书，这使恩格斯在政治经济学上的学识广博起来。同时，他还研读了许多空想社会主义和共产主义者的著述。圣西门、傅立叶、欧文、巴贝夫、卡贝，乃至蒲鲁东的书都是他案头的必备之物，这些书他都读得很熟。他边读边想，最终领悟出，原来经济状况才是基础，国家、法、阶级对立、党派纷争等诸多政治现象都源于这一基础。于是，恩格斯也步入了历史唯物主义的坦途。所不同的是，马克思从哲学之路辩证地达到这一境地，而恩格斯却是由研究经济入手而获得同样的结论。

恩格斯在博览群书的同时，从来没忘实践活动。那时，有不少德国工人领袖流亡英国，结成了秘密团体"正义者同盟"。沙佩尔、莫尔等人是团体的领头人。恩格斯曾经在1843年因为商业上的原因去伦敦旅行，就和这些人有了交往，结下了友情。他从这些人立志为工人解放而斗争的勇气中，已经看出了无产阶级的力量。他还曾前往军旅，专程拜访英国宪章派报纸《北极星报》编辑部，结识了宪章派首领哈尼。他更无数次径直来到工人聚居的脏乱的棚户区，和工人们交谈。后来就据此写下了《英国工人阶级的状况》一书。恩格斯就是这样转变为信仰辩证唯物主义和历史唯物主义的共产主义者。他把研读和观察所得，写成文章，投到《莱茵报》、《北极星报》、欧文社会主义者的《新道德世界报》，以及后来创刊的《德法年鉴》。《政治经济学批判大纲》一文就是投给《德法年鉴》多篇稿件中的一篇精品，马克思称它为"天才的大纲"。

1842年恩格斯在莱茵报社初次见到马克思时，和青年黑格尔派还时常通信，而那时的马克思却已经和该派决裂。所以恩格斯对马克思心存芥蒂，未曾深谈。等到《德法年鉴》出版后，恩格斯也已经在思想上摆脱了青年黑格尔派，并转变为科学社会主义者，当然是对马克思油然生出敬慕之心。而马克思从看到恩格斯的《政治经济学批判大纲》，就如获至宝，并受到启示，决定研读经济学说。于是，两个人开始了信件往来，所谈论的许多观点都不谋而合。

1844年8月底，恩格斯在从英国返回德国的途中，来到巴黎，造访了马克思。这次巴黎的会见，是一次历史性的会见。马克思高兴地欢迎恩格斯，把自己在巴黎的战友介绍给他，和他一起参加工人的集会和聚会。他们每天不停地进行讨论，交流思想，而且惊喜地发现，他们彼此对于资本主义的起源、它的性质、它的发展前途以及一切理论问题上意见完全一致。恩格斯在马克思家一住10天，达到了真正的互相了解，他们决定，为创立科学的社会主义理论共同战斗。为了立即表明这一点，他们决定共同撰写第一部著作《神圣家族》，共同阐明他们的观点。恩格斯在巴黎时就写完了他所分到的章节。从此以后，开始了马克思和恩格斯毕生创造性的合作。后来列宁这样写道："古老的传说中有各种非常动人的友谊的故事。欧洲无产阶级可以说，它的科学是由两位学者和战士创造的，他们的关系超过了古人关于人类友谊的一切最动人的传说。"

## 并肩战斗

马克思、恩格斯的并肩战斗要从19世纪30年代说起。当时，资本主义在欧洲，尤其在一些先进国家有了很大的发展，使用机器生产的大工厂整批建立起来。近代的工业无产阶级产生了，科学研究的领域扩大了，技术革命发挥了威力。这种情况，就为人们对社会历史的发展做全面的了解，对社会作科学的认识提供了可能。

资本主义的这种发展，是建立在无产阶级的苦难的基础上的。资本家对工人的压迫和剥削日益深重。工人组织起来，从个别自发的斗争开始走向有组织的斗争，从单纯的经济斗争发展为政治斗争。1831年和1834年，法国里昂工人举行两次武装起义；1836年到1848年，英国爆发著名的宪章运动；1844年，德国的西里西亚组织工人反抗资本家压迫，并同军警发生武装冲突。这三次早期的无产阶级大起义，标志着无产阶级已经作为独立的政治力量登上了历史舞台。

但是，这一时期的工人运动基本上还是自发的，没有革命的理论武装来摸索自己的道路。20年代以来出现的形形色色的社会主义，是脱离工人群众和革命运动的，是陷于空想的，他们对终极真理的企求和拯救人类的奇妙药方，没有一个能给无产阶级指明正确的道路。三次早期的无产阶级起义都失败了，鲜血在西欧的大地上流淌，可是悲哀仍然没有消散，创伤还是如此刺痛，并且一天比一天更加难以忍受。无产阶级迫切需要科学的理论来指明方向。因此，创立科学的社会主义，并使这种理论和工人运动结合起来，就成为时代的迫切需要。马克思和恩格斯正是在这样的历史时刻投入火热的革命斗争实践。他们作为战士，对旧社会和旧制度进行战斗；他们作为学者，对旧世界和旧观念进行批判。在这个基础上，他们继承了人类先进思想的优秀成果并加以革命的改造和发展，光辉地完成了时代所赋予的历史使命。

马克思和恩格斯两位伟大的导师，自从结交以后并肩作战，写下了许多不朽的光辉著作。

他们的首次合作，就是《神圣家族》一书。这本书将近20万字，从动笔到出版，总计不到半年的时光，真可谓神速。这本书的精髓就在于对历史唯物主义学说的阐述。书中首次运用了"生产方式"一词，借以阐明经济是基础的道理。他们还提到"历史活动是群众的事业"，又说无产阶级一定能够自己解放自己。

马克思在巴黎的行动，让普鲁士政府十分气恼，于是颁布命令，要是马克思回国，就在边界上把他抓起来。后来因为见马克思并没有要回国的意思，就又说服法国七月王朝，把马克思驱逐出境。1845年1月，法国政府真下了驱逐令，马克思只好在2月3日迁居比利时的布鲁塞尔。两个月之后，恩格斯也去了布鲁塞尔。两个人潜心研究政治学、经济学以及社会主义学说，不断写文章，还结识了当地的民主主义者和社会主义者。7月，两个人共同前往伦敦和曼彻斯特，再去研读英国经济学论著并实地考察英国状况。在伦敦期间再次和研究学派的哈尼及正义者同盟的沙佩尔、莫尔等交谈，还参加了宪章派、正义者同盟及各国民主主义者代表在那里的集会。约莫在8月下旬，两个人从英国返回布鲁塞尔。

回到布鲁塞尔后，两个人又开始撰写他们合作的第二部著作，定名为《德意志意识形态》。这本书比《神圣家族》又有很大进展，不仅把流行于德意志的黑格尔哲学、青年黑格尔派学说及费尔巴哈哲学等一一加以剖析，并指责其中的弊端，而且他们把自己以前的见闻观点也做了整理。更可贵的，就是直接使用了"唯物主义历史观"的说法，并条理清楚地作了剖析。除了两个人合著的书，他们也分别出版了自己的著作。马克思写的《关于费尔巴哈的提纲》、《哲学的贫困》、《雇佣劳动与资本》以及恩格斯写的《英国工人阶级状况》等书，从哲学、经济学、政治学等方面，把历史唯物主义、认识上的实践理论、工人运动必须和社会主义相结合的理论叙述表达得很清楚。马克思还萌生出有关剩余价值的经济学观念，只是还没有直接用"剩余价值"一词。

就是因为马克思、恩格斯智慧超群，论证科学，全部以理服人，的确令众多的工人领袖和社会主义者折服，从而也使当时流传的种种社会主义流派显得黯然失色。其中就有正义者同盟领袖之一魏特林的平均共产主义、克利盖宣扬的"真正的社会主义"、法国蒲鲁东的小资产阶级社会主义等等。马克思、恩格斯也从中看出，这个时候是把科学原理传播到各地的最佳时机，既可以把国际工人运动引上正路，又可以把世界无产阶级联合在一起。于是在1846年2月在布鲁塞尔建立起共产主义通讯委员会。委员会立即和德、法、英以及比利时的无产阶级同盟取得了联络，以信件互通讯息，研究讨论各种宣传共产主义的事宜。在通讯活动中，马克思、恩格斯很看重正义者同盟。就是因为这个同盟虽然是由德国人建立的，但不久就有瑞士、北欧各国、荷兰、匈牙利、捷克、俄国等国家的人加入，同盟就变成了国际性的团体。通讯委员会与同盟交往甚多，同盟中人对马克思、恩格斯之学说也日趋感佩。1847年1月，同盟相邀马克思、恩格斯入盟并帮助同盟改组。马克思、恩格斯欣然接受。1847年6月间，同盟召开首次代表大会，恩格斯亲自到会。恩格斯以他与马克思之名义，倡议将正义者同盟改名为"共产主义者同盟"，并以"全世界无产者，联合起来"的口号，取代"人人皆兄弟"的原始口号。众人听此言含意隽永，甚是有理，便议决按此意改过了名称及口号，并且在会上还决定，须以恩格斯所写的《共产主义信条草案》为同盟制定纲领的要旨，还将马克思、恩格斯参与拟定的同盟章程草案发放到各个部分商议。到11月底至12月初之时，同盟者又召开了第二次代表大会。会上通过了同盟章程，宣告了同盟的目标是推翻资产阶级政权，让无产阶级来统治，建立没有阶级、没有私有制的新社会。与会人员还议定，从此以后，同盟必须以"共产党"的名称对外来处理事务，并委托马克思、恩格斯草拟一份宣言，用来指明同盟的纲领。马克思、恩格斯受托后不久就写了出来，并于1848年12月公诸于世。这便是举世闻名的《共产党宣言》，它的问世标志着科学社会主义的诞生。

马克思和恩格斯就其出身来说,都属于资产阶级知识分子,他们在革命的实践中得到了自我的完善,从唯心主义转变为唯物主义,从反封建的革命民主主义者转变为反资本主义的共产主义者。从而为创立科学的社会主义即马克思主义奠定了坚实的基础。但就事物发展的规律来说,一切都是变化发展的,没有固定不变的学说,一切都是在批判与继承中得到完善。马克思、恩格斯正是适应了这一规律,批判地改造了人类优秀成果,使它得到了继承和发展。他们利用自己渊博的知识,在哲学、政治经济学和社会主义领域内作了大量的科学研究,成为"人类在19世纪所创造的优秀成果——德国的哲学、英国的政治经济学和法国的社会主义的当然继承者"。

从19世纪40年代中叶起,马克思和恩格斯就致力于把科学的社会主义理论灌输到工人中去,使科学的理论与工人运动相结合起来。因此,他们同工人运动中流行的各种非马克思主义学说展开争论,使自己的理论在斗争中得到检验和发展。在19世纪40年代他们共同执笔写了《神圣家族》《德意志意识形态》《哲学的贫困》等书来同资产阶级进行斗争。

就这样,马克思、恩格斯并肩作战,批判地继承了人类先进思想的优秀成果,批判了形形色色的非科学的社会主义流派,总结了国际工人运动的斗争经验,从而创立了科学的社会主义——马克思主义。

## 《共产党宣言》和《资本论》

《共产党宣言》标志着马克思主义的科学社会主义诞生;《资本论》更是马克思主义的头等巨著。了解它们,是了解人类思想宝库的重要部分。

1848年2月出版的《共产党宣言》是马克思、恩格斯吸收了《共产主义原理》的基本观点而写成的。它是科学社会主义的第一个纲领性文件,它对马克思主义的三个组成部分——哲学、政治经济学和空想社会主义,作了有机而完整的叙述。

《共产党宣言》的主要内容为:

一、宣告了资本主义必然灭亡,社会主义必然胜利。这是马克思和恩格斯运用辩证唯物主义分析资本主义发展规律得出的科学结论。指出生产关系一定要适合生产力性质的规律是人类社会发展的客观规律。并且预言道:"资产阶级的灭亡和无产阶级的胜利是同样不可避免的。"

二、《宣言》指出无产阶级的伟大使命即:推翻资本主义,建设社会主义和共产主义。这是由无产阶级在资本主义社会里的阶级地位所决定的。因为它具有彻底的革命精神,是新生产方式的代表,是资本主义的掘墓人。《宣言》揭示了无产阶级进行暴力革命和建立无产阶级专政是实现无产阶级历史使命的必由之路。

三、《宣言》提供了关于建立无产阶级政党学说的基本要点,指明共产党是无产阶级的先锋队,无产阶级没有共产党就不能获得解放。

四、《宣言》给那些以社会主义旗帜为掩护的封建的、小资产阶级的和资产阶级的政治思想进行阶级的分析、评价和批判，指明了这些流派实际上都是敌视无产阶级而为剥削阶级利益服务的。《宣言》对空想社会主义作了分析，指出这些思想家的体系的空想性质，但同时也承认了这些观点中所包含的合理成分。

五、《宣言》宣布了共产党人在对当前反动统治的社会斗争中的方针和策略，声明"共产党人到处都支持一切反对现存的社会制度和政治制度的革命运动"，"共产党人到处都努力争取全世界的民主政党之间的团结和协议。"

《宣言》豪迈地宣称："让统治阶级在共产主义革命面前发抖吧。无产者在这个革命中丢失的只是锁链。他们获得的将是整个世界。"并且《宣言》以"全世界无产者，联合起来！"这个伟大的号召作为庄严的结束语。

《宣言》的问世，标志着科学社会主义的诞生，标志着人类思想史上的一次伟大革命。它解决了马克思主义诞生以前的社会主义者和共产主义者所难以解决的问题，使社会主义同具体的工人运动相结合，使国际共产主义运动从此开始了一个新的历史阶段。它像一盏永久不息的明灯，为全世界无产阶级照亮了解放的大路。自此之后，国际工人运动与国际共产主义运动结合在一起，成为世界历史中一股不可阻挡的大潮。

正是：资本社会多弊病，工人运动起鹏程；马恩创出科学论，《宣言》问世照苍穹。

从19世纪40年代到如今，一直有很多人存在着这样一个问题。那就是：为什么有的人要受苦受难？资本家到底为什么能够剥削工人？无产者们的前途又在何方呢？对于这个问题，在19世纪40年代一些社会主义者曾试图加以回答，但却都以失败而告终，也就在这时，当时的两位伟人马克思、恩格斯对资本主义社会作出了深刻的剖析和科学的解释。从而产生了这部气势恢宏，将资本主义剖析得入木三分的《资本论》。

1867年3月，《资本论》第一卷完稿，《资本论》是无产阶级的科学的战斗武器，正像马克思自己指出的：《资本论》"在理论方面给资产阶级一个使它永远翻不了身的打击。"《资本论》是马克思在深入研究了许多学科，阅读大量材料的基础上而著成的。它的写作过程反映出了马克思严谨的治学态度。马克思曾经说过，他宁愿将手稿烧毁，也不愿将不成熟的作品留给世人。但是《资本论》却是在他生活非常贫困的情况下完成的。据记载，当马克思的《资本论》脱稿后，需要亲自把手稿送到汉堡出版时，他却无法办到，因为他的衣服和表都在当铺中，只当恩格斯送来钱后，才如愿完成这项工作。《资本论》的完成是离不开恩格斯的帮助的。恩格斯对马克思在精神上和物质上给予巨大支持，他帮助马克思了解了资本主义生产过程和工厂管理等情况，并且同他探讨重大理论问题。《资本论》的二三卷的整理和出版均是由恩格斯完成的。因为马克思在写完第二卷和第三卷的手稿时就与世长辞了。

《资本论》的最终目的就是揭示现代社会的经济运动规律。《资本论》的第一卷分析了资本主义的生产过程；第二卷论述了资本的流通过程；第三卷阐述了资本主义生产的总过程。《资本论》的主要基础是剩余价值理论，它揭示了资产阶级存在的基础是对工人阶级剩余价值的占有，从而揭露了资本主义剥削的实质和秘密。无产阶级同资产阶级是两个在根本利益上对立的阶级,无产阶级的历史使命就是彻底推翻资本主义剥削制度。它科学地论述了资本主义必然灭亡和共产主义一定胜利的客观历史规律,向全世界无产阶级指明了斗争方向。1868年9月,第一国际的布鲁塞尔代表大会通过专门决议,号召全世界无产者学习《资本论》。决议指出:"卡尔·马克思作出了不可估量的贡献,他是经济学家当中第一个对资本进行科学分析并把它分解为原始成分的人"。《资本论》是马克思主义的百科全书,是无产阶级进行革命斗争的锐利武器。

## 六月起义

1848年2月,法国七月王朝被推翻了。刚刚登上历史舞台的无产阶级,在革命中是真正主力,他们已武装起来。在巴黎和法国其他城市出现了许多革命的、无产阶级的俱乐部,其中最著名的是布朗基领导的"中央共和社"。二月革命时期,资产阶级一反常态对工人阿谀谄媚,企图独占政权,最后二月革命的胜利果实被资产阶级所窃取。资产阶级成立了临时政府。表面上,临时政府是参加革命各阶级的联合,实际上则垄断了政府的一切要职,便在这时产生了法国历史上的第二共和国,但同时,它也打上了工人阶级的烙印。

工人阶级原想争得一个不仅能给人民政治自由,而且能摆脱资产阶级统治的共和国。但是临时政府已被资产阶级控制,这也就决定了共和国的性质。法国的资产阶级企图抹去工人阶级打上的"社会共和国"的烙印,暗中开始准备另一场战斗,阴谋用武力来取消工人阶级的要求。临时政府整顿和扩充了反革命的武装,建立了24营反革命别动队,他们想方设法,把路易·波拿巴和阿尔伯工人阶级的代表排挤出政府。

2月底,临时政府开办国家工场,收容大批失业工人,工场采用半军事化的组织形式,从事植树、挖土一类非生产性劳动,每个工作日发给两个法郎,劳动组织故意搞得很坏。它这样无非是要控制大量的失业工人,防止工人的革命行为,并极力破坏社会主义的声誉。资产阶级用挑拨离间的方法,使无产阶级得不到农民的支持而陷于孤立。资产阶级在造成这些有利的条件后,就决心对工人下手,迫使工人应战。4月,资产阶级在卢昂城残酷地镇压了工人起义。5月4日,临时政府解散了由工人组成的新政府——执行委员会,并把许多优秀的无产阶级领袖投入监狱。6月22日,执行委员会宣布解散国家工场,把113000名工人抛到街头。形势的发展已使工人们没有选择的余地:若不甘心饿死,就要展开斗争。他们在6月22日进行了大规模的起义。

但是由于它是自发性的,没有革命政党的领导和明确的纲领,因此一开始就面临着失败的危险。但是在起义中它提出了自己的口号和要求,其中"民主的和社会的共和国"成了起义的总口号,把巴黎无产阶级团结起来。在6月的决战中,尽管力量悬殊,但是工人阶级却表现了空前的英勇、坚决、沉着和机智,他们以大无畏的精神,抗击六倍于自己的敌人。

6月22日晚，一夜之间起义的工人在巴黎东城和东郊构起600座街垒，他们看清了路易·波拿巴要他们"立即放下武器"向资产阶级屈服的丑恶嘴脸，坚定地拿起武器，直到26日黄昏政府军才攻占起义者最后的根据地圣安东区。接着而来的是疯狂的白色恐怖。有11000多工人被屠杀，25000的工人被监禁、流放和服各种苦役。在1848年，资产阶级第一次表明了，当无产阶级敢于作为独立的阶级为自己利益和要求反抗它的时候，它会以何等疯狂的残暴手段向无产阶级报复。

六月起义的血腥教训，使工人们认清无产阶级同资产阶级的利益是根本对立的，工人阶级想要迫使二月革命后的共和国予以满足的那些要求，只能通过推翻资产阶级的统治来达到。六月起义揭示了路易·勃朗及其他小资产阶级社会主义代表人物在理论上和策略上的错误和危害，"最终证明了只有无产阶级具有社会主义本性。"六月起义后，出现了一个新的革命战斗口号：推翻资产阶级，建立工人阶级专政！

六月起义先后一共5天，但是这是现代资本主义社会中无产阶级反对资产阶级的"第一次伟大战斗"，"这是为保存或消灭资产阶级制度而进行的战斗"，因而在历史上具有重大的意义。

## 第一国际——史话

列宁曾经说："第一国际奠定了国际无产阶级争取社会主义斗争的基础。"

正是如此，"它在工人解放的斗争史中是万古长存的"。

1848年"革命风暴席卷欧洲的时候，各国工人成为革命的先锋，奋起抵抗，但最终却都以失败而告终，自此欧洲革命暂时转入低潮。及至60年代，工人运动才再次旺盛起来，但由于当时资本主义市场已趋于形成，所以工人运动也要求进行国际联合。

马克思和恩格斯没有因革命失败而失去信心，而是对革命充满信心。他们利用美国的《纽约每月论坛报》和其他报刊，就当时的国际重大事件发表了许多政论文章，抨击资产阶级反动统治和殖民主义罪恶。并且他们为了迎接新的革命高潮的到来，还做了各方面的组织准备。他们在英国先进工人中积极进行宣传和教育工作，争取了职工工会活动家和宪章派左翼领导人哈尼、琼斯等人，通过他们去影响广大的英国工人群众。他们特别注意培养国际工人运动的领导骨干，想方设法同各地的革命老战士建立联系，把原共产主义者同盟成员埃卡留斯、列斯约以及威廉·李卜克内西等团结在自己的周围，教育他们努力学习、刻苦钻研革命理论，掌握战斗武器，迎接必将到来的新的革命高潮。

在这个时期，资本主义经济在西欧和北美各国都已得到很大发展。在这些国家中出现了反封建的人民革命运动，它们同中欧和东欧被压迫民族为争取民族独立的斗争汇成了广泛的民族民主运动。工人运动蓬勃发展起来，工人组织也陆续建立，并开展了有组织的活动和罢工斗争。工人阶级的国际团结愿望日益增强，国际上一系列的重大革命事件也要求各国无产阶级加强支援和团结战斗，支持被压迫民族斗争的统一行动。

直接促成第一国际诞生的重大事件是1863年波兰人民反对沙皇统治的民族起义。马、恩认为，波兰的独立将是对沙皇、反动势力的沉重打击，也是欧洲无产阶级解放斗争的重要条件。他们动员全欧无产阶级全力支援波兰的革命运动。当时沙皇出动了十倍于波兰起义者的军队，对起义进行血腥的镇压，这激起了欧洲无产阶级和民主派的愤怒。1863年11月10日英国工人会议通过致法国工人的《呼吁书》，呼吁团结起来共同战斗，并建议召开有各国代表参加的国际会议，"建立各国人民之间的团结"。1864年9月28日，在伦敦圣马丁堂召开了盛大的国际性会议，再次讨论声援波兰人民共和国国际工人联合斗争的问题。马克思出席了大会，并正确估计到他和恩格斯的国际无产阶级团结和建立国际无产阶级战斗组织的愿望已有可能实现。因此他积极参加并引导。大会通过法国工人的倡议，决定成立国际性的工人组织，并选出一个由英、法、德、意等国工人代表组成的临时中央委员会。马克思作为德国工人代表被选入中央委员会，担任德通社书记。在临时中央委员会的1864年10月11日的会议上，这个组织正式定名为"国际工人协会"。从此诞生了第一国际，它是一个国际性的无产阶级的战斗组织。它是欧美各国无产阶级运动的发展和马克思、恩格斯不倦的理论和实践活动的结果。

自从第一国际成立，欧洲的工人运动如虎添翼，比以前更为蓬勃地发展起来。但是在国际内部存在着分歧，时常出现争执，诸多派别各执己意，互不相让。当时法国的蒲鲁东主义最为厉害。那时，国际巴黎各支部几乎全由蒲鲁东主义者把持，托伦就是那时的首要人物。他们在国际会议上诋毁马克思拟定的宣言与章程，反对革命，反对罢工，反对解放妇女，甚至对民族独立也持有异议。但它却难以服人，大部分代表摒弃他们，最终认为宣言才是国际的正确道路。

第一国际成立后，最主要的任务是制定国际的纲领和章程，为此还成立了专门的九人起草委员会。起草委员会的成员对国际的目的和任务存在着根本不同的看法，并发生了激烈的争论，最后，起草委员会决定把起草任务交给马克思。

第一国际成立一年后又在洛桑召开了代表大会，在会上蒲鲁东派的代表又出面反对政治斗争。但因为他的错误百出，大部分人认为："工人的社会解放与其政治解放不可分割。"这便给蒲鲁东派当头一棒。在这次大会上争执最为激烈的还是怎样看待所有制问题。蒲鲁东派的头目托伦曾说："我们的公式便是：土地归农民，贷款给工人。"他狂妄地说工人是"自由的拥护者，因而也便是私有制的拥护者"。并且他们执意要大会对此作出决议。由于争论相当激烈，因此未能作出定论。一年后在布鲁塞尔议论此事时，因当时第一国际到了鼎盛之时，而蒲鲁东派在国际中已大不如前，因此大会最终通过了公有制的决议。

自从蒲鲁东主义在国际上遭失败以后，又出现了巴枯宁主义。与蒲鲁东主义不同的是：它仇视工人运动，并且图谋不轨。他的主要领导者——巴枯宁出身于俄国贵族世家，年轻时也曾崇尚民主，甚是向往"自由、平等、博爱"。1847年时，他在巴黎演说，直言责骂沙皇专制，因此被逐出国境。1848年投身于革命，成为当时的领导者之一。但遭失败而坐牢后，其革命意志也随之而毁，转而投向沙皇。1864年第一国际建立后骗得马克思的信任，借此加入国际。进而组织了所谓的"和平与自由同盟"破坏第一国际，通过马克思和恩格斯的不断与其斗争，才使其"退出斗争舞台"。但在第二年又跑到意大利去参加了一次暴动。失败以后才到瑞士隐居，两年后，因重病不治，被阴司把魂勾了去。

马克思及其支持者，要求把国际建设成一个团结、教育、组织和领导欧美无产阶级进行反对资本主义斗争的工具，认为国际的纲领必须建立在科学社会主义的基础上。但是纲领又必须能够被当时不同水平的工人运动所接受。马克思用"实质上坚决，形式上温和"的办法，即没有用"共产主义""共产党"一类的字眼，而是通过回顾无产阶级反对资产阶级的斗争的发展来阐明无产阶级争取解放的道路，把《共产党宣言》中的基本思想包括进第一国际的《成立宣言》和《共同章程》中。

马克思名义上只是委员会的一名委员，实际上领导了第一国际的全部日常工作。

当国际在海牙开会的时候，处境就很艰难了。自巴黎公社遭到镇压后，欧洲各国政府都迁怒于国际。即便是那"拯救人类灵魂"的罗马教皇，也直言国际为"神的死敌"，呼唤众教徒反对国际，还扬言要绞死国际会员。在欧洲大陆上，国际已经步履维艰。鉴于这种情况，恩格斯在大会上提出，将总委员会驻地迁往美国，并得到通过，迁于美国纽约。

第一国际的根基在欧洲，它是在欧洲工人运动发展的基础上建立的。所以自迁往美国后，其活动也终止了。最终于1876年解散。

第一国际自成立之日起，大展雄威，援助了各国工人获得多次罢工胜利。在内部先后将蒲鲁东主义、巴枯宁主义击败，且培育出很多工人领袖，并且日趋老练，更使马克思主义学说深入人心。这便为日后各国建立工人政党创下条件。第一国际虽是自行解散，却已然成为国际工人运动的卓越业绩。

## 永垂史册的"五月流血周"

"生命诚可贵，
爱情价更高，
若为自由故，
二者皆可抛！"

这样的诗最适合那些为了千千万万人的自由而牺牲的人。

位于法国巴黎市东区的拉雪兹神甫公墓地区，耸立着一堵墙。墙上的花岗岩浮雕再现了巴黎公社战士浴血奋战的悲壮情景：1871年5月27日，公社战士在墓地上同凡尔塞匪徒进行殊死搏斗之后，最后在这堵墙垣下，迎着敌人的子弹，一个个刚毅不屈，视死如归，全部壮烈牺牲。这座墙就是震惊世界的公社社员墙。这是一座用公社烈士的血肉砌成的人类历史上第一个无产阶级政权——巴黎公社的纪念碑。

1871年3月18日巴黎人民起义，推翻了梯也尔政府，万人欢呼。国民自卫军中央委员会阐述这一革命时，曾明白地说："无产阶级……已知晓，夺得政府权力，掌握自家命运，乃是他们必须立时履行之职责，亦是绝对之权利。"从这句话我们可以知道，3月18日革命是一次无产阶级革命。

革命胜利的当天晚上，中央委员会的众委员便纷纷来到市政厅。第二天早晨，委员会开会决议，要及早选举公社。这时中央委员会已夺得了政权，并组成了临时政府。临时政府在这时做了很多有益的事，把很多大事办得井井有条，并且使混乱的巴黎秩序稳定了下来。中央委员会深知民间的疾苦，不等选举公社，就先颁布了法令：将价值15法郎以内的典押物归还原主，并不得再拍卖典押物品，一应到期的债务都延期半年再还；房租则向后推一年再付。还从银库中拨出100万法郎用于补贴最艰难、生活极度贫困的人。原来国民议会已停止发放许久的国民自卫军军饷，也重新发放给个人。

中央委员会处事谨慎，对城外的德国军队也采取了妥善的措施。他们明知和约丧权辱国，但是为了保住革命果实，不再使人民再遭战争之苦，他们对德国作出了让步。并且中央委员会还接连两次将反革命示威平息下去，又挫败了各区区长夺取政权的企图，将政权牢牢握在了手中。因此国民自卫军中央委员会得到了巴黎人民的拥戴。中央委员会也公告即将选举公社委员会，并且明确指出这个委员会将不断受舆论的检查、督促与批评，它是可信的，对人民负责，受人民监督，人民有权撤换不合格的委员。3月26日进行选举。在选举的公社委员中共有81人，其中布郎基派人数较多，新雅各宾派常与他们意见相同，所以他们为"多数派"。

3月28日，在市政厅广场上，数十万的巴黎人民欢聚在一起，来庆祝公社的成立。下午4时，当选的公社委员及国民自卫军中央委员，在人民的欢呼声中走上了主席台。布西埃代表中央委员会宣读当选的公社委员名单后，大声地宣告："我以人民的名义，宣告公社成立了！"人类历史上第一个无产阶级的政权诞生了！巴黎公社是新型的国家机器，是民主的，它来自民间，因此可与人民融为一体。公社掌握政权之后，百业待兴，急需得到国际方面的支持。

和平只是一时的。梯也尔政府在失败逃往凡尔赛以后，对巴黎起义恨之入骨，下定决心不惜一切力量也要将革命镇压下去。他到凡尔赛之后四处调集军队，在4月2日便派1万人向巴黎进攻。凡尔赛军的进攻，激怒了巴黎人民，国民自卫军战士自行集结起来，在4月3日分别由杜瓦尔、埃德、佛路朗斯统率的左、中、右三路向凡尔赛进攻。但那时凡尔赛早已集结四五万人，寡不敌众，并且由于指挥多有失误，所以战事失利，遂由进攻转入防守，不敢轻易出击。面对外敌，公社内部出现了分歧，并建立了"救国委员会"，本以为在通过调整之后分歧会终止，但多个派别还是不能达成一致意见。就在巴黎内部纷争的时候，凡尔赛军又大举进攻。5月3日，夺占穆兰——萨克棱堡。5日又攻下克拉马尔，巴黎失去了南部阵地。从6日起，官军发动总攻，公社寡不敌众，伊西炮台几乎被炸成废墟。当时巴黎西南各城门都已暴露在敌人的面前。而此时公社内部屡起纷争，终在5月21日公社两派少数派和多数派和解。但是凡尔赛军已于5月13日占领了旺夫炮台。5月21日，公社委员勒弗郎塞在路过正面的圣克卢城门时，发现此门竟无人把守。21日下午，还不知大难临头的巴黎民众在伊勒里宫举办音乐会时，早有凡尔塞敌军探入，并利用此机，占领了圣克卢门，并总攻巴黎。巴黎军民见敌人已进入城内，奋起抵抗。从21日起，公社战士与敌人一街一巷地展开了激战。28日，公社只剩下贝尔维尔林荫道一带的最后一处阵地。正午公社战士打出了最后一颗炮弹。到下午2时左右，一位不曾留下英名的战士独自一人坚守街垒，与敌人对射，三次将敌人军旗砍断，尔后机智逃离。这也是公社最后的枪声。3时左右因激战数日而精疲力竭的瓦尔兰落入敌手，在眼珠被打出眼眶时高呼"公社万岁！"最后饮弹捐躯，这便是永垂史册的"五月流血周"。

自3月18日革命至5月28日遭镇压失败，巴黎公社在72天内创下了前所未有的光辉业绩。

## 列宁与他的绿色办公室

列宁原名弗拉基米尔·伊里奇·乌里扬诺夫。1870年4月22日，生于俄国伏尔加河畔的辛比尔斯克。他生长在一个知识分子家庭里。父亲长期教中学的数学和物理，后来担任了辛比尔斯克省的国民教育总监。家中充满了民主主义气氛。可是，当时的俄国到处都是赤裸裸的暴力统治，人民享受不到任何民主自由。沙皇的反动统治使列宁走上了反抗的道路。

1887年秋，列宁进入喀山大学法律系学习，发奋研究各种社会学说。列宁参加了青年学生小组和学生的反抗斗争，被政府逮捕。在解往监狱的途中，警官用教训的口吻对列宁说："小伙子，你为什么造反？要知道你的面前是一堵墙"。年轻的列宁勇敢地回答说："但这不过是一堵朽墙，只要一推就会塌的"。在监狱里，被捕的同学相互交谈，问到列宁出狱后想做什么时，列宁说：在他面前只有一条道路——进行革命斗争。

1887年12月19日，列宁被放逐到离喀山40多公里的柯库什基诺村，并受警察的暗中监视。在村中，列宁按周密考虑过的方案，博览群书，潜心自修，表现了他善于有计划有系统地进行工作的能力。1891年春天和秋天，列宁以校外生资格参加了彼得堡大学法律系的国家考试。在参加考试的人中间，只有他一个每门功课都得了最高分数，被授予最优等毕业生文凭。通过考试后，列宁注册为助理律师。

然而，列宁感兴趣的不是律师的职业，他把主要精力用在研究马克思、恩格斯的著作上。当时马克思、恩格斯的著作大部分没有翻译成俄文，列宁就刻苦学习德文、法文和英文，认真钻研经典作家的原著，从而最终形成了他的马克思主义信念。与此同时，他组织了萨马拉的第一个马克思主义小组，宣传科学社会主义思想。

列宁不仅在理论上作出了巨大贡献，而且努力把理论和实践密切结合起来。在此以前，马克思主义理论只在少数先进分子中研究讨论，而列宁开始把这个伟大学说带到工人群众中去。他同彼得堡各大工厂建立了联系,经常参加工人的会议,给工人讲课。有人回忆列宁讲授政治经济学时说:"讲课人不用任何讲稿给我们口述这门课程,他常常设法引起我们的反驳,或是使我们展开争论。那时候,他就激发一方向另一方证明自己对那个问题的观点的正确性。这样,我们的课程就十分活跃、有趣……我们大家对这些课都很满意,经常叹服我们讲师的智慧。"

1895年秋,列宁把彼得堡的20多个马克思主义工人小组联合成一个统一的政治组织。这个组织被命名为"工人阶级解放斗争协会。"

工人运动的开展吓坏了沙皇政府,它决定拿斗争协会开刀。1895年12月20日晚上,列宁和斗争协会的大部分同志都被捕,但是,监狱并不能阻止列宁进行革命活动:他秘密同其他被捕同志通信,鼓舞他们的斗志;他同狱外的同志联系,指导他们的工作;他还起草了党的纲领草案,筹备建党。列宁采用巧妙办法把各种指示、信件传出狱外。他用牛奶把字写在书籍的行文中间。同志们收到后,用火一烤,无色的牛奶字就变黑,显露出来。为了避免被发现,列宁把牛奶放在用面包做成的小"墨水瓶"里。当看守一开门,列宁就把面包连同牛奶一起吃下去。列宁曾在一封信里诙谐地写道:"我今天吃了六个'墨水瓶'"。

列宁一生遭流放数次,飘泊转徙,风餐露宿。但他始终没有改变对革命的执著信念。

在离芬兰边界不远的拉兹里夫湖畔,至今还保留着一间小草棚。旁边有一块花岗石纪念碑,对这间草棚的不平凡来历作了说明:

1917年7月8日,有世界意义的十月革命的领袖为了躲避资产阶级的迫害,曾经隐居在这里的用树枝架起来的草棚里,并在这里写了《国家与革命》一书。

1917年7月24日,彼得格勒充满着白色恐怖的气氛。列宁匆匆地剃了下须,修剪了上髭,换了衣服,打扮成一个芬兰农民的样子,于当晚11时乘从彼得格勒海滨火车站开出的最后一班客车,在拉兹里夫下了车。列宁就住在湖边这个草棚里。草棚门口放有镰刀、犁耙、斧头等农具,让人看去就像是芬兰割草人住的茅屋。草棚前面,清理出一块空地,放着两个树墩,一个当桌子,一个作凳子。列宁就在这个他风趣地称做"我的绿色办公室"里,写下了马克思主义的重要文献——《国家与革命》。

尽管当时的环境这样困难和危险,列宁的工作又十分紧张,他正在指导即将爆发的伟大的十月社会主义革命。可是,列宁还是以巨大的革命毅力从事理论研究。他先是隐居在拉兹里夫的草棚里,后又装扮成火车司炉移居芬兰,并完成了这一著作。列宁在当时为什么要如此紧迫地写作《国家与革命》一书呢?这个问题,他在该书"初版序言"一开头作了明确回答。列宁写道:"国家问题,现在无论在理论方面或在政治实践方面,都具有特别重大的意义。"

《国家与革命》一书是马克思主义文献中第一本系统论述马克思主义国家学说的伟大著作。列宁在本书中,系统地、全面地总结了1848至1917年70年来马克思主义国家学说的发展进程,并根据新的革命经验发展了马克思主义的国家学说。

列宁强调指出:"资产阶级国家由无产阶级国家(无产阶级专政)代替,不能通过'自行消亡',根据一般规律,只能通过暴力革命。""必须不断地教育群众这样来认识而且正是这样来认识暴力革命,这就是马克思和恩格斯全部学说的基础。"

列宁还论述了无产阶级只有依靠强有力的国家政权即无产阶级专政,才能镇压剥削者的反抗并领导广大群众从事社会主义建设,实现由资本主义向共产主义过渡的任务。列宁说:"无产阶级需要国家政权,集中的强力组织,暴力组织,既为的是镇压剥削者的反抗,也为的是领导广大民众即农民、小资产阶级和半无产阶级来'调整'社会主义经济。"

列宁的《国家与革命》粉碎了修正主义对马克思主义国家学说的歪曲和进攻,保卫和发展了马克思主义关于无产阶级革命和无产阶级专政的学说,为布尔什维克党领导俄国无产阶级胜利进行武装起义、夺取十月革命伟大胜利奠定了理论基础。这部著作至今仍具有重大的指导意义。

世界历史五千年

# 残酷的战争

## 一战中两大战争集团

第一次世界大战中对立的两个军事集团分别是以德国、奥匈帝国、意大利为核心的三国同盟和以英、法、俄为核心的三国协约。这两个集团为了各自的利益在全球战场上展开了拼命的厮杀。

大家不禁要产生一个疑问？在一战前那个矛盾日趋激化的时代，面对错综复杂的历史背景和国际关系，这些帝国主义列强是怎样沆瀣一气、勾结到一起的呢？

1871年1月18日，法国皇宫——凡尔赛宫的镜厅里出现了普鲁士的国王威廉一世。这不是两国之间的互访。威廉一世头戴皇冠，身披五彩王袍坐在皇帝宝座上宣布德意志帝国建立，自己就任德国皇帝之位。

从此，法国人把这一日订为"国耻日"，与德国结下了深仇。

德国凭借普法战争的胜利，从法国获得了50亿法郎的巨额赔款和阿尔萨斯与洛林两地丰富的资源，经济迅速发展，不久就跃居世界第二位。

但是，法国虽在普法战争中遭受重创，但并没有像德国宰相俾斯麦想象的那样"流尽了血"。他们经过几年努力很快就恢复了元气，并四处寻找伙伴，企图对抗德国，以雪当年之耻。这样，法国和德国就成了两大对立阵营的基本成员。

德国一看，大吃一惊，也马上开始行动，拉拢盟友，孤立法国。

这时，1878年柏林会议召开，俄国和奥匈帝国都很想在会议中分割到波斯尼亚与黑塞哥维那这两块肥肉，其中俄国比较占优势。德国发现，如果俄国一旦得逞，对自己极为不利，况且奥匈帝国与德国都属日耳曼民族，怎能替外人说话，于是就给俄国使了一个小小的绊子，结果俄国是竹篮打水一场空。从此，俄德关系恶化。而奥匈帝国得到好处，马上就忘记了以前与德国的不快，1879年10月两国签订了《德奥同盟条约》。条约规定：两国中如一方受到俄国进攻，则双方互相支援；如遭别的国家（暗指法国）进攻，则另一方持善意之中立，如遭俄法联合攻击，则双方要共同作战。就这样，德国和奥匈帝国就成了"结拜兄弟"，互相支持。

德国发现，仅他们二者，力量还稍显单薄，决心拉拢正在迅速崛起的帝国主义国家意大利。于是狡猾的德国宰相俾斯麦在柏林会议上又使出一招诡计。

他找到法国代表谈话，暗示法国自己将支持他们夺取北非明珠突尼斯。法国人果然喜出望外，1881年就出兵吞并了突尼斯。

俗话说：心急吃不了热豆腐。突尼斯可不是谁随便就能占领的。那里有意大利的两万侨民和大量企业，意大利早将突尼斯视为自己囊中之物，怎能咽下这口气，于是便和德国接近，共同对抗法国。但是意、奥之间素有冲突，这时老大德国发话了：我们之间要互相团结，通往柏林的路必须经过维也纳。于是意奥只好把各自矛盾放在一边。于1882年5月三国订立盟约：如意被法攻击，则德奥相助；如德被法攻击，意则相助。如缔约国中一方或两方受到两个或两个以上大国进攻，则其他国家相助。"三国同盟"就宣告成立了。

法国看到这三个国家结盟，矛头对准自己，心里也是又急又怕，急忙开始拉邦结派，增强自己的力量。

这时法国发现，俄国与德国交恶，并且沙俄的军火、公债都依赖法国，于是就决定拉拢俄国。用什么拉拢呢？还是钱好使。1888年底法国借给了俄国5亿法郎，第二年，也不管俄有没有偿还能力，又借给了19亿法郎。到他们签订协议的1893年，法国在俄国的总投资额，已高达100亿法郎。俄国欠法国那么多钱，再说法国对自己近几十年也不错，于是就"以身相许"，死心塌地跟了法国。两国在1893年签订了《俄法协定》，两国也宣告正式联盟。

找到俄国这个伙伴，法国就不再那么惊慌了。但对手有三个国家，俄国虽大，实力确实比较落后，于是法国放眼四周，准备再选择一个强有力的伙伴，以便使自己能完全有实力和三国同盟对抗。

法国找来找去，发现欧洲大陆除英国外似乎已没有什么值得拉拢的国家。英国的条件的确优越，是一个老牌的殖民强国，无论是经济实力还是军事力量都十分强大，并且具有十分广阔的殖民地，后备力量充足，是个好帮手。

但是法国也感到这事十分麻烦。英法之间别看只隔一条英吉利海峡，实际上已是好几个世纪的老冤家了。

没发现新大陆之时，他们两国之间就经常交兵开战。从欧洲强国开始分割全球殖民地的狂潮开始，两国的战火又从国内拉到了全球各地，无论是亚洲、非洲，还是美洲、澳洲，到处都有战火发生。

就在法国想拉拢英国之时，两国还在亚洲，尤其是非洲的争夺中发生着激烈的冲突。英国想把自己的殖民地从北非到南非联成一片。这个计划恰好和法国从西非的佛得角贯穿大陆与东非索马里连成一片的计划相冲突，两军在交叉地区剑拔弩张，形势十分紧张。

自己的事还好说，更令法国头痛的是英国与俄国之间也有很深的矛盾。英俄之间也是处处冲突：在欧洲、沙俄打算侵占土耳其的君士坦丁堡，控制博斯普鲁斯海峡，以打通俄国向地中海的出海口，而苏伊士运河通航后，地中海、运河、红海就成了英国的生命线，哪能容俄国在此称王称霸；俄国还打算侵略伊朗、阿富汗，再南下威胁印度，英国又怎能容许别人对自己的老牌殖民地虎视眈眈而自己坐视不理；在中国，俄英之间也发生了冲突，于是1902年英日签订同盟条约，致使俄军在英国支持的日军炮火下失败，俄国也不能咽下这口气。

于是，英国就采取了狡猾的"光荣孤立"政策，表面上是不和别的国家结盟，以显自己道德高尚，实则是隔岸观火，想着鹬蚌相争渔翁得利。

但是随着德国经济的发展，这个新起的帝国主义国家正要在全球强占自己的殖民地的时候，却发现全球能占领的土地几乎被老牌强国分光了，尤其是英国，光殖民地就有几千万平方公里，号称"日不落"帝国。德国觉得自己的殖民地少得可怜，和自己的国力不符，又发现英国的实力鼎盛期已过，正是抢夺殖民地的好时机。于是德国宰相皮洛夫道出了德国政府的心里话："我们不能容忍任何外国，任何外国的主神向我们说：'怎么办？世界已分割完了！'……让别的民族去分割大陆和海洋，而我们德国人只满足于蓝色天空的时代已过去了，我们也要为自己要求日光下的地盘。"这样，德国在20世纪初把矛头对向了英国。

于是，德国商品在世界各地排挤英国，给英国带来了严重的损失。更令英国恼火的是德国还直接出兵四处抢夺英国人的殖民地：在亚洲，德国强占我国胶州湾；在非洲，德国吞并了坦噶尼喀，并向英人在南非的统治挑战；尤其在中东，德国从土耳其手中获得修筑巴格达铁路的权力，成为"架在英属印度上面的一把利剑"。

陆地上争斗以外，德国认为他们的"未来在海上"，在1898年通过海军大建设法案，1900年又通过更为庞大的海军建设案，疯狂地扩大海军装备，矛头直指海上霸主英国。

英德矛盾的发展终于超过了英法和英俄之间的矛盾，成为主要矛盾，也成为英国必须马上解决的矛盾。

这样，英、法就有了共同的利益、共同的敌人，因此，英国外交政策逐渐地向法、俄倾斜。在1904年，英法达成谅解，签订了英法协定。然后经过法国斡旋，英、俄之间也开始互相接近。

1905年俄国革命发生后，沙俄的实力之虚弱暴露无遗，已不足以对英构成危胁，并且英国为了自己在东亚利益，还得支持俄国。于是，1907年英国和俄国签订了《英俄协定》，至此三国协约也宣告成立。两大军事集团对峙局面正式形成。

从此，两大军事集团疯狂地扩军备战，全球局势越来越紧张，世界大战一触即发。1914年6月28日，"萨拉热窝事件"的发生正式点燃了一战的导火索。之后不久，欧洲各国纷纷寻找借口，急不可待地投入了这场大厮杀之中，人类历史上第一次惨绝人寰的战争在全球范围内缓缓拉开了序幕……

## 萨拉热窝的枪声

第一次世界大战的导火线是人人皆知的"萨拉热窝枪声"。1914年6月28日，奥匈帝国王储费兰兹·斐迪南大公及其妻子在新近吞并的波斯尼亚省首府萨拉热窝遇刺。第一次世界大战的枪声从此响起。

刺客是波斯尼亚的塞尔维亚青年学生，名叫加弗里洛·普林西普。在事后的审判中，普林西普说："我毫不后悔，因为我坚信我消灭了一个给我们带来灾难的人，做了一件好事。……我知道他（大公）是德国人，是斯拉夫民族的敌人。……作为未来的君主，他会阻止我们联合，实行某些显然违背我们利益的改革。"以普林西普为首的至少6人，是塞尔维亚秘密组织"黑手社"成员。黑手社1911年成立于贝尔格莱德，其公开宣称的目的是实现"民族理想：团结所有塞尔维亚人"。它的社章规定了这个组织是一个宁愿采取恐怖行动也不愿进行理性宣传的地下革命组织。同这一秘密命令相一致，该组织吸收新成员是在一个阴暗的房间里的一张小桌子上进行的；房间里点一根蜡烛，小桌子上铺一块黑布，上面放一个十字架，一把匕首和一支左轮手枪。狂热与忠心的黑手社成员在波斯尼亚尤为活跃，他们只想用炸弹、暗杀、炸药来毁掉一切，消灭一切。

斐迪南大公来塞尔维亚首府萨拉热窝巡视，激起了塞尔维亚人民的极大愤恨，更激起了黑手社成员强烈的民族意识。当时，奥地利与匈牙利已合并为奥匈帝国，6年前，他们用武力吞并了波斯尼亚。斐迪南大公，这位奥匈帝国王储带有极端的军国主义色彩，他对塞尔维亚垂涎三尺，想把这块富饶的土地划入自己的国土。在来萨拉热窝之前，他指挥的军事演习的假设进攻对象，就是萨拉热窝。

在1389年6月28日，的这一天，土耳其人征服了中世纪的塞尔维亚帝国。斐迪南大公在这一天访问塞尔维亚，这是一个缺乏远见的错误决定。塞尔维亚人的民族感情受到强烈刺激，尤其是黑手社当时的鼓动。当大公及其妻子在阳光灿烂的星期天早晨进行访问时，至少有6位黑手社成员身带炸弹和左轮手枪等候在指定的路线上。当队伍在街的拐角处停下来时，普林西普正好站在那。他掏出左轮手枪，连开两枪，一枪射向弗兰兹·斐迪南，一枪射向波斯尼亚总督波西奥莱壳将军。可第二枪射偏，击中了大公夫人。大公及其妻子当场死去。

塞尔维亚和奥匈帝国两国之间的矛盾迅速演变成三国协约和三国同盟两大联盟体系的矛盾。首先，德国保证，不论奥匈帝国决定采取什么行动它都给予全力支持。德国以为俄国未必敢支持塞尔维亚反对德国和奥地利，以为一开始就十分明确地摆出这种通常姿态正是为了和平。德国以为萨拉热窝的危机只会局限于某一地区，还不知大变动时期已经来临。

7月23日，奥地利向塞尔维亚提出了条件苛刻的最后通牒，要求塞尔维亚对事件进行解释和道歉，禁止反奥刊物，镇压反奥组织，追究罪犯的责任，对罪犯及同谋起诉。

塞尔维亚于7月25日答复奥地利，却无法令其满意。奥地利立刻与塞尔维亚断绝了外交关系。在7月28日向塞尔维亚宣战。

俄国于7月30日命令全国总动员。7月31日，德国向俄国发出为期12个小时的最后通牒，要求停止总动员。德国没有得到答复，于8月1日向俄国宣战，8月3日又向俄国的同盟国法国宣战。就在这一天，德国入侵比利时，战争进入了实质阶段。这一侵略行为为英国在8月4日对德宣战提供了一个很好的借口。欧洲各强国在萨拉热窝谋杀事件过去5个星期后开始了相互进攻。世界历史上第一次世界大战从此开始。

## 德军入侵比利时

德国参谋总长阿尔弗雷德·冯·施利芬伯爵，设计了一个通过广阔的比利时平原进入法国的战略，从而攻破法国军事工程师在法德边界构筑的一系列坚固的混凝土堡垒。侵入比利时成为德国实施施利芬计划的第一步。

按施利芬计划，德国要有120万士兵将要形成横扫比利时和卢森堡，成为进入法国的旋转的一翼。巨大的人流要在短时间内迅速通过一块大约75英里宽的地区。

攻克比利时的军事重地列日成为战斗的关键。在列日这个坚强设防的入口那一边，横陈着广阔的平原和法国。而且有四条来自德国的铁路线在这个战略城市集中，然后扇形展开。列日建在横跨默兹河的一个高高的斜坡上，对所有的道路一览无遗。有12座威力强大的炮台把一块直径约十英里的地区包围起来。

1914年8月4日早晨，德国前进部队逼近墨兹河上的维塞，击退比利时守军。傍晚，德国步兵紧随骑兵渡过了墨兹河，向列日的堡垒进发。

德国人的战略设想是几乎不停顿地通过比利时，预计没有或很少抵抗。然而，德国人想错了。列日的筑垒是由一位杰出的军事工程师亨利·布里亚尔蒙特将军设计的，花了大约25年的时间才完成。它是由装有装甲炮塔的、形状像平坦的三角形小孤山的钢筋混凝土构成，拥有400件武器，从机枪到大炮都有。三角形的每一角，都装备着较小口径的速射炮的炮塔。每座炮台的周围，都是30英尺深的干燥深沟；加上强光的探照灯，以防止夜间的奇袭。所有的大炮都俯视着由德国来的四条铁路。

德军指挥官冯·埃米希认为比利时人会不战而降，竟派一位使者打着休战的旗帜，要求列日投降。但比利时指挥官热拉尔·勒芒将军奉命将列日防守到底。

德军大炮开始狂轰东面炮台和城市本身，但仅仅削去一些混凝土而已。第二天，从附近科隆起飞的用内燃机推动的齐柏林飞船飞临上空，丢了13颗炸弹，仅炸死了9个平民。德军像潮涌般地反复冲锋，特别对东面的弗莱龙炮台和埃夫涅炮台，但被火炮和机枪的联合火力所击退，炮台前的尸体堆积到齐腰高。所有墨兹河上的列日南面和北面的桥梁都已被毁，企图用浮桥渡过墨兹河的德国部队遭到炮火的扫射。

当德军第十四步兵旅的指挥官换为第二集团军的副参谋长埃里希·鲁登道夫将军

后，由他率领的部队经弗莱龙和埃夫涅之间的缺口进入列日。但炮台仍都在比利时人手里，列日被侵入而没有被攻克。

直到8月10日，冯·埃米希攻占了第一座炮台。24小时后，第二座炮台也陷落了。到了8月16日，12座炮台中的11座遭到巨型炮的连续猛轰后屈服了。

8月20日胜利的德军开进了比利时的布鲁塞尔。

战略重地列日指挥官勒芒的抵抗，推迟了德国军队的进攻，使入侵者比预定时间晚了一天或两天。英国的官方历史记载，"列日是丢失了，但由于推迟了德国进军，它对比利时和协约国的事业，作出了卓越的贡献。"

## 空中雏鹰——飞机

飞机，这一先进科技在一战的开始并没有像我们想象的那样威力无比。交战国的军事当局对飞机作为一种武器的威力，都同样抱有怀疑态度。

欧洲进入战争时，最多有375架可用的战斗机。德国有180架执行观测任务的飞机、300架教练机和13只齐柏林飞船。法国只有130架，英国是65架。这些飞机不是为军用而设计的，没有武装，全都是木料和金属线制造，机翼和机身由涂上胶的布覆盖。

飞机开始在战争中执行侦察任务。但空中观测是一种前所未知的技术。飞行员在飞机上看到地上模糊轮廓时，完全不熟悉行进中的部队、大炮装置、弹药堆集等等形状。由于飞机设计上的原因，要准确地看出敌军集中或运动就更复杂了。

在1914年，空中士兵的生活是愉快的。飞越敌区是愉快的插曲，那时敌对的驾驶员相互轻快地招招手。因为哪一方都没有能力做更多别的事情，飞机上没有装备武器。驾驶员的随身武器只是用来表明他们是在服军役。后来的一位驾驶员认识到战争是残酷的，他拔出手枪，向一架飞过去的敌机射击，而不是招招手。有些飞行员开始携带步枪，但烈风和发动机的震动，使准确率大大降低；有的观测员带了砖头去扔德国的螺旋桨——甚至去扔驾驶员；有些观测员则用一筒筒的投箭——铅笔形的小钢箭，投掷敌机飞行员。

随着步枪和手枪相互射击的日益增加，有些协约国驾驶员开始装置机枪。飞机也进一步改进。交战国开始生产专门设计军用的飞机。飞行员的驾驶技术也进一步趋于熟练。伊梅尔曼转，就是在一战中设计出来的最著名的机动动作。这可以使飞机迅速改变航向，转守为攻。

英国空军开始派飞机去德国齐柏林的国内基地，消灭德国的齐柏林飞船。因为德国的齐柏林飞船开始空袭英国伦敦，在英国的大城市投下炸弹，迫使英国政府把部队和武器撤离法国。英国军方发现飞机是齐柏林飞船的克星。英国中尉利夫·鲁宾逊驾驶飞机，在埃塞克斯上空用装有开花弹和燃烧弹的机枪，击落了一艘齐柏林飞船。齐柏林飞船在一片火焰中垂直落向地面。由于这一功勋，鲁宾逊获得了维多利亚十字勋章。

德国战略家也早已制定计划，制造比空气还重的轰炸机。1917年6月，德国已有足够的新轰炸机来轰炸袭击了。戈塔式飞机是当时的巨型飞机，可载一个驾驶员和两个炮手，其中一个兼任投弹手，能载半吨炸弹飞到12000英尺的高度。

14架轰炸机飞离比利时根特基地，编成菱形队形，飞往有175英里航程的伦敦。在中午的明朗阳光下，它们投下了炸弹，造成近600人的死伤。约有95架英国驱逐机起飞，但已卸重担的戈塔机迅速获得速度和高度，逃之夭夭。由于连续袭击，飞机的损失增加，最后迫使德国人停止所有的白昼轰炸。改进了的驱逐机和更有力的高射炮，使戈塔式飞机不得不飞得很高，以致轰炸机又回复到早期的丢下炸弹就跑的状态。接着英国人制造了四架大轰炸机，以资报复。

到停战日，已有50多架飞机轰击伦敦，投下73吨炸弹，炸死了差不多860人，伤了2060人。但德国也几乎没有得到好处。

飞机在第一次世界大战中没有扮演主要角色。可是，它在以后的战争中引发了立体战争。

## "一战"中的水下战船——潜艇

第一次世界大战中，飞机、坦克、潜艇和毒气等新式武器大量装备部队，登上了战争的舞台，开始扮演重要角色。

德国是交战国家中第一个认识潜艇威力的国家。潜艇最初被德国军官用于侦察部队，或保卫港口对付来自海上进攻的船只。大战的最初几个星期，德国共有28艘潜艇装备德国部队，有10艘能巡航到2000英里的地方。

潜艇的能耐是奥托·韦迪根指挥的 V—9 显示出来的。1914年9月22日，32岁的韦迪根在航海日志上记着200英里平静无事。躺在荷兰海岸外水面下6英尺的韦迪根，决定在返回威廉港之前，通过潜望镜作最后一瞥。从朦胧的轮廓立刻辨认出是3艘英国装甲巡洋舰的形态。当英国战舰"阿布柯尔号"驶入潜艇射线时，韦迪根发射了一枚鱼雷。这只船下沉得太快，甚至还没有来得及放下救生船。韦迪根没有移动方位，在向英国战舰"克雷西号"发射一枚鱼雷以后，又把第3枚鱼雷射入了英国战舰"霍格号"。V—9艇长使潜艇浮上水面，把半浮在水面上的"克雷西号"消灭了。直到这时，幸存者方才明白发生了什么事情。这次战斗有1600多人丧生。

潜艇的威力一经被发现，就势不可当。1915年5月7日，星期六。德国潜艇 V—20 搜捕到一艘驶向英国利物浦的"卢西塔尼亚号"巨型邮船。"卢西塔尼亚号"是"现在在大西洋中航行的最快和最大的轮船"，王纳德轮船公司自豪地这样认为。它的最高速度比任何潜艇都快两倍。英国海军部队船长的一份机密备忘录中强调指出："快速轮船可以靠曲折的航行，大大减少潜艇突击成功的机会。潜艇的水下速度很低，除非它能预知被攻击船只的航线，否则要进入发动攻击的方位是非常困难的。"但由于某种原因，船长威廉·特纳忽视了在显然危险的水域里采取曲折的航线。

指挥 V—20 的瓦尔特·施魏格尔潜到水下 44 英尺，全速前进，开到轮船前面的攻击方位。施魏格尔发射了一枚鱼雷。"击中了右舷门后面，看到非常强烈的爆炸，引起一片巨大的烟云，喷得比烟囱还高。随着鱼雷爆炸之后，很可能发生了第二次爆炸。中弹点上面的上层结构和舰桥，都被炸得粉碎。燃起了大火。船首很快下沉。""卢西塔尼亚号"沉没了。在 1198 名牺牲者中，有 291 名妇女，94 名婴孩和儿童。

当德国接连凭借新式武器潜艇取得战斗的胜利时，急得英国海军束手无策。他们拒绝了无数建议。一位无名英雄提供了解决的办法。由于德国的无限制潜艇战针对武装商船，对非武装商船特别是帆船，在船员登上救生艇之前是不击沉的，掠夺完战利品后，用炮火把船击沉，还能节省鱼雷。伪装猎潜艇就是设计出来反击这种做法的。一只陈旧的不定期货船沿着贸易航线笨重地缓缓航行时，德国潜艇升上水面，向货船的船首开一炮，令它停航。事前经过排练的"惊慌"的军官和水手急忙冲到救生艇那边。与此同时，隐藏的 12 磅炮都瞄准了靠近过来的潜艇。当潜艇进入射程时，大炮周围伪装的护墙随着铰链倒下，英国皇家海军军旗也扯上了桅杆。在潜艇能够发射它的甲板炮或急速潜没之前，它已成为致命的炮火的攻击目标。

伪装船 Q—5 沿着贸易航线曲曲折折地航向利物浦，那时一枚不告而发的鱼雷在它的船壳上打了一道裂缝。严重灼伤的人在机器舱里坚守岗位；直到涌进来的海水迫使他们登上甲板，他们隐蔽地躺在那里。在将近半个小时的时间里，炮手们站在深水中，那时 Q—5 在徐徐下沉；没有人做过一个错误的动作，炮手们把火炮瞄准了慢慢开过来的潜艇。

仍潜在水里的潜艇 V—83 对于没有危险威胁感到满意，然后在平射程内浮上水面。潜艇舰长刚从驾驶指挥塔里露出身来，第一发炮弹就把他打死了。潜艇中了 30 多发炮弹，很快沉没。直到潜艇被送往海底之后，被淹没的 Q—5 方才呼救。附近的驱逐舰和单桅小帆船赶来营救，驱逐舰把这个半沉没的胜利者拖回港口。

有 180 多只各式各样和大小不一的伪装船被装备起来，同潜艇斗争，等到海军部完全承认伪装船的价值时，德国人也知道了这个秘密。但从 1915 年 7 月到 1918 年 11 月，伪装猎潜艇仍然击沉了 11 艘潜艇，击伤了至少 60 艘。大战期间，约有 200 艘德国潜艇被击沉，为此英国皇家海军动用了 5000 多只伪装船。

## "使法国把血流尽"之地——凡尔登

在 1915 年就快要结束的时候，中欧的列强指望即将到来的一年能够给他们带来希望。在 1915 年，他们已经打败了东线的俄国和塞尔维亚的军队，使得德国能够把近 50 万军队调往西线，放心地用它的力量来进攻法国在防守上的战术据点。

1915 年圣诞节前夜，德国参谋总长法尔肯海因将军起草了一份致德皇的备忘录。他把英国作为德国的主要敌人,但是认为对英国进行大规模的入侵,距离太远了。所以他认为应该首先集中力量进攻法国,选择一个法国人在情感上被奉为神圣的地区"使法国把血流尽,""为了保持这个地区,法国将不得不投入他们所有的每一个人。"他选择了凡尔登。因为凡尔登由一个凸入德国防线的大规模堡垒综合体保卫着,假如法国选择从这里发动进攻的话,这里只离德国主要铁路系统 12 英里。但是如果德国从这里突破的话,那么德国的军队将会离法国的首都——巴黎 135 英里。所以凡尔登对双方的意义都非常巨大。

为了使这个代号为"处决地"的战役为德皇同意,法尔肯海因建议:由德国皇储指挥的第五集团军领先进攻,关键性的决定由 80 岁的陆军元帅戈特利布·冯·黑泽勒和克诺贝尔斯多夫将军作出,整个战役的中心战略由法尔肯海因将军制订。

为了给这个庞大的攻势作准备,德国先是把数量惊人的大炮从俄国、巴尔干半岛和克房伯工厂等处集中起来,排列在进攻现场的周围。这其中有 524 个掷雷器和 1400 多门大炮,在这些大炮中有 13 尊震天动地的 420 毫米的攻城榴弹炮。正在德国积极为进攻凡尔登作准备的时候,法国的指挥官霞飞将军却忽视了法国情报军官给他提供的情报,他全神贯注于他即将发动的索姆河战役,他认为凡尔登在军事上已经全无用处。法国从凡尔登上的炮台上撤走了 4000 多门炮,其中有 2300 多门是大口径火炮。所以,在凡尔登战役之前,法国已经基本上拆除了他们最坚固的要塞的全部防卫措施。

在 1916 年 2 月 21 日清晨 7 时 15 分,德国开始了这次屠杀两国军士生命的战役。首先进攻的是隐蔽的德国炮群,它们以每小时 10 万发炮弹的速度,在凡尔登、奥尔内和布拉邦特的 14 英里左右的三角地区中投下了 200 多万发炮弹,摧毁了法国前沿的战壕。经过 12 个小时的轰击之后,德军开始了进攻。尽管他们在火炮方面和军队方面的优势为 7:1 和 3:1,但是直到 24 日他们才攻破了法国的主要防线,俘虏了 1 万名俘虏,缴获 65 门大炮和大量机枪。法军的形势十分危急。

25 日,法国任命贝当为凡尔登要塞的总指挥官,并给他们以 19 万军队的援助。但是就在当天,德军攻陷了凡尔登非常重要的杜奥蒙炮台。法国拼死守住了要塞。

战场上经过几日的沉寂之后,德国的第五集团军在默兹河的西岸发动了新的攻势。后来法国作家 A. 巴比斯在他的作品《战火》中描述了有关于凡尔登战役的场景:"今天我才懂得轰击是什么样子呀!整个森林像麦秸被割似的倒下,一切掩护的东西都被炸得粉碎,即使这些掩护物有三重大桩与泥土紧盖着。在所有的十字路口,炮弹横飞,倾泻如雨;路面好像被犁翻过,凹凸起伏,一若联起来的无数骆驼背脊。到处散布着破碎了的弹片,折断了的武器以及成堆的尸体。每颗炮弹可以杀死 30 个人,其中有些人被抛到约 15 公尺高,断腿残肢挂在那些幸存的树枝上。在凡尔登镇内,炮弹穿入屋顶,通过两三层楼面然后爆炸。一切小屋飞到空中化为乌有。地上的弹片有的厚如手掌,大片的要 4 个士兵才能抬起来。战场上好多月来都是这个样子……"

在这次战役中,有两件事对这次战役起了决定性作用,其一是一个法国的新炮手在无意中击中了一个德国非常隐蔽的弹药库,这个弹药库中藏有 45 万颗大口径炮弹。这是法军不知的一批弹药，被隐藏在斯潘库尔森林里，但是不小心装上了引信。其二，到4月初，在德国的防区内的每一门15英寸和16英寸的大炮都被法国炮兵所摧毁。这两件事被后来的军事分析家和历史家认为是法国击败德国入侵者起了决定性作用的因素。

在10月24日，法国军队开始了大规模的反击，他们动用了17万部队、700多门火炮和150多架飞机，夺回了杜奥蒙炮台。这一胜利属于夏尔·芒将军和尼韦尔将军。从那时起法军便一寸一寸地夺回他们的阵地，而德军被一码一码地打了回去。到了12月18日，法军终于夺回了凡尔登。在这10个月残酷的厮杀中，双方军队共发射了4000多万颗炮弹，以及难以数计的成百万发子弹。在连续不断的炮击、喷火器、毒气和白刃战的步兵冲锋中不能够冲下法军阵地的时候，德国工兵在法国阵地底下挖洞，爆炸了威力巨大的爆破地雷，炸成了许多有十层楼深的大坑。

在这10个多月的厮杀中，法军被打死、打伤、被俘和失踪的人数合计在55万人以上；德国类似的伤亡报告中，也损失了45万人以上。到仲夏，德皇已经很明白了，法尔肯海因的战术，不仅是使凡尔登成为法国人血流尽的地方，也是使德国军队血流尽的地方。在一个难得的机会之后，法尔肯海因被迫辞去了总参谋长的职务，降级到了罗马尼亚战线的集团军指挥官的职位。

凡尔登战役是第一次世界大战中同盟国和协约国之间的一次大的正面的战役，双方投入兵力百万，总共伤亡百万军士的生命，使凡尔登成为了人间的地狱，给法国、德国、奥匈帝国、俄国等国家都带来了沉重的灾难，使人民进一步认清了帝国主义战争的实质。

# 日德兰大海战

在第一次世界大战中，有一次发生在北海中的大海战，这就是在世界海战史中有重要地位的日德兰大战。

第一次世界大战之前，英国是世界上的海上霸主。德国要同英国争夺世界霸权，英国的皇家海军无疑是德国称霸的最大阻碍。因为德国陆军对战争处之泰然，它们从腓特列大帝时代就是欧洲闻名的常胜军队。

但是一个深受马汉制海权理论影响的人，用他的理论和行动，为德国造就了一支世界第二位的大舰队。为了和当时猛将如林、舰船如云的英国皇家海军决一雌雄，他以日尔曼民族的倔劲和不屈不挠的实干，把一艘艘战舰从船台上推入了寒气森森的北海和波罗的海中，他就是"德国海军之父"——阿尔弗雷德·冯·提尔皮茨伯爵。

当时的英国皇家海军正处于全盛时代，它拱卫着从加拿大到澳大利亚几千万平方公里的英国殖民地。"日不落帝国"的神话已经流传了数百年了。但是这个普鲁士人向这个神话提出了挑战。

冯·提尔皮茨，1849年3月生于勃兰登堡一个职员家庭。他毕业于凯尔海军学校，历任鱼雷艇舰队督察和德国东亚巡洋舰队司令。1897 年 6 月，提尔皮茨海军少将升任德意志帝国海军发展部大臣。通过他的努力，第二年，德国国会通过扩充海军法案：建立一支包括 38 艘战列舰和 20 艘装甲巡洋舰的大舰队。同时声称：新建"这种大海军的目的，是要使最伟大的海权国家都不敢向它挑战，否则就有使自己优势遭到破坏的危险。"德国的这种行为震撼了英国海军部。德国制造新舰这关系着英国海军，而海军关系英国的安危。作为回应，英国对外宣布它将要制造"无畏"级战舰，并且第一艘"无畏"级战舰于 1905 年从英国船台下水。它的排水量 17900 吨，安装 10 门 305 毫米巨炮，水线部分、司令塔和主炮塔均有 279 毫米厚装甲，航速 21 节。它的出现使世界上以往的巨舰都形同玩偶。

德国虽然落后了，但是冯·提尔皮茨将军还是认准了潮流。一年后，德国下水了 4 艘"无畏"级战舰。它们的标准排水量 18873 吨，主炮口径 280 毫米，航速 19.05 节。德国军舰的显著特点是侧重防御：司令塔有 400 毫米的装甲，水下部分装甲 300 毫米。为此，德国军舰牺牲了火炮口径和航速。而英国军舰的制造继承了英国的攻击传统，他们认为"高速就是最大的防御力"。所以这时期同级的英舰，火炮一般比德国火炮口径大 20～40 毫米，航速快 2—7 节，但这却是以牺牲装甲厚度为前提而实现的。英舰致命部位的装甲比德舰薄 50～100 毫米。提尔皮茨的理论认为：军舰的浮力有限，这个程度决定了生存力和战斗力。所以德国战舰的设计目标是追求舰艇在战斗中的浮航生存性。

英德两国在战舰制造上互不相让，十几年里它们的海军发展非常迅速，战舰数量急剧增加。到第一次世界大战爆发时，英国拥有新旧战列舰 68 艘、巡洋舰 58 艘、驱逐舰和鱼雷艇 301 艘以及 78 艘潜艇。德国有各种战列舰 40 艘、巡洋舰 7 艘、驱逐艇和鱼雷艇 144 艘、潜艇 28 艘。但是双方的赌注都押在当时最强大的海上霸主——战列巡洋舰上，英国有 9 艘，而德国只有 4 艘。从以上数字中可以看出，英国皇家海军在数量上占据了绝对优势，所以其能够保卫英国的海上运输线。

战争初期，德国的海军行动主要是在海上袭击舰方面。这是弱方海军往往采取的"海上游击战"战术，专门劫掠和击沉交战国商船。德国海军取得了一些成绩，德国潜艇先后把英国的"帕斯菲德""阿布克尔""克莱西""胡格"等等一系列战舰击毁，但是德国也损失了号称"德国海军军魂"的冯·斯佩海军上将以及一系列的战舰。

1915 年，英德海军在北海的多格尔沙洲举行了一次日德兰海战的预演。1 月下旬的一个大雾天里，北海上的能见度很差。德国的海军中将希佩尔率领德国大洋舰队的主力离开威廉港海军基地，前往多格尔沙洲，去袭击那里没有武装的英国渔船。但是突然之间，英国"主力舰队"出其不意地出现了。原来英国海军中将戴维·贝蒂早已得到了情报，早就在这里等德国人了。英国打击舰队的核心是 5 艘战列巡洋舰。旗舰是英国最新的超无畏级战列舰"雄狮"号（排水量 26270 吨，舰速 27 节，8 门 343 毫米大炮）。德国希佩尔的旗舰也是德国数一数二的巨舰——"塞德利茨"号（排水量 2500 吨，武装 8 门 280 毫米大炮）。德国中将希佩尔不想在英舰的威胁下屈辱地撤走，下令攻击。

狡猾的贝蒂，利用英舰火炮口径和射程上的优势，命令在 2 万米的超远距离上射击，企图在德舰的射程之外就给予重创。德舰在英舰发射的炮弹中向英舰发起了攻击。德军中的"布吕歇尔"号中了弹，直到15000米时，希佩尔才命令"塞德利茨"主炮开火。德舰重创英舰队旗舰"雄狮"号，迫使其退出了战斗。德舰在逼近英国主力舰队时，英国人已准备多时了，德舰"布吕歇尔"号被击沉。希佩尔冷静地分析了战斗的局势，看到了英舰占有明显的火力优势，再打下去会损失更大，只得忍痛撤退。

多格尔沙洲海战之后，德军从中吸取教训：防止炮塔起火爆炸是确保海战中生存的关键。他马上采取相应的措施，把炮弹和发射药分开，分别装在两个薄钢筒内严加防护，以控制火灾发生。而英方得出"大口径炮是胜利关键"的结论，对火灾的发生掉以轻心。

经过一年多的沉寂之后，德国新上任的大洋舰队司令官冯·舍尔海军上将决心打一场会战，摆脱英国主力舰队远程封锁给德国海军造成的困难。而英方目的是重创德国大洋舰队，然后撤走主力舰队全力以赴对付德潜艇。这样，大规模的海战——日德兰海战爆发了。双方的战术不谋而合，就是派出一支诱敌舰队，佯败诱敌深入，把整个舰队主力埋伏在伏击圈中像一把重锤一样砸烂敌人。英德双方都派出了很强的诱敌舰队阵容。英国诱敌阵容不单有一、二战列巡洋舰队，还有作为支援的第五战列舰队。英国第五战列舰队，由当时世界最大的快速战列舰组成，它由4艘刚下水的"伊丽莎白女皇"级战列舰组战。这种海上巨霸每艘有8门381毫米大炮，足能将25000米远的敌舰炸成齑粉。德方的诱敌舰队也是海军的精锐部队：第一侦察舰队全是清一色的无畏级和超无畏级战列巡洋舰。两国海军为了这次海上的大会战都在紧锣密鼓地准备着。

1916年5月30日夜，英国诱敌舰队借着黑夜的掩护，在贝蒂将军的指挥之下，拔描驶离了苏格兰港口罗赛斯。第一、第二战列巡洋舰舰队灭灯先行，第五战列舰队在距离它们5海里的地方尾随。当夜，英国主力的舰队的司令官、海军上将约翰·杰利科勋爵率领主力舰队从苏格兰北方奥克群岛斯卡帕费洛海军基地出发，悄悄地驶向东南方向的伏击地点。就在贝蒂的舰队刚刚驶出港口时，就被德国的巡潜艇发现了，并向德海军指挥部发电报告这一敌情。但是该电文又被英国主力舰队所截获并被破译。德国的诱敌舰队司令官希佩尔将军率领舰队从杰得河口基地向日德兰半岛两岸进发。舍尔将军的大洋舰队同时也驶向了伏击海域。就这样，双方都认为对方上了当，进入了战斗。

5月31日下午2时15分。英国军舰"盖德利尔"号首先发现德国军舰，与此同时，德国军舰也认出了英舰，双方节节逼近。就在这个时候，英国的6艘战列舰从正西方向插向德国侦察舰队后部，想切断德国军舰的后路。它们并不知道德国的大洋舰队就在他们的后边。

这种行动使英国舰队进入了德军的南北夹击的处境，但是德国军舰并没有发现这种情况而将计就计地发动进攻，而是刻板地按照原来的计划行动，结果失去了消灭这些舰队的良机。在下午的3时40分，分散的英国第一、第二舰队汇合成战斗队形，根据英国海军的传统，驶向东南上风方向，准备进行攻击。

15时48分，双方开始用大炮进行攻击。双方舰船在距离16000码左右的距离，进行对轰。无数的炮弹，在双方的舰船周围爆炸，在海面上掀起了巨浪。英国军舰并没有暴进，而是依据在多格尔浅滩战斗的经验，在远距离射击德国军舰。英德两国舰艇数量为6：5，双方的差距不是很大，但是德国军舰依据计划开始边打边撤。而此时英国的第五舰队害怕受到德国巡逻潜艇的袭击，走"Z"字形航线，一直没有到达战场。

德国的重型水面舰艇在一战开始之后，采用了全舰统一方位射击指挥系统，所有火炮齐射时，弹着点分布小，这种新的指挥系统在战斗中发挥了优势。

15时51分，德舰"吕揸夫"号打了几次齐射，将"雄狮"号的副炮塔炸得粉碎，接着，德舰"毛特克"号的一发炮弹也打中了"雄狮"号的前甲板，接着"雄狮"的X、Y两炮塔也相继被打哑。（英舰前方两个主炮塔命名为A、B；中部为P、Q；后部为X、Y。）在16时整，从德国"卢瑟福"号打来了一发穿甲弹，钻透了Q炮塔，并在炮塔内爆炸。所有的操炮官兵非死即伤，并且引燃了英军乱堆在炮塔内的发射药。熊熊的大火包围了升弹机，如果火顺着升弹机烧到弹药舱，就会引爆炮弹和发射药，从而引起大爆，那么26000吨的英国旗舰连同舰队司令贝蒂就会呼啸着飞上蓝天。这时被炸断双腿的炮台指挥官哈维少校，挣扎着打开了进水阀，放进了海水，把自己连同炮塔一起淹没，才扑灭了大火，避免了雄狮号的灭顶之灾。因为他的英勇，哈维少校死后被授予维多利亚十字勋章。

英德舰队的后卫也投入了激战，英国19000吨的战列巡洋舰"坚决"号同德国同等级的战舰"冯·德·塔恩"号进行决斗，最后一枚德国穿甲弹穿透炮塔装甲，在炮塔内爆炸，立刻引燃了乱堆的发射药，终于在30秒之后发生了大爆炸，上千吨的炮塔像玩具一样被抛上了60米的高空。"坚决"号立刻左倾，随即翻转沉没。1017名皇家海军随舰葬身海底。英国的另一艘战列巡洋舰"玛丽女皇"号，先是被打中了Q炮塔，接着又被炮弹穿过重重装甲，直落到舰底之后才爆炸，27000吨的超级无畏战列舰"玛丽女皇"号竟如同木制的模型一样一折为二。它沉入水中时舰尾的螺旋浆还支到空中，无可奈何地打着转，像是在为1266名英国官兵在祈祷。

在不到1个小时之内，英国皇家海军的精华——战列巡洋舰，竟然损失了3艘，（其中两艘被击沉，1艘被摧毁），沉重地打击了英军的士气。由于战舰数量减少，火力削弱，英军的处境越来越不好。这时德国的舰队突然反扑向英舰，眼看英国就要支持不住，一边还击一边后退。就在这千钧一发之际，姗姗来迟的英国第五舰队终于出现了。

第五舰队的出现，逆转了战斗的形势。看到英国战列舰前来助阵，德国舰队的驱逐舰分队出动攻击。英国的驱逐舰为了保护重型水面舰艇也冲到阵前，双方轻型舰艇展开搏斗，互放鱼雷但又被躲过。德舰受到大口径火炮的威胁，重新向东撤退。德军为此付出了巨大的代价，"冯·德·塔恩"号舰艇被击中，被迫退出了战斗，"塞德利茨"号也受了伤，它的一座炮塔被击穿起火，希佩尔的舰队在英国如同雨点般的炮弹攻击下，狼狈后撤，所有的士兵都惊慌了，只有他本身还保持着镇静，并且号召官兵勇敢地忍受由于敌众我寡的悬殊对比而带来的牺牲，因为他在等待。这时一位德国观测兵终于看到了他们的希望——大洋舰队。

与此同时，英国的"南安普敦"号上的观测兵发现了德国的大洋舰队，它们大多是无畏级舰以前的战列舰和巡洋舰，大小共有70多艘，贝蒂向杰利科海军上将报告了这一情况，同时贝蒂怕舍尔不敢上钩，下令全体英舰投入战斗。英国旗舰"雄狮"号经过修补之后，继续进行舰队的指挥。一群英舰向德受伤减速的"塞德利茨"号发射了鱼雷，"塞德利茨"躲闪不及，舰首被炸开了一个大洞。

英国海军上将杰利科指挥的庞大的主力舰队组成6队纵列，由于天气恶劣、躲避德国的潜艇和导航系统的精确度不高，未能及时的赶到战场。当他收到贝蒂的求救信号时，让全舰队全部由16节提高到20节，快速向战场前进。第三舰队率先到达战场。第三舰队的指挥官是胡德，他把指挥权交给了贝蒂，他自己乘旗舰"无敌"号投入炮战。

直到晚上6时15分，杰利科上将的大舰队才从东北方向杀入已被炮火搅沸的交战区。杰利科上将见德国的大洋艇队的阵型为线型纵列，决定采用"T"字头战术。这种把突破点选择在敌人旗舰，以摧毁敌舰队的指挥中枢的战术，是纳尔逊上将在特拉法加海战中首先使用的，从那以后，英国的海军军官一直对此津津乐道。杰利科的命令下达之后，6艘英舰并成一条长的横列逼近德舰，但是德国驱逐舰如一群狼一般冲向英国舰队，准备齐射鱼雷，这就破坏了英舰的队形和企图。所以英军只好在远距离和德舰对轰。

晚6时45分。德国舰队开始向南撤离，它们边打边撤。负伤的德舰"吕措夫"号因伤落在后面，成了英国军舰远程大炮的靶子，最后打得如同蜂窝一般瘫在海面上；而英艇"无敌"号却因位置冲得太靠前，受到了德军如同暴雨般的打击，一枚穿甲弹引爆了"无敌"号的火药库，在一阵剧烈的爆炸之后，"无敌"号沉没了。另一艘英国装甲巡洋舰"防御"号也被彻底摧毁。同时德军也损失了一些轻型巡洋舰和驱逐舰。

晚7时，坐镇于"镇公爵"号上的英国海军上将杰利科看无法在天黑之前全歼大西洋舰队，决定先包围德舰，再吃掉德舰，于是利用英舰的快速优势，截断了德舰的退路，形成了包围。

5月31日晚在日德兰海上是一个鱼雷之夜。英国的驱逐艇和鱼雷艇，就着黑夜的掩护袭击德军。而德军的军舰全部熄灭了灯光，并且不停变换位置来逃避鱼雷的攻击。而德国的驱逐舰也对英舰进行攻击，并且击毁了几艘英舰。舍尔海军上将完全明白，如果不能乘机突围，那么德国大洋舰队的命运一定很悲惨，所以他下了突围命令："航向东南，突破英国舰队的封锁。"

德国舰队遵照舍尔上将的命令，于夜里1时45分，冒着英舰上的炮火和鱼雷开始突围，他们在损失了"波迈仑"号，自沉了"埃尔宾"号，"吕措夫"号，抛弃了"黑王子"号战舰之后，终于冲破了英国舰队的封锁。在6月1日凌晨3时，全部德国舰队向杰得河口和威廉港撤离，而杰利科率领英国艇队在后面穷追猛打。

德国舰队小心地通过赫尔戈兰湾的水雷区之后，杰利科上将才下令返航，浩大的日德兰海战就此结束了。

战后双方都称自己是战争的胜利者，德国说它在整个海战中击沉英国3艘战列巡洋舰、3艘巡洋舰、3艘驱逐舰,自己损失了2艘战列巡洋舰、4艘巡洋舰、4艘驱逐舰。但是从战略上,英国说它是胜利者,它完全实现了围困大洋舰队的目的,大洋舰队完全被困在海港之中,成了马汉所说的那种"存在的舰队"。所以说,日德兰海战,很难说哪一方胜利了,但是从战略的角度来看,还是英国占据了主动。让德国海军聊以自慰的是:日德兰战火的考验证明提尔皮茨的理论是正确的,即只有注重生存力的战舰才能在海战中存活下来。

## 第一次世界大战的影响

第一次世界大战是人类历史上一次空前的具有全球性的战斗,卷入这场战争的有各大洲的28个国家,差不多动员了6500多万人口。它造成的死亡人数永远也不能确知,但是根据研究估计,直接因为这次大战而战死或伤病致死的战斗人员在1000万至1300万之间,不同程度地严重负伤的人员约有2100万人。它给世界人民带来了巨大的灾难,对世界的政治经济等各个方面都有巨大的影响。

这次世界性的战争从1914年6月28日,哈普斯堡皇位的继承人(也就是奥匈帝国的继承人)弗兰西斯·斐迪南大公在萨拉热窝被刺开始。奥匈帝国、德国、英国、法国、俄国等主要的帝国主义国家都先后投入了这场战争。他们投入了大量的战斗人员,同时也在这次前所未有的世界大战中投入了他们最新研制的武器。在1915年的伊普雷战役中,德国军队对阿尔及利亚狙击兵和非洲轻骑兵使用了毒气——氯气。毒气的使用大大增加了双方战斗人员的伤亡。在1916年9月15日,英国在索姆河战斗中使用了他们的秘密武器——坦克。使现代战争中又多了一项矛与盾的斗争——坦克和反坦克武器的斗争,使得现代战争更加残酷。潜艇战,德国是第一个认识潜艇能力并用潜艇作战的国家。德国用潜艇攻击商船和敌舰,使现代战争由海上进入到水面之下,开拓了现代战争的新领域。空战,在一战刚刚开始的时候,飞机的作用还没有被战斗双方所认识,但随着战争的深入,双方对飞机的使用越来越广泛。从此战斗真正实现了海陆空三维战争。除了这些新式武器之外,还用到了远程大炮、破甲弹等。总之,一战是现代战争的一次各种武器的大实战。

一战使欧洲各国列强的经济实力受到了巨大的挫伤。法国、德国的主要工业区和农业区经过战争的破坏,几乎都成了废墟。英国虽然没有受到战火之灾,但是战争使其损失了经济发展的主要劳动力——青壮年工人,从此经济一蹶不振。而这时的美国却是利用第一次世界大战的机会,大发战争财。一战期间,美国利用其中立国的身份,和交战双方进行贸易,大大地增加了它本身的经济实力。又由于美国是在一战后期才加入战争,这样又使其能够参加利益的分配。所以可以说,美国是一战最大的赢家,一战之后,美国一跃成为世界经济实力第一的国家。

在政治方面,一战使得战前因为各种利益而结合在一起的两大集团:协约国和同盟国，一个被完全摧毁，另一个也因为战争而元气大伤。所以一战之后，英国、法国、美国等战胜国，举行了针对战败国家的巴黎和会。它们重新分配了各自在战争中夺取的政治经济权力。由于战争的打击，使各国的反动统治也受到了重大影响：奥匈帝国覆灭，德国的皇帝被德国人民赶下了台，英国和法国的无产阶级运动空前高涨。第一次世界大战也产生了一个积极的后果，就是在一战后期，俄国发生了十月革命，俄国人民在列宁的领导下推翻了沙皇的统治，建立了世界上第一个社会主义国家。

第一次世界大战是一次帝国主义国家因为划分世界利益而发起的战争，它完全是一场非正义的战争，给全世界的人民带来了无穷的灾难，而战后巴黎和会形成的政治经济势力范围，又为第二次世界大战埋下了隐患。

## 二战史话——敦刻尔克的奇迹

1940年5月10日，晨雾从法兰西的江河上向着葱郁的草地和鲜花盛开的果园弥漫开来，似乎正在预示着一个欢乐明媚的春日即将来临。然而就在这时，一场可怕的战争暴风雨席卷了大地。就在英国首相张伯伦令人宽慰地断言"希特勒已错过时机"之后五个星期，德国纳粹对西方发动了闪电进攻。

希特勒集中了136个训练有素的师，3000辆坦克的大量装甲车、重型轰炸机、战斗机等以排山倒海之势向英、法、比、荷等国家发起了猛攻。

兵贵神速。德军以迅雷不及掩耳之势推进，数十万英、法军被压缩在法国北部狭小地带；只剩下敦刻尔克这样一个小港可以作为海上退路。

敦刻尔克本身原是座古代城堡，1000年来一直用作港口，到1939年成了法国第三大港。它是一个宏伟的现代化港口，有7个适于停泊大船的大型船渠、四个船坞和五里长的码头，巨大的凸式码头和防波堤保护入口处不受英吉利海峡湍流急潮和北海涌来的洪波巨浪的冲击。

如果所有港口设备都能加以利用，并且出口处也未被封锁的话，那么远征军就可以在短短几天之内携带着全副装备逃出虎口。然而两个多星期以来，敦刻尔克一直遭到不断加剧的轰炸，船坞尽遭毁坏，码头被炸成一堆乱石，大半个城市已成为一片浓烟弥漫的废墟。只有一条1400码长的东堤可供救生船只停靠之用，可是这条堤道不过是座木桩木板搭起来的狭长建筑物，堤面的狭窄过道只能容三个人并排通过。堤道临海的一端有一块混凝土地基，支撑着一座低矮的灯塔。有一些木桩，在紧急时可用来系船，但是木桩周围水涌潮急，船只停靠时相当危险。

在这千钧一发的危急时刻，眼看数十万英法联军将束手就擒。美国驻英大使肯尼迪向华盛顿报告说："只有奇迹才能拯救英国远征军免于全军覆没。"可是奇迹终于发生了。5月26日开始的撤退工作进行得很顺利。英国海军部动用了870多艘船只，其中包括300艘法国船进行撤退工作。到6月3日深夜的短短数天之内，总共从敦刻尔克撤走了34.6万名士兵，其中法军11.2万人。第二天清晨德军开进敦刻尔克时，剩下的几万法军被迫投降。

这一奇迹震惊了世人，英国首相邱吉尔得知这一消息时也不无激动地对议员们说："我们必须极其小心，不要把这次救援行动涂上一层胜利的色彩。战争不是靠撤退来打赢的……"

这次大撤退被誉为英国海军史上的一次宏伟战绩，即所谓"敦刻尔克奇迹"。

战后查明，原来数十万英、法军队所以能从敦刻尔克撤往英国，完全是由于希特勒亲自下令德国坦克师停止进军3天，故意放跑了英军的缘故。就在5月24日早晨这个关键时刻，希特勒来到夏尔维尔巡视龙德施泰特司令部，下令坦克师停驻原地3天。德国指挥官们认为这道命令极为荒唐，纷纷连珠炮地向上级抗议和质问，得到的答复是"元首亲自下的命令，不得违抗！"5月26日，坦克师刚要重新投入战斗时，又受命去执行其他任务，同时希特勒也不让纳粹空军发挥最大威力。希特勒的命令拯救了数十万英、法军队。

希特勒为什么会这样做呢？答案一直被人们所关注。从二战以来一直到今天，史学界就把它作为热点来研究，可以说是众说纷纭、莫衷一是。有人认为希特勒首先想同英国媾和，认为当时让英军撤走是在政治上最适宜的，这样就便于同英国政府进行谈判。并且考虑到当时法国中部和南部尚有66个法国师，1940年的主要任务就是给法国最后一击，使之退出战争，随后调头对付苏联。也有人认为，希特勒对英国有着天然的好感。认为可从希特勒的部下描述希特勒当时巡视司令部时的神态中找到答案："希特勒出乎意外地用赞许的口吻谈到英国，说英国有必要存在下去，英国给世界带来了文明。他耸耸肩膀说，英国建成帝国往往使用残暴手段，但是'刨木头总要得飞出刨花来'。他把英帝国比拟为天主教，说他们都是世界的要素……"

持这种观点的人还认为可以追溯到希特勒的青年时代。因为希特勒早年在《我的奋斗》一书中，也表示了对英国有一种爱恨交织的感情。

总之，敦刻尔克大撤退是二战中的奇迹。本来历史是人民的历史，每一个人站在滚滚逝去的历史长河面前都是微乎其微的。但具体到每一段历史时期，每个人所留下的痕迹又有轻有重。这就构成了集权者和普通人之别。集权者的一句话或一举动就有可能会左右某段历史的进程，或许根本没有什么逻辑上的前因后果，以至留下很多难以解释的"历史之谜"。所以，人们遇到此类事件时颇有兴趣地争来议去就不足为怪了。

## 二战史话——莫斯科大会战

1941年6月22日拂晓，疯狂的希特勒撕毁了《苏德互不侵犯条约》，调集了190个师，550万人的兵力，并配备了4000多辆坦克、5000架作战飞机、192艘战斗舰艇和近5万门大炮向苏联发动了突然袭击，妄图用"闪电战"在几个月内消灭世界第一大国，也是世界上第一个社会主义国家苏联。

气势汹汹的德军依靠优势兵力和突然袭击的手法轻而易举地冲破了苏军的防线，兵分三路，直指列宁格勒、莫斯科和基辅。苏联处在万分危急之中。

当时苏联的兵力和装备大大弱于德国，再加上各方面（日本、土耳其）的牵制，对抗德国的兵力更是不足。苏联人民经过紧急动员，在苏联武装部队最高统帅斯大林的率领下，展开了伟大的苏联卫国战争。

经过了初期的列宁格勒、基辅、敖德萨、塞瓦斯托波尔保卫战和斯摩棱斯克会战，英勇的苏联军民粉碎了德军通过"闪电战"灭亡苏联的计划，把敌人极不情愿地拖入了长期战争中。

但这些战役只是延缓而没有阻止住德军前进的步伐，他们的目标是苏联的首都——莫斯科。

希特勒德军指挥部认为，莫斯科在政治和战略上都具有极为重要的意义，能否占领莫斯科关系到战争的成败。迅速占领首都的计划失败后，他们筹划了代号为"台风"的大规模进攻计划。计划从南北两面用强大兵力包围莫斯科，同时步兵兵团从正面实施攻击，攻占莫斯科。为此，希特勒调集了 74.5 个师、官兵 180 万人、坦克 1700 辆、火炮 1.4 万余门、飞机 1390 架，疯狂地扑向了莫斯科。此次行动步兵占了苏德战场总兵力的 38%，坦克师和摩托化师的 64%。对于莫斯科，德军志在必得。

而当时苏军的境况异常艰难。许多企业向东部地区撤退，因此在军需等各方面还不能够完全满足作战部队的需要；第一阶段的防御战，军队遭到严重削弱；日军和土耳其军队在边境对苏军造成巨大压力，使得苏联不得不在边境驻扎重兵，分散了不少兵力。

当时苏军最高统帅部也计划通过莫斯科会战，依托有利地区阻止敌人前进，以便争取时间，为大反攻创造条件。为此，苏军配给了西方面军、预备队方面军、布良斯克方面军共 125 万人、坦克 990 辆、火炮 7600 门、飞机 677 架的兵力在西线展开了防御。

双方对比不难发现，德军比苏军人员多 40%，火炮和迫击炮多 80%，坦克多 70%，作战飞机多 1 倍。敌军不仅在数量上，而且在质量上也占优势。苏军的坦克和飞机有一半以上是旧式的。德军在坦克、飞机、反坦克炮、高射炮以及摩托化部队方面的优势尤为明显。

根据"台风"计划，德军于 1941 年 9 月 30 日在布良斯克方向，10 月 2 日在维亚济马方向先后发起进攻。尽管苏军进行了顽强抵抗，敌人仍然突破了防御。苏军的反突击虽迟滞了敌军的前进，但未能阻止其进攻。在维亚济马战役中（1941 年），西方面军和预备队方面军在维亚济马方向斯帕斯——杰缅斯克方向进行了艰苦的防御战斗。10 月 4 日，敌人占领了斯帕斯——杰缅斯克和基洛夫，10 月 5 日占领尤赫诺夫，10 月 7 日进抵维亚济马地域，两个方面军相当大的一部分兵力在此被围，一直英勇抵抗到 10 月 12～13 日，牵制了敌人 28 个师。陷入战役合围困境的布良斯克方面军也进行了退却。莫扎伊斯克防线成了莫斯科附近的主要抵抗地区。在从莫斯科海至卡卢加这一地区（共 230 公里上），4 个集团军总共只有 9 万人左右。这些兵力不足以在整个地带内建立起坚固的防御。为了改进对军队的指挥,大本营于 10 月 10 日将西方面军和预备队方面军合编为西方面军,由朱可夫大将负责指挥。复杂的形势要求:从莫斯科疏散大批政府机关和最重要的企业;留下的企业则生产军用品;部队和劳动人民在莫斯科近郊构筑新的防御地区;组建新的民兵师;使全市做好巷战准备,等等。为修筑防御工事,苏军动员了 45 万首都居民,其中 75% 是妇女。10 月 20 日,国防委员会在莫斯科及其毗邻地区实行特别戒严。莫斯科的防空部队同敌机进行了顽强的斗争:10 月间,敌人对莫斯科进行了多次空袭,共出动飞机 2000 架,其中 278 架被击落,只有 72 架闯入莫斯科上空。

10 月中至 11 月初,在莫扎伊斯克地区,苏军对德军优势兵力进行了顽强抵抗,把其阻隔在拉马河、鲁扎河、纳拉河地区。

1941 年的加里宁战役同样激烈。10 月 14 日,德军坦克突入加里宁,10 月 17 日由科涅夫上将率领的加里宁方面军同其展开殊死搏斗,敌人想从此地突破,插向西方面军后方的企图被挫败。10 月底和 11 月初,最高统帅部大本营预备队、第 50 集团军和图拉市劳动人民把敌军坦克第 2 集团军进攻图拉的计划挫败。

敌军屡次受挫,但仍不放弃攻占莫斯科的野心,并计划在冬季到来之前拿下莫斯科。于是又增加兵力,单是攻击莫斯科的兵力就有 51 个师,其中有 13 个坦克师和 7 个摩托化师,比苏军各项都多出一倍以上。其计划并未变动,仍计划合围夹击莫斯科。

以斯大林为首的苏军最高统帅部看清了德军阴谋,重新布置了军队。11 月 10 日,撤销了驻扎在布良斯克方向的军队,第 50 集团军并入西方面军。第 3、13 集团军并入西南方面军。11 月 17 日,加里宁地区的第 30 集团军编入西方面军。并下令各方面要死守阵地,阻止敌人从西北和西南迂回包围莫斯科。

1941 年 11 月 15 至 18 日,德军重新向莫斯科发起了疯狂进攻,企图从克林、罗加切沃方向和图拉、卡希拉方向突破,从北面和南面包围莫斯科,但受到了苏军的顽强抵抗。潘菲洛夫少将等许多将士自始至终坚守阵地,不曾后退一步。

"俄罗斯虽大,但已无处可退,后面就是莫斯科!"这就是首都保卫者的口号。

11 月底至 12 月初,德军在付出巨大代价的情况下,在亚赫罗马地方前进到了莫斯科运河,在纳罗—福明斯克以北以南强渡了纳拉河,从南面逼近了卡希拉。但是,苏军 11 月 27 日在卡希拉,11 月 29 日在首都以北对敌军相继实施了强大的反突击,使敌军未能再前进一步。

12 月 3 日至 5 日,第 1 突击集团军、第 16、20 集团军在亚赫罗马、红波利亚纳、克留科沃等地域实施了反突击,敌人被迫开始撤退。第 33 集团军的突击军团在第 5 集团军的协助下恢复了纳拉河上的态势。第 50 集团军击退了德军在图拉以北发起的多次冲击。作战的主动权又开始转入苏军手中。

经过苏军 11 月底至 12 月初的顽强抵抗,粉碎了敌军向莫斯科的几次进攻,消耗了敌人不小的军事力量。仅 11 月 16 日至 12 月 5 日死伤在莫斯科的德军就有 15.5 万余人,损失坦克约 800 辆、火炮 300 门、飞机约 1500 架。从此,德军的士气急剧下降,苏军转入反攻和粉碎莫斯科附近敌军的条件已经具备。

最高统帅部打算反击时同时击破"中央"集团军分别在南、北两面对莫斯科构成威胁的突击集团。反击的主要任务由西方面军执行。而加里宁方面军和西南方面军分别在其北面和南面实施反击。其他方面军队配合完成这一任务。在夺取制空权的斗争中,西方向总指挥部预备队航空兵和首都防空军的航空兵与前线航空兵联合作战。

当时,苏军的飞机虽略占优势,可炮兵几乎少一半,坦克少1/3,人员也少于对方。但是苏军战士个个士气高涨,指挥部指挥准备充分,德军疲惫不堪,没有预先构筑好防御阵地,也没有预备队,并且缺乏冬季作战训练。反攻就是在这种情况下进行的。

1941年12月5日至6日反攻开始。这时敌人的攻击力由于天寒地冻、积雪甚深而明显下降,反攻进展顺利。

在加里宁战役、克林—索尔涅奇诺戈尔斯克战役、图拉战役、卡卢加战役、耶列次战役中,苏军均取得胜利,把战争的主动权从敌军手中夺了回来。

12月8日,希特勒不得不签署了在苏德战场包括莫斯科方向全面转入防御的命令。12月9日,苏军解放罗加切沃,11日解放伊斯特拉,12日解放索尔涅奇诺戈尔斯克,15日解放克林,16日解放加里宁,20日又解放沃洛科拉姆斯克。

苏军总指挥部面对有利情况,决定乘胜追击,要求各方面集团军扩大进攻阵线,彻底打击侵略者。1月初,西方战略反攻已告结束。苏军从侵略者手中夺回了11000多个居民点,消除了对图拉的危胁。反攻的苏军把战线推到了勒热夫、拉马河、鲁扎河、博罗夫斯克、莫萨尔斯克、别列夫、韦尔霍维郁一线,将敌击退了100到250公里。德军的38个师,包括15个坦克师和摩托化师遭受重创。希特勒下令部队要死守每一个居民点,寸步不许撤退,直到最后一兵一卒。

最高统帅部在总结了1月初的战况后,决心命令苏军在列宁格勒和西、西南两个战略方向转入总攻。西方向各部队的任务是粉碎"中央"集团军主力。但是此时西方向双方兵力和兵器力量对比大致相等,不足以完成任务。

1月8日至4月20日,西方面军、加里宁方面军和布良斯克方面军实施了瑟乔夫卡—维亚济马进攻战役、托马佩茨—霍耳姆进攻战役、勒热夫进攻战役和博尔霍夫进攻战役。1942年1、2月间苏军还在维亚济马以南地域使用了空降兵。但是由于缺乏实施大规模进攻的经验以及兵力兵器缺乏,未能全部围歼"中央"集团军。但总体上讲,西线的总攻是顺利的。

这次反攻,迫使德军向西退却100到350公里。莫斯科州、加里宁州、图拉州、梁赞州的全部以及斯摩棱斯克州和奥廖尔州一部分地区宣告解放。

苏军在莫斯科会战中的胜利,大大改善了苏联的军事、政治地位和国际地位,打破了德军不可战胜的神话,使敌军遭到无法弥补的物质损失和精神打击,为战争的根本转折奠定了基础。

在这场战争中,德军损失了50余万人、坦克1300辆、火炮2500门、汽车15000余辆,以及许多其他技术装备。在冬季战局中,有62000名德国官兵因犯临阵脱逃、擅自退却、违抗军令等罪名而判罪。35名高级将领,其中包括布劳希奇元帅、博克元帅、古德里安将军、施特劳斯将军等被撤职。

莫斯科会战具有巨大的国际意义。它使反法西斯同盟更加巩固，使得日本和土耳其两个法西斯国家不敢肆意追随德国。为欧洲各国人民反抗法西斯暴政的解放运动开辟了新的道路。另一方面，苏军还积累了大量的军事战争经验，使得军队在战略和战术上不断成熟，军人战斗技能有了很大提高。

战后，苏联约有40个部队和兵团因模范地完成战斗任务和英勇善战而被授予近卫军称号。100多万名莫斯科保卫者被授予1944年颁发的"保卫莫斯科"奖章。362.6万名军人被授予勋章和奖章，110人获苏联英雄称号。1965年5月，为庆祝苏联人民卫国战争胜利20周年，莫斯科市被授予"英雄城"的荣誉称号。

## 二战史话——偷袭珍珠港

1941年12月7日，夏威夷珍珠港，阳光旖旎，波平如镜。因为这一天正是星期日，驻扎在这里的美国太平洋舰队的官兵们度过了愉快的周末。有的还正在酣睡，有的准备去吃饭，有的已上岸度假去了。教堂的钟声已徐徐响起，电台播放的清晨音乐也正悠扬地荡漾在港湾。舰艇星罗棋布地停泊在湾内，战机也鳞次栉比地排在瓦胡岛的7个机场上。就在这"黑云压城城欲摧"的时刻，珍珠港到处还是一片歌舞升平的景象。

两个值班的美国兵在雷达监视器前悠闲地摆弄着仪器。突然，荧光屏上显示出东北方向130海里外，一群飞机正朝珍珠港方向飞来。他们机敏地拿起电话报告了陆军机地。"别过敏了，那是自己的飞机。"值班军官不无戏谑地说。

原来，值班军官早已接到通知，今天早晨将有一队美国空军飞机从本土飞来。

实际上，雷达屏上显示的机群正是从日本航空母舰上起飞的183架日本飞机，它们袭击的目标正是珍珠港。

袭击珍珠港美国海军是日本蓄谋已久的策划。苏德战争爆发后，东方的日本军国主义也急不可待地想扩大侵略战果，把占领印度支那和南太平洋诸国，夺取石油资源，作为了主要目标。而驻守夏威夷群岛上的美国太平洋舰队就成为日本军国主义南进太平洋的最大障碍。而美国由于历来奉行利益至上的原则，再加上本国所占地理位置的优越，所以和第一次世界大战一样，它不想卷入战争，而想坐收渔人之利。罗斯福总统同伍德罗·威尔逊总统一样，都公开表明了要保持中立的决心。1939年9月3日，他向全国宣布："和平不会停止"。但是，希特勒出人意料的胜利，尤其是法国的沦陷，迫使美国的决策人开始提出疑问：中立态度能否自动提供保护免受卷入战争之害。如果希特勒征服英国，然后控制大西洋——这在当时似乎不是不可能的事——征服计划中的下一个目标会不会是美洲大陆？

这些因素使美国政府决定，避免卷入战争的最好办法是向那些仍在与德国作战的国家提供除战争外的一切援助。这就解释了为什么美国会签订《驱逐舰与基地的交换协议》(1940年9月2日)、从中立立场逐步转入非交战立场,为什么美国会制订《租借法》(1941年3月11日)、签署《大西洋宪章》(1941年8月12日)和发布若干命令(1941年8~9月,这些命令要求美国海军为纽芬兰和冰岛之间的所有交战国和中立国的商船护航,并要求美国海军一看到出现在这些水域中的轴心国军舰就立即向它们开火),以非交战立场转入不宣而战立场。

罗斯福总统在努力限制轴心国在西方扩张的同时,还试图制止日本在太平洋的侵略。然而,一届又一届的东京政府由于欧洲事态的发展所提供的所谓良机而变得越来越好战。希特勒的胜利使法国、英国和荷兰在东亚和东南亚的富饶领地几乎没有设防。因此,1940年9月27日,日本、德国和意大利签订了《三国条约》。这一条约承认德国和意大利在欧洲、日本在亚洲的霸权,要求在任何一个签约国遭到美国进攻时互相提供充分的援助。

日本领导人在与美国的关系这一问题上意见不一。陆军准备直接向英国、法国和美国挑战,但海军、外交家和实业家多半不同意这种做法。1941年10月,赞成与美国和解的首相近卫文辞职,于是出现了转折点。"剃刀脑袋"东条英机将军接替了近卫,组织了一个由陆、海军军官组成的内阁——据说这是一个"充满火药味的内阁"。东条决定,通过外交或武力手段,在这年年底之前跟美国算账。日本驻华盛顿大使野村吉三郎海军上将和来栖三郎特使一起同美国国务卿科德尔·赫尔在这最后时刻举行了系列会谈。双方的立场相差甚远,因此,达成和解根本不可能。

就这样,珍珠港事件的爆发强行使一向靠战争发横财的美国,被迫卷入到了战争的漩涡中来。

7时50分左右,偷袭珍珠港机群的指挥官渊田中佐发出攻击命令。他的身后是49架水平轰炸机、40架鱼雷轰炸机、51架俯冲轰炸机和43架制空战斗机。刹那间,炸弹如倾盆大雨,希凯姆机场、福特岛机场、惠列尔机场大火熊熊,黑烟腾空,军舰四周水柱冲天。坐阵在万里之外广岛"长门"号旗舰上的山本五十六海军大将的攻击命令一个接一个地下达。作战日军如鱼得水,丧心病狂地进行狂轰滥炸,珠珍港顿时成为一片火海。

闪电式的攻击战确实令美国兵猝不及防,以至各个官兵都惊呆了。

"空袭!空袭!"不知是谁第一个声嘶力竭地哭喊出来。这时舰队司令部的军官们似乎才醒过神来,这不是"特殊演习!"

日机的第一次攻击进行了大约半个小时,随后171架日机进行了第二次攻击,直到9时15分才全部撤离珍珠港上空。

日本这次偷袭,总计击沉击伤美国太平洋舰队各类舰艇40余艘,扫射和轰炸使450架飞机毁伤,机场全部炸毁,美军官兵死伤4500多名。而日本方面仅损失飞机29架、飞行员55人、特种潜艇5艘。

当时,其实东京政府每天的决定赫尔都知道,因为日本的电台密码已被破译。一份份"注意戒备"的警告送到了珍珠港,送到了驻扎在菲律宾的美国远东军司令道格拉斯

·麦克阿瑟将军的手中。12月7日,参谋长乔治·C·马歇尔将军从华盛顿向珍珠港发出了最后一份警告。但由于静电故障妨碍了美军电台的使用,这一消息只得通过商业渠道传送。在火奴鲁鲁岛,这份电报交给了一位骑自行车的邮差。当他还在送信途中,即上午7点刚过,日本的炸弹已开始落在这座岛屿上了。

兵不厌诈,无独有偶。

早在此年3月,日本海军部为了取得美国舰队活动情况的情报,就指令海军少尉吉川化名森村,以日本驻夏威夷总领事馆工作人员的名义到檀香山进行间谍活动,吉川的重要情报对日军袭击珍珠港起了重要作用。而日本在第一轮空袭扬长而去后,日本驻华盛顿代表野村和来栖以"和平使者"的身份来到美国国务卿赫尔的办公室,递交了一份"最后通牒"。赫尔气愤地说:"我在50年的公职中,从未见过这样厚颜无耻的文件!"日本元首玩弄的这套和平伎俩,终于在历史性的大空袭中收场了。

遵照《三国条约》的条款,德国和意大利向美国宣战。这样,美国不但在欧洲,而且在亚洲,完全卷入了这场战争。此时,在华盛顿围绕要战争还是要和平这一问题展开的激烈争论突然停止了。总统向这时已团结起来的全国人民发表了讲话,他宣布:"我们现在已处在战争之中。我们一直都在这场战争之中。每一个男人、女人和孩子都是我们美国历史上这一最巨大的事业的参与者。"美国作为参与者的作用就是成为"各民主国家的兵工厂"。1943至1944年,这家"兵工厂"的最高生产纪录是每天生产一艘船,每五分钟制造一架飞机;6年的战争中,它生产了87000辆坦克,296000架飞机和5300万吨位的船只。

日本偷袭珍珠港,宣告了太平洋战争的全面爆发。本来,第二次世界大战同第一次世界大战一样,是由东欧少数民族争端挑起的欧洲各国间的冲突开始的,诸战役只在欧洲战场上进行。但由于日本偷袭了珍珠港,从而使第二次世界大战变成了全球性的战争,正如美国1917年的参战改变了第一次世界大战的性质一样。正是因为这次珍珠港事件的爆发,使美国坚决地加入到了世界反法西斯战争中来,使第二次世界大战的范围更加扩大。

## 二战史话——中途岛战役

1941年12月7日,日本偷袭珍珠港,以微不足道的代价,给美国太平洋舰队以重创,轻取了太平洋地区的制海权。日本举国上下沉溺于胜利的狂欢中,只有几个将军清醒地看到美国的军事和经济潜力,深深忧虑战争的前途,亲自筹划珍珠港战役的日本联合舰队司令山本五十六就是其中之一。山本大将知道:珍珠港里并无一艘航空母舰;美军潜艇部队在西太平洋地区的实力未受损失;金元帝国的庞大工业体系还会制造出大量飞机、坦克和军舰来。当部下向他表示庆贺时,他忧郁地回答:我们只是唤醒了一个昏睡的巨人。

事实上美国停泊在珍珠港内的战舰共有94艘。或许是巧合，通常停在港内的三艘航空母舰和一支强大的巡洋舰队，当时外出执行任务去了。但日本人对自己一手造成的巨大破坏感到心满意足，以致无意再去搜索处于他们航程范围之内的三艘美国大型航空母舰企业号、列克星顿号和萨拉托加号。这三艘幸存的航空母舰在以后几个月里，使日本海军付出了高昂的代价。

就在珍珠港事件的当天，日军又开始了对东南亚的狂轰滥炸。香港、新加坡、苏门答腊、爪哇等相继失陷。

日本海军的战略目的，是建立从千岛起，经威克岛、马绍尔群岛、吉尔伯特群岛、所罗门群岛、苏门答腊，直到缅甸为止的大防御圈；以岛屿机场的空军为主，配合航空母舰机动打击兵力，消灭任何敢于闯入防圈的盟军舰队；保证日本帝国慢慢消化掉它仓促吞下的大片别国领土。山本大将认为日本工业是根本无法和美国匹敌的，必须在美国军火工业重新武装太平洋舰队前，采取攻势行动，诱歼美国残余舰队。这就要在北路的阿留申群岛、中路的中途岛和南路的新几内亚发动入侵。由于利害重大，美军必然投入战斗。

山本想引诱美国人出战，而进攻位于珍珠港西北1136里的美军中途岛基地，将能实现这一设想。山本选择中途岛自有他的道理。中途岛到美国旧金山和日本横滨都约5000公里，恰好横在太平洋航线正中，战略地位一目了然。占领中途岛，就可以利用它和它东面的几个小火山岛和珊瑚礁进攻美国太平洋主要基地夏威夷，把防御圈向东推进。而美军为确保防线，也必将把太平洋舰队投入中途岛进行决战。这样，就可诱而歼之。

经过周密部署，于1942年5月20日日军集结兵力完毕，共有大小舰艇20余艘，并且在5月21日在公海举行了规模宏大的演习。日本舰队好不气派。

日本大本营精心制定的联合舰队中途岛作战计划被命名为"米号作战"。看起来堂皇威武，实际上有不少弱点。但山本一厢情愿地指靠珍珠港式的战术奇袭。由于美国情报机构的一些惊人成就，美军早已成功地破译了日本海军当时使用的主要密码，从中得知日本关于中途岛攻略的详尽计划。美国太平洋舰队司令尼米兹海军上将将计就计，火速调兵遣将，从陆海空三方面保卫中途岛。铁丝网、沙袋、水泥、大炮、弹药源源不断地运到岛上；日夜加修工事；夏仑上校的海军陆战队第6防御营每天在滩头阵地演习。2个B—17远程轰炸机中队在中途岛机场着陆，接着又飞来4个中队B—25型飞机，它们改装后可以做为鱼雷机攻击军舰；一整船的战斗机和俯冲轰炸机运到中途岛并且很快装配起来，使中途岛上的飞机达到120架之多。珍珠港的空中力量也得到了加强。

一场鏖战开始了，6月3日，云层上飞翔着标有太阳旗的35架日本飞机。它们冒着恶劣气候条件袭击了阿留申惟一的港口荷兰港。同日下午，中途岛起飞的9架美军B—17轰炸机空袭了田中赖三少将指挥的运兵船队，这些"空中堡垒"的投弹手们技术欠佳，一艘船也没炸沉。

6月4日拂晓，连日来笼罩在洋面上的海雾散尽了，一轮艳红的旭日跃出中太平洋的碧水。"飞龙"、"赤城"等舰的飞行甲板上响起震耳欲聋的马达声，108架日本战斗机和轰炸机吼叫着飞上天空。飞行员技术熟练,击毁了大部分美军战斗机,日轰炸机未受任何损失就到达了中途岛上空投下炸弹。可惜机场上空空如野,日军炸弹只给跑道和供油系统造成一些破坏。

作为南云忠一对手的雷·艾·斯普鲁恩斯少将多谋善断,他初次指挥航空母舰特混舰队就显示了惊人的才华。当他从监视日本舰队的卡塔利那式水上飞机那里得知南云处于不利形势的报告后,立刻命令美机从他指挥的第16特混舰队的两艘航空母舰上起飞。"企业"号和"大黄蜂"号上的蒸汽弹射机嘶叫着,把一架架满载炸弹和鱼雷的飞机弹到空中,升降机又把新的飞机提升到甲板上。从7时20分起用了一个小时,使67架俯冲轰炸机、29架鱼雷机和20架战斗机升空完毕。第17特混舰队的弗莱彻将军也命令飞机升空,他担心日本母舰不止一队,所以留下一半俯冲轰炸机。上午9时6分,"约克城"号的17架俯冲轰炸机、12架鱼雷机和6架战斗机也全部升空向中途岛飞去。

在南云第一机动航空母舰部队四周的卡塔利那水上飞机先后有32架之多,叫日本海军极为恼火。南云的零式机不断地追逐、收拾它们,而水上飞机在云层中钻来钻去和零式机纠缠,最后还是叫零式机赶跑了。结果,斯普鲁恩斯失去了和南云的接触,他并不知道日本舰队北撤的情形,美机假定南云还是在去中途岛的方向。"大黄蜂"号的第一批先头俯冲轰炸机共35架,扑到敌舰预想的方位上并没有找到它们。这批美机便顺着日舰可能的航线向中途岛飞去,和日本舰队正好南辕北辙,越飞越远。这批飞机部分在中途岛着陆,有些则燃油烧完掉到海中。上午9时25分,沃尔德伦惊叫一声,日本舰队在海上环绕成巨大的钢铁花环,航空母舰正在其中。虽然美国劫掠者鱼雷机已经陈旧过时,又没有一架战斗机护航,沃尔德伦上尉还是决然投入攻击。美机毫无畏惧地掠过波浪起伏的海面,不顾零式机的机关枪和水面舰艇的高射炮,用单薄的机翼劈开火网向日本母舰投下鱼雷。这是一场自杀性的悲剧式进攻,所有美机全被击落,包括沃尔德伦在内的30名空勤人员仅活下来一人。

10时整,该轮到"约克城"号的鱼雷机来进行毫无希望的攻击了。梅西少校领导了这次敢死行动,虽然他有6架战斗机掩护,但下场同样悲惨,12架鱼雷机在零式机痛打下仅有2架死里逃生。全部出击的41架美国鱼雷机竟然只有6架生还!而且居然未能射中一条鱼雷。美军飞行员这种舍生忘死的牺牲精神,在美国海军航空兵史上尚无先例。撰写美国海军战史的塞缪尔·莫里森教授就此评论说:"正是由于驾驶着老式鱼雷机的青年人们,具有过人的英勇和牺牲精神,才使后续的胜利具有可能性。这种视死如归的疯狂攻击,纠缠住了日本航空母舰,阻止它们使更多的飞机升空……"

正当日本水兵拍着刚刚归来的飞行员的肩膀伸出大拇指时,突然惊叫起来:"俯冲轰炸机!"

那正是37架美国俯冲轰炸机。它们从"企业"号上起飞,由梅克拉斯基少校指挥。他果断地把所有飞机分成两队,向日舰扑去。这正是日本母舰旧机回收新机未飞的关键性5分钟。日本航空母舰活像是海上的死靶子,零式机在低空追鱼雷机,尚未拉起。

美军无畏式俯冲轰炸机吼叫着穿空而下,重磅炸弹凄厉地摇晃着从机翼下斜落,并引爆了给日本航空母舰准备的鱼雷。顿时"加贺"号航空母舰成为一片火海。这艘为日本海军在珍珠港和南洋立下赫赫战功的航空母舰成了焚烧的废船。19时25分，在两声天崩地裂的大爆炸后，38200吨的"加贺"舰翻转着它巨大的躯体沉入太平洋，水兵战死者800人。

"赤城"也未幸免，而且情况越来越严重。它到处起火，舷梯和甲板被烧得通红，完全失去了战斗能力。发电机停机后，消防水泵无法使用。紧接着大火封锁了中层甲板，烧毁了所有通讯设施，轮机舱虽然完好，但所有通道上都大火熊熊。后来火焰烧入通气孔，将机舱水兵全部闷死。18时，青木舰长决定弃舰，幸存者转移到驱逐舰上。19时20分，青木请求用驱逐舰将"赤城"舰击毁。6月5日凌晨，山本下令炸沉"赤城"号。4时55分，太平洋上的朝阳还没升起，36500吨的"赤城"舰就沉没了，它的水下爆炸连驱逐舰都感到震动。

17架从"约克城"号起飞的美军俯冲轰炸机在莱斯利少校指挥下又勇猛地袭击了"苍龙"舰，3颗1000磅炸弹命中该舰。6月4日上午10时30分，"苍龙"舰中弹5分钟后，完全变成了一片火海。20分钟后，舰长柳本柳作下令弃船。19时13分，15900吨的"苍龙"舰沉入了海底。这是中途岛海战中沉没的又一艘日本航空母舰。美军取得如此辉煌的战果仅付出16架俯冲轰炸机的代价，其中"企业"号的飞机被击落14架，"约克城"有2架俯冲轰炸机未能收回。

山本大将正幻想着诱出美国航空母舰进行炮击时，突然接到南云的电报"……加贺、苍龙和赤城三舰全身起火，我们正在向北撤退，并重新组织力量。"他面对噩耗，脸色铁青，无言以对。所谓"组织力量"就是指使用空袭中惟一幸存的"飞龙"舰为整个舰队复仇。

指挥着"飞龙"舰向北撤退的是山口多闻海军少将，他是日本海军第一流的将才。他毫不犹豫地命令日军飞行员准备好对美舰的空袭。6月4日10时40分，"飞龙"舰飞行分队长小林道雄海军大尉带领18架俯冲轰炸机和6架零式机起飞攻击美舰。但遭到美12架战斗机和高射炮的有力拦截，包括小林在内的13架Val式俯冲轰炸机和3架零式战斗机被击落。

山口派出轰炸"约克城"的飞机后，接到侦察机飞行员的报告：敌部队中有"企业"、"大黄蜂"和"约克城"三艘航空母舰。他大吃一惊：自己已处于明显的劣势。他没有退缩，选了空袭中途岛归来的友永丈市大尉带领"飞龙"号上仅有的10架鱼雷机和6架战斗机对"约克城"发动第二次攻击。但很快也被美军击败。

中途岛海战的最后一幕是"约克城"号的沉没。

中途岛海战以美军胜利、日军惨败而告终，日本海军自1592年朝鲜壬辰战争以来，未遭大败。从甲午中日战争、日俄战争起，横行西太平洋，更是所向披靡。美国海军上将欧内斯特·金在评价中途岛海战的意义时说："中途岛之战是350年以来，日本海军遭受的第一次决定性的失败。"美国海军以1艘航空母舰、1艘驱逐舰和147架飞机的代价，击沉了4艘日本舰队航空母舰和一艘重巡洋舰，52架飞机被击落，280架飞机随舰沉入大海。中途岛海战是太平洋战争的转折点，从此之后，日本军阀开始走向下坡路。

## 二战史话——重水之战

"最新消息，德国法西斯头子希特勒昨天下令对美国、英国、苏联分别投掷数枚神秘炸弹。这种炸弹威力十分巨大，一枚就摧毁了一座城市，爆炸后天空上升起一束蘑菇状烟云，光线十分耀眼。目前，华盛顿、伦敦、莫斯科已成为一片废墟，反法西斯同盟遭到毁灭性打击，法西斯统治地球的日子将不会太远了。"

大家一定知道这种炸弹就是原子弹。不知你是否想过，假如不是美国对日本投掷原子弹而是出现上面那种情景，那么世界将会是什么样子呢？

大家难道真的以为美国是第一个研究并单独掌握原子弹秘密的国家吗？

其实，法西斯德国才是第一个，并且几乎制造出原子弹来。那么是什么原因致使德国直到灭亡还制造不出这个杀手锏武器呢？是因为1943年2月在挪威发生了的改变二战结局的"重水之战"。

重水，是使原子反应堆的中子得以减速的缓冲材料。有了重水，就能控制原子反应堆，就有制造原子弹的可能。

弗穆尔克是挪威的一个小镇，风景优美，环境宜人，似乎是远离战场的世外桃源。谁也想不到，就是这个小镇和整个全世界的命运联系在了一起。因为这里有一座工厂，它不是一般工厂，名字叫诺克斯电解氢工厂。它的产品就是重水，而且这个工厂又是40年代全球能大量生产重水的极少数工厂之一。

1940年5月占领挪威的德国法西斯立即命令弗穆尔克的诺克斯工厂每年提供一吨半重水，到了1942年2月，希特勒命令该厂每年必须向德国提供5吨重水，需要量大大增加。

与此同时，英、美也正在研究原子弹，还没有掌握这种技术，但也知道了重水的重要性。1942年6月，他们获得了德国重水需求量增加的消息，内心十分震惊，这可真是关系全球安危的大事。罗斯福和邱吉尔两个巨头马上会晤，对情报进行分析，得出结论是德国正在加紧研制原子弹，并且估计很快就要成功。

于是，二人密谋了很久，决心先下手为强，先消灭其重水产地，尽量推迟其生产原子弹的日期。

1942年11月18日夜晚，皓月当空，一架英国轰炸机越过海峡，飞到挪威哈尔唐吉高原上空，4名自由挪威抵抗运动的战士跳伞降落，揭开了"重水之战"的序幕。

这是4名受过严格训练的挪威籍特工人员。他们的任务是在天寒地冻的挪威土地上降落后，迅速展开工作，为随后而至的突击队准备条件。

挪威地处北欧，10月份天气已十分寒冷，下起了大雪。空降虽然迅速，人员可以控制降落方向，但空投的装备却不知飘向何处。

降落后，首先要找齐队员，但装备可不是一时之间就能寻得到的。4名队员，用了两天时间，反复在降落地附近搜寻，终于找全了装备。

降落后，队员们并不知自己身在何地，于是他们便用装备测试，结果令人失望，他们降落的地点距斯科点沼泽地约100公里，以他们4人之力，根本无法将300公斤重的装备运到目的地。

"出师不利，这该怎么办呢？"队员们犯了嘀咕。

"没办法，只好放弃部分装备了。"队长坚定地说。

于是他们就轻装上阵了。减轻了一些食品和不太重要的装备。

他们一边走，一边搜索，寻找一块能让突击队的滑翔机安全降落的场地。但又要小心翼翼地前进，不能让德军发现。终于，在快到目的地的距穆斯湖水坝5公里的地方，找到了一块长达700公尺、适合滑翔机降落的场地。历尽艰辛的队员们兴奋不已，马上令报务员向伦敦发报，汇报情况。

报务员马上取出发报机，但却怎么也发不出讯号，仔细一检查，却发现，发报机的电池不知怎的在中途突然损坏了，无法使用。

好在4名突击队员都是挪威籍的，不久之后，他们就和当地的抵抗运动人员取得了联系，在他们的帮助之下，才和伦敦取得联系，汇报了这里的情况。

伦敦方面对这里的情况也并非一无所知。在二战初期，希特勒用闪电战进攻挪威之时，一名著名的挪威科学家特隆斯特教授就逃出了法西斯军队的魔爪，逃到了英国。就是这名科学家在当年主持设计并建造了诺克斯工厂，因此他对诺克斯工厂的情况了如指掌。在他得知英美两巨头决定对诺克斯工厂采取行动时，马上向英国有关部门提供情报，具体安排行动步骤。

1942年11月19晚上，苏格兰威克机场。

"快……快……快，小心点"，在一片细小而局促的催促声中，34人组成的一支突击队登上了两架霍尔萨式滑翔机，由两架哈里法克斯轰炸机牵引，向挪威方向进发。

由于晚上光线很暗，第一架轰炸机刚刚深入挪威内地15公里，突然发现前面露出了一座已来不及逾越的高山。飞行员大惊失色，马上解开滑翔机，和突击队员一起准备跳伞。最后，轰炸机和滑翔机都撞山坠毁。次日清晨，德军赶到了出事现场，发现了幸存的14名队员并将他们押送到德军参谋部审讯，然后枪决。

那么第二架飞机的命运又是怎样的呢？

他们升空后不久，就失去了第一架飞机的踪影，但幸运的是，他们没有撞在山上，而是顺利地飞到挪威上空，寻找先遣队为他们准备的着落地点。

先遣队这时在着落地点起了火把，等待飞机降落。不久，报务员听到了飞机传来的讯号，并且其他队员也听到了飞机的引擎声，飞机已快接近降落地了。

这时，飞机上的人却没有先遣队那么兴奋，也许是天气太恶劣了，也许是先遣队的火光不够亮，他们焦急地四处搜寻，就是发现不了降落地点。巡行数圈后，燃料就不足了，只好返回苏格兰基地。

谁也没想到，飞机会在返回途中出事。当时挪威的天气太恶劣了，连结轰炸机和滑翔机的缆绳经受不了这么低的温度，被冻折了。滑翔机脱离母机坠毁。坐在滑翔机内的队员还不知怎么回事，就已经爆炸了。8个人死亡，其余的人都受了重伤。不久，赶到出事地点的德军捕获了幸存者。

德军也深感怀疑，英国接连派两架飞机运送突击队员至挪威内地，到底有什么企图呢？于是就对幸存者严加审讯，队员顽强不屈，至死也不说出行动的目的。但不久，队员们的努力就白费了，德军从他们身上搜出了一张弗穆尔克的地图，图中用蓝色铅笔做了标记。德军也深知此地重要，马上对弗穆尔克和诺克斯工厂派重兵把守，加强了警戒。

英美第一次突袭就如此不利，不但机毁人亡，还失去了先机。

得到失败的消息后，英国马上开始制定下一步的行动计划。先期逃到英国的诺克斯厂厂长勃伦博士、特隆斯特德和威尔逊上校3人详细讨论了下一步该如何行动。

他们决定再派一支突击队空降和先遣队会合，采取行动。这是一个危险的计划。两起滑翔机坠毁事件后，德国纳粹在挪威大肆搜捕抵抗运动战士，4名先遣队员安全也不能保障，更别提6名跳伞队员了。

艺高人胆大，英方委任了隆纳贝尔中尉为突击队队长，并由他选择了5名经验丰富的滑雪能手组成突击队。他们在出发前，都到专门学校进行了强化训练，学习怎样在伸手不见五指的黑夜往模拟反应堆上放置炸药，他们对空中拍摄的重水工厂照片进行深入研究，做好了充分准备。并且勃伦博士还告诉他们，万一重水工厂的大门无法打开，可利用工厂的一个通道进入。

1943年1月22日，以隆纳贝尔为首的突击队在苏格兰登上飞机，朝挪威方向飞去。由于恰逢冬季，茫茫欧洲大陆盖上一层厚厚的白雪。先遣队事先布置的L字型降落地点标记已被埋灭，突击队只好无功而返。

但是时间不容一次次拖延，最高指挥部果断下出指令，在下次飞行中，全体队员不再依靠地面标志，而是必须依靠自己的经验跳伞降落，然后再设法和先遣队会合。

2月17日，午夜一点钟，突击队在挪威哈尔唐吉高原空降，降落地点距先遣队营地50公里。队员们只好冒着暴风雪，忍受着零下25摄氏度严寒滑雪前进。

几天后，他们正在行进中，忽然前面传来狗叫声，隐隐约约看到几个人端着枪朝他们走过来。

"糟了，莫非我们暴露了？"队长一边命队员埋伏好，一面心里犯嘀咕。

队员穿着白色伪装服，几乎与背景融为一体，那几个人竟不知这趴着几个已拔出武器的战士，径直朝这里走了过来。

待靠近隐藏地点时，队长一个眼神，队员们马上跃起，枪口对准了来人。

"不准动！"

这样站立了几秒钟之后，突然他们互相拥抱起来，原来这几人正是出来打猎的先遣队员。战友们在敌后胜利会师，士气大为高涨。

经过一晚休息，他们决定第二天采取行动由突击队长率领3名队员组成爆破组，其余队员组成掩护小组。

他们通过实地侦察发现，重水工厂设在山坡上，管道从山顶铺到厂区，下面有一道楼梯。假如从山背后抄过去走到山顶就可顺着楼梯下来到达厂区。但途中布满了地雷，每一段楼梯都有埋伏，并且下面厂区还有一个德军岗哨和一个机枪阵地，根本不可能进入。

在工厂下方300米处，有一个峡谷，若从那儿进入工厂需要通过一条横跨峡谷的吊桥。全副武装的德国哨兵对吊桥日夜监视，这条路又被堵死了。

隆纳贝尔和队员们正在束手无策之时，突然发现，在空中拍摄的照片上厂区附近的山腰里有一条细线，仔细一看，原来是一条铁路，是德军运送物资的通道。但是铁路边上就是300公尺高的悬崖，只有下到峡谷，并爬上悬崖才能到达铁路，这是常人难以做到的，因而没有德军看守。但是突击队员都个个身怀绝技，他们发现峭壁上长着灌木，可以攀登而上。隆纳贝尔最后选择了这条线路。

晚上8点，突击队出发了。风虽很大，但天气晴朗，天空中露出了月亮。他们趁着月光在雪地上滑行到预定地点。然后脱去了身上的白色伪装衣，露出英国军队的制服。他们这样做的目的，就是在万一被发现时，告诉敌方，这是纯粹的军事行动，不要对当地平民百姓采取报复措施。

一切都准备好之后，队员们顺着固定好的缆绳全部安全到达峡谷下面。然后，又马不停蹄地向对面悬崖冲去，找好地点，顺着灌木树丛向上攀登。这对于突击队员来说简直是小菜一碟，但他们丝毫不敢大意，个个紧绷着脸，手脚并用，飞速向上攀爬，不一会儿，就到达了崖顶。

队员们的神经十分紧张，已经不知道过了多长时间，周围万籁俱寂。大家谨慎地顺着铁路向工厂行进。不久，工厂的机器声就清晰可闻了。

深夜11点半钟，爆破组和掩护组相继到达距工厂500公尺的地方。11点57分，两名德国士兵离开工厂院子中间的木屋到吊桥处换岗，几分钟后，几个另外哨兵就要从吊桥处返回。时间紧迫，突击队员马上抓住这个空档向工厂铁门走去。走近才发现，铁门上拴着拇指粗的大铁链。时间紧迫，已不容再想别的办法，突击队员硬是用工具绞断了铁链，无声无息地潜入工厂院内。

这时，配合娴熟的掩护组成员迅速占领角落里的有利地形进行掩护。爆破组顺着掩体朝生产重水的主厂房运动。他们走到通向地下室的钢门旁边，门紧紧锁着无法打开。隆纳贝尔和一名队员向右跨了几步，发现紧贴着地面有一个窗子，玻璃上涂着黑漆，但是从黑漆脱落的地方可以清楚看到生产和贮存重水的大厅。

怎样才能进入大厅呢？时间不多了。

他们迅速绕着房子走了一周，发现了一道梯子和一个洞口。事不宜迟，他们迅即钻入管道，向厂房里爬行。

大家都在默默地向前爬行，已不容考虑进去后自己会不会活着出来。彼此都能听到紧张的喘息声。突然的一声传来，队员们马上停下来，心头一阵悸动，"发生了什么事？"原来是一名队员的手枪不慎掉了下来。好在厂房内声音嘈杂，并没有引起敌军注意。

进入厂房后，两个爆破队员迅速潜入重水车间。"不准动！"枪口已抵住了一名守夜的挪威士兵的后脑壳，这名士兵看到不知从何处钻出的全副武装的英军士兵，早已吓得说不出话来，只好乖乖放下武器，站到一边。隆纳贝尔马上从背囊中取出20块炸药，把它们贴在重水桶的桶板上，用导火线连到一起，这时另两名爆炸队员也钻了进来，站在车间外面放哨。隆纳贝尔正准备点燃导火线，从外面楼梯处又传出脚步声，好在外面放哨队员很快处理掉了这名士兵。点燃之后，突击队员马上跑出楼房，向外飞奔，他们背后的厂房里传来了一阵爆炸声。但声音并不大，以至于其他的纳粹军人没有注意到。后来他们才知道，这厂房每次点炉、熄炉时，机器都会发出爆炸般的声音。炸重水炉的声音还不如平时的响亮。爆炸组和掩护组利用这一有利时机，迅速撤出现场，任务胜利完成。

不久，纳粹终于发现出了情况，马上在工厂搜查，这时厂房里重水桶已被炸裂，重水流了一地，已不能使用，而突击队员早已不知去向。

据特隆斯特德估计，这次偷袭成功，使工厂至少停工一年，生产不出一滴重水来。这就为第二次世界大战反法西斯同盟由防守转入反攻争取了时间，避免了文章开头一幕的出现。

## 二战史话——诺曼底登陆

在第二次世界大战的后期，盟军为了彻底消灭德国法西斯，必须在欧洲大陆开辟新的战场，即所谓的第二战场。盟军最后决定在法国的诺曼底海岸登陆，突破德军的沿海防线。

为什么盟军要选择在诺曼底登陆呢？因为这个登陆点必须离英国的空军基地相当近，这样部队才能取得空军掩护，陆续上岸，建立牢固的桥头堡。再有一个原因就是登陆点的附近必须有港口，这样才能使登陆部队得到各种后勤物资和后续部队的支援。

盟军为了在诺曼底登陆准备了一年多时间。为了登陆诺曼底，盟军不仅需要准备大量的兵力和作战工具，还要了解德军的沿海防御及守军的情况，以及德国军舰的停泊场所。除了这些之外，还必须对欧陆各处沿海的地形、风向、潮汐、海滩深浅和纵深地带的情况，作仔细调查。为登陆还制造了许多新式的武器，如其中各种各样的坦克，还制造了许多种类繁多的登陆器具。他们还研制了一种预制堤岸，用来制造防波堤。这是一种用钢筋混凝土浇制的如箱子一样巨大的空心块，用来船只停靠。总之，盟军为了诺曼底登陆进行了各种各样充分的准备。

不仅如此，盟军为了不让德军摸清他们的意图，不让德军知道他们登陆的时间、地点和兵力，他们还使用了疑兵之计。为此，英国首相邱吉尔专门设立了一个叫做"伦敦控制小组"的机构，专门从事欺骗德国人的工作。"伦敦控制小组"制定了一个叫做"刚毅行动"的一整套欺骗德军的行动。"刚毅行动"的计划目标是要把德军西线90个师的兵力，以及海军、空军吸引到离诺曼底海岸较远的地方去。"刚毅行动"主要要使德军相信，盟军在诺曼底登陆并非真正的进攻，而只是盟军声东击西的手段，真正的进攻是在加莱海岸。英国为此还派中立国去收购加莱海岸的地图，另外又假装组织一支兵力达100万人的集团军，驻在英国东南沿海一带，佯装进攻加莱，并且任命美国著名的巴顿将军为该集团军的司令。为此英国电影制片厂的布景师们制造了不少假的登陆艇，把它们从泰晤士河运到东南沿海，又用帆布制造了许多假的建筑，如假的弹药库、假医院、假兵营、假炮、假飞机等等。这一切都放在东南沿海岸非常明显的地带。

盟军以上的种种手段，果然骗过了德军。希特勒真的以为英法盟军在英国东南部已经集结了92至97个师的兵力，准备在7月份进攻加莱，因此，他把德军最精锐的15个军团集结在加莱，而诺曼底却只有一个装甲师驻防。

1944年6月5日晚，海面上狂风呼啸，波涛汹涌，人类历史上最强大的舰队从英国的南部海岸启航，驶向了诺曼底，这一天距敦刻尔克撤离正好隔了4年。这次英美舰队的组织者正好是当年出色地组织了敦刻尔克撤退的海军上将伯特伦·拉姆齐爵士。整个舰队拥有5000艘舰船，其中不少是特意为今天的战斗而设计的。为舰队打头阵的是数百架皇家空军重型轰炸机以及准备占领重要桥梁、公路的2.3万名伞兵和滑翔机运载的突击部队；紧随在后的是17.6万人的进攻部队和2万辆军车，所有这些部队和军车要在48小时之内登上诺曼底海岸。

6月6日破晓，英国皇家空军的重型轰炸机携带5200吨炸弹狂轰敌军海防炮群和工事，美国的中型轰炸机和战斗轰炸机连续猛烈轰炸敌军阵地。诺曼底登陆战打响了。

就在英美轰炸机轰炸德军阵地的同时，英军一个空降师和美军两个空降师在被德军誉为"大西洋铁壁"之后陆续降落。英第六空降师降落在盟军入侵战线东翼冈城东面一带，而美军空降部队则降落在入侵战线的西端科汤坦半岛之上。英空降部队的目标是夺取从冈城到海滨这一段奥恩河两岸重要的桥头堡。美军空降部队的任务是与半岛上的敌军交锋，使其无暇向美军登陆的滩头发动反扑，同时还将控制住卡朗坦面洪水区内的堤道，接应由海路登陆的入侵部队。这两支空降部队中英国空降兵的作用至关重要。因为它靠近德国装甲反击部队的主力。它必须在大部队登陆之前顶住德国部队的进攻，否则，桥头堡就有可能被迅速地拔掉。

英美空降兵到了陆地之后，他们就开始相互寻找，开始往往是个人单独行动，后来结成小队，陆续地赶到指定地点集合。但是他们这些行动却因以前的"刚毅行动"使德国认为这只不过是英美联军的佯攻而已，所以并未引起包括德国著名的陆战之神隆美尔的注意。

6月5日，盟军还有不少新式武器用于登陆战争，最主要的是多种坦克，颇使德军惊诧不已。这些专门设计的坦克，可以分别用来扫除地雷、克服障碍物对付混凝土防御工事。1943年以来，英国第七十九师装甲部队就成了一支实验坦克部队，它设计制造了功能各异的坦克。当两栖坦克与第一批步兵上岸的同时，使德军大吃一惊。同时盟军还配备了多管火箭船，并在登陆船的船头上安装了大炮和迫击炮，这样就能在德军利用盟国海军炮火攻击之后重新进入炮位的这段时间内，始终为登陆部队提供密集的火力掩护。

J. T. 克罗克中将指挥的英第一军顽强地抵挡住了德第二十一装甲师和第十二装甲师的进攻。英军第三师在一阵密集的炮击之后，一鼓作气地冲破了敌军步兵和第二十一装甲师的阻击，冲过了海滩，经过了8个小时的奋战，与伞兵部队会合。第三十军在英军的更西登陆地段发起攻势。主战三十军的三个师都在北非战场久经沙场考验。它们迅速地突破了敌军的阵地，并且牢牢地站住了脚跟。

与此同时，朱诺滩外的加拿大军却遇到了困难。当时海面上狂风怒吼，巨浪涛天，再加上海岸上暗礁丛生、地形险要，使他们的登陆行动推迟了半个小时。虽然没有装甲部队的掩护，加拿大士兵还是从敌军手中夺得了敌军的主要据点。但是由于没有特种装甲部队的配合，他们无法为海滩上的车辆打开通路，沙滩上挤满了坦克、大炮和运输车辆。事实上加军在6月5日的进展超过了其他部队，在离冈城三哩的地方与英第五十师会合后，建立起了一个横宽20哩、纵深近七哩的英—加滩头阵地。

美军在两艘战列舰、两艘巡洋舰和12艘驱逐舰的炮火掩护之下，向滩头发起了进攻。参加突击的有32辆两栖坦克。说来美军非常走运，由于航行出现了偏差，他们登上了另一个滩头，一个德国驻军战斗力比较差的滩头。而德国军队却认为盟军根本不会从这里发起进攻。所以不到三个小时，美军就突破了"大西洋铁壁"；潮水般的步兵、炮兵、坦克不断地涌上滩头。

英美联军终于在极其恶劣的气候条件之下顽强地登上了诺曼底的沙滩，并开始进一步向纵深地区进发。

在英军攻占滩头之后，蒙哥马利就在滩头设立了前进司令部。不久，邱吉尔亲自进行视察。但英军战线的进展就显得微不足道了。而美军夺下了大片土地，战果赫赫。但是6月19日灾祸从天而降，整个英美滩头阵地经受了半个世纪以来没有过的六月大风暴，造成了军队的补给锐减，蒙哥马利不得不将战争向后推迟。这显然给德国一个机会，但是隆美尔却无所作为。

6月底，每日的运输量已经恢复到了原来的水平。英军终于于6月26日首次发起了夺取冈城的大规模进攻，这种攻势无疑告诉了德军向何处增加支援，但是这样有利于美军在右翼取得突破。英军强大的火力击毁了德国从俄国和法国南部调来的装甲部队。德国残余的装甲部队，从三个方面向英军的突出阵地紧逼过来。战斗双方在"112高地"进行激烈的争夺战。

由于英美两国军队在欧洲大陆上的进攻十分缓慢，受到两国民众的指责。美国占领瑟堡之后，一时打不开局面，这时也不能不顽强地进攻。经过三个星期的鏖战，以伤亡1.1万人的代价进入到已经成为废墟的圣洛。这样就可以进行大规模的装甲进攻了。

这次攻势代号为"眼镜蛇",将由美国富于冒险精神的坦克专家乔治·巴顿负责指挥。7月6日,巴顿将军渡过海峡,同时美军第三军团的首批部队也开始在于塔滩登陆。为了配合巴顿将军的行动,蒙哥马利一方面将敌人牵制在"112高地"附近,一方面在冈城东面和南面发动一场代号为"赛马会"的大规模攻势,诱使德军最大限度地将装甲力量用来对付英军。

7月25日,这场旨在为巴顿闪击部队迅猛突进而打开突破口的"眼镜蛇"攻势开始了。盟军对圣洛西面一块长五哩、宽一哩的长方形敌军防御阵地实施了大规模炮击。此外还出动大约3000架美国空军轰炸机,朝它扔下4000吨高爆炸弹、杀伤炸弹和凝固汽油弹。这个突进口突破了三个强悍的美军步兵师。7月27日的战斗具有决定性意义。德军退却了,库汤斯库落入到了盟军之手,德国第七军团的撤退很快。7月30日,美军进入阿弗朗什,盟军终于取得了突破。

现在,巴顿的任务是横扫布列塔尼,攻占半岛上各主要港口。与此同时,蒙哥马利的第二军团攻打冈城—圣洛一线,加军从冈城南面向法莱兹方向发动进攻,继续牵制德军的大部分装甲力量和炮兵部队。巴顿的第三军团几乎不费吹灰之力,就打开了局面:大军所到之处,势如破竹,进展极为神速,其战果非常辉煌。第三军团沿着莱塞—库汤斯公路轰鸣着向前挺进,通过莱塞山隘,穿过库汤斯和阿弗朗什。这样,第三军团闯过了进入法国心脏地区的大门。到8月6日,巴顿将军的部队向南方和东南方进击连克马延和拉瓦耳;向西面已经将德军赶出了布列塔尼半岛的内陆,把他们堵死在半岛的各港口内。

就这样,美军在巴顿的指挥下向德军发起了最快的进攻,并且进一步深入。有一段时间之内,包括巴顿本身在内,都不知道第三军团所属各部队的行踪。但是巴顿的军队却取得了惊人的战绩。

到8月18日,德军撤退之时,它已经损失了总共逾40万的兵力、1300辆坦克、军车2万辆、1500门大炮。盟军也损失了209672人,其中36976人阵亡。

诺曼底战役是西欧战场上牺牲最为惨重的战役之一,但是它的战功使得德军暴露在苏联军队和英美联军的强大攻势的夹击之下,加速了德国法西斯的覆灭。

## 战争狂魔——希特勒的覆灭

希特勒是第二次世界大战的元凶。自从1934年他自封为国家元首后,他不惜使用一切卑鄙手段,对内实行恐怖独裁,对外实行侵略扩张,企图实现他独占全球的野心。而且他还对犹太人进行了惨绝人寰的血腥屠杀。他给全世界人民带来了无尽的灾难、痛苦和眼泪。他的名字几乎成了独裁统治者、战争狂魔的代名词了。

下面,我们看看这个战争狂魔是如何走向自取灭亡的道路的。

在最后的 36 小时中，希特勒的战务会议既不按时又不庄重，很简短，因为阴森森的消息封锁开始了：他军队的发报机哑了，几天都没收到外交事务电报。柏林的巷战一停止，就得狂乱地拨一阵电话，而接电话的常常是俄国人。夜里，大雨已经把放入空中的最高统帅部的气球打落，所以高频无线电电话联系被截断了。4 月 29 日中午，约德尔简略地报告说，温克裹足不前，而且 12 时 15 分，高频无线电频道也完了。

从这时开始，只有敌人的重要新闻公报才给希特勒提供他军队的消息了。从意大利电台收听到描述墨索里尼及其他一些法西斯领导人受刑的情景，他们被"从身后击毙"，然后用绳子绑起来挂在米兰广场的那个标准加油站上陈尸。伏斯海军上将下午 4 时从掩蔽部给邓尼茨打电报："和外边军事机关的联系完全被切断了。紧急要求通过海军信号渠道了解柏林以外的战斗情报。"现在希特勒那些无所事事的联络人员开始慢慢地离开。克莱勃斯的副手格哈特·博尔特建议要同两个军官同事去和第十二军团联系。希特勒很高兴地把他们派走。"给温克问好——告诉他行动再快点，否则就太晚了！"希特勒把三份遗嘱委托给另外三名果敢的人，他们奉命偷偷带给邓尼茨、舒埃纳尔和伯格霍夫。布格道夫将军给舒埃纳尔写信说："接到元首命令或者已经证明元首死去，就要立即把遗嘱公诸于众。"

在安霍尔特火车站正在用重型武器交战。希特勒手里攥着已经破碎了的街道地图和他的司机埃里希·肯普卡讲话，这位司机从 1933 年以来曾在许多有历史意义的旅途上给他开车。肯普卡告诉他，他的汽车调度场正为守卫总理府的部队运送给养，从勃兰登堡门运到波茨坦玛广场；"他们有非凡的勇气。他们等待温克将军的救援队伍到来。"希特勒沉静地回答："我们都在等待温克。"希特勒在自己的书房里给凯特尔写了最后一封信：战斗很快就要结束，他马上就要自杀了，邓尼茨将继承他当帝国总统；凯特尔要支持这位海军上将，直到最后一刻。"我的人民和武装部队在长期的艰苦的斗争中献出了一切。牺牲是巨大的。许多人辜负了我对他们的信任。不忠和背信弃义削弱我们把战争打到底的坚强意志。这就是我不能凭借个人能力把人民领导到胜利的原因。"他不相信如此巨大的牺牲将付诸东流。"将来目标必将是为德国人在东方赢得土地。"

俄军正沿萨尔大街和威廉街推进，接近空军部了。傍晚 7 时 52 分，希特勒打电报给约德尔，提出五个急待回答的问题。"立刻向我报告：1. 温克的先头部队在哪里？2. 他们什么时候进攻？3. 第九军团在哪里？"几个小时过去了，没有回音。鲍曼又用密码发出两则电文。第一则电文反映出掩蔽部里的可怕气氛，内容是："给我们的印象越来越清楚了，几天以来柏林战区的几个师在裹足不前，而不是英勇厮杀以拯救元首。我们只能收到一些在凯特尔监督下封锁的消息、篡改的消息。而且我们只能通过凯特尔才能向外发送消息。元首命令你们采取迅猛行为对付叛徒。"第二个信号简单："元首活着，正在指挥柏林的防御战。"

在 29 日最后一次战务会议上，威德林将军说，在波茨坦车站发生激战。德军火箭筒已经用光了，坦克已无法修复再用。他预言战斗 24 小时之内就要结束。接下来便是一段长时间的沉默。希特勒用不耐烦的声音问城堡司令官莫恩克，是否同意这个估计。莫恩克说他同意。希特勒用了很大劲才从椅子上站起来，转身要走。威德林询问如果弹药打光了，他的部队将怎么办好。希特勒回答，"我不能允许柏林投降。你们的人要分成小股。"希特勒夜里在写给威德林和莫恩克的信中又重申了这一观点。不久他收到了凯特尔打给他的电报，回答了这几个问题。柏林无论如何也没有解救的希望了。"1. 温克的先锋队在施维洛湖之南受阻。2. 第十二军团无法继续攻打柏林。3. 第九军团大部分被围困。4. 霍尔斯特军团被迫进行防御战。"

经爱娃（希特勒的情妇）建议，在总理府掩蔽部的妇女——躲避俄军的居民，来自人民防空洞医院里的护士、炊事员，以及军官夫人——被带进一个走廊里。看不清东西的希特勒眼前模模糊糊，他走过去和这些人握手，同每个人低声说几句话。一个护士发起歇斯底里来，大讲特讲无论如何要让希特勒赢得胜利，可是希特勒粗鲁地让她闭嘴。"你们也要像男人一样听从命运安排。"希特勒知道自己故意留在柏林是在进行一场赌注，可是他的赌注失败了。1945年4月30日，他决定于下午3时死去。

希特勒按照以往的习惯，最后一次认真地刮了胡子，换了衣服。上身是那件橄榄绿的衫衣，下身换了裤子、袜子和一双黑鞋。爱娃脸色苍白，但很镇静；她穿着蓝色的上边有白色装饰的礼服，戴上一副十分珍贵、对她来说意义重大的镶着绿宝石的镯子。俄军现正在弗里德里希大街和人民大街的地下道里打仗，在魏登达姆挤和在菠茨坦玛广场边上已经发起了反攻。

希特勒把鲍曼找来，然后又把他的私人副官奥托·根舍找来，告诉他俩，他和夫人要在那天下午自杀；根舍要确保俩人都真正死掉——如果需要，可以补上致命的一击——然后把两具尸体焚烧成灰。"我不想让我的尸体在将来某一天被当作蜡烛点着示众。"他的掩蔽部要保持原封不动。"我想让俄军知道我在这里可到了最后一刻。"根舍悲哀地哽咽着说，"是的，我的元首。我能做到。"戈培尔夫人跪下来求他不要这样，可是他轻轻扶起她，解释说，他的死可以挪走邓尼茨道路上的最后一道障碍，好让德国得救。他把女随从人员召集在一起，进行最后一次晚餐。当他走过掩蔽部，在爱娃的陪同下和人们诀别时，他大概也注意到他的警卫队中的几个军官正在出口处抬着两副担架等着。

大约3时30分，希特勒和爱娃回到那间墙上镶嵌着白绿两色瓷砖的书房里。希特勒把两扇门关上，让戈培尔、克莱勃斯、布格道夫和鲍曼留在会议室里。两扇门隔住了所有的声音，只能听到空调设备的嗡嗡声和炮弹爆炸的回声。爱娃坐在那张很窄的床上，用脚踢掉鞋子，双腿提起来放到旁边褪色的白底蓝花的垫子上。希特勒靠着她坐下来，右边摆着他母亲的照片，前方是腓德烈大帝皱着眉头的画像。他俩打开药品包装——样子和口红盒盖不多——拿出装着琥珀色液体的小玻璃瓶。爱娃在嘴里咬碎玻璃瓶，把头靠在希特勒的肩上。他的双膝痛苦地迅速抽搐起来。阿道夫·希特勒控制住颤抖的手，举起重型7.65毫米瓦尔特手枪，对准右太阳穴，咬碎了嘴里的小瓶，又扣动了板机。听到尖锐的枪声后，卫队长和随从军官立即用毛毯裹起希特勒和爱娃的尸体，一起抬着走出地下室，放在总理府花园的一个小坑里，浇上汽油，然后把点燃的纸卷扔了上去，火焰熊熊烧燃起来。

就这样,希特勒和他那自吹是"千秋帝国"的法西斯德国一齐灰飞烟灭了。

## 三国轴心的形成及其灭亡

在第一次世界大战之后,帝国主义国家重新划分了它们的势力范围。但是德国、意大利、日本三个国家都有着很强的军国主义和扩张主义的历史传统,他们都不满意一战后所划分的势力范围,要求用武力改变现状和重新瓜分世界。但是由于他们三个国家经济上都比较脆弱,军事上也都不是很强大,没有单独发动世界性战争的力量。所以,它们三个国家就结成了以"柏林·罗马·东京"为核心的轴心国家。

德国是三国轴心的首领和缔结侵略同盟的主动者。第一次世界大战,德国是战败国,战胜国在巴黎和会上瓜分了德国全部的殖民地,并且解除了它的武装,严格地限制了它的军备(陆军不过10万人,废除普遍义务兵制,禁止保留海空军和装甲兵),还剥夺了它八分之一的领土。对此,德国的军国主义者是绝对不能够忍受的。

1933年1月,是一个对德国和全世界都有重大影响的时间,现代社会中最大的战争狂人希特勒和他的纳粹党上台执政。希特勒是一个具有极大野心的人,他就是以夺取世界霸权为目的,叫嚣必须重划欧洲和世界地图,以满足和扩大优秀的日尔曼民族生存空间的需要。他计划首先夺取中欧、东欧等有日尔曼人居住的地区,建立起大德意志帝国的核心;然后东西两面扩张,夺取整个欧洲大陆,以此作为称霸世界的基础;最后,向海洋发展,战胜英美,称雄全球。

但是德国此时受到凡尔赛条约的束缚,军事力量十分弱小,外交也十分的孤立。希特勒为了实现他称霸世界的梦想,提出了德国当前主要的任务是"铸造神剑"(即扩军备战)和"寻觅战友"(即组织军事集团)。扩军备战并非易事,但是希特勒抓住了西方列强反苏反对共产主义的这个机会。希特勒强调:"必须利用布尔什维主义的幽灵,来遏制凡尔赛诸国,使它们相信,德国是反对赤祸的'决定性堡垒'",并说这是"渡过危机,摆脱凡尔赛束缚和重新武装的惟一方式"。从1933年10月起,他借口"苏联威胁",防御单薄和军备不足,先后退出了裁军会议和国联。1935年3月,他宣布重建空军并实行普遍义务兵役制,挣脱了凡尔赛条约的枷锁,德国开始了疯狂的扩军备战,这一年的总兵力已达90万人。为了麻痹和迎合英法的反苏心理,希特勒发誓说他保证除苏联以外所有德国邻国的安全。

1936年3月7日,希特勒公开宣布,不再受凡尔赛条约和其他有关条约的约束,同时派出三营军队占领了战略地位重要的莱茵非军事区,借以巩固西部边界,准备向东发动侵略战争。考虑到法国的强大,他小心翼翼地命令部队,如果"遇到法军抵抗,立即撤退",后来他承认这是"一生中神经最紧张的时刻"。可是,拥有100个师的法国对此无任何对抗行动,希特勒的军事冒险得逞,他就更加肆无忌惮了。

希特勒在执行"铸造神剑"计划的同时,"寻觅战友"的活动也开始了。他找上了日本和意大利。

日本称霸东亚和太平洋之志已久。1931年日本向中国东北扩张，发动"九·一八"事变，破坏第一次世界大战后所建立的新秩序，加剧了同欧美列强的矛盾。日本为了摆脱孤立处境，增强同欧美诸强抗衡的力量，扩大对中国和苏联的侵略，急需寻找盟友，眼光也自然投向同英法美苏矛盾日益激化的欧洲强国——德国。日本法西斯头目之一的真崎甚三郎大将说："应该注视西方，为进行大战必须从那里寻找朋友，日本孤立作战是困难的。"日本开始了同德国进行积极的接触。两国在1936年12月25日，签订了《德日关于反共产国际协定》，这样，"柏林—东京轴心"就结成了。

在日德进行谈判的同时，德意也开始调整关系。意大利自从墨索里尼及其黑衫党上台之后就开始了法西斯的统治。本来意大利因和德国争夺奥地利有冲突，但是自1935年10月，意大利武力入侵东非的埃塞俄比亚，与英法利益冲突，遭到国联的经济制裁后，意大利财政状况恶化，1935—1936年度预算赤字高达127亿里拉，比上一年（64亿）增加了一倍。意大利想借助德国力量对抗英法，有意向德国靠拢，德国乘机笼络意大利，扩大对意大利的出口，在政治、经济上支持意大利向非洲扩张，以换取意大利放弃在中欧、巴尔干和多瑙河流域的争夺。意大利则在中欧对德国让步。1936年10月25日德意签订秘密议定书，"柏林·罗马轴心"组成。以后经德国中间拉拢，1936年12月日意两国签订了相应的协议书。1937年11月6日，意大利加入《反共产国际协定》。德意日三国轴心初步形成。

1937年是二次世界大战前由和平转向战争的关键一年。在亚洲，日本发动了全面侵华战争的"七·七"事变，第二次世界大战的帷幕在亚洲拉开。1937年6月，德军总司令冯·勃洛姆堡向德军下达了准备对法作战的"红色方案"，袭击捷克斯洛代克的"绿色方案"，吞并奥地利的"奥托方案"。1938年3月，德国吞并了奥地利，一年以后又占领了捷克全境。同样早欲称霸地中海的意大利，也是为了称霸蠢蠢欲动。

欧洲的大战已是迫在眉睫了，但是法西斯国家之间仅有政治联盟已经显得不够了，需要在《反共产国际协定》的基础上，结成军事同盟。但是这时德国和日本之间却出现了危机。在对中国和苏联的态度上，两国出现了矛盾，关系有所冷淡。但德意之间的军事同盟谈判却十分顺利。1939年，意大利侵占了巴尔干的阿尔巴尼亚，因损害了英法利益而矛盾激化，急需得到德国强有力的支持。并于1939年5月22日，在柏林签订了《德意钢铁同盟》。

在德国发动对法国、英国的战斗之后，由于形势向着有利于德国方向发展，德国又要进攻苏联。在这种情况之下，德、意、日三国需要各自对敌国军事力量进行牵制。所以，1940年9月27日，德、意、日在柏林签订为期10年的《三国同盟条约》。到这时，"柏林—罗马—东京轴心"正式形成。这三国同盟实质上就是反对俄国和反对美国。

三国轴心的形成，使第二次世界大战的战斗更加扩大化了，使德、意、日三国狂妄的认为他们能够征服世界。德国在1941年6月22日以190个师、3700辆坦克、4900架飞机、47000门大炮进攻苏联，日本于1941年12月8日袭击珍珠港，发动了太平洋战争。但是在世界人民的抗击下，终于在1945年全部覆灭了。

三国轴心的覆灭，证明了一个真理，即：一切反动派都是纸老虎。

## 南斯拉夫的战魂——铁托

1941年4月6日南斯拉夫遭到法西斯德国的突然袭击。平时耀武扬威的国王和政府要员都吓破了胆，纷纷逃亡国外。11天后，全部国土都陷于德军的铁蹄之下。但是素来勇敢善战、坚强不屈的南斯拉夫人民决不甘作亡国奴，他们在南斯拉夫共产党领导下奋起抵抗，全国各地到处是南斯拉夫卫国战士打击德寇的无畏身影。他们的领导人就是二战期间令德国法西斯又恨又怕，却又无可奈何的铁托。

约瑟夫·布罗兹·铁托是南斯拉夫共产党的领袖。他1893年出生于克罗地亚的一个农民家庭。在他读完两年中学后即到一个制锁厂当了工人。1911年他进了捷克斯洛伐克的一家金属厂做工。后来他又曾到德国"奔驰"厂和奥地利汽车厂做工。在当工人期间，他深刻地体会到贫苦人民所受的压迫和剥削，对他们深表同情，但同时，他也看到了在这些贫穷的人身上所具有的善良、勇敢、无畏、乐观无私的高贵品质。在外国的阅历，使他拓宽了视野，增加了许多的见识。这就为他日后从事无产阶级的解放事业奠定了阶级基础。

1913年，他应征入伍，在1914年8月到了塞尔维亚前线。次年被派往俄国前线。1915年4月12日，他被俄国军队俘虏了。1916年秋，他同其他战俘一起被派往乌拉尔，在铁路上干活。1917年逃到列宁格勒，在普梯洛夫厂做工。

十月革命爆发后，他在苏俄参加了红色国际纵队。1918年由于越境去芬兰而被捕，11月被送到西伯利亚，干着管磨坊的活计。就在这一年，他与P·D·别洛乌索娃结为夫妻，别洛乌索娃当时是联共（布）党员。

1920年，他回到了自己的祖国并加入了南斯拉夫共产党。次年，南斯拉夫共产党被查禁，铁托与一些同志到别洛瓦尔州成立了地下党组织，成为州委委员。从1927年7月起，他任萨格勒布党的地方委员会书记。此外，他多次被捕、受刑，又多次逃跑。1928年被判五年徒刑。直到1934年3月才出狱，又开始了地下工作。1934年7月，他被选入南共中央政治局。1935年1月中，他在共产国际巴尔干书记处工作。1936年8月底，征得共产国际领导的同意，受南斯拉夫共产党中央的委托，回国直接领导南共国内工作。

1936年以后，德国法西斯不断扩大战争，把魔爪伸向西班牙、捷克斯洛伐克，战争阴云也笼罩在南斯拉夫的上空，铁托多次往返于莫斯科。

1937年，铁托开始担任南共总书记。他根据马列主义原则对党进行了整顿，并从本国实际出发提出了一系列方针政策，使南斯拉夫共产党成为革命的坚强领导核心。

1940年，作为党的总书记，铁托开始同军队发生了联系。1941年，德寇进攻南斯拉夫，南共决定建立军事委员会。同年6月22日德军进攻苏联，南共号召各民族人民起义。起义的烽火很快燃遍了全国，全国很快建立了游击队、武工队。

就在6月23日至24日夜间，游击队首先在贝尔格莱德到萨格勒布的铁路线进行破坏活动。接着年轻的共产党员在首都组成100个三人小组。他们走近各个报摊，一个人抓起报纸，第二个人倒上汽油，第三个人擦火柴，点燃报纸。一天的时间，几个生意最好的大报摊都不见了。焚烧法西斯报纸的行动产生了巨大影响。各种形式的反抗斗争从此蓬勃开展起来了。

1941年9月26至27日，在斯托利策会议上，成立了南斯拉夫人民解放游击队总司令部和最高统帅部，并在乌日策建立人民政权。11月底，德军在飞机坦克的掩护下大举进攻乌日策，铁托和游击队奋力抵抗后，撤到山区。1942年游击队在没有任何外援的情况下，孤军奋战。它采用机动灵活的战术，不断袭扰敌军，同时极力扩大自己的力量。到秋天，民族解放军达到了15万人，铁托还亲自组建了第一支正规军——无产者第一旅。

1943年，德国和意大利共调集了9个师及伪军，以优势兵力从四面围攻解放区。民族解放军被迫转移，行军过程经历了许多难以想象的困难。由于缺医少药，因病伤亡的人数竟然超过了战场牺牲的数目。

有一次，一个游击队员在矮树丛面前停下来，竟然把这里当成是野战厨房，拿出他的饭匙，等着轮到他来吃饭。还有一次，一个队员指着远处一棵树叫道："那里有一个烟囱，让我们到那间温暖的房子里去休息一下吧。"于是，整个一队人就朝着那棵树跑去。正是在这样的艰苦条件下，战士们凭借着大无畏的英雄气概和对侵略者的满腔仇恨，在一场生死决斗中，突破了意大利和切特尼克的防线。

民族解放军跳出包围圈不久，法西斯又调动12个师于1943年5月向民族解放军的新驻地发起进攻。敌人的进攻使游击队8000名优秀战士牺牲了，铁托在战斗中也受了伤。但敌人要消灭游击队的企图失败了。几个月后，南共领导下的游击队在人民支持下又恢复了元气。

1943年9月，意大利投降了，民族解放军的装备和人员都得到了很好的补充。铁托决定把民族解放战争同人民革命运动结合起来。他不顾外国的反对，决定立即成立全国性的人民政权。

1943年11月，反法西斯会议在亚伊策召开了第二次会议。会议建立了人民委员会，执行临时内阁的职权，铁托被任命为人民委员会主席。1944年9月，铁托的部队正式被国际承认为南斯拉夫国内的惟一反法西斯力量。

1944年10月14日，西苏联军向驻守在贝尔格莱德的2万德军发起猛烈的进攻，经过7天的激战，解放了贝尔格莱德。

1945年，铁托领导的民族解放军扩大为80万人，并于5月15日解放了全部国土。

铁托领导的南斯拉夫人民，以昂贵的血的代价为全世界人民的反法西斯斗争作出了重大贡献。

战争刚战束，苏联在没有征得南共同意的情况下，决定把有争议的领土里亚斯特划成甲乙两区,甲区交给英美管辖,乙区由南管辖。这引起了铁托的不满。

1946年3月,邱吉尔发表了反苏演说,呼吁英美联合起来抵制苏联。东西方关系趋于紧张。在这种情况下,苏联建立欧洲各国共产党的联合组织——情报局,以便加强联系,共同对抗西方阵营。

南共是这一组织的最早发起者。1947年9月,南、保、罗、匈、捷、意等欧洲九个国家共产主义政党,各派2个人在波兰举行秘密会议,这是情报局的第一次会议,情报局设在贝尔格莱德,任务是负责组织经验交流,协调各国党的活动,并出版机关报。

但是由于南、苏两国在战时就埋下了矛盾的种子,战后苏、南矛盾继续加深,主要是在经济、外交和意识形态领域两国存在着不小的分歧。苏联凭借其强大的经济和军事力量,试图把南斯拉夫变为它的一个附属国,这是渴望独立的南斯拉夫所不能容忍的。两国的矛盾逐渐激化甚至到了白热化的程度。

1948年6月20日,情报局会议在布加勒斯特召开,南共拒绝参加会议。在这次会议上,南共被开除出情报局。情报局6月28日决议向全世界公布后,南斯拉夫极为震惊。铁托当时正在散步,他听到广播,盛怒至极。从此,苏南矛盾又发展到新阶段,并导致了东欧各国一系列悲剧发生。

东欧和苏联阵营抛弃了南斯拉夫,但南斯拉夫没有屈服,而是以行动来驳斥情报局的指责,表明自己并不反苏,始终未放弃社会主义道路。他们开始独立地寻找自己发展的道路,在经济政治体制改革中,摆脱了苏联的模式,开辟了一条建设社会主义的新道路。

为南斯拉夫英勇献身,为缔造南斯拉夫党、军队、共和国作出杰出贡献的铁托,也赢得了人们的尊敬。毛泽东说:"铁托是铁"。

## 青霉素的发明与应用

弗莱明这样说:"如果我的实验室也像我参观过的实验室那样现代化,我就可能永远也发现不了青霉素。"

弗莱明全名亚历山大·弗莱明,1928年他发现了青霉素。

弗莱明的实验室与众不同,杂乱的实验设备乱七八糟。他的实验室在伦敦的圣玛丽医院,但是却像一个旧货店。他经常在初步研究了所培养的细菌之后,就把那些小玻璃器皿扔在那里,过一星期左右,再去看看它们发生了什么有趣的变化没有。他正是这样在有意无意之间找到了他最伟大的发现。

1928年夏末,弗莱明研究葡萄球菌。和他往常的习惯一样,他把葡萄球菌搁置在培养器皿中,然后就去做别的了。葡萄球菌是一种引起传染性皮肤病和脓肿的常见细菌。

9月的一个下午,弗莱明正在与一位同事闲谈,他突然注意到有点什么东西异乎寻常。他话没有说完就凑上前去观察其中的一个培养皿。

过了一会儿，弗莱明说："太奇怪了！"原来，培养液中大片大片的黄色细菌不见了，而是代之以青色霉菌。与青色霉菌接触的地方，都变得干干净净了。

弗莱明开始细心地研究，他已经有了一个隐隐的意识：这是一种很有价值的生物。

他把培养皿中青色物刮下来一点点，开始用显微镜观察。这些青色的斑斑点点具有青霉素属霉菌——青霉葡萄球菌氧化酶的特征。然后，弗莱明把剩下的霉菌弄出来，放在一个装满营养液的罐子里。几天以后，青霉素长成菌落，清汤呈淡黄色。

弗莱明开始着力研究这种奇怪的霉菌。他认定这种霉菌向液里释放出呈小金珠状的杀菌物质。这些黄色的液体在杀菌方面与霉菌本身同样有效。这是单株真菌，与面包或奶酪里的霉菌并没有什么不同。它对传染病菌有致命的效果。然而他的有限的试验表明，这种真菌对人体细胞无害，而且即使稀释1000倍，也能保持原来的杀菌力。

弗莱明在医学院时，曾接触过帕斯特的发现。法国帕斯特证明，某些疾病和传染病是由微小的生命体，或者说是微生物引起的，它们侵入人体，吞噬人体细胞。1877年，帕斯特又提出了一个看法：某些微生物攫食另一些微生物，就像某些动物攫食另一些动物一样。甚至最低级的微生物也在为生存而斗争。帕斯特最后说："生命阻止生命"。

"抗生"一词就是由帕斯特创造出来描述这种现象的。

免疫学和细菌学这两门相互关联的科学就是由帕斯特奠定的。

弗莱明上学时，科学家们在这两个领域里都取得了重大进展。研究人员已经查明了大多数致病微生物，并研制出预防天花、霍乱、白喉以及其他疾病的疫苗。

但是还没有人找到治疗传染病的一般消炎方法。弗莱明的发现，结束了对治疗致命传染病的漫长探索。

弗莱明最初的工作是和洒尔佛散打交道。这是法国埃尔利希医生发现的，有一定的抵抗炎菌作用。埃尔利希最后得出结论，科学家可以研制出对特定病菌有相似亲和力的各种化学物质，即攻击并消灭病菌但不伤害人体其他细胞的药物。埃尔利希解释说："可以这么说，抗毒素和抗菌剂是一些魔弹，它们专打那些需要它们去消灭的细菌。"

一战的时候，弗莱明在赖特领导下去法国的布洛涅建立一个战地研究实验室，研究并治疗协约国伤员所患的传染病。经常发生的是感染，弗莱明说："那时我站在那些受了感染的伤员中间，站在那些痛苦不堪和垂死的人中间，却爱莫能助。我心里充满了一个愿望，就是希望发现一种能够杀死那些病菌的药物，一种像洒尔弗散那样的药物。"

1922年，弗莱明有了第一个突破，他患了感冒，回到实验室后，向培养皿里加了一点儿感冒粘液，结果发现，微生物被溶解了。也就是说，粘液里有什么东西对某些细菌有致命效果。用眼泪、甚至唾液进行的其他试验，也产生了同样的效果。

6年以后，当他终于找到这种物质——青霉素，正是他对溶菌酶的研究帮助他认识到青霉素的巨大重要性。青霉素像溶菌酶一样，能够溶解细菌的细胞壁，此外，它还是葡萄球菌、链球菌和其他传染性细菌的天然敌人。

1932年2月13日，弗莱明向伦敦医学研究俱乐部提交了一份关于青霉素的论文。听众们有礼貌地听着，然后就转向其他问题。他的研究成果报告也没有引起很大的兴趣。弗莱明失望地恢复了他的其他工作，但是他仍然小心翼翼地保留着所培养的青霉素，等待着人们迟早使用。

几乎10年之后，才使得青霉素运用在病人身上。1939年，钱恩与弗洛里开始分离和试验一株样品。他们在牛津发现了一株首次在弗莱明实验室里发现的那种青霉葡萄菌氧化酶培养物。那年底，钱恩已经成功地分离出像玉米淀粉似的黄色粉末，并把它提纯为药剂。

钱恩是一名德国出生的犹太人，他曾在弗莱明的实验室工作，因此，他是在弗莱明的基础上作出研究的。

1940年春天，牛津研究小组在一些老鼠身上试验了这一药物的奇效，结果是惊人的。他们先给50只老鼠注射致命剂量的链球菌，然后给其中的一半注射青霉素。在16个小时内，25只没有注射青霉素的老鼠全部死亡，而在25只注射了青霉素的老鼠中，除一只以外全部存活。

弗莱明看到了牛津大学的实验报告，去见钱恩和弗洛里。钱恩早就没和弗莱明联系了，看到这位老人，他们很惊讶。

牛津的研究人员从弗莱明提供的试样中培养出效力更大的青霉素菌株。然而，提纯的过程耗时费力，而且收获甚小。他们慢慢地积累了少量的药物，把它储存在实验室的冰箱里，以备急用。

1941年2月，一位警察因为刮破了脸而患上了链球菌感染和急性中毒。在毫无希望的情况下，医院同意让弗洛里和钱恩试一下新药。他们拿出全部的青霉素，仅仅一茶匙，每隔三小时为病人注射一次，不到24小时，病人的情况稳定下来，随后竟然降温消肿，只可惜，药太少了，警察最后还是死了。

药是用来救人的，这种青霉素的大批量生产是因为杀人而促进的。第二次世界大战起到了为大规模生产所需的促进作用。本来，弗洛里和钱恩是恳请祖国提供经费来生产青霉素的，但是英国没有意识到这一点，没有理睬这两位医生。最后，弗洛里和钱恩找到了美国，美国立即定为优质军用品。

人们刚一开始生产青霉素时，这种霉菌只在一种容器中生长，而且还需要昂贵的营养液，并且只长在营养液的表面，所以，即使数百瓶的产量都不够一个病人用一天。

1942年，发现了一种来源广泛而且价格低廉的营养液。同时，找到了一种金菌青霉素的霉菌，它的生长比青霉葡萄球菌氧化酶高200倍。而人们摸索到了制取方法：用可以充气的巨大容器使霉菌不只是在营养汤表面生长，而是在整个营养液中生长。制药商们开始建造约两层楼高、可以装25000加仑营养液的大容罐。像飞机螺旋桨一样大的搅棒使空气通过容器内的营养液。霉菌生长时释放出的热量相当于一所房子一冬天的暖气量。

亚历山大·弗莱明在1944年受封为爵士。1945年，他与弗洛里和钱恩获诺贝尔医学奖。1955年，弗莱明逝世。

让我们用钱恩的评价结束对这位有道德而且谦虚的人的事迹之叙述："他给我的印

象是，他是个不善于表达自己的人，然而他使人感到虽然他竭力装出冷漠的样子，却有一颗火热的心。"

## 科学与战争

在二战之中，科学家和技术发明起了重大作用。

战争中出现了大批新产品、新武器和新技术。当然，最重要的是原子弹。另外就是德国人研制出的弹道导弹，这种导弹是用喷气引擎（就是火箭）推动的武器，可以用来轰炸远在许多英里以外的目标。

V—1型导弹是一种小型无人驾驶的飞机，靠用汽油作燃料的脉动式空气喷气发动机来推动，它能沿着预定的路线以每小时350～400英里的速度前进，导弹前端的弹头装有一吨重的炸药，当导弹击中目标时，弹头就爆炸。

后来，德国人又使用了体积较大的V—2导弹。这种火箭没有飞机那样的翅膀，只在尾端周围安装一系列长12英尺11英寸的稳定尾翼。它的引擎用马铃薯制成的乙基酒精作为燃料。V—2型导弹的速度为每小时3000～3500英里，航程约为200英里。

幸运的是，德国把原子裂变的研究和改进雷达的工作放在了较次要的地位。

的确，德国科学家科研能力很强，由于第一次世界大战结束后签订了凡尔赛条约，很多技术被禁，火箭却不在其中。

德国人从20世纪20年代起即积极研究火箭，所以取得了喷气推进的V—1和超音速V—2火箭的成功开发，然而到1944年年底德国才使用这些先进武器，为时已晚。

美国总统罗斯福于1940年设立了国防研究委员会，开始实行一项研制新式武器的计划。在美国历史上，这是第一次由这么高级别的机构负责研制武器工作。

1941年，美国成立了科学研究与发展办公室，用来指导与战争相关的研究工作。然而竟然涉及到语言学等学科，可见战争的综合技术性，它不仅仅是机械、医药等竞争，也是交流信息方式以及快速反应等竞争。

在20世纪30年代，美国开始研制雷达。1940年12月，德国的狂轰滥炸肆虐欧洲，英国皇家空军负责人只说了一句话："夜间轰炸开春即将急剧减少。"

不久，德国飞机被陆续从空中击落。不列颠之战就结束了。原因在于英国皇家空军的战斗机配备了新式雷达。

加拿大和美国共同研制了近发引信就是以雷达为基础的。这是战争中别具心裁的发明之一。这种引信装有一个小型的雷达系统，当高射炮或大炮发出的炮弹接近目标足以造成破坏时，引信就通过电子作用引爆炸弹。

在战争期间，要杀人也要救人。青霉素第一次大规模生产是在战场上。战争期间还成功地研制了滴滴涕（DDT），这是一种杀虫剂。当时它能十分有效地杀死传染疟疾的蚊虫和传染斑疹伤寒的跳蚤，从而控制了斑疹伤寒和疟疾的蔓延。

后来，DDT被大规模地应用在农业生产上，使世界粮食产量大幅度增长。然而到今天，DDT已经成了污染源。

麻醉治疗方法得到了广泛应用。这并不是完全的生理麻醉，而是一种心理性治疗。这种方法首先施麻酸，然后引导患者回忆，使他谈到痛苦的往事，心内郁积的恐惧与苦闷在如梦般的境界中得以渲泄。

许多战争中退下来的军人患弹震症。他们失眠不安、痛苦慌乱，这种治疗方法为他们解除了很多痛苦。

在二战中，电子装置、微波发射、橡胶工业、冶金铸造、石油加工等飞速发展。所谓"福祸相生"，这就是战争内涵。

中国人古话："福兮祸所依，祸兮福所伏。"战争中的技术带来更大的伤亡，战后的技术又为人类的经济和平做贡献。技术是一把双刃剑，关键在于人的意识。

要是没有支配社会政治的人文意识，就好比原子弹研究中心奥本海默所说："一个新情况是新事物层出不穷，而衡量变化的尺度本身也在变化，因而，我们一面在这个世界漫步，一面世界在改变着面目。这样，一个人经历了漫长岁月后，他幼年时所认识的那个世界既不是略有发展，也不是重新安排或受到节制，而是出现了大动乱。"

哈定在第一次世界大战阵亡将士遗体面前讲了下面的话：

"在这里有千万件伤心的事触动着我的心弦。有一个迫切的呼吁像一个永恒的告诫在我的耳边萦回不绝：'决不能让历史旧事重演！'"

然而他讲完话之后，二战仍然爆发了。科学家在战争中的角色引起了人们的深思：当今社会，人类应该以什么样的精神和动力去研究和工作呢？

和平在安定地提高人的生存质量和身心质量。

## 战争与和平

原子弹爆炸时，发出一道耀眼的闪光，其后是一个越来越大的火球，使广岛市中心一带成千上万的人化为灰烬，远达2.5英里的人也处于熊熊大火之中。然后出现了冲击波，其冲击力相当于每小时500英里的巨风，在两英里以上的半径范围内，几乎将一切夷为平地。满天横飞的木块、碎砖、瓦片和玻璃变成了置人死命的飞弹。正好处于爆炸点下方的一所医院的大石柱被笔直地冲压进土里。自来水管道被炸成碎片。成千上万正在烧早饭的炭火炉子被掀翻了，引起的火灾继续完成热浪和冲击波所开始的灾难。爆炸中心方圆5英里内的所有建筑物被夷为平地，广岛市荡然无存。

蘑菇云中落下大滴大滴凝聚的水珠，好像从5万英尺的高空落下的油腻的黑雨。最后，刮向市中心的巨大"火风"吞没了那些为躲避大火而逃到河里和公园里的人。树木被连根拔起，在河里掀起惊涛巨浪，淹死了许多躲在河里的人。

原子弹爆炸后的第二天，日本最高统帅部派有末精三将军到广岛。有末这样描述：

"飞机飞过广岛后,那里只剩下一棵黑色的死树,犹如一只在城市栖息的乌鸦。除此之外,空空如也。我们在机场着陆时,草地一片通红,好像被烤过似的。火已经熄灭了,一切都同时被烧得精光……城市本身已不复存在。"

在波茨坦会议上,杜鲁门收到了关于在"三位一体"试验成功的详细报告。1945年7月26日,美、英、中同时发布了波茨坦公告,警告日本人要么无条件投降,否则就会面临"迅速而彻底的灭亡"。

但是,7月28日,首相铃木贯太郎虽然没有拒绝盟国的条件,但却公然轻视这些条件。日本人在拖延时机,结果美国却认为这是一再拒绝,于是原子弹的投掷开始了。

8月6日凌晨2时45分,B—29型飞机埃诺拉·盖伊号从提尼安岛起飞。蒂尔茨上校用自己母亲的名字为自己的架机命名。这一次明显超负荷,同一架仪表飞盘和摄影飞机一起飞赴日本。

侦察机给他们传来密码电报:广岛上空天气晴朗。

当时,日本已发现了这几架飞机,但没有出动飞机去拦截31600英尺高空的敌机,他们认为不值得动用战斗机。

就这样,上午8时15分17秒,埃诺拉·盖伊号扔下了原子弹。戴着特殊保护眼镜的机组人员看到了紫色的闪光,他们意识到他们扔下了灾难。

广岛一片火海,出现了我们开头描述的场面。8万人立即丧生,而当时没有死去的幸存者在废墟中寻找自己的亲属时,他们根本不知道自己已经受到了致命的放射性辐射,在重建广岛后的漫长岁月里还不断有人死亡。

3天以后,又一朵蘑菇云在长崎升起。长崎遭到了毁灭性打击,7万人立时毙命,至于因污染辐射在痛苦中慢慢死去的人,难以胜数。

即使如此,天皇还是在压服他的两名高级军事顾问,并经历皇家卫队以他的名义发动的一次小小的暴动之后,才宣布了投降。

文雅的宫廷体语言说:"朕亦深知尔等臣民之衷情,然时运所趋,朕欲忍其所难处,堪及所难堪,以为万世开太平。"

广岛、长崎是自原子弹研制出来使用于实际杀伤场合下至今为止的第一次也是惟一一次受害者。

后来,当人们懂得原子弹的性质时,日本人用奇怪的富有诗意的名字"婴儿弹"来称呼它。甚至到现在,人们提到"幸存者"时还使用"被炸的人"和"伤员"这两个词,而很少用"幸存者",因为他们认为"幸存者"强调了存的结果,而这对那些炸死的人是不公平的,爆炸辐射直到今天也未完全散尽,长达10年的严重影响贻患无穷。

日本人树立了死难者纪念碑,来纪念自己死难的同胞。是的,战争带来的后果是将无数生命自愿与不自愿地卷入灾难,生命无常。然而我们在哀叹之余,面对今天的某些残存势力的死灰复燃却要问一句,你们悼念死亡同胞时,可曾想到,那些樱花不在的地方呻吟着几多冤魂!又何止长崎、广岛之人数,而是数以倍记的苦难者死于日本军刀之下。

和平不是一个人、一个民族、一个种族的,和平是共同的。狭隘只有死路一条。

珍珠港事件发生三年零八个月后,这个曾发誓要战斗到死的国家终于投降了。和平似乎到来了。然而核军备竞赛、核扩军等系列政治举措使和平的系数越来越低。

美国建立了自己的秘密发展核能的非军事机构——原子能委员会,并在太平洋的比基环礁岛上试验了第四颗原子弹。到 1947 年,"铁幕"和"冷战"等词已普遍流行。1948 年,美国和苏联由于柏林问题似乎已到战争边缘。1949 年,苏联爆炸了它的第一个原子弹装置。

保密和国际间的猜疑与日俱增,可以与之相提并论的是核技术的发展也在与日俱增。热核"超级炸弹"的爆炸力已不是以吨计,而是上百万倍,以百万吨 TNT 计。精密制导与运载系统也越来越先进了。

投在广岛和长崎的原子弹使第二次世界大战在恐怖气氛中宣告结束。自那时以来,在美国、苏联、英国、德国、加拿大和其他国家,研究原子能的工作大规模地继续进行着。新型的原子弹也已经研制成功,其中有氢弹、钴弹、"没放射性尘埃的"炸弹和裂变——聚变——裂变炸弹。

当然,核能并没有完全应用于军事,它正在而且也应该为人类造福。但是,核武器是悬在人类头上的达摩克利斯之剑,有一天,突然间核按钮的启动,会带来无数生命的灾难性毁灭。

制止的路不是没有,需要人类共同建设自己美好的家园。

有下面这样类似的话,人们说是爱因斯坦的预言,其实这也是所有的良知和智慧与理智所看到的:

有人问,第三次世界大战将是怎样?

答:我不知道第三次,只知道第四次世界大战一定是使用皮弹弓与石头子。

也许,第四次不可能发生了。

这是战争的悲惨结局。今天,令人欣慰的是,核能也正在和平地利用。人们最关注的是从核分裂中获得能量,即使是燃料资源丰富的资本主义国家也十分重视核能利用问题。

苏联在第一座核反应堆投入运行后的八年之内,于 1954 年 6 月 27 日把世界上第一座核电站并入了输电网。这座电站主要是供试验用的,因此功率只有 5000 千瓦,即使如此,两年之内,只消耗了几千克铀,却省下了 75000 吨煤。

继第一座核电站建成之后,苏、英、美等国都相继建成了许多性能更好、功率更大的核电站。同时德意志民主共和国也在 1966 年建成了类似的核电站。开始时,核电力在世界发电量中所占的比例是微乎其微的,但是逐年都在增加。1972 年,世界上已投入运行的核电站有 125 座,总容量约为 3500 万千瓦,此外还有大约 170 座在建造或设计中。

核能可用来作为船舶动力。美国在基尔建造了第一艘"原子潜艇"。1957 年 12 月,苏联的第一艘"列宁"号核破冰船下水,多年来这艘 44000 匹马力的破冰船一直在苏联北部海路航行。1962 年美国的第一艘原子货船"萨凡纳"号首次试航成功。

核武器拥有国的增多打破了核垄断，造成了一种压力之下的平衡，人们将核利用在经济生活之中。

初始的核能研究是裂变。但是裂变反应会产生大量的核废料，而这些核废料会产生严重的放射性污染。随着核电的利用，核废料会越来越多，污染也会越来越严重。所以，现在核能的利用危险很大，甚至会有后患，起码就现在来说，是不能有效处理核污染的。

1938年，美国物理学家贝特证明了，在太阳的高温下，失去了电子的氢核会结合成一个双质子，但这种核不稳定，其中的一个质子会立即释放出一个正电子而变成中子，使双质子核变成氢的同位素——氘，在高温动能的驱使下，两个氘核又会合成一个氦核，并放出巨大的能量。这种反应不仅能量更大，而且反应生成物是稳定的元素，没有放射性污染。这就是核聚变。

核聚变就是氢弹的原理。和历史上曾经上演的一样，核聚变的武器研究很快也很容易。但是，和平利用的稳妥途径正在开发。

## 战争中的科学家

原子能时代是伴随着第一颗原子弹的爆炸而到来的。

提到原子弹，人们马上会联想到"曼哈顿计划"，也就是"曼哈顿工程"。曼哈顿的生活与工作是一大群有血有肉的人创造的。在这里，我们将从核能讲起，在这个发展里探索科学与社会和人的微妙关系。

二战之后，制造原子弹是为具有第二次世界大战特点的规模庞大的工程作业。没有办法一一提到对制成第一枚原子弹起过作用的每一个科学家、工程师、军人和企业经理。几乎每一家规模较大的美国制造业公司，都对修建和管理分别位于田纳西州橡树谷和位于华盛顿州哥伦比亚河畔的汉福德工程公司的原子弹工厂贡献出他们的某些专业知识。

早在20世纪30年代，回旋加速器和静电发生器就已经研制成功。这些机器能使带电粒子加速，并把它们飞速地射向靶原子，从而把原子核击碎，并在这个过程中释放出大量的能量。但是这不是使原子里的能量释放出来的一种实际可行的办法，因为只有极少量的原子子弹击中原子。

如果阿道夫·希特勒把重心放在核研究上，也许世界将会有更加的多灾多难。1938年12月，奥托·哈恩和弗里茨·施特拉斯曼经过6年的实验，终于在柏林的威廉皇家化学研究所成功地分裂了铀原子，这是一个以前认为违背自然法则的过程。他们的工作意味着，有可能进行受控链式反应，爱因斯坦的理论已经预言了巨大的能量。

哈恩二人使用慢中子来轰击重化学元素铀。他们出乎意料地发现这种轰击的最后一种产物是元素钦，它的比重仅为铀的3/5。一位犹太血统的奥地利物理学家梅特涅曾同哈恩一起工作过，为了躲避纳粹迫害，她逃往哥本哈根。

1939年1月16日，梅特涅小姐给友人写了一封信，收信人也是一位流亡的伙伴。英国科学期刊《自然》公开发表，其中写道："铀原子核在中子的轰击下会分裂为体积大体相等的两个核子。他们说其中一个是钦原子的核。原子核的这种分裂被叫做原子裂变。"

到了哥本哈根，梅特涅与朋友弗利希和著名的玻尔讨论了这项重大发现。玻尔在1939年初到美国访问时，把这一极其重要的情报告诉了许多美国物理学家。于是，他们中有些人开始研究原子核的裂变问题。他们发现，当一个铀原子的原子核吸纳了一个中子时，它便分裂为钡、氪和某些别的东西。在这些东西中包括有多余的中子，而这些多余的中子又可以作为原子子弹来使更多的铀原子分裂。这就可以形成一种裂变连锁反应——在一秒的若干分之一的时间使原子一个接着一个地分裂。法国和德国的科学家们也证实了在裂变过程中会释放出中子的现象。人们认识到，在一次涉及到几十亿个原子的这种连锁反应中所释放出来的总能量是非常巨大的。根据这种连锁反应的原理而制成的炸弹，威力之巨难以想象。

1939年底，罗斯福任命了一个委员会来专门研究原子能用于军事目的的问题。1942年，根据科学研究和发展署的建议，把这项计划移交给了陆军部，并任命格罗斯少将来负责这项工作。于是，有关原子弹的研制工作从这时迅速展开。

但这件事与流亡的科学家有关。希特勒的种族灭绝政策迫害了大批犹太科学家，他实在太忽略这些人的价值了，以致他最终仍然败于他所迫害的犹太人士以及其他进步人士手中。

二战爆发后，匈牙利物理学家西拉德逃亡到美国。他得知德国禁止铀矿石出口，便敏锐地意识到原子弹研究的急迫性。费米也是流亡物理学家，他们草拟了建议信，恳请美国集中财力人力研究原子武器。

爱因斯坦在信上签了名。他们把信交给罗斯福总统的朋友萨克斯。萨克斯劝说罗斯福，但是罗斯福没有认识到严重性和紧迫性。萨克斯殚精竭虑，想到这样的话：

"在拿破仑战争年代，一个年轻的美国发明家富尔顿求见皇帝，建议他组建一支舰队，用蒸汽机作动力。他说，这样的舰队可以天下无敌。但是对拿破仑来说是天方夜谭般的事，所以把富尔顿赶走了。根据英国历史学家阿克顿爵士的意见，这是由于敌人缺乏见识而使英国得以幸免的一个例子。如果当时拿破仑稍稍动一动脑筋，再慎重考虑一下，那么19世纪的历史进程也许完全是另外一个样子。"

于是，1939年12月，"曼哈顿工程"实施了。

1942年12月2日，费米解决了第一步，他在芝加哥大学体育场底下一个临时建成的实验室中主持了世界第一次受控链式反应。真正的原子时代到来了。

费米反应堆用石墨作为中子的减速剂，用镉棒来吸收中子以控制裂变反应的速度，从而实现了输出能大于输入能的核反应。

原子弹的研制工作由美国物理学家奥本海默负责，在新墨西哥州一个叫洛斯阿拉莫斯的荒凉高地上秘密进行。这是1943年开始的工作，这项工作是最主要、最危险和最绝密的。

格罗斯征集了工业界的头子和获得诺贝尔奖金的科学家，连哄带骗地从财政部搞到20亿美元的秘密资金，要求参与核计划的成千上万的雇佣工要保守机密，实际上很多地方都实施了封闭的保密制度，与世隔绝的场所进行关键的工税。在华盛顿州的汉福德，平地崛起一座生产钚的城市。原本是田纳西州的乡村橡树岭，成为分离铀的基地，也成为该州第五大城市。在美国的数所大学，理论工作已经开始进行。

1943年12月前后，丹麦哥本哈根的玻尔也到了新墨西哥州的洛斯阿拉莫斯。如玻尔一样，科学巨匠们在曼哈顿计划中不过是些普普通通的人：土生土长的美国人中有奥米海默、劳伦斯、阿瑟·康普顿和卡尔·康普顿，欧洲被希特勒法西斯迫害和流亡的科学家有西拉德、费米、玻尔、詹姆斯·弗兰克和爱德华·特勒。他们在紧急、兴奋和秘密的气氛中工作，计划的各个部分，特别是洛斯阿拉莫斯部分，都是严格独立的。几乎没有哪个科学家知道他们的同事在做些什么。每个人、每件东西都有代号。费米叫"农夫亨利"，原子弹叫"野兽"或简单地叫"它"，而英国的原子弹计划——开始于1941年，相当不情愿与美国的计划协作，叫管道合金董事会。

洛斯阿拉莫斯的许多科学家过去是玻尔的学生和同事，仍留在希特勒统治下的欧洲的许多同行也是如此。没有人能够像玻尔那样熟悉世界各地的核研究，或者能够像他那样准确地估计德国在原子弹方面的进展。

不仅如此，约上万名不同程度的科技人员投入了不同的工作。曼哈顿工程拥有世界上最强大的科学家阵容，投入了巨大人力物力。动员的人员约50万，仅科研人员就达15万，全国近1/3电力投入了各项研究工作，仅试验方法就建了三座大型工厂。

奥托·弗里希回忆说："大房在现在不存在了，当时许多刚从大学毕业的科学家住在这里从事原子弹研究。"

美国军队在短期内，用约一年的时间把洛斯阿拉莫斯的私立农场男校建成了一座实验基地。奥托·弗里希在秘密已经过去数十年后从著作中提到："到战争快结束时，这里的人口已经增加到了约8000人，数百个科学家和他们的家庭以及大量的后勤人员在这里工作。炸弹的原料、铀235和钚在其他地方生产。洛斯阿拉莫斯的任务是把数学家、物理学家、化学家和工程学家集中到一起，决定需要原料的数量和最有效的构成形式。他们还设计和检验所有的装置，这些装置被装配成一个爆炸单元，在这个单元中，一个中子引发的链式反应以闪电般的速度进行着。选定的地点位于靠近美国中部的墨西哥州。在四壁陡峭的峡谷之中，仅有一条崎岖的山路与外界相通，正如人们所能想象的那种最秘密的军事基地所在的隔离区一样。"

罗伯特·奥本海默被称为"原子弹之父"，他于1942年正式担任洛斯阿拉莫斯实验室主任。他会对新来的人说："欢迎你到洛斯阿拉莫斯来，那么你到底是谁？"他常戴一顶宽边的平顶帽，实验基地是他亲手挑选的。

最有意思的是，奥本海默认为这么多顶尖人物构成的文明社会不应该是残缺的，所以，基地里不仅有数学、物理、化学、工程专家，还有几位画家、哲学家以及其它专业的学者。美国各大学的精华在一个小山镇里吹拉弹唱，高谈阔论，场面十分热闹。

在洛斯阿拉莫斯，有一些趣事，各种各样的人物都有，大显神通。

里查德·费曼被认为是正在形成的天才。他在研究出了密码锁的原理之后，能靠听转盘转时发出的轻微咔哒声把别人的保险柜打开。然后，他会放进一张奇怪的留言或者让别人的保险拒敞开。当然，安全部门会对他提出批评的。

今天，大洋两岸的物理学生都用费曼的教材，谁能知道他曾经在"狗沿"爬来爬去呢？弗里希回忆到："所有的小孩都知道基地的围墙上有一个洞。那个洞口离有士兵把守的官方入口不远。"有一天，费曼从洞口爬出去，然后由哨兵把守处亮证件进去，几分钟后他又出来，再进去。就这样，哨兵一直没弄明白为什么一个人在没有出去的情况下不断地进来。

斯坦·乌拉姆是波兰数学家，他对大家说他是纯数学家，完全用符号工作。但是他认为他慢慢地沉沦了，他最近的一篇论文居然带有真正的数字，真正的带小数点的数字，他宣布那将是他最后的耻辱！他的特长是能用高超的技巧和非常抽象的高深数学手法来预测原子弹的反应。

当然，有些实验很危险，有的科学家因为反应失去控制而牺牲了性命。

然而最终，原子弹研制成功了。

这时，二战已接近尾声，德国节节败退，但是曼哈顿计划照旧进行。因为这是一项要得到结果的秘密工作。

1945年6月16日，第一颗钚弹爆炸成功。因为滚圆的形状像邱吉尔，所以它的代号叫"胖子"。随即，以詹姆斯·弗兰克为首的科学委员会提交了请愿书，声称对日本使用原子弹将使美国在道义上站不住脚。但是这一请愿被否决了。

科学家中大部分人不认为第二颗原子弹有什么道义上的理由，当然，明显的结果是战争迅速结束了。军界普遍认为："至少需要两颗原子弹——第一颗使日本相信这一武器的威力，第二颗表明美国手头还有更多的原子弹。"

战争结束了，大批科学家把技术应用于新的研究，使它们在和平年代发挥着巨大的作用。

最后我们谈谈爱因斯坦，他是一个代表。他签署了那封著名的致富兰克林·罗斯福总统的信，说服美国研制核武器并取得成功，然而也是他在战后从事阻止核战争的和平事业。这是一个科学家的轨迹，事实上有一大群人如此。

爱因斯坦的一生用他自己的话来形容是："踌躇于政治和方程之间。"他致力于和平的活动，效果不是显著的，甚至很可怜，然而他仍然在做。至于从事政治，他自己却说："方程对我而言更重要些，因为政治是当前，而一个方程却是一种永恒的东西。"

世界历史五千年

# 苏维埃风云

## 1917年的俄国革命

1917年，欧洲各民族进入历史上最具有毁灭性、最残酷的战争的第四个年头。各国人民作出了种种牺牲，遭受了种种灾难，但还是看不见战争的尽头。战壕里的反战情绪在一首歌中这样表达：

我要回家！我要回家！
子弹嘘嘘，大炮隆隆，
我不想再呆在这里……

这种厌战和失败主义情绪在俄国表现得最为强烈、最为普遍。在俄国，3月和11月爆发了两次大革命，深刻地影响了战争的进程。俄国革命和美国参战改变了战争性质，欧洲的战争转变为全球范围的战争。1917年是第一次世界大战中具有决定性的一年。

1914年8月1日，当俄国对德国开战时，俄国各阶层都团结在政府周围，俄国人团结一致同德国人作战，确信他们将在短期内赢得这场战争的胜利。俄国人认为这是一场反对日耳曼仇敌侵略的保卫战。一向对政府极端不满的立宪民主党领导人米留可夫教授声称："我们必须集中一切力量保护我们的国家免受外国仇敌的侵略。……我们要为我们的祖国不受外国侵略而斗争，为欧洲和斯拉夫民族不受日耳曼人（德国人）统治而斗争……"

惟一唱反调的是激进的布尔什维克党人，他们的领袖列宁将这次战争视为帝国主义对市场和殖民地的争夺，全世界的工人没有任何理由为这一场冲突而献身。他反复不断地提出"变帝国主义战争为国内战争！"的口号。然而，由于布尔什维克那时是俄国一个极小的党派，现在被我们认为的杰出领导人列宁流亡国外，列宁的这一口号在当时不受人注意，也没有产生什么影响。

随着战争的进行，1914年侵入东普鲁士的俄国两支军队遭到了毁灭性的失败。1915年，当俄国军队面对德、奥的强大进攻而向后退却时，出现了大溃败。人口最稠密、工业化程度最高的省份丢给了同盟国。俄国再也没有能力从军事失败中恢复过来，它完全没有能力来进行反对第一流工业强国的现代化战争。1915 年，一位俄国将军生动地描述了俄国当时的惨像："最近几次战斗中的几个步兵团，他们中 1/3 的人没有步枪！这些可怜的家伙在暴风雨般的榴霰弹片中耐心等待，等待着拾起倒下的同伴的步枪。"

此外，无能的军事领导者也妨碍了俄国为一战所作的努力。沙皇尼古拉挑选他的叔叔尼古拉大公担任总司令。在战争中，每当他接到皇帝的命令，他总要花很长时间喊一通，因为他不知道怎样对待他的新任务。俄国大后方的政治分歧也妨碍了俄国战斗的胜利。杜马和帝国官僚机构经常为各自的辖权和特权争执不休。他们为军需品匮乏以及前线失败的责任问题而与军方发生冲突。这些上层领导之间互争权力，勾心斗角。1915 年 8 月，当前线陷于灾难之中时，沙皇尼古拉解除了尼古拉大公的职务，亲自掌握军事指挥权。他是一个令人讨厌的人物，战争也没有因为沙皇尼古拉担任军事指挥而逐步取得胜利。

终于在 1917 年 3 月 8 日，彼得格勒爆发了罢工和暴动，士兵与示威者联合起来反对沙皇专制统治。沙皇政府无力控制局面，成为名义上的政府。沙皇尼古拉于 3 月 15 日让位给他的兄弟米哈伊尔。第二天，米哈伊尔就放弃了王位。

为了避免街上的激进分子取代沙皇专制，在 3 月 12 日成立的临时政府试图改革沙皇专制。临时政府宣布言论自由、出版自由和集会自由；宣布大赦政治犯和宗教犯；承认公民在法律上一律平等，不受社会、宗教或种族方面的歧视；规定了八个小时工作日的劳动法规。但改革措施效果不大，因为改革从未扎根于这个国家。

与此同时，苏维埃却响应人民大众的心声，给予俄国人所需要的和平和土地。苏维埃的起源追溯到 1905 年的革命，工人们选举产生了工人代表会议即苏维埃，以协调他们反沙皇专制统治的斗争。苏维埃一出现就得到了越来越多的人民群众的支持。在乡村、城市、军队，苏维埃运动遍及全国，成为一种不断向政权挑战的基层组织。布尔什维克在列宁的领导下成为苏维埃的主要代表。4 月 16 日，列宁发表了著名的"四月提纲"，提出了立即实现和平、将土地分给农民和全部政权归苏维埃的要求。时间证明他是正确的，因为战争继续得越久，公众的不满情绪就越大，他的要求也就越得人心。

1917 年 3 月至 11 月是临时政府和苏维埃之间权力斗争的时期。在这场斗争中，临时政府处于极其不利的地位，因为它从一开始就拒绝考虑绝大多数俄国人所需要的和平和土地。在苏维埃中，布尔什维克变得越来越有影响，他们断定推翻临时政府、实现社会主义革命的时机已经成熟。准备在 11 月 7 日发动起义。

实际的革命高潮突降。几乎没有遇到任何抵抗的布尔什维克军队占领了彼得格勒的重要地点——火车站、桥梁、银行和政府大厦。只在冬宫发生了流血事件，伤亡人数共计一个红军战士和五个红军水兵。临时政府垮台了。

布尔什维克的轻易胜利，并不意味着他们得到所有俄国人民，或至少多数俄国人民的支持。但已掌握军权的布尔什维克力量逐渐强大。1918 年 1 月 18 日，在彼得格勒召开的立宪会议被布尔什维克驱散了，因为这次会议代表了社会革命党的利益，而不是布尔什维克的利益。

11月25日，布尔什维克党人在电台上向所有交战国发表讲话，请求它们立即缔结停战协定。提出"不割地，不赔款"的口号。协约国对此避而不答，但同盟国却愿意谈判，12月5日，它们同布尔什维克签订了停战协定。谈判中，德国人要求割让波兰和波罗的海沿岸各省，这种割让以民族自决为基础。面对德国人向彼得格勒继续推进，列宁为了争取和平，决定妥协。这样做是因为缺乏抵抗的手段，而且是因为他推测德国人很可能战败，无法保住他们所征服的地区。

1918年3月3日，列宁接受了《布列斯特——立陶夫斯克和约》。他不但放弃了波兰和波罗的海沿岸各省，还放弃了芬兰、乌克兰和高加索部分地区。

这时，第一次世界大战还在继续，俄国便退出了战争的深渊。列宁的决定是正确的。新的布尔什维克创立了苏维埃社会主义共和国联盟。

## 血染的顿河

《静静的顿河》是苏联作家肖洛霍夫的代表作。它历来以结构的庞大复杂、富有历史感而被世人称道。这部作品使肖洛霍夫当之无愧地跨进了世界杰出作家的行列。同时各种荣誉纷至沓来，1941年获斯大林文学奖一等奖，1965年又摘取了诺贝尔奖金的桂冠。

《静静的顿河》主要是以1918至1920年苏联的国内战争为背景的。发生在顿河边上的残酷战争成为作家选取的特写镜头，是此次国内战争的一个缩影。

顿河两岸生长着一个特殊社会阶层——哥萨克。这可追溯到15世纪。大批不堪忍受农奴制压迫的农奴、仆役、流犯和市民，纷纷从俄国内地逃亡到边远的顿河、库班河大草原上成为"自由民"，逐步建立起具有自治性质的哥萨克组织。哥萨克酷爱自由，英勇善战，性格粗犷强悍。后来沙皇对哥萨克采取怀柔和镇压相结合的政策，授予一定"特权""荣誉"，灌输"忠君爱国"的思想，使之效忠沙皇。哥萨克一面务农，一面习武，过着一种传统的近乎中世纪宗法制的生活方式。

由于长期生活在闭塞的环境里，远离俄国的民主运动，加之沙皇的欺骗收买，哥萨克逐渐变得愚昧粗野，狭隘偏执，充当起沙皇镇压革命的刽子手和国际宪兵的角色；顿河也从自由的根据地变成反动的堡垒。

十月革命一声炮响，建立了世界上第一个无产阶级专政的国家。面对这一新生事物，国内外的地主资产阶级都极端仇视它。他们从四面八方反扑过来，企图把新生的苏维埃政权扼杀在摇篮里。

这样，建国之初，苏维埃政权便陷于四面重重包围之中。它所控制的地区主要是莫斯科周围的地方。面积只有全国土地的1/4。苏维埃失去了粮食和煤炭的主要产地。由于原料缺乏，铁路瘫痪，40%的工厂停了工。劳动大众生活困苦，长期忍受着饥饿的折磨。莫斯科和彼得格勒的工人每人每天只能领到一两面包。与此同时，暗藏的敌人还不断在苏维埃地区制造颠覆破坏事件。1918年7月，莫斯科、雅罗斯拉夫里等城市相继发生叛乱。8月30日当列宁离开他发表讲演的米赫里逊工厂的时候，社会革命党的女党员卡普兰乘机向列宁开枪，这位无产阶级领袖的身上中了两颗毒头子弹，伤势很重。

1919年春，协约国改变了反苏策略，把白军推到第一战线，组织他们统一进攻莫斯科。

苏俄的处境十分危急。可谓危机四伏。

十月革命爆发后，被推翻的各种反动势力纷纷逃亡到顿河流域，妄图把顿河变成他们颠覆年轻苏维埃政权的反革命根据地。"静静的顿河"开始"波浪翻滚"，哥萨克面临着革命与叛乱、真理与偏见、红军与白军的根本抉择。

作品主人公葛利高里身上流淌着哥萨克的血液。他从小接受了古老的哥萨克传统生活方式的熏陶，青年时代应征入伍，参加了帝国主义战争。亲身的经历，现实的教育，同共产党人和革命哥萨克的接触，使他开始有所觉悟。十月革命后内战一开始，他参加了红军赤卫队，英勇地同白匪作战。1918年春，形势突然逆转，白匪利用红军执行政策上的过"左"错误，煽动顿河哥萨克暴动。葛利高里不能容忍所在部队不经审判就处决了全部白军俘虏，在白匪的"哥萨克自治论"的影响下，他脱离了红军，和哥哥彼得罗夫一块参加了反革命暴动。在白军中，他不断和白匪军官发生冲突。

1918年底，当白匪溃败时，他怀疑自己的道路走错了，便退出白军回到村里，想从此解甲务农。但红军和村苏维埃政权仍然对哥萨克实行过火政策，胡乱捕人杀人，葛利高里也被列入了被捕人员名单，他闻讯后逃跑了。1919年3月，顿河哥萨克再次暴动。葛利高里的哥哥在搏斗中被红军杀死。葛利高里怀着复仇的心理再次参加叛军，并爬到白军师长的高位，成了统率3000人马同苏维埃作战的叛军骨干。同年10月，红军很快打垮了南线白军，葛利高里带着情妇婀克西妮娅想随白军逃到海外去，但未成功。在对白军失望的情况下，他再次参加了红军，在布琼尼骑兵任连长、副团长，为赎罪奋不顾身地同乌克兰和波兰的白匪英勇作战。然而，他终究得不到红军的信任，1921年内战刚结束，他便被复员回村。这时，他的妻子娜塔莉娅死于小产，嫂嫂妲丽亚自杀溺死于顿河，父母也先后病故，只有妹妹杜妮娅已和村苏维埃主席珂晒伏依结了婚。葛利高里回村后想同妹夫珂晒伏依和平共处，但后者不信任他，声言要将他逮捕；他又听信了残余叛匪头目佛明的谣言，害怕受到苏维埃政权的惩罚，于是投入了佛明匪帮。1922年春，佛明的叛乱彻底垮台，他潜回村中带上婀克西妮娅想远走他乡。潜逃时，婀克西妮娅半途中弹身亡，葛利高里心碎肝裂，独自一人在草原上走了三天三夜，然后把武器抛入开始解冻的顿河，孤身一人回到了村里。在家门口的石阶上看到惟一的儿子米沙特。"这就是在他的生活上所残留的全部东西"，"这就是使他暂时还能和大地……相联系的东西"。

《静静的顿河》正是借助这一特定的历史时期、特定的地理环境而演绎出的动人的故事，主人公葛利高里是有很大的可读性的。他在重大的历史转折关头，不自觉地卷入历史事件的强大漩涡之中,一直动摇在两个敌对阵营之间,这是有着深刻的社会历史根源和个人的主观原因的。

葛利高里出身于殷实的哥萨克中农家庭。这就天然地决定了其性格的两重性即既是劳动者,又是私有者。在政治上具有小资产阶级左右摇摆的全部劣根性;尤其是对几世纪遗留下来的保守落后的哥萨克传统观念的偏见,以及哥萨克军官的特权思想,他一直顽固地坚持,不愿舍弃。因此他站在冰炭不容的敌对阵营之间动摇徘徊,在白军与红军中三进两出,竭力寻找一条超越革命与反革命的"哥萨克中间道路"——"第三条道路"。然而,哥萨克中农是没有独立的政治路线的。葛利高里顽固坚持"第三条道路"的结果,只能越来越背离人民,最后以自己的彻底毁灭而告终。葛利高里悲剧的实质,是在阶级搏斗尖锐化的革命年代,企图追求和探索实际上不存在的"第三条道路"的"理想"遭到彻底破灭的悲剧;是在艰难困苦的动荡时期,既要顽强地表现自己,又找不到自身的真正地位和道路的人的悲剧。

葛利高里作为一个个体的人,作为有个人"追求"和"理想"的人是不幸的,他在历史面前是多么的渺小,多么的无力。他双手沾满了战争的鲜血,只身一人站在被鲜血染红的顿河,似乎顿悟出了什么。作家抓住了这一瞬间,也是作家的某种理想的寄托,更是作家的伟大之处的具体体现。

顿河边上刀光剑影的战场厮杀是苏联国内战争的一个缩影。知一斑可窥全豹,新生事物得以存在是异常艰难的。苏联人民终于经受住了考验,克服了各种困难,挫败了国内外敌人的进攻,胜利地保卫了新生的社会主义国家。

## 新经济政策

1920年,苏维埃人民在布尔什维克党的领导下打退了外国武装干涉,平定了国内叛乱,赢得了举世瞩目的胜利。可是,当国家转向和平建设的时候,却遇到了意想不到的巨大困难。

1921年初,国家大工业的产量仅及战前的1/5;燃料、冶金、机器制造部门几乎完全遭到破坏;棉织品的产量减少到战前的1/20。农业也很不景气。播种面积缩小,土地耕种粗糙,谷物收成减产,牲畜头数下降。农业产量只有战前的60%。人民生活十分困苦,连最起码的生活用品都感到缺乏。

在这种困难情况下,部分工人中出现动摇不满的情绪,甚至发生了罢工事件。农民的不满情绪更为严重。他们原来接受余粮收集制,愿意用自己生产的粮食支援苏维埃打败白匪,以保住分到的土地。内战结束后,地主复辟危险消失,农民不肯再把粮食无偿地献给国家。不少农民减少播种面积,逃避余粮收集。一些中农甚至参加反苏维埃叛乱。农民的不满也波及到军队。1921年2月底,波罗的海舰队的重要基地喀琅施塔得发生了水兵叛乱。

所有这些情况说明，苏维埃政权实行的经济政策已不适合当今经济发展的需要了。

为了克服危机，人们纷纷献策献计。不少人主张进一步加强国家干预，建议把贫农变为国家农业大军，由国家直接组织农业生产。列宁面对这种情况，仔细地分析了国内的情况，认为恢复经济，稳定政权，必须从改善无产阶级国家同农民的关系入手。列宁正是用这种政治家敏锐的洞察力，审时度势地废除了农民不满意的战时共产主义的政策，实行新的经济政策。

1921年3月，俄国共产党召开了第十次代表大会。根据列宁的报告，大会决定用粮食税代替余粮收集制。从此，农民不必把全部余粮交给国家，而只需交纳一定的粮食税。同时，税额大大低于余粮收集额。超过税额的余粮都归农民个人所有。粮食税政策受到农民的欢迎。农民看到，扩大耕种多打粮食就能多得粮食，生产积极性大大提高。

在流通方面，内战后期多数产品或是凭证供应或是免费分配，商品买卖大多是在黑市秘密进行的。现在，政府允许农民和小手工业者把自己的劳动产品拿到市场自由买卖，恢复国内的自由贸易。这一决定深得私有者的拥护。

在工业方面，内战时期宣布把中小工业都收归国有。实行新经济政策后，一切涉及国家经济命脉的重要厂矿企业仍然归国家所有，由国家经营。而那些中小企业和国家暂时无力兴办的企业则允许本国和外国的资本家经营。

实行新经济政策后，国有企业和合作社的管理制度也有很大改变。原来，国家设总管局，统一管理各个企业。实行新经济政策后，合作社成为独立的机构。它可以按自定的价格采购农产品，也可以按自己的意愿出售日用品。

新经济政策是列宁的英明决策，它使1921年春天的危机迅速消失，生产稳步恢复。新经济政策满足了小私有者的经济要求，受到广大农民的欢迎，也得到了工人和其他劳动者的拥护。在新经济政策的基础上，工农联盟日益巩固，苏维埃政权不断加强。到1925年，粮食总产量大体恢复到战前水平，工业总产量达到战前的3/4。国民经济恢复工作基本完成。

新经济政策的实行更为俄国人民指明了走向社会主义的正确道路。以列宁同志为代表的苏维埃政权正确地认识到，用战时共产主义政策的办法直接过渡到社会主义是行不通的。列宁曾精辟地说，实行新经济政策会使资本主义因素有一定增长，也确实存在着无产阶级和资产阶级谁战胜谁的问题。但是，苏维埃国家拥有强大的政权，掌握着重要经济命脉，完全可以把资本主义因素限制在一定范围之内，还可以利用它来为苏维埃服务，在这种情况下，资本主义复辟绝不是必然的。相反，无产阶级国家一定能够通过新经济政策战胜资本主义，实现社会主义。

列宁提出的新经济政策是对马克思主义思想的重大发展，对中国和其他国家的社会主义建设事业具有重大指导意义。

## 为共产主义敲响战鼓的年轻人——马雅可夫斯基

"党——

是工人阶级的脊梁

党——

是我们事业的永生。

……

党和列宁——

一对双生的兄弟,——

在母亲——历史看来

谁个更为贵重?

我们说——

就是指的——

党,

我们说——

党,

就是指的——

列宁。

……

活着的列宁

又发出号召:

无产者,

整起队伍来,

走向最后的决斗!"

是谁用如此嘹亮的声音歌颂列宁?是谁用如此坚定有力的战鼓为初生的党的事业壮行?是谁义无反顾地投入党的战斗?是谁对共产主义充满了信心,却又对共产主义的蛀虫万分厌恶?

他就是马雅可夫斯基。坚决地选择了战斗,又坚决地选择了死亡。

1893 年 7 月 19 日,在格鲁吉亚的库塔伊西省巴格达吉村,弗拉基米尔·弗拉基米罗维奇·马雅可夫斯基降生了。他父亲是一个林务官。家境很好,一家五口人生活得非常幸福。

马雅可夫斯基的母亲很有文学修养,在她的教导下,马雅可夫斯基喜欢上了文学。1900 年,马雅可夫斯基被母亲送到库塔斯。1907 年,马雅可夫斯基考入了库塔斯中学。

在这里，马雅可夫斯基学习非常努力，每门功课都很优秀。在休息的时候，小马雅可夫斯基参加他大姐柳德米拉·弗拉基米罗夫娜与朋友们组织的文学小组。大家一起读各种文学著作，一起热烈地讨论。这时小马雅可夫斯基显示了他的文学天赋，他的观点常常比别人的更新奇、更深刻。

1905年，俄国第一次革命风暴很快波及到格鲁吉亚。小马雅可夫斯基兴奋地参加了当时的示威游行与集会，成为学生运动的中坚。1906年，马雅可夫斯基的父亲不幸病故。从此，一家人的生活陷入了困顿。一家人搬到了莫斯科，虽然生活非常清贫，但母亲仍然坚持让孩子们上学。为了减轻母亲的负担，懂事的马雅可夫斯基同姐姐一起制作一些小工艺品卖。莫斯科的政治斗争更为激烈。马雅可夫斯基家里经常住进一些革命者。他们虽然都大骂沙皇政府，但对马雅可夫斯基一家却非常温和。小马雅可夫斯基跟他们非常熟悉，由于马雅可夫斯基非常喜爱读书，在那些革命者手里，常常得到一些革命进步书刊。渐渐地，小马雅可夫斯基弄懂了布尔什维克的革命目的，并且也看出了沙皇统治下人民的苦难。他接受并拥护党的斗争。1908年，小马雅可夫斯基坚决要求参加了俄国社会民主工党，开始为党的事业而工作。他先后三次入狱，恶劣的狱中生活激起他更大的热情投入到党的事业中去。

1911年，马雅可夫斯基考入莫斯科绘画雕刻建筑学校。在这里，他开始学着写诗。一开始他的作品深受未来派的影响，并不出众，但是马雅可夫斯基依然努力地学习，坚决地与专制势力的压迫、剥削作斗争。他说："今天的诗仍是斗争的诗"。1912年，马雅可夫斯基发表了《夜》与《早晨》。编入俄国未来派诗人布尔柳克的《给社会趣味一记耳光》。这是俄国未来派的第一部诗集。1915年，马雅可夫斯基完成了他的第一部长诗《穿裤子的云》，对资本主义进行了揭露与批判。1915年7月，马雅可夫斯基应征入伍。残酷的战争让他认清了帝国主义的本质。1916年，他又完成了另一部长诗《战争与世界》。诗中揭露了帝国主义战争给人民带来的沉重灾难与不幸。在日渐壮大的无产阶级文学的影响下，特别是在俄国杰出作家高尔基的帮助下，马雅可夫斯基进步很快。

1916年，马雅可夫斯基出版了他的反战诗集《像牛叫一样简单》，高尔基非常欣赏马雅可夫斯基，称他的诗是真实的文学，只是还没有发挥出来。在高尔基的指导下，马雅可夫斯基在1917年完成了长诗《人》。俄国二月革命之后，马雅可夫斯基坚定地站到布尔什维克一边，投入了对资产阶级临时政府的战斗中去，他写了一些著名的小诗在舆论上为共产主义加油、助威，如《关于小红帽的故事》《给我们回答》等。

十月革命胜利之后，马雅可夫斯基见到了俄国革命领袖列宁，给他留下了深刻的印象，这一时期，他激情飞扬，热烈地歌颂工人阶级取得的胜利。如《我们的进行曲》、《给艺术大军的命令》《革命颂》等。

俄国十月革命的伟大胜利，击溃了资本主义阵营，建立了第一个无产阶级国家，鼓舞了世界各国被奴役被压迫的民族起来反抗。革命的火燃遍了全球。帝国主义反动势力对新生的无产阶级政权痛恨至极，集结反共联盟，力图把新生的红色政权扼死在摇篮里。马雅可夫斯基用充满战斗激情的声音，高声唱出了著名的政治鼓动诗《向左进行曲》。诗中写道：
"我们厌恶
亚当和夏娃留下的法律
赶开历史这些瘦弱的老马！
向左！
向左！
向左！
……
俄罗斯决不向协约国屈服。
向左！
向左！
向左！
无产阶级的手指
掐紧
世界的喉咙！
挺直英勇的胸脯前进！
看无数旗帜满天飞舞！
谁在那里向右转？
向左！
向左！
向左！"

马雅可夫斯基在这里完美地展现了他的艺术风格。他以节奏鲜明、铿锵有力的语言，如战鼓一般激励着俄罗斯军民奋勇向前。

1919年9月，马雅可夫斯基参加俄罗斯通讯社——"罗斯塔"的宣传工作。他与画家切列姆内赫合作，编辑《罗斯塔讽刺之窗》，以通俗易懂的形式谴责敌人的暴行，号召人民起来反抗。《罗斯塔讽刺之窗》为俄国击败帝国主义反动势力做出了贡献。1920年，马雅可夫斯基完成了长诗《一亿五千万》，歌颂了俄罗斯人民不畏强暴，顽强捍卫自己政权的斗争精神。

在社会主义建设时期，马雅可夫斯基一面被广大人民的英勇顽强的献身精神所鼓舞，一面又被无产阶级阵营内部的丑恶现象所激怒，他义正辞严地指出这些现象的反人民性，尖刻地讽刺了这种好大喜功，追求浮华的寄生性。1922年3月5日，马雅可夫斯基发表了一首名为《开会迷》的讽刺小诗，非常出色，其中这样写道：
"一天
要赶去参加
二十个会。
不得已，才把身子斩断！

齐腰以上留在这里，
下半截
在那里。"

同时，在这一年，马雅可夫斯基出版了他第一本《讽刺诗集》。对社会主义中的阴暗面进行了尖锐的讽刺、抨击，受到人民群众的欢迎。但同时，由于他这种不肯同流合污的态度，被党中很多的官僚所痛恨，受到不断的诬陷、迫害。但光明磊落的马雅可夫斯基毫不屈服，一心一意地为共产主义事业而努力奋斗。

1924年1月22日，伟大的革命导师列宁逝世。整个苏联被哀伤的阴云笼罩。马雅可夫斯基悲痛之余，历时4个多月，完成了著名的长诗《列宁》。他歌颂了列宁伟大的一生，鼓舞人们在列宁光辉思想的指导下继续前进。他描绘了一幅世界人民大团结的共产主义世界：

"所有的国家都站起来了。
一个接着一个——
伊里奇的手
正确地指示着
各民族的人民——
黑的，
白的，
有色的——
都站到
共产国际的旗帜下。"

马雅可夫斯基关注着世界各族人民的反帝解放斗争。1924年初期，英帝国主义干涉中国的革命斗争，马雅可夫斯基写了《不准干涉中国》。其中写道：

"中国人，大声喊吧：
'不准
干涉中国！'
是时候啦，
赶走这批混蛋，
把他们
摔下
中国的城墙。
横行世界的海盗们，
不准
干涉中国！"

此外马雅可夫斯基还写了《莫斯科的中国》《阴惨的幽默》《你来念念这首诗，上巴黎、中国去一次》等鼓舞世界人民斗争的诗篇。

1927年，为了庆祝十月革命胜利10周年，马雅可夫斯基历时8个月创作了长诗《好！》，副标题是《十月的长诗》。诗中表达了对在革命中逝去同志的缅怀，赞扬了他们英勇奋斗的精神，歌颂了伟大的十月革命的胜利。

马雅可夫斯基不仅仅赞扬在各个岗位上奋战的劳动者，而且也为青年一代、儿童一代写诗。如他的儿童诗《什么叫做好，什么叫做不好？》《火马》《长大了做什么好》等等都是优秀的作品。他给青年们写的《共青团之歌》《给我们的青年》《青春的秘密》也都被青年朋友广为传诵。

随着社会主义苏联的逐渐发展，原来沙皇专制的封建思想与资产阶级的利己、享乐的风气又死灰复燃了。马雅可夫斯基对之进行了有力的揭露与鞭挞。从而引起许多人的反感与痛恨，于是他们组织各种力量打击、压制马雅可夫斯基。从而使马雅可夫斯基再也没有一个安宁的创作环境。马雅可夫斯基绝望了。从而更为怀念伟大的导师列宁。1930年2月，马雅可夫斯基顶着巨大的压力举办了"20年创作生活展览会"。把共产主义的伟大使命寄托在青年一代身上，他要以这些展览会教育青年人。同时也以此回复那些攻击他的人。这次展览会展出了马雅可夫斯基自己20年来的所有创作。20年来他共出版了86种著作。他曾给莫斯科、列宁格勒的30多种报纸与50多种杂志以及国内各地区的100多种报纸、18种杂志撰稿。在编辑《罗斯塔之窗》时，展出的1600多幅招贴画、宣传画中，有1/3的画是他作的。画配诗中有9/10是他写的。20年，马雅可夫斯基写了诗歌1300多首，长诗14首，剧本3部，电影剧本12部。如此辉煌的成就是马雅可夫斯基为社会主义事业辛劳的证据。这次展览会，取得了很大成功，受到广大人民的欢迎。不但很好地教育了青年人，同时也是对社会主义的蛀虫一个有力的反击。

马雅可夫斯基在一切都做完之后，便对这个污浊的环境没有什么留恋了。既然许多领导都恨他，希望他死，他就死吧。但愿他死之后，那些人能够专心于社会主义事业。反正只要他活着，那些人就不安心，自己也不可能继续工作。于是，高尚的马雅可夫斯基选择了死亡。1930年4月14日，马雅可夫斯基在自己的寓所自杀身亡。在他留下的遗书《给大家》中，他这样写道：

"关于我的死，别埋怨任何人，也请你们不要造谣生事。死者最不喜欢这一套。

妈妈、两位姐姐和同志们，原谅我吧。——这不是什么办法（我不劝别人这样做），但我没有别的出路。

莉丽娅——爱我吧。

政府同志，我的家属就是莉丽娅·勃里克、妈妈、两位姐姐和维洛尼佳·维陀尔多芙娜·波隆斯卡雅。

假如你能为他们解决生活问题，——谢谢。

……

祝你们幸福。"

年仅37岁的马雅可夫斯基逝去了，这是对于共产主义社会阴暗势力的最后反击。高贵的马雅可夫斯基将永远活在俄罗斯人民心里。

## 世界历史五千年

# 自由万岁

## 朝鲜三·一人民起义

在1904至1905年日俄战争之后，沙俄战败，至此日本把沙俄的势力完全从朝鲜排挤了出去，使朝鲜成为了日本的"保护国"，并且让后来为世界所知的伊藤博文作朝鲜的统监。他解散了朝鲜的军队，并且集朝鲜的立法、行政及人事等大权于一身。1910年，汉城，日本军队冲入朝鲜皇宫，朝鲜的国君在日军的刺刀之下与日本签定了《日韩合邦条约》。至此，朝鲜完全沦为日本的殖民地。

日本完全地吞并朝鲜之后，对朝鲜进行了"武断政治"。列宁对这时日本在朝鲜的统治有精辟的论述：日本把沙皇的一切办法，"一切最新技术发明和纯粹亚洲结合在一起，空前残酷地掠夺着朝鲜"。朝鲜的总督由陆海军大将担任，直属天皇，独揽朝鲜的立法、司法和军政大权。被日本天皇任命的朝鲜首任总督陆军大将寺内正公开叫嚷："朝鲜人顺我者生，逆我者死。"日本宪兵、警察遍布朝鲜各地，并且有两个日军师团和两支海军分遣队常驻朝鲜，以便用来镇压朝鲜人民反抗。为了防止朝鲜人民的反抗，日本侵略军强制收取了朝鲜民间的武器，强迫几家合用一把菜刀，就连这一把菜刀也要用铁链拴在案板之上。

日本侵略者在疯狂镇压朝鲜人民反抗的同时，也对朝鲜实行野蛮的殖民掠夺。殖民当局颁布了许多法令，强行霸占朝鲜的土地、森林和矿产资源，并且压制朝鲜民族工商业的发展，占有了朝鲜的绝大部分工厂企业和矿山，把朝鲜变成日本粮食、原料的供应地和日本商品的市场。

日本还在朝鲜实行愚民奴化的政策。禁止朝鲜人民学习和使用本民族语言，而改用日语，并且宣扬朝鲜人民是"劣等民族"，禁止朝鲜学校开设朝鲜历史和地理课程，并对朝鲜实施"皇民化运动"，想要从根本上灭绝朝鲜。

日本的殖民统治给朝鲜人民带来了深重的灾难，使许多农民流浪国外，不少人被迫逃进深山老林，变成刀耕火种的"火田民"。朝鲜的工人阶级大多在日本殖民者的工厂、矿山、铁路和港口劳动,一般都从事长达 12~14 小时的繁重劳动,但是依然不够养家糊口。所以,朝鲜人民反抗日本侵略者的斗争一直都延绵不断。在 1910 年前后,朝鲜人民的反日起义持续了大约有 10 年左右,起义军最多时发展到 14 万人,给日本侵略军以沉重的打击。1917 年俄国十月革命的胜利,鼓舞了朝鲜人民争取民族独立的信心和决心,终于在 1919 年 3 月 1 日爆发了反抗日本侵略者的民族大起义——三·一人民起义。

这次宏大的朝鲜人民全国起义,是由于朝鲜的太上皇李熙被害而引发的。李熙在位时因为不满日本的控制,幻想依靠别的帝国主义国家的支持,来摆脱日本的"监护"。1896 年逃到俄国使馆,又于 1907 年在第二届万国和平会议举行之时,派遣密使在会议上发出呼吁,要求各国承认朝鲜独立,解除日本对朝鲜的保护制度,但是失败了,日本废黜了李熙,让其儿子李拓为王。此后李熙一直被幽禁在德寿宫中,但是 1919 年 1 月 21 日,李熙被日本总督长谷川指使朝奸毒死,并对外宣称李熙死于脑溢血,并要为其举行按日本古礼的国葬。这件事深深地伤害了朝鲜人民的民族感情,激起了各阶层群众的愤慨。

由于朝鲜人民反日情绪高涨,朝鲜民族主义者利用李熙遇害事件,决定在国葬日展开示威活动。他们推选了天道教教主孙秉照为首的宗教领袖 33 人,组成了"民族代表",起草《独立宣言》,并提出"大众化,一元化,非暴力"的方针,控制了运动的领导权,而且和学生团体联合,形成一个松散的反日爱国主义阵线。1919 年 2 月 8 日,留日的朝鲜学生首先在东京集会,发表独立宣言,揭开了斗争的序幕。

与日本的朝鲜留学生相呼应的是在汉城的学生。在 1919 年 3 月 1 日下午,汉城的学生纷纷涌向市中心的塔洞公园,他们同前来参加国葬的工人、市民和农民一同宣读完《独立宣言》之后,开始了示威游行。30 万群众分成几路,奔上街头。他们受到的是日本军队宪兵和警察的镇压。在示威游行的人群中,有一位爱国的女学生,手持国旗,高呼着反对日本侵略者的口号。凶残的日本兵砍断了她的右臂,她不顾伤痛,用左手拾起国旗,继续呼喊着口号,日本兵又野蛮地砍断了她的左臂。尽管她两臂血流如注,但毫无惧色。当日本兵用刀猛刺她的心窝时,仍用最后一息,喊出了"独立万岁"的呼声,充分表现了朝鲜人民争取民族独立的不屈不挠的精神。

而这时期朝鲜的资产阶级领袖们却被这种血流满街的场面吓破了胆。他们不敢把自己暴露在日本侵略军面前,只是在一个饭馆里把《宣言》念了一遍,小声地喊了几声口号之后,就打电话向日本警务总监部主动自首了。

同资产阶级的妥协投降不同的是朝鲜人民群众的英勇抗争。朝鲜人民看到殖民强盗的血腥屠杀,使他们明白和平请愿的办法行不通,必须用革命的斗争,采用武装斗争的方式。3 月 5 日,汉城青年学生首先举行暴动,与日本宪警展开了殊死的斗争。广大工农群众投入了斗争,他们袭击日本官厅、公团,并且处死了许多的日本官吏、亲日朝奸和地主恶霸。朝鲜各行各业的人民群众都参加了斗争。三·一人民起义是朝鲜现代史上具有广泛群众性的民族大起义。除了一小撮亲日的大官僚、大地主和买办资本家之外,在朝鲜 218 个府、郡中的 217 个府、郡共发生了 3200 多次示威和暴动,沉重地打击了日本的殖民统治。

三·一人民起义爆发后，受到了日本侵略军野蛮的屠杀。在短短的3个月内，就屠杀了7500多人，打伤了15000多人，逮捕了46900余人，焚毁和破坏了49所学校和教堂、715户民房，犯下了滔天罪行，残酷镇压了朝鲜人民的反抗斗争。

由于缺乏坚强的领导，在日本的血腥镇压之下，朝鲜三·一人民起义最后失败了，但是这次起义充分显示了朝鲜人民的力量，迫使日本侵略者作出了一些让步。从此，朝鲜人民的解放斗争由原来的资产阶级领导转变为更为革命的自觉、自发的行动。

## 化玉帛为干戈——印巴分治

时至今日，南亚次大陆上仍时不时散发出战争的气味，其主要大国——印度和巴基斯坦仍然对对方恨之入骨，他们之间的军备竞赛不但影响周边政局，亦使世界关注。究其原因，是历史遗留的克什米尔问题，使得他们无法尽释前嫌。

印度是以印度教徒为主的国家，而巴基斯坦则以穆斯林为主，在独立之前，它们同属英国的殖民地——印度殖民地。印度是英帝国主义最大的殖民地，被称为"英王皇冠上最亮的一颗宝石"。自从被英国入侵的那天，印度人的斗争就从来没有停止过。19世纪末、20世纪初，反英斗争的领导权掌握在国大党手里，而许多穆斯林都站在这一旗帜下，首先起来的是巴基斯坦之父真纳。真纳此时的职务是国大党领导人的秘书，他支持国大党提出的在英帝国范围内实现"印度自治"（斯瓦拉吉）的宗旨。

20世纪初，随着印度伊斯兰教派自治主义的发展，1906年全印穆斯林联盟成立，英国当局企图使它成为抗衡国大党的政治组织，但它并没有导致两大组织的对立与分裂。许多人同时是两个组织的成员，真纳也在1913年加入穆斯林联盟。在一战前后，两个组织关系较好，力图消除两派的分歧。1916年，两组织达成协议，即著名的《勒克瑙公约》。在一战后，甘地领导了非暴力不合作运动，印度两大教派并肩作战，空前团结。

但是好日子不长，毕竟是信仰不同，分歧难以弥合。教派很快出现冲突。印度教徒想让印度教一统天下，而穆斯林则要求有自己的生存空间。1923年，印度教极端分子的组织——印度教大斋会成立，它提出"印度教的国家，穆斯林改宗"等极端口号，并发起"护牛"运动，这严重伤害了广大穆斯林的宗教情感，于是下层群众的冲突加剧。而作为国大党和穆斯林联盟的领导层亦发生了分歧，穆斯林联盟主教真纳不赞成非暴力不合作运动，认为印度教色彩太厚，采用印度教苦修的方法，于是退出国大党。

虽然两组织领导人都曾致力于团结，但是在三次圆桌会议、真纳和甘地18天"艰苦会议"均告失败后，两组织的分歧完全没有找到契合点，而穆斯林联盟的纲领渐渐明晰起来，正如真纳所言："穆斯林印度不能接受任何必将导致一个由印度教徒占多数的政府的宪法。众所周知，穆斯林不是一个少数派。根据任何有关民族的定义，都可说穆斯林是一个民族，他们应当拥有自己的家园、自己的领土和自己的国家。"穆斯林联盟在国大党领导人被监禁、国大党陷入困境之际，迅速发展了自己的组织，增强了与国大党相抗衡的力量。

两大教派的分歧并没有阻碍印度的独立斗争，在二战之后，印度的民族解放斗争迅速高涨是不争的事实。

1945年，印度爆发了800多次罢工，1946年又增加到1600多次；农民运动也汹涌澎湃，席卷了孟加拉、旁遮普省、比哈尔地区，并深入一向沉寂的土邦，1946年还出现了农民起义。在工农斗争的推动下，印度籍士兵也投入了斗争，1946年2月爆发了孟买印度士兵起义，起义士兵达两万人，得到了人民群众的支援，但由于没有得到国大党和穆斯林联盟支持，终被殖民当局镇压。

风起云涌的民族解放斗争，使得英国在印度的统治岌岌可危，迫使其无法再延续原来的统治方式。

战争期间，印度行政机构已愈来愈多地由印度人充任，而英国在印度的投资则大大减少，英国人在印度所拥有的利益愈来愈少，英国人对没完没了的印度问题已厌倦起来。1945年7月，工党在英国大选中的胜利，是印度事务决定性的转折点，艾德礼首相也主张让印度独立。这些，都成为印度独立的有利条件。

但是，在具体以什么方式来独立却发生了分歧，国大党和穆斯林联盟各有算计，而且对立很尖锐。

国大党向英国使团提出"立即采取步骤实现它宣布过的计划，成立临时政府和制宪议会"，要求规定英国"离开印度"的期限；穆斯林联盟则坚决要求首先承认建立巴基斯坦的原则，反对首先成立全国性临时政府和制宪会议，主张英国人"分治后离开"。

而英国人却玩"分而治之"的故伎，利用两党的矛盾，力图继续控制印度，将印度划分为三大区，即印度教、穆斯林为主的省及有穆斯林居民的省份；在临时政府方案中，国大党占六席，穆斯林联盟五个席位，其他方面三个席位。这引起了穆斯林联盟的不满，它宣布1946年8月6日为争取建立巴基斯坦的"直接行动日"，结果发生了两派教众的流血冲突，仇杀呈蔓延趋势。

在教派冲突加剧的情况之下，英当局仓促成立临时政府，由总督兼任总理，尼赫鲁任副总理，真纳拒绝入阁，并抵制制宪议会。显然，一个统一的印度是不可能形成的，如果不分治则可能演变为内战。

这种形势令英国当局十分恐慌，在无力镇压的情况，必须迅速解决印度独立问题。

1947年2月，艾德礼发表《白皮书》，宣称：至迟在1948年6月以前把政权转让到负责的印度人手里"。同时任命蒙巴顿为印度总督，办理移交政权事务。6月3日，蒙巴顿通过紧张的活动提出了"印度独立法案"，即"蒙巴顿方案"：印度分为印度斯坦和巴基斯坦两个自治领，分别设立政府和制宪议会，各土邦有权决定加入哪一个自治领。真纳虽不满分治后被分割为两部分，但基本上满足了要求，于是便接受了。而国大党迫于形势，也同意了该方案。英国两大党亦同意了该方案，并于1947年7月通过了《印度独立法案》。

1947年8月15日，英国将政权分别移交给国大党和穆斯林联盟，印度和巴基斯坦宣告独立。贾·尼赫鲁为印度自治领第一任总理，真纳任巴基斯坦自治领第一任总督和制宪会议主席。1950年1月26日，印度宣布成立共和国，仍留在英联邦内。1956年3月23日，巴基斯坦成立巴基斯坦伊斯兰共和国，也仍为英联邦成员国。

但并不是一独立就万事大吉的，教派斗争仍在持续，甘地奔走各地，反对教派斗争，但是最终成为了教派斗争的牺牲品，为印度教极右分子刺死。而克什米尔则一直处在矛盾的焦点之上。

克什米尔就是殖民时期的查谟土邦，该土邦王公是印度教徒。克什米尔党的领袖穆罕默德·阿布杜拉的观点与国大党相近，主张建立一个统一的印度。但是该土邦的臣民大部分是伊斯兰教徒，他们要求加入巴基斯坦。

1948年10月，巴基斯坦鼓励边界上的帕坦人进攻克什米尔，很快占领整个克什米尔，克什米尔王公向印度求救，尼赫鲁派军将帕坦人赶走，这导致了巴基斯坦正规军参战，印巴战争开始。由于联合国的干预，双方于1949年1月1日签订了停战协定。但是，这并未能消除危机，双方仍怀敌意，并企图占领克什米尔。

1957年1月，印度单方面宣布克什米尔正式并于印度联邦，于是第二次印巴克什米尔战争开始了。这场战争在联合国的调解下，由于苏联的斡旋，于1966年2月双方在联合国监督下实现撤军，但是克什米尔争端并未得到解决。

由并肩作战、风雨同舟到兵戎相见、仇恨刻骨，使人不得不感慨历史无情。印巴仍然还在虎视对方，时常发动互相指责、不知谁为肇事者的冲突，不知何时相逢一笑泯恩仇。

## 印度"圣雄"——甘地

1869年10月2日，在印度西部的皮尔班达土邦的一个贵族家庭里降生了一个小男孩，又黑又瘦，一点儿也不起眼，谁也想不到这个小男孩将来会成为印度民族解放运动的伟大领袖。

这个小男孩就是莫罕达斯·卡拉姆昌德·甘地（1869·1948）。他的祖父和父亲都曾在土邦中当过首相，家里很富有，再加上他们都信奉印度教，于是就经常救济穷人，这使得小甘地从小就喜欢助人为乐，深得乡里人喜欢。

小甘地还十分爱国，从小就十分痛恨英国殖民者。当时印度国内有一首儿歌十分流行："瞧那强大的英国佬，他统治着矮小的印度人；因为他是肉食者，所以有五尺高！"于是小甘地就天真地认为"只要我国人人都能吃肉，那就可以把英国人打败了。"从此，他便以身作则，开始偷偷地吃肉。

由于出身贵族，甘地在1887年中学毕业后，便被送到了英国伦敦大学学习法律。初到伦敦，没见过世面的甘地真觉得自己到了花花世界，眼前不再是印度贫瘠的土地和饥饿的村民。再加上自己又富有，于是年轻的甘地不自觉就开始放纵自己，整日寻欢作乐，置学习于脑后。若是照此下去，一代"圣雄"就不会出现在世界上了。

这样的生活维持了不久，甘地忽然想起了自己心爱的祖国，想起了让自己学有所成的家人和全印度无数受苦的穷人，作为一名教徒的他，内心受到了严厉的谴责。

从此，他决心不饮酒、不食肉、不近女色，严格按母亲的约法三章安排生活，发愤读书，一定要有所作为。他积极参加了许多社会活动，从事反对种族歧视的斗争。

1891年，学业有成的甘地回到祖国，在孟买和拉杰科特先后当了律师。在当律师时，他就运用法律手段进行反歧视斗争，为穷苦百姓主持公道、伸张正义，同英国殖民者针锋相对。为此，他就得罪了许多恶霸豪绅以及英国的殖民当局，以至于他在国内竟无立足之地。一气之下，甘地离开印度，来到南非，在一家印度富商开的公司做事。

大家不要以为南非就是太平盛世，没有歧视和压迫。英国号称"日不落"帝国，南非亦是其殖民地。那里光印度侨民就10多万，并且大多以卖苦力为生。劳动条件恶劣，工作繁重，一有不慎，就要被当地白人毒打一顿，克扣工钱。

年轻气盛的甘地哪能受得了这种事，马上就投身到印度侨民的反种族歧视的斗争当中。

当时南非规定，印度侨民必须拥有50英磅的不动产才能具有选举权。50英磅现在看来不多，但对于当时大多数温饱都不能保证的印度侨民来说，拥有50英镑的不动产简直是天方夜谭。1894年，甘地再也忍不住怒火，他为南非杜尔班侨民起草了请愿书，并递交给了纳塔尔立法方会，为取消歧视规定，争取选举权而努力。

甘地同时还发现，印度侨民如果不团结起来，只靠个人力量，那只是蚍蜉撼大树，不起作用。1894年5月22日，他组织成立了南非印度侨民的第一个政治团体——纳塔尔印度人大会。并多次奔回祖国，多方宣传、呼吁，诉说南非侨民的不幸，寻求国内政治力量的支持。

甘地是印度历史上有名的非暴力不合作运动的倡导者。其非暴力思想就是在南非生活的21年间形成并开始实践的。

他的非暴力思想主要是来源于宗教。家里世代信奉印度教。毗湿奴派对甘地影响重大，它要求教徒讲究仁爱、不杀生灵、素食。早在少年时期，甘地就熟读了印度教经典，并以"逢恶报以善，用德报以怨"作为自己的处世格言。以后，他又研读了基督教的《圣经》和伊斯兰教的《古兰经》，并受到了托尔斯泰的"非暴力抵抗"思想之作用，认为所有的政治斗争都要体现出"仁爱"精神来，不提倡暴力革命。从此，这种思想观点陪伴了甘地一生，也影响了无数人。

当时，有人认为甘地的这种思想只是空谈，不会实现的。为了证明自己的观点是可行的，1904年甘地在杜尔班附近买了10英亩土地，建造了一座反映其心中理想的村庄——"凤凰新村"。这个村子吸收那些无家可归和失去工作的穷苦人为村民，大家自食其力，简朴生活。甘地也以身作则，带了家人来此居住，大家一块干活，一起休息，产品均分。后来，这里便成为甘地在南非领导非暴力斗争的一个基地。

甘地说:"我不对任何人怀恶意。我也不对任何人的不义屈膝。我要以真理战胜非真理,为了抵抗非真理,我愿意忍受一切痛苦。"他坚信通过非暴力抵抗和自己忍受的苦难,可以使不义之人改邪归正。

南非白人政府并不理睬甘地,我行我素,继续加强对印度侨民的压迫和歧视。他们对印度工人抽取人头税并制定了许多歧视印度侨民的法律法规。以甘地为首的印度侨民为了维护自己的利益,分别在1907年、1908年、1911年、1913年举行了示威游行。甘地也多次被捕,他既不畏惧,也不屈服,自始至终以非暴力形式向"不义"的南非政府抗议。他的事迹传到国内,震动很大,许多富裕的印度商人纷纷给他以强有力的经济支援,而印度的劳动群众更是纷纷举行群众大会,声援甘地。

1913年,南非政府突然做出规定,禁止印度人向南非移民,并且不承认按印度宗教仪式结婚的合法性。这些歧视性法规使得甘地领导的非暴力抵抗运动达到了高潮,罢工人数达到了几万人,声势十分浩大,人山人海。迫于压力,南非当局只好释放了已被捕的甘地,并取消了这些规定。非暴力抵抗运动取得了一定的成绩。

这时,第一次世界大战爆发了,英国及其殖民地也卷入了战争之中。这次,一向反对英国殖民者的甘地,以大局为重,积极支持英国作战。虽然当时他已是闻名天下,但他仍头戴白巾,身穿印度土制粗布衣服,赤着脚到印度各地漫游,为英国招募军队。白天赶路,晚上就睡在地板上,只吃米饭和果实。他希望能以自己的行动感化英国政府,一战后能允许印度自治。他曾经充满希望地说:"我知道印度采取了这个行动之后,就会成为帝国最得宠的伙伴。"

在漫长的游历过程中,甘地也掌握许多殖民政府为非作歹的事实,于是在第一次世界大战期间又组织了五次"坚持真理"运动,取得了不小的成绩:迫使殖民政府取消了过境税;禁止贩卖印度苦力出国;惩处罪恶的英国种植园主等等。从此,甘地成了印度人心目中的英雄,也得到了国大党各主要集团的支持,成为印度民族解放运动最有权威的领导者。无论甘地去到那里,都会有一批仰慕之人自愿随行,有时甚至达到几千人。

一战期间,英国政府也很是担心,害怕印度人趁自己无暇专注国内事务之机,掀起民族独立运动高潮,于是对印度人采取了怀柔政策,欺骗他们,答应改革印度政府,把省政府内一些次要部门如教育、卫生等部门交给印度人管理,并声称要逐步实现印度自治。

大战结束了,英国人把这些承诺都抛在了脑后,露出其本来面目。不但不改善印度人处境,反而颁布了罗拉特法案,使得殖民当局可以随意逮捕印度人,不加审讯就可以不定期地监禁印度人,并且被捕者不能聘请律师或让人为其辩护。这个法案也证明了一个事实:在英国人眼里,印度人不是人,只是任自己摆弄的东西。

但是,英国人想错了,印度人民举国上下,民心振奋,共同强烈抗议罗拉特法案,就连甘地也不得不失望地说:"人们要求一块面包,得到的却是石头"。愤怒的甘地从对英当局的合作转向了不合作。他号召全印度人民实行总罢工,进行非暴力抵抗。

1919年4月13日,在印度旁遮普省的阿姆利则城,数千名群众集合在一起向殖民政府抗议。英国殖民者竟然泯灭人性地对这些手无寸铁的群众开枪射击，当场就死伤了3000多人，造成了震惊世界的阿姆利则大惨案。

这时，愤怒人们已经难以抑制心头的怒火，他们不顾甘地非暴力抵抗的号召，拿起了石头和棍棒抵抗军队。他们焚毁政府机关、邮局和警局，用暴力来发泄心头的怒火。然而甘地却指责人们采取的暴力行动。

甘地所领导的国大党机关越来越感觉到必须把日益高涨的工人运动控制在自己的能力范围之内，1920年6月，国大党发动全国各阶层人士要积极响应甘地的非暴力不合作纲领。他们辞去英国人授予的公职和爵位；不参加殖民政府的任何集会；不接受英国教育，以自设的私立学校代替英国统治者的公立学校；抵制英货，自己动手织布，穿印度传统服饰；不买英国公债，不在英国银行存款，等等。

随着"不合作"运动进入高潮，人们的情绪也越来越难以控制。1922年2月被警察枪击的乔里乔拉村村民愤怒地烧毁了当地的警察局，并把警局团团围住，1名警官和21名警察被烧死。这次运动已经远远超出了"非暴力"的范围。

甘地却不支持这次事件，反而认为自己没有制止群众的暴力行动，是"最惨痛的耻辱"，并在国大党工作会议上提出停止不合作运动。这引起了党内外人士的强烈不满，众多人士认为"当人民的热情达到沸点的时候，下达退却的命令是真正的民族灾难。"从此，全国反英运动也进入了低潮。

甘地并没有因为众人反对，而修改自己的斗争原则，1924年2月当选为国大党主席的他继续推行"非暴力不合作"计划。并且不顾党内人士反对，反复和英国当局磋商，要求给予印度自治领地地位，但是强硬的英国政府对甘地的呼吁根本不予理睬。这时，国大党内以贾瓦哈拉尔·尼赫鲁为代表的激进民族主义者和甘地产生了分歧，提出了印度独立和反对英帝国主义的要求。甘地虽然认为自治尚未达到，独立只是侈谈，但是它无法控制局势，只好推荐贾·尼赫鲁为国大党主席。紧接着，贾·尼赫鲁提出了"完全独立"的纲领，并把1930年1月26日定为全国"独立日"，在全国发动了大规模的示威活动。

就在这时，英国殖民当局制定和颁布了食盐专营法，垄断了印度的食盐生产，并凭此垄断地位肆意抬高盐价，这引起了人民的强烈不满。

甘地这时已60多岁，仍然身体力行，反抗食盐专营法。从3月起，他就带领来自全国的78名信徒从印度北部阿默达巴德修道院出发，步行向南前往古吉拉特海岸。一路上栉风沐雨跋山涉水，甘地却毫不在意，沿途向经过的村庄村民发表演说，宣传自己的思想。24天后，跟随他到达海边的群众已有上千人。

在4月13日，纪念阿姆利则大屠杀牺牲者那一天，甘地一行不经当局许可就用海水熬起盐来。他们引来海水，然后经过蒸煮、分馏、过滤、沉淀，才能生出盐来，这对于因多次绝食斗争而疾病缠身的甘地来讲极不轻松，但他自始至终参加劳动，一直坚持了三个星期。

甘地的"食盐进军"行动，在全印度迅速得到响应，全国各地群众纷纷开始自制食盐。并且掀起了反抗热潮,罢工、罢课、请愿运动一浪高过一浪。殖民当局惊慌失措,马上派兵镇压,甚至逮捕了甘地和国大党其他领导人,并下令取缔国大党。

当全国人民听到甘地被捕的消息,举国沸腾,出现了全国性的革命高潮,竟然有数万名自愿者要求与甘地一同坐牢。不久,各地就爆发了武装起义,有的地方宣布独立,建立了自治政权。

可是,甘地这次又怕斗争激化,经过和总督三次会谈,签署了"休战协议",规定国大党停止不合作运动,政府方面停止镇压。这个协议引起群众对甘地的不满,不少青年手拿黑旗与黑花进行示威,对甘地向英国的屈服表示"哀悼"。

第二次世界大战爆发后,在全国反战运动的影响下,甘地也站到反战一边,但仍然用非暴力不合作的老办法。1940 至 1941 年间,他先后发动了四次反战不合作运动,均遭残酷镇压。到 1941 年 10 月,国大党各级领导人几乎全部被捕入狱。甘地于 1942 年提出英国"退出印度"的口号,要求殖民者交出政权。这一次甘地终于觉醒了。

由于群众革命运动的高涨,英国感到再也无法在印度统治下去,但又不甘心默默退出,于是便玩弄起印巴分治的阴谋,调拨印度教徒和穆斯林教徒之间的矛盾。甘地一向主张印度教徒与伊斯兰教团结,于是 77 岁高龄的甘地在比哈尔进行一日一村的徒步旅行,呼吁教派团结,反对印巴分治。可是,他的心血白费了。1947 年 8 月 14 日,巴基斯坦自治领成立;8 月 15 日印度联邦成立,英国达到了其不可告人的目的。

甘地曾说他将因教派冲突而牺牲,1948 年 1 月 30 日,在一次调解教派纷争的活动中,甘地被一极端印度教徒枪杀,享年 78 岁。

甘地一生节俭,遗物总共只有一架木纺车,一双拖鞋,三只小猴雕像,一个痰盂,一只怀表和一个从耶拉伏达监狱带回来的金属洗脚盆。从这遗物我们就能体会到甘地极端朴素的本色和一生艰辛的历程。

甘地的非暴力不合作运动虽然有其一定的落后性,但他一生千辛万苦,不屈不挠,在吸引印度人民参加民族解放运动方面起了巨大的作用。因此,印度人民尊称他为"圣雄",印度联邦成立后第一届制宪会议就称甘地为"过去 30 年的向导和科学家,印度自由的灯塔"!甚至英国驻印度总督蒙巴顿都称他为"印度自由的建筑师"。

能有如此高之评价,甘地一生无憾了!

## 土耳其国父——凯末尔

现代土耳其的缔造者——加齐·穆斯塔法·凯末尔·阿塔图尔克帕夏于 1881 年 5 月 29 日出生在奥斯曼帝国境内萨洛尼卡城(今属希腊)。他的父亲阿里·李查当过海关职员,又做过木材商和盐商。凯末尔 7 岁那年丧父,一直跟随他的祖母一起生活。12 岁的凯末尔进入萨洛尼卡幼年军事学校,14 岁升入玛纳斯提尔军事预备学校,因为他和这里的一个老师穆斯塔法同名,老师为了便于区别,在他名字的后面加上了"凯末尔"(Kemal 意思为"完美""完善")。毕业之后，凯末尔到首都进入伊斯坦布尔军官学校，1902 年毕业后又继续在参谋学院学习，1905 年毕业时，被授予上尉军衔，从此带兵作战，并晋升到校官直至将军、元帅。

凯末尔为了土耳其的新生奋斗了一生。在他生活的时期，土耳其正处于内忧外患时期，已经沦为半殖民地的国家。法国和英国掌握了奥斯曼帝国的经济命脉，德国则控制了帝国的政治和军事。德国里曼将军率领的 70 名德国军官组成的军事代表团，操纵着土耳其的政府和军队，并于 1914 年 8 月迫使土耳其签订《德土军事同盟条约》，把土耳其拖入对协约国的战争，最后土耳其战败。

土耳其战败，标志着 50 年庞大帝国的崩溃。根据签定的战败和约：土耳其军队立即复员；交出全部军舰；由协约国军队占领黑海海峡各处要塞等等。随后，协约国军队先后进占了土耳其几乎全部的国土。1919 年底，占领军达 10 万多人，其中英、法军队均在 4 万以上。1920 年 8 月，英、法、日、意、希腊等国同土耳其苏丹政府在巴黎附近的色佛尔签订和约，共 433 条，基本精神就是肢解和灭亡土耳其，不仅把土耳其原有属地削减了 3/4，而且对本土进行瓜分，仅剩下的安那托利亚高原地区（即小亚细亚半岛）也丧失了政治和经济主权。条约把土耳其推向了亡国的边缘。这时凯末尔承担了拯救土耳其的重担。

在凯末尔的学生时代，由于欧洲列强的入侵，苏丹政府的腐败，民族受压迫，同胞被奴役，这一切凯末尔都看在眼里，他无法忍受，所以他便积极串连校友，出版进步刊物，宣传民主思想。在毕业之后，他被捕入狱，后因没有任何证据，经过长时间的审讯之后把他释放了。出来以后，因在监狱中看到了苏丹反动统治的腐朽，他就在大马士革和一些具有进步思想的青年军官、医生、知识分子组成了"祖国与自由社"。后来这一组织与青年土耳其党人合并，凯末尔本人也积极地参加了青年土耳其党人在 1908 年组织的革命，并且在反对封建势力进攻的军事斗争中表现出色。但因凯末尔不同意青年土耳其党人保留帝制主张，所以他受到了排挤。

第一次世界大战爆发后，执政的青年土耳其党人拒不听从凯末尔的正确建议，跟随德国参加了反对协约国的作战。凯末尔在国家的危险之际，毅然担负起了保卫祖国的重担。在这场战争中他成了名将。凯末尔在 1915 年担任了人数少、装备差的新编 19 师的师长，他以机动灵活的战略战术，击溃了英国军队从海上和陆上的进攻，打碎了英国通往俄国的企图，保住了伊斯坦布尔的安全。这场战争使凯末尔名声大振，为此他获得了"伊斯坦布尔救星"和帕夏的称号，并且被晋升为军长。

一战之后，按照停战协议，土耳其要交出它的军队。而在叙利亚前线的凯末尔，拒绝交出军队。但是从伊斯坦布尔传来了不许抵抗的命令。凯末尔愤然辞职，回到伊斯坦布尔之后向苏丹表示，只要成立由凯末尔自己担任军事大臣的强硬政府，就能够把侵略军赶出土耳其，并拯救土耳其。但是，苏丹拒绝了他的要求，他对买办阶级封建势力组成的政府完全失望了，他决定前往爱国力量集中和民族运动高涨的安那托利亚。

安那托利亚在第一次世界大战中是土耳其民族资本主义快速发展的地方，这里新兴了许多的中小型企业，资产阶级逐渐成为一股新兴的政治力量，战败后签订的和约使他们失去既得利益，所以安那托利亚成为土耳其民主主义的发源地，民主主义蓬勃发展。

凯末尔在萨姆拉就任第九军团检阅使。安那托利亚的人民给了凯末尔战胜敌人的信心和决心。1919年，在锡瓦斯召开安那托利亚和罗姆里护权协会代表大会，成立了全国性的代表大会，凯末尔当选为领导机构代表委员会的主席。大会坚决要求外国占领军撤退和恢复土耳其民族主权。有土耳其独立宣言之称的《国民公约》也在这次大会的基础上形成。他还成立了土耳其国民革命军，为进行反对帝国主义侵略和国内反动势力准备了力量。凯末尔在大会上大声疾呼，要土耳其人民为了民族的独立而奋斗，并提出了"不独立，毋宁死"的口号。从此，土耳其人民在凯末尔的领导之下为民族的独立展开了艰苦的奋斗。

1920年开始，希腊在英国的支持下向土耳其进军，进入到安那托利亚的腹地。凯末尔利用这一时机，开始组建土耳其国民军。他号召复员的军人起来为祖国的生存而战，以复员军人建立民军的骨干，凯末尔还注意和农民武装建立联系。在凯末尔为民族独立的强大号召力之下，许多官兵脱离旧政权参加国民军，各地的农民游击队和自卫军也先后加入了国民军。

1921年初，15000人的国民军，在伊诺努战役中，面对四倍于自己的敌军顽强斗争，打败了希腊入侵军。到8月份，凯末尔亲自指挥5万国民军，同10万希腊军在距安卡拉40公里的萨卡里亚河岸进行了一场大会战。

凯末尔提出了一切为了前线的号召，动员全体军人不惜一切牺牲，英勇抗敌。所有男子都上了前线，运输弹药的任务就几乎全交给了妇女。她们冒着枪林弹雨，将一发发炮弹送入战壕。成千上万土耳其儿女的血汗遍洒了萨里卡亚河畔。凯末尔后来回忆这次战争时说："阵地的防线是没有的，有的是肉体的防线。这肉体的防线是由全体人民组成的。人民的每一寸领土，都是用人民的鲜血换来的。"

在凯末尔亲自指挥下，经过22昼夜的血战，击溃了进犯的希腊军，取得了民族解放战争的决定性胜利。凯末尔因这次胜利被大国民议会授予"加齐"（胜利者）的称号，并晋升为土耳其国家元帅。

1923年，英、法、意、希等协约国成员同土耳其在瑞士洛桑签定了《洛桑条约》，废除了治外法权，确认了土耳其领土和主权的完整。1923年10月，土耳其国民军进军伊斯坦布尔，实现了全国统一，并且召开大国民议会，宣告土耳其共和国成立，通过宪法，定都安卡拉，凯末尔当选为第一任总统。1924年3月3日，神职哈里发被废除。

1924年8月26日，经过充分的准备之后，土耳其国民军开始反攻。两周之内把英国支持的希腊军全部赶出了安那托利亚，收复了伊兹密尔，俘虏了希腊军的总司令库皮奇将军，迫使苏丹逃亡国外。1928年4月10日，宪法删除了"伊斯兰教为国教"的条文。土耳其至此完全成为世俗的共和国。

在土耳其共和国成立之后，凯末尔在政治经济、文化教育等各个方面进行改革，他努力使土耳其成为资产阶级共和国，并且使土耳其世俗化，反对伊斯兰教神权势力对社会政治文化生活的控制和束缚等等，这一切后来被人民称为凯末尔主义。

　　凯末尔主义说来就是以建立资产阶级共和国，对外反对帝国主义，对内反对封建主义专制的土耳其民族资产阶级的思想体系。凯末尔的改革使土耳其获得了新生，并且致力于建设富强的新土耳其。

世界历史五千年

# 科学前沿

## 被埋没了35年的遗传学家

20世纪的第一个年头,一项在生物学界足以引起不小震动的理论就要诞生了。

这项成果是有关研究遗传规律的。

有三位不同国籍从不同角度用不同方法进行研究的科学家用不同的材料得到了这个定律。他们是荷兰的德佛里斯用月见草和罂粟研究在阿姆斯特丹得出;奥地利的切尔马克通过豌豆实验在比利时根特得出;德国的柯伦斯通过玉米实验在耶纳得出。

然而,一件意想不到的事情发生了。

德佛里斯像往常一样走进图书馆,平静地坐下来开始查阅资料时,他抑制不住内心的喜悦,因为自己的研究将会带来又一次飞跃,他决定查检一下资料,以确定一下自己成果的意义。由于资料太多,平时忙于做实验,有些不著名的文章都没有来得及看。

于是他认真地翻阅资料,这次他有意地向前翻,来到一架较旧的书桌旁,那里都是过去的资料了。书堆满了尘土,已经有很多年、很长时间没有人动过了。他按索引看着文献的名字,寻找自己需要的,果然找到了几篇,于是翻开看了看,这仍和往常一样,没有达到他的论述水平,于是心里更加高兴了。

渐渐地,快找完了,缓口气,接着查检完,这是一项划时代意义的工作啊,他这样对自己说。到了最后,一篇《植物杂交》论文题目跃入眼帘。他漫不经心地瞟了一眼:植物杂交?跟我做的是一种工作,估计和那些差不多,让我随便翻一翻吧。

随手一翻,他忽然被一些词语吸引了:这好熟悉,噢!这是我的论文用词!此时,这位年轻的学者不那么悠闲了,他急匆匆地阅读下去。

这一下,如同冷水浇身!

他翻查了发表日期:1866年。也就是说,30多年前,有人已发表了论文,他没有见到过这篇论文,可是论文中已经做出了他将要发表的结论!这个打击太大了,辛辛苦苦的发现却是一场白忙活,对一个科研人来说,这会使他异常沮丧和悲哀!

最后的结果是，三个兴冲冲的科学家全都得知了这一消息，他们全都被这不愿意相信而又不得不相信的消息打击得失望之至。

三人仔细查阅资料，得知这篇被人忽略了35年的论文是神父孟德尔所写。德佛里斯想隐瞒孟德尔论文以保持自己成果的优先权，柯伦斯和切尔马克则一致推崇孟德尔，认为自己的工作不过是对孟德尔定律的证实并在某些方面还不及孟德尔。

柯伦斯和切尔马克尊重他人成果，这种高尚的品质打动了德佛里斯，最终也使"孟德尔定律"获得人们的承认。

孟德尔生于一个贫苦农民的家里，出生地是奥地利海钦多夫西列西亚村（现属捷克，叫海因塞斯）。他是家中5个孩子中惟一的男孩。

孟德尔很有才智，然而由于家境原因，使他没能接受更进一步的教育。1840年中学毕业后，孟德尔进大学攻读哲学，然而被迫中途辍学。他的妹妹为了让他上学，把自己的嫁妆费拿出来供他使用。就这样，孟德尔坚持上了前两年。

1843年10月，孟德尔的父亲积劳成疾，丧失了劳动能力。而孟德尔的身体也是每况愈下，在物理教师弗朗茨的建议下，孟德尔换了个名字叫"格雷戈尔"，进了修道院做一名修道士。

1851年，他被修道院选派进维也纳大学学习自然科学，于是他得以学习到数学、物理、化学、动物、植物以及昆虫学等科学知识，并且认识了几位著名科学家，还发表了关于生物学的论文。1853年，孟德尔成为一名神父。

在修道院，农业种植是一项重要的经济收入，而修道院似乎是"摩拉维亚"文化和科学研究的中心。修道院里的许多成员，不是布尔诺哲学学院的老师就是大学预科学校的老师，他们之中有人在修道院呆了几年之后进入大学做教授去了。

孟德尔在这个环境下，开始研究植物的杂交试验，并且于1854年5月成为中学的博物学老师直至1868年被选为修道院院长。

1856至1863年，在长达8年的时间里，孟德尔做了豌豆试验。

他发现，矮株结的种子再种植，就只能生出矮株，所以孟德尔认定矮株豌豆是纯种。高株豌豆则情况明显不同，约有1/3的高株是代代均高，而还有2/3的高株种子长成矮株。

孟德尔想到，用纯种高株和纯种的矮株杂交。他得到的第一代全是高株，而第二代却有1/4的纯矮种、1/4的纯高种、2/4的非纯种。

孟德尔还考察了花的颜色。他终于得出了显性与隐性的3：1的事实。然而这事实背后是什么呢？

孟德尔提出了关于生物遗传的假说：生物性状是由遗传因子决定的，遗传因子是颗粒式遗传。植物种子内稳定的遗传因子，控制着物种的性状。每一种性状由父本和母本的一对遗传因子控制，但只有一方表现出来，而另一方并不表现出来，然而在下一代，不表现出来的一方会以1/4的数量比表现。

孟德尔连续提出两大遗传定律，1865年2月8日和3月8日，孟德尔在布隆自然科学会上宣读,后来又出版单行本,被欧洲 100 多个图书馆收藏。奇怪的是,竟然没有人对这篇论文产生注意,也许是作者太不出名,又是一个业余研究者之故吧。

1868 年后,孟德尔没有时间研究了。1884 年 1 月 6 日,这位现代遗传学之父,患了肾病而与世长辞。他生前是人们尊敬和爱戴的神父,而他遗憾而又坚定地说:"我相信,人们承认我的时代很快会到来的"。他的预言实现了,他不仅是一位令人尊敬的慈蔼的神父,更是一位真正的科学家。

孟德尔的工作,正好是达尔文进化学说关于遗传学方面的有效证据。可惜的是,孟德尔读过《物种起源》,但是他没能认识到这一点,而达尔文竟然一直没有看到孟德尔的论文。就这样过去了 36 年。

孟德尔默默无闻地种来种去,人们对神父古怪的行径颇感有趣。实际上,孟德尔成功之处就在于他选择了种豌豆。

豌豆是自花传粉的植物,用它做试验可以尽可能地去除外来因素的干扰,从而使性状十分明显。而孟德尔采取的是当时非主流的实验方法,没有从传统的培根方法出发,而是走了统计和归纳的道路,这和实证是不同的。

孟德尔在别的科学家把整个物种的全部性状均作为一个单位来研究的时候,独辟蹊径地采用纯种系进行工作,研究那些分离的单一性状,从而使数据可靠明了,简单而有效。

如此一来,孟德尔定律第一次结束了两千年来生物遗传的各种假说,揭示了真正的奥秘,人们称他为"植物学上的拉瓦锡",把遗传定律与道尔顿原子论、普朗克量子论并提,以表示对这项重大意义之成果的追认。

基因与遗传工程是现代化的一个伟大时代,沿着孟德尔的道路,人们突飞猛进。

## 紫外线灾难

"普朗克是一位保守的物理学家",人们常常可以这样评价。

正是这样一个保守的物理学家,是 20 世纪杰出的自然学者之一,如果以重要性而论的话,继伽利略与牛顿、爱因斯坦之后,开启物理学新时代的正是普朗克。

在 18 世纪末,很多科学家没有意识到原子的存在。到了 19 世纪中期,人们得到了原子的重量,但是无法对原子观测。

还有一个实际困难,即如果原子组成物体,那么无限细分物体的观念就要受到限制,而原子的自由度也要受限制,不然就会出现即使是寻常的温度升高也需要无限大的能量。为了解决这样的问题,很多理论在经典力学与电磁理论下谨慎地说明了一些现象,没有脱离人们的传统认识。

然而,有一个问题却久久地困扰着人们。

这不是一个原子问题,而是一个古典的热力学难题——黑体辐射。

1893年，威廉·维恩提出一个数学公式。这种公式在光谱的短波部分使测定值与计算值完全相一致，然而用在中波和长波部分却无效。

1900年，英国物理学家为长波找到了一个规律。瑞利根据经典统计力学和电磁理论，推导出黑体辐射的能量分布公式，这个数学式子适用于长波，在短波部分却是无穷值，可相反的是，实验结果是零。

这个反差强烈的严重问题，被称为"紫外灾难"，因为紫外线是长波、中波与短波的分界波。

所谓黑体辐射，就是热学中一种对加热物的辐射研究。这种辐射具有较长的红外线到可见光在内的很宽的波长范围，是许多物理学家感兴趣的地方。

人们提出一系列问题：辐射的能与温度相关吗？辐射是平均分布在整个波谱范围内的吗？波谱的某些部分能量是否有多少的区别呢？

经过精密的测量，科学家发现，在波谱的一条窄带上辐射能量达到了最高值。人们用曲线描述辐射与波长的关系，精确的图形得出之后，就是为图形找到合适的教学描述了。上面两个数学公式就是想表达曲线的走向，然而全部能量分布的表达方式却始终找不到。

于是，普朗克开始着手研究这个问题。

1900年，马克斯·普朗克用拼凑的方法，得出一个适用于长波和短波的公式。但是他仍没有弄清这样做的理论原理。他说："它开始时只有一个意义，即可能是被猜对了的一个定律，我后面的工作就是找出真正的物理意义。"

普朗克假定物体的辐射不是连续变化，而是整数倍跳跃变化。要是这个前提满足了，则一切问题就可以迎刃而解了。

他先引入一个不变数，就是普朗克常数。能量是一份一份以能量包的形式传递的，普朗克常数是能量和时间的乘积。加热体的辐射始终只能以这一常数的整数倍进行。

能量的传输是一份一份的，不是平稳和连续的，这一份，普朗克命名为guanta，出自拉丁词guantum，意为"量"。

量子理论的基本思想就是这么简洁。能量是以各含"多少"能量的粒子或粒子束的形式来传导。用一个通俗生动的比喻即能量不是水管里流出来的持续水流，而是从机关枪里射出的子弹，每一个子弹里包含若干小粒。

1900年12月14日，普朗克向柏林物理学会阐明了辐射公式。量子论正式诞生。仍然如原来提出的原子学说一样，普朗克将最小的不可分的能量块称为"量子"，也就是"能量子"。多少年来，在经典物理学的观念里"自然界是不会跳跃的"，自然现象是连续的。这是力学、热学和电磁场等都证实了的基本规律，微积分正是基于这种连续性思想的数学方法。

1918年，普朗克获得了诺贝尔物理学奖，他在领奖大会上谈到：

"如果作用量子仅仅是个虚构的量，那么辐射定律的全部推论在原则上也就是幻觉，仅仅是毫无内容的公式游戏。与此相反，假若辐射定律的推导是建立在真实的物理思想基础上的，那么作用量子必然要在物理学中起重大作用。作用量子的出现宣告了前所未闻的崭新事物，自从莱布尼茨和牛顿创立微积分以来，我们的物理思考便建立在一切因果关系都是连续的假设上，看来新事物要彻底改造我们的物理思考了。"

尽管实验证明了普朗克理论的很多预言，但是这个奇特的思想仍然得不到公认。因为普朗克对于给定颜色的光波，是用每秒钟的振动次数（频率）乘以普朗克常数来计算能量的，人们认为他"用一个不可理解的假设——光波由振动产生，'解释'了一个无法理解的现象。"

量子假说与人们几百年来的观念不符，连普朗克本人也在一片反对声中没敢向前走，甚至放弃了继续深入运用量子理论。

他曾经致力于将量子（作用量子）纳入古典物理学范围，但是毫无成效。

普朗克后来回忆说："我想以某种方式把作用量子纳入古典理论的徒劳工作占去了好几年时间，耗费了我许多劳动。某些专业同行把它当作一种悲剧。我对此持不同意见，因为我认为通过这类彻底澄清而得到的收获是更为宝贵的。现在我了解到作用量子在物理学中所起的作用比我原先所设想的要大得多，从而充分理解到在处理原子问题时采用全新的观察和计算方法的必要性。"

爱因斯坦在1905年的论文中就有一篇是以普朗克的理论为基础的，后来沿着他们的思路和角度，出现的是量子力学一个又一个辉煌的名字：波尔、德布罗意、海森堡、薛定谔、狄拉克。

尽管作为先驱者的普朗克由于动摇而没能用充足时间深入研究，而爱因斯坦坚持自己的理念最终远离了热闹的量子力学，甚至成为量子力学的反对者，但是从相对论到量子力学一个又一个的观念被打破，一个又一个的迷惑随解随生，量子论也日益呈现了巨大的理论价值和迷趣。

## 放射性的发现

在伦琴进行初期试验时，X射线是从阴极射线管的荧光闪闪的玻璃管里放射出来的。在物理学上，伦琴射线和荧光之间的关系究竟是什么？如果发出荧光的物质在碰到光时或碰到光以后怎样？

1896年1月，法国物理学家亨利·贝克雷尔在得知伦琴的研究成果后提出了这一问题。贝克雷尔和他的父亲长期以来一直在研究某些在遇到光时能自己发荧光或是在光照射以后可以较长时间继续发光的物质。

贝克雷尔从伦琴射线可以使照相底片曝光这个现象出发开始研究。

他把实验室里的许多能发出荧光和磷光的物质收集在一起，把它们放在一块四周不透光的照相板上，接着放在阳光下晒，如果试验材料中出现X射线，那么它们一定能使照相底板变黑，从而可以断定它的存在。

实验结果是大多数胶片底片没有被曝光，只有那些上面放着铀化合物的底板上才有些发黑，这下引起了实验者的注意。因为这个现象好像比贝克雷尔想象得更复杂。

最让人注意的是，铀化合物在没有阳光照射的情况下仍然能够辐射。

一个偶然的机会使得研究更加深入。贝克雷尔把观点集中在与阳光的关系上，但恰恰赶上连绵阴雨，不见一丝阳光，于是他感到十分烦闷，便随手把感光板扔到一边，和铀化合物放在了一起。过了几天，天气晴朗，贝克雷尔冲洗了底片。

意想不到的结果出现了，和铀的化合物在黑暗处放了几天的底片曝光的程度十分严重。这使得贝克雷尔继续研究，寻找辐射源。

他用黑暗中的铀化合物——某些铀盐作材料，研究了那些没有人注意的铀化合物，冲洗了数百张底片。最后发现，铀和铀化合物有一种性质，能始终发出一种不可见的、在各个方面同伦琴射线相似的射线，它能透过近似真空的空间，使空气导电。

并且，铀材料的辐射强度几乎不见变弱。

他提出了"贝克雷尔"辐射现象，这种辐射是从原子本身发出的，不受外界条件的影响。但是铀盐放射性的光线没有像 X 射线那样产生轰动现象，因为得到铀盐很不容易，而铀盐的放射性没有直接可利用的价值。

待到一位世界著名的女科学家出现，放射性的研究达到了世界高度。

"放射性"这个词是这位女科学家首先提出的，她就是玛丽·斯克罗多夫斯卡，大家熟悉的名字是居里夫人。

1867 年 11 月 7 日，玛丽生于波兰华沙。这位波兰血统姑娘的父母都是教师。1891 年，她进入巴黎索邦大学攻读物理，而与著名的法国实验物理学家皮埃尔·居里相识。1895 年他们组成幸福和谐的家庭，成为全世界最有名的夫妇科学家。

玛丽·居里在贝克雷尔的基础上研究。她为了寻找辐射，对所有的原素逐一检验。后来她找到了一种叫钍的元素，具有放射性。

而在大量的深入分析中，她还发现了更强的放射性，于是，居里夫人开始寻找这种物质。皮埃尔本来继续研究自己的专业——晶体物理，这时也来帮助居里夫人共同提纯物质，研究放射性。

他们已经充分地估计过，可能在 1% 的沥青铀矿中有 1% 的这种新元素，而没有料到，从此以后他们走上了一条艰辛的道路，因为这种新元素其实连十万分之一都不到。

居里夫妇利用不满一杯的沥青铀矿，进行细致的分离和提纯化验。

他们先把含铀的沥青矿物质研碎，弄成粉末状，然后放入酸中溶解，接下来就是反复蒸煮的过程。要凝固和淀析，把酸性溶液分解成不同成分。他们先除掉一切含铀物质，接着分离并剔除所有已知的元素，每进行一道工序，都要检查一下剩余物质，看看是不是把放射性物质剔出去了。

经过繁忙劳累的工作，从 1898 年 4 月份开始的工作持续了近百天才有了眉目。6 月份或 7 月份时，居里夫妇得到了微小的细细的黑色粉末。这种粉末的放射性是铀的 150 倍。

他们再次提炼去渣，放射性更加强烈了，"几个月后，我们成功地从沥青铀矿中提炼了一种铋的伴生物质，这一种物质要比铀的放射性大很多倍，并具备十分典型的化学性。1898 年 7 月，我们宣布发现了这一物质。为了纪念我的祖国，我把它称之为钋。"

这是居里夫人所宣布的。她是波兰人，"钋"的原文第一个音节与"波兰"的发音开始是一样的。

然而，当数月后居里夫妇把钋从粉末中分离出来时，剩余的粉末仍然是有放射性的。他们很快就意识到了：沥青铀矿中所含的未知而具有放射性的元素不是一种，至少是两种！

这种物质的含量比钋要稀少得多，但放射性竟然能达到钋的 600 倍！夫妇二人继续从事艰苦的工作，他们这次用了好几个月，每天工作到凌晨，然后是教书理家。

最初他们连做实验用的矿物都没有，后来皮埃尔·居里把一车皮沥青铀矿的废料买下来，才算有了原料。1899 年，一吨又一吨装满矿渣的大麻包从捷克斯洛伐克运到他们的实验室，里面有碎石块、泥土、树叶及大量杂物。

他们在上课的学院院子里找了一间仓库，简陋的实验室就在这里建成了。这是一间大木棚，几吨的沥青就堆在这里。同事们都说这间实验室像马厩，还像马铃薯窖。

居里夫妇在如此简陋的条件下，开始从成吨的沥青中寻找放射性元素，伟大的世界发现就是他们用铁棒搅出来的。这是十分艰苦的工作，他们用几个大铁槽先把沥青铀矿渣煮开，然后用酸加以处理和蒸发，接连无数个小时是用铁棍搅拌。

居里夫人说："我每次都要用到多达 20 公斤的矿石。棚子里到处是盛满溶液和沉淀物的大罐子，工作时，既要搬容器，又要倒溶液，还要一连几小时地搅拌溶炼池中滚烫的溶液，简直把人累得死去活来。"

科学家不是都用精巧的溶液器皿和玻璃棒工作的，由于他们十分贫穷，一切都是自己完成。这还不算什么，当时人们并未意识到放性物质的可怕。他们每天受到放射性物质的照射，常常感到头晕、恶心和指尖破裂。但奋不顾身的居里夫妇什么也不顾，持续工作，从提炼到分析测量，他们整整受了 3 年的放射，也获得了巨大的成功。

当他们做实验时，一开始有很多人对他们的猜测抱怀疑态度。甚至有人说，不要找什么镭了，镭只不过是野心勃勃的居里夫人从脑子里幻想出来的。

事实上，"被提炼的物质显出一种纯化学特体所具有的各种特性的时刻终于到来了。这种物体，即镭，开辟了一个特殊领域。我能确定它的原子量比钡的原子量大得多。我于 1902 年完成了这项工作。当时，我有 10 克纯氯化镭，我花了四年时间按化学的要求证明镭确实是一种新元素。"

这是居里夫人对物理学界讲的话，她不无遗憾地说："如果我当时能得到一笔钱，那么一年时间也就足够了。"但是一开始没有人看到利益，而国家大部分钱用来扩充军费，忙着战争侵略，致使一项真正的科学研究被冷落。

镭的发现使这对夫妇名扬四海，一举震惊世界科学界。1903 年，44 岁的皮埃尔与 36 岁的玛丽接到瑞典科学院的邀请，他们获得了诺贝尔物理学奖。贝克雷尔·居里夫妇分获了巨额奖金,居里夫妇终于得到了一大笔资金。

但是居里夫妇病情十分严重,他们都不能亲自去领奖了。人们把居里夫妇的工作与生活当成传奇来讲述,他们之间的深情厚意也为人所赞扬。然而他们一如既往地谦虚沉默和平凡。有同事去居里的家,带去的孩子摸起居里夫人的金质诺贝尔奖章玩耍,同事十分惊恐,连忙去孩子手中夺,居里夫人却淡淡地说:"这不过是一个玩具,让孩子高兴就好了。"

1903年6月,居里夫人被授予名誉博士,后来被聘担任教职。1905年,皮埃尔成为院士。

幸福的生活没有多久,惨剧发生了。1906年4月19日,皮埃尔在巴黎街头过马路时,天黑路滑,不幸被一辆货车撞伤,立即身亡。

在皮埃尔死前,他们还没有实现建立一个大实验室的愿望。

玛丽·居里接替了丈夫在巴黎大学的物理学教授职务,完成他们未竟的事业。在巴黎,这是第一位女大学教授,这是一项殊荣。在悲痛下,玛丽·居里没有消沉;在困难面前,她也决不低头。

1911年,居里夫人再次获得诺贝尔奖,全球最高的自然科学奖两次授予这位品质崇高、业绩辉煌的女性,一次是物理,一次是化学。

1934年,居里夫人的女儿伊琳及其丈夫德里克·约里奥在巴黎科学院作了放射性研究的报告。1935年,这对年轻的物理学家同他们的长辈一样,获得了诺贝尔奖金。

此时,玛丽·斯克罗多夫斯卡——居里夫人,已经先于喜悦到来之前故去了。1934年7月,居里夫人由于贫血病恶化而告别人世。他们夫妇为了科学研究而献出了自己的生命。

第一次世界大战期间,镭和X射线在治疗和诊断方面得到了广泛应用。

镭射线是铀放射性的200万倍,它的医疗效果是:引起生理变化,烧灼皮肤,摧毁细胞,从而对带病细胞具有强大的杀伤力,因此是治疗癌症的化疗方法。

还在皮埃尔·居里同医务人员进行动物试验时,人们对镭的效应已经议论纷纷了。很多公司这时发现了利益,纷纷向居里夫人购买技术,申请专利。

居里夫妇没有同意,他们把技术无偿地公开,以使人类获得广泛的幸福。

居里夫人去世后,与皮埃尔安葬在一起。他们在巴黎郊外的斯克克斯长眠。居里夫人一生质朴,她拥有的纯镭价值连城,而她把镭无偿地留给了人类。

## 光电效应

普朗克的量子假说提出后,第一个认真考虑他的观点的是阿尔伯特·爱因斯坦。

普朗克的假设违反"连续性"的经典物理,并且以"假设光波振动的解释"解释不连贯的量子能量传递,使多数科学家不能接受。

以上问题在爱因斯坦解决"光电效应"问题之后,变得明晰起来。而爱因斯坦也因此而获得 1922 年诺贝尔物理学奖。

光电效应是在光的照射下金属表面发射电子的现象。

1887 年,威廉·哈尔瓦克斯发现了一种现象,用紫外线照射带负电压的验电器金属板,验电器就放电,光线由金属"打出"电子,现在的光电管原理就在于此。

继 1887 年之后,俄国学者斯托列托夫等人也做了多次同类型的实验,确证了这个事实,并证明被光照过的金属板带的是正电。

人们开始定量地研究这种现象并测试"光电子"所带能量。结果发生矛盾。根据经典物理学定律,光电子的能量会随光度增加而逐渐增加,但实验中发现,光的强度虽然增加了,光电子的数量增加了,但能量却没有变化。

令人们百思不得其解的是,光电子的能量和照射光的频率有关。照射光的频率越高,光电子能量越大。这就是爱因斯坦的观点所在。

1905 年,爱因斯坦发表了 3 篇论文。其中一篇《关于光的产生和转化的一个启发性观点》的论文认为,在 1899 至 1902 年之间,德国学者赫兹的助手勒纳德提出光电效应中经典波动理论无法解释的三点是光的微粒性质的实验证据。

勒纳德提出:

其一,每一种金属表面都存在一个特征截止频率,频率再小,不管光强多大,都不能发生光电效应。

其二,射出的光电子动能只同入射光频率有关,同光强无关。

其三,只要入射光频率超过截止的那个频率,无论怎样强弱,都会立即引发光电效应。

在论文中,爱因斯坦把普朗克的量子说和光的微粒观点相结合,提出光量子假说。光是由光子也是能束和能粒子所组成。牛顿曾经想到过的粒子观点被波说取代后,在爱因斯坦这里吸收了他的有益思考。

爱因斯坦认为,一束单色光,是一束以光速运动的粒子流,这些粒子称为光量子,也就是光子。每个光子都有一定的能量,这个以通过频率计算,用普朗克常数与频率相乘,可得出每个光子的能量。

一束光的能量就是发射出的光子能量之总和,一定频率的光,光子的数目越多,光的强度就越大。

光电子能量和入射光频率之间的关系对古典经典物理学而言,是无法解释的。频率和能量的紧密关系要求人们利用普朗克常数。

爱因斯坦正是在普朗克的基础上而比普朗克更革命。爱因斯坦考虑了途中发生的事情。也就是说量子是否按波的形式传播或是一成不变。爱因斯坦假设能量按一个量子传播。光辐射也是由微粒子,即一种"能量小包"组成的。这些微粒子以光速飞越空间,粒子能量是由频率和作用量子的乘积得出,意味着频率对光电子的影响。

光电效应是由于金属中的自由电子吸收了光子能量从金属中溢出而发生的。电子吸收一个光子便获得了一份能量，这能量一部分被消耗，因为电子从金属表面溢出要做功。一部分就是电子逃离时的动能。

h 为普朗克常数，电子从金属表面溢出所做的功为 A，速度为 v，则有：
$hv = A + 1/2mv^2$，这就是爱因斯坦方程。

爱因斯坦的光量子理论，虽然能正确地解释光电效应，但仍然没能广泛承认，就连普朗克这位最早提出量子论的人，也认为爱因斯坦的理论"太过份"了。

原因就在于我们前面所说的"途中"。普朗克只认为电磁波在发射和吸收能量时是一份一份的，而爱因斯坦认为在传播过程中也具有这样的性质。

爱因斯坦理论的提出，使人们对光本质的认识前进了一大步。他重新引入微粒观，又肯定了波动的意义。主要是由于爱因斯坦的工作，使得光的波粒二象性确立，即光有时表现有波动性，有时表现为粒子性。

实验中的"斯托克斯定律"是爱因斯坦理论的证明。斯托克斯定律是：如果光碰上一块发荧光的平面，那么荧光的频率几乎总是比较低的，决不会高过引发辐射的频率。如果用波动理论，则无法解释，在光量子的假说中，通过爱因斯坦方程可以看到，打在屏幕上的量子放出一部分能量，因此被反射的量子能量较小，频率也较小。

另外，照相底板受到光照时，即使光线强度极弱，感光层的某些小颗粒也会起变化，而感光层的其他部分则依旧如故。这证明是光量子命中的部分引起变化。

美国物理学家密立根，他激烈地反对光量子理论，花了 10 年时间，企图用实验来否定爱因斯坦。为了研究爱因斯坦方程，他把频率已知的单色光落到一块板上，然后尽量准确地测出放出的光电子能量。他用这种方法得出的普朗克常数与普朗克公式的常数完全一致。

根据种种实验，光既有波的性质，又有粒子的性质，爱因斯坦的关于光是粒子组成的理论，没有让现代科学家放弃光的波动，而是有机统一且辩证地结合起来，即光的波粒二象性得到确立。

## 时空与质能

1879 年，犹太血统的爱因斯坦出生了。那天是 3 月 14 日，很平常的一天，在德国南部的小城乌尔姆。

和牛顿一样，爱因斯坦也没有表现出什么超群的地方，到了几岁时还不大会说话。爱因斯坦数学很好，但是语言学得不好，尤其是古文更糟。

有趣的是，老师劝他："阿尔伯特，你还是退学吧。"就这样，人类历史上最伟大的天才中途退学了。

爱因斯坦的父亲数学才能很好，因为家境贫寒而失学，爱因斯坦的母亲有着很优秀的音乐能力，爱因斯坦的身上都表现出来了。

不过现在也有人说，音乐和数学好也是说明与众不同，爱因斯坦也是"神童"。不错，无论怎样，爱因斯坦是一个有特点的孩子，一直到少年、青年、老年，爱因斯坦始终有他独特的个性和见解。

后来，16 岁的爱因斯坦考大学，但是没考上，原因是那些需要记忆的课程他搞得一塌糊涂。1896 年 1 月 28 日，爱因斯坦厌倦了从小受到的死板的军国主义和神学束缚，宣布成为一名无国籍者，就在这一年，爱因斯坦考进了联邦工业大学。

早在 1895 年，爱因斯坦就写出了《关于磁场的以太研究》。大学毕业之前，爱因斯坦确定了理论物理的研究兴趣。

爱因斯坦在 26 岁以前没有进入专业物理学科学习，他的所有物理知识都是自学的。在学校里，爱因斯坦结识了好朋友——格罗斯曼。

大学毕业之后，我们的人类最伟大的天才失业了。他本想在母校找个教书的工作，但是他没能得到自己那些老师的赏识。因为他大部分课都缺席，而是经常独自研究物理。顺便说一下，他的其他各科后来证明不是差劲，相反带有天才的禀赋。在大学里，爱因斯坦主要依靠格罗斯曼的笔记才得以及格。

在失业的岁月里，爱因斯坦帮别人承担演算任务、抄写、家教，在中专代课达一年左右。但即使是这样仅能糊口的岁月，爱因斯坦仍然写出了一篇论文《由毛细管现象所得的推论》，发表在 1901 年的莱比锡《物理学杂志》上。这是爱因斯坦的第一篇学术论文。

1902 年，爱因斯坦终于找到了一份稳定的工作，这都要归功于朋友格罗斯曼的帮助。格罗斯曼的父亲有一位朋友是伯尔尼专利局的局长，就这样，爱因斯坦有了得到工作的机会。爱因斯坦这样说："马尔塞尔·格罗斯曼作为我的朋友给我的最大帮助就是这样一件事：在我毕业后大约一年左右，他通过他的父亲把我介绍给瑞士专利局局长费里德里希·哈勒。经过一次详尽的口试之后，哈勒先生把我安置在那儿了。这样，在我最富于创造性活动的 1902 至 1909 这几年中，我就不用为生活而操心了。"

从此以后，爱因斯坦有了一份稳定的工作，担任一个普通的三级技术员。而在此之前，1901 年 2 月爱因斯坦取得了瑞士国籍。

爱因斯坦于 1903 年 1 月结婚。米列娃·玛丽琦成为爱因斯坦的妻子，她也十分喜爱物理学，是爱因斯坦的大学同学。

就是在基本全是自学、毫无正规训练的业余研究下，一个普通的伯尔尼专利局的技术工人在 1905 年发表了 5 篇论文，这其中的 3 篇是划时代的成就，提出的深刻思想改变了人类的科学命运。

爱因斯坦那年 26 岁。

5 篇论文分别是：《关于光的产生和转化的一个启发性观点》《分子体积的新测定方法》《论动体的电动力学》《动体的惯性同它的能量有关吗？》。

其中在相对论、光电效应、布朗运动领域的 3 篇论文任何一篇都足以获得诺贝尔奖。

《论动体的电动力学》是著名的"狭义相对论"。1907 年，朋友们建议爱因斯坦依靠论文谋得编外讲师的职位，但是没有人能够理解。

在德国，普朗克十分重视爱因斯坦的工作，称他是"新时代的哥白尼"，这两位对早期量子发展作出巨大贡献而又都走入另一方向的伟大科学家可谓"心有灵犀"。

相对论认为运动的钟会变慢。这是天才而又超前的思想领域内的大革命，已经超出了物理学意义，影响到人类哲学的广阔范畴。

普朗克委托一名学生到伯尔尼寻找爱因斯坦，但是学生直奔伯尔尼大学，打听一位叫爱因斯坦的教授。谁能知道，普朗克称赞的举足轻重的人物竟然是一个发明专利局的"外行"工人！

在德国，爱因斯坦被大家越来越重视，但在瑞士他还不被人理解。于是，有三位世界著名的科学家联合签名，写了一封推荐信。就这样，爱因斯坦先担任了编外讲师，不久任副教授。1911年，任苏黎士联邦工业大学理论物理学教授。到1914年前，他先后在布拉格大学、苏黎士大学、柏林大学等任教。这期间，爱因斯坦开始享有世界声誉，各大学术团体纷纷给他最高荣誉奖励。

此时，爱因斯坦在能量与质量上认为：

物质和能量是同一现象的两个不同侧面，两者可以互相转变。为了说明这种转变发生时会出现什么情况，爱因斯坦写出了著名的质能方程：$E = mc^2$。原子能的利用就是以此为根据的。

狭义相对论更是举座皆惊：

宇宙中不可能探测到任何绝对的运动，因为一切运动都是相对的，它取决于观察者的位置。

1915年到1916年，革命性的广义相对论提出了。"世界上只有十个人能够懂得爱因斯坦。"这成了科学界的名言。

狭义相对论只适合匀速直线运动，无法处理"双生子佯谬"说。双生子佯谬是说同年同月同时的兄弟，哥哥坐宇宙飞船旅行，飞船以光速飞行，根据相对论效应，飞船上的钟会慢下来，当地球上过去几十年后，哥哥回来，在他的概念里才不过是几天。

到底二人的时间怎么算呢？

这涉及到变速问题。狭义相对论对这个问题的解决是无法尽善尽美的。

到了广义相对论阶段，爱因斯坦已经突破物理学，成为大思想家，他是以智者的身份对人类发言的。

这个理论以一切运动都是相对的这样一个假设作为基础。例如，从地球上的一个观察者看来，我们这个行星似乎是静止不动的，而火星这个行星则在运动。相反，一个在火星上的观察者则会认为，地球在运动，而火星却是静止不动的。所以，参照系很重要。在这个不断变化的宇宙中，有一个量恒定，即光速不变，光的速度是绝对的物理常数。

三维空间（长、宽、高）似乎不足以说明物质世界。因为每件事物的发生不仅仅具备长、宽、高三要素，还有时间这一维。一个物体在三维长宽高的空间里呆一段时间，就是四维。空间和时间的关系很重要，以致它构成了第四要素，即时空。

在四度空间的宇宙中，点与点连接的是曲线，不再是直线。爱因斯坦广义相对论的重要数学基础是非欧几何。宇宙本身就是弯曲的。能够理解数学基础之上的相对论的人是少之又少，但是其中蕴含的自然哲学思想都是精致而深刻的。质量可变，时间也可变。

理论之所以显示它的神性，还因为有实践的结果来验证。爱因斯坦如先知一样，预言了宇宙的神奇：

第一预言与解释：水是近日点的旋进。水的近日点有无法解释的43秒（角度）偏差，利用引力使空间弯曲的理论，可以很好地解释这一点。

第二预言：引入红移。即太阳光谱线的红向移动。

第三预言：光线在引力场中的偏转。爱因斯坦预言，星光经过太阳表面，会发生偏转，准确数字是1.7秒。等到日全食时，正是验证星光偏移的时刻。在伟大的天体物理学家爱丁顿的支持下，他和克劳姆林各带队伍奔赴非洲和南美，观测并拍摄照片，得出最终结论，即爱因斯坦的预言完全正确。

爱因斯坦成为轰动全球的明星。

人们竞相邀请爱因斯坦讲学，每到一处，爱因斯坦都成为传奇人物。

1933年，希特勒上台后，爱因斯坦受到威胁和迫害，他不得不被迫移居美国。德国的排犹运动也日益高涨，右翼科学家阻挠诺贝尔奖颁给爱因斯坦。爱因斯坦在美国得知家被抄并且财产被冻结，著作被烧毁，他没能再回到德国。

随着岁月流逝，爱因斯坦成为传奇。但是他永远是一个耐心、谦虚、慷慨的人。

他还十分的幽默和有趣。他在晚年总爱穿着高领套衫。他对很多礼节感到难以忍受，虽然他似乎可以忍受。他去英国时，那时为了躲避希特勒迫害，英国朋友们热情地邀请他参加晚会，晚会上每个人都穿着绅士般的燕尾服，还有正规的晚礼服，服务生穿着标准制服上菜。爱因斯坦觉得礼节繁琐，所以还是去了美国。

据说，有一位女作家对爱因斯坦说："您多么有头脑，爱因斯坦教授！当时那些生气勃勃的年轻人在学术讨论会上报告某些崭新的理论时，你怎么立刻就指出那些理论的弱点呢？"

爱因斯坦回答："亲爱的姑娘，我是骗人的，我对这些理论知道得一清二楚，我自己已经考虑过它们，所以我确切地知道它们的症结在哪里！"

霍金在著作中提到，面对纳粹威胁，爱因斯坦放弃了和平主义，忧虑到德国科学家会制造炸弹，建议美国发展核弹。

是的，爱因斯坦亲自写信给罗斯福，建议早些研究核弹，从而导致了曼哈顿工程。而正是爱因斯坦忧心忡忡，四方奔走制止核扩张。

爱因斯坦说："从日常生活的观点来看，我们知道一件事，那就是，人是为了别人而存在的。"他还说，如果没有在科学研究中和志同道合的人进行合作和感觉，他的生命就会是空虚的。

爱因斯坦是一个真正的人，真正的科学家。

他对理论有自己理想的信仰。19世纪末的物理学其实只剩下两部分：电磁理论与引力理论。由于不知道强相互作用和弱相互作用，爱因斯坦的经典世界里只有前两个，他完成广义相对论之后,置身统一论的研究。现在人们认为这是悲剧式的。涅利曾对爱因斯坦说:"上帝分开的,任何人还是不要把它结合起来好。"

然而,爱因斯坦的统一论至今使人浮想联翩。

目前世界已发展到电磁与强、弱相互作用的统一,从某种意义上,正是爱因斯坦精神——世界的简单与可理解之美。

对于一个方程,爱因斯坦会说:这不美!也许令后代人深思的正是这一点。

1955年4月18日,爱因斯坦因病去世。如同另一个世界伟大而朴素的人物——托尔斯泰的平凡一样,爱因斯坦没有举行公开葬礼,他的骨灰被秘密保存,不设坟墓,不立纪念碑。

托尔斯泰的坟墓是世界最美的坟墓,爱因斯坦的归宿是世间最美的归宿,这两个人类杰出的精神导师在自然与心灵的认识上达到沟通。为了人类,他们永远是孜孜不倦的探索者和献身者。

## 波动力学

欧文·薛定谔是奥地利物理学家,理论物理研究者,他提出了波动力方程。

量子力学有两种不同的数学形式,一种是波动力学,一种是矩阵力学,到了狄拉克发展成为广义相对论的量子力学。1926年3月,薛定谔发现理论是等价的,而1926年,狄拉克用变换理论从矩阵力学导出波动力学,这两个理论的建议者也不再互相敌视,统一的量子力学也确立了。

薛定谔于1887年出生在维也纳。还是一个学生的时候,薛定谔就是十分出色的,充满文学才能的。他学的是物理,但却写诗,而且还出过诗集。

在大学里,有一位老师对薛定谔影响很大。这位老师是玻耳兹曼的继承者,名叫哈泽诺尔,讲课十分出众。薛定谔在哈泽诺尔的影响下,迷上了理论物理。后来,自1921年到1926年,薛定谔在瑞士苏黎士高等工业学校执教6年。在这期间,他提出了波动力学。

他的波动方程的出发点是:粒子同时是波。

这个理论是沿着德布罗意的思路向下延续的。当薛定谔看到了爱因斯坦对德布罗意的评价时,得知了"物质波"的概念,他当时正在研究热力学中的统计问题,马上认识到物质波的观点,并且认为粒子就像波动辐射上的泡沫。他基于波动的基础认识波粒二象性。着手研究宏观世界的力学与微观世界的力学。他认为德布罗意尚未指出普遍规律。

后来,德国物理学家德拜指出,要是电子是波的话,应该满足一个关系式,即波动方程。薛定谔开始深入思考方程问题。1925年的时候,薛定谔推出了一个相对论的波动方程,但是与实验结果相比有一定出入。

1926年,薛定谔发表了《量子化作为本征值问题》,提出了氢原子波函数所遵循的著名方程，以微分方程的形式表现出来，人们称为薛定谔方程。薛定谔在这一时期共发表了6篇论文，奠定了波动力学的基础，宣告了量子论力学中波动一支的诞生。

薛定谔方程进一步解决了玻尔原子说中的困难，对氢原子的能级也给出了正确的结果。

电子看起来更像脉动的云而不是沿轨道运行的小行星。从数学上看，波动力学的薛定谔方程与海森堡提出的矩阵力学方程等价。

这一点在1926年被薛定谔认识到，也因此使得量子力学两种形式得以贯通。现在的人们根据实际情况选择应该使用的方程。

薛定谔是一个什么样的人呢？

学生们回忆说：他的文学修养很高，是一个真正的哲学家。他语言雅致、概念清晰，有很大的数学天赋。

薛定谔的课程，可以让人从凳子上跳起来拍手称妙、灵光忽现。他经常提出和普通人相反的观点。当时柏林的教授很严肃古板，但是薛定谔却有时穿着网球鞋上课。

薛定谔的方程对认识和计算原子中的电子状态起了重大作用。他提出无须像玻尔那样假设一系列条件，而根据波动方程处理一些定态问题即可收到良好效果。

薛定谔创建了波动力学，其目的如他自己所说：

"在用波动力学描述代替通常的力学描述时，我们的目的是要得到这样一种理论，它既能处理量子条件在其中不起显著作用的力学现象，也能处理典型的量子现象……。因此，在用波动力学代替通常力学时，我们可以一方面把通常力学作为一种近似保留下来，它只对于粗略的'宏观力学'现象才是有效的；而另一方面，又有那些精细的'微观力学'现象（原子中电子的运动），关于这种现象通常的力学完全不能给出任何知识……"

薛定谔方程是波动力学的核心，是反映低速微观物理现象的波动力学的最为基本的方程。

这个方程提供了处理原子结构问题上的系统和定量方法。量子力学是从研究原子结构而引发的，自从卢瑟福——玻尔模型以来，人们不断修正模型并且发展玻尔的量子力学观点，从而形成第一个量子力学系统理论——波动理论。

1933年，薛定谔获诺贝尔奖。

他后来通过量子力学研究生物学与物理学，使得这一方向上的分子生物学诞生很多人才，1953年DNA双螺旋结构的提出，诞生了真正意义的分子生物学。

## 粒子与波的统一

在20世纪以前的经典物理学里，粒子和波是两个不同的概念。粒子是断开的，存在于空间某一处，和不连续性相联系。

描述粒子用体积、长度、动量、能量等术语，而波是弥漫在空间里的，是连续的。

描述波用波长、频率、位相、强度。

人们在光本质的争论中一直处在波与粒子的对立上。不管是光还是其他物质，物理学家们认为是粒子就不能是波，是波就不能是粒子。波与粒子是相互排斥，相互对立的。

18世纪以后，尤其体现在光本质的论争上。麦克斯韦的电磁场理论，加强了波动学说。但是爱因斯坦的"光量子"（光子）学说又加入了微粒说的合理成分，并且在某些方面运用波动原理来解释。

人们此后从光的干射、光的衍射、光的偏振等等认识到光的波动，又在光与其他物质相互作用中认识到了粒子性，从而认识到光的波粒二象性。

真正使粒子与波概念相统一的是德布罗意。他不仅指出光，而且指出二象性同样适用于电子，应当把电子看成粒子，而它们的运动则应作为波来分析。

在德布罗意之前，旧的量子论也出现了危机。玻尔提出的量子化的原子结构仍然有许多缺陷，在解释多电子的原子光谱时遇到困难。

玻尔的模型有着严重的缺陷，在很多方面是经典理论与量子概念的拼接。后来的量子力学的建立者们不断完善，使得量子理论得以确立。迈出第一步的是德布罗意。

他提出了物质波说：

物质粒子（比如电子）同时有波的性质。

这样，光子也好，电磁辐射也好，均是波粒二象的，它们是粒子，也以波的性质运动。

路易·德布罗意1892年8月15日出生。他的家族是一个大家族，与法国王室关系很密切。这个家族在17世纪中叶，被法国国王路易十四封为公爵，并且爵位世袭。

德布罗意本来在大学学习历史，后来在他的兄长莫利斯影响下，开始研究放射线的波动性与粒子性。莫利斯是一位著名的X射线物理学家。

可能是因为学历史出身吧，他更善于历史总结。他把各种已经确认的现象加以联系思考，终于认识到粒子与波的协调性。

1922年，在一篇研究气体辐射的论文中，德布罗意运用热力学、分子运动论、光量子假设导出了维恩辐射定量。在此，他已经认识到光是微粒，把它们称为"光原子"。

1923年，在爱因斯坦光量子理论的影响下，德布罗意认识到，应该推广理论，把这种波粒二象的思想扩展到一切物质粒子，电子更应该是这样。

1923年9月至10月，德布罗意连续发表了三篇论文，明确提出电子也是一种波。他还做出预言，电子束穿过小孔时也会发生衍射现象。1924年，德布罗意完成了博士论文《关于量子理论的研究》，系统地阐述了物质波理论。

德布罗意的论文公开发表之后，法国科学家朗之万建议爱因斯坦发表意见，爱因斯坦看了之后，赞叹说"揭开了巨大帷幕的一角"。

《关于量子理论的研究》认为：

"整个世纪以来，在光学上重视了波动研究方程，而过于忽视了粒子的研究方法，在物质粒子的理论上，同样也是忽略了波的研究。"

二象性是光作为实物粒子的本性,所以爱因斯坦的公式 $E = h\nu$,适用于光及电子等一切粒子。电子的波长也可以求出。德布罗意提出了波长公式,被称为德布罗意关系式。

正是德布罗意第一次完善了玻尔理论并且促使薛定谔方程的诞生。

人们开始用实验检验德布罗意的理论。1927 年,在美国贝尔实验室,戴维逊、革末和英国的汤姆逊(发现电子的汤姆逊之子)对晶体的电子衍射完成了实验,证实了德布罗意的理论。

德布罗意因为博士论文而直接获得了诺贝尔奖,成为世界上第一位获此奖的物理学家。1929 年,德布罗意获奖。1937 年,三名证实理论的实验者也获得了诺贝尔奖金。

## 世界海上无线电服务日

你知道"世界海上无线电服务日"吗?

是 4 月 25 日。

这是为了纪念"无线电之父"——马可尼而由国际海上无线电协会设立的。

1865 年,麦克斯韦预言了电磁波;1886 年,德国物理学家赫兹在实验室里证实了电磁波的存在,但是,1894 年赫兹英年早逝。所以他还没来得及具体研究电磁波。

赫兹做实验时,马可尼正在帕多瓦大学学习,专业是物理学。当报纸上刊载赫兹逝世的消息时,马可尼读到了赫兹具体工作和成就的相关文章,他很受感动并且也很受启发。

那时,有些发明家已经开始意识到无线电波与通讯问题。英国的物理学家洛奇研制了一种电磁波接受器,能够接收 800 米远的电波。法国物理学家布冉利也做了早期的有益试验。

马可尼了解到赫兹的工作,就专心研究无线电通讯,他的父亲有一座庄园,他就在庄园里置办了许多设备,进行实验。

1894 年,马可尼制成了一种金属粉波检测器,并且在发射机和接收机上安装了天线与地线。这种天线的使用,增强了接收与发射的准确性。马可尼成功地在自己的住处向 1700 米远的山丘上发射无线电波并准确地进行了接收。

马可尼实验需要资金,但他的父亲不支持他的研究,这使得他无法继续下去。于是,马可尼想求助于政府。他写信给邮政部长,讲明了无线通讯的广阔前景和实用价值。但是当时的意大利政府官员们很不合格,堕落腐化。腐败的政府并不重视什么新技术,什么造福百姓。

就这样,马可尼的要求没能实现,愿望落空,实验被迫中断。于是,马可尼离开祖国意大利,到英国寻找发展机会。他向英国邮电部门递交了同样的建议书并恳请合作研究,提供经费支持。英国的邮电部十分支持他的发明工作,马可尼得以继续研究。

1896 年时,他实现了 9 公里远的无线通讯。不久,他为了扩大影响、引起人们的重视和支持，特意做了一次公开表演。在这次表演中，他又进步了，做到了12英里外准确发射和接收。人们被这项新发明吸引了。

1897年，马可尼改进了装置，充分利用上了天线。天线能够更为集中地发射和收集信号。如此一来，马可尼的无线发报距离又增加了，而且几乎没有什么错误。1898年时，马可尼的装置通讯距离已达近二三十英里。

在他刚刚取得成绩时，英国的报纸就报道了这件事："年轻的意大利发明家马可尼成功地把无线电报通过空间发送到两英里外。马可尼是在邮局电气总工程师善里斯爵士的同意和协助下，在伦敦邮政大楼架设他的无线电报机的。这位颇有才华的年轻发明家希望最后能把无线电报拍发到大西洋彼岸。"

马可尼确实满怀壮志。

他的发明受到了英国军事部门的重视，对他大加赞赏，全力支持，这使得马可尼成功很快。

1896年，马可尼申请了专利，号码为7777。

1897年，伦敦成立了马可尼电报公司。

1898年，马可尼的无线电投入使用，步入商业领域。

马可尼开始向新的困难挑战，他要开创全新的事业：跨越大西洋。

人们听到之后，纷纷摇头。因为人们普遍认为，波是直线传播的，怎么能弯曲前进，绕着大弧奔向美洲呢？无线电的长距离传送，使人们觉得不可思议。

在各种压力下，马可尼毫不退缩，而是专心实验。他要在实验里找到答案，无论能还是不能，都不能臆想猜测，而应该从实验中检测或推算。他不停地试验改进，过了两年，装置的抗干扰能力明显提高。同时，马可尼研制了调节长短波的装置，能够根据情况调节波长。

1901年，一座52米的发射塔建成，坐落在牙买加的康沃尔。马可尼准备发报跨越大西洋了！消息传来，人们争先恐后来围观。只见巨大的风筝在空中飘着，闪闪发光的金属天线被风筝带到高空。

马可尼向人们解释说，天线约在120多米的高度，这样会使信号十分清楚。马可尼内心有些激动地发出信号，远在牙买加的助手接到信号，反馈回来，马可尼高兴地叫起来："成功了！"

人们终于实现了远距离无线通讯，世界被缩短了。这年，马可尼27岁。

1909年，马可尼获诺贝尔奖金。1937年7月20日，马可尼病逝。

与他基本同时，俄国物理学家波波夫也独立地发明了无线电通讯。在政府支持下，波波夫的成果投入使用。

无线电应用是人类通讯事业的一场革命。

## 射电天文学四大发现

20世纪，是天体物理学成为天文学主流的世纪。天文学家们利用无线电波的接收技术，发现了来自遥远星系的微弱信号所带来的无限神秘气息。

20世纪是射电天文学的时代。射电天文学打破了光学天文的古老观念，使观测进入了全新时代。

无线电取得成功之后，1924年人们利用无线电反射测定电离层的厚度。在这次实验中，人们无意中发现若是星体发射的电波波长小于40米，电波便接收不到了。后来人们知道，电波这时不能被电离层反射，而是穿过大气层，射向遥远的宇宙空间了。

1923年，美国有一位通讯技术人员央斯基，偶然接收到了来自银河系深处的人马星座的电波辐射，他公布了这个发现。

以上两件事当时并没有让人们重视，因为那时的仪器灵敏度不高，而且人们对如何排除干扰也不很在行。

射电望远镜的建成使射电天文学真正开始登上天文舞台并成为热门研究。

在20世纪60年代，天文学射电领域有四大发现，为宇宙学和天体研究带来了无限崭新的课题。

第一大发现是类星体。

类星体是一种和恒星类似的物体。被认为是由向一颗巨大并且旋转的黑洞落上去以及正在落上去的那些物质组成。在物质落到黑洞里面之前，会变成非常热并且发射出大量能量的物质。类星体非常遥远，但是由于它们的功率十分强大，所以可以被观测到。

1963年，正在美国的荷兰天文学家首先发现了一种光源，这种光源在几十亿光年处，发射出极强的紫外线与红外线。这种星体和星系是同一层次上的，但它不是恒星，体积非常小，但辐射量却极大。而且，它们的红移量十分巨大。

这种新天体的发现为天文学带来一个至今尚在讨论的问题：如此远的天体辐射巨大的能量，是我们已知的任何物理学定律都不能解释的。要是按照多普勒效应解释，类星体离我们可以达到200亿光年之远，然而运行速度却是每秒近30亿千米，比光速惊人的快！

类星体发现越来越多，红移量都十分巨大。1963年那位荷兰天文学家施密特发现的类星体命名为"射电源3C273"，是第一个被发现的类星体。最远的类星体是我们所测试到的宇宙边界，达200亿光年，最近的离我们也有8亿光年，它们的体积不过是普遍恒星的十万分之一或百万分之一，然而却可以具备恒星20亿倍的能量，这用地球上的物理学 $E = mc2$ 是解释不了的。

第二大发现是宇宙微波背景辐射。

1965年，美国新泽西州的克劳福德山上架设了天线，这是一个极其灵敏的微波探测器。微波的频率只有每秒100亿次振动的数量级，所以微波探测精度之高可想而知。

射电天文学家彭齐亚斯和威尔逊调试天线，检测仪器，想测定银河系平面以外区域的射电波强度。然而当他们一步一步排除噪声之后，包括地面上的以及各种已知情况后，却始终有一个噪声消除不掉。

他们检查探测器上的额外干扰，还清除了天线上的鸟粪等杂物，但是噪声依然存在。他们把天线的方向改变，以检测噪声干扰的位置。比如，把探测器倾斜，如果是大气层里来的噪声则应该更强。但是不管探测器的方向怎样改变，这个噪声十分恒定，相当于 3.5K 的射电辐射温度。

1929 年哈勃的结果证明了宇宙的膨胀。宇宙从一点大爆炸中产生，直到现在还在膨胀。我们的星体都像附着在一只汽球上，汽球在膨胀，离我们越远的星系以越快的速度远离我们。

俄国物理学家和数学家亚历山大·弗利德曼用广义相对论原理提出了大爆炸说，并且预言：我们不论往哪个方向看，也不论在哪个地方看，宇宙看起来都是一样的。按照大爆炸理论，宇宙爆炸之初应该有遗留的黑体辐射，温度约为 3K。

而彭齐亚斯和威尔逊的发现，不管什么方向，噪声均一样，所以它必须是来自大气层以外的，不论时间，也不受太阳系影响，这表明不仅仅是大气层以外，甚至应该是星系以外。现在我们知道，这种辐射引起的噪声变化在各个方向上相差不到万分之一。

一开始彭齐亚斯和威尔逊不明白这是怎么回事，所以没有以论文形式加以总结。但是消息传到了普林斯顿，那里的罗伯特·狄克和詹姆士·皮帕尔斯正在研究微波，他们知道伽莫夫的宇宙大爆炸理论，认为这个理论认为早期宇宙的白热到现在应该能看到，光作为微波辐射应该能被检测到。听到贝尔实验室的工作，他们致力研究，找到了微波辐射。而此时彭齐亚斯和威尔逊从狄克和皮帕尔斯的研究中也清醒过来，从而意识到自己获得了重大的发现。就这样，他们获得了 1978 年诺贝尔奖。

微波背景的辐射有力地支持了大爆炸理论。

第三大发现是脉冲星。

脉冲星是旋转的中子星。当它的磁场和围绕的磁场之间发生相互作用时就发射出射电波的脉冲。

脉冲星的发现是乔丝琳·贝尔小姐。脉冲以极其精确的间隔发射信号被接收到，人们认为只能是人工才有可能，因此人们幻想是科幻中的"小绿人"所为，是来自天外的讯号，由智慧生命所发。乔丝琳·贝尔说："我在这儿搞一项新技术来拿博士学位，可一帮傻乎乎的小绿人却选择了我的天线和我的频率来同我们通讯。"

1967 年，乔丝琳·贝尔接受了导师安抚尼·休伊斯交给的任务，检查并改进一种射电望远镜，用来测量遥远的射电电源，那时她是剑桥大学的研究生。在分析记录器打出来的几百米长的图纸时，她发现了一个周期信号，这个信号每隔 1.33730133 秒就出现一次。这正是一颗发射电脉冲的星：脉冲星。

天文学家们当然知道这里面的详情，幽默地管这些星叫"小绿人"，结果让人们激动不已，纷纷传扬。

天体物理学家进行了研究。1968 年，弗兰科·帕齐尼和托马斯·歌尔德提出，脉冲星是快速旋转的中子星。中子星是超高温、超高压、超高密、超强磁场、超强辐射的，完全由中子组成。

中子星又是理论预言了观测的美好例证之一。朗道以及美国的蒋维持和巴德都做过预言，而奥本海默和沃尔科夫提出了严格系统的中子星。

由于中子星的发现，乔丝琳·贝尔的老师安抚尼·休伊斯获得了诺贝尔奖，因为他设计了新的射电望远镜。中子星之密度可达每立方厘米 10 亿吨物质，其表面有 1 万亿度高斯的磁场。中子星的力强到使原子中的大部分电质和质子结合而形成中子。

第四大发现是星际分子。

这是生命科学的重大发现。1963 年，射电天文学家在仙后座发现羟基分子的光谱，这是被发现的第一个星际分子。1968 年，美国科学家在人马座方向发现了氨和水分子谱线。1969 年又发现了多原有机分子：甲醛分子。

甲醛分子在条件适宜的情况下可以转化为氨基酸——生命物质的基本组织形式。这个重大发现为地外生命的探寻提供了宝贵资料，这说明，宇宙空间起码存在着与我们生命起源相关联的重要物质，星际分子天文学从研究生命在宇宙中的存在及演化为其任务之一，随此而诞生。

射电天文学是在二战后蓬勃发展起来的，人们不断利用光学望远镜和射电望远镜观测遥远星空。随着空间时代到来，天文学家冲破了大气，将探测器送入太空，探索了更多的奇异景色，随即创建了 X 射线天文、Y 射线天文、红外天文、紫外天文学科，踏入了全波段探索宇宙的旅程。

## 宇宙诞生的第一秒钟

1929 年，哈勃定律提出：星系的红移量与它们离地球的距离成正比。这一定律被随后的进一步观测所证实。哈勃定律展示了宇宙在退移，也就是说，现在的宇宙在膨胀。从宇宙中任何一点看，观察者所见的天体都在远离观察者而去，就好比站在一个正在膨胀的气球上看气球上的任意一点。

红移是由于多普勒效应，从离开我们而去的恒星发出的光线红化。可见光即是电磁场的起伏或波动，它的频率（每秒的振动数）高达 4~7 百万亿次，对不同频率的光，人的眼睛看起来为不同颜色，最低的频率出现在光谱红端，而最高频率在蓝端。

如果恒星光源固定，星系的引力场不会对其有足够强的明显作用，那么我们接收到波频率和发出时的频率一样。如果恒星向观察者运动，当光源发出第二个波峰时，它离开我们更近一些，这样波峰到达我们所用的时间会缩短。两个波峰到达我们的时间间隔变小了，那么我们接收到的频率比恒星固定不动时的波频率要高。如果光源离观察者逐渐远去，我们接收到波频率就变低了。

因此，恒星离我们不断远去时，其光谱向红端移动，接收频率减弱，称之为红移。反之，恒星离我们越来越近，光谱则会出现蓝移情况。

哈勃发现的就是红移现象。不仅如此，他还发现，离我们越远的恒星其退行速度越快，这不像正在膨胀的气球吗？

这种发现，使宇宙大爆炸理论显出优势地位。宇宙论成为实验科学是由于微波背景的辐射。

关于宇宙的起源和形成，是哲学和神学最关注的问题，科学家们并没有表现出多大的热情，但是20世纪中后期，宇宙学的研究却成为显学，这是由于理论与技术设备的共同发展而导致的。两种互相争论的宇宙论也就应运而生了。

通俗的宇宙大爆炸论，简言之，就是假定宇宙在原初状态时，温度高到无穷大，密度大到无穷高，只有辐射和基本粒子存在，随着呼呼一声，宇宙开始膨胀，星云、恒星、星系就诞生了，宇宙现在正在膨胀。稳恒态理论认为，宇宙自始至终就存在，目前观察到的宇宙膨胀所引起的物质分散，由不断产生的物质来补偿。

在公元前4世纪的古希腊，亚里士多德在《天论》中，论证了大地为球形并且处于宇宙中心，整个宇宙环绕着地球，由7个同心球组成。直到托勒密体系，空间位置是绝对的。

哥白尼指出，太阳是宇宙的中心，而伽利略最早指出相对性原理。地球说被否定了，绝对空间也不存在了。

到了牛顿，他认为宇宙是无边无限的，宇宙的体积无限，也没有边界。宇宙空间是三维欧氏几何空间，在各个方向上延直线可以延伸到正无穷，在这个空间中，星体密布，无论怎么测量，任何方向上都存在星体。

从哥白尼到牛顿，推翻了地球为宇宙中心的观念，但是牛顿的时空观也是一种绝对时空观，直到爱因斯坦，才根据相对论创立了有限无边的静态宇宙模型。

爱因斯坦的宇宙模型，既不是亚里士多德的有限有边说，也不是牛顿的无限无边型，而是一个有限无边的体质。即空间体积有限，也就是说宇宙体积是有大小的，在这个大小之外任何物质都不存在，这就是无边。

1823年、1894年分别由奥尔勃斯和塞里格尔提出光度悖论与引力悖论，都是对牛顿宇宙模型的责难。

光度学悖论是：如果宇宙无限，那么空间中均匀分布的恒量也应无限，即人们在任何方向上看到的星星应该是无限多，但是实际不是这样。

引力悖论是：如果宇宙中的恒星是无限的，那么任何一个物体就会受到无限多恒星的无限大的引力作用，产生的加速度也会无限大，但是实际上也不是这样。

有些科学家放弃了物质均匀分布的假设，比如在1908年，瑞典的沙利叶改善了等级模型，认为物质的密度随着分布系统的级的增加而减少。

爱因斯坦却坚持认为物质均匀分布。他认为应该放弃宇宙无限的概念。在1917年，爱因斯坦发表了《根据广义相对论对宇宙学所作的考查》的文章，提出：其一，各向同性。即从空间大尺度上说，在任意时刻观测任意方向，结果应当一致。其二，均匀性假定。即仍然是从空间大尺度上看，天体的分布保持均称，星系的平均密度和光度以及相互间的距离都是一样的。

由此，爱因斯坦从广义相对论的引力方程中企图求得静态结果，但是这种静态解始终寻不出来。1916年，爱因斯坦提出引进一个"宇宙常数"，他在引力方程中引进常数，用这个常数所具有的斥力与引力平衡，使宇宙是静态的。从哲学上看，这是物质的，而不是运动的。荷兰天文学家提出一个近似模型，区别在于，荷兰人的模型是物质且运动的。

静态，就是说从大的空间、时间来看，宇宙是静止的。爱因斯坦说："由于这个讨论的结果，对天文学家和物理学家提出了一个很有兴趣的问题：我们所居住的宇宙是无限的，还是像球形那样是有限的？我们的经验使我们远远不能回答这个问题。但是广义相对论使人们得以在一定程度上可靠地回答了这个问题。"

为宇宙引入静态常数，可能是一个极大的错误，但这是爱因斯坦的一种自然美学意识，他崇尚理解对称和协调。

科学史专家说："从亚里士多德到牛顿，再到爱因斯坦，宇宙理论经历了一个否定之否定的发展过程。爱因斯坦在某些方面又回到了亚里士多德，但又不是简单地重复亚里士多德的观点，从亚里士多德的宇宙有限有边，到牛顿的无限无边，又到爱因斯坦的宇宙有限无边；从亚里士多德承认水晶球般的实在天球，到牛顿否定天球，又到爱因斯坦承认空间弯曲构成天球；从亚里士多德认为空间关系（自然位置）决定天体的运动，到牛顿认为引力决定天体的运动，又到爱因斯坦认为空间的几何性质决定天体的运动，但这种空间的几何性质又是由物质的分布决定的。"

爱因斯坦提出了第一个现代宇宙模型，在他的广义相对论和模型上，科学家们或质疑或遵从，提出了两种较大影响的模型。

在伽莫夫之前，美国的天文学家已经提出了星系似乎彼此退行，且最远的星系退行速度最大。这时，30年代的宇宙大爆炸论才开始受到重视，这是由弗里德曼和勒梅特提出的。

1915年，广义相对论影响了科学界，建立了引力方程。1922年，俄国数学家弗里德曼在广义相对论的研究中，解决爱因斯坦引力方程问题，得到了均匀的、各向同性的宇宙动态时空观。什么意思呢？就是说弗里德曼在去掉爱因斯坦的"宇宙常数"后，又推出了一个或多个宇宙模型，这些模型或膨胀或收缩，总之不是静态的。这时弗里德曼就已经猜测大爆炸之类的起源了。

1927年，比利时天文学家勒梅特在宇宙膨胀的观念上，创立了宇宙学模型。他利用弗里德曼解爱因斯坦引力方程的结果，加以发展，从广义相对论出发，提出在大尺度下，空间随时间膨胀。这个宇宙模型是均匀的，各向同性的，宇宙常数不为零，不断膨胀。

勒梅特宇宙模型的初始密度极大，最初膨胀得快，之后膨胀得慢，一直到停止，形成星系，接着再膨胀。在这里，我们已经看到现代大爆炸的影子了。

无论是大爆炸还是稳恒态，物理学家在理论方面贡献了基本粒子以及合成元素的模拟学说。

从爱因斯坦和马克斯·普朗克那里，阐明了黑体辐射的物理过程。黑体是因为它能吸引全部射入辐射、然后又把这些辐射再辐射出去而得名。据普良克的理论推测，再辐射出来的辐射能分布在整个光谱区，特性线十分明显。由于原始火球在其初期阶段会使能量和物质进入精确的热平衡，所以首次从爆炸冷却释放出来的辐射一事显示出黑体型。

在这个火球开始膨胀和冷却后数十亿年的今天，会出现什么样的能量分布和光谱型还需要精确定量的计算，这一直等到大爆炸定量演化理论的提出。

一开始，人们认为：宇宙是膨胀的，那么过去的宇宙应该比现在的宇宙要小，物质的密度也应该更大。这种基本思路就是宇宙大爆炸论。

然而起初的宇宙是怎样的呢？

1930 年，英国杰出的天体物理学家爱丁顿把哈勃定律与勒梅特的宇宙膨胀论联系起来。人们发现了这种学说的重要性。由星系红移的多普勒效应，可以观测到宇宙的整体膨胀。勒梅特在 1927 年认为，如果把时间反推回去，就可以想像各个星系越来越靠拢在一起，直到它们开始存在，是一个"宇宙蛋"，或"原初厚子"。这个"蛋"里容纳了宇宙间所有的物质。

这就是太一。

奇妙的是，在中国可以找到类似的词语，就是伏羲氏卦中的"太极"，恩格斯的《自然辩证法》中把宇宙之起点叫"混沌"，宇宙学家叫"奇点"。

这里面集中了全部物质能量，甚至时间和空间，除这个点之外，什么都没有。没有天体，没有粒子和辐射，没有时间也没有空间，所有这一切在这个"宇宙蛋"里才有效。

这种物质有着惊人的密度，每立方厘米超过 1 亿吨。而这个"奇点"十分不稳定，像一个超放射物的巨核一样，发生猛烈的爆炸。于是，物质向四面八方扩散，元素开始形成。

在这里，我们介绍几个过程和数据来说明宇宙演化：

第一层次是物理进化。从大爆炸到开始 3 万年。这段时间里，是太极生两仪，两仪生四象。原初的"太极"（奇点）分化为四种作用力场和二种物质粒子（夸克和电子等轻子）。然后由夸克给合成中子和质子，再结合成核子，并和电子结合成原子。

太极生两仪表现在由大爆炸中产生时间和空间分化，物质和场的分化，正反物质的分化，阴和阳或负和正的分化。两仪生四象的表现形式形成四种基本作用力，即引力作用、强力作用、弱力作用和电磁作用。

宇宙演化第二层次是天体演化，从 3 万年到现在的 150 亿年。在大爆炸后 10 至 30 亿年里，是原星系和原星系团的形成，此后是第一代恒星形成，约占了 10 亿年。依次是第二代恒星、星系等等形成，约从大爆炸开始用了 50 亿年，从而形成我们现在的样子。

当前宇宙有哪些天体呢？

卫星、行星、恒星、星系、星系团、超星系团、类星体、星际物质、背景辐射、暗物质。

依据目前科学家的计算，从大爆炸开始到现在约 150 亿年，就是宇宙的年龄，那么它的大小也可算出来，就是 150 亿年中光所走过的距离。宇宙共分为八层次结构进化。

以上已经是当代科学家的成果了。而在大爆炸理论中，历史上起最重大作用的是苏联的伽莫夫。他是美籍俄裔科学家，由于解释了放射性衰变而出名。他于 20 世纪 30 年代在华盛顿任教，后来转至科罗拉多大学。他曾经与玻尔和卢瑟福在一起工作。

伽莫夫把宇宙的起源和化学元素的起源联系起来，运用基本粒子物理学知识，提出了宇宙大爆炸论。

他指出：宇宙物质和辐射都有质量，在今天的宇宙中，物质的质量比辐射的质量大，但是在过去不是这样，在宇宙演化的早期，辐射能曾经比普通物质更占优势。

伽莫夫指出："从热辐射时代到物质时代的过渡，必定有一个非常重要的事件作为标志，即巨大的气状云块的形成。现代的星系就是从这些'星系胚'发展而成的。在这以后，由于气体的凝聚而又形成各个恒星。"

伽莫夫还认为，在宇宙开始膨胀的前30分钟，所有化学元素形成。

他的学说与我们在前面介绍的当代科学家对宇宙爆炸的总结相对比，便可以得知宇宙大爆炸的前后发展。

当代科学认为，在宇宙进化的婴儿时期，即从大爆炸到3万年，又可以分为9个过程，前8个过程只有3分钟。这就是宇宙进化的3分钟。

在火球刚爆炸时，时间开始流动。1秒中不到的第一阶段即 $10$ 的 $44$ 次方分之一秒至 $10$ 的 $36$ 次方分之一秒之内，发生了"超统一真空相变"，宇宙是由此力体作用场和大统一作用场与夸克的轻子组成。

第二阶段是 $10$ 的 $36$ 次方分之一秒至 $10$ 的 $12$ 次方分之一秒间，发生了"大统一真空相变"。宇宙变为引力作用场、强力作用场、电弱作用场和夸克轻子组成。

第三阶段是在 $10$ 的 $12$ 次方分之一秒到 $10$ 的 $6$ 次方分之一秒之间，发生"电弱场相变"。之后的宇宙由引力作用场、强力作用场、弱力作用场、电磁作用场和夸克与轻子组成。

第四阶段是夸克结合成中子与质子，约在 $10$ 的 $6$ 次方分之一秒发生。

第五阶段是正反质子和正反中子几乎完全湮灭的时期，是稍大于第四阶段时间的时候发生的。约100亿分之一的质子和中子侥幸存下来，构成我们今天的物质，其他的都以湮灭告终。

第六阶段是核子时期，时间在 $10$ 的 $6$ 次方分之一秒到 $1$ 秒。这时宇宙中有光子、中微子、正负电子、质子、中子。

整整前六个阶段的发生，不过是从大爆炸开始1秒间的事情，所以著名的物理理论和科学家常常研究宇宙爆炸第一秒，有很多人是"一秒钟专家"。

第七个阶段是正负电子对的湮灭期。约在爆炸后5秒钟。正负电子相遇而湮灭，变成两个伽马光子，宇宙总电荷为零。

第八阶段是轻核合成期。这时距大爆炸是3分钟。大约1小时，轻核合成的早期阶段完成了，电荷的电子是等离子状态。

前八个阶段总共约3分钟。

第九个阶段是中性原子的形成时期。大爆炸后3万年时期，宇宙主要由氢原子和氦原子组成，还有光子和中微子。

这就是奇妙的大爆炸论，经过许多科学家的努力，虽然在很多地方还要改进，但基本的雏形就是如此。物理学家们已经总结了宇宙的演化，我们在这里就不再介绍了。

与大爆炸相对立的学说主要是稳恒态理论。

1946年的一天晚上,英国剑桥的三位年轻科学家霍伊尔、邦迪、戈尔德,看了一部名叫"夜魂"的鬼怪故事片,霍伊尔说"它以这样的方式巧妙地把4个独立的部分连在一起,使它变成一个圆,即结尾和开头一样"。于是大家想到宇宙是不是也可以如此。

邦迪1919年生,1944年成为剑桥大学硕士。戈尔德是1945年获得剑桥硕士的,他1920年生。二人都是从希特勒的统治下逃出来的,他们那时很年轻,都在剑桥同霍伊尔相识。

霍伊尔以变更爱因斯坦场方程中的能量——动量向量的结构为基础,提出和邦迪、戈尔德同样的模型。

宇宙没有开始的时候。星系看上去在远离我们并不一定代表物质的变稀,而是新的物质正在连续不断地产生,产生的速度正好足够补偿从可见宇宙消失的物质。这种新的物质最终会形成恒星和星系,因此,观察者会在任何时刻都把宇宙看成一样的。

在大爆炸与稳恒态的争论中,一种意见认为物质无中生有违背质量与能量守恒定律,但是反驳意见是,大爆炸也是违反的,而且物质是在开始时刻突然产生,开始时刻无法研究无法解释,只能从开始时刻的第1秒内开始研究,始终研究不了那个"零"时间。

霍伊尔认为背景物质中还会不断有新的物质产生出来,弥补由于不断凝聚成新的星系所引起的耗损。

不断创生的物质从何而来呢?这是不断创生的关键。霍伊尔认为:物质就是出现了——它们被创造了。在某个时刻,组成这些物质的各种原子并不存在,而过了一些时候,它们就出来了。在霍伊尔等人的观点中,从事实出发有两种可能。事实是宇宙在膨胀,那么两个结果都是可能的,要么是宇宙消失,要么是物质创生,他们理所当然选择后者。

后来,霍伊尔又提出了重力能产生物质,这样保证了质能的守恒,但也引发别的困难。总之,稳恒态理论认为:

"当宇宙不断地膨胀时,新的物质便接连创造出来以填补空隙。新形成的物质就是构成星系团的氢。每个星系团将随着宇宙的不断膨胀而逐渐衰老以至死亡,但又形成了新的星系团。新星系形成,老星系衰亡,但宇宙的总密度始终不变;并且总是存在有各种各样年龄的星系。因此,宇宙不论在任何时候检验都是一样的。尽管个别星系和星系团有变化,但整体图像是始终如一的。这就是所谓无论年龄上还是在空间上都是无限的稳恒态宇宙。"

相比来说,大爆炸理论认为太空温度开始很高,现在只比绝对零度高几度;稳恒态理论认为是零度(无辐射)。从宇宙年龄上说,大爆炸可以计算出宇宙年龄;而稳恒态理论认为是无限的。大爆炸理论认为物质突然产生;稳恒态认为物质连续自始至终创生;大爆炸认为元素是爆炸后马上形成的;稳恒态理论认为元素自始自终出现在恒量中。

可是自20世纪70年代后,稳恒态理论变得没有支持率了,因为一系列的观测事实被大爆炸理论预言并解释:

第一，宇宙年龄问题。

大爆炸理论认为，天体的年龄应小于宇宙年龄。起初有计算为20亿年的，但都被观测所否定。继而，当代大爆炸论认为150亿年这是宇宙年龄，基于此，目前发现的天体可以纳入演化轨道。

第二，微波辐射。

大爆炸理论预言了残余爆炸的辐射，均匀分布在宇宙空间，结果约3K的微波背景辐射的发现强有力地支持了大爆炸。

第三，宇宙中氦的丰度。

天文学中，一直不能解释为什么天体中有相同的氦丰度，并且也不能解释为什么一些恒星的氦丰度（也就是氦含量）是30%左右。在英格利斯的著作中是这样解释的：

"大爆炸宇宙学可以定量地解释氦的丰度问题。因此，在宇宙早期高温的几十分钟里，生成氦元素的效率很高。根据宇宙膨胀速度的测量，以及热辐射温度的测量，我们可以计算出宇宙早期产生的氦丰度。这个数值恰好是30%。这就是说，今天我们看到不同天体上都约有30%的氦，这可能正是100多亿年前的一次事件所留下来的痕迹。"

第四，河外星系的普遍退行，也就是红移现象。

以上事实有些地方还有争议，但是比起稳恒态宇宙论预测的事实来看，大爆炸理论已十分占优势。

1965年以后，稳恒态理论迅速退让，但是大爆炸理论受到的严重挑战依然很多，新的问题不断出现，比如说，微波辐射是否真的各向同性，星系红移分布的周期性等等，严峻的形势不容乐观。

科学探索是不惧怕严峻的。

科学家们自我询问：宇宙会永远持续膨胀吗？会最终坍塌成黑洞吗？这一系列的问题要深入研究，而宇宙论这门学科的性质也变为了实验科学，当然主要是因为微波辐射的原因。

## 上帝掷骰子

反映微观粒子运动的量子学说用数学描述的一种途径是薛定谔所建立的波动力学，一种就是矩阵力学。

1925年5月，刚刚24岁的海森堡从哥廷根大学请了假，暂时居住在海茹兰小岛。他正担任德国著名物理学家玻恩的助教，着手解决原子谱线的问题。

因为当时正在流行枯草热病，这是一种花粉过敏症，而海森堡也得了过敏症，所以告假疗养，这次静养使他有充分的时间解决久久萦绕的理论难题。

海森堡也是在玻尔量子化理论上开始考虑问题的。他思索怎样使玻尔的理论达到质的飞跃。

这个小岛景色宜人，而且经常电闪雷鸣，在这样的环境里海森堡产生了灵感，有人说在一昼夜之间，海森堡就创建了新理论。其实在科学探索达到成功的瞬间，是有思如潮水这种情况的，但是若没有长期的冥思苦想和自我修正、改进，怎么能来灵感呢？

海森堡写出了《关于运动学和力学关系的量子论的重新解释》，创立了解决量子波动理论的矩阵方法。

在他这里，使玻尔的不精确概念得到完全修正，他彻底放弃了玻尔理论中那些和经典力学相拼凑的概念，诸如电子轨道、运动周期之类的观点，他用辐射频率以及强度这些科学的并且易实验观测的概念来建立起理论体系。

玻恩在审查海森堡的论文时，发现海森堡所用的高度抽象繁难的方法正是数学中已经存在的矩阵运算。

这个理论的特点是两个矩阵相乘是不可交换的。与一般的代数不同，在矩阵理论中，两个量的乘积与两个量互换以后的乘积是不同的，所以海森堡得出了把经典力学方程中所有的量都看成矩阵就会出现新的力学理论的数学方案。

玻恩和约尔丹合作，从数学理论出发，探讨了海森堡的理论，发表了《关于量子学》论文，建立了"矩阵力学"的最简单的特征，紧接着海森堡又与他们合作写了又一篇《关于量子力学》，由此建立了量子力学的系统理论，这就是矩阵力学。

矩阵力学采用代数中的矩阵运算，创立了描述电子运动规律的又一种量子力学体系。

反映原子内部关系的两种量子力学思路基本上同时诞生，各自成为完整的体系。

1925 年，矩阵力学；1926 年，波动力学。

在两种力学之间，人们开始互相争论，纠纷四起。海森堡和薛定谔，都是为了克服玻尔理论的弱点而从波粒二象性来考察建立起力学体系的。

他们的出发点不同，数学方法不同，所以描述运动使用的概念和关系也不一样，但这两个表面上看是截然不同的体系却殊途同归。

一开始，物理学家互相认为对方的体系有缺陷，都标榜自己的理论是完善可靠的。但是薛定谔最先醒悟过来，他首先发现了这两种体系在数学上具有等价性。后来泡利又较为完整和详细地论证了这一观点。

1926 年，狄拉克修定了薛定谔方程，改进了海森堡理论形式，并从矩阵力学导出了波动力学的薛定谔方程，证明了波动力学与矩阵力学的等价性，统一的量子力学建立了。

1930 年，更进一步，狄拉克系统总结了量子力学的发展过程，完成了《量子力学原理》著作，提出了完整的数学方法，以优美简洁而深刻的表达方式讲述了量子力学。这部著作被人们称为量子力学的《圣经》，进入了高速微观物理的世界。在他以前的量子力学是狭义相对论的量子力学，而他发展到了广义相对论的量子力学。

量子力学建立了，真正的难题出来了：上帝是否投骰子。

量子力学是以概率和统计论为基础的，讲求可能性。这就是"掷骰子"，然而世界竟然是建立在不确定基础上的吗？

关于对量子力学的物理意义的认识，激烈的两派一直争论。

矩阵力学派的代表人物是与爱因斯坦并驾齐驱的玻尔,丹麦哥本哈根学派领袖。他认为微观粒子运动遵从的是统计规律,是在概率的基础上发生的。

而爱因斯坦和薛定谔认为,原子微观世界的粒子运动,必然是因果关系,是决定论。统计的解释肯定有重大缺陷。

1926年9月,薛定谔受玻尔邀请去哥本哈根讲学,他们的争论达到了高峰,薛定谔认为微观世界的连续性无所不在,玻尔提出的量子跃迁是不对的,而玻尔却用1919年爱因斯坦跃迁几率的论文观点来作说明。

海森堡于1927年初,提出了著名的"测不准原理":

对于微观粒子来说,要想精确地测定其位置,就无法精确地测定其速度;反之,要想精确地测定其速度,就无法精确地测定其位置。

比如日常测量水的温度,要用温度计放入水中,但是水的热量被温度计吸收了一部分,温度已经发生改变。那么电子呢?如果有一台能看见电子的显微镜,想看到电子就要有光,但是光子如果打中电子,就会移动位置,这样任何时候都测不准它的真实位置,除非让电子"停住"。这样一来,电子的速度又会受影响,仍然不能速度和位置兼而测之。

测不准关系划分了经典力学和量子力学的界限。如果在具体问题中普朗克常数微不足道到忽略不计的地步,那么就可以在经典力学中测出速度和位置,如果普朗克常数不能忽略时,则应用量子力学的测不准原理。

海森堡的测不准原理提出了数学上和逻辑上的证据证明:任何科学的准确性和完整性都是有局限性的。

量子论揭示了原子的迷人性质,海森堡代数方法具有深远的哲学意义,薛定谔把原子看作是到处振动的宇宙中的多难折皱。

在这个世界上,粒子和反粒子自发产生和湮灭,由质转为能,由能转为质。

玻尔与爱因斯坦的交往也为量子力学的发展提供了检验。

爱因斯坦与玻尔争论了近半个世纪,直到两人逝世,谁也没能说服谁。爱因斯坦坚持认为测不准原理表明量子力学存在重大缺陷,但是他一直没想出可以绕开测不准原理的实验。

量子理论预言了许多新粒子,均获得实验上的证明,目前已知的各种粒子,其数目已远远超过元素数,这显示了量子论的理论威力同时带来更大疑惑。

量子论已经成为物理学和技术中的关键领域,如果没有量子论、激光、等离子研究、固体电子学、低温物理等等就将失去研究根据,从而无法进行。

有些仪器可接受几万光年以外的光子,而灵敏的光存储电子计算机更加威力无穷、精确迅速。世界微观领域还等待人们去探索,宇宙正更加奇妙地展示在人们眼前。

## 20世纪又一位导师——玻尔

爱因斯坦和玻尔在争论。

"上帝不和宇宙玩骰子。"

"用不着你来教训上帝该怎样！"

第一句话是爱因斯坦说的，第二句话是玻尔的回答。

20世纪的当代物理学成就是量子理论的建立和深入。量子力学是相对论之后的又一发展。

在量子理论的建立过程中，爱因斯坦对量子理论早期的建立起到了巨大作用，甚至说正是他推动了量子论的发展。然而，爱因斯坦最终拒绝了量子物理，走入一种个人的另一理想寻求——电磁性和引力的统一。

这个问题直到现在仍是物理学界及科学史学界的争论焦点。但是在量子理论发展中，功勋卓著的天才们的革命性设想已成为当代世界的一大变革基础。

玻尔终身从事量子物理的实践和基本理论工作，他是20世纪的一位导师型人物。当然，爱因斯坦是永远保持令人尊敬的地位的。

玻尔是量子力学真正的旗手。在1913年至1943年，尤其是前10年，原子物理的大部分内容只不过是在卢瑟福和玻尔的基础上修正。

1943年12月，玻尔在美国的新墨西哥州进行原子弹的研究工作。

卢瑟福提出的原子结构模型不能解释的突出问题是：随电子绕转速度的不同，可以有任意多的电子轨道。但是像光谱表明所示，原子为什么只辐射一定波长的光，而且为什么会辐射光呢？

并且，原子外旋转的电子必定向外发射电磁波，从而损失能量，使电子被原子核吸引进去，可事实为什么不是如此呢？

由于无法直接观察原子结构，所以只能根据大量原子的光谱分析或粒子轰击来确定原子模型。

玻尔本来是去参加汤姆逊的研究的，但汤姆逊已经改变了研究，所以他就到了曼彻斯特的卢瑟福处。那是在1913年。

当时数十年之久的研究方法就是考虑原子受高温激发产生的电磁辐射。各种元素的辐射各有不同。光谱可以鉴定物质成分。炽热物质的光或白光透过某一未加特质，被分光镜（棱镜）分解成发射线光谱成吸收线光谱。

卢瑟福参加了普朗克与爱因斯坦出席的一个会议，他将问题及时地向玻尔转述并讨论。玻尔具有优秀的数学基础和卓越的抽象才能。在曼彻斯特不过四个月，他提出了最杰出的理论：量子化的原子结构。

玻尔受普朗克的理论影响，这种量子论认为能量传输并非人们认为的那样连续不断，而是一份一份地进行。由不能连续这一思想以及爱因斯坦的深入理解，玻尔建立的原子模型称为卢瑟福—玻尔模型。

玻尔认为，电子不能有任意的轨道，它们绕核运动的距离也不是任意的。电子的轨道是一定的。电子在轨道上稳定地运动，而不辐射能量。电子在任何一个轨道动能不变，但是会发生"能级跃迁"。

也就是说，如果从外部把能量供给原子，能量达到普朗克理论规定的量，那么在靠近核的低能轨道上的电子会进入外圈的较高能量的轨道，并且将跃回低能轨道，并以电磁辐射的形式释放能量。

某个特定轨道电子不会随外力加快或减慢，也不会处于轨道之间，电子不会掉入原子核中，因为最低能量级（轨道）的电子一般只有特别微弱的动能，甚至连一个量子都发不出，所以也不会丧失能量。

一条光谱线就是一个电子从某一级轨道进入另一级轨道跃迁而成。原子核逐步向各能级填充可能是形成元素化学性周期律的原因。

这个神奇的理论明显违背了古典经典理论，有很大的缺陷，但是后来的发展却不断出现令人激动的正确预言。

当时很多物理学家都表示反对，爱因斯坦就说："像玻尔那样绝顶聪明和敏感的人物竟然满足于这种自相矛盾、不可靠的理论基础，在我看真是不可思议。"

然而在解释光谱分析上有关氢原子问题时，玻尔的理论却是完全符合实验结果的，这使得量子力学名声大振。

计算氢谱线是玻尔学说的成功。1914年在一次权威的实验指出，原子的确只能接受和放出一定份额的能量。而作用量子对份额大小有决定性作用，反之，可以从实验结果导出普朗克常数。

玻尔于1922年获得诺贝尔奖金。他是量子论发展的奠基人。后来的天才们正是在他的基础上改进并使理论迈进现代的。

他是丹麦哥本哈根大学理论物理研究所的主任。在1943年，丹麦地下组织得到情报说盖世太保要到研究所逮捕玻尔，于是玻尔提前一天上了小渔船，离开纳粹占领的丹麦，乘上英国空军的轰炸机飞抵英国，随即到了美国，参加了原子弹的研究。

玻尔的组织是年轻人活跃的地方。还在丹麦时，就有许多后来成为大物理学家的人对他很尊重也很热爱他。奥托·弗里希是原子核"裂变"一词的发明者，他现在是剑桥大学教授。回忆起20世纪二三十年代来，他还记忆犹新。

他生动地回忆了一些有趣的场景："也许除了爱因斯坦之外，再没有其他同时代的科学家，不仅仅是在物理学的范围内，能如此强烈地影响我们的思维。我提到过他的原子模型，……这个图像当时是惊人的，不正统的。还有一些物理学家，我在汉堡的老师斯特恩也在其中，曾发誓说如果这种废话是真实的话，他们将放弃物理学（没有哪个照做了）。"

有意思的是，玻尔外表像一个北欧的农民。他的手多毛。大大的脑袋，浓密的眉毛完全符合50岁人的毛发特征。那时弗里希所见的确实是50岁的玻尔。"他体重很重，但当他一步跨两级台阶、大踏步地上楼时，我们这些年轻人都比不上他。"玻尔的弟弟是数学家，颇为著名，然而人们夸奖他的数学时，他却说道："我算不了什么，你们应该见一见我的哥哥尼尔斯。"尼尔斯就是尼尔斯·玻尔。

玻尔爱体育，年轻时是积极的足球分子。他还划船，滑雪，有时扛着伐木斧去砍树。

一次，玻尔骑自行车回家，由于刚从苏联回来，时间稍长，把密码忘了。大家每人根据自己所看到的部分动作再加上玻尔自己的记忆,用了半个小时把密码锁打开了,方才回家。

丹麦科学院把嘉士伯啤酒厂创始人雅可布森修建的别墅奖给玻尔,因此,大家常喝着高级啤酒探讨问题。

晚上,年轻人常去玻尔那里聚会。饭后,人们开始倾听。"有些人就坐在他脚边的地板上,看着他装上第一斗烟并听他说些什么。他的嗓音柔和,带有丹麦口音,我们一直无法确定他讲的到底是英语还是德语,他两种语言都说得很流利并不停地在它们之间换来换去"。

弗里希记道:"这时,我感到苏格拉底又复活了,用他柔和的方式对我们诘难,把每次谈论提升到一个更高的境界,把我们的智慧给激发出来。"

玻尔不总是对的,但是他常常使人陶醉,让人思考而觉得乐趣无穷。

量子理论自海森堡提出测不准原理后,"上帝就开始投骰子"。20世纪物理学两位大师的争论显得更加激烈。他们在思想上的交流为量子力学的发展提供了某些最严格的检验,爱因斯坦一直认为测不准原理肯定说明在我们的理论上存在某些欠缺。而他一直没能设计出可以绕开测不准原理的实验,尽管如此,由于爱因斯坦的反对,更成为有价值的研究角度,开拓了量子力学创建人的思想。

玻尔于1885年10月7日生于丹麦哥本哈根,父亲是哥本哈根大学生理学教授。1903年时,玻尔攻读物理学。大学三年级就发表论文《表面张力的精确测量》而获得了丹麦皇家学院金质奖章。

1920年起,他担任哥本哈根理论物理研究所所长。他诲人不倦,海森堡、泡利、弗米都受过他的指导,形成"哥本哈根学派"。

1937年,玻尔访问中国,他选择自己的金质奖章图案为中国的太极图,因为他认为量子力学互补理论是他的重大理论,正和中国古代的道家哲学和物理思想相契合。

在他的创办和领导下,哥本哈根成为世界物理学的圣地。玻尔本人被誉为"科学国际化之父"。

## 电影的诞生

第一部真正的电影摄影机和放映机是在新泽西州爱迪生的实验室里制作出来的。

人类的视觉具有暂留性。比如夜间挥动点着的烟头,就会看到一个完整的圆圈。电影的原理也在这里。

19世纪30年代,在欧洲有一种娱乐游戏,经常放置在客厅里的一种装置,叫做"魔盘"。转动其中一个圆盘,透过另一个固定圆盘的缝隙往里看,就会觉得排在活动圆盘边缘上的小画似乎活动起来。

经过改进,人们又利用反光镜和"幻灯"———一种特制灯箱,把绘制的图像投射到银幕上。

最先把这种摄影新技术同转动的魔盘联系在一起的人是费城工程师科曼·赛勒斯。在 1860 年的时候，他曾经做过一个娱乐项目，即把几张照片贴在转轮的轮叶上，这六幅照片是一个动作的前后相连的分段。

赛勒斯把两个儿子钉铁钉时的活动连续拍了 6 张照片，贴在轮叶上后，开始旋转轮子，结果人们看了，就跟看见一个连续钉铁钉的动作一样，活灵活现。

10 年过去了，费城人亨利利用动作的分节静态照片，把一对翩翩起舞的男女形象投射到银幕上。在同一时期，埃维德·梅布里奇利用 24 架拉线快门照像机拍摄活动中的动物和人的静态照片。

1882 年，法国艾蒂安·马雷用一枝带有枪托、扳机和速射快门的单筒"摄影枪"在一卷转动的像纸上拍下鸟儿飞翔的静态照片。英国的威廉·弗里斯格林试验了纪录动作的摄影机和银幕上再现动作的放映机。

爱迪生发明了电灯泡和留声机。他想增加销路，于是决定联系起图像与声音，这样肯定会使他研制的声像设备销路大增。

在影像与声音的配合研究上，爱迪生投资了 24000 美元。1889 年，他的助手威廉·肯尼迪·狄克逊终于设计成功一种链轮系统，可利用一条 50 英尺长、由伊斯曼发明的赛璐珞胶卷进行拍摄。

1891 年，爱迪生申请了发明专利——窥孔式"动画镜"，这就是各种各样摄影机的前身。这种动画镜的胶片宽度成为直到现在仍通行的国际标准宽度 35 毫米。可是声音与图像难以同步配合，因此爱迪生中断了这项发明，并且也没有申请国际专利。而申请国际专利只需 150 美元手续费。

正是这 150 美元的"手续费"，结果使爱迪生失去了数万倍的巨额钱财。因为他断言这项发明无用，放弃了申请专利，结果欧洲人免费竞相模仿，开始发展并生产、制作。

动画馆就是这样诞生的。过往行人只须花上几个零儿，就可以透过一个小孔，观看 15 秒钟的生动动作节目。这样的游戏传到我国，人称"西洋景"，直到 20 世纪 80 年代还可在街头见到。

人们特别对一个节目注意：爱迪生研究所的工人弗雷德·奥特张开大嘴打喷嚏。继而，摄影师们创作各种节目，比如杂技过程等等，也吸引了很多观众。

世界电影史的起点是 1895 年 12 月 28 日，这是人们公认的世界上正式放映电影的开端。路易·鲁米埃尔和奥古斯持·鲁埃尔是两兄弟，法国摄影师。他们在巴黎卡普西尼大街 14 号租了间地下室，摆了 100 把椅子，开始收费放映。电影放映就这样在一个寒冷的星期六晚上诞生了。

早期的影片拍的是什么呢？

进站的火车，下班吃饭的女工，吃奶的婴儿等等，而且十分短暂。但是这种新鲜东西却倾刻间迷倒了无数市民。人们争先恐后去看"动画"，这些动画是没有声音的，因为爱迪生的研究没能成功，所以一直没有声影同步。

1896 年 4 月 23 日，活动电影在美国首次公演。地点是科斯特和比亚尔合开的纽约音乐堂。人们对这些不超过两分钟的活动画面兴趣盎然。记者报道中说:"滑稽可笑的拳击比赛""汹涌的怒涛""婀娜的金发少女"。

但是因为这时的电影毕竟过于简单,所以很快就失去了魅力。

电影逐渐冷落下来。

到梅里埃的出现,拍摄技术有了巨大的革新。

梅里埃是一名魔术师。1896年,他也赶时髦购置了放映机,自己摆设把玩。一天,他在自我欣赏地观看自己的一部近作,突然间看到了一个心惊的画面:马车拉着灵柩。这是怎么回事?

梅里埃从椅子上蹦了起来。他惊恐万分,忽然想起拍摄时确有一辆马车拉着灵柩经过,但是那时是机器不转之后刚刚恢复。也就是说,这部突然插入的画面是机器停止之后重拍造成的。

这个新的发现使梅里埃试验了一系列的拍法,他停机,然后再拍景物,再停机,又拍一些动作。就这样,画面切换组合,异常奇妙。

就要夭折的电影在梅里埃手里起死回生了。他成功地创办了制片厂和"明星电影公司",开创了电影工业化的道路。1899年,他拍摄了新闻片《德莱孚斯事件》。这部影片是根据真实的法国社会事件用现实主义手法制作的,开创了电影业中"再现历史"之先河。

梅里埃最先发现电影可以讲故事。他的影片采用新奇的特技,华丽夺目的服饰,吸引了很多观众。他影片中所采用的很多技术是现在为止仍在使用的基本技巧:溶暗、淡入、淡出、慢镜头、快镜头,等等。他的杰出作品是《月球旅行》《艰难的历程》。

但是有盛有衰,梅里埃风行15年,他创办的处于世界电影中心地位的公司开始破败,因为他严重脱离了生活并且拍摄角度极其死板。

百代公司兼并了明星公司,1938年,潦倒的梅里埃度过数年摆摊卖玩具的生涯,在医院孤独地死去了。巴黎是繁华的,他什么也带不走。巴黎依旧繁华,即使再有个梅里埃,巴黎也是如此。

1915年,波特等人的才能繁荣了大洋两岸的电影事业。

1903年的《火车大劫案》是世界上第一部引人入胜的故事影片,它开创了一种影响非常巨大的大众娱乐的新方式。豪华影院随之崛起,好莱坞逐渐成为电影业的"西方不败"。

电影从朴素直白的拍摄事件到成为艺术性的东西,主要是格里菲斯。他导演的电影剪辑艺术十分高超,1915年,他摄制了《一个国家的诞生》。这部长达三小时的影片介绍了美国南方的重建。他把三K党塑造成英雄,把奴隶丑化成强盗,虽然电影很具感染力,但却使许多正直的人愤怒。

无声电影就这样逐渐发展起来。"默片时代"就是这个时期。此时人们习惯的是一边看电影一边听现场乐队伴奏。

1927年,沃纳兄弟制成第一部有声艺术片《爵士乐歌唱家》。主演约尔森本来只是唱几首歌,但是却偶然地即兴加入一段讲话,结果开启了一个电影大发展时期,他说:

"你们还什么都没有听见过。"

人们从电影中听到的第一句话就是这句话，它结束了一段历史。

## 飞行的梦想

从古代开始，人们就梦想"像鸟儿那样飞翔"。达·芬奇这位文艺复兴时的天才人物，也研究过鸟的构造，试图制造出翅膀。

1783 年，法国人约瑟夫·艾蒂安·蒙哥勒费埃和雅克·艾蒂安·蒙哥勒费埃首次发明了热气球，开创了一种新的飞行途径。

早在 1766 年，卡文迪许发现了氢气，后来的人们用氢气替代热空气，气球飞行便流行开来。

很多著名的科学家研究气球飞行。英国的乔治·凯利爵士是空气动力学的创始人。他对比空气重的物体飞行发生了浓厚兴趣。他抛开了陈旧的翅膀想法，发明了一种滑翔机。这种滑翔机是带有固定尾翼并且有两个侧翼的装置。

1804 年，在约克郡的庄园中进行了世界第一次滑翔机飞行。人们通常认为这是世界上第一架飞机。然而这种飞机只能借地势和风力滑行一段时间，而不能自己在空中操纵飞行，人能做的只是适当改变方向，至于控制速度及停止与否都谈不上。

莱特兄弟的父亲是基督教兄弟联合会的一位主教。莱特一家有 5 个孩子。1867 年，威尔伯出生；1871 年，奥维尔出生。

很小的时候，他们就十分喜欢摆弄各种机器零件。在他们童年时，还得到了一件玩具，即父亲赠给他们的竹蜻蜓。这架竹蜻蜓是一只以拧紧的皮筋为动力垂直起飞的，十分有趣。它激发了两个孩子童年的梦想。

兄弟俩敢想敢做，敢说敢干，他们一贯勇于实践。

上中学时，奥维尔和威尔伯办过报纸，效果很好，都发展成一天一出的日报了。后来在 1890 年骑自行车热席卷美国的时候，兄弟二人又开办了"莱特自行车公司"。谁又能想到，这个公司是他们从修车铺发展起来的呢。

他们俩最感兴趣的依然是飞行。

多少年来，人们一直神往着像鸟儿一样在空中飞行。中世纪时，许多人模仿鸟类给自己也安了翅膀，然后开始从悬崖上向下跳，结果十分悲惨，很多人因此被摔得粉身碎骨。

莱特兄弟知道，做翅膀来使人飞行是实现不了的，只能从研制载人飞行器入手。

他们找来了大量资料。其中在德国和芝加哥的两个人做的试验吸引了他们。这些人的试验给他们带来了经验也带来压力，谁先研制出来谁就成功了。

1899 年，莱特兄弟投了第一笔钱，造了一架 5 英尺长的双翼飞机，并像放风筝似地把这架飞机送飞到空中。他们要研究在有风条件下如何改变方向的问题。威尔伯得出结论说，只要用与拉线相连的小棍调节，使翼梢保持不同的迎风角度，就可以控制飞机的航向。这次得出的成功结论影响了以后研究。

兄弟二人的第一架滑翔机是 1900 年造出来的。为了寻找试验场地，他们询问美国国家气象局。气象部门告诉他们北卡罗莱纳州基蒂霍克村的沙滩比较合适。因为那里的气流较平稳而且可以托起滑翔机，地势开阔，没有森林和灌木丛。那一带的行人也很稀少，安全性较大。但是对于飞行员来说，安全条件只是一个极小的减少危险的因素，真正的危险来自设计本身。

一旦落地发生事故，那就会造成无可挽回的损失。

莱特兄弟成功地进行了滑翔机的载人飞行试验。

1900 至 1903 年，莱特兄弟孜孜不倦地进行飞行研究，他们仅在 1902 年 8 月至 10 月期间就飞行了 1000 次。他们达到了在风力下每小时飞行 36 英里的速度。当然，他们飞不了很长的时间。

根据实验得出，过去的一些气压计算方法是错误的，他们开始自己制造仪器并利用新的物理上的新仪器来测量。

沙努提对他们帮助很大。

当时已经 70 岁的老人奥塔维·沙努提无私而耐心地帮助他们。老人是世界上第一流的滑翔机制作和飞行权威，他还亲自到莱特兄弟的试飞场进行指导。

1903 年 12 月 17 日，世界上第一架动力飞机制作出来摆在了试飞场上。

还是在几个月前，莱特兄弟认为进行动力飞行试验的条件已经成熟，开始制造各种零件，当时没有轻便的汽油发动机，他们自己做了一个十分粗笨的 12 马力 4 缸冷水式发动机，并且安了两只 8 英尺长的木制螺旋桨。

这其中有一个小小的花絮。

本来，飞机定在 12 月 14 日试飞。这可是人类世界一件大事，谁能成为荣幸的第一人呢？况且不仅是荣幸，也有很大的危险，一旦发生事故，轻则伤残，重则毙命，可不是闹着玩儿的。

莱特兄弟性格相近，对于危险，他们都想让自己承担，对于荣誉也想竞争。这可怎么办呢？于是两人抽签，结果是威尔伯驾驶。他欣喜而又紧张地做好准备，12 月 14 日起飞。不料起飞出了故障，飞机立即坠落。大家手忙脚乱地抢救抢修，威尔伯幸好没有受伤。

经过 3 天紧张抢修，飞机又好了。但是飞行员轮到了奥维尔，就这样，奥维尔荣幸地成为驾驶世界上第一架飞机飞行的人。

12 月 17 日是星期四，天气晴朗，能见度很好。仍然是在基蒂霍克村的空旷沙滩上，"飞人号"停在那里。它看上去很奇怪，活像一个大箱子风筝。

助手们和莱特兄弟最后又做了一次检查。弟弟就要试飞了，哥哥微笑着说："祝您成功，我的兄弟。"助手们也都为奥维尔祝福。

10 点 35 分，奥维尔解开了绳子。飞机是被装在一辆滑车上的，可以沿着一条单轨的轨道滑行。在轨道上是涂得均匀的润滑油。绳子一解开，"飞人号"开始缓缓地向前滑动，它摇摇晃晃、跌跌撞撞，然而速度仍然在加大。奥维尔慢慢地把 12 马力 4 缸发动机加到最大油门。

飞机升空了!

依然摇晃,奥维尔尽力保持平稳。

突然,飞机栽了下来!

这次栽下来却非同小可,因为它在空中持续飞行了 12 秒,飞行 120 英尺。虽然距地面高度不过 10 英尺,但却是雏鹰的成长,从此开启了人类飞行的新程。

一天之中,他们一共试飞了 4 次。奥维尔两次,威尔伯两次。飞机向下栽不是坠落,而是滑行撞到沙滩上,所以没有造成什么伤害。最长的一次是威尔伯飞行创下的:59 秒内飞行 852 英尺。

然而这次飞行却受到人们的漠视,人们以为是个骗局。报纸上也没有怎样报道。第二次更倒霉,兄弟二人制出"飞人二号",结果由于发动机过重,在演示时怎样都飞不起来。

这下成新闻了。人们一时间纷纷传说两个骗子的事迹。

莱特兄弟毫不气馁。他们不停地试验。人们在很多时候亲眼目睹了他们的试飞,但都不表示注意。

1905 年,莱特兄弟在 35 分钟内飞了 24 英里,完成了当时所带燃料支持的最远飞行。莱特兄弟开始申请专利,他们于 1906 年得到了飞行机器的专利。

直到 1908 年,美国政府才意识到了他们的研究价值,罗斯福执政期间,政府购买了莱特兄弟的飞机。接着法国有人邀请他们开设公司,莱特兄弟赴法表演,世界承认了莱特兄弟。

成绩越来越好,莱特兄弟在 1909 年飞出了两小时 135 千米的记录,他们还首次在双座飞机中运载了乘客。

法、英、俄、德的工厂开始研制飞机。随之而来的是科学理论的提出、发动机的改进等等。

航空时代到来了。

## 火箭的诞生

世界上第一枚火箭出现得很早,但是真正的液体燃料火箭是 1926 年制造出来的。

火箭可能是古代中国的发明。1232 年开封之战的史料就已经记载了蒙古军对中国人的"飞火箭"的恐惧。

早在 1241 年,鞑靼人在莱格尼查之战中曾用火箭打过波兰人,1288 年,阿拉伯人进攻西班牙城市巴伦西亚时也动用了火箭。

人们并不知火箭是怎样具体地制造出来,但是应该确定是火药发明之后的事。到了 18 世纪,火箭仍然使用于战争。

1792 年和 1797 年塞林加帕坦周围的战斗,印度米索莱苏丹蒂普的军队使用了火箭,这使得英国军队伤亡惨重。

1812年,美国人也利用曾使自己吃过亏的火箭攻打麦克亨利堡。《星条旗》里有"火箭耀眼的红色光芒"就是指此而言。

1405年,被人们认为是世界第一位真正的火箭技术理论家的康拉德·凯泽·冯·艾希施泰特发表了一篇关于筑城设防的论文,文中谈到几种不同的火箭。1605年,波兰火炮专家卡奇米尔兹·谢米埃诺维奇发表了很有价值的创新设计,谈到了多级火箭。

但是火箭发展始终跟不上大炮的改进。19世纪,自从人们研制了复式炮弹以后,发现它比火箭要射得准确,以后,人们逐渐不再发展火箭。

火箭靠的是反冲。有意思的是文学作品最先奠定了反冲思想。在法国人西朗·德贝尔热拉克的著作《月球各国奇遇记》和《太阳各国奇遇记》两本书中描绘了用火箭推动"航天车箱"的宇宙航行。

20世纪,火箭科学有了转机。

首先是一个十分不起眼的俄国教师齐奥柯夫斯基,是他奠定了火箭飞行的理论基础。在1903年和1911年,他曾经发表了论文。他计算得出,理论上是可以到达其他天体的。他认识到用固体做火箭的燃料是错误的,而应研究液体火箭。他还设想了宇宙飞船,建立了多级火箭系统。

然而齐奥柯夫斯基的理论当时对欧洲没有很大影响。他一生经常遭人讽刺和嘲笑,直到列宁建立了新的苏维埃政权,齐奥柯夫斯基才当选为科学院院士。

"现代火箭技术之父"是戈达德。

美国物理学教授罗伯特·戈达德进行了液体燃料火箭的试验。他曾经成为人们关注的焦点,但是新鲜劲过去之后,没有人资助这位教授,因为人们和政府组织都没有意识到他的巨大研究潜力。

罗伯特·戈达德还是马萨诸塞伍斯特城一个十六七岁中学生的时候,曾经有过很多幻想。他身体很不好,经常由于肺结核不能根治导致卧床不起。就在一次长达两年之久的卧床之中,1899年10月19日,戈达德称为纪念日,他产生了一个"幻想"。

戈达德这样说:

"这是新英格兰10月里一个宁静的下午,周围景色美丽极了,五彩缤纷。我在眺望东面的田野时心想,要是制造出有可能登上火星的装置该有多好啊!我想象着有一架机器从树下的草地飞起来,直上天空。

从这以后,我和以前判若两人。"

这时,戈达德刚刚过了17岁生日。他决心使人类飞出地球。

在学校里,他首先自学牛顿的著作。牛顿的理论提供了反冲依据。戈达德是一名成绩优异的学生,在1907年,他曾建议飞机用陀螺仪来稳定。

1912年,戈达德成为普林斯顿大学的研究员,他一直利用业余时间研制火箭,谁也不知道。1913年时,戈达德计算得出:一枚重200磅、能将1磅重的物体送出大气层的火箭可以研制出来。

戈达德一个人做的工作是现在冶金、热力学、空气动力、结构学、水力学、机械等方面专家联合而做的工作,而且他没有足够的资金,因此没能迅速地把火箭研制出来。

在 1916 年,史密斯学会支援了 5000 美元。

1917 年 4 月,戈达德参与军事火箭研究。后来,他研制了可由普通战士使用的无后座力火箭发射器,但是 4 天之后,战争结束,因此戈达德没有继续得到经济支持。

更糟的是,他的论文发表了,人们对他的一个玩笑似的想法当了真:将镁光灯送上月球,使其发光照射全世界。

人们纷纷嘲笑他。

戈达德就是没钱。如果有充足的资金,他早就实施了很多富有创见的计划了。

1920 年 7 月到 1923 年 3 月,戈达德得到了海军军械局的每月 100 美元经费。这时,德国人正在大力研究火箭,并已经取得了很大的进展。但这个时期的液体推进试验未能成功。

后来,戈达德去克拉克大学教书,得到了大学的资助,在这里他成了家,继续研究液体推进火箭。

1925 年,一种轻型火箭飞行达 24 秒,混合液体初显奇效。

1926 年 3 月 16 日,火箭飞行实验就要开始了。

美国马萨诸塞州奥本老伍德农场的旷野上,薄雪覆盖着平原,戈达德和助手们把火箭发射台上的金属架支好。

火箭的模样很怪。10 英尺长,没有遮盖也没有罩子,发动机和喷嘴不是装在后面而是装在前面。两条细金属管从发动机通向火箭底部的一对小油箱。其中一个装了汽油而另一个装的是液体氧气——臭氧。

这时戈达德经历了许多风霜,已经 44 岁了。他自 17 岁以来梦想飞向太空,到今天终于迈出了一大步。

从固定燃料开始试验,改成爆发力巨大的汽油与液氧的混合液体燃料,凝结了多少艰辛。

下午 1 点,戈达德与助手开始准备,又过了一个半小时,一切就绪。助手亨利·萨克斯拿着一根长 6 英尺,顶端的喷灯正喷着火焰的棍子,得到戈达德发出的信号后,他把喷枪凑近火箭点火器。酒精炉被点着,他迅速躲在远处薄钢板后边。

过了 90 秒,戈达德拉动了一个开关,氧和汽油混合,喷出高速火焰,第一枚液体燃料火箭起飞了。

这就是 V-2 型弹道导弹的雏形,也是阿特拉斯火箭的前身。它飞了 184 英尺,飞了短短的 2 秒,最高高度只达 41 英尺。

戈达德记录到:"火箭掉在冰雪地后仍然高速向前窜,简直不可思议,火箭升起时,既听不见任何噪音也看不见火焰。"

戈达德激动地联想到"一个仙女,一个舞姿优美的舞蹈家"。

是啊,正是这优美的舞蹈家,使人们步入航天时代,开始优美的宇宙旅程。

1945 年 8 月 10 日,戈达德因病去世。

## 20世纪的智者——罗素

在20世纪,有一位百科全书式的智者。自西方世界亚里士多德以来,真正的百科全书式人物越来越少,而要在19~20世纪成为令人尊敬的有巨大建树的百科全书式学者,更是难上加难,可望不可及。

罗素就是20世纪的智者、大师级百科全书学者。他是哲学家,然而又是数学家,1950年,获得诺贝尔文学奖,这一切已经初步使人窥见他的伟大。

他首先是真正的哲学家。

作为分析哲学的创始人和奠基者,罗素和摩尔是分析运动的实际缔造者。他用自己精深的符号逻辑,开创了理想语言学派的分析方法。罗素在整个20世纪的精神与思想文化历程上,留下了不可磨灭的印记。100年来的哲学家,没有一位声称自己完全不受罗素影响,相反,人们认为自己在不同程度上受到了罗素的影响。罗素是哲学家、数学家、逻辑学家、社会活动家和和平主义者。

他自己说过,一生为三种激情所支配:对真理的不可遏制的探求,对人类苦难不可遏制的同情,对爱情的不可遏制的追求。罗素的哲学观点在现代有些已经落后,但是从他的一生中,人们看到了从善如流、幽默机智、学识渊博、仗义执言的伟大学者形象。

他从1900年起经历了对黑格尔唯心论的反叛,尊重科学、尊重逻辑、尊重经验是他的终生作风。他严肃甚至古板地认为,我们一切信念都必须放在哲学的审判台上,并证明它是合理的。他要在经验主义哲学的基础上,依靠现代高度发展了的逻辑分析技术,寻求人类知识牢固而坚实的基础以及科学可靠无误的根据。

1872年,罗素生于英国南威尔士莫矛斯郡特雷莱克一个贵族世家。

他的父母是自由主义者,思想极为激进,积极参加各种革命活动。罗素的祖父是伯爵,在辉格党中很有名望,是一位极著名的政治家。辉格党就是英国自由党的前身。在维多利亚女王时代,罗素的祖父曾两次出任首相。

罗素年幼时,父母相继离他而去。因此,祖母照看罗素长大。祖母身上具有独立不羁的顽强性格,她以及她所在家族的自由主义传统深深地影响了罗素的成长。

罗素的童年十分孤寂,他经常在家中荒凉失修的大花园里独自观察大自然,思索人生的意义和自然的秘密。正是大自然、书本和数学把他从孤独和绝望中拯救出来,特别是数学,是罗素的兴趣所在。

1890年,罗素考入了剑桥大学。前三年,罗素专攻数学,获数学荣誉学位考试的第七名。第四年转攻哲学,获伦理学荣誉考试第一名。1908年,罗素被选为皇家学会会员。1910年,任剑桥大学讲师,1914年成为剑桥三一学院研究员,1949年成为英国皇家学会的荣誉研究员,罗素曾经到过中国,讲学达一年之久,他对东方的热情和研究在西方世界也是典范。在20世纪50年代后,罗素主要从事社会政治活动。

罗素自己总结过:

按照我所关心的一些问题，按照做过对我有影响的研究工作的人，我的哲学发展可以分为不同的阶段。只有一件事我念念不忘，没有改变：我始终是要急于发现，有多少东西我们能说是知道，以及知道的确定性或未定性究竟到什么程度。在我的哲学研究中，有一个主要的分界：在1899～1900这两年之中，我采用了逻辑原子主义哲学和数理逻辑中的皮亚诺技术，这个变革是太大了，简直使我前此所做的研究（除去纯数学的以外）与我后来所做的一切全不相干。

这两年的改变是一次革命，以后的一些改变是演进发展的性质。

起初，罗素的哲学兴趣有两个来源：一方面，他要急于发现，对于任何可以称为宗教信仰的东西，哲学是否可以提供辩护，不管是多么笼统；另一方面，他想让他自己相信，如果不在别的领域里，至少是在纯数学里，有些东西人是可以知道的。

在罗素没有接受高等教育之前，就已经在思考以上问题了。他对宗教的看法由不相信自由意志到不相信永生到不相信上帝。

剑桥学到的是康德和黑格尔哲学。在深信黑格尔反对这个或那个的那些论证都是不能成立的之后，他的反应是走到相反的极端，开始相信，凡不能证明为伪的东西都是真的。

在1910年以后，罗素做完所有他想做的关于纯粹数学的研究之后，开始考虑物理学界。受到怀特海的影响，二人共同研究了很多问题。从1910年到1914年，罗素开始认识物理世界。

约在1917年，罗素注意到语言与事实的关系问题，对逻辑的研究是罗素的一大巨变。

他的思想大致经历了绝对唯心主义、逻辑原子论、新实在论、中立一元论等几个阶段。罗素在数理逻辑方面，由数理逻辑出发，建立起逻辑原子论和新实在论，成为现代分析哲学的创始人。他善于博采众长，自我省察，不断修正。

罗素一生兼有学者和社会活动家的双重身份，以追求真理和正义为终生职业和志向。他不是躲在书斋里不问人间死活的学者。从青年时代起，他就继承家庭的优良传统，积极参加社会、政治活动，追求并捍卫社会主义。

1895年，罗素曾经两次访问德国，研究"德国社会主义运动"，同倍倍尔、李卜克内西等人交流。1920年访问苏联，与列宁晤谈。罗素是举世闻名的和平主义者，第一次世界大战时，由于进行反战宣传，被判刑入狱六个月。20世纪50年代，爱因斯坦和罗素共同发表"罗素—爱因斯坦宣言"，用来反对氢弹的研制。

1961年，罗素已89岁高龄，但是他为和平奔走。他主持了一个静坐示威，抗议战争的活动，结果夫妇二人以老迈之躯被判刑入狱两个月。罗素支持希腊和巴基斯坦人民的解放运动，反对美国侵略越南的战争。1966年他与萨特等人组织"国际战犯审判法庭"。1968年，罗素发表声明，抗议苏联入侵捷克。1970年，罗素抗议以色列发动中东战争。这是一个和平主义者的牺牲精神的体现。

罗素的著作理性凝重深刻，但是文笔优美流利，思辨与文采在他那里天然浑成，感人心肺而又启人心智。在英国文学中，他的清新散文享有盛誉。

罗素的著述有七八十种，论文数千篇。他涉及到哲学、数学、科学、伦理学、社会学、政治、教育、历史、宗教等诸多方面。

1949年，罗素获得英王六世颁发的最高"荣誉勋章"。

1950年，罗素获诺贝尔文学奖。

瑞典学院认为罗素体现了人道主义与思想自由的捍卫者的斗争精神。"表彰他所写的捍卫人道主义理想和思想自由的多种多样意义重大的作品。"

颁奖辞中的一段话可以作为我们的结尾："罗素的哲学具体地体现了诺贝尔先生创立这个奖的初衷，他们对人生的看法是十分近似的，两个人不但都接受怀疑论，而且都怀有乌托邦理想，并且由于对当前世局的共同忧虑而共同强调人类行为的理性化。"

# 电子计算机之父——诺伊曼

"约翰毫无疑问地被认为是计算机之父，那时他已经在普林斯顿造了一个。他居然邀请我参加那次讨论实在让人难以置信，很大程度上不是出于友好，而是怀着微弱的希望让我能提出新的想法，结果我辜负了他的期望。但我从没有停止过对计算机的好奇，并且使我感到荣誉的是我竟然受到了大师的启蒙教育。他的数学成就和技术对我来说太高深，无法用语言来描述。但我知道他的大脑是坚强有力的，因为有一次我亲眼看见他连续喝下了16杯马丁尼还能清醒地只靠双脚站着，尽管说话的语气带点儿悲观的味道。"

以上是剑桥大学著名教授奥托·弗里希回忆冯·诺伊曼的情况，那时他们在洛斯·阿拉莫斯研究原子弹，他评价道："约翰·冯·诺伊曼，匈牙利出生的数学家，他发明了竞赛（包括经济的和政治的）规则的理论及第一个电子计算机后面的指导思想。"

的确，正如弗里希所说，诺伊曼是计算机思想的系统提出者。

冯·诺伊曼的运算能力很强，人们在研制导弹时要大量计算，有些数学家用笔，有些数学家用计算尺，但是他只用脑子。常常是和大家同步说出答案，甚至先于大家得到结果。

约翰·冯·诺伊曼是20世纪杰出的数学家之一，他在第一台电子数字计算机的制造中作出了巨大的贡献。然而他是一个真正的数学学者和富有创造的专家。

熟悉德国名字的人会在他的译名中得知他出身贵族。不错，他是犹太血统。他的父亲是一位银行家，曾被皇帝授予贵族封号。"冯"就是贵族的标志。

诺伊曼从小就很有才能，记忆力极强，他6岁时据说就已会七位数的除法。十多岁时，冯·诺伊曼已经会高等数学的许多方法和概念了。数学家菲克特在老师和家长的邀请下做了冯·诺伊曼的家庭教师。在中学毕业的时候，这个天才少年就和自己的数学家老师写了第一篇数学论文。

关于冯·诺伊曼的心算能力，他的老师、著名数学家波利亚曾经这样说过："约翰·冯·诺伊曼是我惟一感到害怕的学生。如果我在讲演中列出一道难题，那么当我讲演结束时，他总会手持一张写得很潦草的纸片，说他已把难题解出来了。"

冯·诺伊曼1927年至1929年担任柏林大学义务讲师，1929年10月到美国讲学，1931年起为世界著名的普林斯顿大学聘任，授予终身教授职位。他精通英语、法语、德语，对拉丁语和希腊语十分熟练。

在美国，冯·诺伊曼结识了爱因斯坦、维纳等人，维纳是世界著名的神童，天才的控制论创始人。冯·诺伊曼与维纳合著了《博弈论与经济行为》一书，成为数理经济的权威之作。

1940年后，冯·诺伊曼参与了军工研究，他于1933年加入了美国国籍，在军工研究中担任了美军弹道研制室的顾问。

他参加了正在研制的第一台电子计算机工作，说来机会很偶然。

1944年夏天，冯·诺伊曼已经是一位十分著名的人物了，身为阿伯丁弹道实验顾问的他被人传说得十分神奇。

他参加了ENIAC的研制工作。ENIAC机的研制使莫尔学院成为当时美国的计算机研究中心之一。在冯·诺伊曼到来后不久，经过对ENIAC不足之处的认真和细致的对话，研究小组很快又开始研制另一台电子计算机。

当ENIAC——世界第一台电子计算机尚未完成之时，1945年3月冯·诺伊曼又参加了另一种新型计算机的研究。在他的主持下，根据图灵提出的存储程度式计算机的思想，研究小组完成了EDVAC的设计方案初稿。1945年6月，全新的存储程序式通用电子计算机的设计方案——EDVAC诞生了。而这时第一台ENIAC机还未完成。

1945年3月，冯·诺伊曼针对ENAIC提出了改进报告，确定计算机采用二进制，用电子元件开与关表示"0"和"1"，用这两个数字的组合表示任何数，可以充分发挥电子元件的开关变换，实现高速运算。

有一个有意思的事情。

冯·诺伊曼本来是数学家，他在此之前对计算机的研制甚至有关的技术都是一无所知，为什么他能够提出改进方案并且确定计算机基本结构和工作原理呢？

冯·诺伊曼提出计算机应有五大部分，即：计算器、控制器、存储器、输入设备、输出设备。

他提出的正是逻辑装置的关键，明确反映出现代电子数字计算机的存储程序控制工作原理和基本结构。

当他刚一开始进入电子计算机研制小组的时候，小组的负责人莫克利和艾克特并不十分热情，他们想要考一考这位来自普林斯顿高等研究院的数学天才，他们声称，只要从冯·诺伊曼提的第一个问题就知道他是否是真正的天才！

结果是可想而知的。冯·诺伊曼到达莫尔学院的计算机研究室看了研制中的计算机之后，提的第一个问题就是这台计算机的逻辑装置和结构，这恰恰是莫克利等人用来判定天才的标志。

1946年之后，冯·诺伊曼领导了普林斯顿高等研究所的现代大型电子计算机的研制。后来制成每秒百万次的计算机，成功地应用于计算导弹数据与天气预报上。

1955年,他检查出癌症,正在扩散。他更加夜以继日地工作,写出了人工智能的著作《计算机与人脑》。

1957年2月8日,冯·诺伊曼去世。

## 宇宙中有多少个电子

1920年,爱丁顿在英国学术协会演讲中讲述了蒂达洛斯和伊卡洛斯的故事。从这里我们窥见到一位伟大探索者的灵魂。

钱德拉塞卡教授这样评价:"在今天,我们怀着极其崇拜的心情,纪念一位曾朝向太阳勇敢高飞的伟大灵魂。"

爱丁顿是这样说的:

"古代有两位飞行员,他们给自己装上翅膀。蒂达洛斯在不太高的空中安全地飞越了大海,着陆的时候理所当然地受到赞誉。年轻的伊卡洛斯迎着太阳高飞,最后捆绑翅膀的蜡熔化了,飞行也就因此彻底失败。在衡量他们的成就时,也许要为伊卡洛斯说几句话。第一流的权威们告诉我们说他仅仅是在"玩特技飞行表演",可我更愿意这样看:是他明确地暴露出他所处时代的飞行器在结构上存在着缺陷。所以,在科学中,谨慎的蒂达洛斯也会将自己的理论应用到他确信非常安全的地方,可它们的潜在弱点不会被他的过分小心揭露出来。伊卡洛斯会将其理论拉至强度极限,直到脆弱的接合点裂开。仅仅是作一次壮观的特技吗?也许有几分道理,他也是一个普通的人嘛。但是,虽然他命中注定到不了太阳,无法彻底解开飞机的构造之谜,但我们可以希望从他的失败中得到一些启发,去建造一个更好的飞行器。"

阿瑟·斯坦利·爱丁顿于1882年12月20日出生在威斯特摩兰的肯特尔。父亲阿瑟·亨利·爱丁顿是一位校长,学校是肯特尔镇的斯特拉蒙加特校。这个学校历史很悠久,100年前道尔顿曾经任教在此。

肯特尔的学术传统影响了爱丁顿,那里,科学工作被认为是最重要的公共服务,不是从实际利益出发,而是从社会贡献上说的。

1884年,爱丁顿还不到两岁时,他的父亲因病去世。母亲带着姐弟二人迁往滨流韦斯顿。

童年时期,爱丁顿表现的和普通孩子不一样,他特别迷恋数,尤其是大数。有一次,他数《圣经》共有多少字。他还学会了 $24 \times 24$ 的乘法表。

这个爱好一直保持到爱丁顿成为著名的科学家。1939年爱丁顿出版了《物理科学的哲学》,在其中一章的第一句话提到:

我相信宇宙中有 15 747 724 136 275 002 577 605 53 961 181 555 468 044 717 914 527 116 709 366 231 425 076 185 631 031 296 个质子和相同数目的电子。

这比数恒河沙数还要不可思议。诚然,这里的对和错不一定区分出来,但他表明了物理学家一种推算问题的乐趣。

著名的罗素曾经问过爱丁顿,是他自己算的还是把式子列好请别人算的,爱丁顿说那是在他一次中途旅行自己动手得出的结果。

1926年,爱丁顿在牛津给英国学术协会做晚会演讲,他的开头是这样的:

恒星具有相当稳定的质量,太阳的质量为——我把它写在黑板上:

2000000000000000000000000000 吨。

但愿没有写错数字零的个数,我知道你们不会介意多或者少一两个零,可大自然在乎。

1907年,爱丁顿应皇家天文学家克里斯蒂爵士之邀,进入格林威治天文台任高级助手。他做了5年,1912年被选为剑桥的普卢米安讲座教授,接替乔治·达尔文爵士。罗伯特·伯尔爵士1914年去世后,爱丁顿担任了剑桥天文台台长。这项引人注目的工作,他做了30年。

爱丁顿对物理学最重要的贡献是创立了现代理论天体物理学,开辟了恒星结构、组织和演化的新学科。1916年,为了研究造父变星亮度,爱丁顿开始研究恒星结构。他出版了《恒星的内部结构》一书,并且对爱因斯坦的理论多加注意。正是在他的提议下,两支队伍,一支由爱丁顿本人率领,到非洲西部的普林西比岛,一支由天文学家克劳姆林带领,到南美的索布腊尔,把结果反复核对后,证实了爱因斯坦的伟大预言。

爱丁顿另有著作:《相对性的数学理论》(1923),《关于引力相对论的报告》(1915),《空间,时间与引力》(1920),《恒星与原子》(1927)。后两本书是特别受到欢迎的两本书。

爱丁顿对天体物理学的主要贡献是在恒星结构领域。不仅如此,在其他的领域他仍然硕果累累。他提出了"爱丁顿近似",这是辐射转移问题的一种近似解决办法。他还解决了恒星大气中谱线的形成,这对研究恒星大气理论的起步阶段尤其重要。爱丁顿根据双星的星线分析光线弯曲,确定单个恒星的质量。这个问题是分层平面大气中有关光的散射与透射这一更大问题的原则。

爱丁顿最先修正了"生长曲线"方法,将这种方法应用于星际吸收谱线问题。爱丁顿引入了"稀释因子"概念,沿用至今。

他还认为:由星际吸收谱线确定的径向速度与银河纬度有一定关系,由这种关系确定的径向速度存在一个幅度,这个幅度应是恒星吸收线所表现出的一半。这个猜测被实际观测所证实。

有意思的是,爱丁顿和琼斯及米尔恩有过很大的争执,他们连续论战。作为一个不完美的人,爱丁顿表现出他争斗的强烈性。

爱丁顿说:"米尔恩教授没有详细谈及为什么他的结论与我的有如此天壤之别。我对文章其余部分兴味索然,若对它的正确性还存有丝毫幻想的话,那太荒谬了。"

这可以看出,爱丁顿不是心平气和且公平地对待争论的。但是有一件小事似乎表明爱丁顿对争论的态度:

爱丁顿和他的姐姐常常去参加纽马克赛马大会,哈代问爱丁顿是否赌过马。爱丁顿回答说没有,但是他强调只有一次。哈代便问那一次是怎样的,爱丁顿说有一匹名叫琼斯的马飞跑着，他无法抗拒这匹马的矫健丰姿，于是就下了一次注。结果大家问他赢了没有，爱丁顿以他特有的微笑说：

"没有！"

这个轶事被人们传说至今。

爱丁顿本人身上有很多优秀品质，比如为了信仰不怕暴力。这也是他在科学上追求太阳的体现。

1917年，世界大战仍在进行。英国制订了征兵法，爱丁顿完全符合条件。但爱丁顿本人是一个反战者，他热心笃信教友派。

朋友们知道爱丁顿是因为自己的信仰而反对服兵役的。但这样就麻烦了，因为以这个理由来反抗政府只能被抓入兵营，强制服役。政府对人道主义立场的反战人士是不欢迎的，而且十分厌恶。社会潮流也认为拒服兵役的人是可耻的人，不管你是否真诚希望和平。

于是，剑桥大学的好朋友们便想办法让内政部下命令使爱丁顿能够缓服兵役。他们提出来的理由是：爱丁顿在科学事业上有举足轻重的作用，从长远利益来看，让他参军是一项重大损失。整个科学界因为著名科学家莫斯利在加里波利阵亡的事都感到遗憾和痛心。

本来，拉莫爵士等人的建议就要成功了，内政部给了爱丁顿一封信，只要爱丁顿在信上签名就可以了。但是，直言不讳的爱丁顿却又在信上添了附注，说如果不能缓服兵役的话，他就要用另外一个理由来拒绝兵役，那就是他崇信的教友派教义。军方当然对此十分生气了，这使得缓解服兵役一事遇到了阻力。

爱丁顿认为，他的许多教友派朋友正在北英格兰的军营里削马铃薯皮，他没有任何理由不和朋友们在一起。最后，经过皇家天文学家戴逊的周旋，爱丁顿终于缓服了兵役。而且还确定，如果1919年5月前结束战争，他将率领考察队去验证爱因斯坦预言。事情发展正如后来发生的那样顺利。

爱丁顿是相对论的阐述者和提倡者。他做出了巨大贡献，并且发现了爱因斯坦的一些错误。

晚年，爱丁顿对于他关于宇宙常数、宇宙模型、相对论简并性、黑洞的形成以及"统一量子论和相对论"方法的观点过于自信，但某种程度上也是一种自负和糊涂。

他说："我相信，当人们认识到必须理解我，并且'解释爱丁顿'成为时尚时，他们会理解我的。"然而人们记叙的却是："在他最后的日子里，由于长时间的想入非非，他脸色如死人般苍白，显得痛苦不堪。"

1944年11月，62岁的爱丁顿离开人间。20世纪杰出的百科全书式的人物罗素写道："爱丁顿爵士逝世，天体物理学因此失去了自己最杰出的代表。"

## 数学危机

数学被人们认为是严密而精确的推理学科，它有系统而严格的思维特点。然而从数学发展的角度看,这最精确的科学也发生过很多次动摇,到20世纪,它的严密再一次受到怀疑。

如果回顾过去的话,数学最少有三次危机。

第一次是和谋杀案联系在一起的。

公元前6世纪,毕达哥拉斯学派认为:"任意两条线段的比都是整数比"。他说的既有整数也有分数,分数也可以表示成两个整数之比。

结果后来出现了一个问题:如果正方形边长是1的话,那么对角线值是多少?

毕达哥拉斯发现了勾股定理,问题同样可以改成:直角三角形,两条直角边都是1,那么斜边长是多少?

毕达哥拉斯冥思苦想,埋头细算,熬过许多不眠之夜,竟然得不出来!最后,他认为这个数太可怕了,于是下了禁令:任何人都不许提这件事,也不许研究。

在学派中有一名成员叫希伯索斯。他对未知充满探索的兴趣,他不顾禁令,偷偷研究这个正方形对角线与边长的比例问题。这个问题扩展后,就是求正方形对角线长度与边长的比例。

希伯索斯进一步研究了正五角形。结果发现,当正五边形的边长为1时,对角线既不是整数也不是分数,这可怎么办?

当时,人们的数只有整数和用整数比来表示的分数,没有其他的数了,而希伯索斯发现的这个数竟然不是个"数"!

这个发现在学派的内部流传开来,人们惶恐不安,毕达哥拉斯学派的首脑们得知以后,研究了希伯索斯的发现,认为这真是"荒谬"的东西,简直是魔鬼的化身!

当时毕达哥拉斯学派宗教色彩十分严重,他们对自然的看法也是人们中最权威的。毕达哥拉斯"万物皆数"的话成为毕达哥拉斯学派的真理和教规,但是希伯索斯的发现竟然让"物"不能用数来表示!于是学派内部封锁这个发现,以免动摇人们对他们的权威信仰。并且不允许任何人研究这方面的数,不管是正方形还是正五边形。

然而希伯索斯仍在探索,毕达哥拉斯学派被惹火了,把这个"异教徒"投入大海。希伯索斯可能是第一位为研究思维和自然的奥秘而不幸献身的人。

第一次数学危机就是这件事,希伯索斯发现的是无理数。无理数被后人所证明存在。现在,我们可以轻易地知道正方形对角线与边长之比。

第二次数学危机是微积分发明之后。

微积分对自然科学的有力描述引起了贝克莱大主教的恐惧,他也精通数学,对牛顿提出了种种反驳。

这些矛盾主要体现在无穷小概念上。无穷小是微积分的基本概念。在牛顿的推导中,他用了无穷小作分母进行除法运算,之后他又把无穷小量看成零,去掉了它们,得出了公式。这些公式经物理学使用,证明是正确的,但是推导过程却是自相矛盾的。

无穷小到底是零还是非零?用作除法中的除数,证明不是零,可是后来又消去,近似于看成零,这怎么说得通呢?不能任意变动一个数,随心所欲是不对的。

18世纪,人们一直陷在微积分的矛盾恐慌之中,这就是数学史第二次危机,它让人们迷失了数学的确定性,直到19世纪柯西提出极限的系统理论后,这次危机告以结束。

20世纪初,智者罗素出现在哲学、数学、文学等各个领域。罗素提出集合中的一个悖论,用通俗语言来说,他在1912年提出了理发师问题。引发了第三次数学危机。

理发师悖论是:

某村一位理发师有一个声明,他只给村子里那些自己不给自己理发的人理发。那么问:理发师本人的头发谁来理呢?

要是理发师不给自己理,他就符合自己所声称的,那么他就应该给自己理;可是他给自己理,就成了给自己理发的人,那么他不应该给这种人理发,所以又不该给自己理。

两面都不是,怎么办?

罗素提出的悖论是集合悖论。用数学来表达,就是集合有两种:

第一种集:集本身不是它的元素;

第二种集:集本身是它的一个元素,比如一切概念构成的集合,一切集合构成的集合。

如果按照上面的前提,每一种集合不是第一种就是第二种。如果设第一种集的全体构成一个集合,那么这个集合属于哪一种呢?

要是属于第一种,那么就是可以认为集合本身是它的一个元素,则应归第二种。若是归到第二种,则又该归到第一种。

这就是集合悖论。人们的数学基础之一就是集合论,集合的确定性等性质是现代数学的几乎全部基础,但罗素悖论直到现在仍然是人们争论的问题。哥德尔提出了"公理集合",这都是现代数学的复杂问题。

# 人脑的延伸

人贵在使用和制造工具。一般的工具都可找到原型,延伸的原型。例如,望远镜是目力的延伸,起重机是体力的延伸。

在古代,欧洲以及东方和远东各国的算盘是很盛行的。为了进行反复的计算,人们编制了各种数表。早在埃及和古代西亚,天文学家和丈量土地的人以及商人、高利贷者都使用数表计算。

17世纪,纳皮尔发明了对数。对数表是数学家、技术人员和各业工程人员的必备手册。

英国的埃德蒙·冈特于1624年设计了对数计算尺。计算尺的工作原理十分新颖,使用者没有必要动用算珠或石子以及金属片。对数计算尺将数与对应的长度相邻排列,形象极了。

已知传世最早的机械计算机是法国物理学家和数学家帕斯卡设计的,是一台加法机。

这台加法机像钟表那样，利用齿轮传动来实现计算。计算时要用小钥匙逐个拨动各个数位上的齿轮，计算结果则在带字小轮的另一个读数窗孔中显示出来。计算结束后，还要逐个恢复零位。

这台简单的加法机是计算工具变革的起点。当然，人们传说开普勒设计了一台用于天文计算的计算机，可以做乘法和除法，并且可以进位。但是没有传到后世。

戈特弗里德·威廉·莱布尼茨制造了一台能够运算加减乘除的计算机。在1673年，莱布尼茨展出了实验装置。

历史上，第一次能大批量生产计算机的是科尔马城的保险商人卡尔·托马斯。他自己设计了一台计算机，于1820年应用在巴黎办事处——他的工作处。那里有很多计算人员，托马斯为了减轻工作量而设计了能大批量生产的计算机。这种计算机能使快速度的计算员在18秒内得出两个16位数的积。

奥德纳是一个很有名望的计算机设计师。在1874年，奥德纳展出了他的发明。这位彼得堡的机械师设计的一些重要零件仍然用在今天的计算机上。奥德纳的计算机生产了数千台，并且出口，多次获得国际奖励。

我们今天还使用的台式计算机有很多构造是从机械计算机发展而来。

机械计算机是落后而复杂的。法国在18世纪末为推行百进位角度制而重编三角函数表和三角函数对数表时，使用的还是大量人力。这个浩大的计算工程由三个层次的许多人员共同完成。首先由五六名数学家确定所用的最佳数学方法，其次由8到10名计算人员计算出"主要数值"，最后由100多名计算员按照制定好的规则进行计算，而这些人的技术要求不需要很高。

这种办法启发人们制造自动计算机。

在18世纪末以来，人们开始不断试制各种机器，使得他们能按程序自动操作。一位法国织布工人约瑟夫—玛丽·雅各德在织布机上安装了穿孔卡控制装置。代替织布工人的手工操作。在硬纸卡上的是系统穿孔，再把它们排成一串，通过针来探孔。引线则根据针尖是否在孔里决定。用这个办法可以很快地和准确地织出极为复杂的图样。只要更换穿孔卡就可织出另一种花样。如果需要一种已停产的花样，只须把老的穿孔卡找出来。

这个机器启发了英国数学家查尔斯·巴贝奇，他想到制造一台这样的计算机。

法国的几个科学家编制了一种程序，把一切计算分解，使之成为各简单步骤的组合。而这些简单步骤的计算所使用的人员要求并不高，只要懂得基本四则运算的人都能办到。

1822年，巴贝奇发表了《致戴维爵士关于应用机器编制数学用表的信》，提出了"分析机"的思想和计划。这台计算机已经包括了现代程序控制计算机的各种组成部分。它具有一台执行真正运算操作的运算器，一台决定运算程序的控制器，一台保存数据以便在运算过程中取用的存贮器。

只可惜由于种种条件，这个十分接近现代计算机的方案没能成功实施。

在计算机的研制史中，物理学的发展曾经吸引了一批探索者从另一个角度研制运算工具即模拟机。我们以上提到的都是数字机。模拟机最具代表性的是布什的微分分析仪,但是模拟机在通用性、精确度以及速度方面存在局限性,当数字计算机的研究取得成功后,人们的注意力便转到了电字数字计算机的研究中,但是现在的模拟机在许多测量和控制问题中仍然有着广泛的应用。

19世纪,布尔研究了逻辑思维的一般规律,他成功地将形式逻辑归结为一种代数演算,即布尔代数。虽然他从来没有考虑过布尔代数与计算机的联系,但这却是现代计算机重要的理论。

在模拟计算机中,1904年俄国有人提出了这种思想。1914年,德国设计了一台类似的装置,用来编制行车时刻表。几年以后制成的微分分析器已拥有上百台电动机和传动结构,而且还有继电器和放大器。

1936年,图灵设计了一种"理想计算机",即图灵机。1939年,图灵又将它改进,使之带有外部信息源。图灵的工作正是把人们在进行计算时的动作分解为比较简单的动作。我们可以分析一下平常计算的步骤和需要:其一,纸张,一种贮存结果的存贮器;其二,表示加减乘除的一套符号和规则;其三,每次看到的范围和多少;其四,下一步要做什么;其五,执行下一步,其中不过是变符号与数字,变计算意向不扫瞄区域等等。

图灵把计算过程转化到一条线性的纸带上进行。例如竖式演算的乘法改成横式书写,而且每个数字全用二进制表示,这样,"0"与"1"构成数串。

图灵机就是基于以上原理制造而出的,可以按照人们指定的算法程序进行计算。利用这个原理和图灵机,图灵根据已解密的英国二次大战绝密档案记载,与同事们一起研制了多台专门用来破译密码的计算机,并成功地破译了德军的密码。战争期间,图灵在破译敌军密码的工作中作出了重要贡献,战后被授予大英帝国荣誉勋章。

1941年,美国的霍华德·哈德威·艾肯和德国工程师康拉德·祖塞两人先后在相隔不到几个月的时间里展出了他们的程序控制继电器计算机。对于不懂之人来说,这台计算机看上去有点像电话交换机,不少于13000个继电器的大设备。

达到极限的继电器计算机在一分钟大概能完成100次运算。因为断开一个继电器到接通它,需要千分之几秒。要想算得快,继电器必须被电子管替代,因为电子管没有机械惯性和不会产生接触磨损,在一分钟可以处理变化几亿次以上的电压或电流。

二战期间,直接原因是计算炮弹的轨道数据,莫尔学院开始研制电子管计算机。第一台真正的电子计算机诞生了。

第一台电子计算机是ENIAC。它是采用电子线路技术研制成功的通用电子数字计算机。由美国宾夕法尼亚大学莫尔学院的莫克利和艾克特负责在1945年年底制造成功。

这是一个庞然大物,占满了一个大厅。机柜中装有18000个电子管,1500个继电器,几千个其他电气和电子元件。"ENIAC"消耗的电力,可以使一辆电车运行,大部分能都要转为热能,所以,为了防止机器温度过高,还要配备为这台计算机进行降温的设备。

尽管如此,ENIAC可以1秒钟进行5000次加减法运算。这台电子计算机在基本结构上和原来的机电式计算机差别不大，程序不能存储，大大降低了效率。

不管怎样，第一台电子计算机诞生了，证明了广阔的发展前景。

ENIAC 诞生了，但是研究小组的成员因为发明权之争而引起种种纠纷，小组最终分裂解体，致使研究工作中断。在政府和军方的支持下，冯·诺伊曼、戈德斯坦、勃克斯等人离开了宾西法尼亚大学莫尔学院，到普林斯顿高等研究所工作，继续研究。1952年，EDVAC 机建造成功。

自 ENIAC 和 EDVAC 诞生后，美国、英国、苏联、法国等国迅速研究，电子计算机的研究以极高的速度进展。在 20 世纪 50 年代，生产已成规模。

一般认为，到 20 世纪 80 年代，由主要原器件不同而区分，电子计算机约经历了四代发展。

第一代电子计算机用的是电子管或继电器，主要用来解决数学、物理和技术领域内的数值计算问题。第一代计算机的运算速度可达每秒上千次，存贮器主要采用磁芯、磁鼓，容量较小。数据一般使用穿孔卡和穿孔带或电传机输入和输出。

在第一代时期，美国计算机的发展实现了三步曲：军用扩展至民用；实验室研制转为工业生产；由科学计算扩展到数据处理。

不久，晶体管技术成熟了。电子管寿命短、体积大、能量消耗和冷却都需要巨大花费，所以人们开始考虑研制新一代计算机。

1959 年开始使用第二代晶体管电子计算机，主要采用半导体。晶体管电子计算机首先产生在美国，其后英、法、日、西德均进入晶体管开发时期。

1958 年，当第二代计算机还处于刚刚准备批量生产的时候，美国德克萨斯州仪器公司制成了第一块半导体集成电路。三年后，德克萨斯仪器公司在军方的支持下，研制成功了第一台试验性的集成电路计算机。然而，初期的集成电路由于集成度不高和价格昂贵，没有能够马上应用于计算机的工业生产。随着集成电路工艺技术的改进和生产成本的降低，到 1964 年 IBM 公司才成功地研制出大型集成电路通用计算机 IBM360 系统，拉开了第三代集成电路计算机的序幕。

IBM360 计算机系统，在系列化、通用性和标准化方面极大影响了世界各国的通用系列计算机的发展，成为计算机发展史上一个重要的里程碑。

第三代计算机是集成电路计算机，到了第四代，发展为超大规模集成电路计算机。今天的微型机速度和容量比过去的中型、小型都要高出许多，计算机技术日新月异。

从 80 年代开始，在超大规模集成电路技术发展和各种应用背景的强劲支持下，第五代计算机的研究开始了。

因为目前四五十年以来，成熟的电子计算机技术都遵循冯·诺伊曼提出的方案结构，所以，科学家们要突破这个结构，取得新的进展。于是，人工智能计算机研究开始了。

80 年代，计算机出现了 20 世纪激动人心的可喜成果：精简指令系统计算技术 RISC 使多处理商品化，产生了第一批大容量并行计算机。

然而，传统硬件技术与理论指导的 20 世纪电子计算机方向似乎已经走到了极限，新的道路在21世纪展开。

## 航天时代

飞机使人类进入航空时代；火箭使人类进入航天时代。被"现代火箭技术之父"戈达德称为"空中仙女和优美的舞蹈家"的火箭，拉开了人类航天序幕。

1957年10月4日，人类进入航天时代。

苏联科学家成功地发射了一个金属球，它用一颗火箭冲破地球吸引和大气阻挡，停留在地外空间，不停地绕地球旋转。

报纸上报道："从苏联领土上成功地发射了世界第一颗人造地球卫星。……运载火箭使卫星具有大约每秒25000英尺的速度。

"卫星正以椭圆形轨道绕地球运行，在日出和日落时，可以用最简单的光学仪器观察到卫星的航行。根据目前借助直接观察而进一步校正计算，卫星将在离地面高达500英里上空飞行。轨道平面同赤道平面的倾角为65度"1957年10月5日，卫星将两次通过莫斯科上空。……卫星为球形、直径约22.8英寸，重184磅。卫星上安装有两架无线电发射机，以便持续不断地发射出无线电信号。"

以上是苏联塔斯社的报道摘录。

这颗卫星就是"卫星一号"或称"旅行者一号"，它其实是一个空心的球，什么都没有，只有一个能发射电码的发报机和最简单仪器。

这时，美国可着急了。航空竞争从很大程度上看是军事和国威的竞争。在空间竞争的第一阶段，美国就落败了，岂不太丢面子了吗？

随着世界各地的收音机和电视机都收到那神秘的"嘟嘟"声，到真相大白之时，美国党政要员的心也被嘟嘟声搅得心神不宁。

20世纪以来，美国人第一次感到抬不起头来。

各大首脑急急布置，迎头赶上。谁知话音未落，1957年12月4日，苏联又发射了一颗卫星，这一次重达500千克，而且竟然装了一只活的生物——小狗"莱伊卡"。

美国人急匆匆试验，欲发射一枚先锋号。但是"先锋"出师未捷，在卡纳维拉尔角升空不到2米，一声巨响，七零八落。

1958年1月31日，由美国陆军的导弹顾问冯·布劳恩教授设计的"丘比特·C"型火箭将美国的第一颗人造地球卫星送上了天。这使得美国稍稍挽回了一些面子。

但是苏联明显是这一阶段的胜利者，因为美国人的卫星又小又轻。我们也看到美国雄厚的科技实力。

这些竞争的前身就是大战中火箭的研制。冯·布劳恩是德国一个富裕的地主家庭后裔。他的家人曾经因为他愿意献身火箭研究而感到很不满意。

1932年，他被任命为德军火箭研究计划的第一助理。德国的"皮奈蒙德工程"就是火箭的军事研究。所谓V·2号弹就是二战令人恐慌的新式火箭。

然而，冯·布劳恩曾一度被纳粹逮捕并警告，因为他"一直研究航天飞行，而不是发展武器。"

后来，冯·布劳恩加入美国国籍，成为主要的火箭负责人之一。

本来在1955年，美国总统艾森豪威尔宣布美国计划发射人造地球卫星，作为对将于1957年7月1日开始的国际地球物理年的一项重大贡献。

美苏竞争，苏联紧接着也宣布于1957年发射。两国默默研制，没想到在人们拭目以待的时候，苏联走在了前面，赢得了宣传上的大胜仗。

1958年3月15日，苏联发射第3颗人造卫星；美国随即发射第2颗即"先锋1号"。

接下来苏联一直领先，回收技术也不断精确。1960年，苏联发射了月球卫星，在这之前苏联的卫星有一颗已经撞在了月球上。1960年8月15日，苏联将载有两条狗以及一些植物的"太空舱2号"回收。

1960年，苏联发射了第一颗气象卫星。自此之后，苏、美以及其他国家的卫星任务日益复杂。有军事卫星、气象卫星、地质考察卫星、传播信息卫星。人造地球卫星可以观测到植物生长区、融雪、矿藏甚至森林大火。

气象卫星可以很好地观测台风，特别适合观察大海与荒漠。通讯卫星可以传播数万千米之外的电视节目。

自从1959年以来，苏联的"月球1号"成为第一颗太阳系人造行星；1970年"月球16号"在月球着陆，收集土样；同年"月球车1号"从地球摇控的月球车在月球着陆。美国也研制了火星、月球探测器。这些，都为人类进一步走向太空打开了一条通路。

发射卫星这只是航空时代的一个基础技术，人类真正的梦想是冲出地球。

美苏竞争中，美国一直稍稍落后于苏联，这已经使它很着急了，甚至开始从根本教育制度找原因。顺便说一下，这使得美国对科技的重视大大增加，使它受益不少。

1961年，美国正苦苦追赶苏联的时候，又一件事情发生了：苏联宇航员加加林少校驾驶着"东方1号"飞上了太空，在327千米的高空上，他渐渐地适应了失重情况，并完成了各种科学实验。

太空漫步不再是梦想。

1961年4月21日上午9时7分到10时25分，加加林开始返回地球。离地面7700米时，加加林与座椅一起弹出，成功地落地，实现了人类第一次太空飞行。

美国总统肯尼迪说："看到苏联在太空比我们领先一步，没有人比我们更泄气了。……无论如何，加加林的飞行终止了人是否能在太空生存的争论。"

美苏两国均加紧实验，不断有宇航员进入太空，漫步邀游。在卫星的基础上，宇宙飞船使人类有了太空列车。1969年，人类成功登月。

现在，飞船与卫星可以被设计成各种尺寸和形状，以便完成各种特定的科学任务。它们并不都是金属球状的，有的像地窖，有的是圆柱状，进入宇宙空间后，由于它的太阳能翼板、天线和其他部件都将从卫星主体上伸展出去，所以形状也会更复杂。

五六十年代开始,人们一边发展载人研究,一边发展无人探测技术,都取得丰硕的成果。例如小型的天文台,资源分析中心,实验室。美国的空间技术从登月开始超过了苏联。

　　1973年5月,天空试验室——空间站使人在较长时间中体验失重的感觉,并进行更深入的研究。航天飞机与空间站的诞生,使人类移民太空成为可能。

## "我们在月球上散步了!"

　　"这一步,对一个人来说,是小小的一步,对整个人类来说,却是巨大的飞跃。"

　　1969年7月20日美国东部时间下午10时56分,阿姆斯特朗在月球松软的土壤上踏下了人类第一个脚印。

　　奥尔德林紧随其后登上月球。他们看到故乡地球像一个明亮的圆盘悬挂在星球林立的高山丛中。二人将一块特别的金属牌竖立在月面上,并默念:"公元1969年7月,来自行星地球上的人类首次登上月球,我们为和平而来。"

　　金属牌下放置了5个遇难宇航员的金质像章,他们是苏联的加加林、科马罗夫和美国的格里索姆、怀特和查菲。

　　苏联的两位勇士牺牲在飞船坠毁的事故中,美国的三位勇敢者牺牲于实验事故,在人类一大步的迈进中,应该永远记住他们。

　　把人送上月球的美国计划,从一开始就是较量,证明美国技术永远优胜于苏联。在总是被苏联赶超一步的情况下,加加林飞出地球之后的第43天,美国总统肯尼迪宣布:"美国要在十年内,把一个美国人送上月球,并使他安全返回地面"。

　　这就是阿波罗登月计划。

　　一个首要的问题是,要研制推力极其巨大的火箭,足以把飞船的45吨重有效载荷推出地球的引力。另一问题是要充分了解月球地形。另外还有精密的制导系统,完善的操作技术以及宇航员避免重返大气层时的高温伤害。

　　"阿波罗计划"的第一步是"水星计划"。在这以前接连发射了三个探测器:"突击者""勘察者"和"月球轨道勘测器"。

　　水星计划较为顺利,取得了成功。1961年5月5日,艾伦·谢泼德成了第一个飞入空间的美国人。他乘坐"自由7号"在空中停留了15分钟23秒,虽然只是在空中划了一个大弧而不是圆满的轨道,这已经足以成为美国心目中的英雄。

　　9个月之后,约翰·格林乘坐1680千克重的"友谊7号"水星宇宙飞行器,进行了美国第一次环绕轨道一圈的飞行。

　　水星计划以戈登·库珀的环绕轨道22周飞行而告结束。

　　从这一计划中,宇航员总共获得约50个小时的飞行经验,并且适应和探索了在失重状态下的活动状况,检验了宇航员耐受加速度的情况。

　　此时的苏联,不公开声称竞赛,而是暗暗地升空,进行多人飞行试验。美国加快研究，实施第二步"双子星计划"。

1965年3月23日，弗吉尔·格里森和约翰·扬进行了第一次"双子星座"双人飞行。"双子星座"双人飞行共进行了10次，在这期间，美国宇航员掌握了轨道调整技术并且初步处理一些故障，比如双子星座8号推进器不发火，被宇航员处理解决。

1966年11月，双子星座计划结束，证明了双子星座飞船比苏联发射的载人飞船"东方"号要先进一筹。

而在1965年4月，冯·布劳恩领导研制了"土星5号"火箭，它总长85米，竖起来约30层楼。这是一种三级火箭，第一级推力3500吨。这种火箭的出现，使美国在运载技术上具备了实施阿波罗计划的能力。

在搜集月球资料上，美国也有所突破。经过六次失败，美国有了个"突击型"探测器在坠毁之前发回的成千上万张近距离月球表面图片。

1966年和1968年，美国有7个"勘察者"探测器在月球上软着陆，成功地接触月球而无损伤，它们考察月球土壤的质地和结构，并在月球表面拍摄景色。

一切就绪，"土星5号"试飞。这种火箭第一级有5个燃烧煤油和液氧混合物的F·1发动机，第二级有5个氢氧混合的J·2发动机，第三级有1个J·2发动机。

三级分管不同空段和时段，能运载重达千吨的重物。

阿波罗飞船由三个舱体组成：机械舱、指令舱、登月舱。指令舱是飞船的中心部分。飞行期间，主要靠指令舱的设备来工作。指令舱是圆锥形的，里面空间很大。指令舱所装置的微型计算机的存储量超过了水星计划中的主要工作计算机。在指令舱外面是一层金属树脂纤维材料，呈蜂窝结构，因为宇航员最终将乘指令舱返回地球。

机械舱最大，在指令舱的下方。机械舱里安装了发动机，能使阿波罗在外层空间改变方向，进入飞向月球的轨道，并且从月球陆地返回。机械舱里有各种动力装置。尽量可能并且易有：两种用来燃烧的燃料不是靠原来混合，而是靠气压使之接触即燃；燃烧室有喷嘴所敷的深层，可以逐渐烧掉，不需要额外冷却系统。电池有3个，每一个都可供飞一个来回之用。

最怪的是登月舱，人们称之为"甲虫"。登月舱是最终登上月球的部分，而它的任务还有将登月的宇航员送回到指令舱。登月舱外面是金属箔，有4条腿，这样可以支撑着地。

因为登月舱要从月球上起飞，设计人员绞尽脑汁，精益求精地将登月舱减到最轻。舱里面没有可坐或可躺之处，宇航员利用一些绳索控制平衡。登月舱在由飞船分离而向月球着陆时，约一万多千克，这里面很大部分是燃料。返航时，舱的下半节是着陆平台，丢在月球上。上半节飞回指令飞船所在处。据估计，在起飞时登月舱的重量不会超过一辆大汽车。

设想初步实现，1967年1月27日，第一艘飞船造成，开始模拟实验并准备2月份发射。然而装满加压纯氧的密封舱突然着火，3位宇航员在不到一分钟时间内全部因高温灼烧和窒息而遇难。他们就是奥尔德林两人安放的3枚金像所示的牺牲者。

结果发现是一根导线出了毛病，使线皮着火。舱内都是纯氧而救急开关缺乏，并且还有许多其他可燃物。

于是,阿波罗计划暂缓,指令舱重新研制。在这期间,苏联的科马罗夫于1967年4月24日驾驶"联盟号"返航失利,坠毁而献身。

经过了近一年多的努力,1968年7月16日早上,佛罗里达州省尼迪角一带的道路上人山人海,将近100万观众拭目以待。

巨大的土星5号拖着长长的轰鸣冲上云霄,然后折向大海飞去。3天以后,宇航员开始绕月飞行。其中阿姆斯特朗担任飞行文职指令长;奥尔德林职衔是空军上校、航天学博士;科林斯是空军中校,他的任务是在阿姆斯特朗和奥尔德林降落在月球上时留守指令舱。

7月20日中午将过,"鹰号"(登月舱号)载着两名宇航员与指令舱分离,发生了我们所见的登月过程,在降临在月球时,阿姆斯特朗向美国报告了这一消息。

月球上没有空气,温度差异极大,冷时达零下150摄氏度;热时温度可到零上120摄氏度。另外,还会下微小的陨石雨,石头以每小时十多万千米的速度倾泻下来。

宇航员的服装带有加压隔热层,周身围裹,而且带有方便的袖珍型维持生命装置。两位宇航员在月球上停留了21个多小时,有两个小时是野外作业。

在月球上,他们展示了负重而轻的奇妙现象。因为月球引力是地球的六分之一,厚重的达85千克的服装设备只相当于14.5千克物体在地球上的重量。

7月24日,安全返回地球。为了预防月球微生物携带,他们被隔离了近半个月,然后受到了欢迎英雄一样的热烈接待。自1969年7月到1972年12月,"阿波罗"登月飞行共进行了七次,其中六次成功,宇航员共勘察月球80小时,带回384.6千克岩石,并且安置了精密的科学仪器。

值得一提的是阿波罗15号登月,宇航员斯科特驾驶月球车行驶了28千米,并且表演了铁球和鸡毛从同一高度下落、同时落地的奇特实验。

月球上没有生命,也没有微生物。月球主要是钾与钠组成,某些地方留下的外物撞击深坑直径达一千多米。我们对月球背面知之甚少。

奥尔德林说月球是"极为孤寂的世界"。阿姆斯特朗说"月球上有一种荒凉独特的美,很像美国许多荒凉的高原地带。"

在登月之前,美国政府交给阿姆斯特朗一项任务,即把两面美国国旗插在月球表面。

然而,回到地球之后,阿姆斯特朗做了一个著名的演讲:

"太阳只升到地平线上10度,在我们停留期间,地球自转了将近一圈,静海基地上的太阳仅仅上升了11度,这只是月球上长达一月的太阳日的一小段。这令人有一种双重时间的奇特感觉,一种是人间争分夺秒的紧迫感,另一种是宇宙变迁的冗长步伐。

……

我们是为了全人类的和平而来的。

……

现在我们荣幸地在大厦里奉还国旗。国会大厅象征着人类最崇高的目标:为自己的同胞服务。"

## 基本粒子"不基本"

在20世纪30年代时，人们的眼光突破了原子到达了电子、质子、中子和光子。人们似乎又一次满足了，称它们是基本粒子。

岂不知，大自然又在给人们开了一个玩笑。没过多久，先是在宇宙辐射中，后是在粒子加速器中，发现了一大批所谓"基本粒子"。自从60年代以后，更加巨大的高能加速器建立了起来，许许多多只在一瞬间湮灭的粒子被人们发现了，一大批基本粒子出现了。"基本"有这么多吗？这是现在物理学家仍在思索的问题。

1928年，狄拉克预言了正电子的存在。一般来说，电子只带负电，然而相对论的电子运动方程却预言了正的电子荷。

1932年，美国物理学家安德森在宇宙线中证实正电子确实存在。后来发现正负电子相遇而迅速转化为两个光子。

30年代时，英国物理学家C. D. 埃利斯仔细地测量了从衰变的放射性核发射出的电子的速度，发现有些能量莫名其妙地消失了。

说起埃利斯，又有一个有趣的事。

本来他不是物理爱好者。在一战中他当军官而被俘。在监狱里，他碰上了一名狱友，二人攀谈很投机。这个倒霉的年轻人被当成间谍成为德国监狱里的囚犯。他就是后来物理学界大名鼎鼎的詹姆斯·查德威克。

查德威克本来是去柏林跟弗里兹·盖革学习放射性问题的，没想到被投入监狱。

就这样，埃利斯跟查德威克学习物理以打发无聊的时间，没想到一发不可收拾，他竟然放弃了军人生涯，成为一名尖端物理研究者。

在埃利斯做实验时，他曾用相对论理论计算了放射性核的质量和它衰变后的核（子核）的质量。运用简单的减法和爱因斯坦的公式就可以算出跑出的电子所应有的能量。

然而埃利斯发现，跑出来的电子能量是不相同的，在一个衰变中离逸的电子速度可能慢一些，而在另一个衰变中速度加快。

这一快一慢，证明能量在失落。爱因斯坦是否有错？能量守恒不适用微观粒子世界？

玻尔曾一度想过这个问题，他是量子力学的建立者。

1931年，玻尔的学生，奥地利物理学家沃尔夫冈·泡利提出假说。1933年，他认为有一种至今未知的粒子，它既不参与强作用，也不参与电磁作用，能带走能量而逃逸。

这就是"黑衣窃贼"中微子。

中微子的原文被人们当成了意大利语。它可真正算被理论预言而后被实验证实的粒子。在物理学上，理论预言实践的重大发现还属于凤毛麟角。爱因斯坦是为数不多的对过一次的人。

泡利这个人很有意思，他在某些方面代表了当代尖端理论物理学家的幽默习惯。他是一个快活的胖子，被人称为"说风凉话的大师"。

据说每当他听说一个新的物理成果、理论体系或验证过程等等，他就会十分悲哀地说："老天，他居然没什么错。"这句口头禅在物理学界被开成一个善意的玩笑，说泡利死后见了上帝，会恳求上帝透露造物的设计与秘密。

接下来发生了什么呢？

上帝在陈述完秘密之后，威严地看着泡利，只见他悲痛地说："老天，这居然没什么错"。

泡利得出中微子如幽灵一样穿行，没有质量。在量子物理中，人们最注意机率，也就是可能性。

在推测中，中微子只通过弱力参与相互作用，与核或电子相遇并相互作用的机率很小。泡利认为"一个中微子可以像幽灵一样穿过整个地球而不与之发生相互作用。"反过来，我们这些有血有肉的人就不能穿过一道墙，因为我们身体的原子肯定会与墙中的原子发生电磁相互作用。

当代著名的物理学家、教授阿·热在他的著作中征引了一首关于中微子的诗。据他所说，美国小说家约翰·阿普戴克对中微子着了迷，写下这首诗，很可能是惟一的一首文学家对亚核粒子的诗歌：

中微子啊多么小，
无电荷来又无质量，
完全不受谁影响。
对它们地球是只大笨球，
穿过它犹如散步，
像仆人通过客厅，
如光透过玻璃。
它们冷落精心装扮的气体，
无视厚实的墙
冷漠的钢和坚硬的铜。
它们凌辱厩里的种马，
蔑视阶级的壁垒，
穿过你和我！就像那离悬的
无痛铡刀，它们落下，
切过我们的头又进到草地，
在夜里，它们进到了尼泊尔，
从床底窥视
一对热恋的情侣。
你呼其奇妙！
我呼其非凡！

——约翰·阿普戴克《宇宙的尖刻》

与中微子撞击相当于遍天撒网。为了能验证它的存在，物理学家要在粒子加速器中产生中微子来，设法与数不清的核相撞。

泡利曾说，他犯下了一个物理学家所能犯下的最严重的错误："推测出一种不能被实验证明的东西"。然而20年后，美国物理学家F·雷尼斯和C·考万设法证实了中微子的存在。

在宇宙线中，人们更多地观测了这一点。1987年2月22日，神冈的日本物理质子探测器突然在11秒内触发了不下11次。在地球的另一侧，美国的俄亥俄州一座盐矿里的相似的探测器也记录到八次探测结果。

这是19个质子的质量同时自行消失，物理学家们认为，这些质子毁灭是质子与中微子碰撞造成的。

原来在当时，发生了一起天文事件：超新星的爆发。

在大麦哲伦会（LMC）的附近，天文学家命名为超新星1987A的爆发，使不可见的中微子风暴瞬间充斥了无比巨大的宇宙空间。

中微子是恒星在最后的核嬗变时期突然释放出来的。恒星内原子的电子和质子被挤压在一起而形成中子球，一个恒星核区就是巨大的中子球。在数天时间内，这颗恒星的亮度会达到太阳的100亿倍。

正是如此，这个强度极大的脉冲到达了地球。要知道、地球距1987A有17万光年之远。但每平方厘米却能穿过近1000亿个中微子。我们知道数学史上有过许多大数，阿基米德曾经发明大数来超过恒河沙数，要是请他来超过中微子数，可真要伤脑筋啊！

就是这些无数的中微子，地球上的仪器只拦截了19个。

基本粒子在中微子之后层出不穷，人们先想到区别它们。1961年，盖尔排出了基本粒子的"周期表"。1964年，正式提出了"夸克模型"，使人们的认识层面又深入到基本粒子的模型。

大物质→元素→原子→原子核→电子→核内质子→中子→光子→中微子等等，进入了神奇的微观粒子夸克世界。

## 夸克预言

1969年的诺贝尔物理奖获得者是M·盖尔曼教授。他因为"基本粒子分类及其相互作用方面的贡献和发现"而获得当年的物理学奖。

盖尔曼是世界著名物理学家。1961年，他根据自己的理论预言有两个新粒子存在。在三年后，这两个粒子被实验证明，盖尔曼因此而名声鹊起。

盖尔曼多才多艺，是一位理论物理学家。与霍金一样，在他们身上体现了当代自然科学家探讨世界各种事物现象与本质的联系。

他的著作涉及到宇宙论、基本粒子物理学、量子场论、生物学、经济学、语言学、社会学、人类学、考古和文化艺术多种领域，而且思维异常深刻。这和盖尔曼从小的兴趣有关。

1929年，盖尔曼出生在纽约。他有一个比他大9岁的哥哥，名叫本。在盖尔曼3岁的时候，本就带他一起游戏。

那时，他们住在纽约的曼哈顿。哥哥教他认阳光饼干盒上的字，并观察鸟类以及其他小动物。

盖尔曼认为，纽约是一片被砍伐过了的森林。他们经常去布隆克斯的动物园。那里有一片没有被破坏的小树林。正是这片幸存的天然环境，使盖尔曼接近了自然，对大自然的无穷奥秘产生了兴趣。

他开始观察多姿多彩的大自然。发现大自然是极其惊人的。

美国著名作家、诗人、思想家爱默生在1837年说过："大自然对于学者的心灵起着最早和最重要的影响。每天有太阳，太阳落山后有星星和夜晚。风总在吹，草总在长。学者是所有的人中最被这种现象强烈吸引的人。

在他看来，大自然这种由上帝缔造的巨网的不可思议地周而复始。这种现象同他自己的心灵十分相似，他永远不能找到心灵的开始和终结。"

如上所言，盖尔曼在自然中受到了深刻的熏陶并有所领悟。

作者自己说：很早的时候在大自然中散步留给他的深刻印象是动物严格的分类。哥哥本和作为弟弟的盖尔曼经常讨论物种如何通过进化而全部联系在一起。两个不同物种之间的关系到底有多近，取决于它们须向下沿进化树回溯，直到找到一个共同点。

本和盖尔曼经常去参观艺术博物馆，还有大量保存着文物的博物馆。他们还爱读历史书，学会了埃及象形文字的一些意义。

他们在兴趣十足的情况下学会了拉丁语、法语、西班牙语。他们还领悟到语言的进化，语系的分支及具体语言的亲属关系。

我们应该注意的是盖尔曼对文化与知识的看法，他认为自然科学、社会行为科学和古典语言与文学及艺术领域并没有显著的差异，他关注的是文化的统一性。

盖尔曼的父亲是20世纪初举家搬到美国的，因此，盖尔曼在美国出生，而他一出生就赶上了美国限制移民，父亲开办的语言学校由于缺少生源而倒闭了。

但是父亲在银行找了一份稳定的工作，收入勉强可以养家。他鼓励孩子们学习自然科学，他本身对数学、物理和天文很感兴趣，经常自学狭义广义相对论及宇宙膨胀理论。

有趣的是，盖尔曼一开始并未采纳父亲的建议去学物理，因为他对语言和考古感兴趣，而父亲认为这样会挨饿。

最后，父亲向盖尔曼保证前沿物理优美迷人，会令人得到美的感受。盖尔曼带着将来改行的想法学了物理，没料到他进入了神异的世界而乐不知返。

夸克是什么呢？很长一段时间，人们认为原子就是电子及原子核内部的质子和中子了。

但中子和质子不是最基本的。物理学家知道，以前人们认为基本的东西后来被证明是由更小的东西组成。分子是由原子组成的,原子虽被希腊人认为是不可分割的,但也被证明是由核和绕核旋转的电子组成。后来,核又被证明是由中子和质子组成,这是在1932年在发现中子后才开始明白的。

现在,科学家认为中子和质子也有它们自己的组成部分,它们是由夸克组成的。现在理论物理学家们确信夸克类似于电子。1963年,盖尔曼把核子的基本成份命名为夸克,其原文是 quark。这是他读到大作家乔伊斯的小说《芬尼根彻夜祭》时,在一句话里得到这个词的。这句话是"对着马斯特·马克的三声夸克"。"夸克"只代表了一种鸥的叫声。

质子由2个"u夸克"(也叫上夸克)和1个"d夸克"(也叫下夸克)组成。而中子由两个"d夸克"和1个"u夸克"组成。

有趣的是 u 和 d 夸克有色有味。

这是什么样的色与味呢?请你走入科学的殿堂去品尝吧。

## 爱因斯坦之后的开创者——霍金

他克服了残废之患而成为国际物理界的超新星。他不能写,甚至口齿不清,但他超越了相对论、量子力学、大爆炸等理论而迈入创造宇宙的"几何之舞"。

他就是史蒂芬·霍金。

他是一位宇宙的探索者,他惊天动地的学说彻底改变了人类的宇宙观。

1942年1月8日,刚好是伽利略的300年忌日,霍金出生了。霍金教授自己说:"我估计大约有20万个婴儿在同日诞生。我不知道他们是否有人在长大后对天文学感兴趣。虽然我的父母当时住在伦敦,但我却是在牛津出生的。

这是由于第二次世界大战的时候德国承诺不轰炸牛津和剑桥,所以当时牛津是个安全的出生地。英国也把不轰炸海德堡和哥廷根作为回报。可惜的是,英德两国这类文明的协议却不能惠及更多的城市。"

现在的霍金是怎样呢?

1979年,第一次见到霍金教授的中国学生回忆到:"那是我们第一次参加剑桥霍金广义相对论小组的讨论班时,门打开后,忽然脑后响起了一种非常微弱的电器声音,回头一看,只见一个骨瘦如柴的人斜躺在电动轮椅上,他自己驱动着电开关。"

为了保持礼貌,第一次见到他的人尽量"不显得过分吃惊",但是霍金对首次见到自己的人们的吃惊早就很习惯了。

他的头几乎不能动,他要用极大的力气,费很大劲儿才能稍稍抬起头来。在他彻底不能说话之前,他还能发声,能用一种十分微弱而和平常发音不同的变形音来与人交谈。必须花大力气琢磨,反复询问解释才能明白他说的话。

现在他依靠电子发音机。他当然也早就不能动手书写了,就是看书,他自己也不能翻动,而是靠翻书页的机器。他把书让人平摊在一张大的办公桌上,用轮椅上的按键进行操作，每看一页，几乎都是全身在努力，比蚂蚁搬家、蚕吃桑叶还要艰难。

他拥有顽强的意志。

他拥有一颗无与伦比的大脑。

史蒂芬·霍金是20世纪的国际名人，他被人们广泛地推崇为20世纪最杰出的理论物理学家，是继爱因斯坦之后的一个全新时代的革命者和开创者。

他是一位享有盛誉的人，一个富有传奇的人。他因为患有卢伽雷氏症（肌萎缩性侧索硬化症），被禁锢在轮椅上已长达20余年。但正是他把宇宙认识推向了最前沿的阵地，跨过亚里士多德、伽利略、牛顿、爱因斯坦，使世界走向询问自身之谜的思考。

无论是牛顿还是爱因斯坦，都提供了上帝的存在。牛顿给了上帝"第一推动"的权力，爱因斯坦为上帝提供了宇宙的空间。

到了霍金，空间和时间从物理上而不是从哲学上走向无边无垠。

霍金得出了"一个空间上无缘，时间上无始无终，并且造物主无所事事的宇宙"。宇宙学和思维学是当代最迷人的科学，霍金的无边界宇宙模型是人类探索宇宙的第一次提出的自给自足的宇宙模型。

在这个宇宙中，不存在宇宙之外的生命，当然也没有神。

这些结论只有在量子引力论中才可以得出。霍金认为宇宙的量子态是处于一种基态，空间——时间是有限无界的四维，好像地球的表面再增加两个维数。

宇宙中的所有结构都可归结于量子力学的测不准原理范围内的最小起伏。

1973年，霍金发现黑洞会像黑体一样发出辐射，其辐射的温度和黑洞的质量成反比。这样一来，黑洞会越来越小而温度越来越高，结果是瞬间爆炸消亡。

这种关于黑洞辐射的发现把引力、量子力学、统计力学统一在了一起。

霍金认为，宇宙未来的关键问题是：平均密度问题。如果平均密度比临界值小，宇宙就会永远膨胀。如果比临界值大，宇宙就会发生坍缩。时间也会终结，在最后坍缩中消亡。

但是霍金满怀信心地说，即便宇宙要坍缩，也不是像有神论那样散布的世界末日。因为上帝降临的末世日一开始被说成1843年3月21日和1844年3月21日之间，后来又找理由推迟到1844年10月份。然而又没有实现。所以新的理由认为，1844年第二次回归开始，首先要数出获救者的名单。只有当名单数完之后，审判的末日才会到来，那些不在名单上的人将接受最终裁决。

霍金预言，宇宙在100亿年内还将继续膨胀。

霍金教授为人类撰写了一本通俗读物《时间简史》。所谓通俗，就是说读者可以在很多不懂中得到一种冥冥地暗示、一种科学无涯无尽的吸引。这本书荣登畅销书榜100多周，当时售出500万册以上，翻译为30多种文字。

霍金神奇的思维飞向大尺度的时空，在《时间简史》中对极其遥远的星系、黑洞、夸克、大统一理论和"带味"粒子以及"自旋"粒子、反物质、"时间箭头"作了一一阐述，最后得出宇宙分裂成11维空间。

1970年，霍金研究了宇宙论。其后四年他考虑黑洞问题。1974年后，从事广大相对论与量子力学的统一论。

从1985年左右起，霍金教授的病情恶化，那时他就一直不能讲话了。最严重时，全身均不能动，只能扬眉毛。

得病之后，孩子们不能同父亲做游戏了，而且父亲需要照顾。霍金教授自己说："我实际上在运动神经细胞病中度过了整个成年。但是它并未能够阻碍我有个非常温暖的家庭和成功的事业。"

"很幸运的是，我的病况比通常情形恶化得更缓慢。这表明一个人永远不要绝望"。

或许我们从中得到的这是最重要的。

史蒂芬·霍金，现在在剑桥大学任教。他每天驱动轮椅从剑桥西路5号穿过美丽的剑河和学院，去应用数学和理论物理办公室上班。

现在他担任的职务是最有份量的教授职务——卢卡逊教学教授。牛顿、狄拉克就是这个职务的两位先任。

科学发展到宏观宇宙与微观粒子的世界，漫长而遥远，无数粒子瞬间湮灭转化，无数天体生生不息。

"是先有鸡，还是先有蛋？

宇宙有开端吗？

如果有的话，在此之前发生过什么？

宇宙从何处来，

又往何处去？"

——史蒂芬·霍金。

## 遗传密码

生命如何起源？

生命怎样延续？

20世纪的生物学诞生了分子生物学，从而使人们在分子层次上认识了生物。

数百年来，人们认识身外比认识自身要简单一些。我们可以画出各种星图分析各种物体，然而对"人从哪里来，又怎样去"这样的问题却一无所知。

简单无非是"神创"说。然而这不是解释。物理学家研究考察物质的基本属性，而生物学家却没有找出类似的带普遍性的东西来建立学科。

研究哪一种现象都看不出线索。谁也归纳不出来生物学的一个共同之处、共通之处。研究青蛙的饮食就和玉米的病没有关系；研究猫头鹰的习性和松树怎样发育也看不出一个角度。

物理学怎样呢？有一系列的概念，有力、运动、质量等等；化学怎样呢？反应、能、原子与分子的组合；惟独生物学不知何物，有进化论，有解剖学，有神经，有化石等等。

个颇为合理的模型。他们认为，DNA 分子是由两股呈螺旋状的、按互补的顺序排列的核苷酸链所构成，而这个互补顺序似乎代表一种密码。

RNA 的结构和 DNA 的结构非常类似，也是由两股呈螺旋状、按特定顺序排列的核苷酸所组成。

这个学说标志着生物研究进入了分子生物学阶段。

从此，生物学各个领域发生了突变。

1962 年，维尔金斯、沃森、克里克获诺贝尔医学与生理学奖。

## 仍在进展的克隆技术

早在 100 多年前，就有人研究克隆了。

有一个生物学家名叫汉斯·施佩曼。他想了一个办法，过程很简单。

他找到一种很古老的动物——蝾螈。用婴儿的头发做成一个套环，把蝾螈的胚胎用头发丝割开。就这么简单，他以为割开之后就能各自形成小蝾螈而且绝对一模一样。

现在我们知道，他的做法不正确。这只能把胚胎割坏，或者生出两个残缺的怪物。当然，一般情况是割坏而不能发展。

后来有两个人在 1952 年宣布克隆动物取得初步进展。结果到底怎么样呢？

他们用一只青蛙的卵子，将其中的 DNA 分离出来，然后把另一只青蛙的卵子去掉 DNA，将一开始提取出的 DNA 注入到失去 DNA 的卵子中。这种所谓的克隆并不是真正的克隆，但是也是一种实验。他们一心要克隆人，疯狂地研究，结果未能成功。有一人进了农业研究所，一个人进了精神病医院。

在 20 世纪 60 年代，英国生物学家认为克隆动物可以给人类带来好处。比如说克隆肥美的牛羊。而进一步，生物学家霍尔丹认为，克隆人更好。他想要把思想家、哲学家、大教授以及大艺术家和漂亮的男人女人克隆出来，人类就会丰富多彩，不再会因为一个人的死而有很多遗憾。

但是在 20 世纪 30 年代，英国作家发表了一篇小说《一个更美的新世界》，里面描写了一群标准的人，这些人遵守一切该遵守的，犯错误一样，取得成果也一样，该想到的都能想到，而若有遗漏没有一个人能补充，他们是一个模子里的人。

霍尔凡见到这本书后，便放弃了研究。

在 20 世纪 70 年代，德国的卡尔·伊尔门斯宣称他克隆了老鼠，但是后来被专家否定了。权威人士干脆说，研究克隆纯粹是浪费精力，这根本是无法行得通的。

在 20 世纪 80 年代，研究人员偷偷地实验。丹麦人斯泰恩·威拉德森有了一步小小的进展，他做成了转基因实验。他把绵羊的基因植入牛的体内，结果这种牛带有了绵羊基因。据说就是他指点过威尔穆特克隆绵羊，导致成功。

1990 年，荷兰成功地通过基因嵌入技术将人的某种基因植入牛的胚胎中。

以上表明，转基因是成功的。真正的克隆还没有实现。人们把克隆技术和转基因统称为克隆，是因为转基因技术里有克隆的成分。

1997年2月，英国的罗斯林研究所动物学博士威尔马特宣布了克隆羊的诞生。小羊名叫多利，一时间这只羊成为世界最出名的动物。

1998年1月6日，美国芝加哥一名物理学家公开声称他要克隆人。他认为克隆人可以帮助不养育后代的人解除心头之患，还可以使得了绝症的人通过克隆获得新生。

更有价值的是，克隆人可以使人类的免疫系统更新，可以使人抵御癌症和其他疾病的困扰，从而使人延年益寿，甚至长生不老。

查理德·锡德计划用18个月的时间克隆出第一个人，然后每年在美国克隆500人，再过一段时间让全世界的克隆人达到20万。他还要创办克隆医院，在美国成立多家分院，最后他宣称还要扩展成国际公司。

结果很多专家反对。人们的理由很多。人们认为两个优秀的人结婚都不一定保证生出天才的，只克隆一个人，他的缺点得不到弥补，这样的后代是不能适应进化方向的。

1998年1月13日，欧洲19个国家在巴黎签署了一项严格禁止克隆人的协议。这个协议称为《人权与生物医学公约》，明确提出禁止克隆人。

有意思的是文学家的小说。奥米·米金森写了一本《第三种解决方案》，讲了无性繁殖的社会。

故事说，人类突然遭受了核战争，这场战争使得大部分人死了，只有一小部分人侥幸活了下来，这少数人认为，不能再有战争了，于是用无性繁殖也就是克隆的方法繁殖后代。正是用这种方法，人们挑选那些最善良最富有同情心的人来克隆。

结果，克隆人长大后出人意料，全反过来了，个个极具进攻性，好战好杀，对同类十分残忍。

1976年，《来自巴西的孩子们》出版。书中描写的是希特勒又复活。是说在二战时德国纳粹分子已经失败，一个医生保留了希特勒的血样，结果他逃到巴西，在一个十分秘密的实验室里复制希特勒，这些希特勒都奔向世界各地去疯狂占领。

这些故事表现了人们对克隆的恐惧。

其实，克隆一个人的肉体是可能的，但是现在要想克隆一个人的思想，还根本办不到。

不管怎样，克隆和转基因技术正在改善着人类的生活。那么到底什么是克隆呢，简单来说就是无性繁殖的一种复制。

当代著名剑桥科学家巴里·E·齐然尔曼与戴维·J·齐然尔曼认为：克隆人是基因的复制品。克隆一般见于物种，生物无性再生。克隆是单亲的产物。

尽管克隆被人们议论，或赞赏或禁止或主张在一定范围内限制，但是科学家却仍然各自研究各自的。

从胚胎学发展到现在，在克隆的前沿还没有出现完全突破，生物学家始终不能提取成年动物的细胞核。

但是人们不自我检讨就不会进步，"知识就是力量"，关键在于人的运用。

# 世界历史五千年

# 当代社会

## 联合国的诞生

二战终于结束了,硝烟散尽,天空现出一抹轻松的蔚蓝色。仰望苍穹,昨日的恶梦还时时惊扰着人类的心灵,碧空浩渺,明天的人类将何去何从?洁白的鸽子衔来绿色的橄榄枝,在晴空下展翅自由地飞翔。这是人类心中最美丽的图景。全世界爱好和平的人们愿意携起手来,共建美好的家园。

联合国便应运而生了。

它孕育于反法西斯战争年代,是在反法西斯联盟基础上建立起来的崭新的、普遍性的国际组织。

早在1941年,二战正激烈地进行着,胜负未决,在英国伦敦的圣詹姆斯宫汇集了来自加拿大、澳大利亚、新西兰、南非以及欧洲数国政府的代表,他们同英国一起签署了《同盟国宣言》,表示愿与各国自由人民联合起来,共同实现持久和平,使各国自由人民志愿在一个已经摆脱侵略威胁,人人享有经济和社会安全的世界中互相合作。

1942年元旦,在美国华盛顿,26个反法西斯的国家签订了《联合国宣言》,根据罗斯福总统的建议,第一次出现了"联合国家"这个名词。

1943年10月30日,中、苏、美、英四国共同发表声明,将根据一切爱好和平的国家主权平等的原则,建立一个普遍性的国际组织,以维持国际和平与安全。这是首次正式提出建立联合国的问题。

1944年7月18日,美国政府拟定了一份《普通国际组织暂定草案》,邀请中、英、苏三国代表到华盛顿近郊的敦巴顿橡树园举行会议,讨论美国的建议,并草拟联合国宪章。同年8月到10月,中、苏、美、英四国通过了《关于建立普遍性国际组织的建议案》,提出了"联合国"这一名称,并详细规定了联合国的宗旨、原则和组织机构等。联合国的蓝图基本勾画了出来。

此次会议存在的分歧点主要在创始会员国的资格问题和未来的核心机构——安理会的表决程序,即否决权的问题上。苏联主张否决权的绝对化,即大国在任何情况下都享有否决权，大国的一致应成为采取任何行动的一项绝对必要条件。而英美则主张大国否决权应有一定限度，如果大国是争端的当事国，则应取消它的否决权。

1945年2月，美、英、苏三国雅尔塔会议决定与中国共同发起建立联合国，并决定于同年4月25日在美国旧金山召开联合国成立大会。此次会议上，在否决权问题上苏联的意见得到一致赞同，通过了"雅尔塔公式"，即安理会理事国关于程序问题的决议只需简单多数票通过即可；关于实质性问题的决议，理事会的多数票中必须包括五个常任理事国的同意票方为有效。当常任理事国为争端当事国时，如果决议考虑采取出兵、断交等手段时，可以行使否决权；如果是采取和平手段解决争端，或是安理会为解决争端而进行调查时，不得行使否决权。这就是"大国一致原则"。关于创始会员国的问题，也规定为凡在1942年《联合国家宣言》上签字的国家或1945年3月1日前向法西斯宣战的国家均为创始会员国。

1945年3月5日，一份《召开联合国家国际组织会议邀请书》拟定成功，开始飞向世界各国，邀请来自五洲四海的朋友共商大事。4月25日，美国旧金山歌剧院聚集了来自50个国家的282名代表、1726名顾问、专家及其他人员。美、苏、英、中做为四个发起国，首席代表分别为美国国务卿斯特蒂纽斯、苏联外交人民委员莫洛托夫、英国外交大臣艾登、中国政府代理行政院长宋子文。四个发起国中，苏联代表团仅14人，为数最少；其余三国则阵容庞大，达七八十人之多。中国代表团中还有非执政党人士3人，无党派人士3人，中国共产党代表董必武即为其中一员，此外还有胡适、顾维钧、吴贻芳等。

大会史无前例，盛况空前。25日下午3时，歌剧院内人头攒动、摩肩接踵，各路人士带着共同的心愿和不同的心事纷至沓来。千百年来漂泊无依又惨遭法西斯种族大屠杀的犹太人希望能为本民族谋取一块栖身之地；有志于自由解放的朝鲜人盼望砸碎日本占领者套在他们头上的枷锁，从而光复祖国；北美印第安人部落的代表共同渴望着数百年来他们遭遇的冤仇和苦难能在新成立的联合国中讨个说法。一片喧嚣扰攘之中，不露声色的是大批的警卫力量，他们机警地把守着每一处岗哨，有效地保障了全场的安全。

数十面五彩缤纷的国旗和轻松欢快的喜庆乐曲一起，构成了前所未有的一幅绚丽场景。4点30分，乐队演奏嘎然而止，会场立时肃穆庄严起来，担任大会主席的美国国务卿斯特蒂纽斯走上台去，庄严宣布：首届联合国大会正式开幕。全世界为之欢呼。紧接着，美国总统杜鲁门在首府华盛顿通过广播致词："有史以来，从无任何会议有如诸君今日旧金山会议之重要和必要者。我谨代表美国人民向诸君表示衷心欢迎，向诸君热切呼吁超越个人之利益，而皈依惠及全人类之崇高原则。"人们报以热烈的掌声。接下来是斯特蒂纽斯致词："和平必须全世界之合作力量，在此无折衷之余地。我们必须负起世界合作之责任，否则我们势必将负起另一次世界大战之责任。人类最深切之希望，最崇高之目的——现在在此间托付于我们之手。"

"和平"与"合作"是与会发言者的两大主题，开幕大会洋溢着和谐、友善的气氛。

会议进行了两个多月，大大小小的国家经过激烈的争论，于6月25日通过了《联合国宪章》和作为宪章组成部分的《国际法院规约》。26日，50个国家的代表在退伍军人纪念堂举行签字仪式,由于有些国家授予多人以全权代表资格,因此签字者总共达到153人之多,共进行了8个小时才完成。中国代表团第一个在宪章上签了字。波兰政府由于改组问题错过了签字时间,而于会后补签。因此,联合国的创始会员国总数为51个。10月24日,联合国宪章正式生效,从此这一天就被定为"联合国日"。

联合国的宗旨是:维持国际和平及安全;发展国际间以尊重人民平等权利自决原则为根据的友好关系;促成国际合作,以解决国际间经济、社会、文化及人类福利性质的国际问题,增进并激励对于全体人类的人权和基本自由的尊重;构成一协调各国行动的中心,以达到上述共同目的。

联合国的主要机构共6个:(1)大会。由全体会员国组成,是主要审议机构;(2)安理会。是对维护和平与安全负主要责任的机构,具有首要的政治地位;(3)经济及社会理事会;(4)托管理事会;(5)国际法院。设于荷兰海牙,由15名不代表任何国家的"独立法官"组成,依照《国际法院规约》而工作;(6)秘书处。联合国秘书长是联合国的行政首脑,由安理会推荐,大会委派,任期5年,可以连任。

《联合国宪章》庄严宣布:

"我联合国民众同兹决心:

欲免后世再遭此代人类两度身历惨不堪言之战祸,重申基本人权、人权尊严与价值,以男女与大小各国平等权利之信念,创造适当环境,维持正义、尊重由条约与国际法其他渊源而起之义务久而弗懈,促进大自由中之社会进步及较善之民生,并为此目的。

力行宽恕,彼此以善邻之道,和睦相处;

集中力量,以维持国际和平与安全;

接受原则,确立方法,以保证非为公共利益,不得使用武力;

运用国际机构,以促进全球人民经济及社会之进展;

同是发愤立志,务当同心协力,以竟厥功。"

这宣言中表明的宗旨和原则是符合世界人民求和平、求发展的意愿的,然而在实际运作上,往往出现违背甚至践踏这一宗旨的情况。联合国有时竟成了强权国家手中操纵的工具,这不得不令所有向往公正和平的人们寒透了心。但联合国也确实为人类的和平与进步做出了不可磨灭的贡献。

1946年1月10日至2月14日,联合国第一届大会在英国伦敦召开,秘密投票诞生了联合国的第一任秘书长——挪威外长吕格耳·赖伊。联合国会徽设计为一幅从北极看去的世界地图,周围绕以橄榄枝。

联合国总部应美国之邀设在纽约。大会接受了小约翰·D·洛克菲勒的850万赠款,由10个国家的设计师联手设计的联合国总部大厦在纽约曼哈顿东区的东河之滨上建造起来。巍峨壮观的大厦自1946年起,一直矗立至今。

## "格局取决我们"——杜鲁门主义和马歇尔计划

"没有永远的敌人，没有永远的盟友，有的只是永远的利益"，国际斗争永远都是这样，敌敌友友，变化莫测，昨日还是坚定的盟友，针扎不透，水泼不进，可是现在却完全恢复老样子。没有别的原因，只是因为利益。

利益的冲突导致了同盟国之间迅速变脸，演化出了冷战。

战后美国的实力膨胀开来，英、法、德、意、日等老牌帝国主义非死即伤，而蓬勃发展的殖民地争取独立的斗争使它们的境遇雪上加霜，苏联又因为元气大伤而难与美国争一日之短长。无论从政治、经济还是军事、科技方面，美国都达到了极盛。在这种优势下，很难想象这个"牛仔国家"不做世界霸主。

1947年3月6日，杜鲁门演讲说："我们是世界经济巨人，不管我们喜欢与否，未来的经济格局将取决于我们。世界正期待我们的行为。"其实，杜鲁门的经济格局只是美国野心的冰山一角，从之后的历史发展可以看出来，美国的雄心所在是在政治上独霸世界。

在苏联军队席卷东欧的形势下，欧洲各国的无产阶级先后夺取了政权，而在希腊也出现了这种迹象。共产党的游击队在1946年出现在希腊北部的山区，爆发内战的起因是经济状况恶化，许多穷困的农民加入了起义者队伍，起义从北部山区扩大蔓延到伯罗奔尼撒半岛和一些较大的岛屿，胜利的天平逐步转向起义者一方。这时，英国政府宣布它不能提供确保战胜起义者所必需的大规模援助。

在这个时候，杜鲁门主义出现了。

1947年3月12日，杜鲁门在国会两院联席会议上宣读了一篇咨文。杜鲁门夸张了"希土危机"，渲染了起义者对社会秩序的破坏，并说："混乱和无秩序状态将可能扩及整个中东地区。"并认为这"对全世界都具有灾难性"，将之归结为"极权制度对自由制度的侵犯"。他在讲话中给了美国以全新的定位，"美国的外交政策，必须支持那些正在抵抗拥有武装的少数派集团或外来压力的自由民族。"接着，又说："希腊的生存如今正受到威胁，"国会应拨出4亿美元援助希腊和土耳其。这样，英国交出了它在希腊维持了一个世纪的首要地位，而美国则负起了阻止共产党在地中海东部扩大其影响的责任。

在1947年3月至1949年6月间，美国为希腊提供了4亿美元的军事援助和3亿美元的经济援助，再加上南斯拉夫与苏联发生矛盾，封锁了南斯拉夫边境。希腊政府军于1949年将游击队赶出了山区据点。

这次援助希腊的成功增强了美国的信心，并且同时成为冷战的先声，它标志着美国与苏联战时的蜜月时期业已结束，美、苏在欧洲的争夺已经开始。

杜鲁门主义表达了美国称霸世界的雄心，它扯起反对"共产主义威胁"的大旗，打出"保卫自由制度"的口号，军事和经济双管齐下，以遏制苏联的势力。

但是，二战留给欧洲的是一场废墟，如果一直像支援希腊那样，无疑是杯水车薪。因为经济状况恶化，各国均对本国政府不满。为了恢复欧洲各国的经济，以稳定欧洲这个争霸的基地，于是美国又出台了"马歇尔计划"。

马歇尔计划又称欧洲复兴计划。1947年6月5日，美国国务卿乔治·马歇尔在哈佛大学毕业典礼上指出，"至少在以后几年中，欧洲的需要大大超过了它的支付能力，而美国应尽最大努力帮助恢复世界正常的经济繁荣，如果不这样做，就不会有政治上的稳定和有保证的和平"，他宣布了庞大的资助欧洲的复兴计划。美国国会于1948年4月通过了《经济合作法案》，将马歇尔计划法律化，其内容是：

美国对西欧各国进行财政援助，用以恢复战后经济；

受援国必须购买一定数量的美国产品，尽快撤除关税壁垒并取消或放松外汇限制，接受美国对使用美援的监督；

受援国应将本国及殖民地的战略物资提供给美国，设立由美国所控制的"对等基金"，保障美国人投资及开发的各项权利；

受援国削减同社会主义国家的贸易额、放弃国有化政策。

本来这个计划是面向所有欧洲国家，但由于其具有反共产主义倾向，因此捷克和波兰在苏联的授意下，拒绝接受。

到1951年12月31日这一计划终止时，美国为支持马歇尔计划共支付了125亿美元。这一巨大的投资起了十分重要的作用，使欧洲迅速恢复了元气，使欧洲的生产水平和生活水平超过了战前水平。同时也稳定了资本主义社会秩序，抑制了共产主义的向西发展。客观地说，马歇尔计划虽然对欧洲经济的发展功不可没。但是，马歇尔计划附有许多条件，使美国对欧洲事务的介入日益加深，使得欧美的关系出现矛盾，欧洲以法国为首的国家强烈要求摆脱对美国的依附。

为了与马歇尔计划相抗衡，苏联宣布实行"莫洛托夫计划"，力图在经济援助的基础上左右东欧国家，并恢复东欧国家的经济实力以增强抗衡美国的力量，但效果远不及马歇尔计划。

杜鲁门主义和马歇尔计划，标志着美国的欧洲战略已不同于以往任何时期。过去，美国历来都不愿卷入纷繁复杂的欧洲事务，一是因为其实力在当时还无法和法、德等老牌帝国主义相抗衡，二是因为欧洲各国也不喜欢别人干涉欧洲事务。但是现在不同了，美国实力雄居各国之首，欧洲各国又伸出求援之手，于是美国便迫不及待地介入了欧洲事务。

但是这些却和苏联的既定计划相违背，苏联一方面扩张领土，一方面增强自己在欧洲事务说话的份量。

于是，东西方的分裂和对立成了必然。

1946年3月5日，那位始终不渝地反共产主义的英国首相邱吉尔在富尔敦的演讲最终还是成了事实：

"从波罗的海边的什切青到亚德里亚海边的里雅斯特，一幅横贯欧洲大陆的铁幕已经降落下来。"

## 白色恐怖的化身——麦卡锡主义

何为麦卡锡主义？它是美国在 20 世纪四五十年代的反共、反民主浪潮发展到极端之后掀起的一场白色恐怖。

早在二战结束之前，美国政府就已露出反共反苏情绪的端倪。随着二战的结束，美、苏对抗加剧，冷战骤起。美国内政上大大强化了统治。统治集团力图把那些反对其对外政策方针的民主进步力量压制下去，以保证自己在夺取世界霸权的斗争中有巩固的后方，在反苏冷战中增加自己的筹码。

共和党和民主党趁着美国国内对苏联产生的恐惧和"共产主义威胁"的呼声，相互利用共产党问题攻击对方，制造了大量的反共宣传舆论。一场空前规模的政治迫害开始了。

美国进步人士在战争结束前夕就受到了统治集团以"叛国""间谍"为名的政治攻击。1945 年 6 月，美国战略情报局指控享有声誉的学术性刊物《亚美》杂志窃取并披露它内部的"机密"报告，并贯以"叛国大罪"的罪名，而事实上那些材料只是前一时期国务院对美国驻中国记者所作的无关紧要的简况介绍。

1946 年 10 月，联邦调查局局长埃德加·胡佛在美国军团代表大会上宣称：共产党人已经渗透到各个角落，国家面临着"实现共产党人可怕阴谋"的危险。这一耸人听闻的宣言源自加拿大发生的一起"苏联间谍案"并涉及到了美国的原子弹研究部门。由此，美国舆论界喧嚣着苏联"极权主义"和国内共产主义威胁两大话题。

建立于 1945 年的众议院非美活动委员会，早已下手搜集所谓共产党渗透的情报了。美国社会各界人士上至总统下至好莱坞电影制片商都遭到该委员会的大肆攻击诬陷，仿佛赤色威胁已遍布了美国社会各个角落。司法部公布的"颠覆性"团体有 160 个，而非美委员会列入黑名单的则达 608 个，成千上万人遭受审讯和迫害。

1947 年 6 月，美国共产党总书记尤金·丹尼斯以"藐视国会"的罪名被判刑一年并罚款 1000 美元。1948 年 7 月，最高法院逮捕了美国共产党全国政治局委员 12 人，指控他们"密谋教唆和鼓吹"用暴力推翻美国政府。当时在政界颇有声望的卡内基国际和平基金会主席阿尔杰·希斯也被告曾从事过地下党活动，被判刑 5 年。多年以后人们发现，当时的审判整个是圈套，所谓人证物证全是捏造出来的。

1947 年 3 月 22 日，杜鲁门签署了 9835 号行政命令，即为害甚广的"忠诚调查会"。命令要求美国所有的机关职员、学校教员和研究人员共计 250 万人都要通过忠诚检验。这一调查进行了 5 年，400 万左右的联邦政府雇员和申请政府职位的人都接受了联邦调查局的审查，2000 多人被解雇或被迫辞职。由于杜鲁门的命令没有对"忠诚"作出任何明确的定义和解释，因此，关于一个人是否忠诚完全由有关部门的领导擅自决定，谁的官大谁就有权决定一个人是否"忠诚"，调查的范围也远远大于计划的数目。一般以一个人参加所谓"颠覆组织"或对该组织抱同情态度为不忠诚。而被列入"颠覆组织"

的，包括美国共产党在内，还有其他一些进步组织。这种作法侵犯了美国宪法中关于结社自由和集会自由的规定，然而却无人敢去问津。

1950年，全国忠诚复审委员会主席塞思·理查森承认："一个间谍案件的证据也没发现。"而美国社会已是鸡飞狗跳，人心惶惶，占全国劳动力1/5的1350万人口都受到某种形式的忠诚或安全调查。只要某人一受到全面调查，立刻成为嫌疑分子，邻里不安，子孙受难。于是乎，工人参加工会必先声明自己不是共产党；教师要想保住饭碗，必须在讲台上大骂共产主义；学校里的学生也必须做出忠诚宣誓；码头工人和轮船水手因为"海外关系"而严格受到"安全检查"；退休老人必先忠诚宣誓一番才可能领到退休金；就连辛辛那提棒球队的名字——"红队"也因谈红色而做了更改。

与反共浪潮相呼应的是美国当局的反劳工活动也在加紧进行。1947年6月，参众两院通过了《塔夫脱—哈特莱法》，即《1947年劳资关系法》。其主要特点是从根本上修改了1935年的《华格纳法》，取消了工人阶级在第二次世界大战前夕通过顽强斗争获得的那些工会权利。这一法案遭到了美国进步工会领袖们的愤怒谴责，指出《塔夫脱—哈特莱法》旨在重新建立对劳工的"禁令统治"，是一场资方掀起的"精心策划的、穷凶极恶的、以摧毁或者摧残劳工的运动"。广大工人谴责该法是"奴隶劳工法"，并为废除该法坚持了多年的斗争。

1950年国会通过了《国内安全法》，即《麦卡伦法》，其矛头对准以共产党为首的进步组织。该法宣称共产主义是一个外国政府领导下的，要在世界各国建立共产主义极权独裁制度的一种阴谋，并法定在紧急状态时可以无限期地关押"共产主义组织"的成员。《国内安全法》可以说是对共产主义进行了极尽能事的诬蔑诋毁、公然践踏了美国宪法规定的公民权利。

正是在反共主义的一片叫嚣声中，麦卡锡主义应运而生。

麦卡锡于1908年11月生于威斯康星州的一个小农场主家族，属爱尔兰后裔。他继承了祖先能言善辩、夸夸其谈的特点，凭着一条三寸不烂之舌，从律师、法官做起，一步步青云直上。他人品卑劣，声名狼藉，凭着花言巧语和瞒天过海的手段当上了参议员。史学家们把"恶棍""酗酒者""谎言家""投机分子"等等诸如此类的帽子毫不客气地给他戴在头上，而他确实是当之无愧的。

1950年2月9日，在西弗吉尼亚州的惠林市，共和党议员约瑟夫·麦卡锡发表演说，指责国务院中"充斥着共产党人"，声称205个共产党人的名单已掌握在他手中，并且都是在国务院中从事着颠覆活动的。后来由于拿不出证据，人数多次更改，时而57，时而81，经过他信誓旦旦、言之凿凿的蛊惑，人们信以为真。从此，以他的名字命名的"麦卡锡主义"在美国国内开始了为期多年的法西斯政治迫害。

麦卡锡以民族义士、护国英雄的姿态，到处煽风点火，捕风捉影，疯狂攻击"共产主义"。他所到之处，人人胆战心寒，生怕莫明其妙的灾祸从天而降。他不断地揭露出一个又一个"黑幕"，挖掘出一批又一批藏在政府里、军队里的"共产党分子"，麦卡锡成为白色恐怖的化身。数不清的民主进步人士和科学家都遭遇横祸，就连奥本海默也成了攻击对象。

罗伯特·奥本海默是举世闻名的理论物理学家、原子弹之父。他生于纽约，哈佛大学毕业后曾到英国剑桥大学和德国格丁根大学深造。由于他在原子核研究上的辉煌成就，美国委任他制造首批原子武器，并出任原子能委员会的总统咨询委员会主席。他对美国的国家安全和军事力量做出了无与伦比的贡献。但他因为反对制造更新颖、更有威力的核武器，尽管奥本海默反复声明他同共产主义事业毫无关系，但最终还是被蛮横无理地解除了咨询委员会主席的职务。科技界泰斗的下场如此，许多科学家纷纷各寻出路。

麦卡锡主义四面出击，大肆杀伐。到1953年底，艾森豪威尔政府也受到攻击，紧接着美国陆军也受到指控。杜鲁门政府的反动政策是麦卡锡主义生长的温床，但最终自食恶果。国内外的舆论纷纷对麦卡锡主义发出正义的谴责，许多城市爆发了抗议示威运动。

最终由于麦卡锡主义危及了统治阶级的根本利益，为当局所不容。1954年12月，参议院通过了谴责麦卡锡的决议，麦卡锡丢掉了他在参议院的所有主席职位，这个历史的丑角被一脚踢进了历史的垃圾堆。从此麦卡锡一蹶不振，三年后悄悄死于酗酒过度。

## 犹太复国——千年等一回

1948年5月14日，下午4点钟，从地中海汹涌澎湃的浪潮之巅刮来了阵阵温和的风，轻轻吹拂着巴勒斯坦的城镇和村庄。在特拉维夫城的现代艺术博物馆中，人头攒动，空气中涌动着一股按捺不住的激情。人人都激动异常，他们不住地默默祈祷着，捧着一颗诚惶诚恐的心企盼着，因为，一个等待了数千年的重大时刻就要到来了。

少顷，一位精神矍铄的老者在众望所归的目光中健步走上讲台，他首先慷慨地做了一番历史的回顾，随即庄严宣布："怀着对全能上帝的崇信，谨此宣布，我们于今日，在巴勒斯坦建立犹太人国家——以色列！"

雷鸣般的掌声霎时响彻云霄，欢呼声排山倒海般此起彼伏，人们喜极而泣，不禁泪如泉涌。千百年来颠沛流离、灾难深重的犹太人终于获得了一块栖身之地，重建犹太国家这个燃烧了数十个世纪的梦想竟然就在此刻变成了现实，怎能不让他们欣喜至极！

然而为了这一刻，犹太人千百年来都在抛洒着鲜血。一切都得从头说起。

犹太人古称希伯莱人，是古代西亚闪族的后裔，阿拉伯人、迦南人与他们是同宗共祖的兄弟民族，曾共同在巴勒斯坦这块土地上生息繁衍。公元前2000年左右的一段时间内，巴勒斯坦地区遭遇了罕见的旱灾，水源枯竭，草木不生，从前的乐园变成了焦土。无以为生的希伯莱人便举族迁徙，寻求生路。他们离开阿拉伯半岛之后，来到了人类文明的发源地之一的尼罗河畔，这里水草丰美、四季如春，希伯莱人便定居了下来，希望过上安宁富足的日子。然而，埃及法老残酷地奴役着他们，犹太人忍气吞声地过了四百年。四百年后，头人摩西率领着不堪重压的犹太部族又踏上了重返巴勒斯坦的崎岖坎坷之路，这在《圣经》中留下了一段充满血泪的故事——《出埃及》。经过40余年的颠沛流离，犹太人终于回到了祖居之地，并创立了犹太教。他们于公元前1205年建立了最早的犹太人国家——希伯莱王国。这个王国在所罗门时代臻于极盛，开疆扩土，威慑四方。后来又分裂成以色列王国和犹太王国。这两个王国又先后被亚述帝国和巴比伦王国所灭。从此，犹太人又开始了多灾多难的日子。他们告别了化为断壁残垣的所罗门圣殿，膜拜了凋零在苍烟落照中的耶路撒冷圣城，天涯浪迹，各奔东西。犹太人的国家消失了，巴勒斯坦成为阿拉伯人的独属之地。

犹太民族最值得人钦佩的是他们那种百折不挠、桀骜不驯的民族精神。无论遭遇多大的天灾人祸，他们都能顽强不屈地生存下去。最令人称奇的是，尽管2000年来犹太民族散居在世界各地，同其他的民族长期生活在一起，但犹太人始终保持着自己独特的文化和宗教，甚至语言。犹太民族不仅没有从地球上消失掉，反而以自己鲜明的民族特色保存了下来，几乎无一例外（除东汉时期迁往中国洛阳的一支被中国人同化）。艰难的生活磨砺着这个民族，上天又赋予他们精明的头脑，长于经商谋生，他们是富有的，然而又是最贫穷的，因为他们没有一块属于自己的土地。在世界各国，犹太人时常被当作异类而遭受歧视、驱赶，甚至杀戮。1391年，西班牙反犹时杀戮了6、7万犹太人，并且20余万人遭到了驱逐。二战中，纳粹德国更是惨绝人寰地对犹太人实行种族灭绝政策，约522万犹太人惨死于法西斯的魔掌之中。犹太人渴望建立自己的国家，复国主义思潮像烈火一般地点燃，他们又回忆起千百年前的故乡——巴勒斯坦。

此时的巴勒斯坦，已是阿拉伯人的家园。第一次世界大战期间，英国占领了巴勒斯坦，1922年在这里实行委任统治。各种利害关系盘根错节地纠缠在一起。犹太人复国谈何容易！

到了1917年，英国突然发表了一个《贝尔福宣言》，表示英国政府"赞成在巴勒斯坦为犹太人建立一个民族之家，并将尽最大努力实现这个目标"。这是怎么回事呢？

原来，英、美等大国在中东的殖民利益争夺异常激烈，英国人急于寻求势力支持。犹太复国主义领导人魏茨曼博士因为曾为英国发明一种廉价炸药而与英国政府有一定交情，他看准英国的心思，积极活动起来，暗示英国政府如果支持犹太人建国，则可使英国在中东有"一道坚强有效的防线"。于是双方各取所需，一拍即合。世界各地思归心切的犹太人纷纷慕名而来。1918年，巴勒斯坦的犹太人为5.6万，占居民总数的7%；1922年增加到8.4万，占11.1%；1939年剧增到44.5万，占29.7%。

英国人打着利用阿拉伯人与犹太人矛盾冲突而实行"分而治之"政策的主意，大力支持犹太移民。《贝尔福宣言》中煞有介事地宣称此举不会损害巴勒斯坦阿拉伯人的权利，而且认为犹太复国主义无论对错好坏，都比此地70万阿拉伯人的愿望和"偏见"重要得多。"在巴勒斯坦，我们甚至在形式上也未打算去征询这个国家现有居民的愿望。"

由于英国委任统治当局奉行的"扶犹排阿"政策，犹太人有恃无恐地向巴勒斯坦大规模移民。在政府唆使下，有财有势的犹太资本家排挤阿拉伯人的手工业和工商业，大量收购土地。1927年，犹太人占地9万公顷，1947年增至18.5万公顷。被驱赶的阿拉伯农民怨恨异常，两个民族由于宗教、政治、经济等各方面的原因始终冲突不断，连年厮杀。

犹太人建立了地下武装，实行恐怖主义，"哈加纳""伊尔贡"令人闻风丧胆。阿拉伯人也组织了武装游击队，不断起义反抗英国统治和犹太人侵扰。1928年8月23日，双方为争夺宗教圣地而又一次刀兵相向，在英国军警的镇压干预下，共有133名犹太人和116名阿拉伯人丧命。

阿拉伯世界诸国纷纷支持巴勒斯坦的阿拉伯人，要求停止犹太移民，坚决反对把巴勒斯坦变成一个犹太人的国家，并要求英国结束其在巴勒斯坦的统治。第二次世界大战爆发后，英国为争取阿拉伯世界的支持，于1939年发表白皮书，宣布"把巴勒斯坦变成一个犹太国并非英国政策的一部分"，于是转而限制犹太人的移民和土地转让，并提出让阿拉伯人政府"掌管"巴勒斯坦10年。此时，纳粹德国正在大规模地屠杀迫害犹太人，英国此举可谓落井下石、雪上加霜。战后，英国工党上台后更加注重维护与阿拉伯人的"友谊"，致使犹太人产生强烈不满。

1945年5月，犹太复国主义者建立的"犹太建国协会执行机构"在主席本·古里安的领导下提出让英国同意10万犹太人迁入巴勒斯坦，并建立犹太国，遭到了拒绝。而此时的美国却支持建立犹太国家。原来，美国有500万犹太人，绝大部分都有钱有势，位居高官显职，在政治上颇有影响力，而美国统治集团为了扩大它在中东的利益，需要在中东寻找支持，因此积极支持犹太复国主义运动不失为最佳选择。

在美国的压力之下，英国同意组成英美联合调查组解决巴勒斯坦问题。1940年，这个调查组搞出一个"分省自治计划"，即签发10万张犹太人移民证，并将巴勒斯坦划分为4个省。此举遭到阿拉伯人和犹太人的双重反对。1946年，犹太建国会通过了"在巴勒斯坦适当地区建立有活力的犹太国"的新计划，拟定的犹太国占巴勒斯坦总面积的65%，即从加利利和特拉维夫到阿克的沿海平原再加上整个内格夫沙漠。这个计划得到了美国的支持。

英国以退为进，把巴勒斯坦问题提交联合国裁决，却不成想美、苏取得了一致的立场，要求结束英国的委托统治，把巴勒斯坦分为犹太国和阿拉伯国。联合国大会于1947年11月29日以多数票通过了《巴勒斯坦将来治理问题的决议》，决议规定犹太国面积1.5万平方公里，占总面积的55%，其中犹太人49.8万，阿拉伯人40.7万；阿拉伯国，面积1.1万平方公里，占总面积45%，其中阿拉伯人72.5万，犹太人1万。

这一决定令阿拉伯人不满，他们举行会议决定建立"阿拉伯解放军"，再图新变；而犹太人则喜出望外，同时也加强武装力量，警备森严，以保护这一成果。巴勒斯坦丝毫没有因为这一决议的出笼而得到片刻安宁，仅仅一天之后，便爆发了阿以战争。双方互相围攻，报复仇杀，许多无辜的平民在战争中惨遭杀害。

在战争进行的间隙，本·古里安积极策划着犹太建国这一中心大事。终于，1948年5月14日，本·古里安在特拉维夫现代艺术博物馆中宣告了以色列国的诞生，了却了犹太人千百年来的心愿。仅16分钟之后，美国总统杜鲁门就宣布正式承认以色列。两天之后，苏联也宣布承认以色列。本·古里安出任以色列首位总理。

然而战争更为激烈了。阿拉伯人始终认为"在阿拉伯区域内建立一个异教徒国家是对阿拉伯人的侵略行为"。就在以色列建国后的第二天，阿拉伯联盟宣布对以色列进行"圣战"。

由埃及、约旦、叙利亚、黎巴嫩、伊拉克等国组成阿拉伯联军，以4.2万兵力和包括飞机、大炮、坦克等重武器在内的强大武装包围了以色列。只有3万人且武器装备单薄的以军抱着破釜沉舟、背水一战的决心，誓死捍卫崭新的国家。

战争一开始，阿拉伯军队节节胜利。埃及兵迅速控制了巴勒斯坦西南部，约旦军控制了中部，叙利亚、伊拉克和黎巴嫩联军控制了北部。迫不得已，守卫耶路撒冷旧城的以色列军投降了，被迫撤退到沿海一带。

本·古里安见势不妙，立即要求停火几周，以期调整人马。在美国的推动下，联合国通过了1个月时间的停火决议，并对参战国实行军火禁运。以军得到了生死攸关的喘息机会，大量进口了欧美的武器，兵力重新壮大起来。

当战事重新展开时，以军精力弥满、志气旺盛，迅速扭转了颓势，攻城掠地，好不得意！7月15日，安理会又通过了"无限期停火"决议。以色列又乘机招兵买马，扩大军备，并于10月15日单方撕毁了停战协议，开始集中优势兵力猛攻埃及军队。不久，埃及军队不胜其力，宣布投降。双方于1949年2月4日签订了停战协定。紧接着，阿拉伯联军的各个成员都先后宣布停战。

这场战争以以色列的胜利告终。但70多万巴勒斯坦人因此而失去家园，沦为难民，而且数目逐年增加。难民问题成为困扰中东的久治不愈的顽疾。

## 越南独立战争

越南的来历，曾经有一个神奇的传说：帝明同山精结合，生出泾阳王，泾阳王之子貉龙君与妪姬结合，生出雄王；这位雄王在越南就相当于中国古代传说中华夏民族的祖先尧舜，是越南人崇敬的远祖。

事实上，早在5万年前，就有美拉尼西亚种的矮黑人来到印度支那半岛的这片肥沃土地上居住。后来，印度尼西亚人带来中国的青铜器，越人与泰人也纷纷移居于此地，他们之间互相通婚，逐渐融合，形成越南民族，并具备了自己独特的风俗习惯与文化传统。公元10世纪以后，他们建立了封建主义的国家。历史上曾出现过12使君纷争、天下大乱的局面。到了近代，随着西方列强世界范围内的侵犯，殖民主义也把魔爪伸入了越南的土地。

1857年，拿破仑三世派兵入侵。由于当时的阮氏王朝是依靠法国的军事援助而于1802年登上王位的，法国不费吹灰之力便在1874年同越南签订了和约，越南的南部被法国割占。1884年，越南顺理成章地成为法国保护国。1897年法国总督杜梅到任，建立了法国的直接统治。然而，无数的仁人志士怎能眼睁睁看着自己的祖国沦为法国刀俎之下的鱼肉？他们纷纷揭竿而起，奋起反抗，前仆后继，但一次次的行动均以失败而告终。

所谓江山代有才人出。1925年，一个名叫阮爱国的民族革命家登上了历史舞台。他即是多年以后威名远播的胡志明。他创建了越南青年革命同盟，1930年组建了印度支那共产党。

1940年，越南又遭日本入侵。以胡志明为首的共产党顽强抗战，同日本侵略者进行了旷日持久的殊死搏斗。越南共产党数十年间反法又抗日，争取民族独立，而国家政权还掌握在皇帝手里。于是他们便趁着二战结束、日本投降之际，夺取了国家政权。1945年9月2日，河内巴亭广场上，数十万人欢欣鼓舞，游行集会，越南共产党的领袖胡志明宣读了《独立宣言》，正式宣告越南民主共和国成立。

然而，这个政权在当时的国际上没有任何人承认，胡志明政府处在四顾茫茫、无依无靠的境地里，举步维艰。当时，日本侵略者已经宣布投降，但还没有撤出。法军又派出大批力量前来搅扰，他们决不能接受越南独立这一事实。尽管法国也是刚刚从纳粹德国的铁蹄下解放出来，刚刚结束了自己受外国侵略者奴役、压迫、凌辱的苦难生活，但面对比自己弱小的越南，却露出了弱肉强食的丑恶嘴脸。

1945年9月23日清晨，法军突然袭击西贡市政厅，遭到城防部队的激烈反击。这一枪打响了越南的抗法战争，越南人民再次卷入了一场血雨腥风之中。法国方面多方周旋，取得国际势力支持的绝对优势，切断了越南所有的外援，置越南于自己的股掌之间。正当法国殖民者心花怒放，决意细细品尝这道美味之际，却迎头碰上了胡志明的抗法武装这块难啃的硬骨头。胡志明领导的越南共产党经过多年的战斗，积累了相当的经验。战争初期，他们处于势单力孤的不利境地，于是便表面宣布解散，实则转入地下从事秘密斗争，采取灵活态度，向越南国民党表示同意携手合作，并同意国民党加入共和国政府。这样，越南国内的抗法力量立刻活跃起来，北方有他们建立的广泛根据地，屯积粮草，招兵买马，一天天壮大起来。在力量对比悬殊的情况下，他们依然能够屡挫法军，使敌人难以达到预想的目的。

面对这种情况，法国又出一招儿，提议双方坐下谈判。经过多个回合的交锋，在以胡志明为首的越南方面做出重大让步的情况下，分别于1946年的3月、9月签订了两次协定。胡志明从国家民族的根本利益出发，认为暂时的让步是必要的，也因此蒙受过民众的误解。而贪婪的法军仍不能满足，一面利用各种政治和外交手腕颠覆共和国政府，一面暗地里加紧增兵。

不久，法军兵力达10万之众，在占据明显的军事优势之后便立即撕毁了墨迹未干的协定，悍然发动全面侵越战争。1946年12月20日，胡志明发出告全国人民书，号召全国不分男女老少，不分宗教党派，一致行动起来，背水一战。越南人民宁肯牺牲一切，绝不做亡国奴，一场更为激烈的战争拉开了序幕。

力量的悬殊是显而易见的。法军配备有精良的美式装备，而越军大部分使用的还是古老的刀、枪、矛、弓箭，胡志明曾叹道："我们只能用棍棒对抗敌人的飞机、大炮！"果真，战事初起，法军便以迅雷不及掩耳之势席卷全国。尽管法军攻城掠地，气势逼人，但战争毕竟还是在越南的国土上进行，正义之师终会胜利。这场"蚂蚁踩大象"之战，谁也不能肯定蚂蚁必然败在大象脚下，成群结队同心协力的蚂蚁同样可以消灭一头小山般的大象。

1947年10月，越北战役中，越军以日趋成熟的游击战术击退了2万法军的大举进攻，站稳了阵脚。然而此时最需要的是外援。这时，中华人民共和国成立了。1950年1月18日，中国政府率先承认了越南民主政府在国际社会上的合法地位。

胡志明立即秘密访华，对中国政府提出支援的请求，而且也如愿以偿地得到了中国的无私援助。在中国军队强有力的帮助下，抗法战争取得了巨大进展。法军大规模向南撤退，越南北部1000多公里的中越边界被打通了。

越南人民越战越勇，他们在艰难困苦的条件下发挥集体的智慧和力量，团结一致，信心倍增。与此同时，法国尽管又得到美国的支持，但法国国内掀起了史无前例的反战风潮，法国人民已厌倦了战争，以各种形式的活动阻止这场战争的继续。反战情绪也在法国士兵中不断扩散。

胡志明此时趁热打铁，决定全力以赴，与法军展开决战。奠边府是法军最后的守地。越军便以巨大的火力攻势打开法军的外围防线，步步逼近要塞。法军面对兵临城下，弹尽粮绝的境地，于1954年5月7日全体投降了。持续9年的抗法战争至此结束。

## 谁令战后德国起死回生

法西斯的阴魂烟消云散了，然而二战后的德国却被推到了万丈悬崖的边沿。山河破碎，百孔千疮，再加上战胜国的严厉制裁，德国被彻底打翻在地，当胸还被踩上几双沉重的大皮靴。

然而，德意志民族毕竟还是一个值得人敬重的民族，他们有深厚的科学文化素养，更有可贵的民族精神。正如1947年尼克松以议员身份访问德国时的所见所闻：他看到数以千计的家庭挤在倒塌的楼房废墟和地堡里，面黄肌瘦、衣衫褴褛的孩子们向他们走去，然而却不是乞讨什么，而是向他们出售父亲的战争勋章或者用它们来换些东西吃。当随行的一位议员把身上最后一块巧克力给了一个怀抱着一个1岁多婴孩的10岁小女孩时，小女孩自己不吃，而是把巧克力小心翼翼地放在小孩嘴里，告诉他这是什么东西，叫他吃。当议员们参观一座煤矿时，看到这里工人的午餐只是一点稀溜溜的浸肉的汤，可他们还是把它节省下来，带回家让家属也能够分享一些。这就是德意志民族，这样的民族绝不可能灭亡。

当此之际，德意志民族中涌现出两位重整山河的人物。一个叫康纳德·阿登纳，一个叫路德维希·艾哈德。此二人一呼一应，同心协力，挽狂澜于既倒，扶大厦之将倾，利用国际风云的翻飞之势，得心应手地游刃其间。山穷水尽的西德居然又现出柳暗花明之色。

阿登纳被英国首相温斯顿·邱吉尔称为"自俾斯麦以来德国最英明的政治家"。他的一生富于传奇色彩。

1876年，阿登纳生于科隆市法院一名书记官的家庭。他的家庭有良好的品德教养传阿登纳和艾哈德的携手合作，取长补短，默契无间，堪称典范。阿登纳有如明智的船长，胸有韬略，指挥若定，将德国这艘搁浅的船由云遮雾罩的河湖港汊间引向碧波万顷的海面。艾哈德则是舱中司炉运筹帷幄，添煤加火，推动轮机，加足马力，全速前进。短短10年间，联邦德国就从战后的深渊中爬起来，重新成为西方经济强国。

## 经济发展的奇迹——战后日本

二战的发动者之一——日本，在战争中不仅给亚洲各国人民带来沉重的灾难，而且日本本身也深受了战争之苦。二战给日本人民带来了空前的灾难，战争中日本丧失了250多万人的生命，经济倒退了25年。战后初期的日本，广大的人民群众生活困苦，过着衣不蔽体、食不果腹的生活，大街上到处是乞讨的人。贫困的生活使得他们只有饿死或自杀。在日本的许多公园中都可以见到写着"园内禁止自杀"的牌子。但是日本却如何创造了它经济上的奇迹呢？这就要归功于其自己在经济上的自我发展和吸收外国的先进技术，以及美国的扶植。

在二战之后，日本为了迅速恢复国民经济，日本国民作出了艰苦的努力。1950年日本的经济已经恢复到战前水平；1955年超过了第二次大战前的最高水平；1965年以后，经济发展速度超过了主要发达资本主义国家。国民生产总值年平均增长率50年代为9.1%，60年代达到11.3%，1968年国民生产总值达到了1400多亿美元，超过了英、法和联邦德国，在资本主义世界中仅次于美国。这样，从50年代中期起，日本大体上花了20年左右的时间，基本上实现了国民经济现代化，从一个后进的工业国家发展成为工业技术高度发达，在当今世界上举足轻重的资本主义国家。日本经济发展如此之迅速，除了日本国民的本身努力之外，还有一个重要因素是受到美国的扶植，美国的扶植对日本战后创造"经济奇迹"起了重要作用。

日本战后经济的高速发展，使我们不得不考虑到日本和美国之间的关系。二战之后，美军在占领日本本土时，强制性地对日本进行了民主化改革，铲除了日本社会的封建残余势力，客观上为日本经济的高速发展开辟了道路。

美国对日本的政策随着国际形势的发展，由对日本限制转向了扶植日本垄断资本。美国取消了对日本的一切赔偿要求，使原来已经被作为赔偿美国在战争期间损失的大批军需工业和其他工业部门的大企业基本上被保存了下来。同时，美国向日本提供了各种各样的经济援助，尤其是在美国发动侵朝战争之后，美国的军事特需对日本的经济刺激也起了重大作用，挽救了日本许多濒临破产的大型企业，如三菱重工、三井财团等。1951年至1953年，日本通过美国的"特需"订货得到了22.1亿美元，占日本同期商品出口总额的50%。此外，美国的各种投资也接踵而来。同时，美国的技术也开始输入到日本。这些都为日本的经济发展提供了充分的条件。

由于二战之后美国在日本驻军，日本处于美国军事力量的保护范围，使日本摆脱了沉重的军事负担。在二战之前，日本由于推行军国主义，军费开支十分浩大。在1937年军费开支竟然占到国家预算支出的 89.8%，是国民生产总值的 14.1%。而二战之后，日本处于美国军事力量的保卫之下，军费开支由 50 年代占国民生产总值的 3% 下降到 1%，这就为日本的经济发展提供了充分的资金。

二战后日本经济的发展，还得益于引进新技术。日本民族在历史上就以吸取外国的先进文化而著称。但是世界上所有国家都没有像日本这样大规模的引进外国的先进技术。在 1951 年就制定了《引进补助制度》，对引进国外先进技术的企业进行非常优惠的补助。在日本政府的大力号召之下，日本的企业不仅引进尖端技术，如电子、电动化等，还引进一些基础部门的先进技术，如钢铁、机械、电力等，甚至连一般部门的新技术它都引进，如纺织、食品等。日本引进先进技术不只是从西方发达的国家引进，也从发展中国家引进，只要是对其本国生产有利的技术，日本企业都予以吸收和利用。

日本在引进先进技术时还注意消化吸收，并给予创新，使其生产出来的产品在国际市场更加具有竞争力。积极引进先进技术，使日本的经济发展走了捷径。1950 年日本的工业技术比美国落后二三十年，到 1960 年缩短了 10~15 年，60 年代末期日本已经赶上了西欧各国。据资料统计，1950~1960 年制造业平均增长率为 21%，而依靠外国技术生产的产品增长率高达 72%。

日本还对企业的管理体制进行改革，对企业管理实现现代化。现代化企业包括生产技术和经营管理两个方面，日本人称之为经济高速成长的两个车轮。日本的企业实现企业所有权和经营权进行分离的政策，这就造成了一代新型的经营家。他们是一批学有专长、精通业务而又野心勃勃的人，他们富有资本主义进取精神，拼命追求现代化。这批经营者的主要特点在于他们与公司的所有权几乎无关，一文不名的人照样可以成为一个大企业的经理和董事长；而一个资本家由于个人原因，也可能在自己持最多股份的公司里不承担任何职务。这种体制的改革，在日本被称之为"经营者革命"，使日本建立起了一套用先进科学技术设备武装起来的、高效率的经营管理体制。

同时，日本的企业还积极推行经营管理技术的自动化。从 60 年代中期以来，日本企业把电子技术广泛应用于生产过程和经营管理过程，使日本成为世界上应用工业机器人最多的国家，在企业订货、成本计算、生产计划、人事工资、财务管理中，广泛地使用计算机，大大地缩短了生产过程的周期。

同时，日本还改善教育制度，为经济的发展提供了大量高素质的人才。在 1930~1950 年间，日本每年用大量的资金来发展教育，这期间国民收入增加部分中的 25% 是由于增加教育资金而取得的。由于日本非常重视教育，所以日本有一支为世界所称道的技术熟练、掌握专业知识、训练有素的高素质的劳动力大军。这些高素质人才为日本的腾飞贡献着他们的聪明才智和力量。

日本经济发展的奇迹为世人所称道，并且为世界各国所效仿，日本的影响在东南亚国家中尤为明显。

## 古巴导弹危机

1959年元旦前夕，对于加勒比海中的岛国古巴来说，是一个永远值得纪念的时刻，在古巴盘踞7年的巴蒂斯塔独裁政权彻底垮台，革命领导人卡斯特罗宣布古巴临时革命政府成立。随后卡斯特罗掌握了政权，他出任国家总理并兼任军队总司令，在古巴大刀阔斧地实行社会主义政策。

然而，这一壮举令自诩为古巴"顶头上司"的资本主义大国美国恼羞成怒。原来，古巴的社会经济改革实行经济独立，没收外国资本。自古以来，美国的垄断资本都控制着古巴的经济命脉。这一下，美国的土地、公司企业、矿山工厂都归于古巴政府，这还了得！于是，1960年美国政府立即宣布：停止进口古巴食糖。他们以为这一招便卡住了卡斯特罗的脖子，可以令他乖乖就范。要知道，古巴要靠食糖的出口换取进口物资和外汇才能发展本国经济，而食糖的出口量中占60%的份额输往美国，美国就是这样控制了古巴的经济轴心。

卡斯特罗毕竟非同等闲之辈，在这关键时刻，他请动了苏联这一"援助之手"，获得了他们的大批食糖订单，解决了燃眉之急，将趾高气扬的美国轻蔑地甩在脑后。苏联早就想扩大自己在西半球的影响，趁此机会，苏联宣布：古巴如遇到威胁，苏联不会坐视不管，如有必要，苏联军队可以用导弹支援古巴。

美国哪肯善罢甘休，暗地里制定了代号为"一号作战"的详细计划，内容主要包括颠覆古巴政权、暗杀卡斯特罗、美军全面入侵等等。1961年4月17日凌晨，一支由千余名反卡斯特罗政府的武装古巴人从美国佛罗里达海军基地启航。这批人是美国中央情报局以重金秘密招募来的，经过西点军校一年多的严格军事训练，此行正是奔赴他们自己的祖国去推翻卡斯特罗政权。不料刚一上岸便遭到古巴军队的迎头痛击，被打得溃不成军。向美国呼救，却遭到被遗弃的下场，尽管美国事先曾答应给予强大军队的增援，但事实上这批反政府的古巴人都命丧黄泉了。

卡斯特罗一面对美国一如既往的强硬，一面加紧同苏联交往。赫鲁晓夫等苏联领导人得知美国的颠覆阴谋后，立即应允提供大量军事援助，包括牵一发而动千钧的导弹。在塔斯社的对外宣传上当然只能说仅仅提供给古巴防御性的武器。古巴开始在神不知鬼不觉的情况下建立导弹发射基地。

肯尼迪总统对古巴与苏联的交往心生疑窦，恰巧此时美国中央情报局获悉苏联用货船向古巴运送导弹。立刻，美国的U—2型高空侦察飞机悄悄地在古巴上空盘旋。不久，真相大白，美国人大惊失色，现在的古巴对他们存在着毁灭性的威胁。美国政府高级官员们通宵难眠，由于苏联的插手，他们不得不仔细权衡自己的对策，最终，他们决定对古巴进行封锁，美其名曰"海上隔离"。

立刻，加勒比海的海水沸腾了，整个北美洲笼罩在战争的恐怖气氛下。大批陆军、军需物资和最新的重型武器向基地集结，大型军用运输机、专列频繁往来，核导弹潜艇、轰炸机都各就各位。海面上战列舰、驱逐舰、鱼雷快艇往来如梭,庞大的航空母舰各守一方。古巴导弹危机公开爆发了。

战争一触即发,全世界为之震惊。令人们深为恐惧的是,这次导弹危机很可能引发全球核大战,全人类面临着毁灭的危险。古巴方面,卡斯特罗姿态强硬,号召全国总动员,决意要与美国这个国际海盗抗争到底。中国人民对他表示了极大的同情与支持。美、苏两大国在联合国各执一词,互不相让,双方都加紧战争准备。气氛紧张到了极点,但大家都明白一旦打起来,对谁都不利,只是已经骑虎难下。

关键时刻,苏美在外交场上有了转折。苏联驻美国使馆参赞亚历山大·福明在同一名美国记者的会谈中,试探性地问道:"假如苏联答应撤走导弹并保证不再把进攻性武器运进古巴,美国是否可以放弃对古巴的入侵计划?",这名资深记者立即向肯尼迪反映了这一信息,肯尼迪抓住机会,顺坡下驴立即答应可以接受。苏联方面也很快表示不再发动战争。

一场迫在眉睫的战争眼看就缓解了。突然又出现了一个波澜。苏联向美国提出一份正式外交文件,要求美国撤走部署在苏联近邻土耳其的导弹,他才肯撤走古巴的导弹。因为,美国的远程导弹数目远远多于苏联,这一心腹大患如何解决,困扰了苏联多年,而古巴导弹危机不失为解决此问题的绝佳时机,苏联人牢牢地把握住了。而美国面对这一苛刻条件,自有对策,他们公开场面表示只要拆除古巴导弹基地,就不入侵古巴,私下里答应愿在危机过后撤走土耳其境内的导弹。

最终,双方都很满意,达成了妥协,古巴在两大国之间被摆布了一番,搁在了一边。

## "六·一八英雄"——戴高乐将军

1940年6月,希特勒的铁蹄像洪水一样涌入法国,一路势如破竹、长驱直入,直扑法国首都巴黎。在这民族危亡的关键时刻,许多平时耀武扬威、夸夸其谈的军政界要员都吓破了胆,他们认为在强大的德军面前,一切反抗都只不过是以卵击石,因此力主停战,向法西斯屈膝投降,甘做亡国的奴隶。一时间,投降卖国的空气笼罩了整个法国,法国人个个都垂头丧气,没有一点昂扬的激情。

法国难道真的灭亡了吗?

6月18日,伦敦英国广播电台播发了一个法国人的讲话:

"我告诉你们,法国并没有完。"

"无论发生什么事,法国抵抗的火焰决不能熄灭,也决不会熄灭。"

这充满爱国热情和战斗激情的声音,极大地鼓舞了法国人民的斗志,表达了法国人民救亡图存的愿望,并为法国的爱国者指明了一条救国之路。

是谁发出了这震聋发聩的抗德的呼声?

是谁力图挽救法兰西大厦于将倾?

他就是后来被法国人称颂为"六·一八"英雄的戴高乐将军。

夏尔·戴高乐是法国著名的政治家、军事理论家和法兰西第五共和国的创始人、首任总统。1890年11月22日,他出生于法国里尔一个天主教的家庭,他的父亲亨利·戴高乐参加过普法战争,是一个大学教授。戴高乐受到父亲强烈的法兰西民族主义思想的熏陶,从小嗜好军事。1909年他考入圣西尔军校,在1912年军校毕业后任陆军少尉,开始进入法国军界。

1914年第一次世界大战爆发以后,他参加了战争,曾经负过好几次伤,受到嘉奖,并且升为上尉。1916年他负伤被俘,5次试图逃跑但均未成功,战争结束时才获释。

1919年,他升为少校,参加法国军事代表团到达波兰,帮助波兰白军对苏俄进行武装干涉。1921年10月回国,被调到圣西尔军校任讲师;翌年考入军事学院深造。

在二三十年代,戴高乐对军事战略和理论进行研究,出版了几部军事著作。

1931年底,他开始担任国防常设委员会最高军事会议秘书至1936年,在此期间他发表了《建立职业军》《法国及其军队》等书,阐述了机械化部队在作战中的重要性,提出在法国建立一支由10万人组成的机械部队的主张。他反对消极的阵地防御战略,这使他遭到保守的军界上层人士的冷遇,直到1937年才晋升为上校坦克团团长。他热衷于自己的事业,被称为"摩托上校"。

在二战爆发以前,他一直反对对德国妥协的政策。大战爆发后,他上书总参谋部要求建立装甲部队,后又向雷诺总理建议改组军队。这些都证明了他是一个富有远见的、卓越的军事指挥者。但是,由于上层不能采纳他的意见,所以他的部队虽取得了一定战果,却并不能改变整个战局。并且由于雷诺内阁软弱无力,失败主义的气氛笼罩了整个法国军、政界,法国面临着亡国的危险。在这种情况下,戴高乐决定独自实施他联英抗德的计划。

6月17日,一位访问法国的英国将军将要离开法国,戴高乐到机场送行,当飞机发动时,他突然跨上这架飞机,腾空而去直接到了伦敦。可以说,戴高乐将军走出这一步也是迫不得已的行为。因为当时贝当政府已经组阁,并向德国屈膝投降,要置整个法兰西人民的尊严于不顾。

6月18日,戴高乐通过英国电台发表了前述著名的《告法国人民书》,重新吹响了战斗的号角,号召法国人民奋起抵抗,要求逃亡英国的官兵和军工厂的工程师、技术工人紧密团结起来。不久,他成立了"自由法国",组建了武装部队。

然而美国认为戴高乐在非洲有负众望,当地的法国移民和阿拉伯人只忠于维希政府首脑贝当而反对戴高乐,因而更多地想拉拢维希政府。1941年,美国与维希政府达成协议,维持法国在非洲殖民地的现状。1941年12月戴高乐提议由"自由法国"部队去摧毁圣皮埃尔岛和密克隆岛上维希政府的无线电发射台,遭到美国总统罗斯福的拒绝。但是戴高乐将军仍然命令部队消灭了岛上的维希政权,此举激怒了美国。1942年11月8日,美军在北非登陆。事先却没有通知戴高乐,这使他感到大为恼火。

但是,为了光复法国,为了拯救千千万万处于法西斯铁蹄蹂躏下的法国人民,戴高乐将军忍辱负重,积极开展光复活动。

1941年9月,他联合法国各界一些知名人士,组成法兰西民族委员会,形成抗战的中心。1942年1月,他派遣自己的代表让穆兰回国活动,与国内抵抗运动各派别进行联系,并力图将法共领导的抵抗组织置于自己的控制之下。1943年5月成立了全国抵抗委员会,戴高乐成为国内抵抗运动的领袖。同时,戴高乐还通过各种手段,将法国海外殖民地纳入"自由法国"运动。同年6月,在阿尔及尔建立了以他为首的法兰西民族解放委员会,它实际上成了与贝当为首的维希政府相对立的抗战政权。在戴高乐的努力周旋之下,他领导下的"自由法国"受到了英国政府的承认,并且与苏联等国家建立了同盟关系。

法国光复前夕,"法兰西民族解放委员会"认为,光复后的法国以一个什么样的姿态出现在国际社会舞台上,取决于自己在光复法国中所起的作用多少。但美国为了控制法国,竭力阻止法国正规大部队参加解放法国的战争。所以直到诺曼底登陆的前一天,戴高乐才被告知这一计划。为此,法国军事代表与盟军司令部进行了艰苦的谈判,但没有取得成果。

1944年1月,美国发表关于法国问题的政策声明草案,规定"法兰西民族解放委员会"不得参加在法国领土上建立的民政机构,除非它与美国的观点趋于一致。由此我们可以看出,在这时,美国即已经开始饰演"世界警察"这样的角色,试图让整个世界都听从它的指挥。

3月14日,戴高乐发布与美国声明草案背道而驰的命令,竭立保持自己的独立自主政策。

5月,美国政府声明它不可能以任何方式承认"法兰西民族解放委员会"。

1944年6月,盟军在诺曼底登陆,法国人民举行大规模的起义,积极与同盟军的进攻相配合,很快就将德国侵略者赶出了法国,光复了法国。

6月2日,以戴高乐为首的法兰西共和国临时政府宣告成立。

9月10日,戴高乐回到法国,宣布组成"全国统一政府",要求各大国给予承认。但是,美国一直拖延到10月中旬才勉强表示承认。

1945年1月27日,霍普金斯受罗斯福委派,到巴黎拜会了戴高乐,在会晤过程中,戴高乐历数了美国在第二次世界大战中对法国的态度,表示法国不信任美国,也不会屈服于它的任何压力。

1958年5月,阿尔及利亚法国驻军的叛乱触发了法国国内政治危机,在1946年被迫下野的戴高乐重新上台。他在阐述对外政策时直言:我们所说的和所做的必须保持独立性。法国必须站在前列,不然就不成其为法国了。可见,恢复因战争而失去的大国地位已成了戴高乐对外政策的总目标。

1958年9月,戴高乐分别向美国总统艾森豪威尔和英国首相麦克米伦提出了一份秘密备忘录,提出了要参与欧洲事务的要求。这就意味着戴高乐想要与美国和英国在北约组织中平起平坐,让各国也要听一听法兰西的声音。戴高乐威胁说,如果法国的要求被拒绝,它可能会退出北约组织。但是,出于各自利益的要求,美国和英国均表示不能接受法国提出的成立美、英、法三国理事会的要求。在这种情况下,1959年3月6日,法国政府宣布撤出由北约组织控制的地中海舰队。美国也只得把 200 架飞机从法国基地撤到英国和联邦德国。法国政府的这一行动不仅意味着向美、英政府施加压力而且意味着这是法国反对北约一体化的重大步骤的开端。

戴高乐在退出北约组织"一体化"机构的同时，十分注意发展自己的核威慑力量，为此，法国与美国发生了尖锐的矛盾。戴高乐宣布说，在美、英、苏三国拥有核武器的情况下，法国绝不会使自己的防务处于长期的悬殊劣势中。

1960 年 2 月 13 日，法国第一颗原子弹在撒哈拉地区的雷冈爆炸成功。戴高乐欣喜若狂，欢呼法兰西从此跨入了核大国的行列。这样，法、美在核力量问题上的矛盾日益激化。

戴高乐认为欧洲是欧洲人的，必须营造一个多极世界格局，才能保证法国和世界的安全。于是，在外交上，他奉行联德遏英的政策，但由于各国都出于各自利益的考虑而不能真诚地合作，所以，两极"冷战"的格局并不能有更多的改变。但法国在诸如越南问题、中东问题、与社会主义国家关系等问题上，也都与美国处处唱对台戏，保持自己独立自主的外交政策。

法国是帝国主义国家中第一个与社会主义中国建立大使级外交关系的国家。1963 年，戴高乐委派总理埃德加·富尔以私人身份访华，探寻中法建交的可能性，取得了圆满成功。1964 年 1 月 27 日，法国宣布与中国建交，同时断绝了与台湾当局的"外交关系"。戴高乐认为应当承认世界的现实，他说："在亚洲如果没有中国的参加，任何协定，任何重要条约都是无效的。"

1969 年 4 月，戴高乐自动辞职，退居科隆贝，撰写回忆录。

1970 年 11 月 9 日，戴高乐心脏病突然发作，不幸驾鹤西游，终年 80 岁。按照他的遗嘱，没有为他举行国葬，没有任何排场，只有少数反法西斯时期的老战友参加了在科隆贝城镇教堂举行的葬仪。

但是这一天，还是有 4 万多人专程从法国各地赶来，与这位法国的英雄告别，在巴黎的凯旋门前有 50 万人冒着风雨聚集在那里肃立致哀。

毛泽东也发去了唁电，称他为"反法西斯侵略和维护法兰西民族独立的不屈战士"。

## 美国黑人不了的梦想

"我梦想有一天，这个国家将会觉醒，真正信守它的箴言，人人生而平等。

"我梦想有一天，从前奴隶的儿子和奴隶主的儿子将会像兄弟一样同坐在友爱的桌前……

"我梦想我的四个孩子生活在这个国家，有一天将不再根据他们的肤色，而是根据他们的品行来评定他们的为人……

"除非黑人获得公民权利，否则美国就不会有安宁和平静。"

时间是 1963 年 8 月 28 日，美国华盛顿林肯纪念碑下，一位神采俊逸的年轻人，身着一袭黑色长袍，庄严肃穆地发表了这一篇名垂青史的演说——《我有一个梦想》。他的声音铿锵顿挫，饱含激情，掷地有声。台下，来自全国各地的25万黑人和白人游行者如山似海，铺天盖地，此刻都在屏息倾听他的演说，人们心中涌动的激情随着他的举动而波澜壮阔。"取消种族隔离！""立即自由！""我们要工作！"人群中爆发出山呼海啸般的口号声。年轻人颇有意味地看看身后，在那里，高高矗立的林肯纪念碑上，100年前那逝去的伟人正神情忧郁地默默注视着他们，100年前是他为黑人砸碎了奴隶的枷锁，100年后黑人还在为平等和自由而抗争，他的脸颊削瘦、神色凝重，年轻人似乎读懂了林肯。

而他，正是马丁·路德·金，卓越的民权运动领导人，著名学者、牧师、社会活动家，1964年诺贝尔和平奖的获得者。1929年，马丁·路德·金出生于美国南部亚特兰大城的一个牧师家庭。15岁进入大学，后获得文学学士学位、神学学士学位和博士学位，博学多识，才华横溢，雄辩滔滔，年纪轻轻，却已成为浸礼会教堂颇有声望的牧师。他在布道时，旁征博引，纵论古今，信手拈来，妙趣横生，他的影响逐渐扩大。恰逢黑人反抗歧视的浪潮兴起，年仅26岁的马丁·路德·金被推举为公众的领袖，以他强大的凝聚力领导黑人向不平等的社会抗争。

本来在美国，歧视黑人已有几百年的历史。自1619年第一批黑人奴隶被掳掠到美洲大陆之后，源源不断的罪恶便开始积累起来。黑人像牲畜一样被随意驱使和杀戮，他们从未被当作人来看待。尽管南北战争爆发后，废除了奴隶制，黑人不再是奴隶了，却仍然饱受歧视和压迫，人身安全仍无保障。专门残杀黑人的三K党是种族歧视的恶魔化身。尽管宪法规定禁止歧视黑人，但在根深蒂固的种族偏见面前，那不过只是一纸空文。美国实际上存在着白人和黑人两个社会，黑人基本上被排斥在正常的社会生活之外。黑人不得与白人上车同座、上学同校、就餐同桌，此外还不得同厕，就业时受雇在后，解雇优先。无处不在的种族歧视，伤害了一代代黑人的情感，也扭曲了一代代白人的心灵。积怨日深，终于有一天爆发了。

1955年12月1日，美国南方亚拉巴马州的蒙哥马利市，一位42岁的黑人妇女罗莎·帕克斯匆匆走在下班的人流中，她要乘公共汽车赶快回到家里应付大堆的家务。上车之后，她很高兴地找到一个座位坐下，松弛一下她因一整天的裁缝工作而腰酸背疼、四肢乏力的身体。"起来！"突然间一声粗暴的喝斥声把困乏的帕克斯太太惊醒，原来这声音正冲她而来，是那名白人司机叫她给刚刚上车的白人让座。而这，已是美国南方的老规矩了。帕克斯太太很明白，因为她从小就给白人让惯了座。然而今天，也许是因为太累，她看看那理所当然地等着她让座的白人，突然觉得这不应该。于是她稳稳地坐定了，平平静静地吐出一个字："No！"

这个字坚决果敢，更是惊天动地，帕克斯太太决没有想到，她的这个"No"会在日后掀起何等的一场轩然大波。

她走下汽车后，便被警察逮捕，法院宣判她违反了隔离法，判处罚金14美元或监禁14天。没想到帕克斯太太却是倔强的，她提起上诉，却又丢掉了饭碗。此事立刻在蒙哥马利市引起强烈反响，黑人居住区出现一份传单，号召黑人抵制公共汽车，举行了5000

人的抗议大会，宣布要为正义事业而斗争。占全市人口40%的黑人宁肯步行也不坐白人的公共汽车，他们组织了一个拥有300辆汽车的运输队，专门运送需要乘车上下班的黑人。一晃3个月过去了，黑人的斗争仍在坚持，不可一世的汽车公司遭受到惨重的损失。而黑人依然组织严密，毫不气馁，因为他们迎来了自己的领袖——马丁·路德·金。

事态往下发展，当局逮捕了马丁·路德·金和百余名黑人，在审讯时，他据理力争、义正辞严指出了事实的不公正，却遭到罚款1000元的处罚，这反倒更激起了黑人的愤怒。一年后，金牧师诸人再次被捕入狱，官司打到美国最高法院。终于，1956年11月13日，最高法院的终审判决表明："在公共汽车上实行种族隔离，即为违反宪法。"

正义终于获胜，汽车公司不得不取消了种族隔离制。12月21日，罗莎·帕克斯夫人作为第一名黑人搭乘了该市首班汽车，美国历史上第一次大规模民权运动的首场斗争胜利闭幕。金牧师以他的冷静沉着、雍容大度获得了社会各界的爱戴，成为黑人运动的精神领袖。

一波方平，一波又起，阿肯色州的小石城又爆发了种族冲突。1957年，9名黑人学生经过法院判决获得了在中心中学的学习机会，就因为他们将同2000名白人学生同校，阿肯色州的州长竟出动国民警卫队去阻止他们入学。200名荷枪实弹的士兵团团包围住学校，把9名黑人少年拒之门外。一大批种族主义暴徒趁机大搅浑水，上千人在市内到处行凶，追打黑人，事态至此，当局不是镇压暴徒，反而勒令可怜的黑人学生离开学校。此事惊动了中央。

艾森豪威尔宣布：美国宪法决不容许任何恃强行凶的暴徒任意轻侮。却不想引发了更大的事故。暴徒日益嚣张，竟占领了中心学校，引起了社会动乱，联邦政府出动了101空降师经过数日坚守，耗资405万美元，才平息了风波。

马丁·路德·金作为黑人运动的精神领袖，他接受的是印度圣雄甘地的"非暴力，不合作"的思想和斗争方式，主张以"爱"克敌。在黑人反对种族歧视的斗争过程中，他是以这一思想为指导的。

60年代，黑人实行了一种静坐的示威运动形式。成群结队的黑人到实行种族歧视的餐馆"入坐"，到图书馆"入读"，到旅馆"入睡"，到澡堂"入浴"，到公园"入游"，这种和平示威形式形成一股巨大的力量，取得了一定成效，但还是有顽固的种族主义分子制造流血事件。密西西比州曾发生过白人乘私人飞机向黑人会场投掷炸弹的血腥事件。金牧师本人也曾因到餐馆"入坐"而被捕下狱。

非暴力哲学受到严重挑战。1964年以后，黑人逐步走上武装抗暴斗争的道路。1965年2月，主张"流血的战斗"的杰出黑人民主人士、激进派领袖马尔科姆·爱克斯遇害。1968年4月4日，马丁·路德·金这位德高望重的黑人民权领袖被暗枪杀害。

全世界齐声谴责，约翰逊总统命令全国下半旗致哀。黑人的怒火被熊熊地点燃了，美国68个城镇遍布着冲突的火光和枪声。

年仅39岁的金牧师的墓碑上刻着一首古老的赞歌：
到底解放了，到底解放了，
感谢上帝，到底解放了。

对于他来说，也许已经解放，但他那金色的梦想还常驻在美国黑人的心目中，他们会为这一不了的梦想而时刻奋斗。

## 一个传奇式的非洲巨人——卢蒙巴

以利奥波德维尔（现金沙萨）为首都的刚果，拥有丰富的农业、矿产、森林和水利等资源，美丽而富饶，所以很早就引起欧洲列强的激烈争夺。1908年，比利时把刚果变成了它的殖民地。

1925年7月2日，卢蒙巴·帕特星斯·埃墨齐出生于刚果开赛省（今东开赛区）东北部卡塔科孔风镇附近的奥那努瓦村一个农民家庭，他的父母笃信天主教，他们把卢蒙巴送到教会学校读了6年书。13岁时因家贫辍学，卢蒙巴又进了基督教新教的一所学校，接受了两年的护士职业训练后，离校谋生。

卢蒙巴在利奥波德维尔和斯坦利维尔先后当了一段时间的邮局职员，其间他曾在一家矿业公司作文书。在工作之余，卢蒙巴广泛阅读了各类书籍，特别是读了许多法国思想家的作品，受到欧洲资产阶级民主思想的很大影响。并且，由于他广泛地接触到了各阶层人士，所以对整个社会状况有一个比较清晰、准确的了解。

从这时开始，卢蒙巴就经常在报刊上撰写文章，猛烈抨击残酷的殖民统治，积极宣扬民族独立的思想，试图鼓动刚果和非洲人民独立自主的民族意识。

第二次世界大战之后，比利时政府制造所谓"比属刚果经济发展十年计划"，加紧对刚果资源的掠夺，引起刚果人民的激愤。刚果人民纷纷组织起来反抗外来掠夺。卢蒙巴当时所在的斯坦利维尔是群众运动的中心之一。1955年，他在这里组织了斯坦利维尔邮政工会，并被推选为非洲雇员工会东方省分会的主席。在他的鼓动和组织之下，他们取得了不小的胜利。在不断的斗争中，卢蒙巴注意吸取斗争的经验和教训，这就使他在以后的政治斗争中脱颖而出，越来越引起世人的注目。

1956年，卢蒙巴到比利时考察访问。欧洲之行使他看到那儿的人民群众为争取自由权利和改善生活条件所进行的不懈的斗争。这使他深受鼓舞和启发，决定回国以后，也要积极组织刚果人民进行斗争，以争取民族的独立和自由民主。

但是，他万万没有想到，他成了一场阴暗的政治斗争的牺牲品。卢蒙巴刚从欧洲返回刚果，一下飞机就遭到了逮捕。他的罪名是在邮局工作期间利用职务之便进行贪污，被判12个月的徒刑。

1956年6月23日，一些刚果的知识分子在他们自己创办的《非洲的觉醒》上发表宣言，要求民族的独立和自主。但是他们却把独立的希望寄托在统治者身上，妄想通过统治者的良心发现来实现自己的独立自主，所以他们同意某些开明的比利时人士所主张的30年计划。即在30年内逐步实现刚果的民族独立。但这无异于痴人说梦、水中捞月，是不可能实现的。面对这种情况，"刚果人协会"的领导人卡萨武布于9月23日表示："必须立即给我们独立，不应拖延30年。我们已经忍无可忍了"。此时，蒙受不白之冤的卢蒙巴尚在狱中，但他并没有消沉，而是一直关注着祖国的命运，对于卡萨武布的观点，他深表赞同。

1957年，卢蒙巴出狱。他到了首都利奥波德维尔并在一家私营啤酒公司任推销经理，同时积极参加各种政治集会。在此期间，他与非洲著名的民族解放运动领袖恩克鲁玛建立了通信联系。

由于刚果的一些政党带有浓厚的部族色彩，各个政党独立作战，不能紧紧团结在一起，统一领导全国的民族解放运动，所以在1958年10月，卢蒙巴创建了刚果民族运动党，并且亲自担任主席。这是刚果第一个全国性的资产阶级民族主义政党，虽然它的成分十分复杂，但是他们都是为了求得民族独立自主这一共同目标而走到一起来的，所以还是为以后的政治斗争提供了有利的条件。这一政党有它明确的政治目标，那就是：反对殖民主义和部族主义，要求建立一个独立、统一、民主的新刚果。

1958年12月8日，第一届全非人民大会在加纳首都阿克拉举行。在这次会议之后，卢蒙巴的思想认识又有了新的提升，他认识到：只有联合和团结全非洲的力量，才能打倒殖民主义和帝国主义，才能打倒种族主义。

1959年1月4日，由于比利时殖民当局禁止"刚果人协会"集会，导致数万名示威群众与军警发生冲突，死伤达300人。（独立后，这一天被定为刚果的"独立烈士节"。）

虽然"刚果人协会"被当局下令解散，但刚果人民的不屈斗争迫使比利时国王于1月13日发表文告提出了一个所谓的"分阶段独立计划"，规定从当年举行地方选举开始，年内实现刚果独立。这无疑是个骗局，卢蒙巴联合8个政党的代表于4月7日至12日在卢卢阿堡举行会议，商定要于1960年1月成立一个政府，并且向比利时政府递交了关于走向独立的备忘录。

比利时殖民当局见一计不成，又生一计。当局采取挑拨离间的政策来分化反抗的分量，使斗争的力量严重地削弱了。

1959年10月23日至29日，卢蒙巴一派在斯坦利维尔举行代表大会，提出"立即独立"的要求。由于在闭幕式上发生骚乱，死伤百余人，殖民当局以"唆使骚乱罪"于11月1日逮捕了卢蒙巴。

1960年1月8日，比利时决定20日在布鲁塞尔举行由刚果各党派领导人参加的圆桌会议，讨论刚果独立问题。卢蒙巴因在狱中，无法赴会，21日又被当局在斯坦利维尔判处徒刑6个月，他的党拒绝在卢蒙巴缺席的情况下参加圆桌会议。而其他各个部族党派之间由于矛盾和利益冲突，使他们只能接受超脱部族的卢蒙巴作为全国代表。因此，出席圆桌会议的全体刚果代表和比利时社会党都要求释放卢蒙巴。1月26日，获释的卢蒙巴带着手铐的伤痕来到了布鲁塞尔的会议大厅。在这里，他受到了隆重、热烈的欢迎。

经过十分激烈的争吵之后，2月20日会议最终通过16项议案，体现了卢蒙巴历来主张的既反对殖民主义又反对部落分裂主义的精神。会议决定在1960年6月30日实现刚果独立。

1960年5月刚果举行了全国议会选举。坚持独立、统一的卢蒙巴派成为议会中的第一大党。6月,卢蒙巴当选为刚果总理兼任国防部长,并在重重困难中组建了独立后刚果的首届政府。而卡萨武布当选为刚果总统。

6月27日,卢蒙巴在政府会议上宣布,独立后的刚果为"刚果共和国",并强调要建设一个"民主的而不是集权主义的"国家;建立新的国家机关和军队;对外奉行中立政策,团结非洲人民,同一切国家友好共处;对内限制外国资本的剥削;动员一切力量开发自然资源,改善人民生活。

1960年6月30日,刚果正式独立。在庆典上,面对傲慢的比利时国王博杜安的挑衅,气愤的卢蒙巴给予了义正辞严而又充满激情的反驳:"刚果的独立充满了泪与火的斗争","我们决不会忘记80年来在殖民统治下遭受的苦难。"

殖民者并不甘心他们的失败,他们勾结封建势力和破坏分子,利用旧官吏控制的行政和办事机构,进行分裂活动。国家面临着分裂的危险。面临危机的卢蒙巴政府要求联合国给予军事干预,并向赫鲁晓夫求救。但事与愿违,联合国并不承认卢蒙巴政府。

卢蒙巴在极其困难的情况下,准备进行民主改革,努力促进国家政治和社会生活的正常化,并派出军队讨伐分裂势力。正当这内外交困的关键时刻,却祸起萧墙,兄弟阋于墙内。卡萨武布总统为了独揽大权,处处与卢蒙巴作对,最终引发了全国的内乱。

11月27日,卢蒙巴欲前往斯坦利维尔与基赞加等会合,29日被追兵截获,12月2日被送到利奥波德维尔的一个机场,3日被押解到蒂斯维尔的哈迪兵营。次年1月17日,又被转移到加丹加,不久,卢蒙巴即遭冲来的宪兵和比利时顾问秘密杀害。

卢蒙巴为刚果的独立和统一而献身,震惊了非洲。1961年3月,第三届全非人民大会宣布卢蒙巴为"非洲英雄"。他的追随者一直在国内坚持斗争,1963年底发动了武装斗争,并取得了相当进展,还联合其他力量在斯坦利维尔成立了刚果人民共和国,组成了刚果人民解放军。1967年2月,卢蒙巴夫人在流亡7年后,回到刚果,受到了热烈欢迎。社会舆论公认卢蒙巴为刚果第一"民族英雄"。

卢蒙巴的名字,在非洲成为传奇式巨人的称号,他以争取刚果独立的英勇斗争为第二次世界大战后亚、非、拉被压迫人民的解放事业谱写了光辉的篇章,并激励着非洲人民向着自主、统一、繁荣迈进。

# 巴拿马运河史话

从太平洋到大西洋,走海路可有两种选择,一种是绕道南美洲南端的合恩角,走风波叠起的麦哲伦海峡,可以达到目的地;另一种行程则简短快速,安全可靠了许多,那就是取道巴拿马运河。

巴拿马运河西起克里斯托巴尔,东至巴尔博亚,全长68公里,加上连接两洋的深水段,长81.3公里,掘土1.8亿立方米,花费了3亿美元。运河高出海平面25米,船只须升高25米才能进入运河,驶至另一端再降低25米,然后出海。一升一降,全靠三座巨型水闸来完成,扇门重达300至700吨。运河沿岸及22个拐弯处均有夜船设备,昼夜均可通航。船只通过约需 8 小时。8 小时似乎并不算短，但比起绕道南美洲，在时间与航程上真有天渊之别。举个例子：19 世纪末，美西战争中，美国西海岸军舰"俄勒冈号"绕道南美洲，费时 66 天，航程 2.15 万公里才到达古巴战场。而与之形成鲜明对照的是，1938 年第二次世界大战爆发前夕，美国两洋舰队举行军事演习，全部军舰两天之内就通过了运河。

巴拿马运河 1903 年开工，费时 10 年才基本完工，1915 年通航，1920 年正式开放。围绕巴拿马运河建成的前前后后，充斥着数不清的斗争，各个不同的利益集团在这里争来夺去。

在未建运河之前，人们苦于绕道南美洲的艰辛航程，积极寻找便捷的通道。人们煞费苦心地研究南北美洲的地理形势，发现在南北美的大陆之间，北起危地马拉，南至巴拿马，有一条从西北向东南延伸、长达 2900 公里的狭长地带，命名为中美地峡。这一地峡南端，从中美洲的哥斯达黎加到南美洲的哥伦比亚，横亘着一条东西走向、长 740 公里、宽 60 至 180 公里的地带，叫做巴拿马地峡。巴拿马地峡的最低最窄之处就是太平洋岸的巴拿马城到大西洋水滨的科隆城之间的一片蜂腰地带。

西班牙人最先发现了这一令人惊喜的地理优势。16 世纪，他们以巴拿马城为据点，修建起一条连接两洋、横贯地峡的石板大道，用以转运货物。1523 年，西班牙国王理查五世曾计划开凿运河，但未能实现。19 世纪后，随着人们调查研究的增加，欧美各国摩拳擦掌，纷纷绘制运河蓝图。1826 年，拉丁美洲民族解放领袖/大哥伦比亚总统波利瓦尔提议由美洲各国协力合作开凿运河。

美国于 1850 年至 1855 年筑起了横贯巴拿马地峡的铁路，又得寸进尺地要求修筑和控制地峡运河。英国闻讯也立即赶到，与美国订约：共同保证运河中立，任何一方不得独吞。法国人派出地峡探险队，研究运河线路与造价问题。

1881 年，法国运河公司破土动工。先期工作历时 7 年，掘土 5.5 千万立方米，但由于前景渺茫，经费枯竭而被迫停工。5 年后，法国人又投入二期工程，耗时 6 年，花费 3 亿美元，只建成了 1/3，工程再一次破产。法国人败兴而归。1901 年，美国以其头号强国的姿态签订《海·庞斯福特条约》，废除了英国对运河的支配权。至此，美国人全权掌握了运河的命运。

只剩下哥伦比亚政府这一点障碍了。美国自有高招。他策划出一个独立的巴拿马共和国，由美军支持和保护的阿玛多尔宣布巴拿马脱离哥伦比亚政府，就任共和国首届总统。他自然效命于美国。

运河就这样开工了。数万黑人及部分意大利、西班牙、菲律宾和中国工人历尽艰险，创造了这个奇迹。在热带雨林的烈日暴雨肆虐下，在遍布猛兽毒蛇、悬崖沼泽的原始地带，在蚊虫猖獗、病毒广布的条件中，这些工人以血肉之躯筑成了这条运河。平均每米运河一条人命，整个运河，夺去 7 万人的生命。其中有 400 名中国劳工的冤魂筑在这条运河里。

巴拿马运河不仅是交通咽喉要道，更是一条流淌着财富的"黄金通道"。美国每年都可以从这里得到巨额通行税，仅 1921 年至 1959 年间便收入 25 亿美元，此外由于航程缩短，美国政府节省了数百亿的经费。因此，美国把巴拿马运河区设为它最重要的海外军事基地，50年代后，这里又部署了导弹核武器和细菌武器。

20世纪中期，巴拿马政府开始就运河的主权问题对美国提出坚决抗议。巴拿马一位官员严正指出："应当提醒美国，它在运河区仅仅是一个客人，运河区仍是自主的巴拿马领土。"

于是，不懈的抗争开始了。爱国的巴拿马大学生首先冒着生命危险将国旗插上运河码头。继而，大规模的游行示威不断发生，在美国军警的棍棒子弹之下，巴拿马人毫不退缩。形势所迫，美国人一面增兵，一面施以小恩小惠，即艾森豪威尔的九点建议。但美国的伎俩很快暴露出本来面目，激起更大规模的群众和学生的示威游行。美国方面出动坦克进行血腥镇压，手无寸铁的巴拿巴平民死伤300多人，震惊世界。

事态已严重恶化。200万巴拿马人举国一心，同仇敌忾，要求收回运河。拉美各民族都举行了声势浩大的群众集会和示威游行，全世界一致谴责美国的强盗行径。毛泽东主席代表中国人民支持他们的正义行动。

迫于各方面的压力，美国政府只得表示愿意废除1903年签订的《海埃兰条约》中规定的美国对运河拥有最高权力，但又要求对运河拥有"管理"和"保卫"权。

1968年10月，巴拿马的亲美政权被托里霍斯上校推翻，从此打破了美国的如意算盘。1977年9月7日，美国终于同巴拿马签订了新的运河条约。规定巴拿马收回运河主权，运河区由巴美两国共管。2000年巴拿马逐步收回全部运河主权和管理权。托里霍斯使巴拿马问题得到了最终解决。

## 地下世界大战——恐怖主义活动

20世纪下半叶，疲倦的人类社会在刚刚经历了两次世界大战后，共同憧憬着和平安定的生活。虽然再也没有世界性的战争爆发，可是人类似乎并没有一天真正和平安宁的日子。不仅世界各地风波迭起，战乱频仍，而且在少有的没有硝烟的日子里，总会听见各式各样、五花八门的恐怖消息。今日有人被杀，他日某地爆炸、飞机遭劫、轮船遇难，打开电视，天天有凶险，展读报纸，日日有命案。这一切让人时时处处有朝不保夕之感。史学家们声称，这是一场无休无止的"地下世界大战"。

这场战争既不宣战，也不停止，不期而至，悄然而逝，神出鬼没不可防，这就是国际恐怖主义。

恐怖主义组织在世界上形形色色，林林总总，多如牛毛。他们的成员绝非人们想象中的青面獠牙、狰狞可怖，相反，绝大多数都是西装革履、文质彬彬的"正人君子"形象或者是姿容俏丽、楚楚动人的妙龄女郎。这些人个个可谓"人中俊杰"，青春年少，机智伶俐，艺高胆大，绝非凡俗之人可比。恐怖活动门类繁多，诸如绑架、爆炸、投毒、偷袭、劫机、沉船等等，往往惊世骇俗，耸人听闻。

爆炸是恐怖主义分子最乐于采用的手段。爆炸物已经发展到具有相当高科技含量的五花八门的品类，如：手表炸弹，用一块破旧手表制成定时炸弹，简便而有效，而且很难被查出；电话炸弹，事先将炸弹置于预定房间，被害人只要听到铃声拿起话筒，就会引起爆炸，立即成为无头鬼，以色列的摩萨德最擅长此道；圆珠笔炸弹，当使用者旋开笔套时，笔芯的黄色炸药就会爆炸；酒瓶炸弹，一批伊朗杀手曾将爆炸力很强的液体炸药灌进酒瓶，将商标贴好，瓶口封严，只要启开瓶盖，当事人就会被炸成肉末，法国警方曾缴获了一大批这样的炸弹；啤酒桶炸弹，爱尔兰共和军的发明，它的桶壳远比一般的厚，一旦爆炸，无数棱形钢片向四周射出，杀伤力极大；毛驴炸弹，阿富汗人常常将毛驴轰到巴基斯坦境内，毛驴窜进村庄城镇，驮子里的定时炸弹就响了，这无疑是中国古代火牛阵的现代变种；相比之下，最危险的可算是邮件炸弹了。它也许是一份贺年卡，也许是一封情书，或者是一本畅销书，只要你一拆开，里边的线路就会自动接通，那一点炸药足以将人的上身炸烂。60 年代，埃及雇用一批西德导弹专家为其研制远程导弹，以色列的邮件炸弹纷纷雪片般飞到专家们的办公桌上，接连炸死数人，数百名专家慌忙逃回德国，埃及的导弹研制计划便流产了。

更可怕的是，恐怖分子对常规的固体炸药、液体炸药已不满足，于是一种新型的爆炸物——可塑炸药被普遍采用起来。这种炸药具有无限的可塑性，可被制成任何形状的器物。一位乘客手提公文包走上飞机，警务人员从包中发现不了任何疑点，而这公文包本身就是炸弹；一个没装炸弹的包裹在被打开时会发生爆炸，包裹的包皮就是炸弹；两棵树之间绑着一条晾衣绳，这绳子便是炸药，绳钩则是雷管；烟灰缸、衣服、皮鞋后跟、可口的糖果糕点都可能发生爆炸。最令保安人员大伤脑筋的是塑料炸弹，因为这种非金属制品，传统的 X 光机根本无法辨别，罪犯携带着它可以自由出入机场、车站等要害部门。

恐怖活动遍及全球，成为社会一大公害。恐怖组织难以计数，有几个倒是具有名满天下的赫赫声威。

如美国三 K 党。"三 K" 是 ku——kluk——klan 的缩写。ku——kluk 来自希腊语，意为帮会；klan 是苏格兰民族的意思，因为其创始人是苏格兰后裔。三 K 党自 1865 年成立，至今已近 140 年，分为"无形帝国"和"骑士派"两个派别。全盛期的三 K 党曾拥有 500 万党徒，势力渗透到政府各部门，甚至有两人爬上总统宝座——这就是美国总统哈定和杜鲁门。至今虽然人数已不多，但能量极大，经常公开骚乱滋事，杀人越货。三 K 党有黄底红边黑龙飞舞的三角形党旗，百余年来，这面旗帜飘扬之处，血雨腥风，鬼哭狼嚎，一片恐怖气氛，深受其害的是广大黑人。本世纪以后，犹太人、天主教徒及共产党人亦成其打击对象。

意大利黑手党的历史更早于三 K 党。19 世纪初已在西西里岛出现。成立之初，它的活动以敲诈勒索、绑架、走私、贩卖人口为主，活动地盘主要在农村。现代黑手党已由刑事犯罪集团发展为以恐怖活动为主的政治经济组织，暴力、经济、权力三位一体，实际上是另一个政府。他们的活动地盘也由农村转向城市。他们办旅馆、赌场、承包工程、买卖土地、贩卖毒品，有雄厚的经济实力。"逆我者亡"是其行动准则，无论是谁，只要敢于挡道，下场只有一个死。1982 年，西西里岛每 48 小时便有一人死于黑手党的魔掌。

与极右的黑手党殊途同归的是意大利"红色旅",红色旅自称是"革命无产阶级领导的马克思主义暴动"。他们以推翻资本主义统治、建立无产阶级"自治区"为己任,却采取早为马克思和列宁所否定的暗杀、绑架手段,他们是从极左的方向踏入恐怖世界的。红色旅由大学生R·库尔乔和玛格丽特·卡哥尔夫妻二人创建,其徽号是一颗五角星和一挺机枪,象征"用革命的暴力夺取政权"。

无独有偶,另一对"恐怖夫妻"也创立了一个极左恐怖组织,名为"直接行动"。他们每次行动之后都要发表长篇声明,论证"打击资本主义"的必要性。

"红色军团"是一个独具特色的联邦德国恐怖组织,其成员大部分是20出头的美貌女子,其首领通常由一位美艳绝伦而又杀人不眨眼的女子担当。红色军团的恐怖活动成功率极高,因为年轻美貌的女子比别人更容易接近目标,事成后也更容易逃避。

此外,希腊的"11·17"组织、西班牙的"埃塔"组织和"爱尔兰共和军",都是诡秘无踪、令人毛骨悚然的恐怖组织。至于多如牛毛的新法西斯恐怖组织,则更是心黑手狠、嗜血成性。

上述各恐怖组织若与国家恐怖主义相比,又成了小巫见大巫。国家恐怖主义是指政府组织策划恐怖活动并把它当作实现内外政策的工具。

以色列是这方面的代表,专门设有特工部门摩萨德,干出过一系列全世界震惊的暗杀行动。曾担任以色列总理的贝京,就是当年恐怖组织"伊尔贡"的头子。

南非同以色列一样,设有专门从事恐怖活动的特务机构,即军事情报局和国家情报局。它不仅在国内实行种族主义的恐怖统治,而且在国外也到处伸手,进行恐怖活动。

恐怖主义往往具有强烈的政治色彩,凡是有政治危机、经济困境、民族冲突和宗教矛盾处,便会有铤而走险的恐怖分子。中东、西欧、拉美、南亚便是当今世界四大恐怖热点,恐怖分子大都置生死于度外,有极坚定的信仰和献身精神,他们往往与谋杀对象同归于尽,含笑赴死。

意大利"红色旅"的头目库尔乔被捕后多次受审,每次都在法庭上侃侃而谈,进行政治宣传,俨然一位替天行道的忠勇之士。1987年3月又一次审讯,囚车驶到后,身体单薄的库尔乔拒绝别人帮助,自己跳下汽车,手铐铁镣叮作响,在9名冲锋枪手押送下昂首挺胸步入法庭,然后被推进一个坚固的牢笼。他仰天大笑:"你们这样怕我,实在可怜!"法官巴巴诺正襟危坐,照着一张纸念道:"被告库尔乔,你被指控……"话刚出口,就被库尔乔大声打断:"听着,你们无权审判我,应该受审的是你们这些资产阶级老爷!"巴巴诺早就领教过这一套,不加理睬地继续往下念。库尔乔见阻挠不住便大声喝道:"你们若不全体离开法庭,我们的人会将你们一个个杀死,就像杀狗一样,请记住,红色旅说话算数!"陪审团成员本来已心虚胆寒,哪能受得住这一吓,纷纷申请退席,溜之大吉。这次审判只好不了了之。

但是,恐怖主义毕竟对社会造成极大危害,搅得全世界不得安宁。面对这种状况,专业化的反恐怖部队应运而生。

德国的第九大队可以算得上是当今世界最精锐的反恐怖部队,它有最精良的尖端武器和充足的财政拨款、雄厚的技术实力、严格的纪律、高超的战略技术和杰出的实战技能。

美国共有4支反恐怖特种部队,其中代号为"蓝光"的"三角洲"特种部队最负盛名。蓝光作战员仅100名,但经过精细的挑选和残酷的训练,除一般军事技能和体能训练外,还有多项专门技能,包括熟练掌握80余种武器的性能、定向爆破、照相、指纹检查、潜水、滑雪、跳伞、通讯等技术,可谓上天入地无所不能。

法国的反恐怖部队叫"国家宪兵干涉组",擅长智取;英国的叫"特别空勤团";中国也有一支反恐怖部队,叫做"中国特警部队",其中有全国散打冠军、气功大师、赛车能手等等各路奇人,可谓英豪荟萃。

反恐怖部队屡建奇功,但也有马失前蹄的时候。恐怖主义是世界性的顽症,恐怖与反恐怖的斗争将会长期存在。

# "星球大战"终成游戏

"星球大战"原本是一部美国科幻故事影片的题名,其涵义是指宇宙星球惊心动魄的一场战争。1977年风靡全国,1978年荣获6项奥斯卡金像奖。这部由900人参与制作、耗资近千万美元的巨片,故事梗概是一个圣诞之夜,美国太空司令接到敌方"杀手卫星"击毁美侦察卫星的信号,他立即发出一号警报,把消息通知总统及国防部有关机构,总统当机立断向太空司令部等指挥机关下达迎击和报复的命令。美国的一切战争机器立即开动:F·15战斗机编队旋风般起飞,向敌低轨道卫星发起攻击,刹那间,各种先进导弹如飞星般射出,激光武器、粒子束武器、微波武器发射出高能射束,电磁轨道炮发起高速炮弹击中敌卫星……这就是"未来星际战争"的一幕。

由于影片展示的星际飞行和宇宙大战的奇幻景象引人入胜,很快便风靡全世界,并掀起相当长一段时间的科幻热。

正当人们还处在神思遐想之中时,美国传出一条爆炸性的新闻:1983年3月23日,里根总统发表了一次电视演说,提出了新空间导弹防御体系的构想。新闻记者给这个演说贴上了"星球大战"的标签,实在是恰如其分的。因为这一构想是要建立以宇宙空间为主要基地的弹道导弹防御系统,采用的武器是最新式的激光或粒子束动能武器,其作战方式颇像电影中描写的那样。

提出"星球大战"构想的美国总统里根,是个别具一格的人。他自小在伊利落伊镇长大,20岁出头做了体育电台广播员,后来进驻好莱坞,成为一度走红的明星,在25年的演艺生涯中出演了50多部电影。加入共和党后,他开始步入政坛,当选加利福尼亚州长,随即又入主白宫。丰富多彩的人生经历使这位极具艺术细胞和想象力的总统办起事来显得老练、灵活、果断、自信。他信奉两条哲学原则:一是真理,二是必要。了解他的人对他的评价是:"总统的一种真正力量是他的内在指南针,他对某些事情不仅笃信不疑,而且坚持不渝。"

里根提出"星球大战"的构想，是有它的历史背景的。一方面当时世界上存在着以美国和苏联为首的两大对垒军事集团，无休止的军备竞赛成为它们武器力量发展的基本动力。自 20 世纪 60 年代中期到 80 年代初期，苏联和华约组织的军事力量急剧增长，在许多方面已超过美国和北约组织的力量，这使美国和其他北约国家深感不安。

另一方面，航天技术的发展正在使外层空间变成新的战略要地，自 1982 年美国提出"高边疆"计划之后，一场大规模开发和利用宇宙空间的活动正在美国兴起。新的空间战略成为美国谋求世界霸权、夺取军事优势和振兴经济实力的基本战略。

再有一点就是，80 年代初，美国在微电子、计算机、自动控制、结构材料等技术方面都有了飞跃发展，大幅度提高了信息处理、数据通信和自动化指挥作战的能力。

"星球大战"计划是美国继"曼哈顿"原子弹计划和"阿波罗"登月计划之后提出的第三个方面的高技术开拓计划。它以庞大的国防预算为支柱，以开发高技术为中心，来实现美国争夺军事优势的政治目标。里根想通过"星球大战"计划重振美国军威，把竞争转移到美国技术上占优势的战略防御领域，并以此为突破口，推动国防、经济、科技全面发展。

里根对他的"星球大战"计划作了如下解释：推行一套新的太空战争战略，是要它来取代实施多年的核报复战略。美国的太空战略就是建立反弹道导弹防御系统，在苏联战略导弹飞抵美国本土之前，就以有效手段将其拦截。

这种建立太空安全网的新战略仍然是一种"威胁战略"，但采取的却是一种全新的手段，因为苏联已经拥有的核武器足以摧毁美国的全部陆基导弹，美国要在这方面与苏联争锋，将面临严峻挑战，只能扬长避短，另辟蹊径。

新战略的技术任务将空前艰巨，也许几十年才能完成。新战略是为明天的战争着想，在实施的同时，战略核力量与常规力量应得到改进和加强，为同苏联在谈判桌上的较量提供依托。实施太空战略时，美国继续承担保护邻国领土的义务，使之不受苏联导弹的袭击。

"星球大战"计划制定的过程中有一个关键人物值得一提，他叫爱德华·特勒，1908 年 1 月 15 日生于匈牙利布达佩斯一个犹太人家庭里，父亲是一名律师。1926 年，18 岁的特勒到德国卡城工学院攻读化学工程，获硕士学位，后来又到慕尼黑大学继续深造。1931 年，他到德国哥廷根大学，在著名科学家玻恩手下工作。二战前夕，他被纳粹德国驱逐出境后，经伦敦逃经哥本哈根，1935 年移居美国。

他一生致力于核武器的研究工作，为美国研制原子弹和氢弹作出了重要贡献，并在美国军内许多重要部门担任要职，里根总统对他尤为器重，1981 年任命他为总统的科学顾问。他的思想和胆略一直影响着美国的决策，尤其是他对空间武器的设想引起了里根极大的兴趣：利用核爆炸诱发强大的激光击毁来袭导弹。这一设想就是后来"星球大战"计划的雏形。

特勒曾在 1982 年美国民防协会的年会上以一种权威的口气说："防御不仅是可能的，而且你们能够得到真正有希望的武器系统。如果你们在这方面有足够新颖的设想，不要使自己的思路只限于像中子弹这样明显的方法。

特勒主张研制的这些有希望的武器系统有三种：一种是能探测，攻击敌洲际弹道导弹的空间站；一种是空基激光和粒子束武器；一种是先进的反弹道导弹。

随着里根总统电视演说的发表，美国国防部制订了一项"战略防御倡议"，简称SDI，并于1984年4月正式开始予以实施。这项战略防御计划所需费用预计在1万亿美元以上。

美国朝野上下议论纷纷，全世界也反响强烈。

当时的苏共中央总书记戈尔巴乔夫指出：美国的"战略防御倡议"宣扬的是宇宙盾牌，而实际上是在铸造宇宙之剑。他表示："如果美国使太空军事化，从而破坏了现在军事上的战略均势，苏联除将采取相应措施之外，别无其他选择。"苏联在加紧经济与科技发展的同时，在与美国的裁军谈判中做出一系列积极姿态和让步，并表示不首先向宇宙空间发射任何类型的反卫星武器，在一定程度上放慢了苏美军备竞赛的步伐。

西欧许多国家也十分不安和不满。1985年7月17日，西欧17国外交部长和科研部长在巴黎会议上正式通过了法国提出的"尤里卡"计划，企图通过西欧各国密切合作，推动欧洲的经济复兴，与美国、日本争夺高技术的国际市场，并谋求太空防务独立地位。

日本政府对"星球大战"计划基本上采取支持态度，并希望通过参加这项计划培养日本的军事技术队伍，提高日本的防务水平。

美国国内持怀疑和反对态度的也大有人在，包括几名诺贝尔奖获得者、前总统科学顾问、布鲁金斯学会专家、麻省理工学院教授、前总统卡特和防务专家等等。因为要研究、试验、部署、完善一整套空间防御体系，不仅耗资巨大，而且孕育着许多难以预测的风险，首先在技术上就是个未知数。美国政府是否应该下此大赌注是人们争论的焦点。

但是，美国政府不管来自四面八方的反对声浪有多大，它的"星球计划"依然执著地全面推行开来。

1984年1月，里根签署119号国家安全决定指令，命令着手研制激光和粒子束等空间武器，以截击苏联战略导弹；不久又命令建造永久载人太空站；3月，詹姆斯·亚伯拉罕将军受命负责"星球大战"计划；1985年2月，里根在国情咨文中将开拓太空称作美国第二次革命，称"这是一场把知识和空间的边疆向后移，从而使我们达到进步的新高度的革命，一场把世界和平和人类自由美好的希望带到我们国界之外的革命"；3月，成立美国太空问题全国委员会。

正当美国的战略防御计划如火如荼地开展之时，苏联宣布解体了。作为这项计划针对目标的"苏联发动全面核进攻"的说法已化为子虚乌有，美国这一声势浩大的工程突然间因失去了对手而显得很是尴尬。

惊世骇俗的"星球大战"计划最终成了一场虎头蛇尾的游戏，不了了之。

## 力胜须眉的铁娘子——撒切尔夫人

"如果你想夸夸其谈,请教男人去;

如果你想有所作为,请教女人来。"

这是英国第 50 任首相撒切尔夫人的名言。

1925 年 10 月,英国一户普通的杂货铺店主家里喜得千金,取名叫玛格丽特,这位小姑娘从小就聪颖过人、沉着伶俐。上学后,玛格丽特学习刻苦,用心专一,显示出过人的才华。她从来不甘落于人后,门门课程都是优等,而且天生带来一股凌厉的豪气。

9 岁时,玛格丽特在一次诗歌比赛中获得第一名奖励,校长热情地祝贺她:"小姑娘,你真走运!"不料"小姑娘"却冷冷地回答道:"校长先生,不是我走运,这是我应该得到的。"真可谓胆气十足。1979 年 5 月,英国举行新的议会选举,保守党取得胜利,获 339 席,当选首相的便是保守党领袖玛格丽特·撒切尔,时年 54 岁,她是英国历史上第一位女首相。有一位记者问她,"作为一位女性,你何以能成为大党领袖?"撒切尔夫人脱口答道:"因为我受之无愧。"此语令记者连连咋舌。

撒切尔夫人早年在牛津大学专攻化学,却志在政治,年纪轻轻便崭露头角,出任牛津大学保守党协会主席,毕业后数年觅夫,可谓非梧桐不栖,终于才貌双全、家底丰厚的丹尼斯·撒切尔跃入她的眼帘。二人于 1951 年成婚。1959 年,撒切尔夫人当选议员,在希思内阁任教育和科学大臣,开始在政治旋涡中搏击风浪,施展本领。她深知女人要想出头,必须比男人更精明、更强干,因此她总是踏踏实实、深谋远虑。她既有女性天生的阴柔魅力,又有当仁不让的阳刚之气,深信天生我才必堪大用。1975 年,年届 50 岁的撒切尔夫人当选保守党领袖。"好风凭借力,送我上青云",1979 年 5 月工党政府陷入危机倒台之后,保守党组阁,撒切尔夫人跨上联合王国首相宝座,并且一口气连任 12 年,达到她事业的顶峰。

撒切尔夫人秉性刚毅倔强,自认为负有恢复和振兴英国的使命。她的奋斗目标是恢复英国的传统,使"每个人有工作的权利,花他赚来的钱的权利,拥有财产的权利以及使国家成为仆人而不是主人的权利。"

执政伊始,新首相便风格独异,面对庞然大物般的苏联,她勇于指责,并且针锋相对,丝毫不让。对撒切尔夫人来说,一旦主意拿定,无论威逼利诱,都休想使她低头,苏联报刊反过头来攻击撒切尔夫人,说她是"可怕的冷战巫婆",是"铁女人"。对于"铁女人"的雅号,撒切尔夫人倒是欣然接受,丝毫不以为意。从此,这个绰号不胫而走,成为招牌似的符号,伴随她驰骋政坛十几载。

撒切尔夫人果真铁腕如山,爱尔兰共和党极端派恐怖主义者横行之时,她毫不手软,以暴制暴。共和军犯人在狱中绝食抗议,她宁肯看着他们活活饿死、骚乱蜂起,也不后退半步。恐怖分子朝朝暮暮算计拿她的性命,她却泰然处之、行若无事,她在国内实行新政、力排众议、大刀阔斧,敢作敢为,虽为女流,却有重振大英帝国雄风之势。

撒切尔夫人面对英国经济江河日下的现实局面，主张放弃凯恩斯主义政策，即西方主要资本主义国家奉行的扩大政府开支、高福利以刺激需求。她认为这一政策已不能起到明显的成效，因而她要对英国的社会经济进行一场"激烈的改革"。这就是通常所说的"撒切尔主义"，即包括：货币主义的宏观经济政策，国有化企业的私有化，改革福利制度，限制工会权力等。

撒切尔夫人的改革从一开始就成为英国朝野两党斗争的焦点。她的改革政策付出了很大代价，诸如失业率急剧上升，工业基础严重萎缩，工业竞争力下降等等问题接踵而来。1981年3月30日，英国364名经济学家发表声明，谴责撒切尔夫人的货币主义政策，在保守党内部也造成了日益扩大的分歧，人们普遍认为应该先解决失业问题。在如此严峻的形势下，撒切尔夫人依然顶住压力，和一批支持者坚持了下去。

终于，撒切尔夫人的改革使英国的情况有了好转。英国的经济年增长率超过了当时世界上任何一个工业大国，名列第一；通货膨胀率大幅度下降；财政方面1987年度起由赤字转为盈余。这一系列成功使保守党获得崇高的威信，于1983年6月和1987年6月两次大选中都战胜了工党。为此，撒切尔夫人两度蝉联首相，打破了本世纪英国政治史的记录。

"撒切尔主义"成效辉煌，曾一度被当作医治经济上积重难返的"英国病"的一剂良方。然而，它却并非万能，资本主义社会的根本矛盾是它解决不了的，英国经济依然面临众多棘手的问题，通货膨胀、财政赤字、严重的失业率，这些资本主义的痼疾不久以后便又卷土重来。撒切尔夫人当政11年来，更切实地享受到"实惠"的是富人，而穷人则更穷了。因为，撒切尔主义是以加剧社会对立和矛盾为代价的，形势日益严峻了，撒切尔夫人纵有三头六臂，也难以独挡一面。于是，她只好在1990年11月份的竞选中激流勇退，无可奈何地退了出来。大势已去，英国历史上的撒切尔时代就这样宣告终结了。

## 马 岛 之 战

在南美洲的最南端，有一块星罗棋布的群岛，叫做马尔维纳斯群岛，简称马岛。马岛总共有大大小小200个左右的岛屿，面积不过万余平方公里，岛上企鹅成群，人迹罕至，比起地球上众多的美丽家园来说，本来不值一提，但是到了公元1982年，一场现代的战争却为争夺马岛而打响，从而震惊了世界。

马岛从地理位置上看紧靠阿根廷。由于历史上的原因，马岛被英国长期占据。虽然阿根廷就此问题多次向联合国申诉，但问题没有丝毫进展，英阿两国始终处在毫无成效的谈判之中。马岛问题虽未解决，但始终也没有激化。

随着20世纪科学技术的发展，马岛爆出一个惊人的新闻，这片看上去荒凉凄冷的不毛之地居然蕴藏着丰富的石油，据勘察预计在20亿至60亿桶之间。同时，随着世界航运技术的发展，位于南大西洋与南太平洋交汇处的马岛越来越显示出宝贵的战略地位。

这引起阿根廷与英国与日俱增的争夺。一方面英国沾不到便宜就绝不放手,一方面阿根廷收不回主权誓不罢休。

双方的当权人物正好棋逢对手,极其强硬。阿根廷的领导是利奥波尔多·加尔铁里,号称"铁将军";英国的首相玛格丽特·撒切尔,举世闻名的"铁娘子"。原本"铁娘子"棋高一着,曾提出两项听起来很公正的解决方案:一是仿照中国香港方式,租用马岛99年,主权归阿根廷;二是由岛上居民来投票表决马岛的归属。但"铁将军"很快识破这里的骗局:其一,阿根廷空有主权,一切实利都归了英国;其二,马岛上居民都是英国移民的后裔。谈判不成,战争很快就打响了。

1982年4月2日凌晨,4000名阿根廷海军陆战队队员在航空母舰"五月花"号统领下,乘坐数艘军舰浩浩荡荡地奔赴马岛。而此刻岛上只有英国总督亨特率领的80名守军。很快,阿根廷首战告捷,举国欢庆,阿根廷人斗志昂扬,士气高涨。"铁将军"加尔铁里趁热打铁地宣称:不惜一切代价去恢复民族的骄傲与尊严!

英国国内一片议论纷纷,众人都为丧失"领土"而相互指责。铁娘子立即设法稳住国内阵脚,转头就下令大批军舰火速直奔马岛。英国的万余名陆战队员以两艘航空母舰为核心,乘坐40多艘军舰、60余艘辅助船只,历经整个北大西洋的寒带、温带、热带和整个南大西洋的热带、温带、寒带,历经20余天,航程1.5万公里,终于到达了南乔治亚岛。

4月25日,英军旗开得胜,击毁阿根廷数艘潜艇、巡洋舰,马岛被英国飞机疯狂轰炸。阿根廷的加尔铁里将军立即派出最新式的武器——"超级军旗"飞机,果然出手不凡,英国最新建造的花费两亿多美元的"谢菲尔德"号军舰被"超级军旗"发射的导弹击沉了。

5月25日,阿根廷的"超级军旗"又立战功,英国被当作"第三艘航空母舰"用的大型运输商船——"大西洋运送者"号连同运载的9架直升机、一座淡水加工厂和大批军需物资一起被摧毁。"超级军旗"在这次战斗中名声大振。

原来,这种飞机是70年代末才由法国制造出来并装备到法军中的新式战斗机。它集"军旗"IVM攻击机与"军旗"IVP侦察机之大成,又有多项重大改进,耗油降低,升力增强,功率更大,可以空中加油。机上配备的AM39型"飞鱼"式空对舰导弹是其最拿手的好戏。"飞鱼"39型是空中发射的反舰导弹,弹长近5米,直径0.35米,射程可达70公里以上,命中率达95%。此外,机上配有30毫米火炮两门,并可装载炸弹、火箭、战术核武器。

然而,总体实力上阿根廷毕竟不能与英国相抗衡。当阿根廷最后一枚"飞鱼"导弹飞出去以后,再也拿不出更新的力量了。此时,英国仗着人多势众,牢牢掌握了马岛的海空控制权,封锁了马岛。

英国司令桑迪·伍德沃德少将决定把全面进攻马岛的首次登陆点定在圣卡洛斯岛。因为这里避开了阿军的重点兵力,虽然航道狭窄、地形错综,但阿军防守薄弱,一旦登陆成功,就会迅速站稳脚跟,扩大战果。但是,英军的舰队和潜艇依然在阿军重兵把守的斯坦利港频繁出动,伍德沃德虚晃一枪,致使阿军调集重兵于此地,而彻底忽略了圣卡洛斯岛。

于是，英军于5月20日深夜轻而易举地控制了圣卡洛斯岛，既而攻城掠地，占领了直逼斯坦利港的重要军事据点。6月13日晚至14日，英军调集火力，飞机、导弹、大炮立体交叉对斯坦利港进行了12小时的轰击，1.4万发炮弹将阿军阵地夷为平地。

阿军惨遭重创，一场激烈的白刃战发生了。英国一位官员后来评论这场战斗是疯狂的、邪恶的和令人发指的，总之酷烈异常。双方都伤亡惨重。

终于，阿军再也支持不住了。6月14日晚7时30分，马岛阿军司令梅内迪斯将军举旗投降，英军司令穆尔将军接受了阿军的投降。双方在前线达成停火协议。为期74天的马岛之战终于结束了。

6月16日，英军占领马岛，举国欢庆；阿根廷国内，加尔铁里垂头丧气地下台了。

## 东欧剧变之一——波兰

提起东欧剧变，首先要从波兰说起。

波兰是东欧诸国中局势最不稳定的一个国家。中心原因在于经济问题，因此，波兰政府多年来一直致力于经济建设。然而，无论是50~60年代的哥穆尔卡改革，还是70年代的盖莱克改革，亦或是80年代的雅鲁泽尔斯基改革，都未能从根本上调整好国家经济。这导致了社会动荡，人心不稳。

终于，大的麻烦出现了。1980年7月，经济困难的波兰政府宣布肉价上涨40%~60%。当天便有一座小城里的交通设备厂率先罢工。从此，罢工浪潮席卷各地，人们抗议肉价上涨，要求增加工资，成为波兰战后数次风潮中规模最大、持续时间最长的群众抗议活动。

在这次活动中，一个名叫瓦文萨的人广泛联络，四处奔走，获得上万人的支持响应，成立了著名的"团结工会"。瓦文萨本人担任工会主席。团结工会应时而出，发展迅猛，很快在总人口不足3700万的波兰就有950万人成为团结工会的会员，且执政的统一工人党300万党员中就有100万加入了团结工会，连中央委员中都有团结工会的会员。

1981年9月至10月，团结工会召开的第一次大会通过了《纲领决议》，明确提出"不承认波兰统一工人党的领导和社会主义"，要"改建国家机构"，打碎现行经济组织结构，公开提出夺权问题。紧接着，瓦文萨开始准备武装夺取政权，波兰局势立刻剧烈动荡起来，无休止的罢工令全国经济瘫痪，日用品奇缺。不久人们便对团结工会的罢工指令产生厌倦。

此时，手段强硬的雅鲁泽尔斯基将军出任统一工人党第一书记。面对暴露无遗的团结工会"完全肢解社会主义波兰国体"的意图，1981年12月13日零时，雅鲁泽尔斯基宣布全国实行军管。团结工会领导人包括瓦文萨在内几乎被一网打尽。在遏制了罢工浪潮之后，波兰国内经济开始复苏，政府使社会各方面都得到了安抚。可惜好景不长，几年后的雅鲁泽尔斯基第二阶段经济改革失败，再次引起物价暴涨，罢工浪潮再度掀起。

迫不得已，统一工人党于1988年12月至1989年1月举行十届十中全会，决定在波兰实行政治多元化和工会多元化，有条件地承认团结工会为合法组织。

瓦文萨东山再起，在美国等西方国家资金、物质各方面支持的有利条件下，改进了斗争方式。他表示团结工会"不想推翻当局"，而是要"帮助政府摆脱困境"。1989年2月，波兰统一工人党、团结工会、各政党以及社会团体、教会、群众组织的57名代表举行了一次圆桌会议。这次会议上，波兰党在两个根本问题上向团结工会作了原则性让步。第一是放弃了三项"至高无上的原则"，使团结工会获得合法地位；第二是改变国家最高权力机构的体制：增设参议院，议席全部自由竞选；第三是改变议员席位的分配比例，统一工人党的议席由占总数53.3%降至37.6%，其他一些党派团体结成的"执政联盟"议席也由83.9%降至65%，其余35%的席位留给独立人士自由竞选。

1989年6月份，波兰举行议会选举。波兰统一工人党获得了议会中按比例分配的299席，由此获胜并上台组阁，但在完全自由选举产生的参议院中却未获一席。而团结工会获得了参议院100个议席中的99个，并囊括了议会中供自由选举的全部35%的议席。

7月9日至11日，在波兰正式访问的美国总统布什对波兰进行的经济和政治多元化改革深表赞赏，并宣布了新的援助计划。这实际上是团结工会的巨大后台。

在接下来新的议会投票中，当选总统的虽然还是波党第一书记雅鲁泽尔斯基，但只是以微弱的优势获胜。当选总理的波兰政治局委员基什查克遭到瓦文萨强烈反对，不得不放弃组阁。议会在8月24日通过了雅鲁泽尔斯基提名的团结工会顾问马佐维耶斯基为总理。9月12日，波兰新政府组成，在23名内阁成员中，团结工会占12席，而统一工人党仅得4席。这样，在东欧国家中出现了第一个由非共产党人领导的政府。

统一工人党就这样节节败退，不久以后，波兰议会通过了宪法修正案，删去了统一工人党在国家中起领导作用和波兰是社会主义国家的条文，波兰人民共和国被更名为波兰共和国。瓦文萨于1990年12月9日当选为波兰共和国总统。

波兰的政变在东欧仿佛推倒了多米诺骨牌的头一块儿，东欧各国一个接一个地相继发生巨大变化。

第二个就轮到了匈牙利。

匈牙利素有"国家小、名望高、人口少、能量大"的评价，因为在匈牙利不足9万平方公里的土地上，1000万人口中，人才辈出，群星璀璨，举世闻名的大诗人裴多菲、"钢琴之王"李斯特都是匈牙利人，在为数不多的诺贝尔奖金获得者中有9名是匈牙利的科学家。

1989年初开始，匈牙利社会主义工人党内部围绕1956年事件的性质及纳吉的个人功过是非等问题发生了分歧。2月，社会主义工人党提出了政治多元化和多党制的政治主张。

这种多元化主张源于1987年。一些人认为，社会主义条件下存在着各种不同的利益。利益的多元化必然导致意识形态多元化，再进一步就是政治多元化，多元化的终点是多党制。这是一种超阶级的理论。当年9月，匈牙利150名著名知识分子就国家现状及命运前途召开了"洛基泰莱克"会议。会后产生的各种政治组织如"匈牙利青年联盟"、"公开性俱乐部"等,以人权、自由、民主为旗号,到处鼓动宣传。这种影响逐渐渗透到执政党的高级官员中,形成了一股强大的势力。

1989年3月,匈牙利总理内梅特在访问莫斯科时,苏共中央总书记戈尔巴乔夫对他表示不对匈牙利选择多党制执有异议。由此,匈牙利的激进改革派获得了苏共领导的支持。于是1989年3月,匈牙利国民议会讨论新宪法原则时明确地表示:新宪法将不再提匈牙利工人阶级政党在社会中的领导作用,主动提出把有关共产党领导权的条款从宪法中删去。

5月8日,匈党中央解除了卡达尔党中央主席和中央委员的职务。随后,涅尔什出任主席,执掌实权的中央主席团由涅尔什、内梅特、波日高伊和格罗斯四人组成。

1989年6月,匈牙利社会主义工人党、9个反对派组织和7个社会组织(包括工会、爱国人民阵线等)召开了全国政治协商的圆桌会议。三方面代表享有平等权利,另外保留了供观察员参加的第四方的席位。经过近百天的谈判,先后就修改宪法、实行总统制、代表名额分配等达成协议,并拟订了准备提交国会通过的6个法律草案。在协议书中,工人阶级政党的领导作用被删除,国家的社会主义性质也被抹掉,"匈牙利人民共和国"的国名被改为"匈牙利共和国。"匈牙利工人卫队被指为社会主义工人党和党卫队而遭解散。

匈牙利的圆桌会议期间,美国总统布什来访,并表示美国愿作为匈牙利继续变革的伙伴,宣布了对匈的援助计划。

1989年10月,匈牙利社会主义工人党第十四次代表大会提前召开。大会的焦点集中在是否建立新党、建立什么样的新党问题上,共产党被说得一无是处,1956年的事件被重新界定为"人民起义",对当时事件负有重大政治责任的纳吉被称为"民主战士"、"民族英雄"。党中央主席涅尔什在开幕词中说,匈党的历史作用已经完结,要建立一个新型的党,既不是共产党,也不是单纯的社会民主党,而是继承两者传统与价值的左派社会党。大会以1005票赞成、159票反对和38票弃权通过了将社会主义工人党改建为"匈牙利社会党"的决议。涅尔什当选社会党主席。

社会党党章取消了以马克思列宁主义为指导思想及共产主义为最终目标和民主集中制的内容,宣布总目标为建立民主社会主义,政治上实行多党制为主的议会民主,经济上建立以混合制为基础的市场经济。

美国对匈牙利的国会表示欢迎,因为此举是为了"在东欧推翻共产主义",所以美国不遗余力地通过了向匈牙利和波兰提供8.37亿美元经济援助的法案。

此后,匈牙利的政局并不稳定,多党林立的政治局面使得社会党在1990年的大选中名落孙山,"民主论坛"获胜,任"民主论坛"主席的安托尔组成新政府,自由民主主义者联盟的领导人根茨为国会主席,并兼任共和国临时总统。

## 东欧剧变之二——捷克斯洛伐克

在东欧剧变的多米诺骨牌中，捷克斯洛伐克也是一块。

1968年10月27日，捷克斯洛伐克议会通过法律规定，捷克斯洛伐克为联邦制国家，由享有平等地位的捷克社会主义共和国和斯洛伐克社会主义共和国组成。

1969年4月，捷共中央全会改选胡萨克为党中央第一书记。杜布切克被取而代之，一年之后的6月又被开除出党。捷共中央全会在《从捷共十三大以后党内和社会危机发展中吸取的教训》的决议中批评了诺沃提尼的政策，更全面否定了"布拉格之春"。

所谓"布拉格之春"是捷克斯洛伐克于1968年实行的一次政治经济体制的全面改革，通过的《行动纲领》宣布"将进行试验，给予社会主义发展以新的形式"。政治方面提出要改造整个政治制度，主要包括：改变党的领导体制，实行党政分离；将国家体制由集中的共和国改为捷克斯洛伐克两个共和国的联邦制；主张民族阵线内各政党和团体"都参与国家政策的制订"，实行政治协商和联合执政；主张工会独立于国家政权；执行独立的外交政策。经济方面提出实行有计划的市场经济。主要包括：改革计划体制；规定工商企业和农业合作社都有独立自主权；成立工厂委员会；取消外贸垄断，企业有权进行外贸活动，国家只根据市场情况采取调节措施。

捷共当时的领导认为，他们主张的这种社会主义是"民主的社会主义""具有充满活力的经济体制的社会主义"。但捷共总书记胡萨克坚持认为它是一场"反革命"事件，而不顾社会上一直要求肯定"布拉格之春"的呼声。

在胡萨克的领导下，捷共按照"发达社会主义"的总路线走了一段，几年内经济形势稍好，人民生活有所提高，胡萨克也于1975年当选捷克斯洛伐克总统。但到了70年代中后期，随着国际市场形势的恶化，捷克斯洛伐克的经济又不断出现新的困难和问题，群众日益不满。1977年，社会上要求为1968年事件平反的各种力量以维护人权为旗号，发起"七七宪章民权运动"，正式形成了捷共政治上的反对派。苏联贯彻戈尔巴乔夫的"新思维"外交后，捷共领导同反对派之间的斗争日趋激烈，捷共领导层内部也出现了分歧。

1989年，捷克斯洛伐克政治风暴迭起。利用为1968年"布拉格之春"事件平反，反对派掀起大规模的反政府风潮。1月到11月，布拉格连续爆发数万至数十万人参加的反政府示威游行。捷克政府对各反对派的活动采取坚决反对的态度，派遣武力镇压，逮捕了众多示威者，其中包括"七七宪章"发言人、"独立作家协会"主席哈维尔。

但是反对派不仅得到了美、英、法等西方国家的大力支持，而且也得到波、匈当局的公开支持。在11月风暴中，"七七宪章"等十几个组织联合成立"公民论坛"，在斯洛伐克也成立起反政府的"公众反暴力组织"。

迫于形势，捷共中央于1989年11月24日召开非常全会，以雅克什为首的领导班子辞职，改选与1968年事件无甚牵连的乌尔班内克为总书记。接下来，捷共中央主席团宣布，1968年苏联等华约5国出兵捷克斯洛伐克是错误的。同时，苏联、保加利亚、匈牙利、波兰及民主德国5国领导人也承认那是"对捷克斯洛伐克内政的干预，应当受到谴责"。

这样，1968年事件彻底翻案，捷政局发生急剧变动。1989年11月29日，联邦议会通过的修正法案取消了关于捷共在社会和国家中的领导作用的条款。12月3日，阿达麦茨总理宣布改组政府，吸收5名非共产党人参加内阁。公民论坛不满于此，次日组织了20万人大游行，导致阿达麦茨辞职。不久，胡萨克辞去总统职务。12月，联邦议会选举杜布切克为议会主席，选举哈维尔为共和国总统。1990年6月的议会选举中，公民论坛以170席战胜仅获47席的共产党，捷共失去了执政党地位。

1990年3月29日，捷联邦议会决定将国名由"捷克斯洛伐克社会主义共和国"改为"捷克和斯洛伐克联邦共和国"，仍简称为捷克斯洛伐克。

"公民论坛"虽然获胜，但它本身是一个松散的组织，内部分歧不断。1991年联邦政府推出激进的经济改革措施，致使斯洛伐克地区遭受到比捷克地区更大的冲击，激化了民族矛盾。最终，1993年1月1日，捷克和斯洛伐克联邦共和国正式分成为捷克共和国和斯洛伐克共和国两个独立的主权国家。

## 东欧剧变之三——民主德国

最为引人深思的是民主德国的剧变。

民主德国的经济发展在东欧最好。由于70年代实行了卓有成效的国民经济平衡法，加强了中央集中管理，民主德国推行发展经济同改善人民生活相统一的方针，并把生产集约化作为经济发展的主要途径。到了1988年，民主德国人均收入达8500美元，人均住房达26平方米，家庭普遍实现电器化，每百户居民有小轿车53辆，全国粮食自给。

如此景况可谓欣欣向荣、硕果累累，民主德国应该一片形势大好了。可是，事实上民主德国的百姓千方百计、绞尽脑汁地逃离他们本应算得上安乐的家园，纷纷奔向柏林墙以西的联邦德国。1989年9月，随着近邻匈牙利开放了西部边界，两天之内就有1万多民德居民利用去匈牙利度假之机，取道奥地利去了联邦德国。10月初，又有近万名公民涌进西德驻捷使馆，民德被迫同意这些人的移民要求。

这到底是怎么回事呢。原来正是人往高处走、水向低处流，尽管民德的经济发展卓有成效，是东欧各国的佼佼者，但是与联邦德国相比，则又不可同日而语了。民德的人均国民产值仅及西德的一半，高水平的生活条件如巨大的磁石强有力地吸引着民德的百姓。而且西德的法律规定，民德人只要越过西德边境，便自动取得了西德公民权。这无异于给民德的流动人口大潮推波助澜。

除了经济上的原因，还有政治上的原因。民德在建国后长期处于东西方和两个德国的对立之中，处境十分艰难。政治上它受苏联控制较深，其领导人思想日趋僵化，难有更大作为，自从柏林一分为二之后，民德公民还利用西柏林为桥梁不断流往联邦德国，对民德的发展产生不利影响。为防止居民外流和其他非法活动，在苏联支持下，民德于1961年8月沿西柏林边界修筑起一条"柏林墙"，全长165公里，指靠它与西德相隔离。1963年，民德的领导人还宣称民德与西德是两个国家、两个民族，要实现两德的统一是不现实的。而联邦德国虽然承认两个德国的现实，却一直未放弃谋求统一的立场。这两种截然相反的主张恐怕在德国人民心目中自有取舍，人心向背也是显而易见的。

1989年10月7日，民德庆祝建国40周年，柏林、莱比锡等城市爆发示威游行，要求扩大民主，实行改革，放宽出国旅行。在苏联推行的"新思维"政策和东欧各国相继剧变的影响下，民德政局急剧动荡，国内的反政府示威游行此起彼伏。

1989年10月18日，在德国统一社会党召开的十一届九中全会上，总书记昂纳克在任职第18年上被迫辞职，52岁的政治局委员克伦茨接替了昂纳克的全部职务。上台之初，克伦茨表示民主德国要继续走社会主义道路，反对政治多元化和市场经济。此后，他前往苏联和波兰，表示要学苏联"新思维"中的改革成分和波兰的改革经验。11月8日，克伦茨在德国统一社会党的十一届十中全会上再度当选为党的总书记。

11月9日，民主德国政府决定，对私人出国旅行不再附加任何条件，宣布开放柏林墙和两德边界，而且立即生效。数以万计的东柏林人拥向西柏林，无数西柏林人拥到东边看热闹，人流来往昼夜不息。民主德国经历了好一番混乱的场面，生产活动陷于瘫痪。绵延百里的柏林墙在历经了28年的风雨之后终于倒塌了，人们把其中300多米的较有历史价值的部分切割成块，以每块40万美元的价格卖给有心收藏的人。

柏林墙一倒塌，立刻诱发了两德实现统一的强烈愿望。联邦德国总理科尔抓住这一历史性时机，在群众大会上宣布："我们现在所处的形势是：本属于一体的东西正在结合到一起！"随后于11月28日提出了关于德国统一的10点计划。此时的民主德国政局正处在翻江倒海的变化之中。12月初，人民议院通过宪法修正案，删去了关于工人阶级及其马列主义政党领导国家生活的内容；昂纳克、斯多夫等12名前领导人被开除出党；国家党政领导机构连续变动。12月8日至16日，在德国统一社会党举行的特别代表大会上，德国统一社会党被更名为"德国统一社会党——民主社会主义党"，居西当选为党的主席。1990年2月4日，党名又改为"民主社会主义党"，以示与过去的决裂。

1990年3月，民德政府和各反对派组织在圆桌会议上商定进行首次多党制的自由选举。结果民德基督教民主联盟获胜，德梅齐埃任联合政府总理，民主社会主义党丧失了执政党地位。

民德新政府与联邦德国先后签署了"国家条约"和双边"统一条约"，于1990年10月3日加入联邦德国，统一的德国首都定在柏林。

## 东欧剧变之四——南斯拉夫

1990年底，一份来自美国中央情报局的报告作出了一个震惊世界的预言：南斯拉夫将在今后的18个月内垮台！

美国怎能如此大话惊天？这可不是随便说着玩的。但看美国一副郑重其事、言之凿凿的姿态，这在国际范围内引起了一场轩然大波。尽管人们纷纷议论这是无稽之谈，而且南斯拉夫当局也对此提出了强烈的抗议和谴责，然而事实上，南斯拉夫不幸被美国言中了。

事情得从头说起。南斯拉夫战后在极具威望和魄力的领袖铁托的领导下，在东欧各国中称得上一枝独秀。政治上，南斯拉夫是一个长期保持独立的国家，较长时间内并未受戈尔巴乔夫改革和周边国家局势变化的影响。南斯拉夫是最早抛弃苏联模式而实行社会主义经济政治体制改革的国家。

南斯拉夫的改革主要是实行社会主义自治制度，经历了工人自治时期（1950~1963）、社会自治时期（1963~1970）、联合劳动自治时期（自1971年开始）。南斯拉夫自治制度建立初期，取得了明显的成效。工业产值和农业产值年均增长率在欧洲诸国中名列前茅，人民生活水平显著提高。在社会自治时期，由于联邦权力下放和在社会自治条件下实行市场经济，导致在市场自发势力冲击下社会计划宏观失控，国民经济比例严重失调，继而通货膨胀、失业等问题接踵出现。由于地方主义、民族主义和自由主义的抬头，1971年春曾爆发过克罗地亚地区的社会动乱，好在铁托果断地采取措施制止了。到了联合劳动自治时期，南斯拉夫吸取上一时期的经验教训，针对市场自发作用的盲目发展，1976年颁布了"社会计划法"，强调市场经济与社会计划相结合。为维护民族团结，铁托于1970年9月提出在各共和国对等的原则基础上实行"国家集体元首制"和"议会代表团制"，并于1971年6月的宪法修正案中规定设立联邦主席团作为"国家集体元首"。

南斯拉夫共有6个共和国和2个自治省。各部分代表轮流担任联邦主席团主席。1980年5月4日，铁托逝世，南斯拉夫政局群龙无首。虽然70年代的政策调整使南斯拉夫政局稳定，经济回升，1982年人均产值达2800美元，但各个共和国的独立性不断增强，使整个南斯拉夫的宏观经济局面难以控制。因此，到了80年代中期，局面发展到难以收拾的地步：社会产值逐年降低，通货膨胀率飞涨，社会秩序混乱，罢工闹事、民族冲突层出不穷。同时出现了持不同政见者成立的反对党。

80年代末期，东欧各国掀起多党制的狂潮。南斯拉夫国内的反对党派在西方国家的支持下开始向现行党政领导和政治体制公开挑战。本来南党政领导一开始就不主张实行多党制，只赞成搞"政治多元化"，但迫于形势，只得步步退让。1989年10月，南共联盟表示愿意放弃"一党垄断"，引进多党制政治模式。此话一出，形形色色的政党纷纷冒出头来，大多数为民族主义政党，一些反共反社会主义的极右政党也趁机打出招牌，致使南斯拉夫社会局面严重动荡起来。

1990年1月，南共联盟召开"十四大"，决议宣布：南共联盟"放弃它受宪法保证的社会领导作用"，并将向议会建议"通过一项实行多党制在内的政治多元化法律"。紧接着，斯洛文尼亚代表提出把南共联盟改组为各自独立的共和国组成的联盟，但遭到否决。于是，斯洛文尼亚以此为借口退出了大会。此后，南斯拉夫的党中央领导机构瘫痪了，南共联盟陷入四分五裂的局面。

4月到12月，各共和国举行了多党制选举。原以为稳操胜券的南斯拉夫共产党遭到惨重打击，多数民族主义政党取得了胜利。在斯洛文尼亚，获胜的是反对党联盟"德莫斯"，于是南斯拉夫战后历史上第一个非共产党政府成立了；在克罗地亚获胜的是"克罗地亚民主共同体"；在波黑，共盟遭到三个民族主义政党的排挤；在马其顿，由民族统一民主党组织了该党为主的联合政府；只有塞尔维亚和黑山两个共和国继续由原共盟（后分别改称"塞尔维亚社会党"和"黑山社会民主党"）的领导人执政。

在西方国家鼓动和支持下，南斯拉夫各共和国下一步就走到了分道扬镳的路口。

首先，斯洛文尼亚共和国于1990年12月26日举行了一次全民公决，然后正式宣布斯洛文尼亚为"独立自主的国家"，并为独立做了一些准备。这无异于火上浇油，本来就不堪一击的南斯拉夫政权立刻被蜂拥而起的独立宣言瓦解了。

1991年5月29日，克罗地亚共和国总统图季曼发表独立宣言："克罗地亚不再属于统一的南斯拉夫联邦国家。"但同时也宣称克罗地亚共和国可以作为一个主权国家加入同其他共和国一起组成的一个主权国家的邦联。6月25日，斯洛文尼亚和克罗地亚两个共和国正式宣布独立。

9月，马其顿共和国举行公民投票，结果于11月20日宣布独立。波黑共和国议会以穆斯林和克罗地亚族占多数，不顾占少数的塞族人反对，于10月15日通过《波黑主权问题备忘录》，强调波黑是"主权国家"，并在不久后得到欧共体的承认。但是波黑境内的三个民族由于在独立问题上的意见分歧，展开了一场大规模内战，冲突各方都有国外支持，因而成为第二次世界大战后，欧洲规模最大、最残酷的一场战争。

1992年4月27日，塞尔维亚和黑山两个共和国宣布组成新的南斯拉夫联盟共和国，并支持所有塞尔维亚族人成立自治区。这样，原南斯拉夫就分裂成了5个独立的国家。

美国的预言终于实现了。

## 东欧剧变之五——罗马尼亚

随着多米诺骨牌的连续倒塌，保加利亚、阿尔巴尼亚也被卷入进去。罗马尼亚更是经历了一场荷枪实弹的武斗后，江山易手。

罗马尼亚在东欧的经济排行榜中名次也不错。因为自1965年开始，罗马尼亚就提出了到2000年建成"全面发展的社会主义"的目标，从而着手于本国完整的工业体系的建设。长期以来，罗马尼亚国民收入的1/3左右都用于积累并优先发展重工业，因而自1965年到1980年，工业增长率达到11.4%。人均国民收入在15年间翻了五番。然而进入80年代后，传统的集中计划体制成为经济发展的严重束缚，领导人更没有认真执行一些宝贵的改革决议，致使人民基本生活供应出现紧张局面，社会随之动荡起来。

1989年12月，罗马尼亚西部的蒂米什瓦拉城出了一件事，引发了罗马尼亚的政治风暴。该城一名持不同政见的神职人员——匈牙利族新教神父拉斯洛·特凯什因曾对外界发表过批评罗马尼亚政府及其总统的言论，被当局解除了神父职务，地方法院作出令其迁出专供神职人员居住的公宅的判决，并于12月12日强制执行。16日晚，在不足30万人口的蒂米什瓦拉城就有数千名教徒举行示威游行，抗议政府的这一举动。随后市民、工厂和学生都加入了游行队伍，很快发展成反政府的示威游行，人们占领了政府大楼，捣毁了里面的设施，撕扯国旗，并喊出了"打倒暴力"，"打倒齐奥塞斯库"的口号，并扯下齐奥塞斯库的肖像用脚乱踩一气。

齐奥塞斯库何许人也？原来他就是罗共中央第一书记，1965年3月起成为国家最高领导人，1967年12月起兼任国务委员会主席，1973年，当选罗马尼亚首任总统，坚持走一条维护国家独立自主的基本路线使齐奥塞斯库获得了广泛支持，在位时间达24年之久。但到了他的执政末期，他开始借积极捍卫罗马尼亚主权之机独揽大权，排斥异己，培植亲信，严重挫伤了人民的感情。他任命自己的妻子为政府第一副总理，同时任命自己的弟弟和妻子的妹妹为副总理，他的儿子尼库更是被内定为他的继承人，在党、政、军及一些群众组织中，遍布着齐奥塞斯库家族的成员。这种明目张胆的独裁专制最终导致了齐奥塞斯库的可悲下场。

还得说到蒂米什瓦拉的示威游行，几天之后，人数发展到数万，又爆发了全国总罢工。当时正在伊朗访问的齐奥塞斯库闻讯立即赶回国内。12月20日19时，齐奥塞斯库发表电视讲话，谴责国内外反动势力企图搅乱罗马尼亚的政局和经济，因为当时国内外一些新闻媒介对这次示威游行进行了煽动性的报道。他说："在蒂米什瓦拉市发生的恐怖主义行动与反动势力，与帝国主义、领土收复主义和沙文主义集团以及一些外国间谍机构有密切关系。"并宣布该地区进入紧急状态。然而事情愈演愈烈。12月21日上午，齐奥塞斯库在首都布加勒斯特中心共和国广场召开的万人大会上发表演说，重申他对蒂米什瓦拉事件的强硬态度，并表示要马上增加福利、提高工资，企图以此来缓和紧张局势。然而事态已不可收拾。有人在台下高呼"打倒齐奥塞斯库"，并当场焚烧他的画像，随后发展到与军警的武装冲突，造成人员伤亡。

22日中午，齐奥塞斯库宣布全国进入紧急状态。他命令国防部长朱列亚将军派兵镇压事变，但朱列亚将军拒绝领受命令，稍后，罗马尼亚电台宣布国防部长是"叛徒"，并且已经自杀。这时，国防部军队已经接到了不向示威者开枪、"撤回营区"的命令。

首都群众随即冲进罗共中央和政府大厦，并占领了电台和电视台，宣布人民取得了胜利。齐奥塞斯库见大势已去，于是携夫人乘直升飞机从中央大厦顶平台起飞，逃至一处别墅，打算改乘飞机逃往外国。当天下午，在距首都约70公里的特尔维什泰附近，齐奥塞斯库夫妇被捕。

12月25日上午，特别军事法庭进行了秘密审判，齐奥塞斯库夫妇被指控犯有大屠杀、危害国家政权、破坏经济、畏罪叛逃等罪行，终审判决为：没收齐奥塞斯库夫妇全部财产和处以死刑，立即执行。1989年12月25日16时，随着几声枪响，这对罗马尼亚的显贵夫妇便告别了人世。

事变中的22日深夜，前罗共中央书记杨·伊利埃斯库成立了"救国阵线委员会"，成员39人，宣布接管政府的一切权力，实行多党制和经济改革。28日，罗马尼亚社会主义共和国被救国阵线委员会改名为罗马尼亚。

罗马尼亚共产党自此以后停止了一切活动。在1990年5月20日自由大选中，救亡阵线以占总数2/3的多数票获胜，伊利埃斯库当选为总统。

然而罗马尼亚的政局并未因此而平静下来。对大选不满的国家农民党和国家自由党在西方国家支持下以"反共产主义"为名，掀起了一次反伊利埃斯库的大规模动乱，直到6月中旬，在出动了军队武装力量之后，才渐渐有所好转。

东欧剧变总体看来，是以美国为首的西方国家实施和平演变战略的结果。否定马列主义的意识形态，推翻共产党的领导，颠覆社会主义国家，恢复资本主义的一统世界，这是西方一些国家的根本战略目标。

## 苏联解体

苏联，世界上的第一个社会主义国家，由伟大的无产阶级革命导师列宁亲手缔造而成，自1922年12月29日起，那面有着镰刀和锤子图案的苏联国旗便在克里姆林宫上空骄傲地飘扬着。在它红色光辉的笼罩下，是15个加盟共和国：俄罗斯联邦、乌克兰、白俄罗斯、外高加索苏维埃社会主义联邦共和国（包括格鲁吉亚、阿塞拜疆、亚美尼亚）、乌兹别克斯坦、土库曼斯坦、塔吉克斯坦、立陶宛、拉脱维亚、爱沙尼亚、比萨拉比亚（即摩尔多瓦共和国）、吉尔吉斯斯坦、哈萨克斯坦。

这面绘着镰刀和锤子图案的红色旗帜，经历了69年的风和雨之后，于1991年12月25日19时32分，在沉沉暮色的掩映中徐徐降落，象征着世界上第一个社会主义国家消逝在历史之中。目送着它的下降，一个人无语而立，他就是苏联的第八任也是最后一任领导人——戈尔巴乔夫。

戈尔巴乔夫1931年3月2日出生于一户农民家中，他的故乡在俄罗斯联邦南部的斯塔夫罗波尔的边疆区。从小他聪明过人，学习勤奋，而且待人和善，正当他还是一名优秀的小学生的时候，第二次世界大战爆发了，他的学业不得不因此而中止。从14岁开始，他就在家乡的农机站当农机手。业余时间他一点儿也没有浪费，凭着聪明才智和刻苦自学，他掌握了全部中学课程的知识。同时作为一名农机手，他也因工作认真勤奋而表现出色。1950年，戈尔巴乔夫的命运出现了转机，经推荐他考上了莫斯科大学法律系，正应了那句老话，机会只青睐那些有准备的人。高等的正规教育使戈尔巴乔夫的个人素质得到突飞猛进的提高，铺就了他今后政治道路的基石。大学毕业后，戈尔巴乔夫从事共青团工作，历任斯塔夫罗波尔市团委书记、边疆区团委宣传部副部长、第二书记、第一书记，可谓步步高升，青云直上。难能可贵的是，戈尔巴乔夫在仕途的间隙读完了农艺学和经济学的函授课程并获得学位，而且工作上成绩卓著，特别在领导农业发展上颇有创造和建树，被誉为"有魄力的地方党组织领导人，得力的、富有灵感的组织家"。50岁时，戈尔巴乔夫已担任了多年的中央农业部书记，他踏实干练、敏锐灵活、精力充沛、人品持重，被勃列日涅夫授予列宁勋章，并晋升为政治局委员兼中央书记。安德罗波夫时期，他已开始直接参与到国内外重大问题的决策中来，紧接着成为契尔年科时期的第二把手，随着他外交活动的增多，西方世界普遍对他形成了一种平易近人又思辩超群的印象。

1985年，54岁的米哈伊尔·谢尔盖耶维奇·戈尔巴乔夫在苏共中央召开的非常全会上当选为总书记。由此开始他的改革直到苏联解体。

戈尔巴乔夫的治国方略在他还未上台之前便已形成。他主张进行深刻的经济体制改革，以提高人民生活水平为重要任务，重视科技发展，强调在科技进步的基础上提高生产效率；重视社会主义民主和人民自治的发展，主张对外关系上的矛盾缓和与和平共处。并在此基础上逐渐形成了他的"新思维"主张。

1985年4月，苏共召开中央全会，认为"国家已处在濒临危机的状态""必须进行根本性的改革和改造"，同时提出了在科学技术进步的基础上"加速国家社会经济发展的战略方针"。

戈尔巴乔夫上台后，便进行了一系列的改革。首先是进行了重大人事调整。戈尔巴乔夫非常重视对年轻干部的提拔，因为他认为要保持党的领导的稳定性必须同提拔富有进取精神、具有现代管理知识的年轻干部结合起来。7月，当了28年外交部长的葛罗米柯当选为苏联最高苏维埃主席，原格鲁吉亚共和国中央第一书记谢瓦尔德纳泽担任外交部长；9月，雷日科夫替代吉洪诺夫出任部长会议主席；12月，叶利钦当选为莫斯科市委第一书记。经过一番调整，使一批年轻干部得到起用从而担当起关键性的领导职务，新的上层领导核心已基本形成。

其次，在改造社会方面，戈尔巴戈夫第一个开展的便是全国性的严厉的反酗酒斗争。他认为酗酒是苏联社会中普遍存在的丑恶现象，必须要消除掉。但由于方法不当，准备不足，产生了很大的副作用，没能起到预期的效果，最后以失败告终。

再次，在经济改革方面提出了实现加速战略的"主要手段是科技进步和对社会生产力进行根本改革"，要求改进经营管理机制，扩大企业自主权，并从法律上打破了单一的公有制。1987年6月，苏联公布了"根本改革经济体制的基本原则"，明确要求国家对经济的管理主要依靠行政方法转向依靠经济方法。然而，遗憾的是，由于操之过急，苏联长期形成的畸形经济结构和农业体制又未受到重视，改革受到了巨大的阻力，效果令人大失所望。

1987年11月，戈尔巴乔夫在国内外同时发行了《改革与新思维》一书，书中阐述了戈尔巴乔夫政治改革的民主社会主义思想倾向。他说："改革的最终目标"就是要"最充分地展现出我们制度的人道主义性质"，"改革的实质就恰恰在于，它把社会主义和民主结合起来"。他突出地强调了"新思维的核心就是承认全人类的价值观的优先地位"，即"承认人类的生存"。紧接着，在半年之后举行的苏共第十九次代表大会上，戈尔巴乔夫明确地提出"人道的、民主的社会主义"的概念，此外还提出三大"革命性倡议"，即"社会主义多元论""公开性""民主化"。在这次会议上，各种不同的政治观点和改革意见都纷纷提了出来，并进行了激烈的争论，拥护戈尔巴乔夫的最终形成新思维"主流派"，与之意见相左的有以利加乔夫为代表的坚持党领导的"传统派"和以叶利钦为代表的"民主激进派"。

《改革与新思维》展示了戈尔巴乔夫对外政策上的新思维。他认为世界在很大程度上是一个整体，各个国家是世界大家庭中的成员，相互依存、相互联系，苏联的外交任务是为国内建设创造和平的国际环境，因此在核武器时代，通过全球裁军建立一个无所不包的国际安全体系是十分必要的，也是有现实可能的。他的建议受到西方世界的普遍欢迎。同时，苏联也做出了相当的努力：如主动裁军，和美国签署消除部署在欧洲的中程导弹条约；主动从东欧撤军，逐步消除中苏关系正常化的障碍，并于1989年在和平共处五项原则基础上恢复了中苏关系正常化。同时，"新思维外交"积极追求苏美合作和同发达国家的交往，多方争取经济合作和援助。为此，戈尔巴乔夫作出了一些不切实际的妥协和退让，如对西方干预东欧各国的"自由化"改革开绿灯，从而加速了东欧剧变，最终导致华沙条约的崩溃，引起苏联国际地位的下降，许多人开始对戈尔巴乔夫表示不满。

苏联的政治体制也进行了根本的变革。1990年3月，在苏联第三次人代会上，宪法作出重大修改，取消了苏共的法定领导地位，实行多党制和总统制，戈尔巴乔夫当选为苏联首任总统。在随后7月份召开的苏共二十八大上，领导层中的激进派、传统派和主流派分别提出自己的纲领：《苏共中央纲领》《马克思主义纲领》《民主纲领》。最终，大会通过了以戈尔巴乔夫为代表的主流派的纲领，并确定了向市场经济过渡的方针。叶利钦宣布退党，利加乔夫退休。

随着这场改革，苏联政局严重失控。无政府状态假借"公开性""民主化"和"政治多元化"的口号迅速蔓延，罢工、犯罪事件蜂拥而起，反对党林立。这些党派大多公开反共反社会主义，加之苏共党内思想已达到十分混乱的地步，苏联社会已日益动乱起来。经济发展出现负增长，供应短缺，通货膨胀，人民生活水平严重下滑，民族主义势力抬头，矛盾斗争激化。到1990年，全苏境内蔓延着民族冲突，数十万人无家可归。

1989年8月，民族分离主义势力组织"人民阵线"策划了上万人在波罗的海沿岸三国举行抗议活动，公开提出"脱离苏联"；紧接着，1990年，立陶宛率先宣布独立；于是，拉脱维亚、爱沙尼亚、格鲁吉亚、亚美尼亚和摩尔瓦多也要退出苏联；俄罗斯于6月12日发表主权宣言，引起一批加盟共和国纷纷效仿，甚至有更改国名、国旗和国徽的。

苏联已到了解体的边缘，无论戈尔巴乔夫和中央政府采取什么措施，都以妥协退让而告终。因为此时国内外的反动敌对势力已联合起来，对苏联中央产生了不可抗拒的压力。

事已至此，联盟存在与否已成为一个值得商榷的问题，经过全民公决，占76.4%的多数还是赞成保留联盟，只是国名将于1991年8月20日改为"苏维埃主权共和国联盟"，不再强调"社会主义"。苏联将成为一个自由、松散的联邦。可是，新联盟还未成立，又爆发出一件恶性事变，使全国统一的最后希望也破灭了。

1991年8月19日，副总统亚纳耶夫等8人组成"国家紧急状态委员会"，取代戈尔巴乔夫管理国家，呼吁公民支持他们"采取重大措施，使国家和社会尽快摆脱危机。"事实上，戈尔巴乔夫已被软禁。很快，在叶利钦等人的活动下，"八·一九"事变被定为"反宪法的反动政变",经过武装冲突,事变得到了控制。戈尔巴乔夫获救。叶利钦获得极高威望,逐渐掌握中央机构的大权。

1991年8月24日,戈尔巴乔夫宣布辞去苏共中央总书记职务并要求苏共中央自行解散。由于叶利钦的暗中活动,俄罗斯联邦、乌克兰、白俄罗斯三国公布了关于建立"独立联合体"的"明斯克宣言",并宣称自协议签署之日起,包括苏联在内的第三国的准则在此三国领土上作废,联盟机构在三国境内停止活动,"苏联作为国际法主体和地缘政治实体将停止存在。"12月21日,除格鲁吉亚外的苏联11个加盟共和国在阿拉木图又签署了《关于建立独立国家联合体协议议定书》,并发表了《阿拉木图宣言》。

1991年12月25日晚,戈尔巴乔夫宣布辞去总统职务,将手中的核按钮交给了叶利钦,并在中央电视台发表了历时12分钟的最后演说。

12月26日,克里姆林宫上空已飘扬着一面红、白、蓝三色相间的俄罗斯国旗。苏联最高苏维埃举行最后一次会议,代表们举手通过一项宣言,从法律上宣布,苏联作为一个国家已不复存在。

## 南非革命

在非洲大陆的最南端,有一个由印度洋和大西洋环抱着的三面临海的半岛国家,它叫南非。与辽阔的非洲大陆遍布的热带雨林、绿色草原和品种繁多的动植物形成鲜明反差的是,南非的自然条件并不好。由于地处副热带高压带,这里常年气候干燥、降水稀少,不像是为人类所青睐的生存乐土。然而数百年来,为了争夺这块土地,欧洲的殖民者之间,以及殖民者与当地的土著黑人之间展开了骇人听闻的血腥斗争。

事情是这样发生的。1488年,葡萄牙探险家迪亚士首先发现了好望角,他在这里树起了航标,看着这里贫瘠的土地和荒无人烟的旷野,他率领着葡萄牙人匆匆离去,去寻找美丽富饶的地方。17世纪一批荷兰人首次定居于此,不久便迎来了一批逃避宗教迫害的法国移民。19世纪,强横的英国殖民者占领了这里。

真正使南非成为殖民者争相抢夺对象的,是一块小小的石头。它静静地躺在南非的土地上,没有什么东西来理睬它,千万年过去了,沧海桑田,转眼一瞬间。1870年的一天,难得有一群羊从它身旁走过,羊群旁也跟着个小孩,就在那一瞬间,它身上闪烁的光泽跃入了小孩子明亮的眼眸中。它被一双小手托起来了,第一次接受人的赞赏:多么美丽的小石头啊!

后来,这块小石头被欧洲人以500只羊、10头牛和一匹马的代价换走。那是一块稀世罕见的金刚石,经过能工巧匠的妙手琢磨,成为净重48克拉的"南非之星",骄傲地嵌在英国王冠的正中。这个消息不胫而走,伴随着德兰士瓦黄金的发现,无数的欧洲冒险家远涉重洋争先恐后地赶来了。

原来,南非果真是一块"金玉其内"的宝地。非洲的煤炭80%埋在南非地下,黄金矿藏占全世界储量的一半,称得上是名副其实的黄金海岸。铀矿储量达22.5万吨,是世界七大铀矿产地之一。最吸引人的是南非"钻石王国"的美名。金伯利岩筒所产的宝石级金刚石，其辉度和光彩是无与伦比的，透明无色的或淡蓝色的金刚石是宝石中的极品，此外还出产大量工业用金刚石。得天独厚的矿藏条件却给南非引来了灾难。

疯狂的抢夺和无情的残杀围绕着黄金和宝石展开了。最终，武力强盛的英国殖民军粉碎了所有障碍，据南非为己有。大量的白人蜂拥而来，世代定居，不忍离去，逐渐自封为这块土地的主人，而占人口大多数的土著黑人则被视为化外之民、野蛮部族，只配做生产工具使用。

1961年5月，南非共和国在非洲众多的黑人国家争取独立自由的洪流中，做为一个白人种族主义政权也宣布脱离英联邦而独立了。自独立伊始，便是白人为统治者，黑人为被统治者，实行种族隔离制，并被列入宪法。"种族隔离"（Apartheid）在阿非里卡语中是"分开"的意思，即不同的种族必须在指定的地区内分别存在，各自发展。种族主义者按照荷兰教会改革后的教义宣称，上帝支持种族隔离，因为每一种族都应该支持纯种的发展。

马兰政府打着"维护白种人的纯洁性"的旗号，首先从禁止不同种族之间的通婚开始，建立起不可逾越的肤色壁垒。1950年颁布的《人口登记法》将全体居民按肤色划分为白人、黑人、有色人、印度人四种，规定他们必须到各自所属的种族内注册，区分人种的主要标志是按外形来规定的，如发型是否卷曲、皮肤颜色如何等。白人作为高贵人种归为一类，黑人则作为下贱人种归为一类，有色人及亚裔人同样遭受歧视。而种族区分的棘手问题是，当时南非已有100多万黑白混血种人，尽管规定中是否白人"取决于他的外貌、也取决于一般的认可和声誉"，但许多的混血白人也因洗不清自己血液中的黑色因子而遭受歧视。

1951年实施的《集团住区法》规定城市中一个住区只能居住一种民族，禁止不同种族的人混杂居住，实际上是严厉地排斥黑人的一种做法。1953年通过了《公共场所隔离保留法》，规定不同肤色的人只能进入不同的公共场所，使用不同的公用设施。还有"班图教育法"，把黑人教育与白人教育分开，黑人只能到适合他们身份的学校去上学。

此外，1950年的《镇压共产主义条例》、1952年的《土著人（城市地区）法修正案》和《通行证法》等多如牛毛的种族隔离法令详细地规定了不同种族人的不同待遇。在南非社会，人们的社会地位、居住地点、从事的职业、所受的教育、个人的前途等等都由肤色来决定。黑人动辄得咎，一旦下狱，就可能被"出租"给矿山和种植园做苦工。一道道无形的枷锁牢牢地套在他们身上。20世纪以来，南非政权被世界舆论公认为最野蛮最反动的种族主义政权。正因如此，南非的犯罪率和处死刑率都保持着世界上的最高纪录。

为使隔离制度永久化，南非当局从1959年起又炮制了所谓"黑人家园计划"，又称"班图斯坦计划"。政府拨出13%的贫瘠土地设立10个"独立国家"，把黑人强行按部族分到这些所谓的"黑人家园"中，占总人口73%的黑人被白人驱逐到"家园"里，剥夺了他们的南非国籍和受南非法律保护的权利。

如此反动的统治必然激起南非人民的反抗。领导黑人斗争的是1912年成立的"非洲人国民大会"（简称 ANC），1958 年又从这个组织中分裂出一个"泛非主义者大会"（简称 PAC），主张通过暴力斗争建立非洲人统治的南非共和国，该组织成为南非黑人民族主义的第二大政党。

1960 年 3 月 21 日，在约翰内斯堡附近的沙佩维尔，PAC 组织了数万群众集合，反对通行证法。人们焚毁通行证，整个行动都是非暴力的。可是警察却向示威者开枪，打死 70 人，伤 240 人，数千人被捕。这就是震惊世界的沙佩维尔惨案。这一事件激起全国性的抗议怒潮，黑人的反抗斗争更加猛烈。在顽强不屈的抗争中，涌现出了著名的黑人领袖纳尔逊·曼德拉。

曼德拉生于 1918 年，父亲是地位显赫、富甲一方的部落酋长。作为一名独生子，曼德拉的童年很幸福，很早就接受了良好的教育。当他 10 岁时，父亲去世，从此曼德拉的境遇急转直下，饱受生活的磨砺。但他的学业并未终止，在叔父的帮助下，他以优异的成绩读到了大学，但由于领导学生罢课被开除学籍。年轻的曼德拉时刻关注着国际时事，思考着黑人的命运，不久他便结识了非洲人国民大会领导人华尔特·西苏鲁。后来与西苏鲁、坦博一起创建了非洲人国民大会青年团，由此开始了他的民权运动生涯。由于他领导黑人以非暴力方式对抗政府的六项种族歧视法令，受到政府指控，转入地下继续活动。1955 年，政府以"站在国际共产主义方面企图颠覆南非政府"为罪名将曼德拉和其他 155 个民族不同和思想倾向不同的南非人逮捕。在法庭上，曼德拉为自己辩护，他义正辞严、慷慨激昂、语惊四座，法庭终于无法判他罪行。

沙佩维尔惨案发生后，曼德拉开始对非暴力抗恶的原则产生怀疑。1967 年 11 月，曼德拉创立了武装反抗组织——"民族之矛"，并出任总司令。12 月 26 日，首次袭击活动选在约翰内斯堡，炸弹摧毁了部分政府机关、电站，在德班和伊丽莎白港都进行了一系列的爆炸活动。与此同时，泛非主义者大会组织了名为"波戈"（意为"非洲至上"）的武装力量。这两个组织在一年多的时间里制造了 200 多次爆炸和武装袭击活动，专门攻击反动政府的生产设施和杀死警察、密探及黑人傀儡。他们的活动极大地震慑了白人统治当局，也鼓舞了黑人的斗志。

1962 年 8 月 5 日，曼德拉被人告密，当局将其逮捕并判终身监禁。各解放组织也一度后撤，但游击斗争始终没有间断。在印度洋荒凉的罗本岛上，关押着黑人运动的领袖曼德拉。他在那里度过了近 20 年的铁窗生涯。而他始终坚持不懈地保持着昂扬的斗志，丝毫没有让苦闷的铁窗囚禁住他的身心。他在狱中生活非常有规律。年轻时他是以左勾拳而闻名的出色拳击手，每天的体育锻炼是他生活中的必备内容，早晨 3 点 30 分起床后，做两个小时体育锻炼，然后开始工作和学习，年复一年，他钻研法律、南非公用语言，并阅读诗歌，这使得他在非人的待遇下还能保持强健的体魄和敏锐的思想。由于他经常向广大犯人进行宣传鼓励，整个监狱仿佛成了一座"曼德拉大学"，政府见状，立即把他转移到开普敦附近的波尔斯摩尔监狱。其间，政府曾对他诱降，只要他保证放弃武装斗争，就可获得自由。但曼德拉坚决地拒绝了。他的精神鼓舞了所有争取平等权利的人。

南非国内的反种族主义斗争经过一段低潮之后，于 70 年代中期再掀高潮。1976 年 7

月 16 日，黑人城镇索委托爆发了上万名学生的游行示威，抗议当局强制黑人学校用南非荷兰语讲课，军警当场打死 170 余人，打伤 1000 多人，这次惨案激起了以学生为主力的黑人觉醒运动的高涨。这一运动的第一领导人是纳塔尔大学的学生斯蒂夫·比科，他于 1977 年被捕，后惨死狱中。消息传出，全世界人都为之震怒。各种暴力反抗此起彼伏，层出不穷。

南非人民的正义斗争得到国际社会的广泛同情和支持。国际社会要求南非当局释放黑人领袖曼德拉和所有政治犯，并尽快与黑人解放组织谈判，并在经济上制裁南非。联合国把 1982 年定为"动员制裁南非种族主义国际年"，翌年又宣布了"反对种族主义和种族歧视的 10 点行动计划"。在各种力量的共同作用下，南非白人社会出现前所未有的分化，离心和思变倾向明显增加。

1989 年 9 月，德克勒克继任南非总统。他为摆脱政治经济困境，加快了政治谈判的准备，作出了一些努力。如：无条件释放西苏鲁等 8 名长期监禁的黑人领袖；会见大主教图吐等黑人宗教领袖；允许和平示威和集会；取消一些居住区域的种族限制，等等。1990 年 2 月又迈出了实质性的一步：取消对非洲人国民大会和泛非主义者大会的禁令，无条件释放黑人领袖曼德拉。1991 年，南非议会废除了包括"土著人土地法""集团住区法""人口登记法"等 80 多项种族主义立法。1991 年 12 月，南非 19 个政党开始多党制宪谈判，着手筹备建立临时政府和议会。

1994 年，南非大选隆重举行，2800 万黑人获得政治权利，曼德拉众望所归，当选总统。全世界为之举杯相庆，黑人经过数十年的艰苦斗争，终于迎得了自己的解放。

## 足球——世界第一运动

足球是球中之王，在世界上普及范围之广，影响之大，还没有哪一项体育运动项目能与之媲美，被誉为"世界第一运动"。

足球运动起源于哪个国家？至今众说纷纭。如果说足球游戏也可称为足球运动的话，中国就是足球的鼻祖了。据说在殷商时代就有了足球似的游戏，到了战国时代，足球活动开展得已经较为普遍了。那时的足球叫"蹴鞠"。"蹴"就是用脚踢，"鞠"就是用革做外皮，内充毛发的球。足球场叫"鞠城"，两端附有"鞠室"，比赛时以踢进对方"鞠室"的球数来决定胜负；如果认为制定足球规则以后才算是真正的足球运动，那么就得让位于英国人了。据史料记载，约公元 476 年，英国便有了类似今天的足球活动，经过了 1000 多年的发展，在 1823 年，足球终于从橄榄球中分离出来，形成了现在这种形式的足球运动。1848 年，英国的威廉·爱尔斯首先为足球制定了规则。1863 年 10 月 26 日在伦敦成立了英国足球协会，标志着现代运动的诞生。正是因为这种鼻祖地位，至今英国在国际足球界享有不小的特权：参加世界杯预选赛，其他国家只能以国家队出战，而英国却可以派出英格兰队、苏格兰队、威尔士队和北爱尔兰队 4 个地区队参赛。

足球运动先是在欧洲普及，然后随着近代殖民运动的发展，足球的火焰就蔓延到除南极洲外的6个大洲里，并迅速发展开来，世界各地也先后成立了足球协会，领导着足球运动的发展。

1904年，英、法、乌拉圭等国在巴黎集会，建立了国际足球联合会。到目前为止，已有150多个国家和地区加入了国际足联，国际足联已成为世界上最大的和最有权威性的体育运动机构。

由于历史的原因，欧洲和南美洲的足球运动水平在世界处于绝对领先地位，以至于在已经举办的16届世界杯赛中，金杯全为这两大洲国家夺得。中北美和非洲的足球水平处在第二个档次，亚洲和大洋洲则是足球水平的"第三世界"。

足球水平发达的欧洲和南美的一些国家，如英、法、西班牙、葡萄牙、巴西、阿根廷、巴拉圭等国，早在上世纪末就开展了自己的职业足球联赛。事实证明，正是这种高水平比赛的不断进行，才使得各国涌现出一批批足球天才来，推动了本国，也促进了世界足球运动的发展。北美和亚洲开展职业联赛的时间较晚，美国在20世纪70年代曾经开展过职业联赛，但因管理者运作不当，破产了，到了90年代，又重新复兴。亚洲国家，韩国在20世纪80代率先开展了自己的职业联赛，使得韩国足球水平迅速提高，称霸亚洲十数年之久，连续四次闯入了世界杯决赛圈，直至近年，才有被日本赶超之势。日本、中国、沙特、伊朗等一些国家相继在90年代开展了各自的足球职业联赛，足球运动在亚洲蓬勃发展起来了。

非洲国家无论是政治还是经济，在世界中绝对处于"第三世界"，但非洲的足球水平仅次于欧洲和南美洲，绝对高于亚洲和大洋洲。如尼日利亚、喀麦隆都是世界知名的足球强国，其水平发展迅速的原因何在呢？

首先是群众性足球运动在非洲蓬勃发展，人民都酷爱足球运动，在非洲正式登记的足球队就有近两万支，足球运动员更是有五六十万人。其次是非洲各国政府对足球极为关注，为其发展提供了不少帮助。而最重要的是非洲和其他洲（主要是欧洲）在教练员和运动员上的互相交流，促进了非洲足球水平的发展。由于非洲国家多为欧洲国家的殖民地，彼此之间联系紧密，不存在语言障碍，欧洲许多著名教练都曾到非洲执教，而非洲的球员更是可以直接输送到欧洲顶级职业联赛中进行锤炼，水平增长很快，也出现了一大批球星，如曾在国际米兰效力的球星卡努，曾在AC米兰长期效力的威阿，都来自非洲，而后者甚至曾被评为"世界足球先生"。这种借鸡生蛋的方法已经引起亚洲、大洋洲等落后国家注意，近几年来，纷纷将自己国家的有潜力的年轻球员送到欧美顶级联赛中去磨砺，以图早日增强自己的足球水平。像日本的中田英寿在罗马效力，中国的杨晨、范志毅、谢晖都在国外效力，伊朗、沙特的不少球员也在欧洲联赛中踢球。

足球，这一世界第一大运动，每四年一次都有它自己的节日，那就是世界杯赛，这世界上最高水平的足球赛事迄今为止共举行了17届，从预选赛到决赛，举办时间之长，范围之大，在世界范围内绝无仅有。

1928年8月5日，以英国为首的一些国家在阿姆斯特丹举行国际足联代表会议，与会者一致通过举办世界足球锦标赛决议。1930年，首届比赛在乌拉圭举行，以后每隔四年举行一次，至2002年日、韩世界杯，共举办了17届。

世界杯的奖杯称为雷米特杯，为了纪念德国籍的国际足球协会会长而命名。金杯以希腊神话中的胜利女神——长翅膀的尼凯为象征，她身着古罗马式的束腰紧身衣，伸直双臂，将杯子高高举起。杯用纯金铸造雕刻而成，重1.8公斤，高30厘米，立在大理石的底座上。国际足联规定，谁获得冠军，金杯就由谁保存，直到下一届比赛之前交还国际足联，再颁发给新的世界冠军。

这个金杯命运多舛，几经风雨，1966年在伦敦失窃，后来在伦敦郊区一花园中发现。巴西队因三次获得世界杯冠军，而永久保留雷米特杯之后，1983年12月20日凌晨被窃，待抓到疑犯时，金杯已经熔掉了，变卖成黄金。现在的雷米特杯是当时第一只杯子的复制品。

历届杯赛中，巴西队以五次冠军的骄人战绩，名列各队之首，其次是意大利和德国各三次，阿根廷和乌拉圭各两次，英格兰一次，法国一次。

除了世界杯赛外，世界上著名的足球赛事还有世界青年足球锦标赛、欧洲杯赛、美洲杯赛、非洲杯赛、北美及加勒比地区金杯赛、亚洲杯赛等大型洲际比赛。

世界各国职业俱乐部之间也组织了许多足球赛事，一般由各大洲足联管理。最著名的要算是欧洲俱乐部冠军杯赛，在这项赛事中，欧洲各国职业联赛的冠军（强国可派前二名或前三名参加）分成几个小组，展开厮杀，水平之高，场面之精彩激烈，丝毫不亚于世界杯赛。欧洲还有欧洲俱乐部优胜者杯赛（已被冠军杯和联盟杯合并）、欧洲俱乐部联盟杯赛、南美解放杯赛、非洲俱乐部冠军杯赛、亚洲俱乐部冠军杯赛、亚洲俱乐部优胜者杯赛等赛事。每年欧洲俱乐部冠军杯赛冠军又要和南美解放者杯赛冠军在日本进行一场激战，争夺丰田杯，以决出谁是世界所有俱乐部中真正的霸主，这项传统赛事由日本丰田公司出资赞助，因此称为"丰田杯"赛。

由此可见，世界无时无刻不在关注着足球，而足球也无时无刻不把快乐奉献给世界人民。

足球运动虽然给人们带来最大的欢悦，但不时也会发生一幕幕毛骨悚然的灾难。

早在1946年英足协杯赛上，在伯恩登公园赛场的一场比赛中就因暴力造成33人死亡、400多人受伤；1964年5月24日在秘鲁首都利马的国民体育场，在秘鲁队和阿根廷队争夺奥运会出线权的一场比赛中，由于秘鲁观众的骚乱，造成18人丧生、500余人受伤；足球史上被认为是有史以来"最恐怖的球场暴乱事件"发生在1985年5月29日比利时布鲁塞尔的海塞尔体育场，那是意大利尤文图斯队对英国利物浦队争夺欧洲冠军杯的一场比赛，双方球迷互相攻击造成球场看台倒塌，许多人被砖头水泥块砸死，更悲惨地是许多人被打死、踩死。事件中共死亡38人（包括儿童和老人）、受伤425人。事件发生后，各大媒体纷纷以"黑色星期三""体育场内的大屠杀""恐怖的足球之夜""足球走向坟墓……"等为标题作文章，向世界披露足球流氓令人发指的暴行。事件的主要责任方英国被欧洲足联处以"不定期地禁止英格兰所属各职业俱乐部足球队参加欧洲的比赛"，直至90年代初才被解禁。这一决定使英格兰足球水平发展落后了欧洲其他国家许多，到90年代后期才逐渐恢复起来。

足球暴力问题一直是困扰足球发展的一个顽疾，目前世界各国人民正齐心协力，制止足球暴力的发生，以保护给人们带来欢乐和享受的足球运动，使它能以健康的方式发展。

## 《罗马假日》与赫本的演艺生涯

1952年的夏天，著名导演威廉·惠勒执导的喜剧片《罗马假日》开拍了。

影片描述了一位现代欧洲某国的公主访问罗马，被官场的繁文缛节和侍从的管束弄得心烦意乱，十分向往外界的自由生活。入夜，御医给她服用安眠药，宫女服侍她睡下后，她趁机换上便装偷偷溜出了迎宾馆。正当她走到大街上为自己的行动欣喜不已的时候，刚刚吃下的安眠药发作了。她站立不稳，倒在公园长椅上的一名美国记者身上。记者以为她是无家可归的流浪者，便把她扶回自己家里。公主困倦不堪，一头栽倒在床上。而这名记者厌恶地把她扔到沙发上，自己舒舒服服地睡在大床上。翌日，他翻开早报，公主失踪的消息和照片赫然跃入眼帘！他赶快跳起来，恭恭敬敬地将熟睡的公主抱回大床。记者的职业感使他赶忙叫来摄影师，还要带领公主去游玩。这可正中公主下怀。三人在罗马城尽兴而游，尽情拍照，不亦乐乎。而那边却急坏了罗马当局和某国使馆，大批人马被派出四处搜寻公主下落。直到晚上，玩得筋疲力尽的公主才回到使馆，一场虚惊才落下帷幕。数天之后，在招待会上，公主与记者不期而遇，二人对望两相爱，情意绵绵。但皇族和平民的地位悬殊，双方都不敢做非分之想。虽说是两心相印，却只得抱憾而别。

这部影片播出之后，欧美影坛为之轰动。剧中那位秀色清奇、娇憨可爱的公主令影迷们如痴如醉。她的扮演者正是奥黛丽·赫本。

奥黛丽·赫本于1929年生于比利时的布鲁塞尔。父亲是爱尔兰裔的英国商人，母亲是个荷兰的女男爵。家庭教养的熏陶，在赫本身上留下了优雅迷人的贵族气派。她四岁时便被送到英国一家私立学校接受良好教育。六岁时父母离异，但她一直在那里长到十岁。

当时的欧洲已被战争的烟云笼罩，母亲把赫本接回老家荷兰，本以为这样会安全些，没想到她们全家都陷入了法西斯的铁蹄之下。十几岁的赫本正是长身体的时候，可她却终日徘徊在饥饿和贫困之间。那时，全家人都时刻面临着死亡的威胁，赫本仍用自己参加芭蕾舞演出挣来的钱捐助荷兰的抵抗运动。在艰苦的战争环境中，她在当地一家艺术学校里勤奋地学习芭蕾舞，并醉心于这项高雅的艺术。战争结束时，她以优异的成绩获得去英国深造的资格，以后便做了职业芭蕾舞演员。

然而，多年的饥饿贫病侵蚀了她的身体，赫本一直是瘦弱的。而要做职业的芭蕾舞演员，没有过硬的身体素质是不行的。由于体力不支，她只得忍痛放弃了自己心爱的职业，为生活所迫做过时装模特和歌舞女郎。

1951年，联邦影片公司的导演札姆皮看中赫本，邀请她出演《天堂里的笑声》，由于名气太小等原因，最终只演了一个毫不起眼的女侍角色。但从此以后，她便开始了影艺生涯。

初入影坛，由于赫本多年悉心专注于舞蹈艺术而忽略了表演技巧，她表现平平，虽然拥有出众的姿容，却常常被影片公司拒绝在门外，最多演点小角色。可是聪明而坚韧的赫本对自己充满信心，她利用业余时间参加了著名影星费里克斯·埃尔默举办的表演训练班，潜心钻研演技。逐渐显露出才华的赫本在一部部影片中节节高升，由一个毫不起眼的小演员变成一颗耀眼的新星。

《罗马假日》的成功，使赫本声名鹊起。出身于贵族之家的赫本生性活泼开朗，再加上老天赋予的娇好姿容，她演公主可谓如鱼得水。更重要的是聪慧好学的她经过一年的磨炼，演技大大改观。初登银幕时的拘谨、凝涩的感觉没有了，她发挥出爽朗欢快的天性，正与角色和剧情相吻合。赫本把公主那种对虚伪礼节的憎恶，对自由的渴望，对平民世界的新奇感都把握得很准确，一个充满青春活力、天真任性、不谙世情的公主被演活了。赫本也因此而获得了1953年度的奥斯卡金像奖和纽约影评家的最佳女演员桂冠。她在片中亮相的那种秀美的短发型以"赫本式"的名称被争相仿效，风靡一时。

赫本所引起的轰动是不容易说清楚的。曾执导过赫本任主角的影片《莎勃琳娜》的导演比利·怀特曾这样表示："自从嘉宝以来还不曾出现过这样的人物：导演见了会忍不住再三为她大拍特写镜头——拍她那端庄的大眼睛，拍她那诱人的甜蜜微笑，拍她活泼的举止，拍她炽烈的感情。你离开了影院，但她的音容笑貌时常出现在你眼前，挥之不去，欲忘不能。"的确，赫本是摄影师的宠儿，因为她无论从哪个角度看上去，都是美丽的。

1955年，赫本在英美影坛上独领风骚，无人可敌。这一年，赫本出演了一部史诗般的彩色巨片——《战争与和平》，这是派拉蒙公司根据托尔斯泰的同名著作改编而成的，从此轰动影坛，久演不衰，无人再敢涉足这个题材。赫本饰演的娜塔莎造型清丽脱俗、明艳照人，性格把握细腻贴切，贵族少女娜塔莎性格发展的各个断面，从初恋安德烈时的欣喜热盼到受浪荡公子阿那托尔诱惑时的意乱情迷、醒悟后的羞愧悔恨，再到安德烈将死时的哀伤茫然、颠沛流离之后最终嫁给彼埃尔时的深沉持重，无不真切、传神、富有层次感，值得细细玩味。观众写信反映说："赫本演得如此出色，以致于每当我翻开小说《战争与和平》，一副赫本面孔的娜塔莎就跃然纸上。"

此外，赫本还出演了一系列的作品：如《蒙特卡罗宝宝》《俏人儿》《修女传》《第凡内早餐》《窈窕淑女》《罗宾汉和玛利安》等等，抒写了电影史上独特的一页。

天使一般的赫本可称得上德艺双馨。首先在家庭生活方面，赫本对爱情很专一，对家庭很尽心，可她的婚姻并不顺利。自拍完《翁迪娜》后，赫本与男演员梅尔·费勒假戏真做，嫁给了他，尽管他曾多次离婚。赫本眼中只有自己心爱的丈夫和孩子，而不久之后，竟发现费勒迷上了一个西班牙女郎，她真诚的秉性不能容忍这种欺骗，于是毅然地结束了第一次婚姻。当她躲到意大利休养的时候，一位罗马的心理医生安德列亚·道蒂用真诚的爱慰藉和医治了赫本心上的创伤。于是，赫本在生活中上演了一部《罗马假日》，并且以欢乐的婚礼进行曲做了结尾。为此，赫本放弃了十几年的影艺事业。

其次在职业道德上，赫本也是令人钦佩的。在她近30年的影艺生涯中总共拍了26

部影片（包括一部电视片），主演了 20 部，这在欧美影坛的著名演员中几乎是最少的。她抱定宁缺毋滥的原则，对剧本精挑细选，只要自己满意，片酬少些也无妨。在拍摄《如何盗窃一百万》时，赫本还主动地把自己的片酬由 100 万美元减为 75 万美元，与那些争相渔利的人形成鲜明对比。赫本为人很有教养，从不摆出大明星的架子，她把自己的一切成就归功于导演的扶掖，其实她的光彩源自她的勤奋敬业。她的表演功力深厚、真切感人，她是真正的表演艺术家。她从不在摄影机前搔首弄姿，更不用裸露镜头和挑逗性的动作神色来取悦观众。在她身上似乎有一股化腐朽为神奇的魔力。一些商业性很浓的导演如扬·杜宁和爱德华等，一经与赫本合作，便得以净化、升华，拍出艺术水准很高的电影。

赫本的美是清新雅洁、由内至外的真美。她的形象毋庸置疑满足了人们心中对至美的追求。她的银幕造型多是天真无邪、活泼善良的少女，正如一种评论所说："男人把她视为最理想的女性，女人把她看成羡慕的对象。"然而，她的这一突出特点也是她的不足之处。她始终没能跳出清新可爱的形象框子，从而显得缺乏创新。

她的影片大部分是供人玩赏消遣的小品，人物都像是从神话中走出来的，缺乏发人深省的内涵。赫本表示："我并不要求有多高的艺术价值，电影只要具有趣味性和娱乐性就够了。"这样的观念必然使她的表演艺术带有一定的局限性。

可见，一位杰出的演员必须具备多方面的才能。毕竟，赫本为银幕创造了一个美的时代，人们永远不会忘记她。

## 悉尼歌剧院

1955 年 9 月，澳大利亚新南威尔士州的总理宣布举行一次世界范围的歌剧院设计方案竞赛。澳大利亚政府决定出资在奔尼浪岛上建一座歌剧院。这首先要归功于一名叫做古申斯的乐团指挥。

古申斯常常参加乐团演出，敬业爱业的他总是苦恼于没有一个合适的演出场所与他钟爱的艺术相得益彰。他想，要是能有一个造型优美，功能齐全的大型歌剧院让他和他的乐团来演绎那些艺术珍品，那该多好啊。这个梦想要变成现实谈何容易，古申斯清楚地知道，依自己微薄的个人力量要想实现它，那无异于痴人说梦。这将是多么庞大的一项工程啊。对，只有依靠政府的力量。他想起了自己的好友，当时担任澳大利亚总理的凯希尔，通过他把这个意见反映出去。凯希尔是个热爱艺术的人，听到这个提议，他立刻举双手赞成。于是，悉尼歌剧院才有了诞生的可能。

当设计方案竞赛公布之后，在丹麦，一位名不见经传的建筑师耶尔恩·乌特松为之动心。他积极投入了构思设计之中。在乌特松居住的丹麦农村附近，有一座古老的城堡，据说莎士比亚的名剧《哈姆雷特》就是以这座城堡为背景创造出来的。这座城堡幽深奇谲，尤其是它那奇特的构造，散发着诱人的魅力。乌特松常常在这里徘徊，仔细地品味着城堡的建筑艺术。终于，一套绝妙的设计方案便整理出来了。他满怀希望，把它投向了遥远的澳大利亚……

这次竞赛一共收到了来自英、法、德、美和日本 32 个国家的 233 位建筑师的设计图纸。美国著名建筑师沙里宁被任命为评委会主席，由评委会共同评选。可是当时沙里宁有事缠身，没能及时赶到。当评委会的初评工作已经结束并选出 10 个入围方案后，他才匆匆赶来。看过这 10 个方案，沙里宁表示不很满意。他重新找来被淘汰的 223 个方案，一一审查。突然，他眼睛一亮，一份构思奇异的设计令他拍案叫绝，他力排众议，极力推荐这个方案，他认为如果它能通过，必将为世界留下一座足以彪炳千古的伟大建筑。这个方案当然就是丹麦建筑师耶尔恩·乌特松的设计啦！他如愿以偿了。

悉尼歌剧院正式破土动工于 1959 年 3 月。工程宏伟，耗资巨大。当工程进行到第 9 年时，总理凯希尔——这个坚定不移的支持者猝然去世了。工程的主体结构此时已经建成，出乎人们意料的是，它的造价已经超过了原估价的 5 倍之巨。于是，新上台的自由党便以此为借口，表示经费方面无法承受，因此拒付所欠的其余设计费。于此，原本顺利进展的工程出现了搁置局面。可是，面对这样庞大的半成品，面对舆论的指责，何去何从？最终政府组织了一个 3 人工作小组，使工程得以延续。1973 年 10 月，在历时 14 个春秋，耗资 1 亿多澳元之后，悉尼歌剧院终于落成了，英国女王伊丽莎白二世专程前来助兴。

悉尼歌剧院整体建筑由一个大基座和 3 组拱顶组成。使用的建筑材料全部是乳白色的大理石。总体占地 1.84 公顷，高 67 米，相当于一座 20 多层高的大楼，煞是雄伟壮观。

用混凝土制成的大基座高出海面 19 米，使整个歌剧院居高临下，气势逼人。世界上最大最长的一条室外水泥阶梯就建在基座临街的一面，铺着赭红色的花岗岩，宽 91 米。4 块巍峨的贝壳状的拱顶分成两组，分别覆盖着一个音乐厅、一个歌剧院厅和那些附属于它们的前厅和休息厅。这 4 块"贝壳"是这样排列的：有 3 块面向着海湾，它们有秩序地依次覆盖着，仿佛偎依在一起的亲密伙伴；另一块则背对着海湾，打破了前 3 块形成的固定秩序，独具一格地傲立着，这一个变化使整个建筑充满活泼的生趣。总体看来，和谐无比。

这美丽的"贝壳"是歌剧院独有的亮彩，在建筑时，它是难度最大的地方。贝壳的尖顶是由 2194 块弯曲形混凝土预制件用钢缆拉紧拼成的，每块重 15.3 吨，外表粘贴着 105 万块乳白色的釉面瓷砖。远远望去，闪着白玉般的光泽。

歌剧院是一个以两个演出大厅为中心的多功能游艺场所。此外还包括休息室、餐厅和酒吧。休息室设在贝壳开敞着的大口处。2000 多块高 4 米、宽 2.5 米的法制玻璃板镶在大口上，形成一面晶莹闪烁的玻璃墙。于是，休息室成为人们放眼海天，纵览胜景的最佳去处。悉尼湾的海港风光、悉尼城的万家灯火尽收眼底。

歌剧院的室内装饰选取高级木材料贴饰房顶墙面和地面，华丽考究。歌剧院的音乐厅和剧场再加上其他 900 多个大小厅室在一起，可同时容纳 7000 余人。它每天开放 16 个小时，吸引着层出不穷的游人，更吸引着全世界所有的乐队、歌唱家和剧团。人们都以能够在这里有过演出的经历而自豪。

自打歌剧院建成后，美丽的悉尼湾又平添了一道诱人的风光，仿佛一只振翅欲飞的白天鹅，又似一朵冉冉开放的白莲花，更像一艘鼓足了风帆的小船，悉尼歌剧院以它独特的外貌赋予人们以艺术的感受和丰富的想象。

## 孤独的川端康成

历史转瞬间到了 1968 年，在那久享盛誉的瑞典文学院的庄严肃穆的典礼大厅内，刚刚宣布了本届诺贝尔文学奖的得主——日本作家川端康成，大厅内顿时沸腾了，人们真诚的掌声伴着祝福将一位白发苍苍的瘦弱老人送上领奖台去，这就是诺贝尔获奖作品《雪国》《千羽鹤》《古都》的作者——川端康成。

川端康成是日本现代著名小说家，日本的第一位诺贝尔文学奖获得者。

1899 年 6 月 14 日，川端康成出生在日本大阪，他幼年生活极其凄苦，两岁丧父，三岁丧母。父母双亡对他的影响很大。他曾在《致父母的信》一文中写道："深深刻入我幼小心灵的，便是对疾病的夭折的恐惧。"这以后，他被祖父母收养了。然而极其不幸的事接踵而来。7 岁那年，祖母死了；10 岁那年，惟一的姐姐死了；15 岁，最后一位亲人——祖父也辞别人世了。极端的孤独和不幸遭遇，乃是形成川端康成孤僻性格的主要原因，更是他的作品格调悲凉的重要根源。

川端康成秉性孤独，但同时上天赐予他一颗善感的心灵，他对文学的爱好自幼便显示出来。小时候他很喜欢读书，入中学后，对文学作品更显敏感，同时投入更多的热情。他将自作的新诗、文章和书信编为《谷堂集》，积极投稿。1917 年，川端康成考入东京第一高等学校英科。1920 年，进入东京大学英文科，随后转入国文科。他在这一时期接触了大量国内外优秀作品，对俄国的陀思妥耶夫斯基、契诃夫和日本的志贺直哉、芥川龙之介等大家进行了认真的研读，为日后走上文坛奠定了坚实的基础。

大学毕业后，川端决心走专业作家的道路，他和同仁一起创办过一系列的文学杂志，进行了有益的探索和实践。难能可贵的是，在 30 年代日本军国主义势力横行一时之际，川端康成保持着一名理智作家的超然态度，没有狂热地卷入鼓吹"圣战"和投入战争的风潮中，他大部分时间过着半隐居的生活。

日本战败后，现实令川端康成感到不满和失望，他的作品反映出他的这一思想基础。创作的成果日益丰盛，这使他获得了多种头衔和荣誉，直至诺贝尔文学奖。然而随着盛誉的累积，川端康成渐感压力无比并出现创作危机，加之晚年虚无主义思想的影响，他的生命如风中之烛。1972 年 4 月 16 日，川端康成在工作室中口含煤气管自杀，终年 72 岁。

川端康成一生创作丰富，一生留下一百余部长篇、中篇和短篇小说，此外还写了许多散文、随笔、讲演、评论、诗歌等。他的作品体现出现代派的手法同日本传统审美情趣的融合，作品整体风貌优美流畅和新奇别致。

川端康成在 20 年代中期曾发起新感觉派运动，一度单纯模仿表现主义和达达主义等西方现代派手法,极力强调主观感觉,热心追求新颖形式。30年代又一度被乔伊斯的新心理主义和意识流所吸引。后来感到此路不通,于是决心另辟新径——即将日本文学传统与新心理主义以及意识流结合起来,写出了《雪国》这样的好作品。

由此,川端康成形成了自己独具一格的特色,即心理刻画纤细入微,意境描绘缠绵凄迷,结构安排自由灵活,语言表达简约含蓄,文章情调既美且悲。

《雪国》是川端康成费时15年创作的一部力作,然而却是一部中篇小说,可见其精审的态度。小说写的是东京一位舞蹈艺术研究家岛村三次到雪国与驹子交往的故事。岛村与身为艺妓的驹子邂逅并相爱,中途又被一位萍水相逢的姑娘——叶子所吸引。岛村本身是一个思想充满虚无色彩和感伤情调的孱弱文人,对驹子的身世爱莫能助,只得中断与驹子的交往。而叶子自有意中人,并在意中人病逝后丧身于火海。生活比较认真,意志比较顽强的驹子追求纯真的爱情,然而她可怜的身份和境遇使她的感情扭曲。

她的爱情既有纯真的一面,又有畸型、病态的一面。《雪国》的创作方法和艺术表现方面比较充分地体现了川端康成的创作特色。他认为美与悲是相辅相成、密不可分的。因此,他总是把美与悲联系起来加以表现,构成一种既美且悲、愈美愈悲、因悲方美、因美方悲的独特格调,抒情味浓,感染力强,因此被誉为"近代文学史上抒情文学的顶峰"。

此外,川端康成的其他作品如《古都》《千羽鹤》《伊豆的舞女》等,也是值得玩味的。日本的四时风物、人情习俗、文化情趣,如一张张鲜亮的图片,一例例展现出来。可以称之为一系列的日本风情画。

作者在这些作品中不同程度地表达了他对社会、对人生的理解及对下层人物遭遇的同情,同时表现了他对爱情和艺术的追求。

## 存在主义的萨特

"我的生活是从书开始的,它无疑也将以书结束。"这是萨特对自己作为一个执著的知识分子的生平概括。

让·保罗·萨特是法国著名的作家、社会活动家、存在主义的最伟大代表。1905年他出生于法国巴黎一个海军军官家庭,两岁的时候父亲就去世了,他只好随着他的母亲迁居于巴黎外祖父家。他的外祖父是一个德语教师,在这里他开始进入书的世界。

1915年萨特进了亨利四世学校六年级读书。但两年后,因母亲改嫁,他又随母到了继父所在的拉罗舍尔的一家船厂。

1920年,他回到巴黎,继续读中学。这时他已经开始对哲学产生兴趣。最早开启他走进哲学大门并对他产生长远影响的是非理性主义哲学家叔本华、尼采,特别是柏格森的著作使他受益匪浅。

1924年,他进入著名的巴黎高等师范学校攻读哲学.五年以后,他以第一名的成绩通过哲学教师学衔考试,遂任中学教师多年。

1929 年，萨特与波伏娃相识，共同的志趣使他们碰撞出爱情的火花，并且相伴终生。西蒙娜·德·波伏娃也是法国著名的作家，代表作品有《女客》（1943）、《他人的血》（1945）和四部回忆录等。她的女权主义论著《第二性》（1949）产生了较大的影响。她虽然从未跟萨特举行过正式婚礼，但却是萨特的忠实追随者和终生伴侣。

在服了一年半的兵役之后，1931 年起萨特开始任勒阿弗尔中学哲学教员。这时他开始接触胡塞尔哲学，很受鼓舞。

1933 年至 1934 年，他赴德国柏林法兰西学院研究海德格尔的存在主义哲学和胡塞尔的现象学，还读了克尔凯郭尔、雅斯贝尔斯以及黑格尔等人的著作。这时他已形成存在主义思想，特别是现象学本体论的思想。他在当时写成的《自我的超越》、《胡塞尔现象学的一个基本思想：意向性》两篇文章就是对他的存在主义的一些基本观念作了初步的论述。

萨特在 1934 年 10 月回到法国后继续做中学教师。从这时开始，他陆续发表作品，有哲学著作《影像论》、短篇小说《墙》和著名的中篇小说《恶心》，这标志着他写作生涯的开端，而且是起点很高的一个开端。

萨特的文学处女作，短篇小说《墙》是存在主义的文学名篇。小说以第一人称为叙述视角，主人公是西班牙内战时期的反法西斯战士伊比塔·汤姆和无辜群众朱安。他们被捕后都被反动派判处了死刑。作者详尽描写了他们在临刑前夜生理上的恐惧：朱安尖声叫喊，变颜变色；汤姆唠叨不休，小便失禁。"我"头痛欲裂，汗如雨下。不过，在心理上"我"依然保持着镇静，认为生与死只有一"墙"之隔，它就是对死亡的恐惧，当意识到"生存即死亡"，生与死毫无差别时，就可以超越隔墙，获得自由，所以"我"的"自由选择"就是宁死不出卖战友雷蒙·格里。萨特完全是从存在主义的角度去理解革命者的。临刑前，伊比塔为了戏弄敌人，提供了格里藏在墓地的假口供，因为他知道格里隐藏在堂兄家。谁知格里因为与堂兄发生口角而出走，他又不愿连累别人，鬼使神差地竟然转移到了墓地。敌人果真捉到并杀害了他，伊比塔则得以活命。当"我"听到这一消息后昏倒在地，醒来后不禁"狂笑起来，笑声如嚎哭一样凄厉"，最后"笑出了眼泪"。世界就是如此荒诞，不可理喻。

发表于 1938 年的日记体长篇小说《恶心》也是萨特的代表作。它被称为"哲学日记"，是一部直接阐述存在主义思想的典型作品。小说没有什么故事情节，主要写青年历史学家安东尼·洛根丁的恶心感——对荒诞世界的深深厌恶。

二战爆发以后，从小患眼疾的萨特像一只"社会动物"被送上了战场。

次年 5 月，恰好在他 35 岁生日那天，萨特在洛林被俘，在集中营关了 10 个月后因视力不佳获释。回国后，他参加了抵抗运动。

"战争使我必须干预生活"，在这场莫名其妙的战争中的这段莫名其妙的经历，对萨特日后对待政治生活的态度发生了重要影响。令人惊叹的是，在枪林弹雨的战场上，萨特仍能潜心阅读和写作，动手创作了长篇小说《懂事的年龄》，并写下大量的哲学笔记，成为后来《存在与虚无》的基础。

从 1943 年起，萨特开始专门进行创作。并且在同一年，写成了他的哲学代表作

《存在与虚无》，奠定了他存在主义哲学大师的地位。

1945年，他创办传播存在主义思想的杂志《现代》。从50年代起，萨特积极投身于世界和平运动，旗帜鲜明地反对侵略行径，如美国侵朝、侵越，苏联出兵匈牙利、捷克、阿富汗等。

在战后法国和世界各种社会政治势力的斗争中，萨特尽管时有摇摆，总的说走的是一条中间偏左的道路。他不赞成苏联模式的社会主义，但也不反对社会主义。1945年，他拒绝接受法国官方授予他的荣誉团勋章。

1964年，他更做出了一个令世人瞠目结舌的决定，拒绝接受瑞典科学院所授予的诺贝尔文学奖。

在50至60年代，他对法国政府所进行的阿尔及利亚殖民战争进行了激烈的谴责。萨特的存在主义哲学思想战后有所变化，这主要表现在他力图冲淡《存在与虚无》等著作中所表述的个人具有绝对自由的观点，强调维护个人自由要与尊重他人自由结合起来，把自由与责任联系起来，甚至认为要在一定的社会历史背景下来理解个人自由，甚至还想调和存在主义和马克思主义。

1956年以后，萨特将存在主义和马克思主义融合起来的倾向更加强烈，他1957年开始写作的《辩证理性批判》便是反映他这种倾向的代表作。此观点成了西方马克思主义思潮中所谓存在主义的马克思主义的最主要代表。

萨特晚年仍积极参加社会政治活动，特别是支持资本主义社会中左派学生和青年的反抗运动。他是1968年发生于法国的所谓五月风暴的积极支持者。

在哲学上，他有不断更新自己理论的愿望，但他既没有投入无产阶级的社会主义革命运动，也没有真正接受马克思主义。他承认自己始终是个无政府主义者，在马克思主义和存在主义中宁肯选择存在主义。

作为一个存在主义的哲学家，萨特在理论上的建树并不高于他的先行者海德格尔、雅斯贝尔斯。然而，由于他同时是西方声望卓著的作家和社会活动家，他善于用戏剧、小说等文艺形式通俗地表达晦涩艰深的存在主义哲学内容，也善于使存在主义适应西方广大资产阶级和青年学生反抗现实、维护个人自由和尊严的政治要求，这就使他在哲学上的实际影响远远超出了其他存在主义者。

作为存在主义哲学的形象解说，萨特的戏剧比小说影响更大。《苍蝇》是他的第一个剧本，也是他最享有盛誉的剧本之一。也正是因为这个剧本创作的成功，瑞典学院授予萨特诺贝尔文学奖。这个剧本取材于古希腊埃斯库罗斯的悲剧《俄瑞斯忒斯》。但那是一些个人存在屈从于命运安排的悲剧，而《苍蝇》则不然，这是一出个人存敢于反抗命运、自由选择、自我创造的悲剧。也就是说，作者在古希腊悲剧中注入了存在主义哲理，用以说明：尽管生活是荒诞的、不合理的，但是自我选择是不可阻挡的。只要是为自己的自由采取行动，就能获得肯定的意义。

虽然，萨特拒绝了诺贝尔文学奖，但是瑞典学院对他的评价却是相当准确而深刻的。"因为他那思想丰富、充满自由气息和探求真理精神的作品，已对我们时代发生了深远影响。"

1980年4月15日萨特病逝。数十万人沿街伫立为他送葬，其盛况只有雨果的葬礼可与之相比。

## 东西方文化融汇的舞蹈之花

一位英俊而强壮的男子在一束红光中伫立，脚下躺着一位圣洁美丽的女子。四周飘荡着遥远而又真切的乐声，神秘而且安宁。亚当与夏娃就这样长久地静默。这时，威严而又静穆的圣母身着拖地长袍缓步登台，身后还跟着一个小姑娘。小姑娘推着一辆古旧的自行车同样缓缓地跟上台……

这篇名作叫做《小岛》，这部舞蹈诗剧是由一个富有神秘色彩的东方女性编导的。剧中融汇了东方传统文化与西方古典艺术及现代气息，成为世界著名的舞剧之一。

这位具传奇色彩的杰出女性就是洪信子。她独立创办了"笑石舞剧团"，并以亚裔身份跻身于纽约杰出的舞蹈家之列。她说：

"万物有灵，即使是块石头也会笑，一切全在于你内心的认识。"

洪信子于1940年出生于南朝鲜。在那个能歌善舞的民族中，洪信子自幼便是一个佼佼者。但她又是一个反叛者。她以自己的心来体会音乐，不拘泥于传统的固定模式。

洪信子从来没有接受过正规、专业的舞蹈教育。从小至大，她一直在认真地对待普通学校教育，从而为自己的人格奠定了坚实的文化基础。60年代初，洪信子从肃明女子大学毕业，并获得了英国文学学士学位。由于朝鲜深受中国传统汉学的影响，洪信子对于儒学与佛学深有研究。这使得她的性格上集中体现了东方人超脱自然之外的神秘感。

1966年，洪信子不顾父母的劝阻，毅然拒绝了在当地人眼中看来极为美满的婚姻，只带了简单的行李独自迁往美国。她有自己的愿望与生活方式，而这些是身为农民的父母与邻居们所无法理解的。

洪信子为了心中那"自由的舞蹈"的理想开始系统地学习美国舞蹈。她选择了艾尔文·尼古莱这位提倡创新的现代舞名师为自己的舞蹈生涯启蒙。此后，洪信子又以无比的自信与热情遍访名师，习得各流派所长。最后，洪信子又走进了哥伦比亚大学与俄亥俄州辛辛那提市联合研究生院，最终成了舞蹈教育硕士与宗教舞蹈博士。

经过这30多年的充分准备，洪信子最终成了有着深刻文化内涵的舞蹈家。

1973年，洪信子在纽约市著名的现代舞试验剧场——"舞剧工作室"初露锋芒。她自编自导了许多作品。随后，洪信子只身前往印度、香港、夏威夷、南朝鲜各地巡回演出。在这次演出中，佛教圣地——印度对她有着强烈的吸引力。于是，洪信子于1975年重返印度。她在那里深入地研究了佛经，并系统地研究了印度的传统舞蹈、音乐与文化哲学。

1979年，洪信子返回祖国，在青州艺术学院担任舞蹈系主任。但是，她渐渐感到说教远不如形体动作传达得直接、真实。两年之后，洪信子重返纽约。

1981年，洪信子毅然创建了"笑石舞剧团"。她自己编写剧本，自己排练导演。终于使这支小舞团在短短几年内成为世界舞坛上一支独具特色的著名舞团。她先后编导了《从嘴到尾》《合二为一》《三翅果》《螺旋姿态》《四面墙》《小岛》《事实上》《天使》《尘埃》等众多的世界著名的舞剧。

《螺旋姿态》分为两部分。

第一部分由洪信子独立表演。她身穿深色长袍、两脚与肩同宽地立在舞台中央，左手将一颗人的骷髅头骨捧在腰间，右手不时缓慢地向着观众挥舞，右手手指不时地旋转颤栗。身体如同陀螺一样前后左右地慢慢晃动不止。很久、很久，好像一个人就是这样的一世。死亡与生命在无意义地回复、休止。

第二部分是由4个女人共同表演的群舞。她们自始至终一直在不停地旋转，开始是缓慢的，然后渐渐变快、变快，直到舞台上只有旋转的暗影，最终结束。

《小岛》是洪信子出于对人类历史及人际关系的反思而创作的一部长剧。它以一位圣母与一个年幼少女的五次登场以及切光暗场与明场的转换将全剧自然地分为四个篇章。这部舞剧于1986年在纽约的"妈妈剧院"首演。以简洁凝练的形式表达了深重的人生思考，给人以强大的震撼力，发人深省。该剧获得极大成功，并于1989年获得南朝鲜最佳表演艺术大奖。

洪信子以自己丰富的文化内涵为基础，以健全的人格为后盾，以探索人类生存的困境为永久主题，大胆地把东西方文化融汇为一体，以现代的舞蹈方式表达出这一整体的效果，获得了巨大成功。她的艺术才是真的艺术，她的舞蹈才是真的舞蹈。

也正因此，洪信子获得了众多观众的赞誉。她连续四年获得美国全国艺术基金会的编舞奖金。两次获得纽约州艺术基金会奖金，一次获得纽约市艺术基金会奖金。1987年，洪信子获得纽约的"亚洲文化委员会"研究奖金。1989年，洪信子又获得华盛顿的"富尔布莱特奖金"。

如此多的声誉，对于她——洪信子来说只不过是人世浮云。但在这个世俗的世界中，这也算是她工作成绩的证据。这位博学的妇人，以其真正的艺术向人民传达了自己生活的世界。她说："儒学与佛教对任何事物都无绝对化的定义。一切会看上去像某种东西，却可能是别的什么东西。一个动作对于某个人来说，可以意义颇多，亦可以意义很少，即使两个人一起观看某个东西，也可能感知到截然不同的东西。时间是一种概念，我们无法称什么太慢或太快——数千年可以看上去只是一瞬间，一天可以看上去像几辈子，还是在于你的背景与感知能力。

"人们到剧场来总想得到愉悦，他们只喜欢生活中甜味的东西，但我们也需要苦味的东西。我们常常明知良药苦口，却又总想回避这苦口良药，因为这苦药让人不快。在我的舞蹈中，我想让人们深刻地正视自己，感觉自己，体验自己。我们像机器人那样回避自己真实的生活。他们不敢正视自己。他们只想看到自己那张外表漂亮的脸。

"我是靠汲取东西方文化的精华来工作的。东方的美学与哲学和西方的美学与哲学是可以融为一体的，并最终貌似合一的。但我对东方的哲学与美学更加亲近，因为归根结底，我是个东方人。"

洪信子无疑是个最标准的东方人，但又不仅仅是东方人。她超出了东方人，融汇了西方文化，从而成为一个人。

这个人了解了太多的真实，表达出来的都是残酷的实在。

人群在半醒半睡之间不知是幸运，亦或是不幸。

故事仍在继续。这朵东西方文化共同培育的花朵永远美丽。

## 影坛伉俪

在日本影坛上，有一对耀眼的明星，他们以杰出的演技彼此辉映着，为日本、也为世界影坛奉献了一部部优秀的作品。他们就是山口百惠和三浦友和。

山口百惠在"触电"之前就早以闻名全日本，只是当时的身份是日本流行歌曲界最受欢迎的新星。她13岁时初登舞台便一鸣惊人。她演唱的《蓝色的果实》获得了1973年第6届新宿音乐节的银奖、第四届日本流行歌曲大奖的联盟奖、广播音乐新人奖等等，荣誉接踵而来。第二年，她又以《一个夏天的经历》，获得了第五届日本流行歌曲大奖的广播音乐奖、优秀流行歌曲奖，以及第16届日本唱片大奖的大众奖。

她闪闪的星光立刻被日本各大制片公司捕捉到了。从此，舞台上的"百惠热"传到了电影界。1974年，日本东宝公司首先大胆起用了对电影几乎毫无经验的山口百惠，让她主演影片《伊豆舞女》。

在征求男主角时，此时已小有名气的三浦友和中选了。三浦友和生于1952年，原名三浦稔。20岁时，他第一次在电视片《秘密部队》中饰演角色而崭露头角。很快，他凭借艺术才华和美男子的相貌引起人们的注意。在《伊豆舞女》一片中，三浦友和与山口百惠初次联手合作，并从此结下不解之缘。

《伊豆舞女》系根据日本著名作家川端康成的同名小说改编而成。故事发生在20年代的日本。一个外出旅游的大学生在旅途中和一队流浪人同行。一名出身贫寒但美丽多情、能歌善舞的舞女，引起大学生的同情和赞叹。二人彼此欣赏，关系和谐、默契，并渐渐心心相映，产生了爱情。但这爱情却是短暂的。到了旅游终点，他们就不得不分手了，彼此各奔前程。大学生留下自己心爱的笔作纪念，舞女则满含热泪目送情人远去。故事在凄婉、惆怅的氛围中结束了。

这部作品已是第六次搬上银幕，它几乎成了日本历届女演员登上明星宝座的阶梯：如田中涓代、美空云雀、鳄渊晴子、吉永小百合、内藤洋子等都曾主演过此片。这一次，山口百惠和三浦友和的演绎又一次深深打动了日本观众。他们的形象纯真、可爱，表演生动、真切，特别是山口百惠发挥她演唱的专长，以婉转、悲切的歌声给影片增添了更为感人的效果。

《伊豆舞女》一片的感动，使山口百惠和三浦友和声誉鹊起，他们两人也在电影艺术上迈出了可喜的第一步。此后，他们合作演出了一系列生动感人的爱情故事，如《海涛》《绝唱》《风雪黄昏》《春琴抄》《炎之舞》《污泥中的纯情》《雾之旗》《风筝恋》《洁白的爱情》《天使的诱惑》等等。

《绝唱》以第二次世界大战为时代背景，描写了一对青年恋人在日本乡村中发生的悲剧。三浦友和饰演地主少爷顺吉。顺吉是一个思想纯洁、品德高尚的青年，他性格倔强，情感真挚、深沉，富于反抗精神。他热烈地爱上了出身贫寒的农家少女小雪（山口百惠饰），面对来自家族的阻力，他毫不畏惧、毫不退缩，勇敢地为自己的真情而斗争。小雪的形象纯真、可爱、朴实、善良、灵心慧性，对爱情忠贞不二，对生活给她制造的各种磨难，她都默默地忍受着，含辛茹苦，但又很坚强，体现了日本民族坚忍的精神。这部影片使三浦友和与山口百惠在艺术上更趋成熟。

《风雪黄昏》是一个感人至深的故事。山口百惠饰演的节子是一个纯真的姑娘，她爱上了多年的同窗达郎，并勇敢地向他表白了自己的爱情。三浦友和饰演的达郎接受了节子的爱。正当一场美丽的爱情即将上演之时，达郎却因为要去参加战争而又不得不拒绝了节子的爱。因为他清醒地意识到一个男人在战争中的命运，他不愿意将这种命运所带来的不幸加到自己心爱的人身上。他拒绝爱情恰恰是因为他爱得深沉。三浦友和的表演很见功力，达郎的内心矛盾被他揭示得真实而又生动。故事的结束是令人扼腕痛惜的：节子在焦急的盼望和日益沉重的病痛中无声地死去了，而达郎却侥幸从战场上活着回来了，当他得知节子死去的消息后，瞬间，他的目光凝滞了，面部表情愕然而又凄烈，让人感到战争残酷到了令人发指的地步。所有经历过战争或体味过爱情的人都能与这部影片产生强烈的共鸣。

《春琴抄》是山口百惠花了相当大精力才完成的一部力作。这部影片根据日本著名作家谷崎润一郎的同名原著改编的，并且是第五次搬上银幕。女主角是个性格古怪、暴躁的盲女，名叫阿琴，山口百惠饰演。三浦友和饰演一名忠实的男仆，名叫佐助，他性格温顺、心地善良，每天的任务就是领着阿琴到琴师家学艺。他们的关系默契、和谐，在别人眼中却是神秘费解的。阿琴不知为何有了身孕，众人都怀疑是佐助所为，但他们俩都矢口否认。后来，阿琴被人用开水烫伤了脸面，她不愿再让佐助见他。当佐助得知后，竟出人意料地用针刺瞎了自己的双眼，从此永远留在主人身旁。一对有情人最终得以朝朝暮暮相厮守。山口百惠为了演好盲女阿琴这个角色，经常用手巾蒙起双眼，反复体会盲人的动作、心理，并且亲自到老艺人家中去学习琴艺，每天都要扶琴一连端坐几个小时。功夫下得深，形象才动人。山口百惠的表演不仅形体动作真实可信，而且在性格刻画、心理和情感的表露上也达到情真意切，称得上是没有表演的表演。

三浦友和曾获得过"日本的阿兰·德龙"的美称，这源于他在《污泥中的纯情》一片中的表演。不同于以往任何一个忠厚正直的形象，这回他扮演了一名自私自利、玩世不恭的阿飞。这可是一次截然不同的新体验。为了演好这个角色，他专门把自己从外形上打扮得同阿飞一样：穿上稀奇古怪的装束，晒得黑黑的，剃个怪发型，并且混迹于阿飞出没的饭店、酒吧、舞厅、赌场，仔细地观察和体会这些人的神态、气质，以及每一个细小的动作。终于，他以天才和勤奋成功地塑造出一个日本现代社会堕落的青年形象。

该片中，山口百惠饰演的富家小姐对这个阿飞一见钟情，不顾世俗的门第和偏见，义无反顾地苦苦追求他，并希望通过自己的爱情和努力把她的爱人从泥淖中解救出来，然而事实却是残酷的,她不但没有实现自己的理想,反而随着阿飞一起陷入了可怖的黑社会之中。山口百惠的形象也一反往日的单纯质朴,而是显得浪漫、矜持又大方,这正好符合富家小姐的角色需要。

山口百惠和三浦友和最成功的作品应数《雾之旗》。自幼失去双亲、同哥哥相依为命的桐子是个恬静、老实的女孩。然而一件突如其来的事情彻底改变了她的性格。她哥哥被人诬告杀人,并被判死刑。桐子含着巨大的悲愤下决心要救出无罪的哥哥。她千里迢迢赶到东京,求救于大律师大塚先生。然而大塚却是个唯利是图的人,穷苦的桐子根本付不起他提出的高昂辩护费,被拒之门外。哥哥含冤死去,桐子决意复仇。这期间她认识了一名正直的记者(三浦友和饰),为她奔走呼告,花了很大力气,但终于无效。桐子很感激他,并且他们相爱了。但此时桐子已被复仇的火焰点燃,她埋藏了爱情,在东京做了下贱酒女,等待报复的时机。终于桐子抓到了机会:大塚律师的情妇被告为杀人犯,而桐子掌握着惟一能证明她清白的证据,不论大塚如何向她求情,终是没能动摇桐子。并且她继续使出种种手段把大塚搞得身败名裂。

桐子的角色很复杂,山口百惠准确地把握住了人物情感的变化,每一个动作都表达得自然、真切、流畅,三浦友和与之成功地搭配,达到了珠联璧合的效果。

随着一部部爱情剧的出演,山口百惠与三浦友和在现实生活中也逐渐达到了爱情的圣殿。这一对影坛伉俪在影坛之下结成了百年之好。人们纷纷为他们的结合感到欣喜。

然而遗憾的是,结婚后的山口百惠为了把全部精力和爱情献给她的丈夫和家庭,放弃了电影事业,从此消逝在影坛上。

## 魔幻现实主义的扛鼎者——马尔克斯

1982年10月,又一位拉丁美洲作家登上了瑞典皇家学院的领奖台,来领取本年度的诺贝尔文学奖,他就是哥伦比亚小说家加西亚·马尔克斯。他虽然不是拉丁美洲第一个获此殊荣的作家,但可以肯定地说,他是最有趣味的拉美作家,他的《百年孤独》是世界上拥有读者最多的拉丁美洲小说,20世纪拉美文学的中流砥柱"魔幻现实主义"派,也因有了《百年孤独》而更放异彩。那么马尔克斯是怎样一步步走向诺贝尔文学奖奖台的呢?下面就让我们追本溯源来看一下他走过的路。

马尔克斯于1928年3月6日出生于哥伦比亚的一个微不足道的小镇——阿拉卡塔卡镇。他的父亲加夫列宁·埃利希奥·加西亚小的时候也曾废寝忘食地刻苦学习,学习成绩名列班级之首,但是由于家庭经济状况不佳,亲友中没有一个有多余的财力接济他,所以只好中途辍学。后来,他东奔西走,不辞劳苦,终于在傍海的热闹小镇阿拉卡塔卡邮电所谋到了当电报报务员的差事。

他的母亲路易莎·圣地亚哥·马尔克斯·伊瓜兰,出身名门。其父是遐迩闻名的尼古拉斯·马尔克斯·伊瓜兰上校,他是哥伦比亚历史上有名的自由派将领拉法埃尔·乌里维·乌里维的亲密战友。他以大无畏的献身精神和赫赫战功荣升上校军衔,作为一位名副其实的英雄度过了一生。

　　加夫列尔·埃利希奥·加西亚夫妇几经迁居,最后终于在加勒比海边的古城卡塔赫纳定居下来。

　　这对夫妇虽不富裕,人丁却很兴旺。他们一共生了12个孩子:加西亚·马尔克斯是长子,下面有六个弟弟和五个妹妹。

　　由于小时候父母居无定所,所以马尔克斯的童年是在他的外祖父家中度过的。这位老上校的家里常常高朋满座,高谈阔论,在这样的环境中小马尔克斯增长了不少见识。哥伦比亚大西洋沿岸历时四分之一个世纪之久的"香蕉热"、1928年在西埃纳加火车站发生的3000香蕉工人大罢工及其惨遭政府军大屠杀的悲剧,他就是在这个时候听说的。这些故事对他以后的创作起了很大的影响。

　　他的外祖母是一位讲故事能手,对他讲了许多印第安人的神话传说。她相信人死以后灵魂还将继续存在,为了不让亡灵们感到孤独,她特地为他们安排了两间空房,经常与他们谈话。马尔克斯的姨妈也笃信鬼神,有一天,她感到自己将要死亡,便坦然地躲进自己的房间,成天在里面织尸衣。寿衣缝完后果然躺在床上死了。

　　这一切的一切,给童年时代的马尔克斯留下了终身难忘的记忆。后来他常常回忆那时的生活,那幢他住过的大房子,那个梦幻般的世界:"那幢大房子每个角落都死过人,都有难忘的往事。每天下午六点钟后,人们就不能在院子里走动了。那真是一个既恐怖又神奇的世界,常常可以听到莫名其妙的喃喃声。""那幢房子里有一个空房间,佩德拉姨妈就死在里头。还有一个空房间,拉萨罗舅舅在那里咽了气。那时候,一到夜幕降临,就没有人敢到院子里去了。因为这时死鬼比活人还要多。一到下午六点,大人就让我坐在一个旮旯里,对我说:'你别乱走乱动,不然的话,佩德拉姨妈或拉萨罗舅舅的鬼魂就会从他们的屋间里走到这儿来。'所以我那时总是乖乖地坐着……"

　　在后来的岁月里,那幢房子一直是加西亚·马尔克斯神魂牵绕的一种梦境。古老的大房子、外祖母的故事、夜晚恐惧的心情,像恶梦一般永远留在加西亚·马尔克斯的记忆里。但是,这一切,特别是外祖母讲的故事和讲故事的方式,都使他得益匪浅。从某种程度上说,为他日后的小说创作提供了源泉,奠定了基础。孤独而带有神秘色彩的阿拉卡塔卡给作家留下了深刻的印象,培养了他独有的审美情趣。

　　12岁时,马尔克斯来到首都波哥大教会学校读书。

　　18岁时,他进入了哥伦比亚国立大学攻读法律,他虽然只在大学学习了一年,但是这一年对他来说是难以忘怀的,因为正是这一年他的名字第一次和哥伦比亚文学发生了联系:《观察家报》文学版主编、小说家爱德华多·萨拉梅亚·博尔达(1907—1963)在报刊上发表了他的第一个短篇小说《第三次无奈》。

　　正当加西亚·马尔克斯初露头角,决计在文学上百尺竿头更进一步之时,一桩使他震惊不已的事件发生了。

　　1948年4月9日,在野的自由党领袖豪尔赫·埃利埃塞尔·加伊坦在首都波哥大市中区遇刺,使波哥大和哥伦比亚全国经历了本世纪最为惊心动魄的时刻。

　　加伊坦被害,震撼了全国。加西亚·马尔克斯和一切目睹国家和人民遭难的人一样，心中燃起了义愤的火焰。他和同学们参加了游行，国立大学校园和全城一样掀起了抗议浪潮。因而校门被当局封闭。马尔克斯不得不离开首都，不久进报界工作。

1948年5月20日，《宇宙报》编辑部主任克莱门特·曼努埃尔·萨巴拉在该报上刊登了一篇他亲自写的《欢迎加西亚·马尔克斯》的文章，同时预言他"将不会保持沉默，他将在报纸的栏目上发表世界上每天发生的事件在他那不平静的脑海里引起的一切见解。"

果不其然，从1948年5月到1949年10月，仅专栏文章他就发表了38篇，不失为一位忠于职守尽职尽责的新闻工作者。

他在卡塔赫纳工作学习了两年，直到1950年一个偶然的机会使他的生活发生了一次新的重要变化，他辞掉了《宇宙报》的工作，彻底放弃了法律专业的学习。

情况是这样的。有一次他去巴兰基利亚办事，结识了一位老人和几个青年。他们跟马尔克斯一见如故，就把当时在他们手中传阅的乔伊斯、威廉·福克纳、维吉尼娅·伍尔芙和海明威等著名作家的小说借给他，这些小说的创作理念和创作手法等令马尔克斯感到新奇不已，所以马尔克斯立刻就觉得自己将成为这个小小的文学圈子里的一个成员。在交往过程中，他感到，他们对世界上的小说无所不知，他们的文学修养十分渊博。对他们来说，生活就是一种冒险，文学更是应该怀着对生活的热情来品尝的美味佳肴。马尔克斯经常同他们聚会，高谈阔论文学，并不时聆听博学的导师拉蒙·宾耶斯的教诲和讲座，往往通宵达旦。

这个时期的生活对他产生了很大影响，给他留下难忘的记忆。在巴兰基利亚，他开了一家书店，专售西班牙、意大利、英国、法国等欧洲诸国的优秀文学作品，为传播西方文学到拉美做了大量工作，是一位广为人知的文化名人。

1954年，他任《观察家报》记者兼电影专栏负责人。

1955年，加西亚·马尔克斯的第一部长篇小说《枯枝败叶》在波哥大出版，被认为是"哥伦比亚的一桩重要事件"，"他以引人入胜、生动有力的风格如此迅速赢得广泛的声誉。"

但是这部作品从写作到出版是非常艰难的。马尔克斯17岁时就想写一部这样的作品，后因种种原因拖了下来。22岁时又重整旗鼓。当时他住在巴兰基利亚一家妓女出入的旅馆里，房费虽低廉，但他的收入极其微薄，他要是交不出房租，就得把书稿抵押给看门人。他深夜躲在编辑部里拼命工作。虽然头上有扇吹风，房间仍然热似蒸笼。当他疲劳地从打字机前站起来时，天色已近破晓。

从1955年7月开始，马尔克斯羁旅欧洲，他曾经到过意大利、法国、英国、苏联、波兰、捷克、匈牙利等国。在游历的岁月当中，他广泛地吸收欧洲文学的营养，学习各种创作技巧。这些都为他的创作注入了一股新鲜血液。

在羁旅巴黎期间，有一件事给他留下了难忘的记忆。那就是他见到了崇拜已久的美国作家海明威。

1957年春天的一个阴雨连绵的日子，马尔克斯在巴黎街头游荡。在圣来歇尔大街，他忽然看见海明威和他的妻子玛丽·威尔希正在向卢森堡公园走去。当时海明威已58

岁，但是依然步履稳健。看到这位文学大师，他竟惑然不知所措。因为他那时只不过是一个新闻记者，虽发表过一些短篇小说，得过一次大奖，但知名度有限。所以，他只是站在远处，把双手凑成一个喇叭放在嘴上，对着海明威大声喊："艺—术—大—师！"听见这声叫喊，海明威转过身来，举起手用西班牙语回答："再见了，朋友！"

这是他第一次也是最后一次看到海明威。因为在4年后，海明威自杀身亡。

这次会见，在马尔克斯的脑海里激起了一阵阵波澜。

1959年，马尔克斯回国，担任古巴"拉丁社"驻哥伦比亚办事处的负责人。他对古巴革命表示坚决支持和拥护，并且以实际行动履行了他支持古巴的诺言。

1961年他任该社驻联合国记者，后来迁居墨西哥，至1976年才返回哥伦比亚。为了抗议军人政权，他曾于是年举行"文学罢工"。

在这期间他写了长篇小说《恶时辰》，获美国埃索石油公司在波哥大举办的埃索文学奖。

同年，他发表了自认为是写得最好的小说——中篇小说《没有人给他写信的上校》。其中上校的形象融入了他外祖父的经历和作家自己在《观察家报》被封后生活艰难时的切身体验。因而这一形象塑造得极为成功。作家用幽默诙谐的笔法来写他忧郁沉重的心情，使作品具有一种独特的艺术感染力。

1967年，马尔克斯发表了他的代表作——长篇小说《百年孤独》，达到了他创作的辉煌时期，而且也奠定了他作为拉美魔幻现实主义文学大师的地位。

《百年孤独》是魔幻现实主义的扛鼎之作，它的问世在拉丁美洲引发了"一场文学地震"。作品主要描写了生活在马孔多的布恩蒂亚家族六代人的历史。

"百年"与"孤独"就是小说的主要内容。"百年"是时间的概念，历史的概念，马孔多从创建到消亡正好是百年，实际上它浓缩了拉丁美洲的历史沧桑。

"孤独"是精神状态，是小说的基本色调，是小说的主题，是造成拉美不幸的根本原因。

《百年孤独》具有非凡奇特的艺术魅力。小说按照拉美人民的传统观念去反映现实，形成浓郁的魔幻氛围。作家基于拉美人民传统的时间轮回观念，采用了环形结构方式。布恩蒂亚家族几代人的名字、性格、动作在不断地重复，他们的精神历程都是一个圆形的轨迹：孤独——行动——更沉重的孤独。

马尔克斯既扎根于民族的沃土中，又能积极吸收西方现代派文学的精华。他打破时空，有意地把现在时、过去时和将来时混合在一起使用，起到了一种独特的艺术效果。

小说还极具象征性。如俏姑娘升天，象征着爱与美的消失；集体健忘症暗指人们忘记了自己的根，不知道总结历史教训，以谋求变革。黄色是不吉祥的象征，黄花、黄蝴蝶、黄色火车、黄色水果——香蕉、黄色的小金鱼、黄色的衣服、黄色的头发，都与衰败、死亡、灾难相连。总之，作者以神奇的手法绝妙地反映了拉丁美洲神奇的现实，不愧是一部伟大的传世之作。

70年代以后，马尔克斯的创作虽然没有离开魔幻现实主义的轨道，然而现实主义成分显著增强。

1975年发表的《家长的没落》是他用8年的时间写成的一部长篇小说。1976年就被美国《时代》周刊评为当年世界十大优秀作品之一。

1976年9月11日，马尔克斯作出一个不同寻常的决定：只要奥古斯托·皮诺切特不倒台，他就不再出版一本小说。他说，他作这一决定的目的是想把他的读者变成那个名叫皮诺切特的刽子手的反对者。

后来，在认识到"文学罢工"的消极效果后，他于1981年出版了一部纪实小说《一桩事先张扬的凶杀案》。

1981年，受军政府迫害的马尔克斯流亡墨西哥。1982年，哥伦比亚新政府成立，他得以返回故土，从事文学创作，当年获诺贝尔文学奖。同年，应法国总统密特朗的邀请，他担任法国—西班牙国家文化交流委员会主席。

作为一名文坛巨擘，马尔克斯对我国的文学事业也有极为重大的影响，我国当代著名的作家苏童、莫言等都受到他作品启发。作家们曾说，读了马尔克斯，才知道小说可以这样写。

马尔克斯1982年获诺贝尔文学奖，获奖词为："由于其长短篇小说结构丰富的想象世界，其中糅混着魔幻与现实，反映出整个大陆的生命矛盾。"

## 可以脚踏南北半球的地方——厄瓜多尔

厄瓜多尔，西班牙文的意思是"赤道"。因而，厄瓜多尔这个地球上不起眼的小国就以它"赤道之国"的名声传遍世界。

凭借其独特的地理位置，厄瓜多尔有许多奇异的自然现象为身居南北半球的人们所罕见。因此，尽管这里因为得天独厚地享受着太阳的格外恩赐而显得天气过分炎热，它依然吸引着来自全世界各个地方的游览者。

有一年春天的一个阳光灿烂的日子，一群游人为了缓解天气炎热，纷纷聚集在厄瓜多尔首都基多的一口水井旁。其中有一名摄影工作者，凭着他的工作习惯，悉心观察着周围。到了中午时分，突然，这名摄影工作者惊奇地叫了一声，原来他发现身旁的井被照得亮堂堂的，井底一清二楚地展现在人们眼前，原来是阳光垂直照射到了井底。摄影师立刻举起照像机把这一场景拍摄了下来。游人们也纷纷表示惊奇，因为这同人们惯常印象中的黑洞洞的井底形成鲜明反差。原来这一天正是3月21日，春分时刻，太阳正在垂直照射赤道。

每年的春分和秋分时刻，这里都会有这样的奇观。与此同时，如果人们在阳光下行走，就会找不到自己的影子，可谓是又一奇观。在每年的3月21日和9月23日，厄瓜多尔人都会举行盛大的迎接太阳神的活动，以感激太阳赐给人类温暖和光明。

这一活动有它悠久的历史渊源。当地印第安人的祖先在很久以前就崇拜太阳神。为了能长久地得到太阳神普照的光明，人们建造了一座无顶的圆形建筑，作为观测站来长期观察阳光投影的运动和变化。现在，这座圆形建筑位于厄瓜多尔首都基多的卡央贝一带。

经过常年观察，人们终于发现：那里就是太阳一年两度跨过南北半球的必经路线。于是，人们称之为"太阳之路"，并及时地立下了标志，这反映了辉煌灿烂的古代印加文化的一个侧面，后来的赤道纪念碑便以此为雏形建造起来。

直到18世纪，赤道的位置被法国、西班牙和厄瓜多尔的科学家正式测定出来，恰恰就是数百年前印地安人设立标志的地方。旧的赤道纪念碑于1936年建于距该标志南面不远的圣安东尼奥镇，在首都基多以北24公里。碑身由赭红色花岗岩建成，高10米，呈正方形。碑身四面用醒目的4个西班牙字母标示着——"E、S、O、N（东西南北）"几个镀金大字，"这里是地球的中心"刻在碑面上。最引人注目的是碑顶上那个石刻的地球仪。它的南极朝南，北极朝北，中间用一条白色分界线代表赤道。这条白线向东西两个方向分别延伸，直到同碑身两侧台阶上的红白两色线相连。如果继续延长，就会在地球的另一面汇合起来。

游客们可以自豪地把两脚分踏在赤道线的两侧，这时他就是脚踏南北半球的人了。

1982年8月9日，一座极其壮观的新赤道纪念碑建立起来了，它高30米，位于厄瓜多尔首都基多。